江苏历代文化名人传·金圣叹

吴正岚 著

江苏文库

研究编

江苏历代文化名人传

江苏文脉整理与研究工程

江苏人民出版社

图书在版编目(CIP)数据

江苏历代文化名人传.金圣叹/吴正岚著.--南京:江苏人民出版社,2019.12

(江苏文库.研究编)

ISBN 978-7-214-16163-5

Ⅰ.①江… Ⅱ.①吴… Ⅲ.①文化-名人-列传-江苏 ②金圣叹(1608—1661)-传记 Ⅳ.①K825.4

中国版本图书馆CIP数据核字(2019)第288833号

书　　名	江苏历代文化名人传·金圣叹
著　　者	吴正岚
出版统筹	韩　鑫
责任编辑	张　凉
责任监制	王　娟
装帧设计	姜　嵩
出版发行	江苏人民出版社
出版社地址	南京市湖南路1号A楼,邮编:210009
出版社网址	http://www.jspph.com
照　　排	江苏凤凰制版有限公司
印　　刷	苏州市越洋印刷有限公司
开　　本	718毫米×1000毫米　1/16
印　　张	26.75　插页4
字　　数	385千字
版　　次	2019年12月第1版　2019年12月第1次印刷
标准书号	ISBN 978-7-214-16163-5
定　　价	90.00元

编纂出版委员会

出版说明

江苏文化源远流长、历久弥新，文化经典与历史文献层出不穷，典藏丰富；文化巨匠代有人出、彪炳史册，在中华民族乃至整个人类文明的发展史上有着相当重要的地位。为科学把握江苏文化的内涵与特征，在新时代彰显江苏文化对中华文化的贡献，江苏省委、省政府决定组织实施“江苏文脉整理与研究工程”，以梳理江苏文脉资源，总结江苏文化发展的历史规律，再现江苏历史上的文化高地，为当代江苏构筑新的文化高地把准脉动、探明趋势、勾画蓝图。

组织编纂大型江苏历史文献总集《江苏文库》，是“江苏文脉整理与研究工程”的重要工作。《文库》以“编纂整理古今文献，梳理再现名人名作，探究追溯文化脉络，打造江苏文化名片”为宗旨，分六编集中呈现：

（一）书目编。完整著录历史上江苏籍学人的著述及其历史记录，全面反映江苏图书馆的图书典藏情况。

（二）文献编。收录历代江苏籍学人的代表性著作，集中呈现自历史开端至一九一一年的江苏文化文本，呈现江苏文化的整体景观。

（三）精华编。选取历代江苏籍学人著述中对中外文化产生重要影响、在文化学术史上具有经典性代表性的作品进行整理，并从中选取十余种，组织海外汉学家翻译成各国文字，作为江苏对外文化交流的标志性文化成果。

（四）方志编。从江苏现存各级各类旧志中选择价值较高、保存较好的志书，以充分发挥地方志资治、存史、教化等作用，保存江苏的地方文献与历史文化记忆。

（五）史料编。收录有关江苏地方史料类文献，反映江苏各地历史地理、政治经济、文化教育、宗教艺术、社会生活、风土民情等。

（六）研究编。组织、编纂当代学者研究、撰写的江苏文化研究著作。

文献、史料、方志三编属于基础文献，以影印方式出版，旨在提供原始文献，以满足学术研究需要；书目、精华、研究三编，以排印方式出版，既能满足学术研究的基本需求，又能满足全民阅读的基本需求。

"江苏文脉整理与研究工程"工作委员会

江苏文库·研究编编纂人员

主　编

樊和平　刘德海

副主编

徐之顺　姜　建　王卫星　胡发贵　胡传胜　刘西忠

一脉千古成江河

——江苏文库·研究编序言

樊和平

“江苏文脉整理与研究工程”是江苏文化史上继往开来的一个浩大工程。与当下方兴未艾的全国性“文库热”相比，江苏文脉工程有三个基本特点：一是全面系统的整理；二是“整理”与“研究”同步；三是以“文脉”为主题。在“书目编—文献编—精华编—史料编—方志编—研究编”的体系结构中，“研究编”是十分独特的板块，因为它是试图超越“修典”而推进文化传承创新的一种学术努力。

“盛世修典”之说不知起源于何时，不过语词结构已经表明“盛世”与“修典”之间的某种互释甚至共谋，以及由此而衍生的复杂文化心态。历史已经表明，“修典”在建构巨大历史功勋的同时，也包含内在的巨大文化风险，最基本的是“入典”的选择风险。《四库全书》的文化贡献不言自明，但最终其收书的数量竟与禁书、毁书、改书的数量大致相当，还有高出近一倍的书目被宣判为无价值。“入典”可能将一个时代的局限甚至选择者个人的局限放大为历史的文化局限，也可能由此扼杀文化多样性而产生文化专断。另一个更为潜在和深刻的风险，是对待传统的文化态度。文献整理，尤其是地域典籍的整理，在理念和战略上面临的最大考验，是以何种心态对待文化传统。当今之世，无论对个体还是社会，传统已经不仅是文化根源，而且是文化和经济发展的资源甚至资本。然而一旦传统成为资源和资本，邂逅市场逻辑的推波助澜，就面临沦为消费和运作对象的风险，从而以一种消费主义和工具主义的文化态度对待文化传统和文献整理。当传统成为消费和运作的对象，其文化价值不仅可能被误读误用，而且也可能在对传统的消费中使文化坐吃山空，造就出文化上的纨绔子弟，更可能在市场运作中使文化不断被糟蹋。"江苏文脉整理与研究工程"的"整理工程"以全面系统的整理的战略应对可能存在的第一种风险，即入典选择的风险；以"研究工程"应对第二种可能的风险，即消费主义与工具主义的风险。我们不仅是既往传统的继承者，更应当是未来传统的创造者；现代人的使命，不仅是继承优秀传统，更应当创造新的优秀传统，这便是传统的创造性转化与创新性发展的真义。诚然，创造传统任重道远，需要经过坚忍不拔的卓越努力和大浪淘沙般的历史积淀，但对"江苏文脉整理与研究工程"而言，无论如何必须在"整理"的同时开启"研究"的千里之行，在研究中继承和发展传统。这便是"研究编"的价值和使命所在，也是"江苏文脉整理与研究工程"在"文库热"中于顶层设计层面的拔群之处。

一　倾听来自历史深处的文化脉动

20 世纪是文化大发现的世纪，20 世纪以来西方世界最重要的战略，就是文化战略。20 世纪 20 年代，德国社会学家马克斯·韦伯的《新教伦理与资本主义精神》，揭示了西方资本主义文明的文化密码，这就是"新教伦理"及其所造就的"资本主义精神"，由此建构"新教伦理＋资本主义"的所谓"理想类型"，为西方资本主义进行了文化论证尤其是伦理论证，奠定了 20 世纪以后西方中心论的文化基础。20 世纪 70 年代，哈佛大学教授丹尼尔·贝尔的《资本主义文化矛盾》，揭示了当代资本主义最深刻的矛盾不是经济矛盾，也不是政治矛盾，而是"文化矛盾"，其集中表现是宗教释放的伦理冲动与市场释放的经济冲动分离与背离，进而对现代西方文明发出文化预警。20 世纪 70 年代之后，亨廷顿的《文明的冲突与世界秩序的重建》将当今世界的一切冲突归结为文明冲突、文化冲突，将文化上升为西方世界尤其是美国国家战略的高度。以上三部曲构成西方世界尤其是美国文化帝国主义的国家文化战略，正如一些西方学者所发现的那样，时至今日，文化帝国主义被另一个概念代替——“全球化”，显而易见，全球化不仅是一种浪潮，更是一种思潮，是西方世界的国家文化战略。文化虽然受经济发展制约甚至被经济发展水平所决定，但回顾从传统到现代的中国文明史，文化问题不仅逻辑地而且历史地成为文明发展的最高最难的问题，正因为如此，文化自信才成为比理论自信、道路自信、制度自信更具基础意义的最重要的自信。

在全球化背景下，文脉整理与研究具有重大的国家文化战略意义，不仅必要，而且急迫。文化遵循与经济社会不同的规律，全球化在造就广泛的全球市场并使全球成为一个“地球村”的同时，内在的最大文明风险和文化风险便是同质性。全球化催生的是一个文化上的独生子女，其可能的镜像是：一种文化风险将是整个世界的风险，一次文化失败将是整个人类的文化失败。文化的本质是什么？梁漱溟先生说，文化就是人的生活的根本样法，文化就是“人化”。丹尼尔·贝尔指出，文化是为人的生命过程提供解释系统，以对付生存困境的一种努力。据此，文化的同质化，最终导致的将是人的同质化，将是民族文化或西方学者所说地方性知识的消解和消失；同时，由于文化是人类应对生存困境的大智慧，或治疗生活世界痼疾的抗体，它所建构的是与自然世界相对应的精神世界和意义世界，文化的同质性将导致人类在面临重大生存困境时智慧资源的贫乏和生命力的苍白，从而将整个人类文明推向空前的高风险。应对全球化的挑战和西方文化帝国主义的国家战略，“江苏文脉整理与研究工程”是整个中华民族浩大文化工程的一部分和具体落实，其战略意义决不止于保存文化记忆的自持和自赏，在这个全球化的高风险正日益逼近的时代，完整地保存地方文化物种，认同文化血脉，畅通文化命脉，不仅可以让我们在遭遇全球化的滔滔洪水之时可以于故乡文化的山脉之巅“一览众山小”地建设自己的精神家园和文化根据地，而且可以在患上全球化的文化感冒甚至某种文化瘟疫之后，不致乞求“西方药”来治“中国病”，而是根据自己的文化基因和文化命理，寻找强化自身的文化抗体和文化免疫力之道，其深远意义，犹如在今天这个独生子女时代穿越时光隧道，回首当年我们的“兄弟姐妹那么多”

和父辈们儿孙满堂的那种天伦风光，不只是因为寂寞，而且是为了中华民族大家庭的文化安全和对未来文化风险的抗击能力。

“江苏文脉整理与研究工程”是以江苏这一特殊地域文化为对象的一次集体文化自觉和文化自信，与其他同类文化工程相比，其最具标识意义的是“文脉”理念。“文脉”是什么？它与“文献”和文化传统的关系到底如何？这是“文脉工程”必须解决的基本问题。

庞朴先生曾对“文化传统”与“传统文化”两个概念进行了审慎而严格的区分，认为“传统文化”可能是历史上曾经存在过的一切文化现象，而“文化传统”则是一以贯之的文化道统。在逻辑和历史两个纬度，文化成为传统都必须同时具备三个条件：历史上发生的，一以贯之的，在现实生活中依然发挥作用的。传统当然发生于历史，但历史上发生的一切，从《道德经》《论语》到女人裹小脚，并不都成为传统，即便当今被考古或历史研究所不断发现的现象，也只能说是“文化遗存”，文化成为传统必须在历史长河中一以贯之而成为道统或法统，孔子提供的儒家学说，老子提供的道家智慧，之所以成为传统，就是因为它们始终与中国人的生活世界和精神世界相伴随，并成为人的生命和生活的文化指引。然而，文化并不只存在于文献典籍之中，否则它只是精英们的特权，作为“人的生活的根本样法”和“对付生存困境”的解释系统，它必定存在于芸芸众生的生命和生活之中，由此才可能，也才真正成为传统。《论语》与《道德经》之所以成为传统，不只是因为它们作为经典至今还为人们所学习和研究，而且因为在中国人精神的深层结构中，即便在未读过它们的野夫村妇身上，也存在同样的文化基因。中国人在得意时是儒家，“明知不可为而偏为之”；在失意时是道家，“后退一步天地宽”；在绝望时是佛家，“四大皆空”，从而建立了与自给自足的自然经济结构相匹合的自给自足的文化精神结构，在任何境遇下都不会丧失安身立命的精神基地，这就是传统。文化传统必须也必定是“活”的，是在现实中依然发挥作用的，是构成现代人的文化基因的生命因子。这种与人的生活和生命同在的文化传统就是“脉”，就是“文脉”。

文脉以文献、典籍为载体，但又不止于文献和典籍，而是与负载它的生命及其现实生活息息相关。“文脉”是什么？“文脉”对历史而言是

"血脉",对未来而言是"命脉",对当下而言是"山脉"。"江苏文脉"就是江苏人的文化血脉、文化命脉、文化山脉,是历史、现在、未来江苏人特殊的文化生命、文化标识、文化家园,以及生生不息的文化记忆和文化动力。虽然它们可能以诸种文化典籍和文化传统的方式呈现和延续,但"文脉工程"致力探寻和发现的则是跃动于这些典籍和传统,也跃动于江苏人生命之中的那种文化脉动。"江苏文脉整理与研究工程"的最大特点就在于它是"文脉工程"而不是一般的"文化工程",更不是"文库工程"。"文化工程""文库工程"可能只是一般的文化挖掘与整理,而"文脉工程"则是与地域的文化生命深切相通,贯穿地域的历史、现在与未来的生命工程。

"江苏文脉整理与研究工程"是"整理"与"研究"的璧合,在"研究工程"中能否、如何倾听到来自历史深处的文化脉动,关键是处理好"文献"与"文脉"的关系。"整理工程"是对文脉的客观呈现,而"研究工程"则是对文脉的自觉揭示,若想取得成功,必须学会在"文献"中倾听和发现"文脉"。"文献"如何呈现"文脉"? 文献是人类文明尤其是人类文化记忆的特殊形态,也是人类信息交换和信息传播的特殊方式。回首人类文明史,到目前为止,大致经历了三种信息方式。最基本也是最原初的是口口交流的信息方式,在这种信息方式中,信息发布者和信息传播者都同时在场,它是人的生命直接和整体在场并对话的信息传播方式,是从语言到身体、情感的全息参与,是生命与生命之间的直接沟通,但具有很大的时空局限。印刷术的产生大大扩展了人类信息交换的广度和深度,不仅可以以文字的方式与不在场的对象交换信息,而且可以以文献的方式与不同时代、不同时空的人们交换信息,这便是第二种信息方式,即以印刷为媒介的信息方式或印刷信息方式。第三种信息方式便是现代社会以电子网络技术为媒介的信息方式,即电子信息方式。文献与典籍是印刷信息方式的特殊形态,它将人类文化史和文明史上具有特殊价值的信息以印刷媒介的方式保存下来,供后人学习和研究,从而积淀为传统。文字本质上是人的生命的表达符号,所谓"诗言志"便是指向生命本身。然而由于它以文字为中介,一旦成为文献,便离开原有的时空背景,并与创作它的生命个体相分离,于是便需要解读,在解读中便可能发生误读，但无论如何，解读的对象并不只是文字本身，而是文字背后的生命现象。

文献尤其是典籍是不同时代人们对于文化精华的集体记忆，它们不仅经受过不同时代人们的共同选择，而且经受过大浪淘沙的历史洗礼，因而其中不仅有创造它的那个个体或文化英雄如老子、孔子的生命表达，而且有传播和接受它的那个民族的文化脉动，是负载它的那个民族的文化生命，这种文化生命一言以蔽之便是文化传统。正因为如此，作为集体记忆的精华，文献和典籍是个体和集体的文化脉动的客观形态，关键在于，必须学会倾听和揭示来自远方的生命旋律。由于它们巨大的时空跨度，往往不能直接把脉，而需要具有一种“悬丝诊脉”的卓越倾听能力。同时，为了把握真实的文化脉动，不仅需要对文献和典籍即“文本”进行研究，而且需要对创造它们的主体包括创作的个体和传播接受的集体的生命即“人物”进行研究。正如席勒所说，每个人都是时代的产儿，那些卓越的哲学家和有抱负的文学家却可能成为一切时代的同代人。文字一旦成为文献或典籍，便意味着创作它的个体成为一切时代的同代人，但无论如何，文献和它们的创造者首先是某个时代的产儿，因而要在浩如烟海的文献和典籍中倾听到来自传统深处的文化脉动，还需要将它们还原到民族的文化生命之中，形成文化发展的“精神的历史”。由此，文本研究、人物研究、学派流派研究、历史研究，便成为“文脉研究工程”的学术构造和逻辑结构。

二　中国文化传统中的江苏文脉

江苏文脉是中国文化传统的一部分，二者之间的关系并不只是部分与整体的关系，借助宋明理学的话语，是“理 ·”与“分殊”的关系。文脉与文化传统是民族生命的文化表达和自觉体现，如果只将它们理解为部分与整体的关系，那么江苏文脉只是中国文化传统或整个中华文化脉统中的一个构造，只是中华文化生命体中的一个器官。朱熹曾以佛家的“月映万川”诠释“理一分殊”。朗月高照，江河湖泊中水月熠熠，此番景象的哲学本真便是“一月普现一切水，一切水月一月摄”。天空中的“一月”与江河中的“一切水月”之间的关系是“分享”关系，不是分享了“一月”的某一部分，而是全部。江苏文脉与中国文化传统之间的关系便是“理一分殊”，中国文化传统是“理一”，江苏文脉是“分殊”，正因为如此，关于江苏文脉的研究必须在与整个中国文化传统的关系中整体性地把握和展开。其中，文化与地域的关系、江苏文化在中华文化发展中的贡献和地位，是两个基本课题。

到目前为止的一切人类文明的大格局基本上都是由以山河为标志的地理环境造就的，从轴心文明时代的四大文明古国，到“五大洲四大洋”的地理区隔，再到中国山东—山西、广东—广西、河南—河北，江苏的苏南—苏北的文化与经济差异，山河在其中具有基础性意义。在这个意义上，可以将在此以前的一切文明称为“山河文明”。如今，科技经济发展迎来一个“高”时代：高铁、高速公路、电子高速公路……正在并将继续推倒由山河造就的一切文明界碑，即将造就甚至正在造就一个“后山河时代”。“后山河时代”的最后一道屏障，“山河时代”遗赠给“后山河时代”的最宝贵的文明资源，便是地域文化。在这个意义上，江苏文脉的整理与研究，不仅可以为经过全球化席卷之后的同质化世界留下弥足珍贵的“文化大熊猫”，而且可以在未来的芸芸众生饱尝“独上高楼，望尽天涯路”的孤独之后，缔造一个“蓦然回首”的文化故乡，从中可以鸟瞰文化与世界关系的真谛。江苏独特的地域环境与江苏文化、江苏文脉之间的关系，已经不是所谓“一方水土一方人”所能表达，可以说，地脉、水脉、山脉与江苏文脉之间的关系，已经是一脉相承。

我们通过考察和反思发现，水系，地势，山势，大海，是对江苏文脉尤其是文化性格产生重大影响的地理因素。露水不显山，大江大河入大海，低平而辽阔，黄河改道，这一切的一切与其说是自然画卷和自然事件，不如说是江苏文脉的大地摇篮和文化宿命的历史必然，它们孕生和哺育了江苏文明，延绵了江苏文脉。历史学家发现，江苏是中国唯一同时拥有大海、大江、大湖、大平原的省份，有全国第一大河长江，第二大河黄河（故道），第三大河淮河，世界第一大人工河大运河，全国第三大淡水湖太湖，全国第四大淡水湖洪泽湖。江苏也是全国地势最低平的一个省区，绝大部分地区在海拔 50 米以下，少量低山丘陵大多分布于省际边缘，最高峰即连云港云台山的玉女峰也只有 625 米。丰沛而开放的水系和低平而辽阔的地势馈赠给江苏的不只是得天独厚的宜居，更沉潜、更深刻的是独特的文化性格和文脉传统，它们是对江苏地域文化产生重大影响的两个基本自然元素。

不少学者指证江苏文化具有水文化特性，而在众多水系中又具长江文化的特性。“水”的文化特性是什么？“老聃贵柔”，老子尚水，以水演绎世界真谛和人生大智慧。“天下莫柔弱于水，而攻坚强者莫之能胜。”柔弱胜刚强，是水的品质和力量。西方文明史上第一个哲学家和科学家泰勒斯向全世界宣告的第一个大智慧便是：水是万物的始基。辽阔的平原在中国也许还有很多，却没有像江苏这样“处下”。老子也曾以大海揭示“处下”的智慧：“江海所以能为百谷王者，以其善下之，故能为百谷王。”历史上江苏的文化作品、江苏人的文化性格，相当程度上演绎了这种“水性”与“处下”的气质与智慧。历史上相当时期黄河曾经从江苏入海，然而黄河改道、黄河夺淮，几番自然力量或人力所为，最终黄河在江苏留下的只是一个“故道”的背影。黄河在江苏的改道当然是一个自然事件或历史事件，但我们也可能甚至毋宁将它当作一个文化事件，数次改道，偶然之中有必然，从中可以发现和佐证江苏文脉的“长江”守望和江南气质。不仅江苏的地脉“露水不显山”，而且江苏的文化作品，江苏人的文化性格，一句话，江苏文脉，也是“露水不显山”，虽不是“壁立千仞”，却是“有容乃大”。一般说来，充沛的水系，广阔的平原，往往造就自给自足的自我封闭，然而，江苏东临大海，无论长江、淮河，还是历史上的黄河，都从这里入大海，归大海，不只昭示江苏的开放，而且演绎江苏文化、江苏文脉、江苏人海纳百川的博大和静水深流的仁厚。

黄河与长江好似中华文脉的动脉与静脉，也好似人的身体中的任督二脉，以长江文化为基色的江苏文化在中华文脉的缔造和绵延中作出了杰出贡献。有学者指出，在中国文明史上，长江文化每每在黄河文化衰弱之后承担起“救亡图存”的重任。人们常说南京古都不少为小朝廷，其实这正是“救亡图存”的反证，“天下兴亡，匹夫有责”的口号首先由江苏人顾炎武喊出，偶然之中有必然。学界关于江苏文化有三次高峰或三次大贡献，与两次大贡献之说。第一次高峰是开启于秦汉之际的汉文化，第二次高峰是六朝文化，第三次高峰是明清文化。人们已对六朝文化与明清文化两大高峰对中国文化的贡献基本达成共识，但江苏的汉文化高峰及其贡献也应当得到承认，而且三次文化高峰都发生于中国社会的大转折时期，对中国文化的承续作出了重大贡献。在秦汉之际的大变革和大一统国家的建构中，不仅在江苏大地上曾经演绎了波澜壮阔的对后来中国文明产生深远影响的历史史诗，而且演绎这些历史史诗的主角刘邦、项羽、韩信等都是江苏人，他们虽然自身不是文化人，但无疑对中国文化产生了深远影响。董仲舒提出“罢黜百家，独尊儒术”的主张，奠定了大一统的思想和文化基础，他本人虽不是江苏人，却在江苏留下印迹十多年。江苏的汉文化高峰对中国文化的最大贡献，一言概之即“大一统”，包括政治上的大一统和思想文化上的大一统。六朝被公认为中国文化发展的高峰，不少学者将它与古罗马文明相提并论，而六朝文化的中心在江苏、在南京。以南京为核心的六朝文化发生于三国之后的大动乱，它接纳大量流入南方的北方士族，使南北方文化合流，为保存和发展中国文化作出了杰出贡献。明朝是中国历史上第一次在南京，也是第一次在江苏建立统一的帝国都城，江苏的经济文化在全国处于举足轻重的地位，扬州学派、泰州学派、常州学派，形成明清时代中国文化的江苏气象，形成江苏文化对中国文化的第三次重大贡献。三大高峰是江苏的文化贡献，在重大历史转折关头或者民族国家危难之际挺身而出，海纳百川，则是江苏文化的精神和品质，这就是江苏文脉。也正因为如此，江苏文化和江苏文脉在“匹夫有责”的担当精神中总是透逸出某种深沉的忧患意识。

江苏文脉对中国文化的独特贡献及其特殊精神气质在文化经典中得到充分体现。中国四大文学名著，其中三大名著的作者都来自江苏，这就是《西游记》《红楼梦》《水浒》，其实《三国演义》也与江苏深切相关，虽然罗贯中不是江苏人，但却以江苏为重要的时空背景之一。四大名著中不仅有明显的江苏文化的元素，甚至有深刻的江苏地域文化的基因。《西游记》到底是悲剧还是喜剧？仔细反思便会发现，《西游记》就是文学版的《清明上河图》。《清明上河图》表面呈现一幅盛世生活画卷，实际却是一幅“盛世危情图”，空虚的城防，懈怠的守城士兵……被繁华遗忘的是正在悄悄到来的深刻危机。《西游记》以唐僧西天取经渲染大唐的繁盛和开放，然而在经济的极盛之巅，中国人的精神世界却空前贫乏，贫乏得需要派一个和尚不远万里，请来印度的佛教，坐上中国意识形态的宝座，入主中国人的精神世界。口袋富了，脑袋空了，这是不折不扣的悲剧。然而，《西游记》的智慧，江苏文化的智慧，是将悲剧当作喜剧写，在喜剧的形式中潜隐悲剧的主题，就像《清明上河图》将空虚的城防和懈怠的士兵淹没于繁华的海洋一样。《西游记》喜剧与悲剧的二重性，隐喻了江苏文脉的忧患意识，而在对大唐盛世，对唐僧取经的一片颂歌中，深藏悲剧的潜主题，正是江苏文脉“匹夫有责”的担当精神和文化智慧的体现。鲁迅说，真正的悲剧是把美好的东西撕碎了给人看，《西游记》是在喜剧形式的背后撕碎了大唐时代人的精神世界的深刻悲剧。把悲剧当作喜剧写，喜剧当作悲剧读，正是江苏文化、江苏文脉的大智慧和特殊气质所在，也是当今江苏文脉转化发展的重要创新点所在。正因为如此，“江苏文脉研究”必须以深刻的哲学洞察力和深厚的文化功力，倾听来自历史深处的江苏文化的脉动，读懂江苏，触摸江苏文脉。

三　通血脉，知命脉，仰望山脉

江苏文化的巨大魅力和强大生命力，是在数千年发展中已经形成一种传统、一种脉动，不仅是一种客观呈现的文化，而且是一种深植个体生命和集体记忆的生生不息的文脉。这种文化和文脉不仅成为共同的价值认同，而且已经成为一种地域文化胎记。在精神领域，在文化领域，江苏不仅有灿若星河的文学家，而且有彪炳史册的思想家、学问家，更有数不尽的才子骚客。长江在这片土地上流连，黄河在这片土地上改道，淮河在这片土地上滋润，太湖在这片土地上一展胸怀。一代代中国人，一代代江苏人，在这里缔造了文化长江、文化黄河、文化淮河、文化太湖，演绎了波澜壮阔的历史诗篇，这便是江苏文脉。

为了在全球化时代完整地保存江苏文脉这一独特地域文化的集体记忆，以在“后山河时代”为人类缔造精神家园提供根源与资源，为了继承弘扬并创造性转化、创新性发展中国优秀传统文化，2016 年江苏启动了“江苏文脉整理与研究工程”。根据“文脉”的理念，我们将研究工程或“研究编”的顶层设计以一句话表达：“通血脉，知命脉，仰望山脉”。由此将整个工程分为五个结构：江苏文化通史，江苏历代文化名人传，江苏文化专门史，江苏地方文化史，江苏文化史专题。

“江苏文化通史”的要义是“通血脉”，关键词是“通”。“通”的要义，首先是江苏文化与中国文明的息息相通，与人类文明的息息相通，由此才能有民族感或“中国感”，也才有世界眼光，因而必须进行关于“中国文化传统中的江苏文脉”的整体性研究；其次是江苏文脉中诸文化结构之间的“通”，由此才是“江苏”，才有“江苏味”；再次是历史上各个重要历史时期文化发展之间的“通”，由此才能构成“史”，才有历史感；最后是与江苏人的生命与生活的“通”，由此“江苏文脉”才能真正成为江苏人的文化血脉、文化命脉和文化山脉。达到以上“四通”，“江苏文化通史”才是真正的“通”史。

“江苏文化专门史”和“江苏文化史专题”的要义是“知命脉”，关键词是“专”，即“专门”与“专题”。“江苏文化专门史”在框架上分为物质文化史、精神文化史、制度文化史、特色文化史等，深入研究各类专门史，总体思路是系统研究和特色研究相结合，系统研究整体性地呈现江苏历史上的重要文化史，如哲学史、文学史、艺术史等，为了保证基本的完整性，我们根据国务院学科分类目录进行选择；特色研究着力研究历史上具有江苏特色的历史，如民间工艺史、昆曲史等。“江苏文化史专题”着力研究江苏历史上具有全国性影响的各种学派、流派，如扬州学派、泰州学派、常州学派等。

“江苏地方文化史”的要义是“血脉延伸和勾连”，关键词是“地方”。“江苏地方文化史”以现省辖市区域划分为界，13 市各市一卷。每卷上编为地方文化通史，讲述地方整体历史脉络中的文化历史分期演化和内在结构流变，注重把握文化运动规律和发展脉络，定位于地方文化总体性研究；下编为地方文化专题史，按照科学技术、教育科举、文学语言、宗教文化等专题划分，以一定逻辑结构聚焦对地方文化板块加以具体呈现，定位于凸显文化专题特色。每卷都是对一个地方文化的总结和梳理，这是江苏文化血脉的伸展和渗入，是江苏文化多样性、丰富性的生动呈现和重要载体。

“江苏历代文化名人传”的要义是“仰望山脉”，关键词是“文化”。它不是一般性地为江苏历朝历代的“名人”作传，而只是为文化意义上的名人作传。为此，传主或者自身就是文化人并为中国文化的发展、为江苏文脉的积累积淀作出了重要贡献；或者虽然自身主要不是文化人而是政治家、社会活动家等，但对中国文化发展具有重大影响。如何对历史人物进行文化倾听、文化诠释、文化理解，是“文化名人传”的最大难点，也是其最有意义的方面。江苏历史上的文化名人汗牛充栋，“文化名人传”计划为100位江苏文化名人作传，为呈现江苏文化名人的整体画卷，同时编辑出版一部“江苏文化名人辞典”，集中介绍历史上的江苏文化名人1000位左右。

“江苏文脉研究工程”最重要也是最困难的工作是如何寻找和组建一支专门化的学术研究团队，并进行学术组织和管理。它与“整理工程”不同，所有研究都必须原创，而不是对历史文献的整理。由于工程浩大，学术要求高，而专门从事江苏文化、江苏文脉研究的学者又特别少，高端学者更是屈指可数，因而只能步步为营，在摸索中前行。到目前为止，在学术的组织与管理方面大致经历了三个阶段。第一阶段是启动阶段，由于我们对相关研究在学术上可能达到的深度与高度缺乏足够的把握，所以先聘请一些大家、名家领衔相关课题研究，并进行相关学术研讨；第二阶段大胆推进，一年以后，我们感觉积累了一定经验，于是各结构负责人深入高校和其他学术机构，比较广泛地进行选题和研究专家的确认和委托；第三阶段与省哲学社会科学规划办合作，在全省乃至全国范围内进行选题征集和课题申报。为了扩大研究的影响，我们在《明清小说研究》《世界华文文学论坛》设立专门的栏目，系统介绍相关研究成果，推进学术研究。

一脉千古成江河，“茫茫九派流中国”。江苏文脉研究的千里之行已经迈出第一步，历史馈赠我们一次千载难逢的宝贵机遇，让我们巡天遥看，一览江苏数千年文化银河的无限风光，对创造江苏文化、缔造江苏文脉的先行者们献上心灵的鞠躬。面对奔涌如黄河、悠远如长江的江苏文脉，我们惟有以跋涉探索之心，怵惕敬畏之情，且行且进，循着爱因斯坦的“引力波”，不断走近并播放来自江苏文脉深处的或澎湃，或激越，或温婉静穆的天籁之音。

我们一直在努力；

我们将一直努力！

目 录

导　论

金圣叹（1608—1661），苏州府长洲县人（一说吴县人），少年时即补长洲博士弟子员，但终其一生也没能在科场上有更多的收获，为他赢得生前身后名的是他在《水浒传》《西厢记》和诗文评点方面的卓见，他那特立独行的思想和人格也与其别出手眼的评点一样引人注目。

在金圣叹去世前后，他的亲友和其他同时代人的著述已经指出了金氏思想和人格的复杂性：其一，金圣叹的族兄金昌称许《唱经堂杜诗解》中贯注的忠孝之心："余尝反复杜少陵诗，而知有唐迄今，非少陵不能作，非唱经不能批也。……盖少陵忠孝士也，匪以忠孝之心逆之，茫然不历其藩翰，况于壶奥？"[①]其二，金圣叹的朋友徐增（1612—?）认为金氏人格兼具谨严和放达等不同侧面："又每相见，圣叹必正襟端坐，无一嬉笑容，同学辄称其饮酒之妙，余欲见之而不可得，叩其故，圣叹以余为礼法中人而然也。盖圣叹无我，与人相对，则辄如其人：如遇酒人则曼卿轰饮，遇诗人则摩诘沉吟，遇剑客则猿公舞跃……遇孩赤则啼笑宛然也。以故称圣叹善者，各举一端；不与圣叹交者，则同声詈之，以其人之不可方物也。"[②]其三，同时代人归庄（1613—1673）《诛邪鬼》痛骂金圣叹"其人贪戾放僻，不知有礼义廉耻"[③]，视金氏为放诞不羁之人，当是代表了徐增所谓"不与圣叹交者，则同声詈之"的那一类士人。上述见仁见

① 金昌：《叙〈第四才子书〉》，《唱经堂杜诗解》附，康熙刻本。《金圣叹全集附录》，《金圣叹全集》陆，凤凰出版社2008年版，第94页。

② 徐增：《天下才子必读书序》，《九诰堂集》古文一，清代诗文集汇编本。

③ 归庄：《归庄集》卷十，上海古籍出版社2010年版，第499页。

智的评价为数百年的金圣叹研究揭开了序幕。

一　近百年来的金圣叹研究综述

从20世纪20年代以来，学术界几度兴起金圣叹研究的热潮，①80年代以来，人们对于金圣叹的生平、思想和评点的探索更为深入细致，仅专著就有十几种之多。② 近年来关于金圣叹研究的百年回顾的论文已有数篇，③本书在吸收前人成果的基础上，以笔者寓目的论文、专著为重点，以本书关注的具体问题和研究视角为线索，将近百年来的金圣叹研究的状况略述如下：

1. 生平研究

20世纪初孟森《金圣叹考》钩沉了无名氏《辛丑纪闻》等若干种有关圣叹生平的重要史料，④日本学者辛岛骁著有《金圣叹的生平及其文

---

① 在19、20世纪之交，关注金圣叹者也不乏其人。参见黄霖《近百年来的金圣叹研究——以〈水浒〉评点为中心》，《明清小说研究》2003年第2期，第189—207页。

② 张国光：《金圣叹与七十回本〈水浒〉研究》，武汉师范学院学报编辑部1980年版；张国光：《〈水浒〉与金圣叹研究》，中州书画社1981年版；刘欣中：《金圣叹的小说理论》，河北人民出版社1986年版；徐立、陈瑜：《文坛怪杰金圣叹》，湖南教育出版社1987年版；谭帆：《金圣叹与中国戏曲批评》，上海华东师范大学出版社1992年版；张国光：《金圣叹学创论》，中州古籍出版社1993年版；郭瑞：《金圣叹小说理论与戏曲理论》，中国文联出版公司1993年版；陈洪：《金圣叹传论》，天津人民出版社1996年版；覃贤茂：《金圣叹评传》，四川人民出版社1998年版；陈果安：《金圣叹小说理论研究》，湖南师范大学出版社1999年版；王云高：《十字街口的狂客：金圣叹传》，东方出版社2001年版；白岚玲：《才子文心——金圣叹小说理论探源》，北京广播学院出版社2002年版；(美)王靖宇著、谈蓓芳译：《金圣叹的生平及其文学批评》，上海古籍出版社2004年版；吴正岚：《金圣叹评传》，南京大学出版社2006年版；钟锡南：《金圣叹文学批评理论研究》，上海古籍出版社2006年版；吴子林：《经典再生产：金圣叹小说评点的文化透视》，北京大学出版社2009年版；丁利荣：《金圣叹美学思想研究》，武汉大学出版社2009年版；陈飞：《文学与文人——论金圣叹及其他》，商务印书馆2011年版；陆林：《金圣叹史实研究》，人民文学出版社2015年版；周锡山：《金圣叹文艺美学研究》，上海人民出版社2016年版。

③ 陈洪、陈宏：《中国古代小说理论研究的百年回顾及展望》，《天津社会科学》1997年第3期，第82—86页；陈洪：《金圣叹文论研究百年》，《锦州师范学院学报》2000年第4期，第51—52页；魏中林、王晓顺：《20世纪金圣叹小说戏曲理论研究》，《学术研究》2001年第2期，第19—26页；邓绍秋《李贽、金圣叹小说理论研究百年回顾》，《株洲师范高等专科学校学报》2002年第1期，第90—96页；黄霖：《近百年来的金圣叹研究——以〈水浒〉评点为中心》，《明清小说研究》2003年第2期，第189—207页；官春蕾、黄念然：《20世纪金圣叹小说理论研究述评》，《黄冈师范学院学报》2005年第5期，第35—40页；陆林：《二十世纪金圣叹史实研究的滥觞》，《明清小说研究》2011年第4期，第155—168页。

④ 孟森：《金圣叹考》，载氏著《心史丛刊》(外一种)，岳麓书社1986年版，第150—155页。

学批评》[1]和《望汉山楼杂记》[2]。为了收集资料，作者曾托人探访苏州金圣叹墓。其后，陈登原《金圣叹传》搜罗的史料更为丰富，于金圣叹的姓名、交游（尤其是方外之交）、著作系年、以“哭庙案”被诛、身后影响等问题考论甚详。[3] 20世纪下半叶，刘世德《金圣叹的生年》一文考证出圣叹生年为1608年，解决了金圣叹研究中的一个悬案。[4]

20世纪80年代起，金圣叹生平研究取得了很大进展，陈洪《金圣叹“张姓说”辨疑》[5]、黄霖《金圣叹“庠姓张”辨》[6]和金德门《金圣叹与顺治帝》[7]等文都对金圣叹的姓名等问题进行了言之有据的考辨。严云受《金圣叹事迹系年》第一次尝试着对金圣叹事迹加以系年，其优点在于充分利用了金氏著述中的材料[8]。徐朔方《金圣叹年谱》采用了地方志和明清文人别集等前人未曾注意的史料，因而对金圣叹事迹和诗文的系年更为准确。[9] 20世纪90年代以来，陆林以《〈晚明曲家年谱〉金圣叹史实研究献疑》为代表的系列论文堪称后出转精，[10]其高出前人之处

---

① 辛岛骁：《金圣叹的生平及其文学批评》，载京城帝国大学法文学会编《京城帝国大学法文学会第二部论纂》第一辑，东京刀江书院1927年版，第537—603页。

② 辛岛骁：《望汉山楼杂记》，《斯文》第十一编第九号，1929年9月，第43—51页。

③ 陈登原：《金圣叹传》，上海商务印书馆1935年版。

④ 刘世德：《金圣叹的生年》，《文汇报》1962年6月20日第3版。

⑤ 陈洪：《金圣叹“张姓说”辨疑》，《江海学刊》1983年第5期，第98—99页。陈洪另有《钱谦益与金圣叹的“仙坛倡和”透视》（《南开学报》1993年第6期，第43—47页）。

⑥ 黄霖：《金圣叹“庠姓张”辨》，《江海学刊》1985年第1期。

⑦ 金德门：《金圣叹与顺治帝》，《社会科学辑刊》1988年第5期，第125—127页。

⑧ 严云受：《金圣叹事迹系年》，《文史》（北京）第29期，1988年。

⑨ 徐朔方：《晚明曲家年谱》第一卷《金圣叹年谱》，浙江古籍出版社1993年版。

⑩ 陆林：《〈晚明曲家年谱〉金圣叹史实研究献疑》，《文学遗产》2002年第1期，第68—78页。另有《金圣叹佚文佚诗联考》（《明清小说研究》1993年第1期，第187—195页）、《生命中的最后一次欢会——金圣叹晚期事迹探微》（《南京师范大学学报》2000年6期，第125—131页）、《金圣叹与“哭庙案”中的“二丁”》（《中国典籍与文化》2000年第2期，第79—83页）、《金圣叹与周计百交往揭秘》（《河南师范大学学报》2002年第1期，第79—83页）、《金圣叹与王鏊后裔关系探微》（《江海学刊》2002年第4期，第167—172页）、《金圣叹与长洲唯亭顾氏交游考》（《艺术百家》2002年第2期，第71—75页）、《金圣叹与吴江沈氏探微》（《复旦学报》2003年第2期，第119—125页）、《周亮工参与刊刻金圣叹批评〈水浒〉、古文考论》（《社会科学战线》2003年第4期，第121—125页）、《〈午梦堂集〉中“泐大师”其人——金圣叹与晚明吴江叶氏交游考》（《西北师范大学学报》2004年第4期，第22—25页）、《金圣叹与周庄戴氏交游探微》（《文史哲》2005年第4期，第48—53页）、《金圣叹所作“元晖”诗本事考》（《古籍整理研究学刊》2005年第5期，第18—23页）、《金圣叹早期扶乩降神活动考论》（《中华文史论丛》第七十七辑）、《金圣叹基本史实考论——〈沉吟楼诗选〉“读后记”史实探源与辨误》（《南京师范大学文学院学报》2007年第3期，第68—77页）、《金圣叹晚明事迹编年》（《明清小说研究》2008年第4期，第58—80页）、《金圣叹佚诗佚联新考》（《古籍整理研究学刊》（转下页）

在于综合运用谱牒、尺牍、笔记、别集等多种史料，通过考订金圣叹所交往过从的士人的生平事迹，揭示圣叹的精神生活状态。此外，2002 年，邬国平《徐增与金圣叹——附金圣叹两篇佚作》据徐增《九诰堂集》抄本考察了金圣叹与徐增的交谊。①

关于金圣叹的生平史实，已有的研究近乎题无剩义，不过，金圣叹与明清之际佛学界的交游，尚未引起足够的重视。

2. 思想研究

20 世纪 80 年代以前，对于金圣叹思想的分析，主要是围绕金氏腰斩《水浒》的动机和因“哭庙案”被杀的性质，讨论金氏是否反对农民起义、是否反清以及与之相应的是否为“反动文人”等政治思想问题。主张金氏反盗贼者以胡适《百二十回本〈忠义水浒传〉序》、②鲁迅《谈金圣叹》③为先导，其后何满子《论金圣叹评改水浒传》将金氏定性为“封建统治阶级的又一种代言人”④。20 世纪 60 年代，人们就金圣叹的政治思想展开了激烈论辩，野马（马积高）、金兆梓、易名（金德门）、张澄寰、傅

(接上页)2008 年第 6 期，第 48—51 页)、《金圣叹清初事迹编年》(《明清小说研究》2009 年第 3 期，第 225—248 页)、《金圣叹佚文新考》(《上海师范大学学报》2009 年第 2 期，第 66—72 页)、《胡适〈水浒传〉考证与金圣叹研究》(《文学遗产》2011 年第 5 期，第 129—136 页)、《陈登原〈金圣叹传〉的学术贡献及缺憾》(《文艺研究》第 134—141 页)、《〈诗法初津〉作者叶弘勋小考——金圣叹交游考证一例》(《古籍整理研究学刊》2012 年第 4 期、第 45—47 页)、《金圣叹籍贯吴县说献疑》(《学术研究》2012 年第 9 期，第 146—150 页)、《唱经堂与贯华堂关系探微》(《社会科学战线》2012 年第 11 期，第 147—152 页)、《哭庙记闻版本与金圣叹“庠姓张”讨论平议》(《文史哲》2013 年第 6 期，第 80—90 页)、《金圣叹与武进许氏交游考》(《中国典籍与文化》2014 年第 1 期，第 43—50 页)、《金圣叹佚作辑考订补》(《明清小说研究》2014 年第 3 期，第 173—188 页)、《金圣叹交游考：徐崧与陈济生》(《南京师范大学文学院学报》2014 年第 4 期)、《金圣叹籍贯吴县说献疑》(《学术研究》2012 年第 9 期)、《“三吴才子”的半世争名：尤侗与金圣叹》(《文学遗产》2015 年第 2 期，第 128—138 页)、《金圣叹官员交往诗新考》(《江海学刊》2015 年第 1 期，第 187—194 页)、《金圣叹与甫里许氏交游考》(《江西师范大学学报》2015 年第 1 期，第 73—81 页)、《清初邵点其人及与金圣叹交游考》(《中国典籍与文化》2015 年第 2 期，第 41—47 页)、《金圣叹〈沉吟楼诗选〉所涉交游六人考》(《文学与文化》，2015 年第 1 期，第 13—28 页)，以上论文汇为《金圣叹史实研究》(人民文学出版社 2015 年版)一书。其后，陆林撰有《徐增与金圣叹交游新考》(《文史哲》2016 年第 4 期，第 108—122 页)。

① 邬国平：《徐增与金圣叹——附金圣叹两篇佚作》，《中华文史论丛》第七十辑。

② 胡适：《百二十回本〈忠义水浒传〉序》，载氏著《中国章回小说考证》，安徽教育出版社 1999 年版，第 73—107 页。

③ 鲁迅：《谈金圣叹》，《文学》(上海)第 1 卷第 1 号，1933 年 7 月 1 日。

④ 何满子：《论金圣叹评改水浒传》，上海出版公司 1955 年版。

懋勉、张绪荣(张国光)等人皆肯定金圣叹思想中反封建的一面,[①]而郑公盾等人则力持金圣叹是"封建反动文人"说。[②] 1971 年,日本学者中鉢雅量的《金聖嘆の水滸伝観》指出金圣叹"虽然否定了造反,但阐明《水浒传》的艺术性、称扬其中的英雄形象,这在当时是破天荒的,具有一定的进步意义"。[③] "文化大革命"以后,张国光继续为金圣叹翻案,以至尊金圣叹为"我国杰出的启蒙思想家",并认为金圣叹腰斩《水浒》是为了消除百二十回本的投降主义毒素,将其改造为七十回本的武装斗争到底的红线。[④]

关于金圣叹思想的其他层面如哲学思想、儒释道思想和思维方式等问题的研究,始于 20 世纪 30 年代范烟桥撰《金圣叹的治学精神》和蔗园《金圣叹的思想问题》,前者肯定了金圣叹"第一有科学头脑"和"第二能体会",后者则批评金圣叹"犯着朱晦庵批四书的大毛病,并不根据事实,并且不虚心读书,而只是臆想武断和意气用事"。[⑤] 陈登原《金圣叹传》基本上承袭了廖燕(1644—1705)《金圣叹先生传》[⑥]的观点,论述了金氏不依傍门户、标新立异以致多发怪论的学术特征。

---

① 野马:《略谈金圣叹对〈水浒〉的见解》(《文艺报》1961 年第 11 期)、金兆梓《谈谈金圣叹的批改〈水浒〉和〈西厢〉》(《新建设》1962 年 1 月号)、易名《从"哭庙案"看金圣叹》(《光明日报》1962 年 3 月 24 日)、张澄寰《关于金圣叹的评价问题》(《光明日报》1962 年 7 月 11 日第 2 版)、傅懋勉《关于评价金圣叹的问题》(《文汇报》1962 年 9 月 28 日第 3 版)、张绪荣《金圣叹是封建反动文人吗——与公盾同志商榷》(《新建设》1964 年 4 月号)。

② 参见龚兆吉《论金圣叹评〈水浒传〉的观点》(《北京师范大学学报》1963 年第 2 期,第 55—67 页)、公盾《不要美化封建反动文人——谈评价金圣叹的两个问题》(《新建设》1963 年 7 月号)、高淡云《不应该拿"哭庙案"来为反动文人金圣叹翻案——评张绪荣、易名等先生的观点》(《光明日报》1964 年 11 月 8 日第 4 版)。

③ 中鉢雅量:《金聖嘆の水滸伝観》,《野草》特集《中国の古典文学と現代》,1971 年夏第 4 号,第 23—34 页。

④ 张国光关于此类问题的论文有《我国杰出的启蒙思想家金圣叹》(《江汉论坛》1979 年第 1 期,第 65—74 页)、《两种〈水浒〉,两个宋江——论必须完整地理解毛主席和鲁迅对〈水浒〉、宋江的评价,兼谈金圣叹批改〈水浒〉的贡献》(《武汉师范学院学报》1979 年第 1 期,第 75—83 页)、《去伪存真,由表及里——关于金圣叹批改〈水浒〉不得已用"保护色"问题》(《郧阳师专学报》1980 年第 2 期)等。论著有《〈水浒〉与金圣叹研究》(中州书画社 1981 年版)、《金圣叹学创论》(中州古籍出版社 1993 年版)。又潘运告亦有类似观点,见《金圣叹与早期启蒙思想家之比较》(《求索》1985 年第 3 期,第 116—120)和《金圣叹评点〈水浒〉的近代思想特征》(《水浒争鸣》第五辑,武汉大学出版社 1987 年版,第 273—287 页)。

⑤ 范烟桥:《金圣叹的治学精神》,《新闻报》1935 年 8 月 20 日;蔗园:《金圣叹的思想问题》,《中央日报》1936 年 1 月 21 日。

⑥ 廖燕:《廖燕全集》卷十四《金圣叹先生传》,上海古籍出版社 2005 年版,第 300—302 页。

从20世纪80年代开始，学界才真正致力于全面研究金圣叹思想，不过人们关注得较多的还是其心性论。陈潜之《论金圣叹的人格》认为对功名事业的追求是金圣叹一生处世立身的主线，其心性论主张尽人天性自然流露，同时又要"止于至善"。其立足点是在如何维护既存的统治形式，因而他恪守儒家的忠孝人伦。① 马成生《略论"自诚明，谓之性"——读金评本〈水浒传〉第四十二回的评语》认为金氏主张本乎天性、自然而然地表现真实的思想感情，反对假道学，是受到了泰州学派的影响。② 潘运告《金圣叹的性命之说及其民本思想》主张金圣叹的哲学思想的核心是性命之说和民本思想，金氏以气为本体建立起自然人性论，又从自然人性论出发建立民本思想，但金氏也保留着明显的儒家正统思想。③ 马积高《论金圣叹的哲学思想》从宇宙观、思想方法、人性论和政治观四个层面论述金圣叹的哲学思想，指出金氏的宇宙论包含着唯物的因素，但又在现实世界的上面安放着一个圆通自在、常住不变的精神本体；在思想方法上，金氏可谓"合二为一"，但又把人作为天地万物的中心；其人性论包含了推崇封建伦理和主张遂性从欲的矛盾。值得一提的是，此文以金圣叹的易学著述为主要论据，因而是第一篇关注金氏易学的文章。④ 张载轩《金批与儒学》分析了《水浒》金批中的仁、忠义、孝悌、贞节、忠恕等儒家思想。⑤ 陈洪《金圣叹传论》考察了金氏的思想渊源等问题：金圣叹吸收了李贽的推崇真诚、以己为本、反权威等"异端"思想，又濡染了江南士人卖弄文学才华、追求感官享受的才子风习。其"忠恕"说受到了王学特别是泰州学派的影响，主张包容和承认人的自然天性。但金氏对儒家礼教怀有既有所对抗又不完全超越的边缘心态。⑥ 左东岭《李贽与晚明文学思想》考察了金圣叹在推崇真诚的道德价值观、注重自我价值和自然政治观等层面所濡染的李贽思想，也

---

① 陈潜之：《论金圣叹的人格》，《学术月刊》1985年第7期，第57—64页。

② 马成生：《略论"自诚明，谓之性"——读金评本〈水浒传〉第四十二回的评语》，《水浒争鸣》第四辑，长江文艺出版社1985年版，第340—352页。

③ 潘运告：《金圣叹的性命之说及其民本思想》，《晋阳学刊》1987年第5期，第64—69页。

④ 马积高：《论金圣叹的哲学思想》，《学术月刊》1990年第12期，第48—54页。

⑤ 张载轩：《金批与儒学》，《淮阴师专学报》1995年第1期，第24—26页。

⑥ 陈洪《金圣叹传论》，天津人民出版社1996年版，第36—45页。

注意到了作为晚明狂放思潮终结者的金圣叹向推崇伦理等时代主题的贴近。[①] 日本学者井上浩一《李贽と金圣叹——读书论的差异とその思想的背景》着重分析了李贽与金圣叹在读书论方面的差异:前者更接近于阳明学重视主体的"格物论",后者主要以朱子格物穷理的思想为基础。[②] 张文勋《老庄思想和金圣叹的〈水浒传〉评点》认为,金氏的主导思想并未跳出儒家的封建伦理思想体系,但老庄的"绝圣弃智""绝仁弃义"、提倡任性自然的思想也在金氏的《水浒传》评点中留下了痕迹。[③]

综观20世纪以来有关金圣叹思想的研究状况可知,学界已经认识到了金氏思想既提倡自然人性又推崇儒家伦理的复杂性,并且将前者归因于李贽等人的影响,将后者归结为传统士大夫的共性、时代主题的推移等原因。

3.《水浒传》评点

近百年来,关于《水浒传》评点的研究是金圣叹研究中最为引人瞩目的问题,人们对其中的腰斩《水浒》、人物性格论、"文法"论、文事观、叙事角度论、小说鉴赏论等问题尤其关注。关于腰斩《水浒》问题,本书第九章第一节《"腰斩水浒"说的反思》将有详细论述,今略述其他问题的研究状况如下:

(1)人物性格论

对于金圣叹的人物性格论,以往的研究主要探讨了人物性格论的内涵、性格塑造的创作论和塑造人物性格的艺术手法三方面。

刘大杰、章培恒《金圣叹的文学批评》指出了金圣叹重视人物性格的塑造。[④] 此后,有关金氏人物性格论的分析,几乎都是以西方文艺理论,尤其是黑格尔、恩格斯的典型论为参照的。王齐洲《金圣叹小说理论初探》主张金圣叹对人物典型化理论的贡献在于把人物形象放在典型环境中去理解,讲清了艺术典型中个性与共性的关系,摆

① 左东岭:《李贽与晚明文学思想》,天津人民出版社1997年版,第301—336页。

② [日]井上浩一:《李贽と金圣叹——读书论的差异とその思想的背景》,《中国社会と文化》第十五号,2000年6月,第122—134页。

③ 张文勋:《老庄思想和金圣叹的〈水浒传〉评点》,《水浒争鸣》第五辑,第240—254页。

④ 刘大杰、章培恒:《金圣叹的文学批评》,《中华文史论丛》第三辑。

脱了类型化理论的影响以及重视情节、细节的典型与真实等。[①] 郭瑞《我国古典美学思想的一个突破——金圣叹的人物“性格”说》认为金圣叹相当注意人物性格的独特性、多面性、矛盾性以及完整性。[②] 叶朗《中国小说美学》论述了金圣叹小说美学中的典型性格问题[③]，此后的人物性格论研究基本遵循了这一思路，但侧重点各有不同。[④] 不过，也有学者力图纠正这一思路的不足，如高小康《金圣叹人物理论新探》剖析了金氏的人物性格论与西方典型性格理论的区别，揭示了金氏性格说是一种带有心理学特点的性格理论，但不大重视人物性格的历史与社会意义。[⑤]

金圣叹的人物塑造的创作论（以下简称“格物论”）是以往争论得较为激烈的问题。由于金圣叹借用儒学和佛学的术语，将人物塑造的艺术思维概括为“格物”“忠恕”“因缘生法”和“动心”，因此，对于这些概念的内涵的不同看法，就使得人们在“格物论”问题上莫衷一是。多数学者主张“格物论”是主观体验想象和客观观察研究的结合，如王齐洲《金圣叹小说理论初探》和《论“动心说”——金圣叹小说理论再探》认为“格物”是指作家对社会实际生活中的各种人物和事物有长期的认真而细致的观察与认识，“忠恕”提出了作家在创作过程的各个环节中的态度与情感问题，“因缘生法”意味着人物形象是作家主观体验与客观存在的生活逻辑相结合的产物，“动心”说是指作家要把自己的全部身心投入人物的精神世界中去，要符合人物性格和事物发展的客观规律。[⑥] 又

① 王齐洲：《金圣叹小说理论初探》，《社会科学研究》1981年第5期，第86—92页。

② 郭瑞：《我国古典美学思想的一个突破——金圣叹的人物“性格”说》，《文艺研究》1982年第2期，第66—72页。

③ 叶朗：《中国小说美学》第三章，北京大学出版社1982年版，第68—96页。

④ 参见郁沅《中国典型理论与形神论》（《文艺理论研究》1990年第1期，第19—27页）、陈果安《植根于民族文化的典型理论：金圣叹的性格说》（《湖南师范大学学报》1992年第3期）、张伟《写出立体的人：金圣叹〈水浒〉人物性格理论一瞥》（《阴山学刊》1994年第1期，第30—34页）、张载轩《金圣叹的人物性格论》（《淮阴师专学报》1994年第2期，第34—38页）、俞为民《金圣叹的〈水浒传〉人物论》（《明清小说研究》1995年第2期，第96—106页）、刘春生《金圣叹在小说人物论上的杰出建树》（《国际关系学院学报》1996年第4期，第34—41页）、刘庆璋《金圣叹与黑格尔：叙事文学理论的两座高峰》（《文艺理论研究》1997年第3期，第17—24页）、齐鲁青《金圣叹小说人物性格批评论》（《内蒙古大学学报》2000年第4期，第1—6页）。

⑤ 高小康：《金圣叹人物理论新探》，《文艺理论研究》1988年第5期，第72—79页。

⑥ 王齐洲：《论“动心说”——金圣叹小说理论再探》，《争鸣》1983年第2期。

如，郭瑞阐述了“格物论”的三个层面：一是“因缘生法”意味着理解和掌握人物之所以成为这个人物的种种原因和条件；二是“格物”即作家创造人物不能离开丰富的生活积累；三是“亲动心”即作家在观察生活的基础上，发挥艺术想象力，全身心地感受体验人物。① 石钟扬《“处处设身处地而后成文”》揭示了金圣叹“格物论”强调以自身为对象来研究人，但并不轻视作家深入生活的特点。② 陈洪《金圣叹传论》指出金圣叹是以“随因缘而起”来作为“动心”说的补充，即艺术想象要以逻辑思维为辅佐。③ 左东岭《李贽与晚明文学思想》认为金氏“格物论”包含了以“忠恕”识得人物自然之性、以“因缘生法”把握人物个性内外部之成因和以“亲动心”设身处地去感受人物三个层面。④

有些学者更强调“格物论”与主观精神体验、艺术想象的关系。比如，王先霈《金圣叹论人物塑造中的艺术思维》认为“格物论”不能解释为深入实际研究客观事物，其原因：首先，“忠恕”意味着在小说创作中，作家不仅要观察，更当紧的是要体验；其次，作家要“亲动心”，即在创作中能使自己暂时进入人物的精神状态，其方法是“因缘生法”，即从一定的关系来观察、分析和描写人物，同时形象推想能力也很重要。⑤ 龚兆吉《略论金圣叹的“格物”“因缘生法”说的得失》将“因缘生法”与“心生万法”合而为一，又将“格物”理解为发明本心，其目的也是为了说明金圣叹的文学创作论是“不需要生活积累和广闻博识，只要从自我出发”的唯心主义创作论。⑥ 陈飞《金圣叹“格物”的要意》揭示了“格物论”的

---

① 郭瑞：《我国古典美学思想的一个突破——金圣叹的人物“性格”说》，《文艺研究》1982 年第 2 期，第 66—72 页。

② 石钟扬：《“处处设身处地而后成文”》，《水浒争鸣》第五辑，武汉大学出版社 1987 年版，第 297—305 页。

③ 陈洪：《金圣叹传论》，天津人民出版社 1996 年版，第 168—177 页。

④ 左东岭：《李贽与晚明文学思想》，天津人民出版社 1997 年版，第 306—308 页。主张主客观相结合的论文还有严云受《金圣叹的小说创作论》（《安庆师范学院学报》1991 年第 3 期，第 70—76 页）、吴建民《金圣叹的形象塑造系统方法》（《徐州师院学报》1991 年第 4 期，第 56—60 页）、齐鲁青《金圣叹小说创作心理论初探》（《内蒙古大学学报》1999 年第 2 期，第 53—59 页）。

⑤ 王先霈：《金圣叹论人物塑造中的艺术思维》，《水浒争鸣》第三辑，长江文艺出版社 1984 年版，第 [illegible]—446 页。

⑥ 龚兆吉：《略论金圣叹的“格物”“因缘生法”说的得失》，《水浒争鸣》第五辑，武汉大学出版社 1987 年版，第 288—296 页。

以下内涵：一是“以一心所运”即突出心在创作中的权威地位，二是“忠恕”即对人物个性、事件自身规律的绝对尊重，三是“因缘生法”即遵循因果律。总之，金圣叹反复强调的是创作主体对客体的审美观照而不是社会实践。[①]

此外，人们还探讨了塑造人物形象的艺术手法，如“背面铺粉法”意味着性格相左人物的对比，“正犯法”和“略犯法”是指通过相似的情节写出不同人物的性格。由于人们在这一问题上的分歧不大，故不赘述。

（2）“文法”论

金圣叹在《水浒传》评点中津津乐道于“倒插法”“夹叙法”等文法，对此，胡适予以“八股选家的流毒”的评价，[②]鲁迅斥之为“八股的作法”。[③] 虽然隋树森《金圣叹及其文学评论》、[④]朱东润《中国文学批评史大纲》[⑤]已对金氏文法有所肯定，但长期以来，学界对金圣叹文法多持否定态度。令人感慨的是，对于金圣叹文法的全面诠释，也许是从西方汉学界起步的。1972 年，美国学者王靖宇《金圣叹的生平及其文学批评》试图以西方文艺理论阐释金氏文法，认为“草蛇灰线法”“绵针泥刺法”和“欲合故纵法”分别近似于现代批评术语“复调意象”“讽刺”和“悬念”。[⑥]

20 世纪 80 年代以来，国内学者也开始关注金氏“文法”论。有关这一问题的研究大多从以下两种角度切入：其一，以现代小说理论为坐标，剖析金氏文法中蕴涵的人物性格、情节结构、叙事角度、读者心理等理论；其二，分析金氏文法与文章作法和其他审美传统的渊源关系。其中，采取前一种视角的论文占大多数。可以说，有关文法的研究基本上是立足于西方文艺理论、以纠正胡适等人的观点为宗旨的。

---

① 陈飞：《金圣叹“格物”的要意》，《明清小说研究》1990 年第 1 期，第 206—219 页。

② 胡适：《〈水浒传〉考证》，载《中国章回小说考证》。

③ 鲁迅：《谈金圣叹》，《文学》（上海）第 1 卷第 1 号，1933 年 7 月 1 日。

④ 隋树森：《金圣叹及其文学评论》，《国闻月报》1932 年第 9 期。

⑤ 朱东润：《中国文学批评史大纲》，重庆开明书店 1944 年版。

⑥ ［美］王靖宇著、谈蓓芳译：《金圣叹的生平及其文学批评》，上海古籍出版社 2004 年版，第 65—69 页。

就文法的宏观研究而言，有些学者运用现代小说理论、文艺心理学对金氏文法加以全面阐释，如陈果安《金圣叹的小说技法论》在驳斥"八股文法"说的基础上，指出金氏文法抓住了小说的审美特征，是一本包括了观察生活、情节构思、人物表现和叙事手法等问题的、完整而系统的小说作法。① 同时，也有一些论文追溯了金氏文法论的渊源，如卢庆滨《八股文与金圣叹之小说戏曲批评》指出16世纪八股文与古文的相互影响，使得八股文的死板形式相对松动，从而影响了金氏重视主题、章法、句法的理论。② 又如，罗德荣《古代小说技法学成因及渊源探迹》从评点之学、论文讲法、八股文研究与批评、先秦以来所形成的史传文学、文学批评以及传统画论的影响等层面剖析了古代小说技法的成因。③

从微观研究来说，金圣叹文法论主要涉及小说人物塑造和情节结构的技巧等问题。关于人物塑造的文法已如上述。在文法与情节结构的关系方面，叶朗《中国小说美学》论述了金氏文法中蕴涵的情节要适应读者的美感心理、情节的连续与中断、壮美和优美的转换、情节的传奇性与现实性、情节的多层意义等情节理论，此书开辟了一条从小说情节和读者心理的角度来剖析金氏文法论的道路。④ 此后遵循这一思路继续开拓的论文不在少数，许多论文深化和完善了前人的研究，如高小康《金圣叹"文法"理论的美学意义》认为金圣叹对审美心理的认识是其"文法"理论的心理学基础和独特之处，金氏"文法"的审美理想是合乎理想的严整与合乎自然的神变之统一，即情节发展的势与变、形式结构的严谨与错综的统一，势与变的有机结合产生的节奏则是文法观念的

① 陈果安：《金圣叹的小说技法论》，《湖南师范大学社会科学学报》1993年第1期，第95—99页。这方面的论文还有：翟建波《略论金圣叹对于〈水浒传〉文法的评点》（《人文杂志》1986年第5期，第122—128页）、王国健《论金圣叹小说"文法"论的文学意义》（《华南师范大学学报》1996年第2期，第58—63页）、刘春生《金圣叹小说叙事技法论评述》（《国际关系学院学报》1997年第3期，第31—38页）、孟昭连《〈水浒传〉评点中的小说技巧论》（《南开学报》1999年第2期）等。

② 卢庆滨：《八股文与金圣叹之小说戏曲批评》，《汉学研究》第6卷第1期，1988年6月。

③ 罗德荣：《古代小说技法学成因及渊源探迹》，《明清小说研究》2002年第1期，第4—14页。

④ 叶朗：《中国小说美学》，北京大学出版社1982年版，第97—106页。

灵魂。[①] 显然，这类论文都是以现代小说理论为参照来研究金氏“文法”的。

也有一些学者从中国古典审美传统出发，分析金氏文法与小说主旨和章法结构的关系。如马成生《无甚结构而结构特妙——明清作家关于小说结构艺术的论述》主张金氏文法体现了小说结构要适合主脑需要、符合人物性格、讲究曲折变化、重视繁简有则和血脉贯通等传统审美观念[②]。又林岗《明清之际小说评点学之研究》第五章至第八章认为，金圣叹等小说评点家在总结构上追求有起有结和中间关锁照应，这样的大结构框架不仅是为了实现形式的均衡，而且还起着解释、暗示主导情节的作用；在次结构上讲究的是“段”（故事单元）与“段”之间的巧妙连接。[③] 这一研究体现了在中西小说理论比较的视野下，从中国古典审美传统出发考察文法的研究视角，是对以往的以“八股流毒”否定金氏文法和以西方文艺理论衡量文法这两种视角的否定之否定。陈光《八股文与金圣叹的作题论》论及八股文以题目为中心的作法对金氏“那辗”等文法的影响，[④]王冉冉《以论说文文法评点小说结构——金圣叹小说评点的一个本质特征》主张以论说文文法评点小说结构是金圣叹小说评点的本质特征之一，因此，套用西方叙事学、以现代叙事观念来探讨金圣叹的结构不仅是印板学术，而且从研究的立足点来说都是错误的。[⑤]

综上所述，从20世纪20年代以来，对于金圣叹文法理论的研究是

---

① 高小康：《金圣叹“文法”理论的美学意义》，《南京师大学报》1989年第2期，第43—48页。关于这一问题的论文还有：李骞《金圣叹论小说的情节构成、变化的特征》（《水浒争鸣》第三辑，武汉长江文艺出版社1984年版，第464—469页）、刘欣中《金圣叹的小说理论》（河北人民出版社1986年版，第113—141页）、陈果安《金圣叹的情节理论》（《益阳师专学报》1993年第1期，第48—50页）、梅庆吉《“正笔”与“闲笔”——金圣叹美学思想研究之七》（《龙江社会科学》1995年第2期，第47—52页）、胡鸿延《金人瑞批〈水浒传〉的“情节”理论寻探》（《贵州社会科学》1999年第3期，第83—87页）、岳筱宁《金圣叹情节技法摭谈》（《语文学刊》（高教版）2005年第3期）等。

② 马成生：《无甚结构而结构特妙——明清作家关于小说结构艺术的论述》，《甘肃社会科学》1988年第2期，第72—78页。

③ 林岗：《明清之际小说评点学之研究》，北京大学出版社1999年版，第112—203页。

④ 《重庆社会科学》2002年第3期，第46—49页。

⑤ 王冉冉：《以论说文文法评点小说结构——金圣叹小说评点的一个本质特征》，《华东师范大学学报》2004年第3期，第50—56页。

以胡适等人的斥之为“八股流毒”为起点的，因而在很长一段时期内，学者大多试图以西方文艺理论为参照进行翻案，将“文法”推尊为完整而系统的小说理论。近年来，在反思以上两种视角的得失的基础上，人们也开始考察古典审美传统尤其是文章作法对金氏“文法”论的影响，以期既把握金氏“文法”的本意，又发掘其中蕴涵的与现代小说理论相通的因素。

(3) 文事观

金圣叹曾经比较《新唐书》与《史记》的区别而提出“事为文料”说，又曾论述《史记》与《水浒》的不同而有“因文生事”说。对于金圣叹的以小说虚构为中心的文事观，以往的研究所争论的问题主要有：

其一，关于金氏文事观的理论基础，有小说的文体特征和小说的创作动机论等不同说法。郭绍虞《中国历代文论选》第三册认为，金圣叹“把《水浒》与《史记》作了一个比较，认为它们的区别在于：《史记》是以文运事，《水浒》是因文生事，这也就是说，历史必须严格尊重事实，小说则可以在事实的基础上进行虚构和夸张”。① 叶朗《中国小说美学》也认为金氏的小说虚构论是在区别小说和历史著作的文体特征的基础上提出来的。② 此后的研究对此说有所修正，如陈洪《中国小说理论史》主张金圣叹是通过与官史、文人之史的两次比较，揭示出小说作为特殊的叙事文体的虚构特征。③ 白岚玲《才子文心——金圣叹小说理论探源》则认为金氏所说的《史记》与《新唐书》的异同，并不是修撰性质的异同，而是强调史家个人才华、修史态度的差异直接决定了他们所修撰的不同史书的文采多寡、成就高下。④ 又岳筱宁《金圣叹〈水浒传〉评点的艺术虚构论》也强调金氏的艺术虚构论是建立在小说文体特征基础上的。⑤ 而王先霈《金圣叹“文料”说浅论》则从创作动机论着眼，认为“金圣叹的观点具有明显的游戏论和表现论的性质”⑥。方红梅《金圣叹的小说虚

① 郭绍虞：《中国历代文论选》，上海古籍出版社 1980 年版，第 247—248 页。
② 叶朗：《中国小说美学》，第 60—65 页。
③ 陈洪：《中国小说理论史》，安徽文艺出版社 1992 年版，第 159—163 页。
④ 白岚玲《才子文心——金圣叹小说理论探源》，北京广播学院出版社 2002 年版，第 122 页。
⑤ 岳筱宁：《金圣叹〈水浒传〉评点的艺术虚构论》，《广播电视大学学报》2000 年第 1 期。
⑥ 王先霈：《金圣叹“文料”说浅论》，《水浒争鸣》第五辑，武汉大学出版社 1987 年版，第 267—272 页。

构与似真统一论》亦指出金圣叹从创作发生学的角度谈了文学的创作动机、目的和文学的本质，并由此指出文学的虚构性特征。[①]

其二，文与事的内涵。叶朗《中国小说美学》指出，“因文生事”意味着小说具有艺术美：(1) 小说的艺术形象不同于历史实录；(2) 小说的艺术形象以人物为中心；(3) 塑造典型性格要靠细节描写；(4) 小说能够使读者产生审美愉悦。[②] 陈慧娟《论金圣叹的文事观》认为事和文的主要内涵分别是“与现实生活的相仿性以及作家创造的虚构性”和“文学作品的艺术形式、艺术技巧，偏重作家的主观因素”。[③] 又陈洪《金圣叹传论》指出，“事为文料”说有两层意义：一是素材处理、故事编造应服从于文学性的需要，二是小说创作实质为主观精神的表现；[④]白岚玲《才子文心——金圣叹小说理论探源》反对前人只重视“因文生事”的第一层内涵“生事”即小说内容的艺术虚构性，强调金氏此说的特点在于突出“文”即“以塑造人物形象、展示人物性格、追求文学意趣为目的的各种艺术化的细节描写”[⑤]。

其三，虚构与现实的关系。何满子《论金圣叹评改〈水浒传〉》认为金氏的“因文生事”说意味着艺术脱离现实[⑥]，叶朗《中国小说美学》则反驳了“指责金圣叹宣扬艺术可以脱离现实”的观点[⑦]，王先霈《金圣叹“文料”说浅论》也认为金氏“也还是触及了艺术虚构的生活根据、触及了艺术形象的真实性问题”，[⑧]此后，金圣叹在重视艺术虚构的同时并未忽视生活真实的特点逐渐成为学界共识。

(4) 叙事角度论

学界对于金圣叹叙事角度理论的研究，基本上是依照西方叙事理论展开的。但近年来人们也开始注意到金氏的有些论述其实与西方叙事理论有着很大差别。

---

① 方红梅：《金圣叹的小说虚构与似真统一论》，《成都大学学报》1996 年第 1 期，第 18—20 页。
② 叶朗：《中国小说美学》，第 60—65 页。
③ 陈慧娟：《论金圣叹的文事观》，《河北师院学报》1996 年第 1 期。
④ 陈洪：《金圣叹传论》，天津人民出版社 1996 年版，第 180—186 页。
⑤ 白岚玲：《才子文心——金圣叹小说理论探源》，北京广播学院出版社 2002 年版，第 129 页。
⑥ 何满子：《论金圣叹评改水浒传》，上海出版公司 1955 年版。
⑦ 叶朗：《中国小说美学》，北京大学出版社 1982 年版，第 62 页。
⑧ 王先霈：《金圣叹“文料”说浅论》，《水浒争鸣》第五辑，武汉大学出版社 1987 年版，第 270 页。

一般认为，在全知视角和限知视角这两种叙事角度中，金圣叹更偏向于后者，为此甚至修改《水浒传》文本。在 20 世纪 80 年代，人们多用“人物观点”一说来概括金氏的叙事角度论。比如，叶朗《中国小说美学》指出，金圣叹敏锐地捕捉到了小说叙事采用人物观点而不是全知观点的特点，还揭示了人物叙事观点的意义在于写出人物的精神面貌、心理状态和制造一种特殊的氛围①；刘欣中《金圣叹的小说理论》进一步指出视点变换还有以下好处：(1) 有助于写好场面，增强情节的真实感。(2) 有助于读者从人物同周围环境的关系中把握所描写的生活的全体。(3) 视点变换还是一种过渡情节、转换场面的手段。② 鲁德才《中国古代小说艺术论》使用了“内视点”的概念，认为金圣叹以人物的内视点为小说技巧的上乘。③ 陈洪《中国小说理论史》开始采用“局限叙事”的说法，主张金氏所谓“影灯漏月”意味着将原文的全知全能叙事改为第三人称局限叙事。④ 陈果安《金圣叹的叙事美学》认为金氏不仅注意巧妙地使用叙述视角，而且比较喜欢“半知半能”视角。⑤ 杨义《中国叙事学》阐述了金氏“影灯漏月”说的含义是“限知视角的诗意化表述，它把限知的半为可感知、半为不可感知的界限巧妙地勾勒出来了”，同时金圣叹修改武松十字坡佯饮药酒一段的效果在于“不仅把视角限知化了，而且把限知的视角严格地限制在听觉的范围，使之严密化了”。⑥

与以上的研究有所不同，罗德荣《小说叙事视角理论再思考——“叙法变换”与双重描写论辨》开始触及中国传统的描写方法与限制叙事的异同，主张《水浒传》第十三回“两个斗到五十余合”一段的写法是典型的兼具直接描写与间接描写作用的双重描写，并非所谓“流动的多视角组合的内视点”。⑦

---

① 叶朗：《中国小说美学》，北京大学出版社 1982 年版，第 106—109 页。

② 刘欣中：《金圣叹的小说理论》，河北人民出版社 1986 年版，第 108—112 页。

③ 鲁德才：《中国古代小说艺术论》，天津百花文艺出版社 1987 年版，第 135 页。又王丽文《金批〈水浒〉对中国古代小说叙事模式的突破》(《南开学报》2000 年第 3 期，第 35—38 页)观点与此接近。

④ 陈洪：《中国小说理论史》，安徽文艺出版社 1992 年版，第 189—194 页。

⑤ 陈果安：《金圣叹的叙事美学》，《中国文学研究》(长沙)1993 年第 2 期，第 52—57 页。

⑥ 杨义：《中国叙事学》，《杨义文存》第一卷，人民出版社 1997 年版，第 216—218 页。

⑦ 罗德荣：《小说叙事视角理论再思考——“叙法变换”与双重描写论辨》，《明清小说研究》1998 年第 4 期，第 99—112 页。

（5）小说鉴赏论

金圣叹在《水浒传》和其他文学作品的评点中特别注意读者的审美心理[①]，对此，人们往往以现代文艺学的鉴赏论为依据，从鉴赏的条件、主体、过程、性质和作用等方面加以分析。

如前所述，叶朗《中国小说美学》着重从情节结构设计的角度论述金氏有关读者的美感心理的观点，认为小说情节的曲折、变化等美学特征，都是为了适应读者的美感心理，使读者获得最大的美感享受。[②] 刘欣中《金圣叹的小说理论》第十节《小说的阅读和欣赏》阐述了小说欣赏的主体性、小说欣赏中的想象活动、幻觉、审美探究、情感活动等内容，为其后的金氏小说鉴赏论研究奠定了基本框架。[③] 李天道《论金圣叹的文学鉴赏理论》一文的独特之处在于揭示了金氏有关文学欣赏的超越现实意识的作用、文学欣赏初始的虚静、理解作家的特殊心态和作家创作情感的特点等观点，[④]严云绶《金圣叹的小说鉴赏论》认为金圣叹的小说鉴赏论表明了中国小说鉴赏论系统化形态的确立，标志着中国小说理论史上对小说鉴赏的审美特性的自觉把握。[⑤] 杨志明《略谈金圣叹的鉴赏理论》认为，如果就开拓性和独创性而言，金圣叹的鉴赏论比创作论的意义更大，但其不足之处在于零碎不成系统。[⑥] 陈慧娟《文学批评的读者立场——评金圣叹评点〈水浒传〉》和《简析金圣叹论读者的阅读心理》[⑦]等文试图以一种新的理论框架来分析金氏的欣赏论，认为金氏的读者立场表现在以读者的阅读感受对文学作品进行价值判断和在评点过程中不断与读者对话交流两方面，前者包括文学作品对读者阅读

---

① 金氏有关读者接受的思想在《水浒传》评点中最为丰富，但在《西厢记》等评点中也有一些论述，为了行文方便，本节一并加以阐述。

② 叶朗：《中国小说美学》，北京大学出版社 1982 年版，第 97—100 页。

③ 刘欣中：《金圣叹的小说理论》，河北人民出版社 1986 年版，第 149—162 页。

④ 李天道：《论金圣叹的文学鉴赏理论》，《四川师范大学学报》1987 年第 2 期，第 82—87 页。

⑤ 严云绶：《金圣叹的小说鉴赏论》，《安徽师大学报》1991 年第 3 期，第 272—279 页。

⑥ 杨志明：《略谈金圣叹的鉴赏理论》，《上海师范大学学报》1994 年第 2 期，第 83—86 页。这方面的论文还有张载轩《金圣叹的小说鉴赏观》（《淮阴师专学报》1995 年第 3 期，第 18—21 页）、陈果安《金圣叹小说理论研究》第十七章《金圣叹的小说阅读论》（湖南师范大学出版社 1999 年版，第 243—259 页）。

⑦ 陈慧娟：《文学批评的读者立场——评金圣叹评点〈水浒传〉》，《江淮论坛》1997 年第 6 期；陈慧娟：《简析金圣叹论读者的阅读心理》，《中央民族大学学报》2000 年第 2 期。

情绪和感情、联想和想象、心理期待的调动等方面。作者还分析了金氏所谓闪落、惊吓、心痒、摇漾等术语所描述的多种阅读心理的具体状态。

总体来看,有关金氏鉴赏论的研究在不断完善发展,不过,值得反思的是,在现代文艺理论体系中,鉴赏论是读者接受过程中的一个层面,是有别于一般的文学阅读和科学的文学批评的,而金圣叹所谓"读者"常常是兼指批评者和鉴赏者的。因此,在以鉴赏论分析金氏的"读者"论时,似应稍作分梳。同时,金氏的"读者"论与现代文艺鉴赏论方枘圆凿的层面也应得到更多关注。

此外,日本学者小松建男《李卓吾と金聖嘆——作者から作品へ》强调金氏的《水浒传》评点受到了李贽的影响,尤其是在批判宋江和评点形式等方面。[①]

4.《西厢记》评点

金批《西厢》问世后,清代戏曲批评家李渔称赏金批《西厢》为填词第一并剖析其奥妙所在,同时也承认"圣叹之评《西厢》,其长在密,其短在拘"的得失,更重要的是指出了金批《西厢》强调文学成就而忽视舞台艺术的特点。[②] 梁廷枏《藤花亭曲话》则严厉斥责金批分解《西厢》和以文律曲的过失。[③] 关于金氏的《西厢记》评点,20 世纪以来的研究主要探讨了金批《西厢》的底本、思想意蕴、人物理论、文法论和创作论等问题。

金批《西厢》的底本是一个颇有争议的问题。傅晓航《金批〈西厢〉的底本问题》和蒋星煜《金批〈西厢〉底本之探索》通过将金批本与徐渭画意本、王骥德校本、凌刻本和张深之本等版本在标题、曲牌、道白、唱词等方面加以勘比,推测金批《西厢》的底本很可能是张深之正北西厢秘本。[④] 其后,林宗毅《金批〈西厢记〉与张深之本、王骥德本之关系重探》对此说有所修正,认为金批《西厢》前三本之底本仍以张深之本最

---

① 小松建男:《李卓吾と金聖嘆——作者から作品へ》,载伊藤虎丸、横山伊勢雄编《中国の文学論》,汲古书院 1987 年版,第 205—214 页。

② 李渔:《闲情偶寄·词曲部》,《中国古典戏曲论著集成》(七)。

③ 梁廷枏:《藤花亭曲话》《中国古典戏曲论著集成》(八)。

④ 傅晓航:《金批〈西厢〉的底本问题》,《文献》1989 年第 3 期,第 55—67 页;蒋星煜:《金批〈西厢〉底本之探索》,《河北学刊》1990 年第 3 期。

近，第四本则二者皆有可能，至于第五本也许是王骥德本，也许另有他本。①

底本研究为分析金圣叹删改和评点《西厢》的思想意图提供了依据。在这一问题上，历来有推崇"先王之礼"和肯定青年男女爱情的分歧。霍松林《金圣叹批改"西厢记"的反动意图》认为金批《西厢》的目的在于维护封建礼教，反对婚姻自由。② 戴不凡《论崔莺莺》在对照金批《西厢》与多种明刊本的文字异同的基础上，指出金氏的删改主要包括在普救寺旁添加别院、将莺莺奉母命到佛殿游玩改为至前庭散心、删去莺莺主动对张生留情的一切科介、把咒骂母亲的莺莺改为善处其母的孝女、把莺莺埋怨红娘行监坐守改为侍婢畏惧小姐等方面，其目的都是为了"把王实甫离经叛道的崔莺莺，窜改成为一个'秉礼'的佳人，借此大力宣传'先王之礼'"。③ 与此说截然相反，张国光《有比较才能鉴别——〈金西厢〉优于〈王西厢〉之我见》认为，金批《西厢》是以反封建婚姻、反礼教、争取恋爱婚姻自由为主题。④ 与以上两种说法有所不同，林文山《论金圣叹评改〈西厢〉》主张金圣叹在很大程度上是给恋爱自由披上一层"礼"的外衣，此说已开始注意到金批《西厢》中情与礼的矛盾。⑤ 廖可斌《爱佳人则爱，爱先王则又爱——试论金圣叹评点〈西厢记〉的矛盾心理》堪称"矛盾"说的代表。此文认为金圣叹既从现实感受出发主张"遂性"伦理观，又在主观意图上维护封建主义的伦理原则和道德规范。这一矛盾体现在《西厢》批点中，就是一方面肯定男女自由爱情、揭露假道学之虚伪，另一方面又不敢从根本上怀疑和否定伦理道德，因而煞费苦心地把莺莺改造成追求爱情和自觉秉礼两种倾向完美统一的化身，结果却陷入了自相矛盾，不过矛盾本身就使得金圣叹思想具有了早期思想启蒙的意义。⑥ 此后，金批《西厢》的思想意蕴仍然不断地激发人

---

① 林宗毅：《金批〈西厢记〉与张深之本、王骥德本之关系重探》，《汉学研究》17 卷 2 期，1999 年 12 月。

② 霍松林：《金圣叹批改"西厢记"的反动意图》，《光明日报》1955 年 5 月 29 日第 3 版。

③ 戴不凡：《论崔莺莺》，上海文艺出版社 1963 年版，第 149 页。

④ 张国光：《〈水浒〉与金圣叹研究》(中州书画社 1981 年版)，第 274—289 页。

⑤ 林文山：《论金圣叹评改〈西厢〉》，《社会科学研究》1981 年第 5 期，第 80—85 页。

⑥ 廖可斌：《爱佳人则爱，爱先王则又爱——试论金圣叹评点〈西厢记〉的矛盾心理》，《中国文学研究》1986 年第 1 期，第 109—115 页。

们的思考，矛盾说和反礼教说成为两种主要观点。[①]

关于戏曲人物论，前引张国光文赞赏金批《西厢》深化了正面人物的性格、描写更合乎人物身份和写出了人物内心的复杂矛盾，林文山《论金圣叹评改〈西厢〉》论述了金氏有关恰如其分地描写人物的语言、行动的观点，谢柏良《金圣叹论戏剧人物典型化》认为金圣叹的人物典型化的方法包括明确地摆正人物间的相互地位和关系、从人物肖像的刻画中显出人物的身份和性格以及追求细节典型化，[②]谭帆《金圣叹戏曲人物理论刍议》认为金圣叹从"心、地、体"三要素认识了戏曲人物性格的内涵和塑造性格的具体途径，但他最重视的是"地"即戏曲人物的社会地位，金氏人物论是在个性化和类型化之间徘徊，而较为倾向于类型化；[③]高小康《百炼钢化为绕指柔——金批〈水浒〉与〈西厢记〉的比较研究》则别出蹊径，在"由浪漫主义到感伤主义美学思潮的演变"的框架下，指出"同《水浒》评中要求表现'性格'不同，《西厢记》评更内向，重视表现'心地'，即人物的情操'"。[④] 显然，人们都意识到了金氏戏曲人物论的突出成就及其在《西厢记》评改中的核心地位，但对金氏人物戏曲论是否堪称典型论的问题看法不一。

和《水浒传》评点一样，金圣叹在《西厢记》评点中提出了很多文法，人们对于这些文法的分析大致从以下三个角度切入：其一，用现代文学理论诠释这些文法的内涵，这几乎是所有论及文法的论文都试图解决的问题。比如，周书文《〈西厢记〉的戏剧艺术观》认为，金氏"觑定阿堵，左盘右旋"等说意味着提炼主题，"字字是景，字字是人"意味着重视环境与人物的和谐统一，"烘云托月"意味着处理主角与配角的辩证关系，"目注彼处，手写此处"意味着用辩证方法观察生活和反映生活，"移堂

① 支持矛盾说者如江兴祐：《论金圣叹批本〈西厢记〉》，《浙江学刊》1990年第3期，第75—79页；谭帆：《金圣叹与中国戏曲批评》第四章《关于〈西厢〉之淫的理论辨析》，上海华东师范大学出版社1992年版，第52—59页；陈洪：《金圣叹传论》，天津人民出版社1996年版，第139—143页；主张反礼教说者如邓新华：《金圣叹的戏剧理论试探》，《戏剧》2000年第3期，第67—73页；张连第《金圣叹的人生哲学与他对〈西厢记〉的评点》，《吉林大学社会科学学报》2003年第4期，第85—90页。

② 谢柏良：《金圣叹论戏剧人物典型化》，《湖北大学学报》1987年第2期，第85—90页。

③ 谭帆：《金圣叹戏曲人物理论刍议》，《文学遗产》1987年第2期，第105—112页。

④ 高小康：《百炼钢化为绕指柔——金批〈水浒〉与〈西厢记〉的比较研究》，《阴山学刊》1991年第2期，第37—42页。

就树”等手法是指追求戏曲情节的曲折往复；[①]洪欣《金圣叹论〈西厢记〉技法》、钟法《金圣叹评点〈西厢记〉笔法缕析》等文都具体分析了金氏文法中的艺术见解。[②] 其二，金批《西厢》中“极微”等文法借用了儒释道典籍中的概念，有些文章论及了这类文法的思想资源，如张国光《杰出的古典戏剧评论家金圣叹》[③]、谭帆《金圣叹与中国戏曲批评》[④]。其三，金批《西厢》的文法与文章作法有着千丝万缕的联系，黄强《八股文与明清戏曲》揭示了“烘云托月”“曲折”“不犯正位”“扣题”等文法与八股文法的渊源关系。[⑤] 在上述三种研究文法的途径中，后两方面的研究尚未得到足够的关注。

对于金批《西厢》的创作论，学界也有不同看法。谭帆《金圣叹戏曲文学创作论的逻辑结构》认为金氏的戏曲文学创作论以主张世界假有的佛教“因缘生法”说为哲学基础，因而其创作论包含了两个层面：其一，文学创作不是对大千世界的直接摹写，而是以大千世界积淀在主体内部的心灵世界作为创作的直接对象；其二，从文学创作过程就是“因缘生法”的过程，可以推导出文学作品的有机整体观念和文学创作过程即体现内在因果关系的逻辑进程的创作思想。概言之，金氏的戏曲创作论具有推崇主体的心灵世界和重视因果关系的特点。[⑥] 陈竹《金圣叹论创作心理——金批〈西厢〉读书札记之一》也认为金氏重视作家主体意识，但主张主体意识的来源在于自然本体，因而创作思维是缘时乘兴而作的客观唯心主义的灵感，创作心理的最高境界是“心手皆不至”的自然境界。[⑦]

此外，人们还尝试着从戏剧语言、戏剧美学等角度剖析金氏戏剧理

① 周书文：《〈西厢记〉的戏剧艺术观》，《北京师院学报》1985 年第 2 期，第 29—37 页。

② 洪欣：《金圣叹论〈西厢记〉技法》，《戏剧文学》1986 年第 2 期，第 50—54 页；钟法：《金圣叹评点〈西厢记〉笔法缕析》，《学术论坛》1991 年第 2 期，第 68—72 页。

③ 张国光：《杰出的古典戏剧评论家金圣叹》，载《〈水浒〉与金圣叹研究》，中州书画社 1981 年版。

④ 谭帆：《金圣叹与中国戏曲批评》，上海华东师范大学出版社 1992 年版，第 101—102 页。

⑤ 黄强：《八股文与明清戏曲》，《文学遗产》1990 年第 2 期，第 100—108 页。

⑥ 谭帆：《金圣叹戏曲文学创作论的逻辑结构》，《学术月刊》1986 年第 6 期，第 17—23 页；又林宗毅《金批〈西厢记〉的内在模式及其功过——兼论戏曲分解说》（《汉学研究》15 卷 2 期，1997 年 12 月）有类似看法。

⑦ 陈竹：《金圣叹论创作心理——金批〈西厢〉读书札记之一》，《华中师范大学学报》1989 年第 5 期，第 55—58 页。

论的特点。前者如日本学者熊谷祐子《第六才子書西廂记(金聖嘆本西廂記)の特質——その'案頭書'化について》[①]、钟法《文情激荡,旖旎呈彩——金圣叹评〈西厢记〉的语言艺术》、[②]谭帆《金圣叹论〈西厢〉语言及其理论总结》,[③]后者如刘鸣亚《论金圣叹批改〈西厢记〉中超越前人的悲剧观》[④]、李克和《金批〈西厢〉为何止于惊梦》等。[⑤]

5. 诗歌评点研究

有关金圣叹诗歌评点的研究局面远不及小说戏曲评点研究那样兴盛,但也比较深入地论述了金圣叹诗歌评点的重视形象意境、强调传达情感、讲究起承转合以及理性分析与审美品鉴相结合的特点。

钟来因《杜诗解·前言》论述了金氏《杜诗解》对皇帝抱有尖锐指责、忠诚温顺、哀怨牢骚等复杂态度,以恢复和发扬盛唐诗风为"名山之业",不重典故注释与史实引证,着力对形象意境作融会贯通式的串讲以及关注起承转合等诗法的特点;[⑥]冀华《读金圣叹〈杜诗解〉》分析了金氏杜诗评点中的政治和美学观点。在美学思想方面,金氏初步看到了文学作品的典型意义,强调创作是外界事物特别是社会现象引起作者内心活动的结果,赞赏杜诗中的奇笔和诗歌语言的巨大容量;就政治思想来说,他始终存在着拥戴好皇帝的思想。[⑦] 吴宏一《清代诗学初探》指出金氏的诗歌评点是一种形式批评,"分解"是就诗的章法、结构而言,强调诗歌结构的浑然一体,但也有求之过深、违背事实之弊。[⑧] 王常新《金人瑞诗论凝聚着审美个性的"创作"》从创作心理、批评方法等方面分析金圣叹的诗论:其一,诗人具有区别于一般人的敏感,主体的定势

---

① [日]熊谷祐子:《第六才子書西廂记(金聖嘆本西廂記)の特質——その'案頭書'化について》,集刊《东洋学》第46号,1981年,第29—43页。

② 钟法:《文情激荡,旖旎呈彩——金圣叹评〈西厢记〉的语言艺术》,《学术论坛》1986年第5期,第43—45页。

③ 谭帆:《金圣叹论〈西厢〉语言及其理论总结》,《金圣叹与中国戏曲批评》,上海华东师范大学出版社1992年版,第112—126页。

④ 刘鸣亚:《论金圣叹批改〈西厢记〉中超越前人的悲剧观》,《黔东南民族师专学报》2000年第2期,第34—36页。

⑤ 李克和:《金批〈西厢〉为何止于惊梦》,《文艺理论研究》2000年第3期,第24—30页。

⑥ 钟来因:《杜诗解》,上海古籍出版社1984年版。

⑦ 冀华:《读金圣叹〈杜诗解〉》,《石家庄教育学院学报》1985年第1期。

⑧ 吴宏一:《清代诗学初探》,台湾学生书局1986年版。

对于艺术知觉有影响，同一事物会引起艺术家的不同感受；其二，艺术批评者既要有艺术感受力，又要反复、细心地阅读作品；既要认识到诗"可解"又不能拘泥字句，要有实事求是的态度，把作品放在文学发展的长河中来考察。① 从王琳《论金圣叹的唐诗观》开始，对金氏诗歌评点的研究具有更为明确的文学批评史的视野。该文认为金圣叹的唐诗观点主要包括对唐诗所传达性情的探索和对唐诗文法规范的研究两大方面，是对明末格调、性灵两派的折中。② 周兴陆《金圣叹杜诗解的文学批评学透视》从诗歌评点史的角度分析金氏的杜诗批解，认为其特点为"在批评观念上是宋代以来评点的发展，又克服了评点方法随意性、印象化的倾向，将理性思维、分析精神贯彻到品评之中，做到理性分析与审美品鉴的结合，通作者之意和开览者之心的结合"。③ 张健《清代诗学研究》指出金圣叹的诗歌评点是以时文法论律诗的起承转合，其独特之处在于把诗歌分解，认为诗歌与日常说话具有相同的意义表达结构。④ 日本学者材木谷敦《金聖嘆〈唱経堂杜詩解〉——題に関する言說》从"题批"的角度分析金圣叹杜诗评点的特色，指出金氏重视诗题的根源在于对时文的肯定态度⑤。胡光波《金批唐诗论》揭示了金批比较重视初唐诗、注意联系社会历史与诗人遭遇评诗等特点。⑥ 胡可先《杜甫诗学引论》主张金批杜诗常常别出新解，带有遗民情绪。⑦ 徐有富《论金圣叹对诗的解析》考察了金氏分解说对后世的影响等问题。⑧

以上研究全面分析了金氏诗歌评点的特征，不过，金氏诗歌评点中的独特命题，比如杜诗虚幻、诗歌不写景等观点的内涵和背景尚未得到足够重视。

---

① 王常新：《金人瑞诗论凝聚着审美个性的"创作"》，《华中师范大学学报》1988 年第 3 期。

② 王琳：《论金圣叹的唐诗观》，《上海师范大学学报》1997 年第 3 期，第 56—60 页。

③ 周兴陆：《金圣叹杜诗解的文学批评学透视》，《文学遗产》1998 年第 3 期，第 96—98 页。

④ 张健：《清代诗学研究》，北京大学出版社 1999 年版，第 630—636 页。

⑤ 材木谷敦：《金聖嘆〈唱経堂杜詩解〉——題に関する言說》，中央大学文学部纪要，2000 年，第 131—151 页。

⑥ 胡光波：《金批唐诗论》，《湖北师范学院学报》2000 年第 1 期，第 14—18 页。

⑦ 胡可先：《杜甫诗学引论》，安徽大学出版社 2003 年版，第 86—88 页。

⑧ 2006 年南京大学中国诗学研究中心"中国诗学学术研讨会"论文。

二　本书的研究宗旨和方法

本书的研究宗旨是凸显金圣叹的思想在明清之际思想史上的意义。首先，金圣叹对儒释道思想一以贯之、标新立异的诠释，有着不可忽视的思想史意义。因而，金氏以“忠恕”说为核心的心性论、易学思想和佛学思想是怎样创造性地诠释经典和吸收成说，从而对明清之交的时代命题作出自己的回应，是本书试图回答的问题。其次，本书还将分析金圣叹特立独行的人格特征有着怎样的思想依据和时代背景。最后，金圣叹的文学评点对明末清初的文学思想所作的贡献，无疑是金氏思想中最光彩夺目的部分。因此，本书着重探讨了金氏文学评点的诸命题是如何借鉴儒释道思想资源，又是如何在继承批判前人的文学理论的基础上自出机杼。

通过全面考察金圣叹学术思想，我们认识到金氏的学术思想自有其脉络主线。以往人们主张金氏的学术思想融汇三教而不成体系，其实，圣叹思想是“砭伪”与“绳狂”的结合，其中，“砭伪”居于主导地位，表现为批判伪道学、弘扬主体精神和独特个性、肯定多元的人生价值以及推崇顿悟等；“绳狂”则体现在崇尚真善、兼重修身工夫和关心经世等方面。金氏常用的思维方式则是翻他人之案，对成说加以补偏救弊，这一特征贯穿了他的学术渊源、心性论、人生观、易学和佛学等不同层面。从学术渊源来说，他既接受了李贽“童心说”等理论的影响，又吸收了钱谦益的通经学古思想，因而他既批判伪道学，又推崇真善；他的以“忠恕”为核心的心性论正包含了批判伪善和“着善”、至诚与至善合一等内涵；金氏佛学思想的主要倾向是兼重天台和禅宗，其中，重视天台学与他的主张修身工夫、关注伦理经世和肯定多元价值的倾向相呼应，而禅宗则是他肯定主体精神、推崇个性和提倡多元价值的思想资源；金氏易学的核心思路是援引佛教的人法关系解释《周易》的基本结构，人法关系其实就是禅宗的无执无碍与呈露自性的统一；他的所谓“素位”的人生观则是源自《中庸》和佛教的无分别观；值得注意的是，金氏思想虽兼有“砭伪”与“绳狂”两方面，但他的文学理论却主要吸收了“砭伪”思想中的重视主体、提倡个性等因素。他的小说理论中最具独特性的虚构论、"性格"论和叙事角度理论，他的诗学思想中的不写景说等等，都折射了张扬个性和重视主体的倾向。廖燕《金圣叹先生传》所谓"一以贯之"，确实道中了金氏思想的本质特征。

概言之，金氏思想在明清之际思想史上的意义，一方面体现在他将推崇主体和弘扬个性的学术思想运用于文学理论，尤其是在心物关系上强调心的决定性地位，从而开创和发展了小说理论中的虚构论、"性格"论和叙事角度论，诗歌理论中的"不写景"说等命题；另一方面金氏以他的《水浒》《西厢》评点中的伦理和致用观念，透露了通俗文学界从"矼伪"走向"绳狂"的消息。

从探索金圣叹学术思想这一研究宗旨出发，本书对金圣叹生平的考索，也以其文学、佛教方面的交流为重点，尤其关注明清之际江南士人的佛学交游、佛经研读、佛典抄写等状况。金圣叹与吴中天台教、华严宗人的学术联系，更是本书着力考察的问题。

与上述问题意识相适应，本书主要采取了文史哲交叉研究、追源溯流和重视文献实证的研究方法。就文史哲交叉研究的方法而言，以金圣叹文学思想的研究为例，众所周知，金氏的"性格""因文生事""设身处地"等命题都借用了儒释道的思想资源。为了准确揭示金氏文学思想的内涵，首先必须对金氏儒释道思想本身加以全面观照。比如，对于圣叹好用佛教"因缘生法"来阐述人物个性的观点，如果注意到金氏以佛教"因缘和合"与易学"阴阳气化"思想相比附的特点，就能更清楚地说明因缘生法与人物个性之间的内在联系；又如，当我们了解金氏对华严"唯心"偈的接受之后，便能进一步把握华严心本原说与金氏文学思想中的心物论的逻辑关系。在圣叹的生平研究中，对金氏天台学的分析，还帮助我们发现了金氏号"圣叹"的出典之一可能是《法华经·譬喻品》中的"此三乘法，皆是佛所称叹"一说。

本书还采用追源溯流的方法分析金圣叹的思想。由于金氏思想具有既推崇真诚又提倡忠孝的双重性，因此，对于金圣叹的思想源流，就不仅要注意到他与晚明泰州学派、李贽等人的推崇顿悟和真诚的思想的联系，又要分析他与钱谦益的通经学古思想的渊源。[1] 对于金圣叹的文学思想的研究来说，追源溯流的方法也许更有必要。金氏的文学思想是中国古代文学批评的肥沃土壤上结出的硕果，是金圣叹创造性地吸收和转化前人的文学理论的成果。以往的研究多用现代文艺学方法，在揭示金氏文论与现代文艺理论的契合方面取得了可喜成果，但金氏文论的本意、金氏文论对古代文学批评传统的沿革及其与西方文艺理论的分歧也应得到足够重视。因此，在小说理论方面，本书将考察金氏的小说虚构论与既有的“寄托”说与“游戏”说的关系，人物“性格”论对以往的人物个性差异论的深化，叙事角度论对传统的间接表现手法的继承发展以及与西方的“全知—限知”叙事理论的分歧；关于金氏的诗论，本书拟探索唐诗分解说对唐五代以来的诗歌章法理论的继承和发展、明清之际杜诗学和南宋以来的律诗理论对诗歌“不写景”说的正面影响和反面刺激、晚明贵虚思潮与金氏杜诗虚幻说的关系等问题。

重视文献实证是本书的基本研究方法。在考察金圣叹的生平和思想的每一个问题时，本书都尽可能全面地收集相关资料，特别是对于与本书论点看似冲突的材料，也试图诠释其意义所在。在材料方面追求“竭泽而渔”，有助于把握金氏思想的复杂性。本书在文献方面最重要的开拓，是尽力搜集前人关注得不够的相关文献，比如，收藏于日本尊经阁文库的管志道《管子惕若斋四卷续二卷》、收藏于国家图书馆的刘心城《颂帚居士戒草》等典籍。

《金圣叹传》的体例要求本书尽可能地关注到金圣叹研究中的各个方面，然而，由于本人学养有限，有些问题只能姑置不论。尤其是关于金圣叹的《西厢记》评点，由于在第十章已经论述了其中的“居易俟命”的人生观、在第四章分析了推崇礼教的思想、在第十二章考察了金批《西厢记》中的若干文法的思想资源，故不再设专门的章节加以论述。

① 与此相适应，本书在生平部分着力考察了以往关注得不够的金圣叹与钱谦益、归庄等人的关系等问题。

第一章　晚明社会与吴中风尚

生活于明清之际的金圣叹(1608—1661)早年便考中了秀才,但其功名仅此而已;他几乎将全部精力倾注于评点诗文、小说和戏曲,同时还热衷于宣讲自出心裁的佛理。他平素交游过从的士人也大多是苏州本地的无名之辈。除了临终前被卷入"哭庙案"之外,他一辈子不曾参与任何重大政治事件,更遑论有何政治功绩。但这并不意味着他对晚明社会的全面危机和晚明时代思潮毫无体认,相反,他的文学观念和学术思想都带有那个时代特有的气息,并常常以纠正时代思潮的弊端为宗旨。因此,在考察金圣叹的生平经历之前,我们对晚明社会的深重危机和晚明吴中风尚略做回溯,就不只是为了套用知人论世的惯例,而是试图描绘出文坛怪杰金圣叹所背负的时代阴影,揭示金氏所熏习的吴中民俗士风,并由此窥探金圣叹立身行世的独特方式、文学批评的独特风貌和学术思想的独特取向的形成背景。

第一节　内忧外患的晚明社会

出生于万历三十六年(1608 年)的金圣叹从儿童迈入成年的时期,正是腐朽不堪的明王朝在内外交困下急剧衰败之际。从万历后期开始,晚明社会在政治、经济、军事等各方面都弊端丛生,而直接危及明朝存亡的则是东北建州女真的步步进逼和全国各地的民变蜂起。①

一　边事日益危急

从明嘉靖隆庆年间起，辽东边事可说是日益危急。万历初年，内阁首辅张居正重用将才李成梁，辽东局势基本稳定；然而，万历四十六年(1618年)努尔哈赤以“七大恨”为由发兵攻明，抚顺被陷，游击李永芳被俘；万历四十七年(1619年)，经略杨镐率十万大军分四路围攻建州，结果明军大败，此役被认为是明王朝和建州王朝胜败的关键。为了重振辽东局势，神宗起用熊廷弼，且赐尚方宝剑以重其权。熊廷弼采取固守方案，在他经略辽东的一年间，局势逐渐稳定。但是，万历四十八年熊廷弼罢官后，继任者袁应泰不懂军事，导致天启元年(1621年)沈阳、辽阳两大重镇相继沦陷。天启二年(1622年)，孙承宗以内阁大学士兼兵部尚书的身份出任辽东经略，山海关内外的防御得到了有效整顿，但不久他又被迫辞官还乡。天启六年(1626年)，袁崇焕负责辽东军事，此人胆略过人，精于韬略，在宁远之战中击败努尔哈赤，威名大振。然而，崇祯二年(1629年)，皇太极率十万之众，兵临长城南面的遵化城下，使得距遵化不过二三百里的京城岌岌可危，是为“己巳之变”。事后，崇祯帝因中皇太极的反间计，将袁崇焕逮捕；次年袁被处以磔刑。己巳之变后，各地勤王部队陆续增援京师，皇太极暂时退出长城；但是，崇祯三年(1630年)，女真二贝勒阿敏破永平府，幸赖孙承宗的谋划指挥，遵化、永平等四城皆复。皇太极退却后，又进一步将侵略目标转向陕西、固原、甘肃等西北三边。崇祯十一年(1638年)九月，清军再度大举南下，京师再度告急，大敌当前的紧要关头，总督卢象昇与枢辅杨嗣昌、监军太监高起潜之间却因战和分歧而嫌隙不断，导致卢象昇阵亡。后来，由于各地精锐部队齐集于京师的威慑力，清军才饱掠而去。崇祯十三年(1640年)，皇太极重新确定了围攻锦州的计划，崇祯帝派洪承畴出兵山海关，原本打算且战且守，但兵部尚书陈新甲却力主速战速

① 以下对晚明社会问题的论述，主要参考了孟森《明史讲义》，上海古籍出版社2002年版；朱东润《陈子龙及其时代》，上海古籍出版社1984年版；樊树志《晚明史》，上海复旦大学出版社2003年版，恕不一一注明。

决，洪承畴不得已进兵松山。可悲的是，面对清军的进攻，明数万大军竟作鸟兽散，仅洪承畴等人率兵困守。崇祯十五年（1642年），松山陷落，清军乘胜攻陷塔山、杏山，洪承畴降清，明朝在军事上进一步陷入被动。

明末边军节节溃败、边事日益危急的原因十分复杂，其中包括都城北京的毗邻边防、朝廷上下的自大轻敌、君臣战略决策失误等因素，而辽东边事最突出的问题则是兵饷不足和用人不当。其中，兵饷不足既是明王朝国力衰弱所致，也与边官贪冒军饷有关。（《崇祯长编》卷12，崇祯元年八月甲寅）辽东兵饷积欠严重影响了部队战斗力。因此，几乎每一位负责辽事的将领在受命之初，都向帝王提出了不拖欠军饷的请求。比如，万历四十七年（1619年）熊廷弼出任辽东经略前上言："乞速遣将士，备刍粮，修器械，毋窘臣用，毋缓臣期，毋中格以沮臣气，毋旁挠以掣臣肘，毋独遗臣以艰危。"[①]显然，"毋窘臣用"是熊廷弼所顾虑的首要问题。崇祯元年（1628年）袁崇焕被受命经略辽事，也奏言复辽的必要条件是"户部转军饷，工部给器械"等。事实上，此时的欠饷矛盾已日益尖锐，袁崇焕上任伊始，驻守宁远、锦州等地士兵便先后因欠饷而兵变，袁崇焕曾再三上奏要求速发军饷。然而，欠饷是十余年来的老问题，户部历年入不敷出，因此辽饷不敷的困难始终得不到解决。

其二，辽东战争的胜败得失本身说明了用人不当是明亡加速的重要因素。用人失误表现为用人不专与用人不信，而不专与不信常常互为因果，紧密联系。一方面，负责辽东军事的将领因受到朝中言官、监军太监等多方面的掣肘，往往导致战事失利或罢官革职。比如，熊廷弼在上任之初便有"旁挠以掣臣肘"的担心，果然，全力支持他的神宗病逝后，给事中姚宗文等人便以门户之见弹劾熊廷弼，熊氏不得不罢官。又如天启二年（1622年），孙承宗出任辽事后，大力修复城堡，却遭阉党攻击而被迫辞官。熊廷弼、孙承宗等人遭到掣肘的前车之鉴，使得袁崇焕曾上言恳求帝王的专信："何以任而勿贰，信而勿疑？盖驭边臣与廷臣异，军中可惊可疑者殊多，但当论成败之大局，不必摘一言一行之微瑕。

---

① 《明史》卷二五九《熊廷弼传》，中华书局1974年版，第6692页。

事任既重，为怨实多，诸有利于封疆者，皆不利于此身者也。况图敌之急，敌亦从而间之，是以为边臣甚难。陛下爱臣知臣，臣何必过疑惧，但中有所危，不敢不告。"①这封上书把袁崇焕对言论掣肘的无奈、忧虑表达得淋漓尽致。

另一方面，崇祯帝本人也对边将过于猜嫌。己巳之变，崇祯帝轻信杨太监窃听到的袁崇焕与皇太极有密约的传闻，竟为此处决袁崇焕。哀哉！袁崇焕不死于言官掣肘，竟亡于崇祯帝的猜疑。学者分析明廷的用人不当曰："虽有正人，只能保钱龙锡之无逆谋，不敢信袁崇焕之不通敌。对建州认识不真，对力能抗虏之疆臣，猜疑太过，皆为促亡之道。"②

二 各地民变蜂起

从天启末年起，明王朝在为辽东战事焦头烂额的同时，又面临着各地民变蜂起的困扰。天启七年(1627 年)陕西澄城县灾民王二率几百人杀死知县，揭开了晚明民变的序幕。此后，各地纷纷响应，定边营逃亡士兵王嘉胤聚集饥民在府谷暴动、安塞马贼高迎祥率众起义、张献忠占据米脂十八寨造反等多支起义队伍蜂拥而起。

对于晚明民变在陕西爆发的原因，当时的有识之士都承认了民众的饥寒交迫是其主导因素。晚明时期，由于统治者的贪得无厌，加上辽东战事军饷的需要，朝廷一再增加田赋，田瘠民贫的陕西本来就不堪重负，万历以来的连年灾荒更是雪上加霜，这样，不甘心饿死的乡民遂聚众为盗。某官吏分析民变的原因时指出："有司者既鲜刍牧之求，复严催科之令，皮骨已尽，救死不赡，不得已迫而为盗。"③又有人指出："穷乡一闻额外之征，无不恫怨。怨乃离，离乃生乱……是剥民以养兵，适驱民而为盗也。"④而起义民众中的其他成分，如因欠饷哗变的士兵、无以为生的归乡士兵、被裁撤的驿卒等，也都是因饥饿驱使而为盗。

① 《明史》卷二五九《袁崇焕传》，中华书局 1974 年版，第 6713—6714 页。

② 孟森：《明本兵梁廷栋请斩袁崇焕原疏附跋》，《国立北平研究院史学集刊》第 1 期(1936 年)，载《明清史论著集刊》，中华书局 1959 年版，第 12—27 页。

③ 毕自严：《石隐园藏稿》卷六《核陕西延庆等处蠲缓赈恤疏》，四库全书本。

④ 邹漪：《启祯野乘》一集卷三《姜太常传》，四库禁毁书丛刊本。

虽有朝廷的剿抚并用，起义民众还是由星星之火发展为燎原之势。崇祯五年(1632年)，由于洪承畴的大力围剿，民变由陕西蔓延到山西；崇祯六年(1633年)，曹文诏围剿山西起义军，造反队伍进一步流向河南等地。朝廷采取秦晋豫三省合剿的方案后，造反武装受到了很大打击，此时李自成开始成为造反军的首领，崇祯六年十一月，起义军利用京营兵求功心切、骄傲轻敌的情绪，假称投降，借机集合了十几万起义军渡过黄河，这就是造成起义军从黄土高原进入中原大地的“渑池渡”，从此起义军越发难以控制。崇祯七年(1634年)，五省总督陈奇瑜上任，在楚中率兵合力围剿，于是起义军退入汉南。由于陷入天险“车箱峡”，李自成伪称投降，本来就不想战的陈奇瑜欣然同意，结果李自成的部队走出天险后，连破七县。崇祯八年(1635年)正月，数十万造反武装汇集到河南后，迅速攻击凤阳皇陵地区，在朝廷上下造成极大震撼。其后，朝廷令五省总督洪承畴、五省总理卢象昇协同剿贼。崇祯九年(1636年)，陕西巡抚孙传庭与洪承畴配合默契，取得了生擒闯王高迎祥、瓦解蝎子块等胜利；崇祯十年(1637年)，杨嗣昌复兵部尚书，以“十面张网”的策略合围造反队伍，迫使张献忠不得不假称投降以休养生息，李自成也在洪承畴的围剿下藏身于深山密林，造反队伍似乎已山穷水尽。然而，崇祯十一年(1638年)，由于清兵再度大举南下，洪、孙等人奔赴边防，中原兵力空虚，张献忠、李自成遂重整旗鼓，分别攻下襄阳、洛阳，内战形势又严峻起来。更重要的是，病入膏肓的明王朝最后采取了安内与攘外并重的战略，结果只能是因内战与边事的双重失利而走向灭亡。

在明王朝应对民变的过程中，招抚策略的失当是值得吸取的教训。由于君臣始终在剿与抚的策略选择上举棋不定，起义军正是利用朝廷的招抚政策摆脱了一个又一个困境而一次次东山再起。崇祯四年(1631年)，陕西三边总督杨鹤招抚神一魁的起义军，但一个月不到，神一魁复叛；更令人扼腕的是，崇祯六年(1633年)王朴对起义军的招抚，竟导致了十余万造反军由陕西横扫中原大地的严重后果；同样，车箱峡事件的实质也是造反军用假投降来麻痹官军、重整旗鼓。而崇祯十一年(1638年)熊文灿招抚张献忠之后，湖广巡抚余应桂、左良玉等人都认识到献忠必反，但朝廷最终还是贻误了战机。对于明王朝招抚政策的失利，不仅当时许多大臣连连摇头，明亡之后人们也都指出了招抚的无济于事，比如清初研究“流寇”的学者戴笠、吴乔分析赈、剿、抚三种手段的意义，认为“此时赈治病之本，剿治病之标，抚乃调理药耳”。①

明代末年边事和民变危机最终导致明朝崩溃的主要原因已如上述，而这两重危机实际上又是明朝各种社会矛盾激化的结果，帝王的昏庸自用与官员的门户之争则是导致矛盾的主导因素。就帝王一端言之，晚明帝王的昏庸自用主要表现为不理政事、大肆搜刮和用人不当。比如，万历帝“怠于临政，勇于敛财”②；天启帝对政治毫无兴趣，醉心于工匠手艺，将政事完全交给贪婪奸诈的宦官魏忠贤；崇祯帝虽有胆识魄力、锐意求治，但却专制自用，猜嫌大臣，又不恤民灾。就官员一端言之，门户之争不仅直接导致朝廷上下无暇富国强兵，而且掣肘了将帅的经略边事和应对民变。因此，明朝社会危机的激化又可归因为帝王和官僚的政治失败。

第二节　晚明吴中风尚的复杂性：放诞不羁与通经致用的融合

对于一生未离乡土的金圣叹来说，吴中③特有的风尚习俗必然会对他的立身处世和思想特征产生深刻影响。以往的研究主要分析了金圣叹所吸收的吴中放诞不羁的才子习俗。④ 事实上，明中期以来兴起于吴中的通经致用之学也或多或少地惠及金圣叹。尤其是万历以降，吴中

① 《流寇长编》卷四，这段话是戴、吴对杨鹤奏疏所说“剿不易结，必须抚之”加的按语。（[清]戴笠、吴乔撰：《流寇长编》，书目文献出版社 1991 年版，第 63 页）

② 孟森：《明史讲义》，上海古籍出版社 2002 年版，第 255 页。

③ 这里所说的“吴中”，主要是指苏州府所辖吴县、长洲县、吴江县、常熟县、昆山县、嘉定县、崇明县和太仓州。由于苏州、松江、常州、镇江四府位置毗邻，声息相通，正如何良俊所谓“二郡接壤，习气近也”（何良俊：《四友斋丛说》卷三十五《正俗二》，中华书局 1959 年版，第 323 页），因而本文偶尔也借用其他三府的材料说明苏州士风。

④ 参见陈洪《金圣叹传论》，天津人民出版社 1996 年版，第 40—44 页；吴子林《金圣叹与吴中文化》，《浙江学刊》2005 年第 3 期，第 86—91 页。

放荡不羁与通经致用的风尚融为一体，这对金圣叹的思想产生了深刻影响，但尚未得到学界的足够重视，本节主要考察吴中放诞不羁与通经致用两种风尚发展与融合的轨迹。

一　放诞不羁的才子风俗

明中期以来，吴中文人文采风流而又放诞不羁的风貌日益为世人侧目，《明史·文苑传》称“吴中自枝山辈以放诞不羁为世所指目，而文才轻艳，倾动流辈，传说者增益而附丽之，往往出名教外”。吴中恃才放旷的士人，除了成化弘治间的“吴中四才子”徐祯卿、祝允明、唐寅、桑悦、文徵明①等才子外，嘉靖间又有张幼予、刘子威等奇士。② 世人所津津乐道的吴中才子风习，主要表现为以下两方面特征：其一，吴中才子文采轻艳且自视甚高。《万历野获编》补遗卷四“祝唐二赋”条云：“成化、弘治年，吴中祝枝山、唐六如先后负隽声，饶艳藻，唐有《金粉福地赋》甚丽，惜予未之见。祝先有《烟花洞天赋》，正堪与唐作对。……词虽淫媟，亦自有致。”③这是说祝唐二人辞赋轻靡而有致。《明史·文苑传》亦盛赞诸人文才，如祝允明“文章有奇气”、④唐寅之文为梁储所激赏等。⑤ 诸才子又多高自期许，目中无人。据《明史·文苑传》，人问桑悦翰林文章，悦答曰：“虚无人，举天下惟悦，其次祝允明，又次罗玘。”⑥其二，吴中才子言行怪异，纵情酒色，放浪形骸，乃至厌弃礼法。《明史·文苑传》称，祝允明“好酒色六博，善新声……恶礼法士”⑦，唐寅“筑室桃花坞，与客日般饮其中”⑧，又《万历野获编》卷二十三记张幼予、刘子威好穿奇装异服：“（张幼予）身披采绘荷菊之衣，首戴绯巾……（刘子威）衣大红深衣，遍绣群鹤及獬豸。”⑨

---

① 《明史》卷二八六《文苑三》，中华书局 1974 年版，第 7353 页、第 7350—7353 页、第 7361—7362 页。
② 沈德符：《万历野获编》卷二十三《士人》“张幼予”条，中华书局 1956 年版，第 582—583 页。
③ 沈德符：《万历野获编》补遗卷四《著述》“祝唐二赋”条，中华书局 1956 年版，第 904 页。
④ 《明史》卷二八六《文苑二·祝允明传》，中华书局 1974 年版，第 7352 页。
⑤ 《明史》卷二八六《文苑二·唐寅传》，中华书局 1974 年版，第 7352 页。
⑥ 《明史》卷二八六《文苑二·桑悦传》，中华书局 1974 年版，第 7353 页。
⑦ 《明史》卷二八六《文苑二·祝允明传》，中华书局 1974 年版，第 7352 页。
⑧ 《明史》卷二八六《文苑二·唐寅传》，中华书局 1974 年版，第 7353 页。
⑨ 沈德符：《万历野获编》卷二十三《士人》“张幼予”条，中华书局 1956 年版，第 582—583 页。

关于吴中放诞士风的形成，学界已进行了深入探讨。从主观因素而论，遭际坎坷是激发他们游戏人生的重要触媒。他们中多数经历过科举考试的挫折，由《明史·文苑传》可知，祝允明"以弘治五年举于乡，久之不第"[①]，唐寅因牵连会试泄题事件而被"谪为吏"[②]，桑悦于会试"答策语不雅驯，被斥"[③]，而张幼予场屋失意的原因更显得荒谬，他于嘉靖四十三年(1564年)与兄伯起、弟浮鹄同举南畿试，"主者以三人同列稍引嫌，为裁其一，则幼予也"。[④] 困踬场屋使得他们对社会普遍价值观念深怀不满，因而借放浪形骸来化解心中块垒。比如，《明史·文苑传》称唐寅被谪为吏后，"耻不就，归家益放浪"[⑤]，《万历野获编》卷二十三记张幼予"归家愤愤，因而好怪诞以消不平"[⑥]。

就客观因素而言，吴中商品经济的发展，使得士人在科举之外，可以选择放贷为商、出售诗画等方式为生，相应地，他们的立身行事也就徘徊于儒家传统生活模式与世俗人生追求之间。[⑦]

二　通经致用的学术风尚

明中叶以来吴中文采风流、放诞不羁的才子风习闻名天下，其光芒过于耀眼，以致遮蔽了吴中通经致用之学的面目。事实上，嘉靖、隆庆以来，吴中归有光等人关注东南民生利病，批判朱子学和心学的弊端，致力于甲兵钱谷等实学，提倡忠孝节义，使得吴中风尚在轻靡佻达之外，又增添了厚重敦实的风貌。

明中叶吴中地区的通经致用之学以昆山归有光(1507—1571)为代表，其友人与门徒唐道虔、郑若曾、陆寰、唐顺之等人与归氏志同道合，互相勉励。此外，松江何良俊(1506—1573)"夫经术所以经世务"[⑧]之说，亦与此桴鼓相应。吴中通经致用之学主要包括主张返回六经、重视

① 《明史》卷二八六《文苑二·祝允明传》，中华书局1974年版，第7352页。
② 《明史》卷二八六《文苑二·唐寅传》，中华书局1974年版，第7353页。
③ 《明史》卷二八六《文苑二·桑悦传》，中华书局1974年版，第7353页。
④ 沈德符：《万历野获编》卷二十三《士人》"张幼予"条，中华书局1956年版，第582页。
⑤ 《明史》卷二八六《文苑二·唐寅传》，中华书局1974年版，第7353页。
⑥ 沈德符：《万历野获编》卷二十三《士人》"张幼予"条，中华书局1956年版，第582页。
⑦ 罗宗强：《弘治、嘉靖年间吴中士风的一个侧面》，《中国文化研究》2002年冬之卷，第17—34页。
⑧ 何良俊：《四友斋丛说》卷四《经四》，中华书局1959年版，第30页。

经世之学等两方面。[①]

其一，主张返回六经。返回六经的观点既是对当世科举以朱熹传注为取士标准的反拨，也是为了矫正王阳明“良知”说的空虚。归有光认为，一味奉守朱熹传注使得士人迷信传注而不明经意：“世儒果于信传，而不深惟经之本意，至于其不能必合者，则宁屈经以从传，而不肯背传以从经，规规焉守其一说，白首而不得其要者众矣。”[②]何良俊亦批评“今之学者易于叛经，难于违传”的学风。[③] 另一方面，阳明学兴盛，讲学之风大行，其流弊所至，使得士人求名之心膨胀而本心迷失：“倡一而和十，剿其成言，而莫知其所以然。独以先有当世贵显高名者为之宗，自足以鼓舞气势，相与踊跃于其间，此则一时士习好名高，而不知求其本心。”[④]有鉴于此，他再三强调平心以求六经之意：“夫圣人之道，其迹载于六经，其本具于吾心。本以主之，迹以征之。灿然炳然，无庸言矣。……六经之言，何其简而易也！不能平心以求之，而别求讲说，别求功效，无怪乎言语之支，而蹊径之旁出也。”他认为吾心与六经是本与迹的关系，而本迹是浑然一如的，因此他主张：“以吾心之理而会书之意，以书之旨而证吾心之理，则本源洞然，意趣融液。”[⑤]显然，他吸取了王阳明良知出于本心的观点，但又强调证本心与会六经不可偏废。

其二，重视经世之学。嘉隆之际，与吴中地区息息相关的东南赋重、倭寇横行等一系列社会问题，促使归有光等人悉心经世之学，寻求治世良方。归有光目睹吴中故家大族由成弘之际的极盛走向正嘉之际的衰亡之事实，认为其原因在于赋税过于沉重：“东南之民，何其惫也？以蕞尔之地，天下仰给焉。”[⑥]为此他建议兴修三吴水利和西北水利，著有《三吴水利录》四卷。嘉靖时期倭寇骚扰东南沿海之际，他不仅亲自参与抗倭斗争，还写成《御倭议》《备倭事略》《论御倭书》《昆山县倭寇始

① 以下三段关于吴中通经致用之学的论述，参考了王培华《归有光与明中期吴中经世之学》(《苏州大学学报》1998 年 2 期)、孙之梅《归有光与明清之际的学风转变》(《文史哲》2001 年 5 期)，恕不一一注明。

② 归有光：《送何氏二子序》，《震川先生集》卷九，上海古籍出版社 1981 年版，第 195 页。

③ 何良俊：《四友斋丛说》卷二《经二》，中华书局 1959 年版，第 21 页。

④ 归有光：《震川先生集》卷十《送王子敬之任建宁序》，上海古籍出版社 1981 年版，第 223 页。

⑤ 归有光：《震川先生集》卷七《示徐生书》《山舍示学者》，上海古籍出版社 1981 年版，第 150—151 页。

⑥ 归有光：《震川先生集》卷九《送县大夫杨侯序》，上海古籍出版社 1981 年版，第 193 页。

末书》《上总制书》等文探讨抗倭之术。

其时倡为经世之学的还有归有光身边的友朋。如唐道虔"不喜末俗剽窃之文，而好讲论世务，遇事发愤有大节"；[①]郑若曾"幼有经世之志，凡天文地理山经海籍，靡不周览"，[②]著有《筹海图编》《江南经略》；吴纯甫"于天下之利害，生民之得失，常有隐忧于其间"；[③]陆寰"至于当世之务，皆通解，而言之悉有条理"；[④]唐顺之则主张"大率读书以治经明理为先，次则诸史可以备见古人经纶之迹与自来成败理乱之几，次则载诸世务可以应世之用者。此数者，其根本枝叶相辏，皆为有益之书"。[⑤]又何良俊也反复强调"明经以为世用"。[⑥]可以想象，正是在吴中社会问题的刺激下，在归有光与友朋的相互切磋中，经世之学开始在吴中占有了一席之地。

若论吴中经世之学兴起的背景，明中叶以后吴中故家大族不堪重负而败落、东南百姓遭受倭寇荼毒等社会问题的触发等诚然是非常重要的因素。[⑦]以往的研究较少论及的一点是，从学术渊源看，昆山魏校重视躬行践履的学风当对通经致用之学不无启迪之功。

据黄宗羲《明儒学案》卷三《崇仁学案·恭简魏庄渠先生校》及《明史·儒林传》，魏校（1483—1543），苏州昆山人，弘治乙丑（1505年）进士，授南京刑部郎中，历兵部郎中、广东提学副使、江西兵备副使、太常卿等职。魏校私淑胡居仁主敬之学，其宗旨为"天根"之学。所谓"天根"，即是主宰，贯动静而一之者也。他曾与余祐论性，主张"人生而具此理于心，名之曰性"，[⑧]性乃纯粹至善；圣人禀精英之气因而全是理，大贤之下被气禀夹杂而生恶。换言之，恶乃气禀物欲所为，因而与性无关。

---

① 归有光：《震川先生集》卷十八《抚州府学训导唐君墓志铭》，上海古籍出版社1981年版，第451页。

② 赵宏恩：《江南通志》卷一百五十一《人物志》，文渊阁四库丛书本。

③ 归有光：《震川先生集》卷九《送吴纯甫先生会试序》，上海古籍出版社1981年版，第187页。

④ 归有光：《震川先生集》卷十九《陆允清墓志铭》，上海古籍出版社1981年版，第474页。

⑤ 唐顺之：《唐顺之集》卷七《与莫子良主事》，浙江古籍出版社2014年版，第292页。

⑥ 何良俊：《四友斋丛说》卷一《经一》，中华书局1959年版，第1页。

⑦ 参见王培华《归有光与明中期吴中经世之学》，《苏州大学学报》2001年第1期，第93—96页；孙之梅《归有光与明清之际的学风转变》，《文史哲》2001年第5期，第43—49页。

⑧ 魏校：《庄渠遗书》卷十三《复余子积论性书》，文渊阁四库全书本。

魏校学术中值得注意的是其默成之说和知行一事说。他提倡“默成气象”云:“古人蕴蓄深厚,故发越盛大,今人容易漏泄于外,何由厚积而远施!学者当深玩默成气象。”[①]默成气象的内涵是什么呢?据《明史·儒林传》,长洲王敬臣“初,受(魏)校默成之旨,尝言议论不如著述,著述不如躬行,故居常杜口不谈”。[②] 原来,默成气象包含了躬行践履为上的意味。又魏校曾论知行一事曰:

> 古人知行只是一事,方其求知之始,正欲以为力行之资,及其既知,则遂行之而不敢缓。今人于行且放宽一步,只管去求知,既知得来,又未必著实去践履,故有能说无限道理,而气质依然只是旧人者。[③]

他反对今人不著实践履,以至能说无限道理而气质不变,可见,“知行一事”的侧重点也是著实践履。

魏校之学在吴中声名甚著,门徒甚广。吴中讲通经致用的士人往往有师从魏校的经历。《明史·文苑传》称归有光“师事同邑魏校”[④],其实,归有光与魏校不仅仅是师友关系。据归有光《外舅光禄寺典簿魏公墓志铭》,归有光岳父魏庠与魏校为堂兄弟[⑤],由此可以推测归有光于魏校之学浸润之深。归有光在文章中多次自豪地提及魏校,如《周孺亨墓志铭》提及“庄渠魏先生,于正德、嘉靖之间,以明道为己任,是时海内慕从者不少”,他还叙述了自己濡染庄渠之学的情形:“余少为先生家婿,获闻绪言,顾迷谬无所得。而先生晚年属望之意,特惓惓焉。先生之没,余独于孺亨心师之。”这是说他少年时代便亲炙庄渠之学,庄渠卒后,他对庄渠的学生周孺亨深怀敬意。他曾与周孺亨一起编定《庄渠遗书》。

归有光之外,唐顺之早年亦曾师从魏校。归有光《周孺亨墓志铭》

---

① 魏校:《庄渠遗书》卷五《体仁说》,文渊阁四库全书本。
② 《明史》卷二八二《儒林二·王敬臣传》,中华书局1974年版,第7252页。
③ 魏校:《庄渠遗书》卷十三《复余子积论性书》,文渊阁四库全书本。
④ 《明史》卷二八七《文苑三·归有光传》,中华书局1974年版,第7382页。
⑤ 归有光:《震川先生集》卷十八《外舅光禄寺典簿魏公墓志铭》,上海古籍出版社1981年版,第443—444页。

云:“虽荆溪唐以德,始事先生,后复向王氏学”,[①]又《明史·唐顺之传》称其为魏校弟子,[②]虽然唐鼎元《荆川先生年谱》卷二力驳此说,[③]但两人的学术交往极为密切,自无可疑。唐顺之与魏校的来往始于何时,已难以确考。《庄渠遗书》所收八封书信中[④],前两封分别提到唐顺之“杜门读书”“开门授徒”。据《荆川先生年谱》卷一“嘉靖十五年”条,是年“公自是稍收纳弟子”[⑤],又是年《与王尧衢书》有“于是取程、朱诸先生之书,降心而伏读焉”[⑥]一语,由此可以推测,二事发生于嘉靖十五年(1536年)唐顺之罢归家居时期;又嘉靖二十二年(1543年)魏校去世,唐顺之拜托王北涯为其经纪后事[⑦]。要之,唐顺之与魏校有多年切磋学术的道谊。

概言之,魏校推崇践履的学风为唐顺之、归有光等人的通经致用之学导夫先路,自无可疑。

三　放诞不羁与通经致用的融合

万历以降,吴中放诞不羁和通经致用两种风尚都绵绵不绝。一方面,晚明时期,阳明后学的现成派倡为良知当下即是之说,其流弊便是士人的纵情任性。吴中士人在良知现成说的鼓励下,自然会将弘治以来的放诞不羁之风加以传承。另一方面,由于东林学派的弘扬提倡,加之晚明内忧外患的政治局势的刺激,通经致用之学也颇为盛行。有的学者已经指出了经世之学由归有光发轫,经钱谦益提倡,至顾炎武而发扬光大的发展轨迹。[⑧] 概言之,万历以后吴中士风的主要发展趋势是放诞不羁与通经致用的融合。其表现是许多士人既在立身行事上追慕唐

① 归有光:《震川先生集》卷十九《周孺亨墓志铭》,上海古籍出版社 1981 年版,第 465、466 页。

② 《明史》卷二八二《儒林一·魏校传》,中华书局 1974 年版,第 7251 页。

③ 唐鼎元:《荆川先生年谱》,北京图书馆藏珍本年谱丛刊本。

④ 魏校:《答唐应德》三封、《与唐应德》一封,《庄渠遗书》卷四;《与唐应德》三封,《庄渠遗书》卷十一;《答唐应德》一封,《庄渠遗书》卷十四,文渊阁四库全书本。

⑤ 唐鼎元:《荆川先生年谱》卷二,北京图书馆藏珍本年谱丛刊本。

⑥ 唐顺之:《唐顺之集》卷五《与王尧衢书》,浙江古籍出版社 2014 年版,第 213 页。

⑦ 唐顺之:《唐顺之集》卷六《与王北涯苏州》之三,浙江古籍出版社 2014 年版,第 242 页。

⑧ 参见王培华《归有光与明中期吴中经世之学》,《苏州大学学报》2001 年第 1 期,第 93—96 页;孙之梅《归有光与明清之际的学风转变》,《文史哲》2001 年第 5 期,第 43—49 页。

寅等人的流风而纵情声色，又在学术思想上追踪归有光等人的余绪而通经致用。文震孟（1574—1636）、钱谦益（1582—1664）、归庄（1613—1673）等人堪称其中的典型。

钱谦益的通经致用之学显然是濡染乡贤之教的结果。钱谦益字受之，号牧斋，常熟人，明万历三十八年（1610 年）进士，官礼部右侍郎，革职后南归。福王时，官礼部尚书。入清任礼部右侍郎管秘书院事，充修《明史》副总裁，任职六月即告病归。康熙三年（1664 年）卒，年八十三。他从幼年起就在父亲的引导下师事东林领袖顾宪成，[①]同时，他笃好归有光之文，与归氏孙归昌世、曾孙归庄交往过从甚密，曾校勘、重刊《震川文集》。他的"反经"之学显然与归有光返回六经的主张一脉相承。[②]他还推崇唐顺之的经世之学，视之为明初宋濂（金华）之学的发展："嘉靖中，荆川唐先生起于昆陵，旁搜远绍，其书满家。自经史古今，以至于礼乐兵刑阴阳律历勾股测望，无所不贯穿。荆川之指要，虽与金华稍异，其讲求实学，由经术以达于世务则一也。"[③]

另一方面，钱氏对放诞不羁之风的浸润，一则表现为他追慕成弘之际吴中才子的流风余绪，如唐寅之"不得志于名场，颓然自放，信口纵笔"，桑悦之"博学多奇，以狂名于世"。[④] 二则体现为不拘礼法的个性，他自称"少跅跑自喜，好越礼以惊众"，[⑤]天启年间归乡后也"踪迹踈放，游于酒人词客之间"。[⑥] 三则见之于他对李贽的热情礼赞。他褒扬李贽不拘一家、独树一帜的学术思想道："余少喜读龙湖李秃翁书，以为乐可以歌，悲可以泣，欢可以笑，怒可以骂，非庄非老，不儒不禅，每为抚几击

① 钱谦益：《顾端文公淑人朱氏墓志铭》，《初学集》卷六十一，《钱牧斋全集》贰，上海古籍出版社 2003 年版，第 1457 页。

② 关于钱谦益"反经"说的内涵，参见第四章《金圣叹与钱谦益的思想渊源》。

③ 钱谦益：《初学集》卷四十三《常熟县教谕武进白君遗爱记》，《钱牧斋全集》贰，上海古籍出版社 2003 年版，第 1120 页。

④ 钱谦益：《初学集》卷三十二《朱云子小集引》《冯定远诗序》，《钱牧斋全集》贰，上海古籍出版社 2003 年版，第 937、939 页。

⑤ 钱谦益：《初学集》卷五十五《李缉夫墓志铭》，《钱牧斋全集》贰，上海古籍出版社 2003 年版，第 1379 页。

⑥ 钱谦益：《初学集》卷三十三《贺中泠净香稿序》，《钱牧斋全集》贰，上海古籍出版社 2003 年版，第 957 页。

节，盱衡扼腕，思置其人于师友之间。”[①]总之，在钱谦益身上，我们可以同时看到明中叶吴中才子和归有光等人的影子。

文震孟的家学渊源和学术特征也决定了他成为融汇两种学风的代表人物。文氏乃吴中四才子之一的文徵明的曾孙，乃祖的文采风流即便没有直接影响到他的立身处世，至少也是潜在于他的人格之中的。文震孟以《春秋》学著称，由于崇祯帝认为《春秋》“有裨治乱”，[②]文震孟凭借《春秋》名家的身份获得了阁臣的地位，仅此一点就足以说明他的学术是重六经且关乎治乱的。文震孟《姑苏名贤小记》则直接说明了他对吴中放诞不羁和通经致用的两种士风的吸收。其序曰：

> 姑苏故多君子，无论郡诸属邑，即阖闾城周四十五里，其中贤士大夫未易更仆数也，而当世语苏人则薄之，至用相排调一切轻柔浮靡之习，咸笑指为苏。意见有稍自立者，辄阳惊曰：“此子亦苏之人耶？”即告以往昔之贤达，亦仅谓风流文采雍容便辟甚都而已，于所称行己大节、经纬文武之概蔑如也。

文氏对世人以轻柔浮靡、文采风流概括吴中士风的偏见颇为不满，极力表彰那些有着“行己大节、经纬文武”之器度的乡贤。这似乎表明文震孟有意摒弃吴中士风放诞不羁的一面，而代之以经世致用之学。其实不然。《姑苏名贤小记》所录士人兼有放诞不羁与通经致用两种类型。其中多数是通经术、重世用的士人，如俞都昌“遍读经史……为守决策，要与俱死，志节皎然”，钱继忠有“战守制胜之策”，[③]王雅宜“穷六经之奥”，世学袁宪先生“群经子史，无不该览，所著撰咸足为世用”。[④] 但是，唐伯虎、张幼予等以放诞著称的士人也名列其中。总之，文震孟对吴中两种士风的交融是颇为自觉的。

归庄的人格和学术同样体现了吴中士风的复杂性。人们已经注意

① 钱谦益：《有学集》卷二十一《松影和上报恩诗序》，《钱牧斋全集》伍，上海古籍出版社 2003 年版，第 884 页。

② 《明史》卷二五一《文震孟传》，中华书局 1974 年版，第 6498 页。

③ 文震孟：《姑苏名贤小记》卷上，光绪壬午皋月长州蒋氏心矩斋校刊本。

④ 文震孟：《姑苏名贤小记》卷下，光绪壬午皋月长州蒋氏心矩斋校刊本。

到了归庄亦奇亦正的人格特征,[①]这正是归庄兼融吴中放诞与经世两种学风的表现。以往的研究关注得不够的是,归庄虽然是钱谦益的学生,但他会通两种风尚的具体表现,却与钱谦益有同有不同。其一,于放诞不羁一端,钱谦益既有放浪形骸之举,又重特立独行之思想。而归庄却是在生活小节上任情率性的同时,力诋有悖儒家纲常的言行。归庄与顾炎武被时人称为"归奇顾怪",对此,他本人不但予以认可,而且颇有几分自得:"放浪形骸不自持,归郎不让顾郎痴。"[②]归庄的放纵,主要是嗜酒爱花。他自称"一日不饮,口燥唇干;二日不饮,舌本强,喉棘;三日不饮,五官不灵,肌肉死,腑脏龟坼;四日五日以往,便当以所荷之锸埋于陶家之侧矣",[③]他简直把酒说成了生命活力的唯一源泉。此外,他痴迷于花卉,为赏花奔走于各地的逸事也为时人所津津乐道。但他的狂放仅限于此类生活小节,他对逸出儒家纲常的行为深恶痛绝,比如他批评侄子:"但见汝平日到祖宗祠堂,不甚严敬;见先世手迹,不知爱重",[④]又如前所述,他撰《诛邪鬼》一文攻击金圣叹"不知有礼义廉耻",[⑤]则更是众所周知。

在通经致用方面,他既推崇程朱理学,又关注兵戎之事。他自称中年以后"以雕虫之技为戒……而专力于理学……惟以孔孟为师,而以程朱为入门之路",他对关乎儒家纲常礼教的诸多问题,如学宫祀典、[⑥]孝子节妇等等,[⑦]皆再三致意。归庄的通经致用之学尤为突出地表现在他喜谈兵戎之事。钱谦益称他:"子负经世略,《春秋》志倾否。韬钤经《握奇》,扼塞图地理。棋局画兵符,酒旗树戎垒。"[⑧]归庄有志经世、醉心兵戎的情志跃然纸上。在清兵入昆山后,他蕴积于胸中的从戎热情喷薄

---

① 参见陈洪《归庄文学思想述评》,《南开学报》1994 年 3 期,第 21—27 页;刘红娟《亦奇亦正论归庄》,《红河学院学报》2004 年 6 期,第 41—44 页。

② 归庄:《归庄集》卷一《同顾大鸿兄弟饮严仲日宅,口占二绝》,上海古籍出版社 2010 年版,第 5 页。

③ 归庄:《归庄集》卷十《募米汁文》,上海古籍出版社 1962 年版,第 507 页。

④ 归庄:《归庄集》卷五《与兄子玠》,上海古籍出版社 1962 年版,第 323 页。

⑤ 归庄:《归庄集》卷十《诛邪鬼》,上海古籍出版社 2010 年版,第 499 页。

⑥ 归庄:《归庄集》卷五《与檗庵禅师》《与署县事吴丞论学宫祀典书》,上海古籍出版社 2010 年版,第 335、306—307 页。

⑦ 归庄:《归庄集》卷八《祭陆孝子钟烈妇文》,上海古籍出版社 2010 年版,第 469—470 页。

⑧ 钱谦益:《有学集》卷十二《赠归玄恭八十二韵戏效玄恭体》,《钱牧斋全集》伍,上海古籍出版社 2003 年版,第 596 页。

而出，曾亲自参加当地农民起义，杀死县令阎茂才。[①] 明亡之后，他还长期怀抱着扫荡中原、灭清复明的梦想。[②]

万历以降，钱谦益、文震孟、归庄等人的学术与人格显示了吴中放诞不羁与通经致用两种学风的融合。金圣叹特立独行的风貌正是这一时代氛围所造就的。只不过，文震孟等人更倾向于通经致用，而金圣叹则以放诞不羁著称。

① 赵经达：《归玄恭先生年谱》“弘光元年”条，《归庄集》附录，上海古籍出版社 2010 年版，第 537 页。

② 参见《归庄集·出版说明》。

第二章　早慧敏感的少年时代

数百年来，金圣叹这个名字之所以为人们津津乐道，不仅仅因为他留下的评点《水浒传》《西厢记》的文字别出手眼、独树一帜，同时也由于金圣叹为人的倜傥不羁，使得世间流传着许多关于他不服羁扼、滑稽诙谐、标新立异的故事。今天我们在叙述金圣叹的一生时，自不可能完全颠覆狂傲怪诞这一几乎是根深蒂固的形象。但就金圣叹这一历史人物本身而言，狂放不羁并不足以概括其人格和思想的全貌，也不足以说明他以儒释道思想来会通世间和出世间、人情与伦理、有与无等观念的复杂性。

本书试图勾勒金圣叹的人生轨迹①，从早慧多思的禀赋、家庭师友的熏陶等方面探寻其独特的学风和人格的形成原因，诠释其热衷功名而又游戏科举等矛盾行为背后的政治抱负，揭示其评书著述的心理动机，从“著书自娱”到“居易俟命”的变化及其思想资源，考察他与吴中的放诞不羁和通经致用两类士人的交游往还，分析他在明亡以后一度志在归隐、不久便功名之心复炽的心路历程。金圣叹的生命轨迹和心路历程，正说明了他以“硁伪”为主、兼有“绳狂”的思想特征的形成背景。

金圣叹在二十岁以前的少年时代便早早显示出了善感多思的气质和颖悟敏锐的文学感受力，十几岁便开始欣赏评点《水浒传》《西厢记》和杜诗，对天台宗典籍《法华经》和经世之学都有所接触，淡漠于科举之途却又向往建功立名的政治抱负已初露端倪。这一切，都与他的家庭、

---

① 关于金圣叹生平事迹和著作的系年，如果没有特别说明，则据徐朔方《金圣叹年谱》、陈洪《金圣叹传论》、陆林《金圣叹史实研究》。

师友的影响密不可分。

第一节 “圣叹”之号的出处

金圣叹，名采，后改名人瑞，圣叹为其号。[①] 关于“圣叹”之号的出典，过去人们往往根据廖燕《金圣叹先生传》立论：“或问圣叹二字何义？先生曰：‘《论语》有两喟然叹曰，在颜渊为叹圣，在‘与点’则为圣叹，予其为点之流亚欤？’”[②]这是说自号圣叹表明了金氏追慕曾点之人生境界的志向。[③] 这一看法诚为有见。不过，从金圣叹兼融儒释道三教的学术特征来看，圣叹之号很有可能受到了儒学之外的典籍的启发。首先，众所周知，金圣叹将佛教先哲也尊为“圣人”，比如《唱经堂圣人千案》称禅宗法师为“圣人”，又如《语录纂》卷一称儒释两家典籍为“一切圣人文字”。因此，除了儒家的孔子之外，“圣叹”之“圣”，还有可能是佛门之“圣”。其次，《法华经·譬喻品》中的这段文字值得注意：

> 如来亦复如是。虽有力无所畏，而不用之。但以智慧方便，于三界火宅拔济众生。为说三乘，声闻辟支佛佛乘，而作是言。……汝等当知，此三乘法皆是圣所称叹。……是诸众生脱三界者，悉与诸佛禅定解脱等娱乐之具，皆是一相一种圣所称叹。[④]

这可能是“圣叹”之号的另一个来源。因为，“圣所称叹”可直接缩略为“圣叹”，比起从《论语》“夫子喟然叹曰”推演出“圣叹”来，还少一转折；而且，这段文字所阐述的声闻乘、辟支佛乘、佛乘“会三归一”的思想，主张调和佛教内部各派的对立，为《法华经》的核心思想之一，后来天台宗

① 关于金圣叹的姓名、字，《丹午笔记》“哭庙异闻”条、《辛丑纪闻》、痛史本《哭庙记略》《甲申朝事小纪》本《哭庙纪略》、廖燕《金圣叹先生传》、尤侗《金圣叹传》、王应奎《柳南随笔》、蔡冠洛《清代七百名人传》等史料中有不同说法，现在基本上可以确认的是金圣叹姓金，名采，字若采，庠姓张。参见陆林《金圣叹史实研究》第二章《姓名字号籍贯异说考辨》，人民文学出版社 2015 年版，第 52—95 页。

② 廖燕：《廖燕全集》卷十四《金圣叹先生传》，上海古籍出版社 2005 年版，第 301 页。

③ 金圣叹对曾点人生境界的阐述，既不同于朱学，也有别于王学，说详下。

④ 《大正新修大藏经》第九册。

智顗的判教思想即渊源于此[1]。金圣叹自幼就研读《法华经》，又好尚天台学(说详下)，这当是他抽取《法华经》上述文字以自号"圣叹"的原因。

第二节　早慧多思的禀赋

金圣叹为苏州府长洲县人，明万历三十六年(1608年)生[2]。中国古代才子名士的身世，往往被若干神秘传说的光环笼罩着，金圣叹也不例外。杨保同《金圣叹轶事》称圣叹出生于三月三日，是日为民间传说的文昌生日，于是圣叹便获得了文曲星下凡的美誉。[3]

金氏确实自幼就具有超出常人的悟性和感受力，尤其是在人生和文学方面。他自称在童年时期就曾朦胧地体会到人生无常和光阴易逝。金氏晚年评点李商隐《曲池》"日下繁香不自持，月中流艳与谁期。迎忧急鼓疏钟断，分隔休灯灭烛时"四句中的无常意识时，追忆自己七岁时初次因人生无常而感受到的无奈和伤感：

> 某尝忆七岁时，眼窥深井，手持片瓦。欲竟掷下，则念其永无出理；欲且已之，则又笑便无此事。既而循环摩挲，久之久之，瞥地投入，归而大哭！此岂宿生亦尝读此诗之故耶？至今思之，尚为惘然，因附识于此。[4]

此说颇带几分惆怅又不无得意。瓦片被掷入深井之后便永无出井的希望，对此，七岁的金圣叹颇觉不忍，但又朦胧感觉到瓦片这一命运的无可挽回，于是他踌躇很久之后，还是将瓦片投入了深井。掷瓦片这一细节使金圣叹体验到了人生的无常和无奈，这对一个七岁的儿童来说，无疑是过于早熟了，以致金圣叹本人也不由得怀疑自己前生曾读过李商隐《曲池》，浸染了其中的无常之感。与此相类似，十岁入塾以后，金圣叹又不止一次

---

① 李四龙：《天台智者研究——兼论宗派佛教的兴起》，北京大学出版社2003年版，第214页。

② 刘世德：《金圣叹的生年》，《文汇报》1962年6月20日第3版。

③ 杨保同：《金圣叹轶事》，大华书局民国八年版。

④ 金圣叹：《贯华堂选批唐才子诗甲集七言律》卷六，陆林辑校整理《金圣叹全集》壹，凤凰出版社2008年版，第388页。以下所引金圣叹著述评点，除非特别说明，皆据此本。

地沉浸在日落时分的苍茫意境中："吾数岁时，在乡塾中临窗诵书，每至薄暮，书完日落，窗光苍然，如是者几年如一日也。"①黄昏日落的意境是说不明道不白的，但其中无疑包含了光阴易逝的感伤成分。

因了这样敏于感受的慧根，金圣叹在阅读文学作品时自然会与其中描绘的类似情感体验产生强烈共鸣。晚年金圣叹记得自己年幼时曾被《西厢记》"他不偢人待怎生"七字深深打动：

> 记得圣叹幼年初读《西厢》时，见"他不偢人待怎生"之七字，悄然废书而卧者三四日。此真活人于此可死，死人于此可活，悟人于此又迷，迷人于此又悟者也！不知此日圣叹是死是活，是迷是悟，总之悄然一卧至三四日，不茶不饭，不言不语，如石沉海，如火灭尽者，皆此七字勾魂摄魄之气力也。先师徐叔良先生见而惊问，圣叹当时恃爱不讳，便直告之。先师不唯不嗔，乃反叹曰：孺子异日真是世间读书种子！此又不知先师是何道理也。

"他不偢人待怎生"表达了张生一腔深情得不到莺莺回应时的无奈和感伤。圣叹因此七字而失魂落魄，茶饭不思，足证幼年金圣叹不仅在读书中倾注了所有热情而且多愁善感，无怪乎其师徐叔良以"世间读书种子"一说大加赞叹。同样，《西厢记》"闹斋"一折中"梵王宫殿月轮高"一句，也曾令幼年金圣叹"焚香拜伏于地，不敢起立焉"。② 金氏认为这七字的妙处是写张生欲借二月十五日莺莺追荐亡父之机饱看佳人，却早早于十四日初更未尽时便来到佛殿苦等，这一细节写尽了张生"心急如火，不能待至明日"的迫切心情。若不是金圣叹小小年纪便敏感多情，他又怎能捕捉到"梵王宫殿月轮高"这一写景句中蕴含的张生心事？③此时金圣叹已开始尝试文学创作，其少年诗作如："营营共营营，情性易为工。留湿生萤火，张灯诱小虫。笑啼兼饮食，来往自西东。不觉闲风

① 金圣叹：《第五才子书施耐庵水浒传》卷六十一第五十六回总评，《金圣叹全集》肆，凤凰出版社2008年版，第1018页。

② 金圣叹：《贯华堂第六才子书西厢记》卷四"酬韵"夹批、"闹斋"夹批，《金圣叹全集》贰，凤凰出版社2008年版，第926、930页。

③ 金圣叹还自称他幼年就不满于《会真记》后半部的"改过"情节（金圣叹：《贯华堂第六才子书西厢记》卷七"酬简"夹批，《金圣叹全集》贰，凤凰出版社2008年版，第1045页）。

月，居然头白翁。”[①]此诗表现儿童生活场景，饶有天真烂漫之情趣，末联结之以故作深沉之笔，是金圣叹“小时了了”的又一佐证。

第三节　学术兴趣的萌芽

金圣叹幼年所受的教育预示了他日后自出机杼的学术品格、以研习佛学和评点文学为主干的学术内容以及偏离科举入仕道路的人生取向。金圣叹幼年对以《四书》为主的科举教育兴味索然，而将眼光投向了《水浒传》等文学作品和《妙法莲华经》等佛教典籍：

> 吾年十岁，方入乡塾，随例读《大学》《中庸》《论语》《孟子》等书，意惛如也。每与同塾儿窃作是语：不知习此将何为者？又窥见大人彻夜吟诵，其意乐甚，殊不知其何所得乐，又不知尽天下书当有几许，其中皆何所言，不雷同耶？如是之事，总未能明于心。明年十一岁，身体时时有小病。病作，辄得告假出塾。吾既不好弄，大人又禁不许弄，仍以书为消息而已。吾最初得见者，是《妙法莲华经》；次之，则见屈子《离骚》；次之，则见太史公《史记》；次之，则见俗本《水浒传》。是皆十一岁病中之创获也。《离骚》苦多生字，好之而不甚解，记其一句两句吟唱而已。《法华经》《史记》解处为多，然而胆未坚刚，终亦不能常读。其无晨无夜不在怀抱者，吾于《水浒传》可谓无间然矣。[②]

这段文字透露了有关金圣叹学术倾向的重要消息：

其一，金圣叹年幼时已开始怀疑研习《四书》等儒家经典的意义，并开始思考天下书是否皆有创见等问题，这一点预示了他不为儒家观念所囿、追求自出机杼的学术品格。

其二，金圣叹学术的主要内容已初露端倪。以《妙法莲华经》为代表

---

① 金圣叹：《唱经堂杜诗解》卷二《萧八明府实处觅桃栽》等五首总评，《金圣叹全集》贰，凤凰出版社 2008 年版，第 698 页。

② 金圣叹：《第五才子书施耐庵水浒传》之《序三》，《金圣叹全集》叁，凤凰出版社 2008 年版，第 19 页。

的佛教典籍和以《水浒传》《西厢记》为代表的通俗文学是日后金圣叹学术研究的主要对象。其中，研习《法华经》与他的推尊天台宗紧密相连，成为他接受钱谦益等人的返经明教思想的重要媒介；《第五才子书施耐庵水浒传》和《贯华堂第六才子书西厢记》则是金圣叹文学评点中的双璧。此时金圣叹虽然未必已着手评点《水浒》《西厢记》二书，但从他对这两部典籍的悉心揣摩来看，他已经在阅读中生发出了对这两部典籍的种种感悟，为日后的文学评点打下了基础。前文所述金圣叹对《西厢记》的痴迷，说明《西厢记》的评点工作从金圣叹少年时期就开始起步了；就《水浒传》而论，金氏自称十一岁得见俗本《水浒传》，十二岁便以数月时间完成了古本《水浒》的评点："吾既喜读《水浒》，十二岁便得贯华堂所藏古本，吾日夜手钞，谬自评释，历四五六七八月，而其事方竣，即今此本是已。"[①]这一说法显然是大言欺世，不过，可以肯定的是，以金圣叹的早熟敏感，他在少年时已对《水浒传》颇多心得感悟，比如金圣叹评点《水浒传》第四十八回"顾大嫂又分付火家道'只说我病重临危，有几句紧要的话，须是便来，只有一番相见嘱咐'"一段云："我年虽幼，而眷属凋伤独为至多，骤读此言，不觉泪下。"[②]早慧多思的金圣叹因其"眷属凋伤"的人生经历，为《水浒传》这段文字而黯然神伤，是完全可能的。

其三，乡塾《四书》教育的目的是应付科举考试，因而金圣叹对《四书》的厌弃预示了他对科举入仕道路的偏离。

第四节　自负大才的少年

幼年金圣叹一方面厌弃以吟诵四书为主的科举教育，另一方面，早慧颖悟的天赋，又使他以才子自居，满怀建功垂名的抱负。晚年金圣叹不止一次地回顾自己少年时的远大抱负：

① 金圣叹：《第五才子书施耐庵水浒传》之《序三》，《金圣叹全集》叁，凤凰出版社 2008 年版，第 20—21 页。

② 金圣叹：《第五才子书施耐庵水浒传》卷五十三第四十八回夹批，《金圣叹全集》肆，凤凰出版社 2008 年版，第 889 页。

为儿时，自负大才，不胜侘傺，恰似自古迄今，止我一人是大才，止我一人独沉屈者。……才子以才而建功垂名，则诚才之为贵。

即我当时，自谓挺拔，立登要路，一样闻鸡起舞。[①]

少年时期的金圣叹曾经自负大才，向往着建功垂名，立登要路。这时候他还没有意识到，在他那个时代，于科举入仕之外，建功立业的机会是微乎其微的。

值得注意的是，金圣叹在少年时期可能已经初步接触了经世之学。《贯华堂选批唐才子诗甲集七言律》卷六评温庭筠《春日偶作》"西园一曲艳阳歌，扰扰车尘负薜萝。自欲放怀犹未得，不知经世竟如何"两联道："试想听歌未终，驱车忽发，问其何往，曰我欲经世也。则我曾闻诸吾师：经世之人，其人意思甚闲，未闻其有如是之忙者也。读先生此诗，其谁不应扪心自忖？"[②]这是说金圣叹曾从其老师处接受过经世思想。圣叹成年之后未见有师从时贤之事，这位老师当是他少年时的塾师，也许就是前引那位誉圣叹为"世间读书种子"的"先师徐叔良先生"。

第五节　家庭师友的熏陶

由以上论述可以看出，金圣叹独树一帜的学术思想、特立独行的人格的形成，是家庭宽容和师友鼓励的结果。

其一，金圣叹父祖的情况不详，但从金圣叹少年生活的点点滴滴中，可以推测出他生活在一个相对宽松的家庭环境中。首先，他迟至十岁才入乡塾，当是双亲宠爱异常，不忍心让他受塾师管束之故。他自幼有家仆相随，[③]可知家境尚可，入学迟不是因为家贫无学资。其次，他曾经描述他与弟弟童年嬉戏玩乐的情形："记得同君八岁时，一双童子好威仪。拈书弄笔三

① 金圣叹：《唱经堂杜诗解》卷三《黄鱼》评、卷二《早起》评，《金圣叹全集》贰，凤凰出版社 2008 年版，第769、702 页。

② 金圣叹：《贯华堂选批唐才子诗甲集七言律》卷六，《金圣叹全集》壹，凤凰出版社 2008 年版，第401—402 页。

③ 《第五才子书施耐庵水浒传》第五十六回总评："吾有一苍头，自幼在乡塾，便相随不舍。"《金圣叹全集》肆，凤凰出版社 2008 年版，第 1018 页。

时懒，扑蝶寻虫百事宜。一自耶娘为异物，至今兄弟并差池。前朝略续游仙梦，此后相思知不知？”[1]若非有父母的宽容爱护，这两个八岁男孩又怎么可能尽情享受扑蝶寻虫的童趣？还有，圣叹十一岁以后，时时生小病，大人虽然“禁不许弄”，但却容许他告假出塾，以《法华经》《水浒传》等书为消遣。少年金圣叹能够浸淫于这些与科举考试无关的书籍，虽然是受惠于他的常生小病，但也是由于父母的宽容。金圣叹曾说：“吾每见今世之父兄，类不许其子弟读一切书，亦未尝引之见于一切大人先生，此皆大错。”[2]由此可以推测，双亲允许他读一切书的态度，在那个时代算得上是格外宽容了。

其二，师友的赞许和认同，也是推动金氏独特的学术兴趣形成的助力。如前所述，金圣叹因《西厢记》“他不偢人待怎生”一句而连日精神恍惚，其师徐叔良得知原委后，“不惟不嗔”，反而大加赞许。对于当时正统人士视为洪水猛兽的《西厢记》，老师的态度如此宽容，就连金圣叹本人也颇感意外。老师的赞许对少年金圣叹的心灵世界产生了怎样的强烈震撼，对少年金圣叹人生道路的选择有着怎样深远的影响，任何一位有着类似经历的读书人都不难想象。那位向金圣叹谈及经世之学的老师，也为金氏日后濡染钱谦益等人的经世思想做了铺垫。此外，金圣叹自幼沉迷于《水浒传》，则是与韩住等小伙伴“奇文共欣赏”的。（说详下）家庭的宽容和师友的鼓励实际上反映了晚明时期吴中社会思潮的一个侧面，尤其是当地部分中下层士人的精神生活和价值观念。科举考试仍然是少儿教育中必不可少的内容，但人们对于青少年的好尚《水浒》《西厢记》已能有限度地宽容。概言之，晚明时期，江南中下层士人未必都服膺王学左派的思想，但却开始以通达的态度看待科举考试、小说戏曲等问题了。这正是培育滋生金圣叹特立独行的人格和学风的精神土壤。

① 金圣叹：《沉吟楼诗选》卷五《念舍弟》，《金圣叹全集》贰，凤凰出版社 2008 年版，第 1223 页。

② 金圣叹：《第五才子书施耐庵水浒传》之《序三》，《金圣叹全集》叁，凤凰出版社 2008 年版，第 19 页。

第三章　游戏科场与破格入仕之志

从弱冠之年开始，金圣叹独特的人生道路逐步展开：他游戏科场而又向往功名，企望得到帝王的破格赏用，然而这一理想在现实中总是落空，于是他不得不著书自娱。

金圣叹很早就补博士弟子员，但他游戏科场，过去人们往往把金氏游戏科场解释为对政权的一定程度的疏离，其实，他十分渴望建功垂名，只不过他追求的是科举考试之外的入仕道路。本文试图探究金氏这一看似自相矛盾的人生态度，揭示其中所蕴含的独特的政治抱负。

第一节　游戏科场之举

关于金圣叹的游戏科场，《丹午笔记》"哭庙异闻"条、《辛丑纪闻》、痛史本《哭庙记略》《甲申朝事小纪》本《哭庙纪略》《柳南随笔》《清代七百名人传》都有记载：①

---

① 这几种史料中，顾公燮《丹午笔记・哭庙异闻》(江苏古籍出版社 1999 年版，第 155—163 页)当为目前可知的最早资料。是书成于清乾隆五十九年或稍晚(参见曦钟《顾公燮〈丹午笔记〉成书年代考辨》，《北京大学学报》1991 年第 5 期)，其中有"予有戚李容坤""是日，余适入城，寓养育巷陈毓承家""丁子伟名澜本……与予善"等语，当是顾氏抄录某位亲身经历"哭庙案"者的叙述而成。是书有江苏古籍出版社 1985 年排印本；收于《纪载汇编》和《又满楼丛书》(笔者所见为后者)的《辛丑纪闻》，与《丹午笔记・哭庙异闻》内容接近而文字有不同，在同类史料中记载最为翔实，其中亦有"是日，余适入城，寓养育巷陈毓承家"之语，其底本的成书年代亦当较早；痛史本《哭庙记略》录自刊于嘉庆己卯(1819)的白鹿山房《丛刻三种》；抱阳生《甲申朝事小纪》成书于道光十六年(1836)(转下页)

金圣叹……为人倜傥不群，少补长邑诸生，以岁试之文怪诞，黜革。次年科试，顶张人瑞就童子试，拔第一，补入吴庠。（《丹午笔记》“哭庙异闻”条）

（金圣叹）为文倜傥不群，少补博士弟子员，后以岁试之文怪诞不经黜革。来年科试顶金人瑞名，就童子试，而文宗即拔第一，补庠生。（《辛丑纪闻》）

金圣叹……文倜傥不群，少补长洲博士弟子员，后以岁试文怪诞黜革。及科试，顶金人瑞名就试，即拔第一，补吴庠生。（痛史本《哭庙记略》）

（金圣叹）为文倜傥不羁，少补博士弟子员，后以岁试怪诞不经文黜革。下科试，顶张人瑞名，文宗即拔第一，补庠生。[①]

（金圣叹）少年以诸生为游戏具，补而旋弃，弃而旋补，以故为郡县生不常。[②]

人瑞为文，怪诞不中程法。补博士弟子员，会岁试，以“如此则动心否乎”命题，其篇末有云：“空山穷谷之中，黄金万两；露白葭苍而外，有美一人。试问夫子动心否乎？曰：‘动动动。’”连书三十九字，学使怪而诘之，人瑞曰：“祇注重‘四十不’三字耳。”越岁再试，题为《孟子将朝王》。人瑞不着一字，第于卷之四隅，书四“吁”字。曰：“七篇中言孟子者，偻指难数，前乎此题者，已有四十孟子，是‘孟子’二字，不必作也；至云朝王，如见梁惠王、梁襄王、齐宣王，皆朝王耳，是‘朝王’二字，亦不必作也。题五字中，祇有‘将’字可作。宗师不见演剧者乎？王将视朝，先有内侍四，左右立而发吁声，此实注重‘将’字之微意也。”以是每被黜。[③]

以上六种说法中，前四种说法大同小异，因此实际上是三条记录。由这

（接上页）（据书目文献出版社 1987 年排印本《出版说明》），其中的《哭庙纪略》文字与《辛丑纪闻》最接近而稍略；《柳南随笔》初刊于乾隆五年（1740 年）（据中华书局 1983 年排印本《点校说明》），蔡冠洛编著《清代七百名人传》成书于 1936 年。

① 《甲申朝事小纪》三编卷七《哭庙纪略》，书目文献出版社 1987 年版，第 624—625 页。

② 王应奎：《柳南随笔》卷三，中华书局 1983 年版，第 46 页。

③ 蔡冠洛编著：《清代七百名人传》第五编《艺术·文学·金人瑞》，北京市中国书店 1984 年版，第 1740 页。

些记载可知，金圣叹很早就考中秀才，后来不止一次地因试文不中程法被黜革，但金氏往往于次年重新赴童子试，以成绩第一再补庠生。《清代七百名人传》还详细叙述了金圣叹岁试之文怪诞的具体情形。第一篇中，金氏连写三十九个动字，自称是寓意"四十不动心"，其实是开孔夫子玩笑，说夫子心动不已。第二篇更是离谱，题目是"孟子将朝王"，他却振振有词地说"孟子将朝王"一题中只有"将"字值得发挥，所以他借鉴了戏剧表演中以四个内侍在舞台上发出吁声来提示王将视朝的做法，在卷子四周各写一"吁"字来阐发此题。这两篇怪诞的岁试文充分展现了金圣叹的颖悟过人和好为滑稽。这件事的可玩味之处在于，金圣叹既然能考取秀才，可见他是懂得程法的；那么他所作岁试文的怪诞，是他故意不循规蹈矩的结果。正是在这个意义上，《柳南随笔》称他"少年以诸生为游戏具"。[①]

值得一提的是，有的学者系岁试被黜一事于顺治四年（1647年）金氏四十岁时，[②]理由是顺治十三年（1656）金氏《赠夏广文》有"十年梦断至公楼之句"。[③] 笔者认为《柳南随笔》"少年以诸生为游戏具"的说法更可信。因为底本写作年代较早的《丹午笔记》"哭庙异闻"条和《辛丑纪闻》都说圣叹岁试之文怪诞不经被黜后，来年便补庠生。《柳南随笔》亦称"补而旋弃，弃而旋补"，而如果顺治十三年《赠夏广文》"十年梦断至公楼"是指顺治四年被诎，十年后才再补的话，则与前述史料的说法都不符合。因此，金圣叹游戏科场一事发生在青少年时代的可能性更大一些。

金氏游戏科场的举动是如此惊世骇俗，以致人们纷纷猜测这一行为背后的心理动机。《清代七百名人传》说金圣叹被黜后：

> 笑谓人曰：今日可还我自由身矣。客问自由身三字出何书，曰酒边多见自由身，张籍诗也；忙闲皆是自由身，司空图诗也；世间难得自由身，罗隐诗也；无荣无辱自由身，寇准诗也；三山虽好在，惜

---

① 王应奎：《柳南随笔》卷三，中华书局1983年版，第46页。

② 徐朔方：《晚明曲家年谱》第一卷《金圣叹年谱》，浙江古籍出版社1993年版，第732—733页。

③ 金圣叹：《沉吟楼诗选》卷五《赠夏广文》，《金圣叹全集》贰，凤凰出版社2008年版，第1228页。

取自由身，朱子诗也。[1]

在此，游戏科举以获取自由身的说法并不可信。因为《丹午笔记》"哭庙异闻"条、《辛丑纪闻》《柳南随笔》都说他被黜后又就考，顺治十三年（1656 年）前后所作《赠夏广文》也表明金氏一直保持了秀才资格，如果只是为了保持自由身，金圣叹完全可以不赴试或者被黜后不再应考，是故金圣叹这段话可能是后人的想象推测之辞。《虫鸣漫录》对此事的解释是金圣叹视"洞房花烛夜，金榜题名时"为人生至乐，前一种至乐不可多得，所以他想通过"补而旋弃，弃而旋补"的方式来多次体验后一种至乐。这一说法可以说是"以诸生为游戏具"的最好注脚，揆之金圣叹性格中游戏人生的一面，此说不无合理之处。[2]

第二节　建功垂名之志

本书所关注的问题是，游戏科举并不意味着金圣叹无意于功名，相反，他一直怀有强烈的建功立业之志。他既轻视科举又看重功名，希求以科举考试之外的方式入仕，向往得到朝廷的破格赏用。其理由：

一方面，金圣叹向往建功立业是毋庸置疑的。如前所述，他从少年时代起就自负大才，渴望立登要路，这一凌云之志在其成年后丝毫不曾减弱，甚至在他步入晚年时仍萦绕于心。由于金圣叹在现实生活中从未真正得偿夙愿，他的建功立业之志在其著述中往往表现为英雄失意之悲、高才被屈之痛。成书于崇祯十四年（1641 年）的《第五才子书施耐庵水浒传》的评点中，"豪杰失意"之类的感慨俯拾皆是。比如，第三回于鲁智深"扑倒头便睡"下加夹批云"闲杀英雄！作者胸中，血泪十斗"[3]，这是明显的借题发挥之笔；又如第十回于林冲"因感伤怀抱，问酒

① 蔡冠洛编著：《清代七百名人传》第五编《艺术・文学》"金人瑞"条，中国书店 1984 年版，第 1740 页。

② 陈洪：《金圣叹传论》，天津人民出版社 1996 年版，第 89—95 页。

③ 金圣叹：《第五才子书施耐庵水浒传》卷八第三回夹批，《金圣叹全集》叁，凤凰出版社 2008 年版，第 111 页。

保借笔砚来”下加夹批道“十二字写千载豪杰失意如画”①,此类感慨无疑寄托了金圣叹自己的怀才不遇之悲。有时他还借评点《水浒传》人物来抒发自己的怀抱,比如第三十八回写宋江“看见那一派江景非常,观之不足”,圣叹遂叹赏道:“以非常之人,负非常之才,抱非常之志,对非常之景,每每露出圭角来,写得雄浑之极”,②这段文字与金圣叹“为儿时,自负大才”③一段可谓遥相呼应。

至于晚年,金圣叹服膺的“素位”说进一步强化了他的功名之志,才子不遇之痛更是时时流露于笔端。比如,完成于顺治十三年(1656 年)前后的《西厢记》评点中,他称赏《西厢记》作者“若教他写王昭君慷慨请行,琵琶出塞,他便写出普天下万万世无数高才被屈人满肚皮眼泪来,我读《西厢记》知之”,④又他于《拷艳》一折“谁能彀”下加评语曰“只三个字,便抵一大篇《感士不遇赋》”,⑤可见,张生莺莺的悲欢离合,也在触发他的高才被屈之悲。又如,临终前尚未完稿的《唱经堂杜诗解》中,也不乏类似的感叹,而且似乎情感基调更为悲愤、激越:

> “鹤下云汀”,何等意思;“鸡栖草屋”,何等卑屈!写尽大才沦落之苦。
>
> 嗟乎,后世英雄,有其计与心,而不获见诸事者,可胜道哉!在昔日为英雄之计、英雄之心,在今日皆成英雄之泪矣!
>
> 为儿时,自负大才……后来颇颇见有此事,始知古来淹杀豪杰,万万千千,知有何限!青史所纪,磊磊百十得时肆志人,若取来与淹杀者比较,乌知谁强谁弱?嗟哉痛乎!此先生《黄鱼》诗所以

---

① 金圣叹:《第五才子书施耐庵水浒传》卷十五第十回夹批,《金圣叹全集》叁,凤凰出版社 2008 年版,第 228 页。类似的评点还有“写尽英雄失路”“极力描写英雄失时意思”(卷八第三回夹批,《金圣叹全集》叁,第 112、113 页),“写英雄失路可叹”(卷十第五回夹批,《金圣叹全集》叁,第 148 页),“写得英雄失路,极其可怜”(卷十三第八回夹批,《金圣叹全集》叁,第 198 页),“皆极力写英雄失路”(卷十五第十回夹批,《金圣叹全集》叁,第 227 页),“豪杰失路”(卷十六第十一回夹批,《金圣叹全集》叁,第 241 页),“英雄失路”(卷十六第十一回眉批,《金圣叹全集》叁,第 241 页)。

② 金圣叹:《第五才子书施耐庵水浒传》卷四十三第三十八回,《金圣叹全集》肆,凤凰出版社 2008 年版,第 699 页。

③ 金圣叹:《唱经堂杜诗解》卷三《黄鱼》评,《金圣叹全集》贰,凤凰出版社 2008 年版,第 769 页。

④ 金圣叹:《读〈第六才子书西厢记〉法》,《金圣叹全集》贰,凤凰出版社 2008 年版,第 864 页。

⑤ 金圣叹:《贯华堂第六才子书西厢记》卷七“拷艳”夹批,《金圣叹全集》贰,凤凰出版社 2008 年版,第 1066 页。

始之以“日见”二字，哭杀天下才子也！……才子以才而建功垂名，则诚才之为贵；若才子以才而终至于饥饿以死，回首思之，我何逊于屠沽儿而一至于是？真不怪饥饿，怪杀有才矣！①

自负大才竟至于饥饿以死，“不怪饥饿怪杀有才”一语中，包含了怎样沉重的被屈之痛！

第三节　破格入仕之梦

在金圣叹既轻视科举又看重功名这一似乎自相矛盾的心态背后，蕴涵着怎样的人生抱负呢？原来，金圣叹以高才和奇才自居，故而他不屑通过科举常途入仕，而是希望名动天子，立登要路。这从以下四个方面可以看出：

其一，金圣叹不止一次地提出世无伯乐，令奇伟之才不得破格赏用的观点，甚至认为这是《水浒传》的主旨之一。第六十九回总评曰：

叙一百八人，而终之以皇甫相马。嘻乎，妙哉！此《水浒》之所以作乎？夫支离臃肿之才，未必无舟车之用；而蹄啮嘶喊之疾，未必非千里之力也。泥其外者，未必不金其里；灶下之厮养，未必不能还王于异国也。惟贤宰相有破格之识赏，斯百年中有异常之报效。然而世无伯乐，贤愚同死。其尤驳者，乃遂走险，至于势溃事裂，国家实受其祸，夫而后叹吾真失之于牝牡骊黄之外也。②

金圣叹借第六十九回善相马的兽医皇甫端上山这一情节，阐发了奇伟之才须得破格之识赏，方能有“异常之报效”，否则便会导致如水浒英雄铤而走险、国家受祸那样的后果。金氏还认为，与第六十九回相呼应，楔子中太尉“他既是天师，如何这般猥獕”一语，也是寄寓了奇

① 金圣叹：《唱经堂杜诗解》卷四《向夕》评、卷二《蜀相》评、卷三《黄鱼》评，《金圣叹全集》贰，凤凰出版社2008年版，第822、689、769—770页。

② 金圣叹：《第五才子书施耐庵水浒传》卷七十四第六十九回，《金圣叹全集》肆，凤凰出版社2008年版，第1224—1225页。

才不被赏识的主旨："此一句，直兜至第七十回皇甫端相马之后，见一部所列一百八人，皆朝廷贵官嫌其猥獕，而失之于牝牡骊黄之外者也。"①

除了《水浒传》首尾以"失之于牝牡骊黄之外"相互呼应之外，金圣叹还主张《水浒传》"忽然失落一人"的写法中也蕴含着奇才沉屈的意味。比如第二十六回总评云：

> 此书每到人才极盛处，便忽然失落一人，以明网罗之外，另有异样奇人，未可以耳目所及，遂尽天下之士也。即如开书将说一百八人，为头已先失落一王进。张青光明寺出身，便加意为鲁达、武松作合，而中间已失落一头陀。宋江三打祝家之际，聚会无数新来豪杰，而末后已失落一栾廷玉。②

《水浒传》第一回写王进投奔延安府老种经略相公后，便不再有下文；第二十六回写孙二娘误杀一头陀，而不知其生平履历如何；第四十九回三打祝家庄之后栾廷玉被杀而不写死状等等，都是小说不交代或不正面叙述人物结局的处理方法，金圣叹却认为其中寓有"网罗之外，另有异样奇人"的深意，这显然也是借《水浒传》的情节来抒发他那奇才不得破格赏用的郁勃不平之气。

其二，金圣叹追慕的古人如司马相如和诸葛亮，正是奇才得以破格赏用的典型。在中国文化史上，司马相如和诸葛亮这两个人物形象身上承载着很多复杂的意蕴。就前者而论，《汉书·司马相如传》称司马相如字长卿，蜀郡成都人，汉景帝时为武将常侍，因景帝不好辞赋而梁孝王招纳游说之士，相如遂病免，客游梁，著《子虚赋》。梁孝王薨后，相如还乡，临邛富人卓王孙延为座上宾，卓王孙女文君新寡，相如以琴心挑之，卓文君夜奔相如，二人一度生活困窘，以致卓文君当垆卖酒、司马相如涤器。后来汉武帝读《子虚赋》而大为激赏，恰好蜀人杨得意为狗监侍于帝侧，言此赋为司马相如所作，帝乃召见司马相如，相如为作《上

① 金圣叹：《第五才子书施耐庵水浒传》之《楔子》，《金圣叹全集》叁，凤凰出版社 2008 年版，第 49 页。

② 金圣叹：《第五才子书施耐庵水浒传》卷三十一第二十六回，《金圣叹全集》叁，凤凰出版社 2008 年版，第 503 页。

林赋》,赋奏,天子以为郎。数年后,司马相如奉命安抚巴蜀百姓,出使西南夷,颇建功业。后以消渴疾辞世,遗札中有《封禅文》。对于司马相如,人们津津乐道于他的以过人文才名动帝王、以琴心缔结与卓文君的浪漫情缘等事迹,甚至司马相如的消渴疾也常被文人用来比拟自己的多病之身。至于诸葛亮,据《三国志·蜀书·诸葛亮传》载,诸葛亮字孔明,琅琊阳都人,汉末躬耕陇亩,好为《梁父吟》。身长八尺,每自比于管仲、乐毅,时人不以为然,惟博陵崔州平、颍川徐庶与亮友善,赏其才干。徐庶向刘备举荐诸葛亮,刘备三顾茅庐才得以见亮,亮遂为刘备陈天下大势,建议刘备跨有荆益以成霸业,刘备非常赞同,从此与亮情好日密。刘备临终以国事、幼子相托付,诸葛亮为之鞠躬尽瘁,死而后已。对于诸葛亮,人们多叹赏其身负大才而不求闻达于乱世、出于感激而遂许刘备以驱驰、临危受命而精忠报主、善建奇策却出师未捷身先死等方面。这两个人物的经历、特征又有相通之处,那就是才能过人而曾经不得志,一朝名动君王便骤获重用。正因如此,中国历代不愿走科举常途入仕的士人往往以司马相如、诸葛亮等人为楷模,比如唐代诗人李白干谒而不应科举,自信能够名动帝王而骤登大位,他在诗文中就常常吟咏司马相如、诸葛亮等人的事迹。[①]

司马相如、诸葛亮等人建功立业的道路,也是金圣叹企望以高才大名获得帝王重用的思想资源。在文学评点和创作中,金圣叹常常用以自我比拟和赞誉他人的古人,有曾点、司马相如、诸葛亮、陶潜、杜甫等人,其中司马相如和诸葛亮虽不是他提及最多的人物,但却是他在论及出处问题时的重要典范。在金圣叹青壮年时期的著述中,推尊诸葛亮的倾向已经很明显了。成书于崇祯十四年(1641 年)的《第五才子书施耐庵水浒传》第十九回夹批以刘备、诸葛亮的鱼水之乐称赏晁盖、林冲的亲密合作曰:“并不增添一语,只依上文林冲所定宣谕一遍,真是又好晁盖,又好林冲。昭烈之言曰:‘孤有孔明,如鱼有水’,其乐如是也。”[②]就在同一年,金圣叹《送李宝弓司理内召》也提到了

① 周勋初:《李白评传》,南京大学出版社 2005 年版,第 257—264、369—390 页。

② 金圣叹:《第五才子书施耐庵水浒传》卷二十四第十九回,《金圣叹全集》叁,凤凰出版社 2008 年版,第 366 页。

诸葛亮:"七年一鹗坐云间,此日双凫到帝前。……刘葛君臣真庆快,叔孙弟子望传宣。"[①]此诗以刘备、诸葛亮君臣相得,比喻李宝弓得到帝王重用。可见,金圣叹极为羡慕诸葛亮之见重于刘备,以致情不自禁地一再提及。同一时期的《天下才子必读书》在评点文章时,多次提到它们与诸葛亮《隆中对》《前出师表》的渊源关系,[②]这显然不单单是看重诸葛亮之文的缘故,而是与推尊诸葛亮的人生道路有关。直至金圣叹晚年,诸葛亮被刘备重用的人生道路仍是他心目中的最高典范。成书于顺治十三年(1656年)前后的《西厢记·序一曰痛哭古人》在论述不同的"消遣法"即人生选择时,首先提到了诸葛亮的先处后出:"得如诸葛公之躬耕南阳,苟全性命,可也,此一消遣法也。既而又因感激三顾,许人驱驰,食少事烦,至死方已,亦可也,亦一消遣法也",[③]此时金圣叹已主张出处同归,其实质是对隐居和出仕都给予充分肯定,破格赏用的入仕道路仍是他的梦想(说详下),因此,诸葛亮以高才而名动刘备的经历,既是出处同归的例证,又是高才被破格赏用的典型。又《读第六才子书〈西厢记〉法》称作者"若教他写诸葛公白帝受托、五丈出师,他便写出普天下万万世无数孤忠老臣满肚皮眼泪来"[④],在《西厢记》夹批中他也曾提及诸葛亮[⑤],足证批点《西厢记》时期金圣叹向慕诸葛亮的情形。[⑥]

---

① 金圣叹:《沉吟楼诗选》卷五《送李宝弓司理内召》,《金圣叹全集》贰,凤凰出版社2008年版,第1216页。据徐朔方《金圣叹年谱》,《松江府志》卷三十六《职官表》及卷四十二本传载,李瑞和字宝弓,漳浦人。崇祯七年进士,八年起任松江推官,十四年召为监察御史。(徐朔方:《晚明曲家年谱》第一卷《金圣叹年谱》,浙江古籍出版社1993年版,第729—730页。)

② 《天下才子必读书》卷四评点《战国策》之《司马错论伐蜀》(《金圣叹全集》伍,凤凰出版社2008年版,第179页)、卷五评点《战国策》之《乐毅报燕王》(《金圣叹全集》伍,凤凰出版社2008年版,第212页),指出它们分别是诸葛亮《隆中对》和《前出师表》的蓝本;他还认为尉佗的《上汉文皇帝去帝号书》也是《前出师表》"之所以出也"(《天下才子必读书》卷六,《金圣叹全集》伍,凤凰出版社2008年版,第245页)。

③ 金圣叹:《贯华堂第六才子书西厢记》卷一《序一曰恸哭古人》,《金圣叹全集》贰,凤凰出版社2008年版,第849页。

④ 金圣叹:《读第六才子书〈西厢记〉法》,《金圣叹全集》贰,凤凰出版社2008年版,第864页。

⑤ 《西厢记》"郑恒求配"一折夹批有"诸葛隆中不求闻达时,几欲遭此人白眼。嗟乎!今日茫茫天涯,亦何处无眼泪哉"一语。(金圣叹:《贯华堂第六才子书西厢记》卷八《郑恒求配》,《金圣叹全集》贰,凤凰出版社2008年版,第1108页)

⑥ 创作年代不详的《丁蕃卿生日二章》亦以"诸葛隆中关气运"赞赏对方(金圣叹:《丁蕃卿生日二章》,《沉吟楼诗选》卷五,《金圣叹全集》贰,凤凰出版社2008年版,第1244页)。据陆林《金圣叹与"哭庙案"中的"二丁"》,丁蕃卿名汝宜,其生卒年为1603—1673,其子丁观澜、丁观生皆被卷入哭庙案(陆林:《金圣叹与"哭庙案"中的"二丁"》,《中国典籍与文化》2000年第2期,第79—83页)。

金氏对司马相如亦十分追慕。《沉吟楼诗选》有九处采用了司马相如的典故,[①]其中五处是以司马相如的消渴疾比喻自己的多病,一处涉及司马相如与卓文君的情缘,四处用司马相如的以高才见重于汉武帝比拟他人和自己。比如,作于崇祯十四年(1641 年)的《送朱子庄赴任宜春》云:"定拟《凌云》备上方,却教列宿试为郎",此诗用司马相如献赋而为汉武帝重用的典故,比喻朱子庄虽赴外任而终将大用。朱子庄出于江南望族之秀水朱氏,道光《宜春县志》"名宦"门载:"朱茂景字子庄,秀水人。崇祯十四年令宜春。精勤莅治,剔奸戢豪。性喜延揽,与诸生课文品题,竟日无倦色。"又柳如是《戊寅草》有《朱子庄雨中相过》曰:"风流已觉人所少,清新照耀谁能俦。高山大水不可见,骚人杰士真我谋。"[②]可知朱子庄兼擅文辞与政事,既是"骚人"又为"杰士",文才过人而又满怀抱负的金圣叹与朱子庄之惺惺相惜,自不待言。金氏以司马相如见重于汉武帝的典故称许朱子庄,其实也寄托了自己渴望破格录用的理想。

其三,从明代的选举制度来看,明代永乐以降荐举之途虽然日渐萧条,但仍不时为朝廷所用,这是金圣叹希求破格重用的现实基础。据《明史·选举志》,明代初年朝廷并重科举与荐举,建文、永乐间荐举起家者多得重用,如处士杨士奇、布衣陈济皆由荐举而被破格任命为《太祖实录》总裁官。[③] 但永乐以后科举日重,荐举日轻,能文之士皆以科举

① 这九处分别是《春末怀周粟仲》之"经春消渴动"(《沉吟楼诗选》卷二,《金圣叹全集》贰,凤凰出版社2008 年版,第 1163 页),《熟食日示宗文宗武》之"消渴春尤甚"(《沉吟楼诗选》卷二,《金圣叹全集》贰,凤凰出版社 2008 年版,第 1169 页),《效李义山绝句》之"相如又是真消渴,便解琴心奈若何"(《沉吟楼诗选》卷四,《金圣叹全集》贰,凤凰出版社 2008 年版,第 1193 页),《送朱子庄赴任宜春》之"定拟《凌云》备上方,却教列宿试为郎"(《沉吟楼诗选》卷五,《金圣叹全集》贰,凤凰出版社 2008 年版,第 1215 页),《闻德辅病却寄一律时予亦小疾在卧》之"定以能诗成渴疾,无忘礼佛是医师"(《沉吟楼诗选》卷五,《金圣叹全集》贰,凤凰出版社 2008 年版,第 1221 页),《无题五首》之五"蒋妹桥梁天与婿,相如消渴自云瘳"(《沉吟楼诗选》卷五,《金圣叹全集》贰,凤凰出版社 2008 年版,第 1225 页),《春感八首》之二"半夜虚传见贾生,同时谁会见长卿",之六"万卷秘书摊禄阁,一朝大事属文园"(《沉吟楼诗选》卷五,《金圣叹全集》贰,凤凰出版社 2008 年版,第 1235 页),《辛丑春感》之"《凌云》更望何人读,《封禅》无如连夜烧"(《沉吟楼诗选》卷五,《金圣叹全集》贰,凤凰出版社 2008 年版,第 1236 页)。

② 关于朱子庄生平,参见柳如是《戊寅草》(清代诗文集汇编本)、陈寅恪《柳如是别传》(上海古籍出版社 1980 年版,第 354—356 页)、陆林《〈晚明曲家年谱〉金圣叹史实研究献疑》(《文学遗产》2002 年 1 期,第 68—78 页)。

③ 《明史》卷七一《选举三》,中华书局 1974 年版,第 1713 页。

进身为荣，朝廷从荐举一途网罗的人才也就日益稀少。不过，从天顺迄于万历，朝廷还是陆续任用、优礼了一些荐举的名士。尤其值得注意的是，嘉靖中南直隶生员文徵明曾以荐举授翰林院待诏，[①]这件事想必进一步激发了金圣叹对荐举入仕的向往。文徵明(1470—1559)，长洲人，初名壁，以字行，更字徵仲，别号衡山，与徐祯卿、唐寅、祝允明齐名，号为"吴中四才子"，史称他授翰林院待诏后，"预修《武宗实录》，侍经筵，岁时颁赐，与诸词臣齿"。[②] 金圣叹与文徵明曾孙文彦可(1574—1648)有过从。文彦可亦为书画名家，有《渊明抚孤松图》，金氏《沉吟楼诗选》收有《题渊明抚孤松图》和《题文彦可画陶渊明孤松图》这两首吟咏此画的诗，其中《题文彦可画陶渊明抚孤松图》云："先生已去莲华国，遗墨今留大德房。高节清风如在眼，何须虎贲似中郎。"[③]由此不难看出金氏对文彦可的敬慕之情。《题渊明抚孤松图》和《题文彦可画陶渊明孤松图》都作于文彦可卒后的顺治年间[④]，但金圣叹与文彦可的交谊想必从晚明时期已经开始了。可以想见，在与文彦可的交游往还中，金圣叹对文徵明以荐举入仕的经历会有更加感性的认识，虽然《明史·文苑传》称文徵明因出身于荐举而非进士，颇不得意，所谓"是时专尚科目，徵明意不自得，连岁乞归"，[⑤]但自负奇才、特立独行的金圣叹自不会介意科举重荐举轻的世俗观念，何况文徵明由荐举所任翰林院待诏之职正是他梦

---

① 关于文徵明入翰林的经过，焦竑《玉堂丛语》卷三《荐举》强调林见素为之推荐的重要性："林见素，嘉靖初再起为刑部尚书，方到京，适文徵明应贡而至，见素首造其馆，遍称之于台省诸公。时乔白岩为太宰，素重见素，乃力为主张，授翰林待诏。"(焦竑：《荐举》，《玉堂丛语》卷三，中华书局 1981 年版，第 98 页)钱谦益《历朝诗集小传》突出李充嗣的推荐之效："(文徵明)以诸生岁贡入京，用尚书李充嗣荐，授翰林院待诏"(钱谦益：《历朝诗集小传》丙集"文徵明待诏"条，上海古籍出版社 2008 年版，第 305 页)，又云"吴中以明经起家官词林者，文征仲、蔡九逵之后二十余年，而(何)元朗继之"(钱谦益：《历朝诗集小传》丁集"何孔目良俊"条，上海古籍出版社 2008 年版，第 451 页)。《明史·选举志》称"嘉靖中，南直隶生员文徵明、永嘉儒士叶幼学，皆以荐授翰林院待诏。"(《明史》卷七一《选举三》，中华书局 1974 年版，第 1714 页)

② 《明史》卷二八六《文苑二·徐祯卿传》《文苑三·文徵明传》，中华书局 1974 年版，第 7351、7362 页。

③ 金圣叹：《沉吟楼诗选》卷四《题文彦可画陶渊明抚孤松图》，《金圣叹全集》贰，凤凰出版社 2008 年版，第 1207 页。

④ 关于这两首诗的系年，徐朔方《金圣叹年谱》以为在顺治七年(1650 年)(徐朔方：《金圣叹年谱》，载《晚明曲家年谱》第一卷，浙江古籍出版社 1993 年版，第 734 页)，陆林《〈晚明曲家年谱〉金圣叹史实研究献疑》系于顺治十一年(1654 年)(陆林：《〈晚明曲家年谱〉金圣叹史实研究献疑》，《文学遗产》2002 年第 1 期，第 68—78 页)。

⑤ 《明史》卷二八六《文苑三·文徵明传》，中华书局 1974 年版，第 7362 页。

寐以求的。[①]

其四，金圣叹的《春感八首》等诗作直接证明了他向往破格入仕的志向。据金氏《春感八首》序，顺治十七年（1660年），五十三岁的金圣叹所作《春感八首》淋漓尽致地抒写了他以为功名之志即将实现的喜悦，使我们充分感受到了晚年金圣叹向往建功立业的热情。这年正月，圣叹族兄金昌向他转告了一个好消息：圣叹的文友邵兰雪在京城时听说顺治帝读圣叹才子书后，以"此是古文高手，莫以时文眼看他"谕词臣。圣叹得闻此说，不暇核实这一说法是否可靠，[②]竟"感而泪下"，所成《春感八首》抒写了忽遇知己的感激，幸得帝王御评的骄傲，三十年来无人赏识的辛酸，对北上长安、供职翰林的期待，对亲友邵兰雪、金长文的感谢和告白等百感交集的心态。这组诗还向我们传递了以下重要信息：其一，金圣叹自从少年时期萌生建功立业之志以来，虽曾因无人赏识而黯然神伤，因朝代变革而向往归隐，但以王佐之才自居、以建功垂名自勉之心一直没有真正放下过，到了晚年，在素位说的启示下，金圣叹甚至进一步肯定了实现其政治理想的可能性。正因如此，一条传闻便会令他的满腔激情倾泻而出，写下了"谁识蟠溪王佐才""勒成盖代无双业"[③]这样含泪带笑的句子。其二，金圣叹的狂喜，不仅来自忽遇知己，更来自他一直向往的破格赏用的成功梦似乎将要成为现实。过去人们都认为，金圣叹因道听途说了顺治帝的一句话就幻想着青云直上，几近痴人说梦，殊不知，在金圣叹看来，既然司马相如、诸葛亮等古代高才之士都曾因名动帝王而得以破格录用，当代士人从荐举之途青云直上者也不乏其人，而今他已经"名达圣人"，那么他被帝王破格征召，入直翰林，岂非顺理成章、指日可待之事？在这组诗中，他两次提及诸葛

① 作于顺治十七年（1660年）的《春感八首》之六曰："不愿双牙鼓角喧，并辞百里簿书繁。点朱点墨官供笔，论月论年敕闭门。万卷秘书摊禄阁，一朝大事属文园。勒成盖代无双业，首诵当今有道恩。"（金圣叹：《春感八首》，《沉吟楼诗选》卷四，《金圣叹全集》贰，凤凰出版社2008年版，第1235页）这是说他无意于封疆大吏或知府县令等职，只求入翰林院修史。

② 金德门《金圣叹与顺治帝》指出，道忞《北游集》卷一《弘觉国师语录》载顺治帝对圣叹的看法是"他曾批评《西厢》《水浒传》，议论尽有遐思，未免太生穿凿，想是才高而见僻者"，因此邵兰雪所云实乃讹讹相沿之说（《社会科学辑刊》1988年3期，第125—127页）。

③ 金圣叹：《沉吟楼诗选》卷五《春感八首・序》《春感八首》，《金圣叹全集》贰，凤凰出版社2008年版，第1234、1235页。

亮和司马相如，此外他用以自拟的姜子牙、贾谊、东方朔[①]等人也都是因帝王赏识而致身的。《春感八首》中金圣叹的喜悦和幻想进一步证明了他确实一直梦想着科举常途之外的破格录用。

然而，希望越大，失望也就越大，一直到次年正月顺治帝去世，金圣叹也还是一介诸生。他在《辛丑春感》中写下了这样沉痛的句子："入春春望转萧条，龙卧春寒不自聊。正怨灵修能浩荡，忽传虞舜撤箫韶。《凌云》更望何人读，《封禅》无如连夜烧。白发满头吾甚矣，还余几日作渔樵。"[②]顺治帝的去世，打破了早衰多病的金圣叹实现功名的最后一线希望，他再也没有可能步司马相如等人的后尘而建功立业了。弥漫在这首诗里的情绪，与其说是消沉，毋宁说是绝望。

综上所述，金圣叹在文学评点中每每感慨于奇才不得破格赏用，他追慕的出处去就的典范则是名动君王、立登要路的司马相如和诸葛亮。明代荐举制度的实行，尤其是同乡文徵明由荐举入翰林院待诏的事实，成为他渴望走荐举入仕道路的现实诱因。凡此都说明了金圣叹游戏科场而又向往建功垂名这一看似矛盾的行为背后的实质，是他以奇才自居，不屑走科举常途而希求朝廷的破格录用。如前所述，顺治十七年(1660 年)五十三岁的金圣叹因听说顺治帝称赏自己的文学评点而心潮澎湃，作《春感八首》，此事证明了他确实一直梦想着名动帝王、骤登高位。

当然，金圣叹看不起科举常途，但并没有完全放弃科举。除了前文所说的他一直保留了秀才资格外，《春感八首》之三"三十年中蜡烛催，桂花开又杏花开。至公堂下双行泪，千佛灯前一寸灰"[③]两联还说明他可能参加过乡试，只不过都以失败告终罢了。因此我们认为金氏只是轻视科举入仕之途而并未与之完全决裂。

---

① 金圣叹：《沉吟楼诗选》卷五《春感八首》之"卧龙只合躬耕死""平生性不求闻达"(按：此处指诸葛亮)，"同时谁会见长卿""万卷秘书摊禄阁，一朝大事属文园"(按：此处指司马相如)，"谁识蟠溪王佐才"(按：此处指姜子牙)，"半夜虚传见贾生"(按：此处指贾谊)，"东方对仗诉臣饥"(按：此处指东方朔)，《金圣叹全集》贰，凤凰出版社 2008 年版，第 1235 页。

② 金圣叹：《沉吟楼诗选》卷五《辛丑春感》，《金圣叹全集》贰，凤凰出版社 2008 年版，第 1236 页。按：这首诗中的"凌云""封禅"都是用司马相如的典故。

③ 金圣叹：《沉吟楼诗选》卷五《春感八首》，《金圣叹全集》贰，凤凰出版社 2008 年版，第 1235 页。

第四章　金圣叹与钱谦益的思想渊源

崇祯八年(1635年)，二十八岁的金圣叹与吴中名士钱谦益通过扶乩的方式进行了一次思想交流，以往人们多认为这次“仙坛倡和”只不过是金圣叹逞才邀名的一种方式而已，[①]其实，“仙坛倡和”有着基于钱、金二人的共同学术倾向的必然性。金圣叹有可能从多种途径吸收钱谦益的学术思想。金氏推崇经世致用和纲常伦理的观念显然受到了钱氏的启发，“仙坛倡和”本身就折射了二人在以教疗禅、返经正学方面的契合。

第一节　金圣叹与钱谦益的“仙坛倡和”及其他交往

从现存资料看，金圣叹与钱谦益至少在崇祯八年(1635年)有过一次形式独特的交往，而金圣叹接受钱谦益影响的途径并不限于此。以往的研究关注得不够的是，他与钱谦益的学生、朋友都有过从，与钱谦益的学生归庄也有着共同的朋友。这正是金氏濡染钱氏通经致用的学术思想的原因所在。

钱谦益《仙坛倡和诗序》记载他与金圣叹的仙坛倡和云：

---

① 陆林认为“扶乩”还反映了金氏对宣扬佛教的虔诚和劝人向善的信念(陆林：《金圣叹早期扶乩降神活动考论》，《中华文史论丛》第七十七辑)。

> 慈月夫人，前身为智者大师高弟，降乩于吴门，示余曰："明公前身，庐山慧远也。从湛寂光中来，自忘之耳。"用洪武韵作长句见赠，期待郑重。且属余曰："求椽笔作传一首，以耀于世，亦道人习气未除也。"余为作《泐师灵异记》，并和其诗十首。师示现因缘，全为台事，现鬼神身，护持正法，故当有天眼证明，非余之戏论也。[1]

又《天台泐法师灵异记》记录扶乩的详情道：

> 乩之言曰："余吴门饮马里陈氏女也。年十七，从母之横塘桥，上有紫衫纱帽者，执如意以招之，归而病卒，泰昌改元庚申之腊也。其归神之地曰上方，侯曰永宁，宫曰慈月。其职司则总理东南诸路，如古节镇，病则以药，鬼则以符，祈年逐厉，忏罪度冥，则以笺以表。以天启丁卯五月，降于金氏之乩，今九年矣。"问其宿因，则曰："故天台之弟子智朗堕女人身，生于王宫，以业缘故，转堕神道，以神道故，得通宿命，再受本师记莂，俾以鬼神身说法也。"问本师记莂云何？则曰："大师以宿昔因缘，亲降慈月宫，为诸神设法。吴人尚鬼好杀，故现鬼道救杀业，善巧方便，渐次接引，归于台事而已。"……乩所凭者金生采，相与信受奉行者戴生、顾生，魏生，皆于台有宿因者也。[2]

由以上记载可知，天启七年（1627年），金采（即金圣叹）在戴生、顾生、魏生等几位好尚天台学的朋友的协助下，[3]始行扶乩之事，金氏自称为慈月夫人附体。由于崇祯初年在阁臣之争中被温体仁排挤、免职回乡，迄于崇祯八年（1635年），钱谦益已在吴赋闲七年多，此年金圣叹假托慈月夫人与钱谦益进行了唱和。金氏所作乩语编造了慈月夫人颇为复杂的来历：天台弟子智朗堕女人身，为吴门饮马里陈氏女，后转堕神道，宫曰慈月，在神道中又得以接通宿命，再受本师记莂，奉命以鬼神身演

---

① 钱谦益：《仙坛倡和诗序》，《初学集》卷十，《钱牧斋全集》壹，上海古籍出版社2003年版，第330页。

② 钱谦益：《天台泐法师灵异记》，《初学集》卷四十三，《钱牧斋全集》贰，上海古籍出版社2003年版，第1123页。

③ 关于钱谦益所云戴生、顾生、魏生，学界多认为即金圣叹《沉吟楼诗选》所提到的戴云叶、顾君猷、魏德辅，陆林主张戴生为戴之傑。（陆林：《金圣叹史实研究》，人民文学出版社2015年版，第253—254页）

说天台教义。此次慈月夫人之降乩，意在与作为慧远后身的钱谦益探讨天台学。金圣叹还假借慈月夫人之名，以洪武韵作长句赠钱氏，并自称道人习气未除，请钱氏作传一篇以扬名耀世。金氏所作乩语崇扬天台，引经据典，渊博富赡，使得钱谦益对慈月降乩说深信不疑，欣然作《仙坛倡和诗》十首和之，并撰《天台泐法师灵异记》力驳世人的怀疑。

以往人们将仙坛倡和视为金圣叹纯粹为了吸引吴中名士钱谦益注意、逞才邀名而设下的骗局，这一看法实质上认为仙坛倡和中金圣叹与钱谦益的思想交流是偶然的，其实仙坛倡和有着基于共同学术倾向的必然性，唱和本身就反映出他们在推崇天台教方面的契合。（说详下）以往的研究还忽视了一点：他们的交际圈的部分重合，证明了金氏有可能从多种途径接受钱氏思想。

在明清之际的吴中地区，钱氏是声名显赫的才子名士、赋闲官员，金圣叹是早慧狂傲的后起之秀，这两个人的社会地位虽有天渊之别，但都是吴中的不俗之辈，这就决定了他们有程翼苍、徐增、即中大师等共同的朋友。今略做考述如下：

其一，苏州府教授程翼苍。据《丹午笔记》“哭庙异闻”条，程翼苍，名邑，江宁人，壬辰（1652 年）进士，入翰林授庶常，丙申（1656 年）对职外调，与乙未（1655 年）进士韩雄荫同改为府教授。“哭庙案”中，程翼苍参任维初六案，金圣叹“有十弗见之笑焉”，金圣叹可以开程翼苍的玩笑，足见他们之间的交情超过了府教授与诸生的关系，后来正是这位程翼苍间接地将金圣叹送上了断头台。①

钱谦益与程翼苍颇有交谊。《钱牧斋先生尺牍》卷一有“致程翼苍”三首。② 从“所谓臣亦自厌其余生也”（其一）、“衰残多病，闭户繙经”（其二）等说法来看，此信当写于入清以后钱谦益罢官归家的晚年。这三封信中，第一封是钱谦益感谢程氏为他祝寿，赠程氏“小刻二册”；第二封说明自己编集的唐诗不能外借的原因，请程氏为自己作诗序，并为门生吴兴沈祖孝求一馆地；第三封信还是向程翼苍推荐门生沈祖孝。由这三封信的内容来看，钱谦益与程翼苍虽非挚友，但也不是泛泛之交，他

① 参见本章《“哭庙案”与生命的戛然而止》。

② 钱谦益：《钱牧斋先生尺牍》卷一，《钱牧斋全集》柒，上海古籍出版社 2003 年版，第 239—241 页。

们有切磋诗文的共同爱好，至少可以算是文友。

金圣叹与钱谦益有程翼苍这样一个共同的朋友，可能是因为程翼苍任苏州府教授之职，势必与吴中士人广泛交往；但这件事也不妨诠释为金圣叹与钱、程等人所代表的吴中崇尚经学的主流文化之间的联系。

其二，更能说明金圣叹与钱谦益联系的是他们与徐增的友谊。徐增字子益，无减，后又改字子能，以子能行。因酷嗜梅鹤，别号梅鹤诗人。其先娄人，后徙吴。小圣叹四岁，康熙十年(1671 年)犹在世。早年以《芳草》诗得盛名，中年患筋骨疾，存世著作有《九诰堂集》三十七卷、《池上草》不分卷、《而庵说唐诗》二十二卷首一卷、《而庵诗话》一卷、《元气集》《灵隐寺志》八卷。金圣叹与徐增虽然迟至崇祯十七年(1644 年)才结交，但两人在精神境界、诗学思想方面都同声共气。就精神境界来说，金氏曾为徐增作《怀感诗序》，对子能在贫病交加中以作诗超越人生苦闷的心态有极其深刻的理解；徐增《送三耳生见唱经子序》《天下才子必读书序》等文则力驳世人对圣叹的偏见。①

在文学交谊方面，金圣叹称赏徐增细读文本、以意逆志的诗歌诠释，徐增则推崇金氏的诗歌分解说。

金圣叹在《唱经堂杜诗解》中收录了徐增说杜诗两条、诗作一首，②并大加赞赏：

而庵说曰："钟神秀"者，"神"言变化不测，"秀"言苞含万有。山之后曰"阴"，日光之所不到，故"昏"；山之前曰"阳"，日光之所到，故"晓"。望岳，则见岳之生云，层层浮出来，望者胸为之荡。望之既久，则见归鸟，眼力过用，欲闭合不得，若眦为裂者然。眦，眼两眶红肉也。《子虚赋》云："弓不虚发，中必决眦。""入"字如何解？日暮而归鸟入望，其飞必疾；望者正凝神不动，与岳相忘，但见有物一直而去，若箭之离弦者然。又，鸟望山投宿，若箭之上垛者然。

① 关于徐增生平及其与圣叹的交谊，参见邬国平《徐增与金圣叹——附金圣叹两篇佚作》(《中华文史论丛》第七十辑)。

② 圣叹族兄金昌在《杜诗解》卷三《秋兴八首》下加按语："唱经批《秋兴》诗止存五首，中多脱落处，酌取而庵说补之。"(金圣叹：《唱经堂杜诗解》卷三，《金圣叹全集》四，江苏古籍出版社 1985 年版，第 656 页)，故也可能是金昌收录而庵说。不过，金昌将而庵诗说收入《唱经堂杜诗解》之举，正说明了圣叹与子能诗说非常接近。

此总形容"望"之出神处，说"决眦"字、"入"字确极。[1]

一本"日日江楼"作"百处江楼"。而庵说之曰："百处坐，非郭中有百处楼子，一一坐遍；是一座楼子百处坐也。心头有事人，东坐不是，西坐不是；前坐不是，后坐不是；坐一处不是，坐两处不是；坐不是，不坐不是：越坐越不是，此所以有'百处坐'也。"妙甚！[2]

在此，徐增细致入微地分析了杜诗所反映的人物心理和事物状况，其细读文本、以意逆志的解读法颇接近于金圣叹的诗歌评点，无怪乎金圣叹对此叹赏不已了。

徐增则推崇并承袭了金氏的诗歌分解法。据《鱼庭闻贯》，金圣叹今存有关唐诗分解的《与徐子能增》《答徐子能》两封信。前一封信首先说明自己对于"释事忘义"和"附事见义"两种注书方式并无轩轾，接着以《庄子·养生主》为喻，说明自己分解唐诗的实质是"以弟之无厚，入唐律诗之有间"，当是指分解唐诗的意义在于揭示唐诗本身固有的结构。最后，他希望正在选批诗歌的徐增能够采用分解法；后一封信是请徐增就自己以分解法对王维十二首诗所作的剖析直抒己见。徐增果然不负金圣叹的期望，他不仅为金氏作《天下才子必读书序》，而且承袭了律诗分解法。由《而庵诗话》可知，徐增将诗歌理论归结为"法"与"脱"，主张诗法在不即不离之间。他所说的诗法，不出顿挫、起承转合等内容，因此他大力推崇金氏以起承转合为核心的分解法：

圣叹《唐才子书》，其论律分前解、后解，截然不可假借。圣叹身在大光明藏中，眼光照彻，便出一手，吾最服其胆识。但世间多见为常，少见为怪，便作无数议论。究其故，不过是极论起承转合诸法耳。

他甚至推尊解数为"正法眼藏"：

解数，起承转合，何故而知其为正法眼藏也？夫作诗须从看诗起，吾以此法观唐诗及唐已前诗，无不焕然照面，若合符节，故知其

① 金圣叹：《唱经堂杜诗解》卷一《望岳》评，《金圣叹全集》贰，凤凰出版社2008年版，第618页。

② 金圣叹：《唱经堂杜诗解》卷三《秋兴八首》评，《金圣叹全集》贰，凤凰出版社2008年版，第756页。

为正法眼藏无疑也。

不过,与金圣叹相比,徐增毕竟更清醒地意识到了"法"与"脱"的结合,是故他又时时强调避免僵化地理解分解法:"作古诗以解数为主,然须变换,不然,以四句板板排下去,有何生趣?"①如徐增"世间多见为常,可见为怪"一说所揭示的,金圣叹的诗歌分解法在当时知音寥寥,而徐增却推尊为诗歌的"正法眼藏",两人相知之深,于此不难想见。②

值得一提的是,徐增是钱谦益的门生。徐增曾手书《牧斋初学集》程嘉燧序,落款自称"门人"。③ 在《说唐诗》中,徐增多次引用钱谦益的观点,尊称钱氏为"虞山钱先生""钱宗伯"。钱谦益为之作《徐子能集序》④《徐子能黄牡丹诗序》⑤,并曾向毛子晋推荐徐增,为之求一馆地。⑥由这些文字可知,徐增初次拜访钱谦益,是在乙亥即崇祯八年(1635年)秋天,⑦时增为"翩翩美少年",以所著《芳草》诗就正于文坛领袖钱谦益,其后,徐增"年甫壮而得末疾,须人以行",而其诗文日进,钱谦益的朋友苏州张异度和南昌徐巨源皆赏识徐子能,钱氏亦更加推重徐增。钱谦益欣赏徐子能之"文采性行",其一是身病而志坚,所谓"衣冠质雅,宛如古人,杜门扫轨,日晏忘食",⑧其二是文采斐然,所谓"情澜才海,波

---

① 徐增:《而庵诗话》第51、9、49、63、29条。

② 前引邬国平文据徐增《王元容诗序》《而庵说唐诗序》《而庵说唐诗》卷首作者"附白",认为不仅是徐增受金氏分解法影响,两人在诗评上是互为表里的关系(邬国平:《徐增与金圣叹——附金圣叹两篇佚作》,《中华文史论丛》第七十辑),所论诚为有据。不过,在分解法方面,就本书所引金、徐二人的说法来看,金氏仍是先着一鞭。又,关于徐增诗说与金圣叹的异同,蒋寅《徐增对金圣叹诗学的继承和修正》指出,徐增的独特贡献在于重新解释七律两解之间的动力关系、补充说明分解和起承转合的关系以及善于将艰深的意旨、词句讲解得明白晓畅等方面(蒋寅:《徐增对金圣叹诗学的继承和修正》,《北京师范大学学报》2006年第4期,第90—97页)。

③ 樊维纲:《徐增和他的〈说唐诗〉》,《中国文学研究》1989年第2期,第27—32页。

④ 钱谦益:《初学集》卷三十二《徐子能集序》,《钱牧斋全集》贰,上海古籍出版社2003年版,第941—942页。

⑤ 钱谦益:《有学集》卷二十《徐子能黄牡丹诗序》,《钱牧斋全集》伍,上海古籍出版社2003年版,第853—854页。

⑥ 钱谦益:《钱牧斋先生尺牍》卷二,《钱牧斋全集》柒,上海古籍出版社2003年版,第312页。

⑦ 徐增《怀感诗·虞山钱师牧翁谦益》自注作于崇祯七年(1634年)(《九诰堂集》诗之四,清代诗文集汇编本),参见邬国平《徐增与金圣叹——附金圣叹两篇佚作》,《中华文史论丛》第七十辑。

⑧ 钱谦益:《初学集》卷三十二《徐子能集序》,《钱牧斋全集》贰,上海古籍出版社2003年版,第942页。

谲云诡，倒囊而出，一至于此”。[①]

徐增作为金圣叹的密友和钱谦益的学生，想必在金、钱二人之间架设了一道思想交流的桥梁，使得金圣叹更多地了解到钱谦益的通经致用之学，这从徐增的思想和人格特征中也可推测出个大概。在诗歌内容方面，徐增有内圣外王说：“作诗而无关于内圣，勿作也；作诗而无关于外王，亦勿作也。有唐三百年间，诗人若王摩诘之字字精微，杜子美之言言忠孝，此其选也。虽然，吾犹有憾焉。以摩诘天子不能统杜陵宰相，杜陵宰相不能摄摩诘天子，岂妙悟师承，诣有偏至？又岂内圣外王，道难兼至欤？”[②]可见他的理想是诗歌既表现佛家精微之思又抒写儒家忠孝观念。又圣叹以子能为“礼法中人”[③]，由此可以想见徐增之人格风貌。此外，据钱谦益《徐子能黄牡丹诗序》可知，徐增于明清之际颇有黍离之悲。明亡之后，当吴门牡丹花开之时，徐增和陈子明等人追忆晚明时广陵郑超宗家有黄牡丹之祥、文人墨客纷纷赋诗的“承平盛际”，作有和黎美周《牡丹诗》。钱谦益以“子能身当劫后，缘情托物，能使扬州烟月，江左文章，攒花簇锦，涌现尺幅之上”之说，[④]大力赞誉徐子能此诗寄寓了眷恋故国的情怀。[⑤] 徐增对杜甫“言言忠孝”的推崇和他本人重视礼法、黍离之悲，都说明金圣叹有可能通过徐增这一中介，汲取钱谦益的伦理纲常观念。

徐增与金圣叹在以佛论文方面的交流更值得重视，两者都援引《华严》唯心偈论文艺，其背景则是明清之际“反经明教”的思潮（说详下）。

其三，金圣叹与归庄也有共同的朋友。归庄《诛邪鬼》认为金氏所评《水浒》《西厢记》是诲盗诲淫之书，又诬蔑金氏有“奸有服之妇人；诱美少年为生徒，而鬻之于巨室为奴”等邪淫之行。归庄之痛恨金圣叹，以致为他的被杀而拍手称快。必须说明的是，归、金二人的人格风貌本

① 钱谦益：《有学集》卷二十《徐子能黄牡丹诗序》，《钱牧斋全集》伍，上海古籍出版社2003年版，第853页。

② 《而庵诗话》第2条，清诗话本。

③ 徐增：《九诰堂集》古文一《天下才子必读书序》，清代诗文集汇编本。

④ 钱谦益：《有学集》卷二十《徐子能黄牡丹诗序》，《钱牧斋全集》伍，上海古籍出版社2003年版，第854页。

⑤ 樊维纲：《徐增和他的〈说唐诗〉》，《中国文学研究》1989年第2期，第27—32页。

有共同之处，即归庄本人亦有怪诞之举、金圣叹亦不无儒家伦理观念，因此，《诛邪鬼》一文遮蔽了金圣叹思想中推崇儒家纲常的一面，夸大了归、金两人的思想分歧，带有浓郁的文人相轻、意气用事的色彩。《诛邪鬼》文末“一日席间，友人盛叹其才”之说，已透露了归、金有共同朋友的消息。其中如：

程翼苍。《归庄集》卷一有《送苏州教授程翼苍升任国子助教》：“久著瀛洲学士名，菁莪乐育又垂声。不烦颁示苏州法，亲式成均馆下生。”①此诗被归入《癸卯年应酬诗》，当作于1663年，但归庄与程氏的交往当早于此时。

王勤中。长洲王氏子弟多与金圣叹交好，王勤中便是其中之一。王勤中（1632—1690）名武，又名宪武，《清史稿·艺术传》称他“画花草，流丽多风，王时敏亦称为‘妙笔’，学者宗之”，可知他是著名花草画家，著《雪颠存稿》二卷，今存民国七年（1918年）上海仿宋书局排印《书画名人小集》丛书本。《丹午笔记》记载他以镜自画小照，朝内寝，自称“怕见俗人”，②其画传神写照，识者睹其脑即知其人，可见他才艺过人且超尘脱俗。汪琬（1624—1690）所作传记刻画了他风流倜傥、多才多艺、不事生产、高洁蕴藉的飘逸气质。③

以往的研究尚未注意到，归庄与王勤中乃世交，《归庄集》卷四、卷六分别有《为王勤中题先君竹卷》《谢鸥草堂记》，前文称康熙十一年（1672年）夏五月，王勤中向归庄出示家中收藏的归昌世竹卷，归庄为作题跋。文中还叙述了两家的世代交谊，称赏王勤中的“文采风流，词翰双美”；后文记王勤中谢鸥草堂的营筑之因、草堂之景以及堂名“谢鸥”的旨趣。④ 又《归庄集》附录《年谱》亦记康熙十一年（1672年）归庄至吴门晤王勤中。⑤ 由此可以想见，归庄与王勤中之间既有世代通家之

---

① 归庄：《归庄集》卷十《诛邪鬼》、卷一《癸卯年应酬诗》之《送苏州教授程翼苍升任国子助教》，上海古籍出版社2010年版，第500、98页。

② [清]顾公燮：《丹午笔记》“王忘庵之画”条，江苏古籍出版社1999年版，第65—66页。

③ 关于王勤中生平，参见陆林《金圣叹与王鏊后裔关系探微》，《江海学刊》2002年第4期，第167—172页。

④ 归庄：《归庄集》卷四《为王勤中题先君竹卷》、卷六《谢鸥草堂记》，上海古籍出版社2010年版，第276、358—359页。

⑤ 赵经达：《归玄恭先生年谱》“壬子”条，《归庄集》附录，上海古籍出版社2010年版，第574页。

谊，又有切磋诗文书画之乐。

《鱼庭闻贯》收有金圣叹与王勤中的论诗书简一封："一诗也，有人读之而喜，有人读之而悲者，则以一诗通身写喜，而其中间乃于不意之处，却悄然安得一字。又安得者是一虚字，而一时粗人读之，以不觉故，于是遂喜；细人读之，则恰恰注眼射见此字。因而遂更悲也。"[①]这段文字阐述了金氏一贯主张的细读法：有些抒发悲情的诗歌，全篇除一虚字外，字字都喜，粗人漏看此虚字，遂误读此诗为欢愉之情；细人注意到了这一虚字的抒情功能，方能深悟此诗的似喜实悲。

如此不厌其烦地罗列金圣叹与钱谦益、归庄等人的共同朋友，是为了说明金氏与钱谦益等人所代表的通经致用思想的渊源。虽然就现存资料看，金氏与钱氏的直接交往仅"仙坛倡和"这一次，但通过与程翼苍、徐增、即中大师（说详下）、王勤中等人的交往，金圣叹想必间接地汲取了钱谦益、归庄等人的学术思想。

此外，金圣叹与魏德辅、戴云叶及其族兄金昌的交往，也与金氏好尚天台学、推崇儒家纲常的思想有关，故略述如下。

魏德辅、戴云叶。如前所述，钱谦益《天台泐法师灵异记》称：崇祯八年（1635 年）圣叹二十八岁时，"戴生、顾生，魏生"等好尚天台学的士人与金圣叹共行扶乩之事，其中，魏生当指魏德辅，戴生盖戴云叶，顾生则待考：（1）魏生。除了《鱼庭闻贯》中的魏云之外，金圣叹提及的魏氏只有《沉吟楼诗选》中六次写到的魏德辅，[②]故"魏生"当是这位魏德辅。（2）戴生。《鱼庭闻贯》有金圣叹《与戴云叶镐》《与戴云叶》各一封，又《沉吟楼诗选》与戴氏有关者计三首，分别是《赠戴云叶》《春雨同德辅云

① 金圣叹：《贯华堂选批唐才子诗甲集七言律》卷二《鱼庭闻贯·与王勤中宪武》，《金圣叹全集》壹，凤凰出版社 2008 年版，第 109 页。

② 这六首诗分别是《访魏德辅不值》《春雨同德辅云叶舍》《夜与无动语因及德辅云叶》《闲坐舍边小桥上思德辅不知在何处》《闻德辅病却寄一律时予亦小疾在卧》《昨夜梦看德辅庭中野树记之》（金圣叹：《沉吟楼诗选》卷五、卷二、卷二、卷二、卷五、卷五，《金圣叹全集》贰，凤凰出版社 2008 年版，第 1157、1163、1175、1176、1221、1238 页）。

叶舍》和《夜与无动语因及德辅云叶》[①]，由此可以推测，戴生名镐，字云叶。[②] 陆林《金圣叹早期扶乩降神活动考论》认为戴云叶小金氏十一岁，不太可能是戴生，"戴生"当是云叶二哥之傑(1609—1639)。此说的不足之处在于，戴之傑与金圣叹共行扶乩之事，却在金圣叹的著作中几乎没有留下任何痕迹，而另外两位同伴魏生和顾生都见于《沉吟楼诗选》或《鱼庭闻贯》中。(3)顾生。金圣叹的顾姓朋友不止一位，《沉吟楼诗选》有《赠顾君猷》一首，《鱼庭闻贯》涉及的顾氏有顾掌丸慈旭、顾祖颂、顾晦年陈昽、顾五玉予鼎、顾尼备嗣曾等五位，其中顾慈旭、顾嗣曾、顾陈昽的生年分别是1632、1633、1634年，[③]因而不可能在崇祯八年(1635年)参与扶乩之事，则顾生有可能是顾君猷、顾祖颂、顾五玉予鼎中的一位或另有其人。

魏德辅等人与圣叹的友谊至少从金氏二十八岁时就开始了，直到顺治十七年(1660年)圣叹五十三岁选批唐才子诗时，他们仍然是圣叹的支持者，20多年中他们的惺惺相惜之情、志趣相投之态，在《沉吟楼诗选》中一再表现出来。圣叹欣赏戴云叶，竟至"不信除吾子，人间更有人"的程度；金氏倾慕魏德辅之深，不仅曾经"闲坐舍边小桥上"思念德辅，而且连梦中也不忘欣赏德辅庭中野树，真可谓"才下眉头，却上心头"了！二人同时卧病在床，圣叹又以"身病更能怜病客，空房惨泊幸支持"的同病相怜之情来安慰对方。圣叹与戴云叶、魏德辅的畅谈欢聚是如此难忘，以致金氏不禁发出"偷欢真不易，明日又东西"的叹息；而圣叹与朋友无动夜谈时，也会不由自主地想到魏、戴二人。[④]

圣叹与魏德辅等人的思想契合，主要表现在好尚天台学、切磋诗论和向往隐逸等方面。首先，诸人皆好尚天台学，被钱谦益誉为"皆

---

① 金圣叹：《沉吟楼诗选》卷二《赠戴云叶》《春雨同德辅云叶舍》《夜与无动语因及德辅云叶》，《金圣叹全集》贰，凤凰出版社2008年版，第1156、1163、1175页。

② 陆林《金圣叹早期扶乩降神活动考论》根据《贞丰里谯国戴氏族谱》，认为戴云叶小金氏十一岁，不太可能是戴生，"戴生"当是云叶二哥之傑(1609—1639)。

③ 参见陆林《金圣叹与长洲唯亭顾氏交游考——兼论顾予咸与清初三大史狱之关系》(《艺术百家》2002年第2期)。

④ 金圣叹：《沉吟楼诗选》卷二《赠戴云叶》《闲坐舍边小桥上思德辅不知在何处》，卷五《昨夜梦看德辅庭中野树记之》《闻德辅病却寄一律时予亦小疾在卧》，卷二《春雨同德辅云叶舍》《夜与无动语因及德辅云叶》，《金圣叹全集》贰，凤凰出版社2008年版，第1156、1176、1238、1221、1163、1175页。

于台有宿因者也”。[①] 圣叹自称与戴云叶“世礼共疏阔，玄心互苦辛”，生病时又戏语两人“定以能诗成渴疾，无忘礼佛是医师”，[②]凡此都提示了圣叹与戴云叶等人在礼佛方面的志趣相投。其次，他们都是圣叹唐诗分解说的支持者。圣叹与戴云叶论分解说的两封信中，一是以“猛虎只待振威出林”和“竹林到雷动后，斗然发起丈许大笋”来比喻前解一二的气势；二是主张唯有天分高、心地厚者才能理解唐律诗分解说的妙处所在。[③] 最后，隐逸情趣也是他们的共性。尤其是魏德辅，由《访魏德辅不值》《昨夜梦看德辅庭中野树记之》等诗可知，德辅似乎僻居村野，其居处颇饶野趣：“野菜绕门出，小虫当户悬。昼厨寒有鬼，童子倨如仙。”魏德辅即便不是隐士，至少也是向往林泉之致的。某日圣叹访魏德辅不遇后，“我亦便归去，关窗独自眠”，[④]可见两人在遗落世事方面的声气相投。

金昌。金昌，字长文，号矍斋，法记圣瑗，是金圣叹族兄，[⑤]顺治十三年(1656 年)岁贡生，[⑥]康熙朝任合肥训导。[⑦]

金昌参与了金圣叹的以下学术活动：

其一，易学研究。金昌顺治十六年(1659 年)作《才子书小引》曰：“仆昔从之学《易》，二十年不能尽其事，故仆实私之以为师”，[⑧]可知金昌在易学方面是圣叹弟子。同时，教学相长，可以推测金圣叹的《通宗易论》《周易义例全钞》《三十四卦全钞》《大易讲场私钞》等易学著述中有金昌的切磋之功。

① 钱谦益:《初学集》卷四十三《天台泐法师灵异记》,《钱牧斋全集》贰，上海古籍出版社 2003 年版，第 1123 页。

② 金圣叹:《沉吟楼诗选》卷二《赠戴云叶》、卷五《闻德辅病却寄一律时予亦小疾在卧》,《金圣叹全集》贰，凤凰出版社 2008 年版，第 1156、1221 页。

③ 金圣叹:《贯华堂选批唐才子诗甲集七言律》卷二《鱼庭闻贯·与戴云叶镐》,《金圣叹全集》壹，凤凰出版社 2008 年版，第 105、107 页。

④ 金圣叹:《访魏德辅不值》,《沉吟楼诗选》卷五，《金圣叹全集》贰，凤凰出版社 2008 年版，第 1157 页。

⑤ 金昌《才子书小引》云“唱经，仆弟行也”。金圣叹《春感八首》序称“家兄长文具为某道”，又金圣叹之子金雍所记《鱼庭闻贯》有“与家伯长文昌”一条。

⑥ 乾隆《吴县志》卷四十七《选举·贡生》,《中国地方志集成》之《善本方志辑》第一编 37。

⑦ 嘉庆《合肥县志》卷十六《职官表》。关于金昌生平，参见陆林《〈晚明曲家年谱〉金圣叹史实研究献疑》,《文学遗产》2002 年第 1 期，第 68—78 页。

⑧ 金昌:《才子书小引》,《金圣叹全集附录》,《金圣叹全集》陆，凤凰出版社 2008 年版，第 93 页。

其二,《唱经堂圣人千案》的著述。金圣叹作于顺治六年己丑(1649年)的《唱经堂圣人千案·序》自称"同其事者,家兄长文,友刘逸民,皆所谓不有博弈贤于饱食群居者也"。[①]

其三,金昌在《左传》、唐才子诗、杜诗的评点方面也曾与金圣叹相互交流。金圣叹评点《左传》"周郑交恶"一篇时,引用了金昌的观点:"读《克段于鄢》,见郑庄公之无亲;读《周郑交质》,见郑庄公之无君。无君与亲,其无礼孰甚焉?君子于许叔篇'谓郑庄于是乎有礼',不过反形其无礼云耳。"[②]金昌对纲常伦理的重视,由此可窥一斑。还有,《鱼庭闻贯》录有圣叹与长文书两封,一论诗歌本质:"诗非异物,只是人人心头舌尖所万不获已,必欲说出之一句说话耳。"二是讽刺时人重视律诗"中四句",将律诗结构理解为中间四句和头尾二联的机械组合,正如"穷措大阑入豪贵人家酒席",只能说出猪鹅鸭鲈四碗和"两头设放小菜"。[③]反对"中四句"说之弊端,是金圣叹提倡"律诗分解"说的理论前提(说详下),可以想见,圣叹律诗分解说是得到了金昌支持的。金昌对圣叹杜诗评点的支持,最是不遗余力。金昌深知圣叹从舞象之年便开始醉心于杜诗、昼夜批点的甘苦,因此极力促成《杜诗解》和其他评点之作的刊刻。从他作于顺治十六年(1659年)的《才子书小引》可知,他在顺治十六年赴京参加科举考试之前,曾向朋友倡议资助刊刻圣叹才子书;[④]康熙年间,金昌《叙第四才子书》叙述了自己出任合肥训导前后刊刻和补刻《第四才子书》的情形,高度评价圣叹的杜诗评点。如前所述,金昌认为其成功之处在于以意逆志,以圣叹的忠孝之心揭示了杜甫的忠孝之志:"盖少陵忠孝士也,匪以忠孝之心逆之,茫然不历其藩翰,况于壶奥?"[⑤]今存《唱经堂杜诗解》还收有金昌评杜诗四则,分别涉及《题张氏隐居二首》的句读、《咏蜀先主》中的无常感、《鸥》诗的"江海起结,章法

---

① 金圣叹:《唱经堂圣人千案·序》,《金圣叹全集》陆,凤凰出版社2008年版,第922页。

② 金圣叹:《唱经堂左传释》,《金圣叹全集》伍,凤凰出版社2008年版,第27页。

③ 金圣叹:《贯华堂选批唐才子诗甲集七言律》卷二《鱼庭闻贯·与家伯长文昌》《鱼庭闻贯·与家伯长文》,《金圣叹全集》壹,凤凰出版社2008年版,第100、104页。

④ 金昌:《〈才子书〉小引》,《金圣叹全集附录》,《金圣叹全集》陆,凤凰出版社2008年版,第94页。

⑤ 金昌:《叙〈第四才子书〉》,《金圣叹全集附录》,《金圣叹全集》陆,凤凰出版社2008年版,第94页。

不苟”以及金氏《奉送蜀州》评点之高妙等问题，[①]可见金昌于杜诗亦颇有心得。

概言之，与圣叹的其他朋友一样，金昌在好尚周易和禅学、赞同唐诗分解说、推崇杜诗等方面与圣叹桴鼓相应。值得一提的是，金昌强调《左传》中的纲常伦理，推崇圣叹《唱经堂杜诗解》中的忠孝观念，折射出金昌对明清之际通经致用之学的濡染。又金昌在《叙第四才子书》中特别提到了“我友徐子能”《咏杜》一诗对杜甫忠孝友爱之情的称颂，[②]由此可以推测，金昌是金圣叹亲友中比较倾向于儒家正统观念的一位。

第二节　金圣叹之推重致用和伦理

说金圣叹重伦理、讲致用，似乎是故作翻案文章，其实，金圣叹学术思想的复杂性，决定了他一方面深受李贽的影响而批驳伪道学、推崇个性，另一方面，与当时的小说戏曲家相比，金氏重视礼教、崇尚经世的倾向显得颇为突出。《水浒》评点中的政治谋略和忠孝观念、《唱经堂杜诗解》中的忠君思想和《西厢记》评点中的礼教意识都说明了金氏思想中不乏重视致用和纲常的成分。

一　《水浒传》评点中的政治谋略

在《水浒》评点中，金圣叹反复申说作者的创作动机是“写出自家许多锦心绣口”，[③]竭力表明自己评点《水浒》的动机是揭示其文法。但他在评点中又不时显露出留心当世政治的本来面目。通过金批《水浒》与

① 分别见《唱经堂杜诗解》卷一《题张氏隐居二首》评(《金圣叹全集》贰，凤凰出版社 2008 年版，第 623 页)，卷三《咏蜀先主》评(《金圣叹全集》贰，凤凰出版社 2008 年版，第 765 页)，卷三《鸥》评(《金圣叹全集》贰，凤凰出版社 2008 年版，第 768 页)，卷四《奉送蜀州柏二别驾将中丞命赴江陵起居卫尚书太夫人因示从弟行军司马位》评(《金圣叹全集》贰，凤凰出版社 2008 年版，第 786—787 页)。

② 金昌：《叙〈第四才子书〉》，《金圣叹全集附录》，《金圣叹全集》陆，凤凰出版社 2008 年版，第 94 页。

③ 金圣叹：《第五才子书施耐庵水浒传》卷三《读第五才子书法》，《金圣叹全集》叁，凤凰出版社 2008 年版，第 28 页。

容与堂本、袁无涯本的对比可以看出，[1]金圣叹比前人更为关注《水浒传》中的政治谋略。

金圣叹反复致意的政治谋略有谋事必须机密和用人必须专信两方面。金氏评点《水浒》时，往往将其核心观点置于回前总评中。谋事机密和用人专信之说分别见于《水浒》第十三回、第十五回总评，可见它们在金圣叹思想中所处的地位。《水浒》第十三回中，金氏论谋事机密云：

> 加亮初出草庐第一句，曰："人多做不得，人少亦做不得。"至哉言乎！虽以治天下，岂复有遗论哉！然而，"人少做不得"一语，人固无贤无愚，无不能知之也；若夫"人多亦做不得"一语，则无贤无愚，未有能知之者也。呜呼！君不密则失臣，臣不密则失身，岂惟民可使由，不可使知？周礼建官三百六十，实惟使由不使知之属也。枢机之地，惟是二三公孤得与闻之。"人多做不得"，岂非王道治天下之要论耶？恶可以其稗官之言也而忽之哉！

这段洋洋洒洒的文字，把君臣计谋之密视为王道治天下的要论。在该回夹批中，金圣叹又在"人多做不得，人少又做不得"一语下加以"十字千古名言，可谓初出茅庐第一语矣"的评语，又第十九回夹批亦称谋略之机密为极大学问："写晁盖、吴用、公孙胜，宛然是个中军，真有不劳而定之体。然又特特藏过吴用者，盖深喻谋于九渊，发于九天，枢密之地非可以示人也。读《水浒》有极大学问，后世其念之也哉。"[2]可见金氏对密谋之学颇感兴趣。而容与堂本、袁本对相关文字的评点如何呢？对于第十三回"人多做不得"十字，容与堂本仅加以"好话，的是有贼智底"数字眉批，袁批也只是叹为"便见初出茅庐的计略"。[3] 显然，金氏的评点是胎息于袁批的，但金氏由袁批的寥寥数语引申出了一大段有关君臣之密的议论，并且多次加以申说。显而易见，探讨计谋之机密是金圣叹评点《水浒》的重要思想之一，是有别于容与堂本、袁本的创见。值得

---

① 本书所引容与堂本，据施耐庵撰、李贽评《李卓吾先生批评忠义水浒传》，北京图书馆出版社 2004 年版；袁无涯本据《水浒传》会评本，北京大学出版社 1981 年版。

② 金圣叹：《第五才子书施耐庵水浒传》卷十八第十三回总评、卷十八第十三回夹批、卷二十四第十九回夹批，《金圣叹全集》叁，凤凰出版社 2008 年版，第 262、272、370 页。

③ 陈曦钟、侯忠义、鲁玉川辑校：《水浒传》会评本，北京大学出版社 1981 年版，第 268 页。

一提的是，君臣慎密的思想出自《周易·系辞上》“君不密则失臣，臣不密则失身，几事不密则害成。是以君子慎密而不出也”，这一政治谋略是金圣叹浸淫易学的成果之一。[①]

金圣叹对用人必须专信的问题似乎更为敏感，以至于第十五回评点完全围绕梁中书用杨志而又不能专信、令心腹都管监督杨志而终成掣肘的政治悲剧而展开。第十五回总评以数百字感慨此事曰：

> 盖我读此书而不胜三致叹焉，曰：嗟乎！古之君子，受命于内，莅事于外，竭忠尽智，以图报称，而终亦至于身败名丧，为世僇笑者，此其故，岂得不为之深痛哉！夫一夫专制，可以将千军；两人牵羊，未有不僵于路者也。独心所运，不难于造五凤楼曾无黍米之失；聚族而谋，未见其能筑室有成者也。梁中书以道路多故，人才复难，于是致详致慎，独简杨志而畀之以十万之任，谓之知人，洵无忝矣，即又如之何而必副之以一都管与两虞候乎？……是皆中书视十万过重，视杨志过轻。……夫是故以一都管、两虞候为监，凡以防其心之忽一动也。然其胸中，则又熟有“疑人勿用，用人勿疑”之成训者，于是即又伪装夫人一担，以自盖其相疑之迹。……然而官之所以得治万民，与将之所以得治三军者，以其惟此一人故也。今也一杨志，一都管，又二虞候，且四人矣，以四人而欲押此十一禁军，岂有得乎？……故我谓生辰纲之失，非晁盖八人之罪，亦非十一禁军之罪，亦并非一都管、两虞候之罪，而实皆梁中书之罪也。……杨志其寓言也。古之国家，以疑立监者，比比皆有，我何能遍言之！

类似的说法在第十五回评点中多次出现，如总评还说：“看他写一路老都管掣人肘处，真乃描摹入画”，[②]夹批称“多时相望，临用忽复疑之，总视十万重、视杨志轻也”，[③]认为杨志押送金银担一节乃寓言国家以疑立

① 关于金圣叹易学，参见本书第八章《援佛释易的易学思想》。

② 金圣叹：《第五才子书施耐庵水浒传》卷二十第十五回总评，《金圣叹全集》叁，凤凰出版社 2008 年版，第 290—292 页。

③ 金圣叹：《第五才子书施耐庵水浒传》卷二十第十五回夹批，《金圣叹全集》叁，凤凰出版社 2008 年版，第 294 页。

监,此乃金氏之创见。在此之前,容与堂本眉批认为杨志生辰纲失事的原因在于"杨志虽是能干,却不善调停,如何济得事",袁本眉批则批评杨志"此又不善行兵矣,病在打骂嗔狠处",[①]而金圣叹则别具只眼地指出其中的症结在于梁中书用人而疑,并由此引申出国家不可以疑立监的主张。

如前所说,晚明边事日益危急的原因之一便是朝廷对边将不能专信,以致将领屡遭掣肘。圣叹虽然只是一介书生,但从未忘记国势的安危,[②]因而他在评点《水浒》时,自然借机将胸中郁积的对于边事的忧虑、有关用人必专的思考倾泻出来。

金圣叹在《水浒传》评点中所阐述的谋事宜机密、用人当专信的政治谋略,是容与堂本、袁本所没有的,可以说,金圣叹比其他评点者更关注《水浒传》中蕴涵的谋国之略、经世之学。

不惟如此,金圣叹在《贯华堂选批唐才子诗》中还多次阐述经世之才出于隐沦之士的主张(说详下),这同样反映了他以水边林下之身关注经世致用的思想。

二 推崇忠孝

推崇忠孝是《水浒》评点和《唱经堂杜诗解》的相通之处。在《水浒》评点中,金圣叹通过批驳前人的"忠义水浒传"之说,揭示宋江的伪忠义,提倡表里如一的真善;在《唱经堂杜诗解》中,金氏不仅强调"读先生全集,处处见其忠孝友爱之盛心",[③]而且提出了解读杜诗中的忠孝之情的若干途径(说详下)。

在《水浒》评点中,金圣叹的推崇真忠孝可从斥骂宋江伪忠义和推崇真善的"忠恕"说中见出。金圣叹之所以独恶宋江,是因为宋江表面上重视忠义而实质上不忠不义,因此他对宋江的批判中包含了宋江虚伪不实和宋江不忠不义两个层面。他对宋江的伪忠义是如此深恶痛

---

① 陈曦钟、侯忠义、鲁玉川辑校:《水浒传》会评本,北京大学出版社 1981 年版,第 294、293 页。

② 参见本书第一章。

③ 金圣叹:《唱经堂杜诗解》卷一《与李十二白同寻范十隐居》评,《金圣叹全集》贰,凤凰出版社 2008 年版,第 619 页。

绝，以致他在评点中不仅花大力气一一揭露宋江言行之伪善，而且不厌其烦地论证了与宋江伪善相关的反忠义水浒和反续《水浒》两个命题。这是从否定方面表达了金圣叹对忠孝的重视。①

以"忠恕"说为核心的心性论则从正面阐述了金圣叹的伦理理想是表里如一的真忠孝。金氏"忠恕"说包含了至诚与至善合一且至诚更为重要的本体论、由渐修入顿悟而顿悟更为重要的工夫论和真实地表现喜怒哀乐之中节的境界论。金氏所谓"忠恕"，就是表里如一的真善。②

如果将金圣叹的痛斥伪忠义与其"忠恕"说加以对照，便能进一步相信金圣叹并不是如人们所认为的那样单纯地推崇真诚或是主张率性任情，他既崇尚真诚又追求忠孝，他所提倡的是心口一致的真忠孝。这是因为：其一，内外一致的真善是对宋江伪忠孝的救治，金氏以"真"来挽救宋江之虚伪，以忠孝来对治宋江之背弃忠义。正因"独恶宋江"说中包含了痛斥宋江虚伪和不忠孝两方面，与之相应的"忠恕"说也应由真和善两个因素构成。其二，金氏对李逵形象的分析表明了他既崇尚真诚又推崇忠义。金氏认为小说是用"背面铺粉法"，通过塑造李逵形象来反衬宋江。那么，李逵形象中包含了怎样的伦理观念呢？从金氏有关李逵的评点来看：(1) 李逵作为真诚的典型而和宋江的奸诈成为鲜明对比，《读第五才子书法》中多次提及李逵形象中的真诚意味，如"盖作者只是痛恨宋江奸诈，故处处紧接出一段李逵朴诚来，做个形击"。③ 金氏评点李逵的 41 条文字中，有 21 条是称誉李逵"朴诚""真率""浩浩落落"的。(2) 金氏偶尔赞赏李逵率性任真、不拘礼法的特点，如"无亲无疏，无上无下，但不合意，便大骂之。三代直道而行，我仅见李大哥耳"，④类似的说法还见于第三十七回夹批。⑤ 显然，金氏并没有把不守礼法、率性任情视为李逵性格的主要特点，这类说法只是为了

---

① 参见本书第九章第一节《"腰斩水浒"说的反思》。

② 参见本书第七章《"忠恕"说与晚明思想的困境》。

③ 金圣叹：《第五才子书施耐庵水浒传》卷三《读第五才子书法》，《金圣叹全集》叁，凤凰出版社 2008 年版，第 32 页。

④ 金圣叹：《第五才子书施耐庵水浒传》卷五十七第五十二回夹批，《金圣叹全集》肆，凤凰出版社 2008 年版，第 953 页。

⑤ 金圣叹：《第五才子书施耐庵水浒传》卷第四十二第三十七回夹批，《金圣叹全集》肆，凤凰出版社 2008 年版，第 683、688 页。

极力表现李逵的真率而已。(3) 与李逵的真诚相伴而行的,是其忠孝。金圣叹评点李逵的文字中,有 18 条是热情赞扬李逵"忠恕""纯孝""真正孝子"。金氏还不止一次地说明李逵的忠与直,恰与宋江的虚伪无忠义相对照。比如,"此书每写宋江一片奸诈后,便紧接李逵一片真诚以激射之,前已处处论之详矣。最奇妙者,又莫奇妙于写宋江取爷后,便写李逵取娘也",[①]这就说明了李逵不仅以真诚迥异于宋江的奸诈,而且是以"忠孝过人"有别于宋江的全无忠义。金氏认为李逵的形象是真诚与忠孝的结合,而弘扬真忠孝、揭露伪忠义是《水浒传》宗旨中不可或缺的两方面。

《唱经堂杜诗解》推崇杜甫的忠孝友爱,本是题中应有之义。金氏在评点杜诗时,可说是无一篇不谈忠孝。如前所述,金昌《叙第四才子书》曾赞扬金圣叹以"忠孝之心"解读杜诗。值得注意的是,金圣叹还提出了两种解读杜甫忠孝友爱的路径:

其一,金氏认为杜诗写景之作往往寄托了忠孝之言,提出了所谓杜诗不写景说。其说主张杜甫继承了《诗经》托物言志的传统,因而其写景诗旨在抒发感情,而非单纯描摹物色。杜诗写景之作寄寓的感情不止一端,但忠孝友爱之心是其中的重要内容,金氏以为"先生集中,都是忠孝切实之言,往往有所寄托而愈见其切实"。[②] 杜诗不写景说是对明清之际盛行的杜诗篇篇有寄托的观念的强化,凸显了金氏通过评点杜诗来弘扬忠孝友爱的意图。[③]

其二,金氏指出杜诗讥刺君王之作也是其忠君之志的表现。历来研究杜诗学者,往往在杜甫是否讥刺君王的问题上争论不休,钱谦益《钱注杜诗》便以好谈杜诗"有所刺"而遭到清人批评,[④]被认为歪曲了杜甫的忠厚之志。金圣叹提出了考察这一问题的新视角,他认为怨刺也是忠君之诚的一种表现形式:"夫思不得而怨,怨又不得而愤,皆忠臣自

① 金圣叹:《第五才子书施耐庵水浒传》卷四十六第四十一回总评,《金圣叹全集》肆,凤凰出版社 2008 年版,第 752 页。

② 金圣叹:《唱经堂杜诗解》卷三《孤雁》评,《金圣叹全集》贰,凤凰出版社 2008 年版,第 750 页。

③ 参见本书第十一章第二节《诗歌不写景说的形成背景》。

④ 参见郝润华《〈钱注杜诗〉与诗史互证方法》,合肥黄山书社 2000 年版,第 66—68 页。

然之致，无伤也。”[①]杜诗中的怨愤之句同样是出于忠君之心，这是完全符合创作心理分析的。金氏将怨刺之篇归为杜甫的忠君，显然是为了强化杜诗中的忠孝友爱的因素。

三　以礼教删改和评点《西厢记》

金圣叹评点《西厢记》的主要思想动机便是驳斥旧本《西厢记》的“狂荡无礼”，揭示《西厢记》中的礼教内涵。为此，他创立了《西厢记》为作者自传之说，又删改了旧本《西厢记》，试图以此证实《西厢记》人物形象的守礼持正。

金圣叹首先指出，《西厢记》之所以力避“狂荡无礼”之言，是由于《西厢》本是作者的自传：“我见近今填词之家，其于生旦出场第一引中，类皆肆然早作狂荡无礼之言，生必为狂且，旦必为倡女。……夫天下后世之读我书者，彼岂不悟此一书中，所撰为古人名色，如君瑞、莺莺、红娘、白马，皆是我一人心头口头吞之不能，吐之不可，搔爬无极，醉梦恐漏，而至是终竟不得已，而忽然巧借古人之事以自传，道其胸中若干日月以来七曲八曲之委折乎？……夫天下后世之读我书者，彼则深悟君瑞非他君瑞，殆即著书之人焉是也；莺莺非他莺莺，殆即著书之人之心头之人焉是也。……如是而提笔之时不能自爱，而竟肆然自作狂荡无礼之言，以自愉快其心，是则岂非身自愿为狂且，而以其心头之人为倡女乎？”[②]既然《西厢记》是借古人之事以自传，著书之人必然自爱自重，不可能以狂荡无礼之言作《西厢记》。

在此前提下，金氏通过删改和评点旧本《西厢记》，从以下几个情节强调了人物的秉礼守义：其一，旧本《西厢记》写莺莺奉母命到佛殿游玩，金氏改成到别院的前庭散心，并在评点中多次以“近世忤奴乃云双文直至佛殿”之类的说法痛斥旧本，从而强调双文是真正的“相府千金

① 金圣叹：《唱经堂杜诗解》卷三《去蜀》评，《金圣叹全集》贰，凤凰出版社 2008 年版，第 734 页。
② 金圣叹：《贯华堂第六才子书西厢记》卷四《惊艳》总评，《金圣叹全集》贰，凤凰出版社 2008 年版，第 892—893 页。

秉礼小姐”。[1] 其二,旧本《游殿》一折写莺莺对张生留情,金氏删去了这些科介,并且反复驳斥旧本的写法,[2]甚至痛骂持此说者“我得而知其母、其妻、其女之事焉”。此说之所以不可不辨,乃因“夫男先乎女,固亦世之恒礼也”。[3] 其三,人们把《琴心》一折理解为张生以琴心挑双文,金氏对此大不以为然,他主张红娘以琴心教张生,是因为不敢对双文率尔有言。金氏在该折总评中,以二千多字的篇幅申论红娘以琴心教张生的良苦用心,是为了守先王之礼。其说可分为三个层次:(1) 才子佳人即便互有必至之情,也只能藏之于心中,因为“先王制礼,万万世不可毁也”。(2) 即便老夫人先许婚后赖婚,红娘还是“不敢轻以一无故之言干冒尊严者”,其理由仍是“先王制礼,有外有内,有尊有卑,不但外言之不敢或闻于内,而又卑言之不敢或闻于尊”。[4] (3) 红娘不敢干冒莺莺,又不忍不为张生一援手,万般无奈之下,只好教张生以琴心。概言之,红娘为张生设计琴心之策,是为了遵循先王的内外尊卑之礼。金圣叹对以上三个情节进行改写和重新解读,正是为了驳斥旧本《西厢》的“狂荡无礼”,揭示《西厢记》人物中蕴涵的礼教意味。[5]

金圣叹通过评点《西厢记》来奖倡礼教的倾向已如上述,但以往人们多从《西厢》评点中嗅出了圣叹蔑视礼教、狂妄大胆的气息,其实是误读了金氏的以下两种说法:

第一,《西厢》不是淫书。《读第六才子书〈西厢记〉法》力驳“《西厢记》是淫书”的说法,人们因此认为金氏大胆赞美了男女之情的合理性。其实,这段文字的逻辑是:(1)《西厢记》是天地妙文。(2) 不能因为《西厢记》“中间有此一事”而废却此书。(3) 以《西厢记》为淫书者,不是误

---

① 金圣叹:《贯华堂第六才子书西厢记》卷四《惊艳》夹批,《金圣叹全集》贰,凤凰出版社 2008 年版,第 895、898 页。

② 金圣叹:《贯华堂第六才子书西厢记》卷四《惊艳》夹批、《酬韵》夹批、卷五《赖婚》夹批,《金圣叹全集》贰,凤凰出版社 2008 年版,第 900、902、922、968 页。

③ 金圣叹:《贯华堂第六才子书西厢记》卷四《惊艳》夹批,《金圣叹全集》贰,凤凰出版社 2008 年版,第 902 页。

④ 金圣叹:《贯华堂第六才子书西厢记》卷四《琴心》总评,《金圣叹全集》贰,凤凰出版社 2008 年版,第 976、979 页。

⑤ 关于金氏对旧本《西厢》的删改,参见戴不凡《第六才子书发复》,载《论崔莺莺》,上海文艺出版社 1963 年版,第 139—205 页。

听冬烘先生之言而未曾眼见《西厢记》，就是眼见了《西厢记》仍固执己见的冬烘先生。显然，金圣叹力驳“《西厢记》是淫书”之说，只不过为了强调《西厢记》是妙文，他并没有提倡男女之情的意思。[①]

第二，质疑“《国风》好色而不淫”。《酬简》一折的总评曰：

> 古之人有言曰“《国风》好色而不淫”。比者圣叹读之而疑焉，曰：嘻，异哉！好色与淫相去则又有几何也耶？……好色必如之何者谓之好色？好色又必如之何者谓之淫？好色又如之何谓之几于淫，而卒赖有礼而得以不至于淫？好色又如之何谓之赖有礼得以不至于淫，而遂不妨其好色？夫好色而曰吾不淫，是必其未尝好色者也；好色而曰吾大畏乎礼而不敢淫，是必其并不敢好色者也；好色而大畏乎礼而不敢淫而犹敢好色，则吾不知礼之为礼将何等也。好色而大畏乎礼而犹敢好色而独不敢淫，则吾不知淫之为淫必何等也。且《国风》之文具在，固不必其皆好色，而好色者往往有之矣；抑《国风》之文具在，反不必其皆好色而淫者往往有之矣。……人未有不好色者也，人好色未有不淫者也，人淫未有不以好色自解者也。此其事，内关性情，外关风化，其伏至细，其发至巨，故吾得因论《西厢》之次而欲一问之：夫好色与淫，相去则真有几何也耶？[②]

关于这段文字，历来有不同理解。有的学者认为此说反映了金氏对“淫”的矛盾心态，有的学者则主张此说意味着“好色即淫”。[③] 从这段文字的本意来看，金圣叹是试图从逻辑上批驳“好色而不淫”一说的荒谬性。在他看来，在好色、淫、礼三者之间的关系中，好色而不淫，则好色不成其为好色，淫又不成其为淫，礼又不成其为礼，概言之，淫即好色，好色与淫皆悖于礼。“好色而不淫”一说的错误在于，一方面将好色归为礼，另一方面又将淫界定为非礼。

① 金圣叹：《读第六才子书〈西厢记〉法》，《贯华堂第六才子书西厢记》卷二，《金圣叹全集》贰，凤凰出版社2008年版，第854—866页。

② 金圣叹：《贯华堂第六才子书西厢记》卷七《酬简》总评，《金圣叹全集》贰，凤凰出版社2008年版，第1039—1040页。

③ 参见谭帆：《金圣叹与中国戏曲批评》，上海华东师范大学出版社1992年版，第54—57页；陈登原：《金圣叹传》，上海华东师范大学出版社1992年版，第16页。

值得注意的是，金氏否定了“好色而不淫”，主张好色即淫，是否意味着他提倡淫与好色，从而反对礼呢？答案显然是否定的。其一，金圣叹确实承认了“人未有不好色者也，人好色未有不淫者也”，但此说不过是在继承了《论语·子罕》“吾未见好德如好色者”、《大学》“如恶恶臭，如好好色”等说的基础上，加进了金氏“好色即淫”的观点而已，不能算是为好色（淫）摇旗呐喊，充其量也只能算是承认了男女之事的客观存在。其二，金氏所不满的是“人淫未有不以好色自解者也”，也就是说，他认为以好色之说为淫作辩护是苍白无力的，因为好色与淫都意味着非礼。其三，“内关性情，外关风化”一说表明，尊重人的性情的金圣叹，对于风化也未敢轻忽。其四，金氏认为《国风》写淫而意不在于淫。他反对“《国风》好色而不淫”，是为支持其“《国风》淫”一说，然后，他又由此推导出“自古至今，有韵之文，吾见大抵十七皆儿女此事”的主张。而韵文多写儿女之事的缘由何在呢？“此非以此事真是妙事，故中心爱之，而定欲为文也；亦诚以为文必为妙文，而非此一事则文不能妙也”，也就是说，韵文多写儿女事，并非旨在奖倡儿女之事，而是为了借儿女之事来成就妙文，即“意在于文，意不在于事也”。①

如果将《水浒》与《西厢记》的评点文字对照来看，可以推测出金圣叹对于淫欲的态度：一是承认其客观存在，二是不加以提倡。《水浒》评点每每蔑视“浪妇”，②讥讽好色之徒，③同时他认为英雄有儿女之情而不好淫欲：“天下真正英雄，如鲁达、李逵之徒，只是不好淫欲耳。至于儿女离别之感，何得无之？故鲁达有洒泪之文，李逵有大哭之日也。”④“不好淫欲”这一表述非常准确地反映出金圣叹既不像道学先生那样视淫欲为洪水猛兽，也并非积极提倡淫欲，但他对儿女之情是热情赞美的。

总之，金圣叹质疑“《国风》好色而不淫”，驳斥“《西厢记》是淫书”等

---

① 金圣叹：《贯华堂第六才子书西厢记》卷七《酬简》总评，《金圣叹全集》贰，凤凰出版社 2008 年版，第 1041—1042 页。

② 金圣叹：《第五才子书施耐庵水浒传》卷二十五第二十回夹批有“浪妇偏嘴硬”一说，《金圣叹全集》叁，凤凰出版社 2008 年版，第 384 页。

③ 金圣叹：《第五才子书施耐庵水浒传》卷四十二第三十七回夹批有“不表李逵不近女色，正讥三人不觉露其本色也”，《金圣叹全集》肆，凤凰出版社 2008 年版，第 695 页。

④ 金圣叹：《第五才子书施耐庵水浒传》卷八第三回夹批，《金圣叹全集》叁，凤凰出版社 2008 年版，第 113 页。

说法，都突出了他视《西厢记》为天地妙文、以写男女之事为成就天地妙文手段的主张。他承认了男女之事的客观存在，但并无奖倡男女之事的意图。更值得注意的是他同时表示了对风化礼教的重视。[①]

讲究谋略、推崇忠孝和提倡礼教是金圣叹的致用和伦理思想的主要内容。金氏在批驳前人的“忠义水浒”说、旧本《西厢记》的“狂荡无礼”的基础上阐述了以上思想，换言之，金氏的致用和伦理思想的意义在于折射了小说戏曲等通俗文学领域的思想变革的消息，即从批判伪道学、提倡自然人性转向推崇真忠义、纠正狂放思潮。

第三节　钱谦益兼重经世与纲常的倾向

当我们追溯金氏经世和伦理思想的源流时，发现金氏的思想与钱谦益通经学古的主张有着内在的契合。

众所周知，钱谦益提倡穷经好古之学。钱氏的书论奏记中，“穷经好古”“反经正学”“通经学古”之类的说法比比皆是。关于钱氏“通经学古”思想的意义，以往的研究已经指出了它是针对明代空谈不学、学术败坏的现象而开出的救弊之方。钱氏认为经学关乎国运政治、世俗人心、史学文艺，反经正学的实质是提倡包括学术、史学、文学在内的全方位的文化返本。[②] 本书侧重于分析通经学古何以能够救治明代学术之弊，认为钱氏的通经学古具有回归学术本源和正宗、经世致用、重建纲常等内涵，而晚明的社会政治形势决定了后两者是钱谦益最为强调的。

钱谦益论述当世学术败坏的危害曰：“驯至于今，辁材小儒，敢于嗤点六经，呰毁三传，非圣无法，先王所必诛不以听者，而流俗以为固然。生心而害政，作政而害事，学术蛊坏，世道偏颇，而夷狄寇盗之祸，亦相

① 不可否认，金批《西厢》也曾叹赏才子佳人的必至之情，因此有的学者认为金批《西厢》存在着“爱佳人则爱，爱先王则又爱”的矛盾（廖可斌：《爱佳人则爱，爱先王则又爱——试论金圣叹评点〈西厢记〉的矛盾心理》，《中国文学研究》1986 年第 1 期，第 109—115 页），但金氏的主要意图还是反对“狂荡无礼”。

② 参见孙之梅《钱谦益与明末清初文学》，济南齐鲁书社 1996 年版，第 140—158 页。

挺而起。”[①]可见，他认为当今空谈肤泛的学风导致了学术蛊坏、世道偏颇、国事不振三大危害，而通经学古的作用正体现在回归学术正宗、重建纲常、经世致用这三个层面。

钱谦益首先指出了通经学古对于学术本身的意义在于回归学术的本源和正宗。他不止一次地强调明代学术败坏的后果是迷失了经学的本义，所谓“俗学之弊，能使人穷经而不知经，学古而不知古”[②]。正因为推崇学术本源，他反对学术上的异端蜂起，多次批判“经学乱于蛙紫，史家杂于秕稗，众表竞指，百喙争鸣”的学术现状。[③]

钱氏在推崇汉唐注疏之学的同时，确立了以汉人为宗主的经学观念。一方面，钱氏重视《十三经注疏》，为此他竭力发挥欧阳修学说中肯定注疏之学的成分。比如，欧阳修在《新唐书·艺文志》中论述汉唐章句注疏之学，既肯定其阐明经典，又对其过于烦琐有微词：“自六经焚于秦而复出于汉，其师传之道中绝，而简编脱乱讹缺，学者莫得其本真，于是诸儒章句之学兴焉。其后传注、笺解、义疏之流，转相讲述，而圣道粗明，然其为说固已不胜其繁矣。”[④]对于此说，钱谦益略去了其有所批评的后半截，而仅仅引用加以肯定的前半截，以此作为弘扬《十三经注疏》的理论依据：“《十三经》之有传注、笺解、义疏也，肇于汉、晋，粹于唐，而是正于宋。欧阳子以谓诸儒章句之学，转相讲述，而圣道粗明者也。”[⑤]另一方面，钱谦益继焦竑之后，更加崇尚汉学。他推尊汉唐经学为学术之正宗：“六经之学，渊源于两汉，大备于唐、宋之初，其固而失通，繁而寡要，诚亦有之，然其训故皆原本先民，而微言大义，去圣贤之门犹未远也。”因此，他认为反经正学首先意味着回归两汉经学之正宗：“学者之

---

① 钱谦益：《初学集》卷二十八《新刻十三经注疏序》，《钱牧斋全集》贰，上海古籍出版社 2003 年版，第 851 页。

② 钱谦益：《初学集》卷三十五《赠别方子玄进士序》，《钱牧斋全集》贰，上海古籍出版社 2003 年版，第 992—993 页。

③ 钱谦益：《有学集》卷三十八《答徐巨源书》，《钱牧斋全集》陆，上海古籍出版社 2003 年版，第 1313—1314 页。

④ 欧阳修、宋祁：《新唐书》卷五十七《艺文志一》，中华书局 1975 年版，第 1421 页。

⑤ 钱谦益：《牧斋初学集》卷二十八《新刻十三经注疏序》，《钱牧斋全集》贰，上海古籍出版社 2003 年版，第 850 页。

治经也，必以汉人为宗主，如杜预所谓原始要终。”[1]还说：“何谓反经？自反而已矣。吾之于经学，果能穷理析义、疏通证明，如郑、孔否？”[2]

在钱谦益看来，经世致用和重建纲常是通经学古的两个重要功效。以经世致用而论，钱氏的通经学古以恢复两汉学风为宗旨，而通经致用是汉代学术的重要特点之一。在论述汉代《春秋》学时，钱氏多次表达了对于汉代以《春秋》决狱的向往。他在《春秋匡解序》中感慨道：“余观三代以后，享国长久，盖莫如汉。当其盛时，政令画一，经术修明。以《春秋》一经言之……诸所以定大议，断大疑，皆以《春秋》从事，何其盛哉！”（《初学集》卷二十九）又说：“昔者汉世治《春秋》，用以折大狱，断国论。”可见，钱谦益通经学古的观念中隐含了恢复汉代经世致用之风的思想。与此相适应，钱氏常将通经学古与“谋王体断国论”联系在一起，比如，钱氏《麟旨明微序》称赞吴睿卿《麟旨明微》“诚欲使天下学者通经学古，谋王体而断国论，以董子、胡氏为仪的也”，其《左汇序》褒扬李永年《左汇》“由是以穷经术焉，断国论焉，或源或委，先河而后海，斯侍御取以嘉惠学者之意而已矣”。可以说，经世致用是通经学古的功效之一。

就重建纲常而言，钱谦益曾引用《孟子》来论述反经具有正人心之意义：“孟子曰：我亦欲正人心。君子反经而已矣。诚欲正人心，必自反经始；诚欲反经，必自正经学始。”[3]他认为士人的通经好古与道德名节常常是互为表里的。他颂美其父与吴江张益之的生平曰：“我先君之于先生，通经好古，惇孝悌，重然诺，以节谊相镞砺，异乎世之出口入耳相徵逐者也”，[4]又昆山王志坚之学“先经而后史”“束修好古”，其于伦理一端也是“惇行崇礼，好古教化”[5]。众所周知，汉代士人早已树立了“经明行修”的

---

① 钱谦益：《初学集》卷七十九《与卓去病论经学书》，《钱牧斋全集》叁，上海古籍出版社 2003 年版，第 1706 页。

② 钱谦益：《有学集》卷三十八《答徐巨源书》，《钱牧斋全集》陆，上海古籍出版社 2003 年版，第 1314 页。

③ 钱谦益：《初学集》卷二十八《新刻十三经注疏序》，《钱牧斋全集》贰，上海古籍出版社 2003 年版，第 851 页。

④ 钱谦益：《初学集》卷三十三《张益之先生存笥集序》，《钱牧斋全集》贰，上海古籍出版社 2003 年版，第 945 页。

⑤ 钱谦益：《初学集》卷五十四《王淑士墓志铭》，《钱牧斋全集》贰，上海古籍出版社 2003 年版，第 1352、1353、1352 页。

学术传统，钱氏以通经学古来奖倡道德伦理，本是题中应有之义。

在晚明国势颓坏的背景下，钱谦益提倡通经好古，特别推崇经世和纲常两方面。他曾经呼唤兼具“忠臣义士之心”和“谋臣辩士之略”的英豪：“忠臣义士，中兴之本也；谋臣辩士，中兴之资也。……是二者皆偏才也。人主患不得英豪而用之。英豪者，有忠臣义士之心，而具谋臣辩士之略。”①此说提示了钱氏尤重经世和纲常，希望集忠义与谋辩于一身的英豪来挽救晚明政局的心态。他认为孙承宗、孙鑰父子正是这样的英豪：“余序紫冶诗，以谓吾师父子之间，有关于军国之故，忠孝之谊，世之采风者，可以考见焉。”②又赵用贤也是经世之学和忠君之诚兼备的：“盖公在史馆，慨然有志于经世之学。中更谗阻，不获枋用，故其忠君忧国，别白贤佞，见于文章者为多。”③总之，钱谦益的通经好古虽然包含了回归学术本源、经世致用和重建纲常等三个层面，但后两个层面才是他真正重视并作为拯救晚明衰颓国势的良方而加以提倡的。

必须说明的是，钱氏并非盲目尊古，他赞赏汉人以《春秋》决狱，其《春秋论》五篇的宗旨却是反对世人以《春秋》断本朝的进药之狱。其说为：“汉世去春秋未远，公、谷之学，即齐、鲁之学也。援春秋以断汉狱，犹为近之。本朝去汉远矣，而况于春秋乎？乃欲以赵盾、许世子止之狱辞，傅本朝之律令，不已迂乎？”④骤读此说，几乎令人以为钱氏自相矛盾，实际上钱氏赞赏董仲舒、胡安国之春秋学的实质，是提倡以经学致用，并不意味着泥古不化。前引钱氏“礼之穷而不得不变”的主张，也说明他并非一味因循守旧。

值得一提的是，钱谦益在经学上的通经好古与其佛学上的反经明教是相互呼应的。其一，钱氏在申论佛学反经时，与其阐述经学上的反经正学一样，都引用了《孟子》“反经”说。比如，《有学集》卷四十《复即

① 钱谦益：《初学集》卷二十六《读卢德水所辑龙川二书后题》，《钱牧斋全集》贰，上海古籍出版社2003年版，第818页。

② 钱谦益：《初学集》卷三十一《孙紫冶诗稿序》，《钱牧斋全集》贰，上海古籍出版社2003年版，第914页。

③ 钱谦益：《初学集》卷三十《赵文毅公文集序》，《钱牧斋全集》贰，上海古籍出版社2003年版，第899页。

④ 钱谦益：《牧斋初学集》卷二十一《春秋论四》，《钱牧斋全集》贰，上海古籍出版社2003年版，第749页。

中乾老》云："窃惟斯世，正眼希微，法幢摧倒。今欲折伏魔外，必先昌明正法。孟子曰：'君子反经而已矣'。"[①]其二，正如经学一端的反经正学旨在救治明代学术空泛之弊，佛学方面的反经明教是针对"盲禅盛行，教义衰落"的现状而发的。[②] 钱谦益对晚明盲禅猖獗的现状极为不满，几乎每一篇有关佛教的文章里都会提及魔禅横行的种种弊端。一是"上堂下座，戏比俳优。瞎棒盲拳，病同狂易。聋瞽相寻，愈趋愈下"，[③]原本用以接引学人的开堂棒喝沦为徒具形式、自欺欺人的俳优戏剧。二是"缪立宗祧，妄分枝派……希声名，结俦党，图利养，营窟穴，以乞儿市驵之为，而袭呵佛骂祖之迹"，[④]门户相争，贪图名利，使清净禅门蜕变为熙熙攘攘的名利场。其三，有鉴于此，钱谦益认为佛教的出路在于反经明教、以教疗禅，因为反经明教则"昌明正法"[⑤]，"尊古德之遗规"，[⑥]为禅门树立准则和规范，种种禅病便能得到救治。显然，这与学术上的通经学古、以两汉经学为准绳来规范当代经学的思路是如出一辙的。概言之，佛学上的反经明教与经学上的通经学古在援引孟子、救治时弊、回归本源等方面是相通的。

第四节 "仙坛倡和"与通经学古思想

由以上对钱谦益学术思想的分析可以看出，金圣叹的重视经世与伦理，颇接近于钱谦益通经学古、兼重忠义与谋辩的思路。那么，他们之间的交往——"仙坛倡和"是否提示了金圣叹吸取钱氏学术的可能性呢？

---

① 钱谦益：《有学集》卷四十《复即中乾老》，《钱牧斋全集》陆，上海古籍出版社 2003 年版，第 1374 页。

② 钱谦益：《初学集》卷二十九《破山寺志序》，《钱牧斋全集》贰，上海古籍出版社 2003 年版，第 888 页。

③ 钱谦益：《初学集》卷八十一《天台山天封寺修造募缘疏》，《钱牧斋全集》叁，上海古籍出版社 2003 年版，第 1724 页。

④ 钱谦益：《初学集》卷八十六《题佛海上人卷》，《钱牧斋全集》叁，上海古籍出版社 2003 年版，第 1808 页。

⑤ 钱谦益：《有学集》卷四十《复即中乾老》，《钱牧斋全集》陆，上海古籍出版社 2003 年版，第 1374 页。

⑥ 钱谦益：《初学集》卷八十一《北禅寺兴造募缘疏》，《钱牧斋全集》叁，上海古籍出版社 2003 年版，第 1729 页。

答案显然是肯定的。首先,“仙坛倡和”体现了金圣叹与吴中前辈钱谦益在推尊天台宗方面的契合。一方面,钱谦益与天台教的关系十分密切,他对天台的信奉主要受到了以下诸人的影响:其一,天台教即中大师和刘心城师徒值得注意。其中,即中大师是钱谦益老师管东溟的儿子管士珑,乃著名天台学者,钱谦益说他“深达佛乘,唱演台教,白衣说法,缁素归仰,号为即中大师”[①]。钱谦益与即中过从颇密,他的天台学深受即中大师的影响。他曾经打算在破山寺西修建寺院,招延即中等人唱演台教于其中。《有学集》卷四十收有《复即中乾老》书信一封。刘心城是即中大师的上首弟子,其经历颇为传奇(说详下)。由钱谦益《心城先生全集序》可知,刘心城曾经守黔,于甲戌(1634 年)弃家奉佛。[②] 其二,与钱氏有“支许之好”、相与切磋义理的闻谷禅师曾从介山法师习台宗。[③] 其三,他与明末四大高僧之一、自称天台私淑弟子的蕅益智旭(1599—1655)有书信来往。[④] 与上述僧俗的交游无疑加深了钱氏对天台教义的了解。正因如此,当人们纷纷怀疑慈月夫人降乩于吴门金圣叹一事的真实性时,钱谦益却在《天台泐法师灵异记》中一一驳斥了世人的怀疑。钱氏对降乩一事的深信不疑,正是因了他对天台教的推崇。

另一方面,金圣叹是天台教义的积极尊奉者。(1) 出自金圣叹笔下的乩语弘扬天台,称慈月夫人降乩的目的在于“吴人尚鬼好杀,故现鬼道救杀业,善巧方便,渐次接引,归于台事而已”[⑤],即根据吴人尚鬼好杀的特点,以鬼神的身份劝导吴人戒杀,并使之逐步归奉天台。从钱谦益《仙坛倡和诗》其二、其九分别有“妙华已悟三车法,台教今为继别宗”

---

① 钱谦益:《初学集》卷四十九《湖广提刑按察司佥事晋阶朝列大夫管公行状》,《钱牧斋全集》贰,上海古籍出版社 2003 年版,第 1254 页。

② 钱谦益:《牧斋初学集》卷二十九《破山寺志序》《心城先生全集序》,《钱牧斋全集》贰,上海古籍出版社 2003 年版,第 888、866—867 页。

③ 钱谦益:《初学集》卷六十八《闻谷禅师塔铭》,《钱牧斋全集》叁,上海古籍出版社 2003 年版,第 1566 页。

④ 关于钱谦益与智旭的交谊,参见圣严《明末佛教研究》,法鼓文化事业股份有限公司 1999 年版,第 275 页。

⑤ 钱谦益:《初学集》卷四十三《天台泐法师灵异记》,《钱牧斋全集》贰,上海古籍出版社 2003 年版,第 1123 页。

"双树至今留法宝,五花哪得蔽台宗"等崇尚台教的诗句来看,金圣叹托名慈月夫人所作的长句中也当不乏有关台事的内容。(2)以往人们认为金圣叹为刻意迎合钱氏而大谈天台教义,其实,金氏与天台的渊源可谓由来已久。正如本书第五章《兼奉台禅的佛学思想》所述,金氏佛学的主要倾向是兼重天台和禅宗,他自称在十一岁时即以天台基本典籍《妙法莲华经》消遣养病,①这一信息表明,仙坛倡和时二十八岁的金圣叹已浸染天台有年,完全符合钱谦益所谓"乩所凭者金生采,相与信受奉行者戴生、顾生、魏生,皆于台有宿因者也"的判断。②(3)此外,以往的研究未注意到金圣叹与即中大师的关系。两人的交往,可以金氏《西城风俗记》为证:"随即中先生立夏侯桥上说话次,先生蓦云:'极南树头一灯神火!'叹云:'还记得起处否?'先生便休。"③金圣叹尊此人为"即中先生",两人的谈话内容又不出禅趣佛理,那么,这里的即中先生,当就是即中大师。金圣叹追随著名天台学者即中大师,正是其好尚天台学的表现。金圣叹、钱谦益二人皆与即中大师有交往,说明金氏与钱氏的天台之缘,当不止于"仙坛倡和"这一次。

其次,"仙坛倡和"折射了反经明教、以教疗禅的观念。钱氏之推崇台教与其反经明教、以教疗禅的思想是互为表里的。钱氏反经明教的主张正是在推崇台教的《北禅寺兴造募缘疏》中提出的,同样,正是在给天台学者即中大师的书信中,钱氏以孟子的反经来论证佛学返回经典、昌明正法的思路。此外,钱谦益还不止一次地倡议以台教救治盲禅。如《天台山天封寺修造募缘疏》中呼吁"攻台教以治狂禅,庶几废疾可兴,膏肓可砭"④。由于天台教多次触发了钱氏反经明教的思想,因此钱氏所谓"反经明教"之"教"虽不限于天台一教,但却是以天台为重要成分的。同样,对于这次仙坛倡和,钱谦益也特意说明了其意义既在于阐扬台事,更在于以教护禅:"今之禅病深矣,魔民登师子之座,斲养踞大慧之席,盲拳瞎棒,欺天罔人,信法门之师子虫也。慈月以人天眼,具正

① 金圣叹:《第五才子书施耐庵水浒传》之《序三》,《金圣叹全集》叁,凤凰出版社 2008 年版,第 19 页。
② 钱谦益:《初学集》卷四十三《天台泐法师灵异记》,《钱牧斋全集》贰,上海古籍出版社 2003 年版,第 1123 页。
③ 金圣叹:《西城风俗记》,《金圣叹全集》陆,凤凰出版社 2008 年版,第 950 页。
④ 钱谦益:《初学集》卷八十一,《钱牧斋全集》叁,上海古籍出版社 2003 年版,第 1724—1725 页。

知见，汲汲然以教药疗禅病，人知其阐教者所以显教，而不知其疗禅者正所以护禅也。”①这段话将“仙坛倡和”以天台救治禅病的意义揭示得极为显豁，证明了钱氏之所以如此郑重其事地对待此次倡和，是因为它触及钱谦益学术思想中的反经明教这一核心问题。

同样，金圣叹在乩语中也很可能提到了以教疗禅的问题。金氏曾疾言厉色地批判晚明佛教界的种种弊端，如争立宗派，他借《水浒传》第五回崔道成“我这敝寺”四字加以发挥道：“四字崔道成口中曾有之。今人于佛法中，每争我宗、他宗，亦此类也。”②又如借佛事之机贪图私利、大行淫恶。金氏曾痛斥当世僧人在讲经、造像、忏摩、受戒等佛事中的种种丑态：“初不听许在于阛阓椎钟布告，招集男女，拍肩联臂，作诸戏笑，令菩提场杂秽充满。……初不听许广造一切淫祀鬼神，罗列堂殿，引诸女人烧香求佛，惑乱僧徒，污染梵行。……初不听许广开坛场，巧音歌唱，族姓子女，履舄交错，僧尼无分，笑语不择，于惭愧法，无惭无愧。……初不听许盲师瞎众，自相叹誉，网罗士女，作己眷属，交通闺房，僧俗相接，密坐低语，招世毁谤。”并揭露他们贪才好色的本质：“世间当知，如是种种怪异之事，皆是恶僧为钱财故，巧立名色。既得钱财，必营房室；营房室已，次营衣服，广于一身，作诸庄严；作庄严已，恣求淫欲，求淫欲时，何所不至？”③其说虽然未必专斥禅门，但晚明盲禅盛行，禅门必然是首当其冲的。金氏所说的佛门罪恶与钱谦益指斥的盲禅弊端颇为接近，可以推测他所批判的“近世佛教”主要是指禅学。此外，钱氏《仙坛倡和诗》也为我们提供了金氏反对狂禅的信息。《仙坛倡和诗》其三、其九中都有不满于狂禅的诗句，如其三“盲人说法迷真象，狂子谈禅好假龙”，其九“双树至今留法宝，五花哪得蔽台宗”，由此可以推测，金氏所作长句中可能有针砭狂禅的内容。

如前所述，钱谦益反经明教的佛学思想与其通经学古的儒学思想

---

① 钱谦益：《初学集》卷四十三《天台泐法师灵异记》，《钱牧斋全集》贰，上海古籍出版社2003年版，第1124页。

② 金圣叹：《第五才子书施耐庵水浒传》卷十第五回，《金圣叹全集》叁，凤凰出版社2008年版，第160页。

③ 金圣叹：《第五才子书施耐庵水浒传》卷四十九第四十四回总评，《金圣叹全集》肆，凤凰出版社2008年版，第812—813、814页。

息息相通，因此，“仙坛倡和”所表现出来的金氏与钱氏在反经明教、以教疗禅等方面的契合，揭示了金氏濡染钱氏之反经正学思想的可能性。而金氏兼重经世和纲常的思想倾向，与钱氏之反经正学以忠孝、谋略为核心的特点相互呼应，足见金氏的学术思想颇有汲取钱谦益思想之处。

必须说明的是，金氏与钱氏的契合并不仅限于学术思想，金圣叹的推尊杜诗、主张诗歌“不写景”、重视起承转合等文学主张，也与钱谦益和同为虞山诗人的冯舒等人的文学观念桴鼓相应。[1]

第五节　余论：绳狂与砭伪

当然，金圣叹的思想与钱谦益的区别还是非常明显的。我们可以借用钱谦益评价管东溟学术的两个概念“绳狂”与“砭伪”来论述金氏与钱氏思想的差异。钱谦益认为“姚江以后，泰州之学方炽，则公之意专重于绳狂。泰州之后，姚江之学渐衰，则公之意又专重于砭伪。尝以两言蔽之曰：从心宗起脚，而不印合于应世之仪象者，皆狂也；从儒门立脚，而不究极于出世之因果者，皆伪也。”[2]可见，钱氏所谓“绳狂”，是反对以泰州学派为代表的推崇心宗、不重应世的学风；所谓“砭伪”，当是纠正宗奉儒门、不重出世的思潮，其中当包括了程朱之学复兴、经世之学盛行等现象。“绳狂”与“砭伪”实际上是对晚明时期两种相互对立又息息相关的思想倾向的概括。金圣叹与钱谦益的异同，也可以从这一视角加以阐述。如果我们把推崇真忠义、反对伪道学称为“砭伪”，把重视经世致用、反对“狂荡无礼”视为“绳狂”，那么，钱氏与金氏的共同之处在于他们都兼有砭伪与绳狂的意识，而区别在于钱氏更侧重于以通经学古、反经明教来挽救俗学与盲禅之狂，是绳狂重于砭伪；金圣叹则是为针砭伪道学而推崇真忠义，是砭伪重于绳狂。

① 参见本书第十一章。

② 钱谦益：《初学集》卷四十九《湖广提刑按察司佥事晋阶朝列大夫管公行状》，《钱牧斋全集》贰，上海古籍出版社 2003 年版，第 1265 页。

第五章　兼奉台禅的佛学思想

关于金圣叹的佛学思想，以往的研究关注得很少。[①] 金圣叹佛学思想的构成极为复杂多元，仅金氏引用的佛教典籍就有《妙法莲华经》《维摩诘所说经》《金刚般若经》《大般涅槃经》《华严经》《楞伽经》《圆觉经》《四阿含经》《首楞严经》《仁王经》《梵网经》《中论》《金光明经》等十几种[②]，但金

① 陈洪《金圣叹传论》已指出空宗对金圣叹影响较大（陈洪：《金圣叹传论》，天津人民出版社1996年版，第168—169页），本节拟对金氏佛学的特色及背景做一全面论述。

② 参见拙著《金圣叹评传》附表二《金圣叹论述、引用〈法华经〉一览》、附表三《金圣叹论述、引用〈维摩诘经〉一览》、附表四《金圣叹论述、引用〈金刚般若经〉一览》，南京大学出版社2006年版，第493—500页。又金圣叹引用《华严经》如《水浒》第五回夹批："大雄先生之言曰：心如工画师，造种种五阴；一切世间中，无法而不造"，出自晋译《华严经》卷十《夜摩天宫菩萨说偈品》（金圣叹：《第五才子书施耐庵水浒传》卷十第五回总评，《金圣叹全集》叁，凤凰出版社2008年版，第157页）；引用《楞伽经》如《唱经堂语录纂》卷二："《楞伽经》：佛告大慧菩萨：能住为住，所住为地；有住为住，无住为地；有地为住，无地为地。"（金圣叹：《唱经堂语录纂》卷二，《金圣叹全集》陆，凤凰出版社2008年版，第881页）；引用《圆觉经》如《西厢》卷七评点："如《圆觉经》之于诸妄心亦不息灭，是则真我先师'五十学《易》可无大过'之道也矣"（金圣叹：《贯华堂第六才子书西厢记》卷七《酬简》夹批，《金圣叹全集》贰，凤凰出版社2008年版，第1045页）；引用《四阿含经》如《唐才子诗》卷四评点孟浩然《除夜有怀》："此即世尊《四阿含经》说'不能尽之无常'精义也"（金圣叹：《贯华堂选批唐才子诗甲集七言律》卷四，《金圣叹全集》壹，凤凰出版社2008年版，第180页）；引用《首楞严经》如《贯华堂选批唐才子诗》卷四评点万楚《五日观妓》："艳，心动也。《首楞严》云'心发爱涎，举体光润'，是也"（金圣叹：《贯华堂选批唐才子诗甲集七言律》卷四，《金圣叹全集》壹，凤凰出版社2008年版，第205页）；引用《仁王经》如《贯华堂选批唐才子诗》卷四评点李白《登金陵凤凰台》："此便是《仁王经》中最尊胜偈"（金圣叹：《贯华堂选批唐才子诗甲集七言律》卷四，《金圣叹全集》壹，凤凰出版社2008年版，第217页）；引用《梵网经》如《唱经堂语录纂》卷二："《梵网经·菩萨心地品》，先说十金刚心，而后说十长养心"（金圣叹：《唱经堂语录纂》卷二，《金圣叹全集》陆，凤凰出版社2008年版，第866页）；引用《中论》如："因缘生法，一切具足。是故龙树著书，以破因缘品而弁其篇"（金圣叹：《第五才子书施耐庵水浒传》卷六十第五十五回总评，《金圣叹全集》叁，凤凰出版社2008年版，第999页），这是说龙树《中论》以《观因缘品》开篇；引用《金光明经》如《西厢·惊梦》总评："经曰：世间虚空，本自不有，业力机关，和合即有"（金圣叹：《贯华堂第六才子书西厢记》卷七《酬简》夹批，《金圣叹全集》贰，凤凰出版社2008年版，第1080—1081页），此说盖出自《金光明经》卷一："从诸因缘，和合而有。（转下页）

氏并非对所有佛典都等量齐观，从引用、论及的频率来看，他最关注的佛经为《妙法莲华经》《维摩诘所说经》《金刚般若经》《大般涅槃经》等，而他佛学思想的主要倾向则是兼重天台和禅宗。

第一节 推崇天台宗的主要表现

金圣叹与钱谦益的“仙坛倡和”反映了金氏对天台学的熟悉。[①] 在金氏著述中，金圣叹并未直接表明他推崇天台宗的立场，他更不会以天台宗人自居，相反，如前所述，他对佛教不同宗派的纷争颇有点不以为然。不过，他确实从天台思想中汲取了很多成分。

首先，金圣叹援引了天台智顗的判教思想。其说云：

> 从佛出十二部经，从牛出乳也；从十二部经出修多罗，从乳出酪也；从修多罗出《方等经》，从酪出生酥也；从《方等》出《摩诃般若》，从生酥出熟酥也；从《摩诃般若》出《法华》《涅槃》，从熟酥出醍醐也。[②]

这是以五种牛乳制品乳、酪、生酥、熟酥、醍醐性味的浓淡不同，比喻十二部经等五种佛教经典的意义和地位高下有别。这一判教说源于《大般涅槃经》卷一四《圣行品》：

> 善男子！譬如从牛出乳，从乳出酪，从酪出生酥，从生酥出熟酥，从熟酥出醍醐。醍醐最上，若有服者，众病皆除，所有诸药悉入其中。善男子！佛亦如是，从佛出生十二部经，从十二部经出修多罗，从修多罗出《方等经》，从《方等经》出《般若波罗蜜》，从《般若波罗蜜》出大涅槃，犹如醍醐。言醍醐者，喻于佛性；佛性者即是

（接上页）无有坚实，妄想故起。业力机关，假为空聚……我说诸大，从本不实，和合而有，无明体相，本自不有，妄想因缘，和合而有。”（北凉三藏法师昙无谶译：《金光明经》卷一《经空品》第五，《大正新修大藏经》第16册）

① 参见本书第四章《金圣叹与钱谦益的思想渊源》。

② 金圣叹：《唱经堂语录纂》卷二，《金圣叹全集》陆，凤凰出版社2008年版，第858页。

如来。[①]

将《大般涅槃经》原文与金氏所述加以对照，可以很清楚地发现其间的重要区别：《大般涅槃经》以本经为醍醐，而金氏将《法华》和《涅槃》都视为"醍醐"，这与天台宗创始人智顗的"前番五味"和"后番五味"的判教说极为相似。"前番五味"指经由《华严》《阿含》《方等》《般若》等，至于《法华》，而以《法华经》为五味中的后教后味。后番五味则指于《法华》中未得入者，更以《般若》淘汰，令于《涅槃》中悟入，故《涅槃经》也是后教后味，[②]总之，《法华经》和《涅槃经》"俱是醍醐"。[③] 众所周知，判教是佛教各派别褒扬自身地位的重要方式，判教说往往是不同派别的标志性主张。金氏采纳天台智者的判教思想，表明天台学在金氏佛学中占有相当重要的地位。

其次，金圣叹以各种方式、从不同角度表达了对天台宗所依据的佛教经典《法华经》的尊信。如前所述，他曾自述幼年以《妙法莲华经》消遣养病的情形，自称十一岁左右便能于《法华经》有所领悟，可见《法华经》对于金圣叹思想的影响几乎是贯穿其一生的。又金圣叹还将《法华经》视为佛教的核心宗旨：

> 一切圣人文字，悉有三科，谓单提、双开及杂色也。双开，是善知识门庭施设。单提，是向学人分中，劈面提出。杂色，有奢说、切说，只是余文耳。此方圣人，以"修身"为单提，以"诚意""正心"为双开，亦可云以"诚意""天下平"为双开，其余皆杂色也。彼方以《法华》为单提，《般若》《涅槃》为双开，《璎珞》《维摩》等为杂色。[④]

"单提"，即"单堕""单波逸提"，本出自佛教戒律，是指单对有关之人忏悔即可得清净之堕罪。比如，《摩诃僧祇律》卷十二至二十论"明单提九十二事法"，《四分律》和《十诵律》皆阐述"单提法"。自北宋圆悟克勤禅师起，"单提本分宗乘""单提向上机""单提正印""直截单提"等说法逐

---

① 《大正新修大藏经》第14册。

② 潘桂明：《智顗评传》，南京大学出版社1996年版，第380页。

③ 《法华玄义》卷一〇下。

④ 金圣叹：《唱经堂语录纂》卷一，《金圣叹全集》陆，凤凰出版社2008年版，第844页。

渐盛行，可见“单提”自此具有标举禅宗根本的意味。这里的“单提”，当是指文章的主题或学（教）派的宗旨。金氏认为《法华》之于佛教，正如“修身”之于儒家一样，是最主要的精神所在。与《法华》相比较，《般若》《涅槃》只是用以说明《法华》的两个主要层面，而《璎珞》《维摩》则只不过是点缀（杂色）了。这等于是说《法华》在佛教典籍中居于至高无上的地位。

金圣叹重视《法华》的最具体的表现，当是对《法华经》中的故事、论点的引用。金氏援引、化用《法华经》的《化城喻品》《信解品》《方便品》等篇中的文字有二十多处，[①]其频率远远高于他对另外几部佛经的引用。虽然《法华经》并非天台宗专用的典籍，其他佛学派别如禅宗也常常运用《法华经》中的比喻来阐述重视本心、顿悟成佛等观念，[②]但金氏视法华为“醍醐”“单提”等说法，将《法华经》推尊为最核心的佛教经典，这不能不说是受了天台宗思想影响的缘故。

最后，金圣叹表达了对天台宗的圆融三谛、教观双用等独具特色的思想的认同。

一　圆融三谛

天台智者的圆融三谛说是对大乘佛教二谛说的发展，主张空假中三种相对真理相即无碍，它们与绝对真理“一实谛”也圆融统一，[③]所谓“若谓即空即假即中者，虽三而一，虽一而三，不相妨碍”。[④] 又曰：“一实谛即空即假即中，无异无二，故名一实谛。”[⑤]金圣叹的文学评点明显受到了天台圆融三谛说的影响。比如，金圣叹评点唐末周朴《桐柏观》一诗的颈联“岩深水落寒侵骨，门静花开色照衣”云：“五不留色相，六不坏色相。不留色相，而非空谛；不坏色相，而非俗谛。此便是一切真灵境

① 参见拙著《金圣叹评传》附表二《金圣叹论述、引用〈法华经〉一览》，南京大学出版社 2006 年版，第 493—496 页。

② 吴言生：《禅宗思想渊源》，中华书局 2001 年版，第 289—320 页。

③ 潘桂明：《智顗评传》，南京大学出版社 1996 年版，第 226 页。

④《摩诃止观》卷一下。

⑤《法华玄义》卷八下。

界、极大总持,不图唐人写入诗来。”[①]这里虽然仅仅点出了空、俗二谛,但“非空谛”“非俗谛”的说法,已经蕴含了圆融三谛说的“二谛中道,事理具足,不偏不别”的原则。[②] 而以下说法则明确地借用圆融三谛的观念解说诗歌:

> 世间法,以日为俗谛,月为真谛,灯为中谛。出世间法,以文殊般若为真谛,普贤解脱为俗谛,世尊得法于传灯为中谛。此方以伯夷为真谛,叔齐为俗谛,国人立其中子为中谛。真俗二谛,不相无者也。[③]

在此、真谛、俗谛、中谛的概念被用来描述三组对立统一的事物之间的关系。这三组事物的关系与圆融三谛的原意有合有不合。其中,出世间法之三谛分别代表了追求成佛的三种境界,文殊般若与普贤解脱分别相当于性空和假名,而世尊得法于传灯则是究竟成佛的中道境界,这三种境界之间是相即无碍的,因此出世间法之三谛大致符合圆融三谛的原意,而此说很可能还来源于李通玄以佛、文殊、普贤为三圣一体的信仰格局。[④] 但是,另外两组事物的三谛关系就显得牵强附会了。特别是伯夷、叔齐和中子三者之间的关系与性空、假名和中道没有必然联系,这里的“三谛”不过是一种不够贴切的比喻而已,是比拟伯夷、叔齐放弃王位而最终中子登帝的事实。无论金圣叹是否忠实于圆融三谛的本义,他对这一天台思想很感兴趣,自无可疑。

二 教观双用

教观双用是天台宗的重要特征,该宗创始人智顗认为通过教门而得悟的闻教和通过观门而得悟的修观不可偏废,即所谓“教观相资”。[⑤]

---

① 金圣叹:《贯华堂选批唐才子诗甲集七言律》卷八上,《金圣叹全集》壹,凤凰出版社 2008 年版,第 542 页。

② 智顗:《四教义》卷一,《大正新修大藏经》第 46 册。

③ 金圣叹:《唱经堂杜诗解》卷四《谒真谛寺禅师》评,《金圣叹全集》贰,凤凰出版社 2008 年版,第 791 页。

④ [唐]李通玄:《新华严经论》卷三,《大正新修大藏经》第 36 册。

⑤《妙法莲华经玄义》卷八下。关于天台的教观双用,参见潘桂明、吴忠伟《中国天台宗通史》,南京江苏古籍出版社 2001 年版,第 196 页。

教观双用的观念在天台宗和其他宗派中都有深远的影响。尤其是晚明时期，狂禅泛滥，教观严重失衡，天台宗的教观双用更是被人们称为救治时弊的良方。① 明末四大高僧之一的智旭（1599—1655）在其《教观纲宗释义》中，以儒家的思学并重来阐述天台的教观双用：

得意之人，举一教字，教为法界，便具观法，不必更别言观；举一观字，观为法界，便具教法，不必更别言教。只因众生但认语言为教，不能与观相应，但以功夫为观，不能与教相应。故设做工夫，不以教印，则盲修瞎练，未免行邪险径，名之为殆，犹所云思而不学也。设学文字，不解观心，则说食数宝，究竟茫无受用，名之为罔，犹所云学而不思也。②

在此，智旭主张教观相应正如思学结合，相反，光做工夫容易导致迷失方向，好比"思而不学则殆"；仅学义理则可能导致茫无受用，正如"学而不思则罔"。

天台教观双用的主张得到了金圣叹的回应。如前所述，他也用思学不分来阐述教观双用的观点：

从来思与学一合相，学之卦为《震》，颜渊职掌"学"字。子与之言，全是法界，如云"用舍行藏""天下归仁"等。思之卦为《艮》，曾子职掌"思"字。子与之言，乃用提喝，止得"参乎，吾道一以贯之"一句。无量义处三昧，为思；法华三昧，是学。"学而不思""思而不学"，应知是料简之文，非药病之文。既是不思，则直谓之"罔"，不得谓之学。非谓学之所病在不思，而以思药之也。下句亦然。"罔"即帝网重重，于法界中，取那一件？"殆"，及也，危也。丢开法界，所思何事？"以思无益，不如学也。"还有一句在。"以学无益，不如思也。"总之思与学，再割不开。③

金圣叹论思学合一，提到了"法华三昧"，足证这一主张与其天台学的修养有关。金氏此说与智旭的教观双用说显然是一脉相承的：金氏认为

---

① 潘桂明、吴忠伟：《中国天台宗通史》，南京江苏古籍出版社2001年版，第744页。
② 释智旭：《澫益大师全集》第十二册，巴蜀书社2014年版。
③ 金圣叹：《唱经堂语录纂》卷二，《金圣叹全集》陆，凤凰出版社2008年版，第870页。

"思而不学"的危害在于"罔即帝网重重，于法界中，取那一件"，这与智旭"说食数宝，究竟茫无受用"的说法类似；又"学而不思"的弊端乃"丢开法界，所思何事"，也与智旭"盲修瞎练，未免行邪险径"的旨趣相近。值得注意的是，金圣叹对于思学合一的强调更有甚于智旭，乃至认为"既是不思，则直谓之罔，不得谓之学"，反之亦然。换言之，思学割裂的结果是思不成其为思，学亦不成其为学，可见学思之联系紧密到了辅车相依的地步。

从金圣叹吸收天台智者的判教思想、推崇《法华经》、采纳天台宗所独有的"圆融三谛""教观双用"等学说这三个层面来看，天台学在金圣叹的佛学思想体系中无疑占有极为重要的地位。尤其值得注意的是，天台宗为金氏以"砭伪"兼"绳狂"的思想提供了重要资源：其一，如前所述，天台"教观双用"为金氏的主张"绳狂"、兼重渐修提供了依据。其二，天台圆融不二的思想与金圣叹无可无不可的"素位"人生观也是相互呼应的。

第二节　金圣叹禅宗思想的特点

金圣叹对禅宗思想极为热衷，杨复吉《西城风俗记跋》称"唱经堂主人以禅学入门，即以禅学为归宿，故谈禅诸文，靡不三藏贯彻"。① 圣叹现存有关禅宗的著述中，不仅有记录他与友朋相与论禅、各逞机锋的《西城风俗记》，而且有圣叹评析禅门公案的《唱经堂圣人千案》。此外，《通宗易论》《语录纂》《随手通》等著述中也渗透了禅思，他在评点戏曲、小说、诗文时也常常援引禅学典故来诠释文学意境。金圣叹的禅宗思想具有兼收并蓄的倾向，其核心在于强调无所执著与呈露本心的相即不二。

一　对各宗派兼收并蓄的倾向

从金圣叹参究、引用的禅门公案、禅师言行来看，金圣叹对禅宗各

---

① 金圣叹：《金圣叹全集》(三)，江苏古籍出版社 1985 年版，第 707 页。

派兼容并包，这与前文所引的，他反对佛门“每争我宗他宗”的主张是相互呼应的。金圣叹对永嘉玄觉、南阳慧忠、庞居士、马祖一系等人的言行都有所论述。

金氏对永嘉玄觉等禅师的思想颇为关注。他曾评析惠能弟子永嘉玄觉参谒惠能的“一宿案”。[①] 据《五灯会元》卷二，永嘉玄觉“精天台止观圆妙法门”，[②]其禅学思想的特点“是以般若的空观来泯除一切对立，同时又融会天台的实相说，突出‘心’的地位，强调三谛一境、三观一心”。[③] 可以说，永嘉玄觉是曹溪门徒中独具特色的一脉。金氏重视永嘉玄觉，与他兼重天台和禅宗的佛学思想是相呼应的。

金圣叹还关注南阳慧忠的言行。南阳慧忠的师承关系比较复杂，禅风也别具一格，印顺认为“慧忠有独立的禅风，出入于东山及牛头，南宗与北宗之间”。[④] 他最具独创性的观点是一反惠能的无情无佛性说，主张无情有佛性，墙壁瓦砾是佛心。[⑤] 金圣叹重视南阳慧忠之说的表现有二：其一，金氏曾研究过无情有佛性说。《西城风俗记》载：“问雨兄：‘墙壁瓦砾皆有佛性，时人未审如何理会？’雨云：‘亦有人极力说到依正不二田地，只是不敢信渠。’问：‘为甚不敢信渠？’雨云：‘为渠说来不如圣叹。’问：‘某甲又如何说？’雨云：‘圣叹说墙说壁，如象王行处，无有踪迹。’叹急掩其口。”[⑥]可见金圣叹对无情有佛性之说别有会心，其诠释颇得时人叹服。其二，金氏《唱经堂圣人千案》之“他心案二十五”乃南阳慧忠国师奉帝命试验西天大耳三藏的“他心通”一事，金氏借此案阐述其“谁人无他心通”的思想，[⑦]推崇“圣自觉三昧”即本心和个性。

此外，金圣叹对唐代居士庞蕴的禅思也颇为重视。庞蕴字道玄，“世本儒业，少悟尘劳，志求真谛”，[⑧]曾遍访丹霞、马祖等禅师，于顿辑有

① 金圣叹：《唱经堂圣人千案 · 一宿案第五》，《金圣叹全集》陆，凤凰出版社 2008 年版，第 926—927 页。

② [宋]普济：《五灯会元》卷二《永嘉玄觉禅师》，中华书局 1984 年版，第 91 页。

③ 洪修平：《中国禅学思想史纲》，南京大学出版社 1996 年版，第 167 页。

④ 印顺：《中国禅宗史》，江西人民出版社 1999 年版，第 210 页。

⑤ [宋]道原辑、朱俊红点校：《景德传灯录》第二十八卷，海南出版社 2011 年版。

⑥ 金圣叹：《西城风俗记》，《金圣叹全集》陆，凤凰出版社 2008 年版，第 951 页。

⑦ 金圣叹：《唱经堂圣人千案》，《金圣叹全集》陆，凤凰出版社 2008 年版，第 946 页。

⑧ [宋]普济：《五灯会元》卷三《庞蕴居士》，中华书局 1984 年版，第 186 页。

《庞蕴语录》。金圣叹《贯华堂选批唐才子诗》曾两次引用庞居士"但愿空诸所有，慎勿实诸所无"之说来诠释唐诗意境，①又《唱经堂圣人千案》之"弄巧案第十二"则评析了庞居士参马大师一案。② 关注庞居士乃晚明士人的普遍现象，其时李贽、袁宏道等人都曾在著述中称引庞居士的机锋偈颂。③

金圣叹谈得最多的是出于惠能门下之南岳怀让的马祖一系。《唱经堂圣人千案》25 则公案中，与马祖相关的有 9 例；又金氏在评点《西厢记》时三次提到马祖门下南泉普愿的弟子赵州从谂；又马祖门徒百丈怀海的言行也是金氏所津津乐道的。金圣叹对马祖一系颇感兴趣的原因是多方面的，马祖"平常心是道"、无所取舍的思想给予金氏很大启发（说详下），马祖在禅机方面的开创性和李贽对于马祖的重视也是值得注意的因素。据《五灯会元》卷三《江西马祖道一禅师》载，马祖乃汉州什邡县人，姓马，唐开元中遇怀让受印。④ 马祖在垂机接物上尤重棒喝之风。比如金氏《唱经堂圣人千案》"都打案第十四"就记载了马祖"入也打，不入也打"之说，⑤又如《五灯会元》卷三《百丈怀海禅师》称马祖"振威一喝，师（百丈）直得三日耳聋"。⑥ 正因马祖接引学人的方式灵活多变而又机锋峻峭，日人忽滑谷快天称后世棒喝之风"渊源于此"。⑦ 金圣叹撰写《唱经堂圣人千案》的动机，一方面是出于好尚禅宗思想，另一方面也是出于对圣人垂机接物方式的兴趣，其序曰："看老吏手下，无得生之囚，不胜快活；看良医手下，无误用之药，又不胜快活。"⑧老吏、良医云云，都是突出公案中接引手法的机智。从这一角度出发，金圣叹乐于称道马祖的举止行为，便是顺理成章之事了。此外，金氏之重马祖，还可能受到了李贽的影响。李贽《五宗说》认为马大师在禅宗史上具有举

---

① 金圣叹：《贯华堂选批唐才子诗甲集七言律》卷四张说《浥湖山寺》评、王维《过乘如禅师萧居士嵩丘兰若》，《金圣叹全集》壹，凤凰出版社 2008 年版，第 150、173 页。

② 金圣叹：《唱经堂圣人千案》，《金圣叹全集》陆，凤凰出版社 2008 年版，第 931—932 页。

③ 周群：《袁宏道评传》，南京大学出版社 1999 年版，第 144—147 页。

④ [宋]普济：《五灯会元》卷三《江西马祖道一禅师》，中华书局 1984 年版，第 128 页。

⑤ 金圣叹：《唱经堂圣人千案》，《金圣叹全集》陆，凤凰出版社 2008 年版，第 935—936 页。

⑥ [宋]普济：《五灯会元》卷三《百丈怀海禅师》，中华书局 1984 年版，第 131 页。

⑦ 忽滑谷快天著、朱谦之译：《中国禅学思想史》下册，上海古籍出版社 2002 年版，第 155 页。

⑧ 金圣叹：《唱经堂圣人千案序》，《金圣叹全集》陆，凤凰出版社 2008 年版，第 922 页。

足轻重的地位："是五宗也，始于六祖而盛于马祖，盖自马祖极盛，而分派始益远耳，故江西马大师亦以祖称，以其为五家之宗祖也。虽药山诸圣咸嗣石头之胄，而机缘契悟，实马大师发之，马祖之教不亦弘欤！"[①]

总之，金圣叹于禅宗各家，既重马祖一系，又关注永嘉玄觉、南阳慧居以及居士庞蕴等人，足证他是不拘一派、兼收并蓄的。

二　无执无著与呈露本体的统一

和晚明许多奉禅的士人一样，金圣叹好禅但于禅宗思想方面并无创见。如前所述，他对禅宗各派都兼收并蓄，但这并不意味着金圣叹的禅学思想是一个毫无特色的混合体。相反，金圣叹关于禅学的文字中始终贯穿着一条主线，那就是无所执著与呈露本心的统一。

无执无碍与呈露本心的统一实际上是惠能所创的南宗禅的基本观点。关于惠能的禅学思想，有的学者认为"世界观上，他是一位'真心'一元论——'真如缘起论'者（它与'性空缘起'论是针锋相对的）"，[②]有的学者把惠能的思想理解为"融摄空有""般若宗与心性说的融摄"。[③]笔者更倾向于后者。众所周知，以"识心见性"为修行观的南宗禅与同样主张息妄显真的北宗禅是有所不同的，这不仅表现在解脱论上南宗以顿悟取代北宗的渐修，而且在于心性论上对妄心理解的不同。北宗将妄心理解为三毒六根等邪恶，[④]而南宗的惠能则认为一切执著都是妄念，特别指出北宗的"起心看净却生净妄"，[⑤]对清净佛性的执著也属于妄念之列，因此南宗禅旨在扫除包括佛性在内的一切执著，其独特性在于空前地强化了破除执著的观念，认为无执就意味着本心的呈露。惠能的无执无著，突出地表现在"无念为宗，无相为体，无位为本"[⑥]的"三无论"中。比如《坛经》释"无相为体"曰："无相者，于相而离相。……但离一切相，是无相；但能离相，性体清净"，这里的所谓"离相"就是不执

① 李贽：《续焚书》卷二，《李贽文集》第一卷，社会科学文献出版社2000年版，第71页。

② 郭朋：《坛经校释序言》，中华书局1983年版。

③ 洪修平：《中国禅学思想史纲》，南京大学出版社1996年版，第142—143页。

④ 洪修平：《中国禅学思想史纲》，南京大学出版社1996年版，第115页。

⑤ 敦煌本《坛经》第18节。

⑥ 敦煌本《坛经》第17节。

著于相。实际上，惠能以后禅宗各派的主张看似纷繁多样，但都是从不同角度强调破除执著与证悟本心的统一。比如马祖禅主张“平常心是道”，而石头宗提倡“无心合道”，前者的内涵是“平常心无造作、无是非、无取舍、无断常、无凡无圣。……只如今行住坐卧、应机接物，尽是道。”(《景德传灯录》卷二十八)这实质上是将惠能的无执无碍理解为不假人为、齐同是非、不取不舍，尤其是将惠能的反对看净理解为当下即佛，因而提出了带有自然主义色彩的“行住坐卧，应机接物，尽是道”的主张；而石头宗的“无心合道”也是强调不执著于外物而体悟本心，其中也包含了反对有心求道的意味，因此这两种表述不同的主张其实是由基本相同的因素构成的，只不过侧重点有所不同而已。

金圣叹从不同角度论述了无所执著与呈露本体的统一。《唱经堂圣人千案·对联案第一》中，他指出了扫除知见执著与显露本心的必然联系：“梁武用处，何曾不是大师用处，却怪其以知见油无端搀入。及至大段没依傍时，十成法界，宛然具足，曾欠何处一尘一点来？”[①]扫除了对于知见的依傍后，无尘无点的清净本体、十成法界便宛然具足了。

在这一问题上，金圣叹的“圣自觉三昧”说更为著名。廖燕《金圣叹先生传》称圣叹“于所居贯华堂设高座，召徒讲经，经名《圣自觉三昧》，稿本自携自阅，秘不示人”。[②] 由此我们可以推测所谓《圣自觉三昧》大概是金氏自撰的、有关体悟本心的学说。《唱经堂圣人千案·他心案第二十五》解释了“圣自觉三昧”的内涵：

> 我亦安知其是竹笛铁笛，只是彼自有彼之笛，我自用我之玉。人生并处天地之间，岂有我是奴儿婢子，应伺候他竹笛铁笛来？他若责我：“我实吹竹笛，汝何得错用‘玉’字者？”我便责他：“我已用‘玉’字，汝何得错吹竹笛？”总之一刻一刻，了不相借。我已一时用作“玉”字，便是既往不咎，于今纵改得十成，在方才济什么事。此谓之圣自觉三昧。[③]

① 金圣叹：《唱经堂圣人千案》，《金圣叹全集》陆，凤凰出版社2008年版，第924页。
② 廖燕：《廖燕全集》卷十四《金圣叹先生传》，上海古籍出版社2005年版，第301页。
③ 金圣叹：《唱经堂圣人千案》，《金圣叹全集》陆，凤凰出版社2008年版，第946页。

这就足证“圣自觉三昧”确实包含了“我自用我之玉”的、凸显本体的境界。而且，体悟“圣自觉三昧”的必经之路是“不作奴儿婢子”，即不依傍他人乃至一切外物，因此“圣自觉三昧”同样反映了无执无碍与呈露本体的统一。①

此外，金圣叹还常常批评“逐物”“随声逐色”。比如《西城风俗记》有“叹云：兄老老大大，必须脚跟稳实，不得逐物意移”，②又《唱经堂圣人千案》“藏头案第十一”讽刺僧人“随声逐色，辞却和尚，别上西堂，将佛法一似百钱三处安相似”。③ 反对“随声逐色”之类的说法既隐含了不可执著于知解、外物之意，又寄寓了本心自有的旨趣，因而实际上是破除执著与呈现本体相互统一的另一种表达方式。

由于南宗禅主张本心被遮蔽的根源在于本体的执著，因此，金圣叹的无执与本心统一的观点，常表现为强调无执无碍。在圣叹看来，破除执著意味着扫除一切知见和外相执著。《唱经堂圣人千案》25 则中，涉及扫除知见、脱离“讲窟”的有 15 条之多，④有关不起分别心的多达 7 条。⑤ 又《西城风俗记》中，有 23 条论及无执著于知见和其他外相，⑥12 条申论无分别心。⑦ 在形形色色的执著依傍中，金圣叹最视为洪水猛兽、避之唯恐不及的是闻见知解的执著。他反复论述破除“业识”为学佛第一要务，将知见称为“讲窟”“鬼窟”，比如《湖满案第十六》云：“圣教出兴于世，单为破除茫茫业识，岂有马大师倒牵人入鬼窟之理?”又《阶级案第四》称“此等案，最魔魅人入于讲窟”。他认为义理见解之于学佛人，非但是无济于事即《不及案第二》所谓“靠不着”，反而有害于明心见性。他在《藏头案第十一》中指出：“善知识在世，以无量百千法门而为己任。若是慈悲深厚，曲为来学，因而生枝布叶，巧撰楼阁，反譬侧喻，多安船筏，即好人家男女，遭他囊藏被盖，极为不少，除非慈悲浅薄，庶

① “圣自觉三昧”的说法可能是受到了《楞伽经》“自觉圣智”(《一切佛语心品之一》)的启发，据《续高僧传·慧可传》，禅师慧可已有“豁然自觉是真珠”之说，当为圣叹“圣自觉三昧”的源流所自。

② 金圣叹：《西城风俗记》，《金圣叹全集》陆，凤凰出版社 2008 年版，第 952 页。

③ 金圣叹：《唱经堂圣人千案》，《金圣叹全集》陆，凤凰出版社 2008 年版，第 932 页。

④ 分别是第 1、2、4、6、7、11、14、15、16、17、18、19、20、23、24 条。

⑤ 分别是第 3、5、7、8、12、14、21 条。

⑥ 分别是第 4、9、11、12、14、15、21、23、25、26、29、30、31、35、36、37、38、39、40、41、42、46、48 条。

⑦ 分别是第 3、10、16、17、18、20、27、49、50、51、52、54 条。

几还较些子。”简言之，那些慈悲深厚、诲人不倦的禅师以义理蒙惑人心，反倒不如慈悲浅薄者。于是他再三提醒学佛人对于知见执著保持警觉，要领会《不会案第六》所谓“火星迸上身来，各人且图自拂”，要切记《消息案第十七》所谓“揽这般干系在身，何年得脱去”，[①]与此同时，他干脆赞赏不知不解的态度，对禅门的“不会”说叹赏不已，如《唱经堂圣人千案》之“露柱案”第十九和《西城风俗记》第35至42条都谈到了“不会”之妙。此外，“无分别”也是金氏再三阐述的观点。他认为对一切事物现象应不取不舍。比如，《不染案第三》反对“争什么内体正、外体直大小”，《藏头案第十一》主张“藏头、海头，不过官打现在，有什么拣择”，他还在《何起案第二十一》中说：“有时起立，是坐久成劳；有时起立，是见皇帝来。且问此两起立，是同是异？一总是躬身祗候，屈顺今时，有何骄心态色与胁肩谄笑之别？”[②]总之，无“争”、无“拣择”、无“同异”等说法都表明了金氏对禅宗无分别、无执著思想的吸收。

金圣叹对于惠能传人马祖禅“平常心是道”的认同，也体现了他突出无执无碍的倾向。其表现之一是金圣叹多次提及马祖弟子南泉普愿的“随分”牧牛说：“南泉云：老僧有一条水牯牛，拟向溪东牧，犯他国王水草；拟向溪西牧，犯他国王水草；不如随分纳些些。”[③]南泉的“随分”，是作为“拟向”即有所偏执的对立面出现的，可说是对马祖禅“平常心是道”的一种诠释。金圣叹十分欣赏南泉的“随分”，以至在著述中一再论及。他以南泉“随分”来解释《大学》“止于至善”之“善”：“乃‘善’字注脚也。两‘拟向’，是不光前；两‘犯他’，是不绝后，是两‘言’字义。两‘言’字，即两臂。‘不如随分纳些些’，即烧两臂得金色身也。坐断两头，中

---

① 金圣叹：《唱经堂圣人千案》之《湖满案第十六》《阶级案第四》《不及案第二》《藏头案第十一》《不会案第六》《消息案第十七》，《金圣叹全集》陆，凤凰出版社2008年版，第937、926、925、931、927、938页。

② 金圣叹：《唱经堂圣人千案》之《不染案第三》《藏头案第十一》《何起案第二十一》，《金圣叹全集》陆，凤凰出版社2008年版，第925、932、940页。

③ 金圣叹：《唱经堂语录纂》卷一，《金圣叹全集》陆，凤凰出版社2008年版，第843页。按：《五灯会元》卷三《南泉普愿禅师》作：“王老师自小养一头水牯牛。拟向溪东牧，不免食他国王水草。拟向溪西牧，亦不免食他国王水草。不如随分纳些些，总不见得。”（[宋]普济：《五灯会元》卷三《南泉普愿禅师》，中华书局1984年版，第137页）

间正好。”[①]“随分”与“善”都是无所偏执的中道。他还指出南泉“随分”是破除知见执著后的自得境界，可与儒家曾点的暮春气象相通：“大德之敦化如是，所以常见、断见等，为如来所诃也。水槛、浮槎，乃是现前介尔一法，南泉大师所谓‘随分纳些须’者，即曾点‘暮春’遗意也。”[②]又《西城风俗记》中也有关于“随分”的对话：“蓦举茶壶云：‘是甚么？’衍兄云：‘随分唤作个茶壶’。叹云：‘随分到何日始了？’衍云：‘要了却又做甚么那？’叹云：‘也要了过一次’。”[③]这段话的禅意微妙，颇难索解，不过隐约可以感觉到金圣叹试图开拓出比“随分”更为无执无碍的境界。

金圣叹吸收“平常心是道”的另一表现是主张佛法不异于自然万物和日常生活。他曾说：“吾尝云菩萨摩诃萨应机说法，只与世间鸡啼狗咬一例，谓之一种鸟，一种声。譬如早晨，人问：‘吃粥也未？’答云：‘未’。人云：‘未则请吃去。’答云：‘来也。’”[④]他认为说法之自然而然，正如早晨携手吃粥一般。他还说：“马大师、智藏、海兄，虽即共住一处，并是赤骨立汉，有甚宝箧真言，可以持赠来人？这僧吃江西饭，屙江西屎，随分盐酱，粗过一生便休。”[⑤]原来禅师也不过是随分过日而已。

更具说服力的是，以金圣叹一贯的善于怀疑、勇于批判的学术精神，他在评析公案时常常反驳前人的观点，这类反驳也显示了圣叹比前人更为注重无执无碍。《唱经堂圣人千案》明确批驳前人观点者有四条，[⑥]其论述往往都围绕着无所执著这一话题。比如“对朕案第一”乃梁武帝与达摩大师的一段对话：“梁武帝问达摩大师：‘如何是圣谛第一义？’摩曰：‘廓然无圣。’帝曰：‘对朕者谁？’摩曰：‘不识。’帝不悟。”对此，前人认为梁武之所以不悟，是因为他于佛学好义理，金圣叹却加以反驳道：

每见前人因下有“不悟”二字，便斥其为义学俗汉，殊不知彼亦

① 金圣叹：《唱经堂语录纂》卷一，《金圣叹全集》陆，凤凰出版社 2008 年版，第 843 页。

② 金圣叹：《唱经堂杜诗解》卷二《江上值水如海势聊短述》评，《金圣叹全集》贰，凤凰出版社 2008 年版，第 712 页。

③ 金圣叹：《西城风俗记》，《金圣叹全集》陆，凤凰出版社 2008 年版，第 951 页。

④ 金圣叹：《唱经堂圣人千案·镜像案第七》，《金圣叹全集》陆，凤凰出版社 2008 年版，第 928 页。

⑤ 金圣叹：《唱经堂圣人千案·藏头案第十一》，《金圣叹全集》陆，凤凰出版社 2008 年版，第 931 页。

⑥ 分别为“对朕案第一”“著⊙案第二十”“何起案第二十一”“他心案第二十五”。

> 不以章句推度为极事，彼亦煞能劈面全提，宛有大人之作。只看其被夺后，眼明口快，便问对朕者谁，可验其一切时、一切处，离于章句，别有得意之事。彼所得意之事，便与大师无二无别，真正极英灵、最真实之大士也。①

金氏认为梁武"对朕者谁"一说，折射出其人对佛法的会心得意，所谓"彼亦煞能劈面全提，宛有大人之作"，因而梁武并非一味讲求章句的"义学俗汉"。显然，金氏为梁武翻案的目的，一是强调离于章句之必要，二是不满于前人分别高下的做法，主张梁武与大师"无二无别"。

又如"著⊙案第二十"中，马祖令人送书于径山道钦禅师，书中作一圆圈。钦山遂于圆圈中作一点。前人认为此案中钦山有被马祖所惑的嫌疑："虽是从容下点，早被马师勾引了也"，因而以"无风荷叶动，决定有鱼行"为颂。金圣叹却不以为然：

> 殊不知马师亦为好手场中骋好手，所以有此相寄。不因钦山钟子期，他亦何故奏此《高山流水》之曲？然则后人亦徒知"无风荷叶动，决定有鱼行"，而未知此处无荷叶，鱼儿也不行矣。②

在此，金氏指出此公案中马师与钦山如伯牙子期般相互默契，不分高下，因而此处荷叶既无，鱼儿也不行。显然，与"对朕案"相似，金圣叹之批驳成说也是意在突出其扫除知见执著、无所分别的主张。

以上的分析表明，金氏之无执无碍与呈露本体相统一的观念，在扫除知见执著的同时弘扬了主体精神即"十成法界，宛然具足"，在强调个性即"我自用我之玉"的同时破除了对于权威的执著即"不作奴儿婢子"，"不得逐物意移"之说也意味着主体不为外物所转移。他所强调的无执无碍，则主要包括扫除知解执著、随分而行、无所分别等内涵，其中，"随分"说为其肯定不同人生价值的"素位"说提供了理论依据，无所分别则隐含了重视个体价值的意味。概言之，这一禅宗思

---

① 金圣叹：《唱经堂圣人千案·对朕案第一》，《金圣叹全集》陆，凤凰出版社2008年版，第923页。按：此事见《五灯会元》卷一《初祖菩提达摩大师》（[宋]普济：《五灯会元》卷一《初祖菩提达摩大师》，中华书局1984年版，第43页。）

② 金圣叹：《唱经堂圣人千案·著⊙案第二十》，《金圣叹全集》陆，凤凰出版社2008年版，第940页。

想为金氏的肯定主体精神、弘扬个性和认同多元的人生价值提供了思想资源。

第三节 兼奉台禅与重视《维摩诘经》《涅槃经》

由于兼奉天台和禅宗，金圣叹除了多次援引《法华经》和《金刚经》之外，对于与这两种宗派都密切相关的《维摩诘经》《大般涅槃经》也颇感兴趣。

一 兼奉台禅与重视《维摩诘经》

金圣叹之于《维摩诘经》，更多地倾向于从禅宗的角度加以理解。至于禅宗与《维摩诘经》的关系，我们只要翻开《坛经》便可了然于心。《坛经》吸收了《维摩诘经》的“直心”“本心”、唯心净土、反对“宴坐”[①]等观念。金圣叹则从以下几个层面吸取了《维摩诘经》的思想：(1)“直心是道场”说。《水浒》第三回夹批：“《维摩诘经云》：‘菩萨直心是道场，无谄曲众生来生其国。’长老深解此言。”[②]在此，金圣叹引用《维摩诘经》的“直心是道场”来评点小说中“心地刚直”一语。值得注意的是，这段引文在《维摩诘经》中并不存在，金氏很可能是将《佛国品第一》“直心是菩萨净土。菩萨成佛时，不谄众生来生其国”与《菩萨品第四》“直心是道场，无虚假故”[③]两句糅合而成此说。而《坛经》引用《维摩诘经》时，恰好也是连续引用了“直心是道场”和“直心是菩萨净土”。由此可见，虽然金圣叹引用“直心是道场”的用意，与《坛经》中“于一切法，无有执著”的“直心”说不一致，但金氏引用《维摩》“直心”说的方式颇为接近于《坛经》，因此金氏的这一引用仍是受《坛经》影响的表现。(2)心净佛土净说。金氏《语录纂》论心本清净云：“业从惑生，惑因识有。识依不觉，不

① 敦煌本14、30、35、14节。

② 金圣叹：《第五才子书施耐庵水浒传》卷八第三回夹批，《金圣叹全集》叁，凤凰出版社2008年版，第109页。

③ 鸠摩罗什译：《维摩诘所说经》之《佛国品第一》《菩萨品第四》，《大正新修大藏经》第14册。

觉依心。维摩诘云:'随其心净,则佛土净。'心从本是净,只为你不能清,故不净。"[①]而《坛经》也引用了这段出于《维摩经·佛国品》中的文字:"迷人念佛生彼,悟者自净其心。所以佛言:'随其心净,则佛土净。'"《坛经》主要是借《维摩经》申论唯心净土的观念,以反对客观的西方净土说。(3)不二法门。《维摩诘经》将体认相反或不同概念之间的无差别关系称为"入不二法门"。比如"有为无为为二,若离一切数,则心如虚空,以清净慧无所碍者,是为入不二法门"。[②] 禅宗对"不二"观念的汲取,仍可以《坛经》为例,如"定惠体一不二"。[③] 金圣叹《西城风俗记》直接以《维摩诘经》为例谈论"不二法门"道:"圣叹问:'维摩诘掌擎世界,未审维摩诘向甚处立?'衍云:'维摩诘从来不是世界。'叹云:'如是,如是。'动云:'维摩诘通身是世界。'叹云:'如是,如是。'"[④]维摩诘既"不是世界"又"通身是世界"的说法,正是典型的"不二"观念。

金圣叹从天台宗的角度理解《维摩诘经》,则表现为对无明"如来种"的重视。《维摩诘经》有"明无明不二"之说,又提出了"何等为如来种?以无明有爱为如来种"的主张,[⑤]这对天台智者的"一念无明法性心"的形成起了重要作用。此说主张无明与法性和合于一念心中,两者相即不二:"问:无明即法性,法性即无明。无明破时,法性破不?法性显时,无明显不?答:然。理实无名,对无明称法性。法性显,则无明转变为明;无明破,则无无明,对谁复论法性耶?"[⑥]这段话论述了无明与法性的相互依存:法性显则无明转变为明,无明破则法性亦不复存在。有的学者认为这既是借鉴了真心派的必然解脱成佛,又避免了真心派在缘起染污法上的理论困难。[⑦] "一念无明法性心"中,无明法性相即的层面当是源于《维摩诘经》的明无明不二,因为智者《法华玄义》卷五下在论述"若解无明,即是于明"时曾引用《维摩经》云"无明即是明"。另一

---

① 金圣叹:《唱经堂语录纂》卷二,《金圣叹全集》陆,凤凰出版社 2008 年版,第 849 页。
② 鸠摩罗什译:《维摩诘所说经·入不二法门品第九》,《大正新修大藏经》第 14 册。
③ 敦煌本 13 节。
④ 金圣叹:《西城风俗记》,《金圣叹全集》陆,凤凰出版社 2008 年版,第 950 页。
⑤ 鸠摩罗什译:《维摩诘所说经》之《入不二法门品第九》《佛道品第八》,《大正新修大藏经》第 14 册。
⑥ 智顗:《摩诃止观》卷六下,《大正新修大藏经》第 46 册。
⑦ 李四龙:《天台智者研究——兼论宗派佛教的兴起》,北京大学出版社 2003 年版,第 177—178 页。

方面,《维摩诘经》之无明有爱为如来种的观念,当为"一念无明法性心"中所包含的如来藏观念的思想资源之一。金圣叹对《维摩诘经》的"如来种"说颇感兴趣。《西厢·惊梦》夹批云:"只要梦觉,政不必作悟语。《维摩诘》固云:'何等为如来种?以无明有爱为种矣。'"[①]这一评点当理解为:《西厢记》描写了张生梦醒后"旧恨新仇,连绵郁结"的沉溺,而并未直接表现他对西厢恋情的悔悟。但是,正如无明有爱为如来种一样,梦觉和悔悟是相即不二的,这正是从天台"一念无明法性心"的无明与法性共存的角度来理解《维摩诘经》的"如来种"。

综上所述,对于《维摩诘经》,金圣叹既从禅宗思想的角度吸取了其中推重直心、净心、净土、不二法门等观念,又受天台思想的启发而引用其中的"如来种"说。金圣叹接受《维摩诘经》的方式也表明了他兼奉天台和禅宗的佛学倾向。

二　兼奉台禅与推重《大般涅槃经》

金圣叹对《大般涅槃经》的重视也与其兼重天台和禅宗有关。据《沉吟楼诗选》所附《唱经堂遗书目录》,金氏佚著有《涅槃讲场私钞》共十一期一本。金圣叹所关注的《涅槃经》的思想主要有:其一,判教说。如前所述,天台智者的判教思想是吸收改造《大般涅槃经》中的相关说法而形成的,金圣叹引用了天台智者的判教思想,自然也就接受了《涅槃经》的判教理论。其二,"常乐我净"之说。《坛经》中明心见性的思想除了胎息于《楞伽经》《金刚经》之外,还可能得到了《大般涅槃经》的启迪。比如,《涅槃经》的"常乐我净"之说,很可能正是惠能得法偈中"佛法常清净"一语的源头之一。[②]《大般涅槃经》将既见世间"无常苦无我不净"又见出世间"常乐我净"的中道智慧称为佛性。金圣叹在阐述破除执著与证悟自性相即的禅宗思想时,多次引用《大般涅槃经》之"常乐我净":

> 世尊始而破我,故分说因缘;既而立我,即"常乐我净"之我。[③]

---

① 金圣叹:《贯华堂第六才子书西厢记》卷七"惊梦"夹批,《金圣叹全集》贰,凤凰出版社2008年版,第1090页。

② 参见郭朋《坛经校释序言》。

③ 金圣叹:《唱经堂语录纂》卷二,《金圣叹全集》陆,凤凰出版社2008年版,第859页。

涅槃四德,"常乐我净",世尊平日说"无常",此则曰"常"。所谓无常者,常无;常常者,即无常常也。《坤》卦"先迷失道,后顺得常"者,道为生死轮转之道,因众生有常见,故云"先迷",即世尊"诸行无常,皆生灭法"之前半偈。常乃获是常色之常,因众生又有断见,故云"后得",即世尊"生灭灭已,寂灭为乐"之后半偈;乃至涅槃言乐,与平日谈八苦不同;涅槃言我,与平日谈无我不同;涅槃言净,与平日谈五浊不同。①

第一段文字说明"常乐我净"是在破除我执之后证得的自性本心。第二段文字以《坤》卦彖辞"先迷失道,后顺得常"与《大般涅槃经》中如来入般涅槃时所说无常偈"诸行无常,是生灭法,生灭灭已,寂灭为乐"相比附,②认为坤卦之先迷后得,正如此偈之先破常见,后破断见;然后又强调"常乐我净"与"无常、苦、无我、五浊"的关系。显然,金圣叹是将"常乐我净"等同于禅宗的自性本心的,而"自性本心"又是与破除我执即"无常、苦、无我、不净"相即不二的,因此金氏的"常乐我净"之说是遵循了《涅槃经》的中道智慧,又契合于禅宗的识心见性。其三,"月爱三昧"之说。"月爱三昧"出自《大般涅槃经》卷十八"譬如月光能令一切优钵罗花开敷鲜明,月爱三昧亦复如是,能令众生善心开敷"和卷二十二"为阿阇世王入月爱三昧,入三昧已放大光明,其光清凉往照王身",又《唱经堂圣人千案》"独超案第十三"论"月爱三昧"曰:"止因夜静,明月中时,天无纤云以为遮障,种种一切,如阑干等,则皆呈露清凉本体",③此乃以"月爱三昧"来形容尘劳停息、本心呈露的禅宗境界。

第四节　金圣叹与晚明禅宗思想的关系

严格说来,金圣叹禅宗思想的各个层面,包括上文所述的对各宗派兼收并蓄的倾向和强调破除执著等等,都是浸染了晚明禅学思潮的结

---

① 金圣叹:《唱经堂语录纂》卷二,《金圣叹全集》陆,凤凰出版社2008年版,第872页。

② 此偈见《大般涅槃经》卷三、卷十三、卷十四等处。

③ 金圣叹:《唱经堂圣人千案·独超案第十三》,《金圣叹全集》陆,凤凰出版社2008年版,第935页。

果，只不过禅净合一和《金刚经》崇拜这两种现象在晚明颇为突出，因此本节在论述金圣叹禅学思想的这两个特征时，将其归因于所受晚明思潮的影响，并在与晚明思潮的对比中发掘其独特性所在。

一　不以妄心念佛的禅净合一论

众所周知，明代佛学以禅净合流为主潮，时人或以禅宗归净土，或以念佛助参禅，金圣叹自然也不会置身于时代潮流之外。作为一位重视禅宗思想的士人，虽然他直接论述净土念佛的文字仅存《随手通》之《念佛三昧》一篇，但由此我们可以窥见他对于禅净合一思潮的吸收。

晚明时期的禅净合一理论尽管形形色色，但就禅净关系而论，似可以归纳为两大类型：一是以紫柏真可（1543—1603）为典型，以禅宗为本位，主张净土外力是参禅等自力的助缘，反对以净土为唯一法门。[①] 真可驳斥专修净土曰："以为念佛求生净土，易而不难，比之参禅看教，惟此着子最为稳当。我且问你：净土染心人生耶？净心人生耶？半净半染人生耶？……若染心人可生净土，则名实相乖，因果离背。……若全净心生者，心既全净，何往而非净土，奚用净土为？"[②]这是从禅净关系中的一个传统问题即净心与念佛的关系出发所作的质疑。《坛经》中已有唯心净土的观念，因而以禅宗为本位者认为既然净心必生净土，念佛又有何益？真可正是以此反对念佛最为稳当的说法。二是以云栖袾宏为典型，视念佛为最上法门，认为持律、看经、参禅皆当以念佛为基础："若人持律，律是佛制，正好念佛。若人看经，经是佛说，正好念佛。若人参禅，禅是佛心，正好念佛。若人悟道，悟须佛证，正好念佛。"[③]

金圣叹在禅净关系上基本属于前一类，即以禅宗思想为基准来评价净业。这首先表现在他以禅宗之破除执著、于世间涅槃的观念解释

① 张学智：《明代哲学史》，北京大学出版社 2000 年版，第 630—631 页。

② 紫柏真可：《法语》，《紫柏老人集》卷二，故宫珍本丛刊本。

③ 《普劝念佛往生净土》，《云栖遗稿》卷三《云栖法汇》，明崇祯己卯年智瑛刊本。陈永革《从智慧到信仰：议晚明净土佛教的思想转向》认为晚期丛林通过摄禅归净（如云栖袾宏、憨山德清）、摄教归净（如无尽传灯）及消禅归净（如蕅益智旭），实现对净土信仰的全面皈依，其中摄禅归净、消禅归净可以看成是晚期禅净合一的两种类型，它们同属于本文所说的以净土为本位的禅净合一论，而真可的禅净关系论则是以禅宗为本位的（《浙江学刊》1998 年第 2 期，第 96—102 页）。

净土："世尊说《阿弥陀经》，另一施设，与诸经不同。乃是为一切众生，毕竟不能破我故，特地全举法界，说你本住在极乐国土中，各各莲花化生，有甚不好？……极乐国土，九品化生。上品上生者，乃是弥勒一生补处于此成佛；下品下生者，乃是阿鼻大地狱罪人于此成佛。……此阿弥陀佛世界，乃即在无量大地狱内一罪人之八识田中。"[①]这是说，《阿弥陀经》的宗旨是因为众生毕竟不能破我，故以众生本住极乐国土的观念引导众生。显然，这是遵循"唯心净土"、世间涅槃的思路，吸收唯识学说，阐述主观净土寓于八识之中，从而否认西方客观净土。

更值得重视的是金圣叹"不可以妄心念佛"说：

> 念佛之法，不可以妄心念于遥佛，亦不可以妄心念于妄心。何以故？妄心者，是生死因，不能感通于本际故。……复次，妄心念于妄心者，凡夫正为妄心连持，至堕地狱，今复教以如是念佛，彼即以前妄心为念，后妄心为佛，或以前妄心为佛，后妄心为念。如是即与世间流浪何异？是故此法所不应用。[②]

"不可以妄心念佛"之说，可能是受到了晚明僧人慧经（1548—1618）"净心念佛"说的影响。其《念佛法要》开宗明义云："念佛人，要心净，净心念佛净心听。心即佛兮佛即心，成佛无非心净定。"[③]"不可以妄心念佛"的理由是妄心非但不能感通于佛国反而导致学佛人堕入地狱，因而此说实质上阐明了净心破妄必先于念佛，也就是说参禅是念佛的前提；同时，心之净妄决定了往生西方的可能与否，因此参禅又决定了念佛的得失。这段文字表面上是讨论念佛的方式，实际上是从另一角度阐述唯心净土的观念。概言之，金圣叹在禅净关系上主张以禅摄净，即参禅破妄是念佛的基础，又是往生西方的关键，比较接近于真可的禅净关系论。

二　禅宗思想与推崇《金刚经》

晚明僧俗都极为重视《金刚经》。明末四大高僧中有三人撰有关于

---

① 金圣汉：《唱经堂随手通·念佛三昧》，《金圣叹全集》陆，凤凰出版社 2008 年版，第 912—913 页。
② 金圣叹：《唱经堂随手通·念佛三昧》，《金圣叹全集》陆，凤凰出版社 2008 年版，第 912—913 页。
③ 转引自忽滑谷快天著、朱谦之译《中国禅学思想史》，上海古籍出版社 2002 年版，第 782—783 页。

《金刚经》的著述，如真可《释金刚经》、德清《金刚经决疑》、智旭《金刚经观心释》等。其他僧人和居士也不乏相关著作，如李贽著有《金刚经说》。晚明僧俗之于《金刚经》，不仅强调其与禅宗思想的关联，而且视诵念此经为净业修行的一部分。一方面，正如印顺所说，《金刚经》"阐明无相的最上乘说，又不断地校量功德，赞叹读诵受持功德，篇幅不多，是一部适于持诵流通的般若经"，①因此历代重视修行的僧俗都持诵《金刚经》。晚明净土念佛之风兴盛之际，诵念《金刚经》更是成为僧人和居士的主要修行内容之一。比如，晚明问道真可的士人王肯堂曾为其父王樵诵读《金刚经》，又德清要求修净业者以诵念《金刚经》为功课之一："每日早起礼佛，即诵《弥陀经》一卷，或《金刚经》一卷，即持数珠，念阿弥陀佛名号，或三五千声，或一万声，完即对佛回向，发愿往生彼国，语在《功课经》中，此是早功课，晚亦如之。"②

另一方面，晚明士人以《金刚经》来阐述禅宗思想，可以李贽《金刚经说》为例。《金刚经说》开篇便援引明藏本《坛经》曰："故忍和尚为能大师说此经典，至应无所住而生其心，豁然大悟，便尔见性成佛，一何伟也！"明藏本《坛经》的原文如下："五祖夜至三更，唤惠能堂内……为惠能说《金刚经》，恰至'应无所住而生其心'，言下便悟：一切万法，不离自性。惠能启言：'和尚！何期自性本自清净，何期自性本不生灭，何期自性本自具足，何期自性本无动摇，何期自性能生万法！"众所周知，明藏本《坛经》主张《金刚经》中蕴含着见性成佛的因素，与敦煌本相比，更为渲染《金刚经》在见性成佛中的作用。受此影响，李贽《金刚经说》一方面肯定《金刚经》中包含了人性不坏之说："吾闻经云：'金最刚，能摧伏魔军，普济群品，故谓之金刚云。'人性坚利，物不能坏，亦复如是。"另一方面，将《大学》正心诚意与《金刚经》"应无所住而生其心"加以类比：

> 夫诚意之实，在毋自欺；心之不正，始于有所。有所则有住，有住则不得其正，而心始不得自在矣。故曰"心不在焉，视不见，而听不闻"，而生意灭矣。惟无所住则虚，虚则廓然大公，是无物也。既

① 印顺：《中国禅宗史》，江西人民出版社 1999 年版，第 129 页。

② 憨山德清：《憨山老人梦游集》卷五《法语》，清顺治十七年毛褒等刻本。

> 无物，何坏之有？惟无所住则灵，灵则物来顺应，是无息也。既无息，何灭之有？此至诚无息之理，金刚不坏之性，各在当人之身者如此。[①]

这段论述的逻辑可以归纳为：心有所住则不正，不得自在；反之，心无所住则虚灵，虚灵则无物而物来顺应，于是至诚无息之理、金刚不坏之性存矣。概言之，在明藏本《坛经》的影响下，李贽于《金刚经》，最为看重的是其中的心无所住而金刚之性不坏的思想，并且他认为这一思想就是禅宗见性成佛的思想资源所在。

与晚明的时代思潮相适应，金圣叹极为推崇《金刚经》，《金圣叹全集》中引用、论及《金刚经》的文字有十几处之多。从金圣叹最注重《金刚经》的"住"来看，其《金刚经》崇拜也与明藏本《坛经》的影响密不可分。

金圣叹不止一次地称赏《金刚经》，并称金刚般若为般若之最："金刚般若，乃般若部中最尊胜之般若也。摩诃般若，文殊师利出身；金刚般若，普贤出身。"[②]作为最尊最胜之般若，《金刚般若》不仅优于摩诃般若，而且也胜于《大般若》："是故当知《大般若经》简去波罗蜜三字者，乃正为今《金刚般若经》作地也。"[③]金圣叹奉金刚般若为最尊最胜的理由何在呢？这与他对禅宗思想的推崇有关。换言之，金圣叹是从无执无碍与证悟本心相即的角度阐述《金刚经》思想的，其说包括以下两方面：

其一，摩诃般若侧重于性空，因而是证悟《金刚般若》的前提："善付嘱只一句，是《金刚般若》之正文。然必先护念者，欲证金刚般若，须打从《摩诃般若经》来，果然淘汰尽情，然后乃得付嘱。不然，着衣持钵，须成不得。"[④]金氏认为《摩诃般若》的特点在于"淘汰尽情"，这大概是因为《摩诃般若经》中有著名的"十八空"之说，从内空、外空、内外空、空空、大空、第一义空、有为空、毕竟空、无始空、散空、性空、自相空、诸法空、

① 李贽：《续焚书》卷二，《李贽文集》第一卷，社会科学文献出版社 2000 年版，第 70 页。

② 金圣叹：《唱经堂语录纂》卷一，《金圣叹全集》陆，凤凰出版社 2008 年版，第 844 页。

③ 事实上，《摩诃般若经》与《大般若经》有重合关系。关于各种《般若经》的关系，参见姚卫群《佛教般若思想发展源流》，北京大学出版社 1996 年版，第 108—119 页。

④ 金圣叹：《唱经堂语录纂》卷二，《金圣叹全集》陆，凤凰出版社 2008 年版，第 846 页。

不可得空、无法空、有法空、无法有法空等十八个层面阐述了空观。金氏认为,《摩诃般若》的“淘汰尽情”即揭示性空、破除我执,便是《金刚经》中的“护念”,而此护念只是《金刚般若经》“付嘱”的前提。

其二,《金刚般若经》在《摩诃般若经》破除我执的基础上证悟了自性。金氏指出《金刚经》中蕴含着佛性本来具足的思想:“金刚不指定一物。‘金’以言乎坚固不坏;‘刚’以言乎纤尘不染。刚者,金之德也。金以守为体,金与火相守而流。火走不进金里去,但为火摧坏耳。金之为物,纵经烧打磨,毫厘没有增减,故以喻佛性。凡夫是金矿,圣人是精金。”遵循这一思路,金圣叹对《金刚经》中以下三段文字进行了重新诠释:(1)《金刚经》中有大量的“佛说……即非……是名……”句式,比如《法受持分第十三》有“佛说般若波罗蜜,即非般若波罗蜜,是名般若波罗蜜”。金圣叹认为“即非是名,是两句,而意归重是名句”。这一句式的宗旨在于肯定而不是否定。(2)《金刚经·善现启请分第二》有“如来善护念诸菩萨,善付嘱诸菩萨”。金氏指出这一说法的重点在“善付嘱”:“空生问善护念、善付嘱,意重善付嘱一边,善护念只带说耳。”如前所述,“护念”是指“淘汰尽情”即破尽我执,那么“付嘱”当是指证悟佛性。(3)《金刚经·善现启请分第二》有“云何应住,云何降伏其心。……应如是住,如是降伏其心”一说,金圣叹的理解是:“住为体,降伏为用。住则不住,不住则住。但凭你不住,他到底住;但凭你住,他到底不住。故住不必言,下只说降伏其心,然后缴还他‘住’字。”又说:“住为所住,降伏其心为能住。空生第七住,菩萨未到‘从心不逾’地位,故须降伏。世尊亦先答他降伏,而后缴还他‘住’字。”金圣叹反复论述“应如是住,如是降伏其心”的含义,其旨趣不外乎降伏其心而住,即破除我执而得清净本心。总之,通过对《金刚经》中“即非是名”“善护念善付嘱”“应如是住、应如是降伏其心”这三段文字的再诠释,金圣叹将《金刚经》诠释为破除我执与证悟自性的统一。金圣叹把这一思想概括为“空空如”三字:

> 《金刚般若》,只“空空如”三字。单说一空,空有对待,仍是色法。空则无对待。人法二执空,曰空空;又分别俱生二执空,曰空空。约圣人论,一空无二空;约凡夫论,既空人,又空法;而人与法

> 本如如。先师言空空，文殊出身已竟；释尊言如如，普贤妙行方来。“如有所立卓尔”，即此“如”字。“如”故“有”，有则有所，有所则立，立故卓尔。物各得其所则不乱，故云所；既得其所，即于此安身立命，故云立。“卓尔”者法住法位，世间相常住，各各自立，不相倚藉之谓。①

这段文字包含三个层次：其一，“空空”是指消除了一切偏执，既空人空法，又空“执空”。其二，空空则如，无执无碍则呈露本性。其三，“空空如”意味着万物各住自性。显然，“空空如”也好，“应无所住而生其心”也好，都表明金圣叹是以无执与自性的统一来解释《金刚经》的。

金圣叹对《金刚经》的上述解释，显然受到了明藏本《坛经》的影响。在金氏着力阐述的“即非是名”“善护念善付嘱”“应如是住，如是降伏其心”三段文字中，最后一段又尤其为金氏反复致意，而且金氏认为其内涵在于“空空如”，即无所执著与证悟自性的统一，这就与明藏本《坛经》所强调的“应无所住而生其心”具有了相同的内涵。

值得注意的是，金圣叹还有“然则其心泊然，初无所住；因无所住，而生现心”的说法，②此说显然直接渊源于《金刚经》的“应无所住而生其心”。此外，金圣叹还打通儒家“诚意”与《金刚经》“应无所住而生其心”云：

> 心从本是净，只为你不能清，故不净。渟去渣滓曰清，盖心所以不清者，为住色住声香味触法故。应知色声等尘，本无有住。……恶臭至而恶生，恶臭去而心犹住于恶；好色至而好生，好色去而心犹住于好，岂非意之不诚甚耶？意本自诚，何苦弄出把戏来。略或住色住声，便要弄出把戏来。③

这段话提示了“诚意”与“无住”的相通之处：心从本是净（意本自诚），住于法则心不清（意不诚），因此无住于法则意诚心净。

---

① 金圣叹：《唱经堂语录纂》卷一，《金圣叹全集》陆，凤凰出版社 2008 年版，第 844—845、844、845、846—847、845、847 页。

② 金圣叹：《贯华堂选批唐才子诗甲集七言律》卷九陆龟蒙《寒夜同袭美访北禅院寂上人》评，《金圣叹全集》壹，凤凰出版社 2008 年版，第 521 页。

③ 金圣叹：《唱经堂语录纂》卷二，《金圣叹全集》陆，凤凰出版社 2008 年版，第 849 页。

显然，金圣叹重视《金刚经》的“应无所住而生其心”与禅宗思想的关联，并且以儒家的“诚意”比附“无住”，凡此都表明了金圣叹的《金刚经》崇拜和李贽一样，是接受了明藏本《坛经》的影响所致。不过，金圣叹的《金刚经》论也有不同于李贽《金刚经说》之处：李贽在诠释《金刚经》之“应无所住而生其心”时，遵循的是“物来顺应而无物”的思路，其思想资源乃是道家“应物而无累于物”[①]之说；而金圣叹的解释却采取了无所执著则自性呈露的“遮蔽—显现”思路。很显然，相形之下，李贽的分析带有老庄思想的痕迹，而金圣叹的诠释更接近于禅宗的思维方式。

以上对金圣叹佛学兼奉台禅的特征做了一番粗浅的论述。事实上，在晚明佛教融合贯通的大趋势下，金圣叹之佛学也是杂糅禅教净诸家而不拘一格的。仅以“教”而言，除了天台宗以外，他对华严宗、唯识宗也有所涉猎，因此金圣叹佛学可说是融合各家各派而以台禅为主。

---

① 《三国志》卷二十八《魏书·钟会传》注引，中华书局1982年版，第795页。

第六章　著书自娱的壮年时期

金圣叹渴望得到破格赏用，但晚明政治腐败和荐举之途狭窄的现实决定了他得偿所愿的希望极其渺茫；另一方面，人生虚妄和无常的意识有助于他超越荣辱得失，于是，著书自娱便成为平衡他政治失意的重要途径，成为他无奈的人生选择。成书于崇祯十四年（1641 年）前后的《第五才子书施耐庵水浒传》和《天下才子必读书》便是在这样的心理状态下完成的。

第一节　著书自娱的心理动机

明代永乐以降荐举制度日渐衰微，而且，正如金圣叹所谓"丑陋者不得重用，奇伟者又在下僚，然则当时用人，真惟贿赂一途矣"，[①]晚明朝廷在用人方面贿赂公行，能够赏识奇才的伯乐更是寥寥无几，《水浒》第六十九回总评便有"世无伯乐"之叹。[②] 正因如此，他在《水浒传》评点中一方面每每致慨于豪杰失意，另一方面又萌生了乱世不应出头的想法，比如，《水浒传》第一回总评云："不见其首者，示人乱世不应出头也；不见其尾者，示人乱世决无收场也。"在功名之志无从实现的情况下，他不

---

① 金圣叹：《第五才子书施耐庵水浒传》卷六十七第六十二回夹批，《金圣叹全集》肆，凤凰出版社 2008 年版，第 1135 页。

② 金圣叹：《第五才子书施耐庵水浒传》卷七十四第六十九回总评，《金圣叹全集》肆，凤凰出版社 2008 年版，第 1224 页。

得已将文学评点作为精神寄托,《水浒传》第十四回总评说:"嗟呼!生死迅疾,人命无常,富贵难求,从吾所好,则不著书,其又何以为活也",可见"富贵难求"是他从己所好、致力于文学评点的原因之一。

人生的虚妄和无常是金圣叹追求著书之乐的另一层原因。在佛教和道家思想中的人生虚妄和无常意识的影响下,早慧且早衰的金圣叹在《水浒传》评点完成的三十四岁以前,已经频频陷入浮生如梦、人生无常的幻灭感。他在《水浒传》卷十第五回总评中说:

> 然而一卷之书,不盈十纸,瓦官何因而起,瓦官何因而倒,起倒只在须臾,三世不成戏事耶?又摊书于几上,人凭几而读,其间面与书之相去,盖未能以一尺也。此未能一尺之间,又荡然其虚空,何据而忽然谓有瓦官,何据而忽然又谓烧尽,颠倒毕竟虚空,山河不又如梦耶?

这是说,三世乃戏事,山河又如梦,主体世界和客体世界都荡然虚空。《水浒传》卷十八第十三回总评指出:

> 一部书一百八人,声色烂然,而为头是晁盖先说做下一梦。嗟呼!可以悟矣。夫罗列此一部书一百八人之事迹,岂不有哭有笑,有赞有骂,有让有夺,有成有败,有俯首受辱,有提刀报仇。然而为头先说是梦,则知无一而非梦也。大地梦国,古今梦影,荣辱梦事,众生梦魂,岂惟一部书一百八人而已,尽大千世界无不同在一局,求其先觉者,自大雄氏以外无闻矣。真蕉假鹿,纷然成讼,长夜漫漫,胡可胜叹![①]

在此,金氏认为只有大雄氏才能勘破大千世界如梦如幻、虚妄不实的真谛,而芸芸众生都沉浮于荣辱得失、悲欢离合之中不能自拔。[②] 这一说法使我们注意到,对于圣叹来说,浮生若梦说之所以沦肌浃髓、挥之不

① 金圣叹:《第五才子书施耐庵水浒传》卷六第一回总评、卷十九第十四回总评、卷十第五回总评、卷十八第十三回总评,《金圣叹全集》叁,凤凰出版社 2008 年版,第 59、275、146、262 页。

② 类似的说法还有第十九回夹批:"不宁惟是而已,今夫人之生死,亦都是随业架出、随业抹倒之事也。岂真有人昔日曾作是书,亦岂真有我今日方读此书乎哉!"(金圣叹:《第五才子书施耐庵水浒传》卷二十四第十九回总评,《金圣叹全集》叁,凤凰出版社 2008 年版,第 367 页)

去，乃在于它提供了一种超越荣辱得失的视角，能够稍稍抚慰金氏的大才沉屈之痛。在浮生如梦的感慨中，已隐含着以某种方式超越人生痛苦的观念。

在感慨人生无常时，金圣叹直接指出了它与忘怀得失、著书自娱之间的关系。在评点《水浒传》时期，金圣叹的无常感还没有像晚年那样无处不在(说详下)，但已经成为他著书自娱的重要思想背景。除了前面引用的“生死迅疾，人命无常”之说外，他还感慨道：“合弟兄三人浑名，可发一叹。盖太岁，生方也；阎罗，死王也；生死相续，中间又是短命，则安得又不著书自娱，以消永日也！”[①]生命如此短暂，著书自娱是唯一的慰藉。显然，金圣叹认为应对人生无常的良方是及时行乐，而他选择的乐趣便是著书自娱。必须说明的是，和浮生如梦一样，人生无常并不是对功名之志的否定，而是平衡怀才不遇之痛的方法。因此浮生如梦和人生无常的观念其实都是由富贵难求的现实触发的。在青壮年时期，金圣叹的著书自娱是一种不得已而为之的无奈，他所提出的富贵难求和人生虚幻无常这两个理论前提，实际上都可以归结到怀才不遇这一点上。

金圣叹著书自娱的心理动机，有助于我们了解他反驳《水浒传》作者发愤著书说的背景。一方面，金圣叹好做翻案文章。(说详下)李卓吾《忠义水浒传序》认为“《水浒传》者，发愤之所作也”[②]，为了与李贽唱反调，他提出“施耐庵本无一肚皮宿怨要发挥出来，只是饱暖无事，又值心闲，不免伸纸弄笔，寻个题目，写出自家许多锦心绣口”一说，[③]强调施耐庵并非发愤著书，而是在饱暖心闲的情况下展示自己的才藻。另一方面，“饱暖无事”说确实在一定程度上投射了金圣叹本人的心态。正因为他确实是以著书自娱的心态评点小说的，所以他推己及人，主张施耐庵是在同样的心态下创作《水浒传》的。

不可忽视的是，金圣叹虽然自称因“富贵难求”而“著书自娱”，但

---

① 金圣叹：《第五才子书施耐庵水浒传》卷十九第十四回夹批，《金圣叹全集》叁，凤凰出版社2008年版，第275页。

② 李贽：《焚书》卷三，《李贽文集》第一卷，北京社会科学文献出版社2000年版，第101页。

③ 金圣叹：《第五才子书施耐庵水浒传》卷三《读第五才子书法》，《金圣叹全集》叁，凤凰出版社2008年版，第28页。

"著书自娱"并不意味着他已经放弃功名之志,甚至著书也不仅仅是自娱,而是一定程度上有助于功名之志的追求。金圣叹在鼎革之后也没有绝意仕进(说详下),更何况在青壮年时期了。事实上,因为他所希望的荐举之路往往要求士人享有盛名,著书立说正是获取声誉的重要方式,因此著书立说具有等待机会和创造机会的双重意义。作于崇祯十七年(1644 年)的《赠顾君猷》称赞顾君猷之学云:"其学何所似? 处不过士出大臣。胸中何所有? 上下四方罗星辰。口中何所论? 动以事天静事民。"[①]这实际上是金氏的夫子自道,著书立说的用意之一是在处而为士的岁月里,为有朝一日出而为大臣作准备。

在著书自娱的心理动机下,金圣叹将主要精力投入《水浒传》和《天下才子必读书》的评点中。如前所述,《水浒传》评点早在青少年时期就已经起步,崇祯十四年(1641 年)评点完工。[②]《天下才子必读书》的初稿也当成于此前后。《读第六才子书〈西厢记〉法》第十四条云:

> 仆昔因儿子及甥侄辈要他做得好文字,曾将《左传》《国策》《庄》《骚》《公》《谷》《史》《汉》、韩、柳、三苏等书杂撰一百余篇,依张侗初先生《必读古文》旧名,只加"才子"二字,名曰《才子必读书》,盖致望读之者之必为才子也。久欲刻布请正,苦因丧乱,家贫无赀,至今未就。[③]

金圣叹之子金雍生于崇祯五年(1632 年),是年十岁,[④]《天下才子必读书》既是为儿子及甥侄辈古文发蒙而作,其成书亦当在此前后。[⑤] 不过,入清以后金圣叹又对此书加以修订增补(说详下)。

① 金圣叹:《沉吟楼诗选》卷五《赠顾君猷》,《金圣叹全集》贰,凤凰出版社 2008 年版,第 1253 页。

② 金圣叹:《第五才子书施耐庵水浒传》之《序三》,《金圣叹全集》叁,凤凰出版社 2008 年版,第 22 页。

③ 金圣叹:《贯华堂第六才子书西厢记》卷二,《金圣叹全集》贰,凤凰出版社 2008 年版,第 856—857 页。

④《第五才子书施耐庵水浒传》之《序三》称"汝昔五岁时,吾即容汝出坐一隅;今年始十岁"(金圣叹:《第五才子书施耐庵水浒传》之《序三》,《金圣叹全集》叁,凤凰出版社 2008 年版,第 19 页)。

⑤ 徐朔方:《晚明曲家年谱》第一卷《金圣叹年谱》,浙江古籍出版社 1993 年版,第 728—729 页。

第二节 《水浒传》评点与标新立异的学术个性

标新立异的学术个性是金圣叹才子风貌的一个重要侧面，也是金氏对于晚明思想史的重要贡献。这一倾向在《水浒传》评点中已得到了充分展示。金氏之标新立异是对晚明模拟因袭之风的反拨，其具体特征则是好用翻案法否定成说。

金圣叹自出机杼的学术个性给当世及后人留下了极其深刻的印象。廖燕《金圣叹先生传》于此再三致意，一则赞美他"善衡文评书，议论皆发前人所未发"，再则称赞道："予读先生所评诸书，领异标新，迥出意表，觉作者千百年来至此始开生面。"①崇尚创新、发前人所未发确实是金圣叹自觉的学术追求。《第五才子书施耐庵水浒传》之《序一》阐述了评点《水浒》的目的之一，就是针对当世著述泛滥尤其是模拟因袭之作的泛滥而因药设方：

> 吾闻之，圣人之作书也以德，古人之作书也以才。知圣人之作书以德，则知《六经》皆圣人之糟粕，读者贵乎神而明之，而不得栉比字句，以为从事于经学也。知古人之作书以才，则知诸家皆鼓舞其菁华，览者急须搴裳去之，而不得据拾齿牙以为谭言之微中也。于圣人之书而能神而明之者，吾知其而今而后不敢于《易》之下作《易传》，《书》之下作《书传》，《诗》之下作《诗传》，《礼》之下作《礼传》，《春秋》之下作《春秋传》也。何也？诚愧其德之不合，而惧章句之未安，皆当大拂于圣人之心也。于诸家之书而诚能搴裳去之者，吾知其而今而后始不肯于《庄》之后作广《庄》，《骚》之后作续《骚》，《史》之后作后《史》，《诗》之后作拟《诗》，稗官之后作新稗官也。何也？诚耻其才之不逮，而徒唾沫之相袭，是真不免于古人之奴也。②

---

① 廖燕：《廖燕全集》卷十四《金圣叹先生传》，上海古籍出版社 2005 年版，第 300—302 页。

② 金圣叹：《第五才子书施耐庵水浒传》之《序一》，《金圣叹全集》叁，凤凰出版社 2008 年版，第 14—15 页。

这段冗长的文字批判了学界和文坛的两种现象：其一是人们对圣人之书过分热衷于作传，以致章句之学泛滥；其二，人们对才子之书过分迷恋于后续、模拟，以致拟续之作泛滥。金圣叹将后一种因袭依傍的现象讥为“不免于古人之奴”。这一说法虽然是为他的反续《水浒》作铺垫的，但他厌恶当时模拟因袭之风的态度，于此可窥见一斑。金圣叹在《水浒传》评点中也不时嘲笑世人的徒知模拟形貌：“每见无知小儿，动笔便拟高、岑、王、孟诸家诗体，可谓学使板斧矣。”①与此同时，他热情赞美那些个性鲜明、戛戛独造之作：“夫古人之才也者，世不相延，人不相及。庄周有庄周之才，屈平有屈平之才，马迁有马迁之才，杜甫有杜甫之才。降而至于施耐庵有施耐庵之才，董解元有董解元之才。”②这一主张包含了兼重个性和创造性的主张。由这段文字我们还可以看出，金圣叹推崇小说戏曲，乃至将《水浒传》《西厢记》与《庄子》《离骚》《史记》杜诗并举，其原因之一，就是《水浒传》《西厢记》等作品与后者一样，是作家独特才调的展现。换言之，小说、戏曲作品的独创性是它们具有重要意义，应在文学史上占有一席之地的依据。

推崇个性和独创是金圣叹一生的追求。中年以后的金圣叹曾在《西厢记》评点中，对“不做周方，埋怨杀你个法聪和尚”，③“梵王宫殿月轮高”④等句子中蕴含的独特构思表示顶礼膜拜，他在《贯华堂选批唐才子诗》中又提出了性灵说：“从来文章一事，发由自己性灵，便听纵横鼓荡；一受前人欺压，终难走脱牢笼。……后人固不必为前人邈真，前人亦何足为后人起稿？”⑤以“发由自己性灵”来反对模拟因袭，显然与公安三袁的性灵说一脉相承。他的唐诗评点中热情赞美诗歌创新的例子指

① 金圣叹：《第五才子书施耐庵水浒传》卷四十七第四十二回夹批，《金圣叹全集》叁，凤凰出版社 2008 年版，第 778 页。

② 金圣叹：《第五才子书施耐庵水浒传》之《序一》，《金圣叹全集》叁，凤凰出版社 2008 年版，第 15 页。

③ 金圣叹：《贯华堂第六才子书西厢记》卷二，《金圣叹全集》贰，凤凰出版社 2008 年版，第 905—906 页。

④ 金圣叹：《贯华堂第六才子书西厢记》卷四“闹斋”总评，《金圣叹全集》贰，凤凰出版社 2008 年版，第 928—929 页。

⑤ 金圣叹：《贯华堂选批唐才子诗甲集七言律》卷五元稹《过襄阳楼呈上府主严司空楼在江陵节度使宅北隅》评，《金圣叹全集》壹，凤凰出版社 2008 年版，第 357—358 页。

不胜屈，如“吾更赏其三、四‘江人’‘江岸’之句，真乃自翻机杼，另出新裁”，[①]又如“送人诗，此为最奇。看他更不作旗亭握别套语”；[②]至临终前尚未完成的《唱经堂杜诗解》亦推崇杜甫的“极奇极创之笔”“另出手眼，成此新裁”[③]等等。

以往的研究已经指出了金圣叹标新立异的学术个性，而金氏标新立异的具体特征有待进一步论述。金圣叹的标新立异，有时表现为继承基础上的变革，有时是通过开拓新视角来实现的，但更多的却是采取与已有观念针锋相对、批判和颠覆旧有说法的思路，是一种反其道而行之的翻案法。

在《水浒传》评点中，金圣叹标新立异的学术特征的表现之一，是他驳斥前人“忠义水浒传”之说。为了说明“忠义水浒”说的谬误，金圣叹建立了一个逻辑性颇强的、多层次的论证体系，并不惜动手修改《水浒传》文本。其一，金圣叹的论证包括了施耐庵“独恶宋江”、反续《水浒》和反“忠义水浒”三个层次。金氏认为，世人之所以谬许宋江（水浒）忠义，是因为宋江言必称招安。为了揭示宋江“招安”说之伪，他剖析了“招安”说本身的漏洞即将军无须招安，因而有关“招安”的后 49 回是村学究罗贯中的狗尾续貂。同时，金圣叹全力以赴地论证了施耐庵“独恶宋江”即宋江人格的伪忠义。总之，这三个层次在逻辑上是紧密相连而又各有侧重的，其中施耐庵独恶宋江分别是反续《水浒》和反“忠义水浒”的依据，而反续《水浒》与反“忠义水浒”又互为因果。金圣叹通过这种多层次论证来驳斥“忠义水浒”说之误。[④] 其二，在论证中，金圣叹不惜谎称手中据有《水浒传》古本，以古本的文字来证成其说。实际上学术界一般认为他是对一百二十回袁无涯本《水浒传》加以改编，他所做的最大改动就是删去了后 49 回，即所谓“腰斩水浒”。腰斩水浒的意义

---

① 金圣叹：《贯华堂选批唐才子诗甲集七言律》卷九郑谷《石城》评，《金圣叹全集》壹，凤凰出版社 2008 年版，第 537 页。

② 金圣叹：《贯华堂选批唐才子诗甲集七言律》卷六杨巨源《送章孝标校书归杭州因寄白舍人》评，《金圣叹全集》壹，凤凰出版社 2008 年版，第 337 页。

③ 金圣叹：《唱经堂杜诗解》卷一《不归》评、《游龙门奉先寺》评，《金圣叹全集》贰，凤凰出版社 2008 年版，第 655、613 页。

④ 参见本书第九章第一节《“腰斩水浒”说的反思》。

是不言而喻的：既然施耐庵《水浒传》本无招安一节，讲招安的后49回是村学究所续，那么宋江口口声声说招安便只是一个借口，所谓忠义之说也就无从谈起。可以说，“腰斩水浒”之举从文本上证明招安情节为后人所续，从而证实了宋江“招安”说的虚伪，于是“忠义水浒”说便不攻自破了。不仅如此，金圣叹还修改了很多细节来论证施耐庵“独恶宋江”说即宋江的不忠不义。比如，第五十九回晁盖决意下山攻打曾头市，原本写宋江像往常一样苦苦劝阻，但金圣叹删去了这段文字，并以此证明宋江有意让晁盖送死：“若夫宋江之心，固晁盖去而夷然，晁盖死而夷然也。故于打祝家则劝，打高唐则劝，打青州则劝，打华州则劝，则可知其打曾头市之必劝也。然而作者于前之劝则如不胜书，于后之劝则直削之者，书之以著其恶，削之以定其罪也。”[①]类似的修改还见于晁盖死后一节，容与堂本写宋江与众商议攻打曾头市，为晁盖报仇，而吴用认为居丧不可轻动，[②]金圣叹却改为宋江主张要待百日之后才能举兵，以此论证宋江“缓于报仇”。[③]

从学术研究的角度来看，金圣叹的标新立异是有得有失的。金圣叹为了证成其标新立异的观点，不仅采取了多层次论证的科学方法，而且采用了以伪证支持其观点的反科学方法，因此，其标新立异的学术特征，既具有纠正晚明模拟因袭之风、崇尚新创和个性的积极意义，又包含了哗众取宠、大言欺世等违背科学原则的消极因素。

值得注意的是金圣叹花大力气证明的这个命题本身，可以归纳为“反忠义水浒”说，是对当时影响甚大、流传甚广的忠义水浒说的翻案。类似的翻案命题在金圣叹的著述中一再出现。如《贯华堂选批唐才子诗》和《唱经堂杜诗解》着力反对前人的“中四句”说和诗歌写景说。（参见本书第十一章第一、二节）金氏甚至常采取多重翻案的手法。比如，金氏以忠恕为核心的“心性”论既是为了挽救“伪善”和“着善”的时弊，又试图纠正李贽《童心说》、王畿“四无”论等救弊之方的偏差；又如，金

① 金圣叹：《第五才子书施耐庵水浒传》卷六十四第五十九回总评，《金圣叹全集》肆，凤凰出版社2008年版，第1065页。

② 施耐庵、罗贯中：《容与堂本水浒传》，上海古籍出版社1988年版，第896页。

③ 金圣叹：《第五才子书施耐庵水浒传》卷六十四第五十九回总评，《金圣叹全集》肆，凤凰出版社2008年版，第1079页。

批《西厢》也有着两重翻案的意图。一方面，金批《西厢》的主要宗旨是批驳旧本《西厢》的“狂荡无礼”；另一方面，金氏又不满于道学先生对崔张爱情的诋毁。[①]

显然，金圣叹标新立异的重要方式是与已有成说唱反调的翻案法，这使得金圣叹的思想观点带有强烈的批判色彩，与之相适应，破有余而立不足，缺乏足够的建设性也是其重要特点。同时，多重翻案还常使金圣叹的思想陷入自我矛盾。

第三节　从交游过从看金圣叹倜傥不羁的人格之形成背景

在金圣叹周围，还有一批学术兴趣、志向抱负与圣叹契合的朋友，他们与金圣叹一样，虽然满怀建功立业之志，但又不愿意忍受科举考试的牢笼羁扼，于是不得不在评书著述中等待时机，最终又往往以著书自娱了结一生。他们有着与金氏类似的特立独行、滑稽诙谐的风神情韵，他们在好尚佛学、谈论诗文方面，也与圣叹同声共气。这些朋友中，与圣叹交往时间最长、情谊最深、意气最为相投的有王斫山、王道树、韩贯华、韩孙鹤、无动等人。

一　王斫山

据清道光刻本苏州太湖《太原王氏家谱》，王斫山，名瀚，斫山为其号。长洲人，为王鏊五世孙，明末吴庠附例生，入清后隐居。[②] 与金圣叹年相仿而稍长于圣叹，[③]金氏描绘其学问为人曰：“斫山读尽三教书，而不愿以文名；倾家结客，而不望人报；有力如虎，而轻裘缓带，趋走扬扬；绘染刻雕、吹竹弹丝，无技不精，而通夜以佛火蒲团作伴；今头毛皑皑，

① 参见本书第七章《“忠恕”说与晚明思想的困境》。

② 参见陆林《金圣叹与王鏊后裔关系探微》，《江南学刊》2002 年 4 月，第 167—172 页。

③ 《西厢·闹简》夹批云：“（斫山）今与圣叹并复垂老……彼视圣叹为弟，圣叹事之为兄。”金圣叹：《贯华堂第六才子书西厢记》卷六《闹简》夹批，《金圣叹全集》贰，凤凰出版社 2008 年版，第 1005 页。

而尚不失童心；瓶中未必有三日粮，而得钱犹以与客。”[1]可见斫山是一位博通三教典籍、轻财好客、多才多艺、性情真率而又淡泊于名利的士人。值得注意的是，从他的以英雄自居来看（说详下），他似乎颇怀建功立业之志，但似乎也无意于科举，入清后则完全隐居，金圣叹曾描写其醉卧菊花丛中的情态，把他比拟为陶潜："孤松底下青篱竹，五柳边头白板门。一个先生方醉卧，四围黄菊并无言。"[2]

王斫山是金圣叹最好的朋友。他们的友谊至少保持了二十多年。[3]金圣叹晚年深情抒写他与斫山的友谊道：

> 彼视圣叹为弟，圣叹事之为兄。有过吴门者问之，无有两人也。嗟呼！未知余生尚复几年，脱诚得并至百十岁，则吾两人当不知作何等欢笑。如或不幸而溘然俱化，斯吾两人便甘作微风淡烟，杳无余迹。[4]

两人相知相契之深，竟有"不求同年同月同日生，但求同年同月同日死"之意。然而，令人叹惋的是，金圣叹的生命在顺治十八年（1661年）便戛然而止，王斫山的卒年竟不可得而知。[5] 当我们了解到王斫山的轻财好客和二人的交谊之深之后，就会感觉到归庄《诛邪鬼》以三千金一事极诋圣叹，是多么可笑了。廖燕《金圣叹先生传》记载此事始末道："斫山固侠者流，一日以三千金与先生曰：'君以此权子母，母后仍归我，子则为君助灯火可乎？'先生应诺。甫越月，已挥霍殆尽，乃语斫山曰：'此物在君家，适增守财奴名，吾已为君遣之矣！'斫山一笑置之。"[6]这件事到了归庄笔下，则变成金圣叹乘人之危、占用他人钱财的恶行："有富人素与交好，乙酉之乱，以三千金托之，相与谋密藏之，其人既去，则尽发

---

① 金圣叹：《贯华堂第六才子书西厢记》卷六《闹简》夹批，《金圣叹全集》贰，凤凰出版社2008年版，第1005页。

② 金圣叹：《为斫山题菊花》，《沉吟楼诗选》卷四，《金圣叹全集》贰，凤凰出版社2008年版，第1207页。

③《西厢记·闹简》夹批："盖斫山二十年前曾与圣叹诗，早便及之，曰：'风雷半夜吴王墓，天地清秋伍相祠。一例冥冥谁不朽？早来把酒共论之。'"（《金圣叹全集》贰，凤凰出版社2008年版，第1005页）

④ 同上。

⑤ 王斫山至康熙八年（1669）尚在世，参见陆林《〈晚明曲家年谱〉金圣叹史实研究献疑》，《文学遗产》2002年第1期，第68—78页。

⑥ 廖燕：《廖燕全集》卷十四《金圣叹先生传》，上海古籍出版社2005年版，第301页。

而用之,事定来索,佯为疑怪,略无惭色。”[①]虽然此事的真相已不可考,但可以肯定的是,以金王二人的金兰之好,金圣叹既不会为贪三千金而欺骗王斫山,王斫山也不会以三千金为意而责怪金圣叹。

金氏与王氏的友谊是以志向抱负、性情气质、学术倾向、文学趣味等方面的契合为纽带的。除了上文所述的斫山亦向往功名而淡漠于科举之外,他与圣叹的相似之处还有如下所述:

王斫山亦善诙谐滑稽。金圣叹对王斫山的灵唇妙舌推崇备至。一次重阳聚会中,诸人在船上共食蛤蜊,席间一位女校书忽然掉书袋,询问《礼记·月令》中“雀入大水为蛤”的缘故,王斫山随口便答道:“我正未解卿家何故雀入大蛤,便化为水耳。”[②]这一应对颇涉猥亵,但确实变化巧妙。金圣叹对此极其欣赏,以至于《水浒》和《西厢记》评点中都提及此事。金圣叹在《西厢记》评点中还记录了王斫山的其他戏谑之言,如《西厢记·闹斋》写张生祷告:“只愿红娘休劣,夫人休觉,犬儿休恶!佛啰,成就了幽期密约!”对此,王斫山评点道:“于三宝前,一切众生普皆平等,犹如一子,正宜犬儿、夫人一齐入疏。”[③]《西厢记》本为诙谐之辞,王斫山却故意援引佛家众生平等加以解释,可谓欲谐反庄。[④] 王斫山此类妙言奇语都收入《斫山语录》。由于斫山善于戏谑,金圣叹为其所作诗篇也极尽诙谐之能事:“道士县中笼罄尽,校书官上带无穷。烂蒸拗项如壶吃,千本《黄庭》在腹中。”[⑤]这是用王羲之书《黄庭经》换鹅的典故,嘲笑喜好食鹅的王斫山腹中有千本《黄庭》。金圣叹还把斫山的

---

① 归庄:《归庄集》卷十《诛邪鬼》,上海古籍出版社2010年版,第499页。

② 金圣叹:《第五才子书施耐庵水浒传》卷六十六第六十一回夹批,《金圣叹全集》肆,凤凰出版社2008年版,第1113页;金圣叹:《贯华堂第六才子书西厢记》卷六《闹简》夹批,《金圣叹全集》贰,凤凰出版社2008年版,第1005页。

③ 金圣叹:《贯华堂第六才子书西厢记》卷四《闹斋》夹批,《金圣叹全集》贰,凤凰出版社2008年版,第931—932页。

④ 类似的戏言还有:《西厢·寺警》有“张生云:他若不放你过去,你宽心”一段,斫山云:“你不放过去,我过去也!”(金圣叹:《贯华堂第六才子书西厢记》卷五《寺警》夹批,《金圣叹全集》贰,凤凰出版社2008年版,第950页)又斫山曾说:“天下事之最易最易者,莫如偷期。”圣叹问:“何故?”斫山云:“一事止用二人做,而一人却是我,我之肯已是千肯万肯,则是先抵过一半功程也。”(金圣叹:《贯华堂第六才子书西厢记》卷七《酬简》夹批,《金圣叹全集》贰,凤凰出版社2008年版,第1042页)

⑤ 金圣叹:《沉吟楼诗选·斫山喜食鹅戏为绝句嘲之》,《金圣叹全集》贰,凤凰出版社2008年版,第1208页。

善谑归结为其聪慧过人："其灵唇妙舌，日有千言，言言仿此。盖其心清如水，故物来毕照，非他人之所得及也。"[①]可谓推崇得无以复加。

王斫山亦好标新立异，发前人所未发。他对金圣叹评点《西厢记》的别出心裁深为叹服，比如金氏于《借厢》夹批中力驳前人的"张生忽作风话"说，又将《闹斋》"梵王宫殿月轮高"诠释为张生于十四日初更已至佛殿，对此，斫山皆赞不绝口。他本人也好为惊人之论。比如，他曾主张"千载以来，独有宣圣是第一善游人，其次则数王羲之"。由《贯华堂第六才子书西厢记》卷五《请宴》总评可知，斫山甚至以想象推测而非文献证据来支持其异说："斫山每语圣叹云：'王羲之若闲居家中，必就庭花逐枝逐朵细数其须，门生执巾侍立其侧，常至终日都无一语。'圣叹问此故事出于何书，斫山云：'吾知之'。"[②]斫山的出于推测与圣叹的修改文本可谓如出一辙，都是因标新立异而堕入无稽之谈。

王斫山亦重情感而不好淫欲。其说云："人每言英雄无儿女子情，除是英雄到夜便睡着耳。若使坐至月上时节，任是楚重瞳，亦须倚栏长叹。"[③]可见他以英雄自居，对英雄的儿女之情是予以肯定的。另一方面，他也在一定程度上赞同礼教之大防。比如，金圣叹将《西厢记·寺警》中莺莺的"我但出闺门，你是影儿似不离身"一段白，曲解为莺莺反复表明自己的不易动心，王斫山大加赞成："若不如圣叹注，则莺莺不欲夫人堤防，其意乃欲云何？此岂复成人语哉！"[④]斫山兼重情感与礼教的观点，得到了圣叹的呼应，他说："天下真正英雄……只是不好淫欲耳，至于儿女离别之感，何得无之？"[⑤]由此可以窥见金王二人思想的交互影响之迹。

---

① 金圣叹：《第五才子书施耐庵水浒传》卷六十六第六十一回夹批，《金圣叹全集》肆，凤凰出版社 2008 年版，第 1113 页。

② 金圣叹：《贯华堂第六才子书西厢记》卷四《借厢》夹批、卷五《请宴》总评，《金圣叹全集》贰，凤凰出版社 2008 年版，第 913、956、957 页。

③ 金圣叹：《第五才子书施耐庵水浒传》卷二十五第二十回夹批，《金圣叹全集》肆，凤凰出版社 2008 年版，第 382 页。

④ 金圣叹：《贯华堂第六才子书西厢记》卷五《寺警》夹批，《金圣叹全集》贰，凤凰出版社 2008 年版，第 941 页。

⑤ 金圣叹：《第五才子书施耐庵水浒传》卷八第三回夹批，《金圣叹全集》叁，凤凰出版社 2008 年版，第 113 页。

斫山亦深悟佛家空观。斫山曾云："人影是无日光处，而人误谓有影；法帖是无墨搨处，而人误谓有字；四大中虚空是无四大处，而人误谓有人。"①世人之所以错认无为有，实际上是由于不知般若学假有性空之理。般若学认为万法皆由因缘和合而成，故无自性而有假名。如前所述，金圣叹也曾反复阐述万法如梦幻一般假有性空的思想。

王斫山亦长于论文而好谈文法。斫山先后参与讨论金圣叹的《水浒传》《西厢记》和《贯华堂选批唐才子诗》评点，其中《西厢记》评点是斫山投入最多的一项工作，金圣叹引用了王斫山的二十多条论述。从这些论述可以看出：其一，斫山反对诗歌涉于理路。《西厢记·酬简》夹批引用斫山语："'溪声便是广长舌，山色岂非清净身'，悟时便有如此境界。'风弄竹声金珮响，月移花影玉人来'，迷时便又有如此境界。斫山则不然："'风弄竹声'，风弄竹；'月移花影'，月移花。又何处气嘘嘘地学得'广长舌''清净身'两句哉？"②王斫山不满于"广长舌"一联，无非是因为此联"气嘘嘘地"机械说理，有违诗歌有意无意、不着力气的境界。其二，斫山推崇《西厢记》的"反写"手法。《西厢记·请宴》写张生来回顾影，斫山评曰："意欲写其去，却反写其回；意欲写其急，却反写其迟。彼作者固是神灵鬼怪，乃批者亦岂非神灵鬼怪乎？"③其三，最有趣者，莫过于主张诗歌有"倩女离魂法"：

> 美人于镜中照影，虽云看自，实是看他。细思千载以来，只有离魂倩女一人曾看自也。他日读杜子美诗，有句云："遥怜小儿女，未解忆长安。"却将自己肠肚，移置儿女分中，此真是自忆自。又他日读王摩诘诗，有句云："遥知远林际，不见此檐端。"亦将自己眼光，移置远林分中，此真是自望自。盖先生皆用倩女离魂法作诗也。

---

① 金圣叹：《第五才子书施耐庵水浒传》卷四十七第四十二回夹批，《金圣叹全集》肆，凤凰出版社2008年版，第777页。

② 金圣叹：《贯华堂第六才子书西厢记》卷七《酬简》夹批，《金圣叹全集》贰，凤凰出版社2008年版，第1044页。

③ 金圣叹：《贯华堂第六才子书西厢记》卷五《请宴》夹批，《金圣叹全集》贰，凤凰出版社2008年版，第962页。

所谓“倩女离魂法”，实际上是借他人的视角来抒写自己心情，从而使得诗歌具有自我审视之意味，可说是一种特殊的侧面描写的手法。王斫山称之为“倩女离魂法”，是取这种手法中的“自忆自”“自望自”与倩女离魂的自看自之间的相通之处。金圣叹将这一手法理解为“卿前谓我言，王、杜俱用倩女离魂法作诗，原来只是用得一‘遥’字也”。[1]

金圣叹还曾向王斫山阐述自己的唐诗分解说。他在两封信中分别以雨分来势去势和画家有落骨与皴染，来比喻唐诗必分前后两解。雨的来势与律诗之前解一样，“郁乎欲压人，使不敢少动气息者也”；雨的去势又同于律诗后解之“荡荡而去，使人意消”。又律诗之“一二落骨，以待三四皴染：三四皴染，以完一二落骨”。[2] 以画法比拟诗法，当是考虑到王斫山长于丹青之故。

王斫山以英雄自居却又淡泊于名利，诙谐滑稽，标新立异，深悟佛理，长于论文而好谈文法，其性情气质、志向抱负和学术趣味的种种特征，都使我们感觉到他仿佛是又一个金圣叹，只不过家世背景、文学成就有所不同罢了。

二　王道树

据清道光刻本苏州太湖《太原王氏家谱》，王道树（1619—1665），名学伊，[3]字公似，号道树，长洲庠岁贡生，王瀚幼弟。其九世孙王季烈《重修胥庄享堂记》云：“府君王氏，讳学伊，字公似，晚号道树老人。明岁贡生，文恪公五世孙也。生于万历四十七年己未，七岁而孤，世父景雍公抚之成人。景雍公节用好施，澹于荣利，府君承其教。甲申之变，以世受国恩，不忍剃发易服，遂隐居是地，并营生圹以终老。伏处数十年，未尝一履城市。亲朋绝迹，故生平行事无人知。卒于康熙四年二月，身后

① 金圣叹：《贯华堂第六才子书西厢记》卷五《寺警》夹批，《金圣叹全集》贰，凤凰出版社 2008 年版，第 951 页。

② 金圣叹：《鱼庭闻贯 · 与王斫山瀚》《鱼庭闻贯 · 与王斫山》，《贯华堂选批唐才子诗甲集七言律》卷二，《金圣叹全集》壹，凤凰出版社 2008 年版，第 102、105—106 页。

③ 关于王道树生平，参见陆林《金圣叹与王鏊后裔关系探微》，《江南学刊》2002 年 4 月，第 167—172 页。金圣叹称之为“道树先生王伊”（金圣叹：《贯华堂第六才子书西厢记》卷七《惊梦》夹批，《金圣叹全集》贰，凤凰出版社 2008 年版，第 1083 页）。

亦无志传，邑志家乘俱弗载焉。”[1]道树秉承了世父景雍公节用好施、澹于荣利的家风，这从他的“富贵是我本无，固不望其到我”[2]一说中亦可见出，明亡后他选择避地隐居，自是情理中事。

金圣叹与道树的交谊真挚而深厚。金氏《答徐子能》曰：“道树与弟同学三十年，其英分过弟十倍；又且知弟最深，爱弟最切，弟有不当，能面诤之。”[3]圣叹不仅与道树很早相识，而且对道树推崇之至，信赖之至，视其为诤友。道树参与了金圣叹的诸多活动，如顺治六年（1649 年）撰写《唱经堂圣人千案》、顺治十三年（1656 年）前后评点《贯华堂第六才子书西厢记》《释孟子》、圣叹临终前撰《唱经堂杜诗解》等活动，其中《唱经堂杜诗解》引用道树言论有六条之多。此外，由圣叹《道树遣人送酱醋各一器》[4]等诗可知，对于贫病交加的金圣叹来说，道树的雪中送炭常令他倍感温暖。

道树与圣叹的思想契合，除了淡泊于荣利之外，还表现在以下几方面：

其一，人生无常和浮生如梦等佛教思想。道树曾感慨“少年是我本有，奈何亦见夺耶”？[5] 又曾与圣叹讨论“浮生如梦”说，[6]这都反映了道树的佛学修养。正因道树对佛学颇有会心，他才可能在圣叹编撰《唱经堂圣人千案》、重新诠释禅门公案时，助金氏一臂之力。[7]

其二，道树与圣叹的思想交流更多地体现在诗歌理论方面。首先，圣叹的唐诗分解说颇得益于道树的鼓励批评。金氏以分解法诠释王摩

---

① 《蠙庐未定稿》卷一，民国二十三年（1934 年）石印本。参见陆林《金圣叹与王鏊后裔关系探微》，《江南学刊》2002 年 4 月，第 167—172 页。

② 金圣叹：《唱经堂杜诗解》卷一《赠高式颜》评引，《金圣叹全集》贰，凤凰出版社 2008 年版，第 641 页。

③ 金圣叹：《贯华堂选批唐才子诗甲集七言律》卷二《鱼庭闻贯·答徐子能》，《金圣叹全集》壹，凤凰出版社 2008 年版，第 96—97 页。

④ 金圣叹：《沉吟楼诗选》卷五《道树遣人送酱醋各一器》，《金圣叹全集》贰，凤凰出版社 2008 年版，第 1218 页。

⑤ 金圣叹：《唱经堂杜诗解》卷一《赠高式颜》评引，《金圣叹全集》贰，凤凰出版社 2008 年版，第 641 页。

⑥ 金圣叹：《贯华堂第六才子书西厢记》卷七《惊梦》总评，《金圣叹全集》贰，凤凰出版社 2008 年版，第 1079—1083 页。

⑦ 金圣叹：《唱经堂圣人千案·序》，《金圣叹全集》陆，凤凰出版社 2008 年版，第 922 页。

诘诗十二首后，首先送给道树指正，希望得到他的面诤。[1] 其次，道树推崇诗歌变化莫测的思致，亦与圣叹桴鼓相应。道树曾赞赏杜甫《韦讽录事宅观曹将军画马图引》"可怜九马争神骏，顾视清高气深稳。借问苦心爱者谁，后有韦讽前支遁"两联道："曹将军外，忽请出一江都王；九马外，忽请出一照夜白、拳毛騧、狮子花，悉是我意已到。至于韦讽外，又请出支遁，真是思入风云，更不得料矣！"他还曾称赏杜甫《晓发公安数月憩息此县》之首联"北城击柝复欲罢，东方明星亦不迟"云："'北城'句，还在床上；'东方'句，直出门前矣：二句之跳脱如此。"[2]"思入风云"和"跳脱"都是肯定杜诗时空跨度很大、思致变幻莫测、大开大合的特征。金圣叹也曾以"通篇要看他忽然转笔作突兀之句，奇绝人"[3]等说来赞美杜诗的大开大合。最后，道树亦重视意象的情景交融。金圣叹记录了他与道树评析杜甫《子规》的情形道：

> 故某常与道树晨夕闲坐，细论此诗：若谓是咏物，既全不是咏物；然欲谓是写怀，又无一字是写怀。总之先生妙手空空，如化工之忽然成物，在作者尚不知其何以至此，岂复后人之所可得而寻觅也。

这是赞赏《子规》一诗中咏物与写怀水乳交融，如化工之忽然成物一般无迹可求。道树还说："一、二、三句，'峡里'字、'云安县'字、'江楼'字、'翼瓦'字、'山木'字，一得'子规啼'字，便觉字字响。乃子规响中实实坐一先生，故再得'终日'字，便又觉若干字字字愁也。"[4]此说进一步阐明了《子规》一诗以环境衬托子规，又进而以子规抒写诗人之愁的以景写情的手法。以上材料说明，金氏的诗歌不写景说也是在与友朋切磋中形成的。

---

① 金圣叹：《贯华堂选批唐才子诗甲集七言律》卷二《鱼庭闻贯・答徐子能》，《金圣叹全集》壹，凤凰出版社 2008 年版，第 96—97 页。

② 金圣叹：《唱经堂杜诗解》卷三《韦讽录事宅观曹将军画马图引》评引、卷四《晓发公安数月憩息此县》评引，《金圣叹全集》贰，凤凰出版社 2008 年版，第 725、811 页。

③ 金圣叹：《唱经堂杜诗解》卷二《北征》评，《金圣叹全集》贰，凤凰出版社 2008 年版，第 663 页。

④ 金圣叹：《唱经堂杜诗解》卷三《子规》评，《金圣叹全集》贰，凤凰出版社 2008 年版，第 742—743、743 页。

三　韩贯华

由于资料不足，关于韩住的名字、韩住与贯华堂的关系等问题，已不能确考。陈登原《金圣叹传》认为韩贯华名住，字嗣昌，贯华其法号也。[①] 陆林《唱经堂与贯华堂关系探微》主张韩住与金雍岳父韩俊当为兄弟行。[②] 实际上，金圣叹在《贯华堂第六才子书西厢记·惊梦》总评中称其为"居士贯华先生韩住"，《鱼庭闻贯》有《答韩贯华嗣昌》一封，不知贯华、住、嗣昌究竟何为名、字、号，只能姑称之为韩贯华。由"居士贯华先生韩住"一称，可知韩贯华崇信佛教，又圣叹《贯华先生病寓寒斋予亦苦痁不已》一诗中有"客有维摩诘，身非妙吉祥"一联，[③]亦足证韩贯华的居士身份。

韩贯华与金圣叹情谊深厚。金氏卧病在床，贯华曾登门看望，并赠旨酒、糟鱼各一器；[④]又据金氏《贯华先生病寓寒斋予亦苦痁不已》，某一秋日，贯华曾经病寓金宅，当时圣叹亦深受痁疾之苦，可谓同病相怜。

韩贯华与金圣叹乃评书著述的同好。金圣叹《病中承贯华先生遗旨酒糟鱼各一器寄谢》一诗和《贯华堂第六才子书西厢记》夹批都称韩贯华为"同学"。韩贯华至少曾在以下三项活动中与金圣叹相互切磋：

其一，《水浒》评点。如前所述，金氏《水浒·序三》自称"十二岁便得贯华堂所藏古本"。对于金圣叹与贯华堂的关系，历来有不同说法，[⑤]从《序三》的语气来看，贯华堂不像是金圣叹自家之堂，故笔者亦从贯华堂乃韩俊、韩贯华共有之堂号一说。金圣叹所谓"贯华堂古本"很可能是子虚乌有，但韩贯华为圣叹提供了《水浒传》评点的工作底本也许是事实。因为韩贯华自金圣叹十二岁时便与之切磋《水浒》，我们认为韩贯华乃圣叹相识最久的朋友之一。

---

① 陈登原：《金圣叹传》，上海商务印书馆 1935 年版，第 24—25 页。

② 陆林：《唱经堂与贯华堂关系探微》，《社会科学战线》2012 年第 11 期，第 150 页。

③ 金圣叹：《沉吟楼诗选》卷二，《金圣叹全集》贰，凤凰出版社 2008 年版，第 1160 页。

④ 金圣叹：《沉吟楼诗选》卷二，《金圣叹全集》贰，凤凰出版社 2008 年版，第 1160 页。

⑤ 徐朔方《金圣叹年谱》认为贯华堂是金圣叹斋名（徐朔方：《晚明曲家年谱》第一卷《金圣叹年谱》，浙江古籍出版社 1993 年版，第 728 页），陆林《〈晚明曲家年谱〉金圣叹史实研究献疑》认为贯华堂乃韩俊、韩贯华共有之堂号（《文学遗产》2002 年第 1 期，第 68—78 页）。

其二,《西厢记》评点。金圣叹在“惊梦”一折前加有一段总评,论述该折蕴含的“大悲”“至理”:世间一切皆如梦幻一般虚空不实,因而人生在世不必执著于得失。这一讨论有道树等同学参加,韩贯华也是其中之一。这一段文字引用了《金刚经》等佛典,对于熟谙佛理的韩贯华来说,参与这一问题的讨论,是很顺理成章的。

其三,唐诗分解说。金圣叹曾向韩贯华解释唐律诗分解说的意义曰:“今弟所分唐律诗之前后二解,正即会说话人之话头话尾也。弟亦诚恐人作诗直至无头无尾,故不自惜出手相为也。”这是以说话必有话头话尾来论证唐律诗之分前后二解;金圣叹还向韩贯华阐述了“不轻易作诗”说:律诗虽只是起承转合,但其中有“崎岖曲折,苦辣甜酸,其难万状”,因而作诗须有忍辱、知足、乐善、改过之心地,是故唐代名家“皆不肯轻易作诗者也”。[①]

由以上的分析可知,韩贯华在好尚佛理、热衷评点方面是金圣叹的同道。金圣叹的浮生如梦说、推重《水浒传》以及律诗分解说,都得到了韩贯华的切磋斟酌之助。

四　韩俊

韩俊,字(或号)孙鹤[②]当是韩贯华的同宗兄弟。他是金圣叹儿子金雍的岳父。他与金圣叹的交谊之深,由此可以窥见一二。韩俊四十岁时,圣叹为作《孙鹤生日试作长歌赠之》,形神毕肖地描绘了韩俊的超脱、豪迈与才辩。韩俊满腹经纶大才,却不以功名为意:“醉白先生古大臣,醉白季子无与伦。读书十年不厌意,提壶走住东海滨。自言有笔摇星辰,奈何夭矫无能驯。菁华纵然廊庙器,白眼不是功名人。”他嗜酒如命,友朋相聚时,酒更是助谈兴、骋辩才的妙物:“二豪侍侧乃扰扰,四子

① 金圣叹:《鱼庭闻贯·答韩贯华嗣昌》,《贯华堂选批唐才子诗甲集七言律》卷二,《金圣叹全集》壹,凤凰出版社2008年版,第101、107—108页。

② 金圣叹称韩俊“孙鹤”(《人日孙鹤携酒过看予新选唐人律诗率其二子来予二婿亦适至》,金圣叹:《沉吟楼诗选》卷五,《金圣叹全集》贰,凤凰出版社2008年版,第1229页)。又金氏有《孙鹤生日试作长歌赠之》(金圣叹:《沉吟楼诗选》卷五,《金圣叹全集》贰,凤凰出版社2008年版,第1251页)。金雍所抄《鱼庭闻贯》称其为“内父韩孙鹤俊”(金圣叹:《鱼庭闻贯·答内父韩孙鹤俊》,《贯华堂选批唐才子诗甲集七言律》卷二,《金圣叹全集》壹,凤凰出版社2008年版,第105页)。那么,孙鹤可能是其字(或号)。

讲德徒狺狺。是时吾兄真绝异，觥觯淋漓百无忌。五斗乃可调燥吻，万钱那供十日醉！天上应少释杯人，人间胡有独醒事？谁言此物可暂无，尔我破瓢即当弃。”讲论佛理是韩俊的强项：“如来寿量亦易讲，共道君身有辩才。”①

金圣叹的律诗分解说得到了韩俊的支持。《鱼庭闻贯》有《答内父韩孙鹤俊》一封，阐述“前、后解虽是一样难作，然而前解比后又难。……而一二比三四又难也”之说。② 又顺治十七年（1660 年）金圣叹选唐人律诗成，韩俊携酒率子访圣叹，宾主畅饮尽欢。③

概言之，韩俊与金圣叹的契合，首先在于向往建功立业而又不以科举为意，其次是好尚佛理与支持唐诗分解说。此外，正如韩俊常常一醉方休，金圣叹也颇好把盏之乐。

五　无动

无动姓名不详，圣叹视之为患难之交。崇祯十四年（1641 年）吴中饥荒，无动曾以米赠圣叹，圣叹感而作《辛巳大饥无动惠米志谢》，其尾联为“羊角叔牙成市道，此心容易向人言”。④ 其中，“羊角”当是指战国左伯桃在粮少衣薄的困境中将衣食留给好友羊角哀，自入空树中而死一事。⑤ 由此可以想象，金圣叹对无动的雪中送炭怀有怎样深沉的感激。

无动是金圣叹在佛学方面的同好。金氏《夜与无动语因及德辅云叶》中有“威仪成梵网，咳唾入伽陀”之说，描绘两人谈论佛理的情

---

① 金圣叹：《孙鹤生日试作长歌赠之》，《沉吟楼诗选》卷五，《金圣叹全集》贰，凤凰出版社 2008 年版，第 1251 页。

② 金圣叹：《鱼庭闻贯·答内父韩孙鹤俊》，《贯华堂选批唐才子诗甲集七言律》卷二，《金圣叹全集》壹，凤凰出版社 2008 年版，第 105 页。

③ 金圣叹：《人日孙鹤携酒过看予新选唐人律诗率其二子来予二婿亦适至》，《沉吟楼诗选》卷五，《金圣叹全集》贰，凤凰出版社 2008 年版，第 1229 页。

④ 金圣叹：《辛巳大饥无动惠米志谢》，《沉吟楼诗选》卷五，《金圣叹全集》贰，凤凰出版社 2008 年版，第 1239 页。

⑤ ［宋］范晔撰、［唐］李贤等注《后汉书》卷二十九《申屠刚传》注引《烈士传》，中华书局 1965 年版，第 1015 页。

形。[1] 无动参与得最多的，是金圣叹于顺治四年（1647 年）四十岁前后所著《西城风俗记》。该书是圣叹与禅友衍（其姓名不详）、无动、茨翁（疑即圣叹《送维茨公晋秋日渡江之金陵》中的“维茨”）等同学谈禅的记录，其中与无动有关的 12 条，[2]从这些对话可以隐约窥见无动的禅学修养。比如：

（1）圣叹忽然告报云：“释伽牟尼佛原来在这一声里坐道场。”无动急走不顾，云：“我直晓得从来无此事。”叹便休。

（2）问茨翁云：“还晓得不落文字一句否？”茨云：“不晓得。”动云：“不晓得底是也？”

（3）圣叹问：“维摩诘断取世界，掷过他方。其中众生不觉不知，唯应度者乃能得知。还是知者是，不知者是？”衍兄云：“知者过在知，不知者过在不知。”无动云：“不知者应学取知者，知者应学取不知者。”[3]

从这几条对话中可以看出无动对佛家无执无碍、无所取舍思想的领悟。第一条中，无动不满于圣叹“释迦牟尼佛原来在这一声里坐道场”之说的拘执偏滞，以“从来无此事”加以破除；第二条体现了不落知见执著的观念。对于圣叹的“还晓得不落文字一句否”，茨翁答以“不晓得”，此说虽然与“不落文字”撇清了干系，却又陷入了“不晓得”的执著，故无动以“不晓得底是也”的反问，从这一执著中解脱出来。第三条中，圣叹故意设下“知者是，不知者是”的圈套，孰料无动机锋锐利，以无所分别取舍的态度应对，令圣叹大为叹服。无执无碍是金圣叹禅学思想的主要内容，[4]由此可以看出，无动的类似思想与金圣叹禅学思考的交互影响之迹。

金圣叹的朋友还有参与《唱经堂圣人千案》的刘逸民、学术见解与

① 金圣叹：《夜与无动语因及德辅云叶》，《沉吟楼诗选》卷二，《金圣叹全集》贰，凤凰出版社 2008 年版，第 1175 页。

② 与“衍兄”有关的最多，计 25 条，其次便是无动。

③ 以上三条分别见金圣叹《西城风俗记》，《金圣叹全集》陆，凤凰出版社 2008 年版，第 949、950、951 页。

④ 参见本书第五章《兼奉台禅的佛学思想》。

圣叹相近的沈起、[1]清著名考据家阎若璩及其父阎牛叟、[2]曾打算迎请金圣叹的周计百[3]等等，他们都在圣叹生命中留下了或深或浅的痕迹，但他们与圣叹学术活动的具体关系已不可详考，限于篇幅，兹不一一述及。

通过考察圣叹友朋与圣叹的学术活动的关系，我们可以了解到晚明吴中地区部分中下层士人的生存状态，以及金圣叹独特的人格学风与吴中地域文化的渊源关系。晚明时期，这些生活于吴中的士人们胸怀建功立业之志却又不愿意走科举常途，往往不得已在著书讲学中寻找精神寄托。他们一方面接受了吴中放诞传统、阳明后学和佛教义理的影响，谈空说无，标新立异；另一方面，儒家伦理观念在他们的思想体系中仍然占有一定地位，这是因为吴中素有经世之学的积淀，明末东林学风又鼓扇于吴地，而阳明后学也呈现出转向程朱的趋势。金圣叹正是这批士人中最杰出的代表之一，是晚明吴中的精神土壤培育出的一朵奇葩。

---

① 关于刘逸民、沈起的事迹，参见陆林《〈晚明曲家年谱〉金圣叹史实研究献疑》，《文学遗产》2002 年第 1 期，第 68—78 页。

② 参见陆林《生命中的最后一次欢会——金圣叹晚年事迹探微》，《南京师大学报》2000 年第 6 期，第 125—131 页。

③ 参见陆林《金圣叹与周计百交往揭密》，《河南师范大学学报》2002 年 1 期，第 79—83 页。

第七章 “忠恕”说与晚明思想的困境

金圣叹在《水浒》的评点中多次言及“忠恕”；其“忠恕”说主要从儒家心性论和小说创作论两个角度展开，这两方面无疑有着共同的理论基础，但作为心性说的“忠恕”与作为小说论的“忠恕”在侧重点上并不一致（说详下）。对于金圣叹的“忠恕”说，以往的研究认为其中包含了既推崇自然人性论又保留着儒家伦理观念的内在矛盾，是对假道学的批判。[①] 其实，金氏推崇的是至诚与至善合一的人性论，“忠恕”说是对朱熹《通书注》“诚”论的继承和变革，是继王畿“四无论”、李贽《童心说》之后，针对晚明思想中“伪善”和“着善”的困境而开设的又一救弊之方。“忠恕”说的理论漏洞与其双重翻案的意图有关。

第一节 “忠恕”说的内涵

金圣叹的《水浒传》评点中计有五次提到“忠恕”，[②]其中第四十二回总评以两千余字的篇幅详细论述了“忠恕一贯之义”，其说包含了至诚与至善合一且至诚更为重要的本体论、由渐修入顿悟而顿悟更为重要

① 参见陈潜之：《论金圣叹的人格》，《学术月刊》1985 年第 7 期，第 57—64 页；马积高《论金圣叹的哲学》，《学术月刊》1990 年第 12 期；左东岭：《李贽与晚明文学思想》，天津人民出版社 1997 年版，第 303—305 页。

② 分别见金圣叹：《第五才子书施耐庵水浒传》之《序三》、卷四十六第四十一回总评、卷四十六第四十一回夹批、卷四十七第四十二回总评、第四十二回夹批，《金圣叹全集》叁，凤凰出版社 2008 年版，第 20 页；《金圣叹全集》肆，凤凰出版社 2008 年版，第 754 页、768 页、769—772 页、779 页。

的工夫论和真实地表现喜怒哀乐之中节的境界论。

一 本体论

金氏认为，心性本体是至诚与至善的合一，而至诚更为重要。首先，“诚于中，形于外”的至诚是天命自然之性，又是当下现成。金氏论至诚的先验性云：

> 善亦诚于中，形于外；不善亦诚于中，形于外；不思善，不思恶，若恶恶臭、好好色之微，亦无不诚于中，形于外。盖天下无有一人，无有一事，无有一刻，不诚于中，形于外也者。故曰：“自诚明，谓之性。”性之为言，故也；故之为言，自然也；自然之为言，天命也。天命圣人，则无一人而非圣人也；天命至诚，则无善无不善而非至诚也。

在整篇“忠恕”说中，这段文字最易被误读，以往人们因为其中有“若恶恶臭，好好色之微”和无不“诚于中，形于外”等语，误以为恶恶臭、好好色就是天命之性，便判此说为自然人性论。其实，这段文字意在说明“天命至诚”，即“诚于中，形于外”的至诚具有先验性。显然，金氏是糅合了《大学》的“诚于中形于外”和《中庸》的“自诚明”来证成其说；另一方面，“诚于中形于外”的至诚又有现实普遍性：

> 若恶恶臭，好好色，乃至为善为不善，无不诚于中，形于外，圣人无所增，愚人无所减，是上智之德也。[①]

这就意味着，现实中的各种意念和行为，如为善、为不善乃至恶恶臭好好色之微；现实中的各色人等，无论圣人还是愚人，无不呈现其至诚的天性。在此，金圣叹巧妙地利用《大学》中有关小人欲掩其不善而终不可掩的思路，从中推演出了“诚于中，形于外”的现实普遍性。

其次，“至善”也是先天本有的，却非当下现成，常因后天的陶染而被遮蔽。其说云：“性相近也，习相远也。善不善，其习也。”此说容易被

① 金圣叹：《第五才子书施耐庵水浒传》卷四十七第四十二回总评，《金圣叹全集》肆，凤凰出版社 2008 年版，第 769、770 页。

解读为善是后天习得的，并非先验本体。其实，这篇长文中还有“维皇降衷于民，无不至善”一说，是借用《尚书·汤诰》的思想资源来证明至善亦天命之性。由此可以推测，“善不善，其习也”云云，意味着先天至善因后天习染的不同，而发用为有善有不善。

在金氏的至诚与至善合一的人性论中，至诚既有先验性又有现实性，至善是天命自然而非当下现成，而作为修身结果的至善又趋同于至诚（说详下），这表明金氏一方面主张至诚与至善的合一，另一方面强调至诚的绝对性而更重视至诚，这是金氏人性论的不可或缺的两方面。

金氏以人性为至诚与至善合一，且至诚更为重要，这从《水浒传》评点中提出的正面典范李逵和反面典型宋江的人格特征中也可以看出。[①]

二　工夫论

“忠恕”说在工夫论上主张渐修与顿悟相结合而顿悟更为重要。金氏论学为圣人的途径曰：

> 何谓慎？修道之教是也。教之为言，自明而诚者也。……择乎中庸，得一善，固执之而弗失。能如是矣，然后谓之慎独。慎独而知从本是独，不惟有小人之掩即非独，苟有君子之慎亦即非独。于是始而择，既而慎，终而并慎亦不复慎。当是时，喜怒哀乐不思而得，不勉而中，如恶恶臭，如好好色，从容中道，圣人也。如是谓之“止于至善”。[②]

显然，成圣工夫是从择善、慎独（执善）到止于至善的过程，可说是从渐修入顿悟。就思想资源而论，这一修身途径是在《中庸》“诚者不勉而中，不思而得，从容中道，圣人也。诚之者，择善而固执之也”的启发下形成的，是一种从“诚之者”到“诚者”的思路。“忠恕”说的工夫论还表明，在修身的最终指向上，至善是与至诚趋同的。这是因为，金圣叹将“慎独”之“独”诠释为“诚于中，形于外”，可见“独”是至诚的另一种表述

① 参见本书第四章《金圣叹与钱谦益的思想渊源》。

② 金圣叹：《第五才子书施耐庵水浒传》卷四十七第四十二回总评，《金圣叹全集》肆，凤凰出版社2008年版，第770—771页。

方式;他又认为慎独的最终目标是“慎独而知从本是独”,这就意味着,作为工夫的终极境界的至善是与至诚趋同的。

金氏工夫论的以下两个特点很值得注意:其一,“择善”是对“好善恶不善”的修身方法的反拨,其意义在于避免伪善。其说云:

> 夫好善恶不善,则是君子遵道而行,半途而必废者耳,非所以学而至于圣人之法也。若夫君子欲诚其意之终必由于择善而固执之者,亦以为善之后也若失,为不善之后也若得。若得,则不免于厌然之掩也;若失,则庶几其无祇于悔矣。圣人知当其欲掩而制之使不掩也难,不若引而置之无悔之地,而使之驯至于心广体胖也易。故必津津以择善教后世者,所谓慎独之始事,而非《大学》“止至善”之善也。[①]

在金氏看来,“好善恶不善”的弊端在于导致“厌然之掩”即伪善,因此他主张修身从择善开始,他认为择善就是“有不善,未尝不知,知之未尝复行”,这样的择善能够避免伪善,而使修身者置于无悔之地。

其二,“止于至善”是对“择善而固执”的反拨,其意义在于摆脱“着善”。前引“择乎中庸……终而并慎亦不复慎”这段文字说明了:君子之慎和小人之掩一样不能通向成圣之境,只有超越“择善而固执”,才能达到顿悟,摆脱“着善”。由此可见,“择善固执”的渐修固然是修身的重要环节,但“从本”的顿悟才是根本方法。概言之,金氏对“好善恶不善”和“择善而固执”等修身方法的超越,表明了其工夫论包含着渐修与顿悟相结合、顿悟更为重要两个方面,具有避免伪善和着善的双重功效。

金氏工夫论的这一特征还可以从其佛教工夫论中得到佐证。一方面,他吸收了天台教的“教观双用”即通过教门而得悟的闻教和通过观门而得悟的修观不可偏废,主张“思学不分”,“思学不分”的实质就是修悟合一。[②] 另一方面,他非常热衷于南宗禅的无执无碍与呈露本体相即不二的思维方式,在《西城风俗记》和《唱经堂圣人千案》中反复申论,如

① 金圣叹:《第五才子书施耐庵水浒传》卷四十七第四十二回总评,《金圣叹全集》肆,凤凰出版社2008年版,第770页。

② 参见本书第五章《兼奉台禅的佛学思想》。

前所述，在《唱经堂圣人千案·对朕案第一》中，他指出，扫除了对于知见的依傍后，无尘无点的清净本体、十成法界便宛然具足了，这是典型的顿悟。对于天台宗的修悟合一和南宗禅的顿悟说的重视，也证明了金氏的工夫论是渐修与顿悟相结合而顿悟更为重要。

三　境界论

最后，"忠恕"说还推崇真实地表现喜怒哀乐之中节、真善合一的境界论。其说云：

> 盖忠之为言，中心之谓也。喜怒哀乐之未发，谓之中；发而为喜怒哀乐之中节，谓之心。率我之喜怒哀乐，自然诚于中，形于外，谓之忠；知家国、天下之人率其喜怒哀乐，无不自然诚于中，形于外，谓之恕。①

有的学者将这一段论述理解为率性任情，表露自然天性。这一说法值得商榷，其理由有三：(1) 金圣叹的"忠恕"说是经由择善慎独工夫而止于至善，因而金氏所要真实表现的是伦理之善而非自然人性；(2) 金圣叹已点明了"发而为喜怒哀乐之中节，谓之心"，可见"忠恕"说所自然流露的是发而中节的喜怒哀乐，是善。(3) 金氏的本体论是至诚与至善合一，工夫论是由渐修入顿悟，与此相应的境界论也不可能是纯任自然人性，而应是善的真实流露，是真与善的合一。

概言之，金氏"忠恕"说在结合至诚与至善、顿悟与渐修、真与善的双方的同时，更倾向于前一方面。

第二节　"忠恕"说对朱熹《通书注》"诚"论的承袭和变革

就儒家经典的依据而论，金圣叹的"忠恕"说综合应用了《大学》《中庸》《论语》《孟子》和《易传》中的思想资源。从基本思想框架来看，则是

① 金圣叹：《第五才子书施耐庵水浒传》卷四十七第四十二回总评，《金圣叹全集》肆，凤凰出版社 2008 年版，第 771 页。

吸收了朱熹《通书注》的“诚”论，又具有不可忽视的独创性。

如前所述，“忠恕”说的人性论的核心是至诚与至善合一，这显然受到了朱熹《通书注》以诚论性的影响。从“诚”的来源看，《中庸》和《孟子》都从天道与人道合一的角度来阐述“诚”，《中庸》曰：“诚者，天之道也；诚之者，人之道也。”《孟子》云：“是故诚者，天之道也；思诚者，人之道也。”在儒家基本典籍中，《中庸》对“诚”的重视最为突出。

关于诚与性的关系，《中庸》有“诚者不勉而中，不思而得，从容中道，圣人也”“自诚明，谓之性”和“为天下至诚，为能尽其性”等说法，可说是为周敦颐《通书》的“诚”论导夫先路。《通书·诚上》第一次明确提出了“诚者，圣人之本”的观念，同时，《通书·诚几德》中又有“性焉安焉之谓圣，复焉执焉之谓贤”的主张，至此，诚为性的思想已是呼之欲出了。朱熹《通书注》第一章则直接以“性”的内涵来解说“诚”：“诚者，至实而无妄之谓。天所赋、物所受之正理也，人皆有之”，[①]而他对《中庸》“性”的阐述是：“性，即理也。……于是人物之生，因各得其所赋之理，以为健顺五常之德，所谓性也”，[②]可见诚和性都是天赋人受之正理，两者若合符节。而对于“诚几德”一章，朱熹更有“诚，性也；几，情也；德，兼性情而言也”的解说，[③]从而正式确立了“诚为性”的命题。值得注意的是，宋儒的至诚是与至善合而为一的。比如《通书》在提出“诚者，圣人之本”后，又有“纯粹至善者也”之说，[④]足见其至诚与至善不二。又如朱熹《中庸章句》曰：“前章言至圣之德，此章言至诚之道。然至诚之道，非至圣不能知；至圣之德，非至诚不能为，则亦非二物矣。”[⑤]至圣与至诚为一物。因此，金圣叹“忠恕”说以至诚至善合一为天命自然之性的主张，就其理论框架而言，是承袭了朱熹《通书注》的。

但是，金氏“忠恕”说又有其鲜明的独创性，主要表现在更强调其中的“至诚”的向度。具体地说，首先，至诚与至善的具体关系不同。虽然

---

① 谭松林、尹红整理：《周敦颐集》之《通书·诚上》《通书·诚几德》《通书·诚上》，岳麓书社2002年版，第15、20、15页。

② 朱熹：《四书章句集注》之《中庸章句》，中华书局1983年版，第17页。

③ 朱熹：《朱子语类》卷九十四《周子之书·通书》，中华书局1994年版，第2396页。

④ 谭松林、尹红整理：《周敦颐集》之《通书·诚上》，岳麓书社2002年版，第16页。

⑤ 朱熹：《四书章句集注》之《中庸章句》，中华书局1983年版，第39—40页。

都是至诚与至善合一，但宋儒是相即不二的合一，金氏则是相互补充的合一。周敦颐和朱熹都认为至诚与至善都是天之所赋、人之所受之正理，至诚与至善相即不二。而在金氏“忠恕”说中，虽然在最终境界上至善趋同于至诚，但两者有着各自的质的规定性，其中，至诚意味着“诚于中，形于外”，至善意味着超越具体善恶的形上之善，两者相互补充地构成人性，因而至诚与至善是相互补充的合一。其次，至诚之性是否当下现成的不同。周敦颐和朱熹都认为只有圣人之诚是先天本有且当下现成的，贤人则必须通过修身工夫来回复至诚之性。圣贤的这一分别在《中庸》“诚者不勉而中，不思而得，从容中道，圣人也。诚之者，择善而固执之也”一说中已见端倪，[①]前引周敦颐《通书·诚几德》“性焉安焉之谓圣”云云，则指出了圣贤之间的性、安与复、执之异。朱熹则进一步申说了至诚之性“人皆有之，而圣人之所以圣者，无他焉，以其独能全此而已”，[②]这是说，唯有圣人的至诚之性是当下具足的。而金圣叹则主张，至诚人性的当下现成，是不因圣愚贤不肖而有所不同的。通过以上两个层面的改造，金氏将旧有的至诚至善相即不二的“诚”论，发展为至诚至善相互补充的“忠恕”说，于是“诚于中，形于外”的“至诚”在人性中的地位更加突出了。

第三节　“忠恕”说与晚明思想的困境

金氏“忠恕”说以如何获得真善为宗旨，这就使得我们追问一个问题：在金圣叹生活的时代，获得真善何以会成为一个问题，换言之，晚明学风和士风中的哪些因素阻碍了人们臻于真善呢？那就是学人的伪善和执善。对此，金圣叹曾作如下论述：

> 写武二视兄如父，此自是豪杰至性，实有大过人者。乃吾正不难于武二之视兄如父，而独难于武大之视二如子也。曰：嗟乎！兄

① 朱熹：《四书章句集注》之《中庸章句》，中华书局1983年版，第31页。

② 谭松林、尹红整理：《周敦颐集》之《通书·诚上》，岳麓书社2002年版，第15页。

> 弟之际，至于今日，尚忍言哉？一坏于乾糇相争，阋墙莫劝；再坏于高谈天显，矜饰虚文。盖一坏于小人，而再坏于君子也。夫坏于小人，其失也鄙，犹可救也；坏于君子，其失也诈，不可救也。坏于小人，其失也鄙，其内即甚鄙，而其外未至于诈，是犹可以圣王之教教之者也；坏于君子，其失也诈，其外既甚诈，而其内又不免于甚鄙，是终不可以圣王之教教之者也。[①]

金圣叹在此提出"兄弟之际"等道德伦理沦丧的原因有二：一是小人之为不善，二是君子之伪善。其中君子之伪善的实质是内鄙外诈，故而危害远甚于小人之为不善。

痛斥学问之人的伪善的思潮，在明代中期以后逐渐兴盛。反对伪善是阳明学的逻辑起点之一。正是有鉴于朱子学知而不行导致明中期士风的虚伪欺诈，王阳明(1472—1529)才标揭知行合一之说，[②]然而，伪善的士风还是愈演愈烈，因而晚明时期崇尚真诚的呼声日益高涨。如徐渭(1521—1593)曾愤言"岂不以言王而行伯者，固不若行伯而言亦伯者之不欺罔人耶？此君之所以论学诚伪也"，[③]表达了对言行不一的学者的深恶痛绝；又如李贽(1527—1602)《童心说》批判了学人以闻见道理为心而导致无所不假的现象。[④]

在人们指责学者伪善的同时，另一种批判学问之人的呼声也出现了，那就是反对学人执著于善的主张。王阳明《传习录》已经提到了"这着实用意便是诚意。然不知心之本体原无一物，一向着意去好善恶恶，便又多了这分意思，便不是廓然大公。《书》所谓'无有作好作恶'，方是本体"。[⑤] 可见执著于善的弊端之一是涉于有私。嘉靖六年(1528 年)天泉证道后，王门士人围绕王阳明的四句教"无善无恶是心之体，有善有恶是意之动，知善知恶是良知，为善去恶是格物"展开了激烈的论辩，这一讨论使得良知是否具有超越是非善恶的道德本体、为善去恶是否

---

① 金圣叹：《第五才子书施耐庵水浒传》卷二十八第二十三回总评，《金圣叹全集》叁，凤凰出版社 2008 年版，第 428 页。

② 王阳明：《王阳明全集》卷八《书林司训卷》，上海古籍出版社 1992 年版，第 282 页。

③ 徐渭：《徐渭集》之《徐文长三集》卷二九《送李子遂序》，中华书局 1983 年版，第 520 页。

④ 李贽：《焚书》卷三《童心说》，《李贽文集》第一卷，社会科学文献出版社 2000 年版，第 91—93 页。

⑤ 王阳明：《王阳明全集》卷一《传习录》上，上海古籍出版社 1992 年版，第 34 页。

究竟工夫等问题日益凸显，而其中的核心便是如何看待“着善”。王畿（1498—1583）、管东溟（1536—1608）、周汝登（1547—1629）等人都强化了阳明学中不着善的观念，周汝登对着善的批驳尤为不遗余力：

> 盖凡世上学问不力之人，病在有恶而闭藏；学问有力之人，患在有善而执着。闭恶者，教之为善去恶，使有所持循，以免于过。惟彼着善之人，皆世所谓贤人君子者，不知本自无善，妄作善见，舍彼取此，拈一放一，谓诚意而意实不能诚，谓正心而心实不能正。象山先生云：“恶能害心，善亦能害心。”以其害心者而事心，则亦何由诚，何由正也？①

着善之人以善见取舍分别，恰恰违背了正心诚意的无私原则。这段文字中最值得注意的是：周海门将学者分为“学问不力”和“学问有力”两类，其弊端分别是伪善掩恶和执著于善，而且他认为着善的害处远过于藏恶。这一主张与前述金圣叹将违背孝弟伦理的君子与小人并举，认为伪善的君子比为恶的小人更不可救药的说法在逻辑上极为契合，都是揭示了读书问学越多则修身成圣所受的遮蔽越大。更重要的是，周海门此说表明了学者的伪善和着善已被视为道德不振的两大原因。这两大原因是密切相关的：从现象来看，伪善与着善是两种性质程度都有所不同的道德状态，但实质上它们在掺入私意、遮蔽本心方面是一致的。由此我们也不难理解，痛斥伪善的士人与批判着善的学者之间存在着师承关系这一现象了。前述崇尚真诚、反对伪善的徐渭、李贽等人都深得王龙溪学说的沾溉。②

针对晚明思想中的伪善和着善的弊端，人们纷纷提出了对治的药方，但各种观点往往在纠正了时弊的同时又造成了新的偏差。比如，王畿的“四无”说是针对着善而发的，但有可能导致脱略工夫。“四无”说云：“心体既是无善无恶，意亦是无善无恶，知亦是无善无恶，物亦是无

① 周汝登：《九解》，《明儒学案》下卷三十六载，《黄宗羲全集》第八册，浙江古籍出版社2005年版，第125页。

② 关于徐渭、李贽与王龙溪的学术渊源，参见左东岭《李贽与晚明文学思想》，天津人民出版社1997年版，第125—129页；周群《儒释道与晚明文学思潮》，世纪出版集团上海书店出版社2000年版，第70—90页。

善无恶。”[①]与此相适应，在本体论上，王畿《藏密轩说》提出了“良知知是知非，而实无是无非”，强调良知无执不滞的品格；在工夫论上，王畿提倡“先天正心之学”，《三山丽泽录》指出：“颜子有不善未尝不知，知之未尝复行，便是先天简易之学。原宪克伐怨欲不行，便是后天繁难之学。不可不辩也。”显然，“先天之学”是相对于为善去恶的后天之学而言的。那么，“先天简易之学”是怎样实施的呢？王畿《致知议略》的解释是：“才动即觉，才觉即化，未尝有一毫凝滞之迹。”[②]这是说在不善之意识发动之初便及时予以纠正，这样便能保任良知的活泼之机，避免执著于善。王畿的“四无”论似乎是救治执善的良策，但是，“先天之学”侧重于对良知本体的妙悟，很有可能导致脱略工夫。比如，聂豹评价龙溪之说曰：“自来论学，只从混沌初生，无所污坏者而言，而以见在为具足，不犯做手为妙悟。”[③]所谓“不犯做手”，是指脱略工夫；罗念庵对龙溪也有“终日谈本体，不说工夫”的看法。[④]

又如，李贽《童心说》试图以“绝假纯真，最初一念之本心”来挽救“无所不假”的士风，但又有求真而失善的可能。李贽认为，无所不假的士风缘于童心被遮蔽，而多读书识义理、执著于闻见道理是童心失却的根本原因。因此，李贽的《童心说》包含了两种救治伪善的思路：(1) 推崇绝假纯真的本心；(2) 不执著于闻见道理。李贽在其他书信文章中多次阐述这两种思路，正是这些论述暴露了《童心说》可能导致的流弊。一方面，其《答耿司寇》曾经称赞不思善恶之“市井小夫”的言行一致：“所讲者未必公之所行，所行者又公之所不讲，其与言顾行、行顾言何异乎？以是谓为孔圣之训可乎？翻思此等，反不如市井小夫，身履是事，口便说是事。作生意者但说生意，力田作者但说力田，凿凿有味，真有

① 《王阳明年谱》，《王阳明全集》附，上海古籍出版社1992年版，第1306页。

② 王畿：《王畿集》卷十七《藏密轩说》、卷一《三山丽泽录》、卷六《致知议略》，凤凰出版传媒集团2007年版，第496、10、131页。

③ 聂豹：《聂豹集》卷十一《答王龙溪》，凤凰出版传媒集团2007年版，第377页。

④ 罗洪先：《罗洪先集》卷六《寄王龙溪》，凤凰出版传媒集团2007年版，第313页。关于王畿思想的得失，参见彭国翔《良知学的展开——王龙溪与中晚明的阳明学》，北京：生活·读书·新知三联书店2005年版。

德之言，令人听之忘厌倦矣。”①又如，《又与焦弱侯》将“名为山人而心同商贾，口谈道德而志在穿窬”的伪善山人与商贾相比较，认为后者不可鄙而前者可贱，②同样是着眼于商贾言行一致而山人虚伪矫饰的区别。上述观点是从推崇真诚的角度出发，褒扬不思善之真而贬低伪善，其中并无肯定非善的意味。关于这一点，以往的研究已经进行了充分论述。③ 然而，对于非善之真的肯定却很可能导致非善本身的盛行。另一方面，李贽常常在痛斥假道学之后流露出厌弃学问的情绪，如“第有所欲言者，幸兄勿谈及问学之事。说学问反埋种种可喜可乐之趣。人生亦自有雄世之具，何必添此一种也！”④又如“大抵今之学道者，官重于名，名又重于学。以学起名，以名起官。使学不足以起名，名不足以起官，则视弃名如敝帚矣。无怪乎有志者多不肯学，多以我辈为真光棍也。”⑤显然，有激于当世学人虚伪矫饰的风气，李贽甚至从主张不执著于闻见道理而走向了厌弃读书识理。总之，李贽肯定非善之真和厌弃闻见道理的倾向，显然是矫枉过正了，有可能导致得真而失善。

金圣叹的“忠恕”说也是对晚明伪善和执善的时代难题的回应，而不仅仅是为了批判伪道学。他在说明“慎独而知从本是独”时，主张“不惟有小人之掩即非独，苟有君子之慎亦即非独”，这分明就是与伪善和执善针锋相对的；同样，他认为小人为不善、君子为善、君子未免于慎独之慎等等，都是未止于善的表现，也是以上述时弊为理论靶子。

“忠恕”说对王畿、李贽的思想是有所吸收的。比如，金圣叹把择善理解为“有不善，未尝不知”云云，并且以此来反驳“好善恶不善”的修身方法，这与王畿以“有不善未尝不知”之说为先天正心工夫，从而驳斥后天诚意工夫的思路，颇有几分相似；李贽推崇真心的倾向，也影响了金氏“忠恕”说更为重视至诚的特征。

然而，作为一种对治伪善和执善的理论，“忠恕”说是不同于前人

① 李贽：《焚书》卷三《童心说》、卷一《答耿司寇》，《李贽文集》第一卷，社会科学文献出版社 2000 年版，第 91—93、28 页。

② 李贽：《焚书》卷二《又与焦弱侯》，《李贽文集》第一卷，社会科学文献出版社 2000 年版，第 45 页。

③ 参见左东岭《李贽与晚明文学思想》，天津人民出版社 1997 年版，第 167—168 页。

④ 李贽：《焚书》增补一《又与焦弱侯》，《李贽文集》第一卷，社会科学文献出版社 2000 年版，第 259 页。

⑤ 李贽：《焚书》增补二《复焦弱侯》，《李贽文集》第一卷，社会科学文献出版社 2000 年版，第 261 页。

的，甚至可以说是试图避免王畿、李贽等人的偏差。其说以至诚与至善合一、至诚更为重要的人性论来挽救伪善的士风，又以择善、慎独而从本的工夫论来纠正好善恶不善、择善而固执等方法的着善之弊。“忠恕”说与王畿、李贽等人的不同之处在于：(1) 有鉴于王畿脱略工夫的倾向，金氏把修身工夫设计为择善——慎独——止于至善，其中最值得注意的是慎独即“择善而固执”的环节，它使得“忠恕”说成为渐修、顿悟合一的工夫论，弥补了王畿“先天正心之学”忽视“渐修”的缺陷。(2) 为了防止李贽肯定非善之真和厌弃闻见道理的倾向蜕变为道德原则的缺席，金氏在人性论中安排了先天本有而非当下现成的至善，来与天命自然且当下即是的至诚相结合，以这样的人性结构来满足对于真和善的双重诉求。

综上所述，金氏“忠恕”说的背景是，晚明思想中伪善和执善的弊端日益突出，王畿、李贽等人开出的对治之方又各有偏差，因此，它不但试图救治伪善和着善的时代病症，而且希望克服王畿、李贽等人的偏差。

第四节 “忠恕”说的理论漏洞

不可否认的是，“忠恕”说同样不是一个天衣无缝的严密体系，其中的理论漏洞也许比前人更多。比如，至诚与至善合一而不相混的人性结构缺乏依据，有拼凑之嫌；而且，至诚与至善为什么有着当下现成和有赖于“修道之教”的不同？又如，对于择善—慎独—止于至善的修身途径来说，一个不可回避的问题是，在“止于至善”之前，“择善”如何可能？此外，与“忠恕”说的工夫论有所不同，金氏在其他评点中又有推崇天性之善的观点。所谓天性之善，就是当下现成、不假工夫之善。比如，金圣叹比较武大和武二之人品，称“由学问而得如武二之事兄者以事兄，是犹夫人之能事也；由天性而欲如武大之爱弟者以爱弟，是非夫人之能事也”。[1] 可见他对天性之善极为推崇。他甚至还说：“夫亦曰：

---

① 金圣叹：《第五才子书施耐庵水浒传》卷二十八第二十三回总评，《金圣叹全集》叁，凤凰出版社 2008 年版，第 428 页。

兄之与弟，虽二人也，揆厥初生，则一本也。一本之事，天性之事也，学问其不必也。”[①]这似乎又回到了李贽厌弃学问的思路。同样，金圣叹在《第五才子书施耐庵水浒传·序三》中论述了关于人物个性创作论的“忠恕”说，也是主张天命自然、不假工夫之性。其说云：

> 格物之法，以忠恕为门。何谓忠？天下因缘生法，故忠不必学而至于忠，天下自然，无法不忠。火亦忠，眼亦忠，故吾之见忠；钟忠，耳忠，故闻无不忠。吾既忠，则人亦忠，盗贼亦忠，犬鼠亦忠。盗贼犬鼠无不忠者，所谓恕也。[②]

这是说，作家要塑造个性各异的人物形象，应当深知人物自然各具个性之理。显然，其理论基础是不待工夫的人性论，这就不同于前文所述的，包含了“修道之教”的“忠恕”说。

这类理论漏洞的产生，在很大程度上是由于金圣叹常用翻他人之案的思维方式，对成说加以补偏救弊，因而损害了其理论自身的有机统一。金氏因好用多重翻案法而导致顾此失彼的特点，在其《西厢记》评点中也有充分表现。金批《西厢》有着主次地位不同的两重翻案的意图。一方面，金批《西厢记》的主要宗旨是批驳旧本《西厢记》的“狂荡无礼”；另一方面，金氏又不满于道学先生对崔张爱情的诋毁，所以他常常叹赏才子佳人的“必至之情”。为了弥缝这两重翻案之间的冲突，金氏还精心设计了一个才子佳人的必至之情只能藏于才子佳人心中的理论，此说看上去适应了两重翻案的需要，实际上是回到了“发乎情止乎礼”的老套。[③]

“忠恕”说的理论漏洞也缘于它的双重翻案的性质。如前所述，“忠恕”说既是对伪善和着善的反拨，又是对王畿、李贽等人的救弊之方的纠正。一方面，为了批驳伪善和着善，“忠恕”说的本体论和工夫论分别

---

① 金圣叹：《第五才子书施耐庵水浒传》卷二十八第二十三回总评，《金圣叹全集》叁，凤凰出版社2008年版，第428—429页。

② 金圣叹：《第五才子书施耐庵水浒传·序三》，《金圣叹全集》叁，凤凰出版社2008年版，第20页。

③ 参见本书第四章《金圣叹与钱谦益的思想渊源》。对于金批《西厢》既爱佳人又爱先王之礼的二重性，廖可斌《爱佳人则爱，爱先王则又爱——试论金圣叹评点〈西厢记〉的矛盾心理》解释为遂性从欲的现实感受与维护伦理的主观意图之间的矛盾（《中国文学研究》1986年第1期）。

以"至诚"和"顿悟"为主导;另一方面,为了纠正王畿、李贽的偏差,金氏又不得不把"至善"设计为有赖于修道之教而不是当下现成,从而在工夫中增添"渐修",这就使得"忠恕"说成为一个至诚与至善、当下现成与后天修得、渐修与顿悟的二元论的理论结构,这样拼凑的结构显然缺乏内在的有机统一;更重要的是,金氏在具体论述时又往往很难兼顾到双重翻案的任务,前述的"天性之善"之说就是因为侧重于纠正伪善和着善,而未能顾及对王畿、李贽之说的翻案。

第八章 援佛释易的易学思想

易学是金圣叹学术的重镇之一。除了《易钞引》《通宗易论》这两篇以易命名的图文外，金圣叹还在《语录纂》《随手通》及文学评点中挥洒着他的易学才情。廖燕《金圣叹先生传》称金氏“尤喜讲《易》《乾》《坤》两卦，多至十万余言”，[①]可见其于《周易》用力之深。然而，迄今为止，金氏易学尚未得到足够的关注。[②] 本章试图阐述金圣叹的易学是如何继承改造易学传统观念的，又是怎样求同存异地打通易学与佛学二家的。金圣叹对传统易学是有所吸收的，但金圣叹易学最突出的特征，则是以佛教思想诠释《周易》经传，其核心思路则是援引佛教的人法关系解释周易的基本结构，主张人法关系构成了《周易》思想的主干。金氏有关《周易》人法关系的论述是对《周易》经传中固有的天人合一和对立统一观念的发挥。就其佛教思想资源而论，主要是受到了禅宗思想的影响，此外还吸收了天台宗的人法关系理论。金圣叹的以佛释易还表现在以华严宗的事事无碍论解释乾坤关系，以佛教的因缘和合比附阴阳合德等方面。

---

① 廖燕:《廖燕全集》卷十四《金圣叹先生传》，上海古籍出版社 2005 年版，第 301 页。

② 马积高《论金圣叹的哲学思想》以金氏的易学为依据，从宇宙观、思想方法、人性论和政治观四个层面论述了金圣叹的哲学思想。(《学术月刊》1990 年第 12 期，第 48—54 页)

第一节　金圣叹与朱熹易学的关系

金圣叹在着力开创易学新境界的过程中，往往是以继承改革传统易论为理论前提的。本节主要论述金圣叹对朱熹易学的接受。

金圣叹所接受的传统易学可能主要来自朱熹的《易学启蒙》和《周易本义》。他对象数易学和元气论的好尚，与朱熹的影响有关；他还吸收了朱熹对《周易》中的"中孚""神鬼"等概念的解释。金圣叹对邵雍易学的吸纳，也与朱熹易学的引导密不可分。

首先，金圣叹对象数易学和元气论很感兴趣，颇热衷于谈论象数派易学的方圆二图、大衍之数和元气问题，这都与朱熹易学的启发有着一定的关系。

(1) 就方圆二图言之，金氏曾回忆幼年学易的情形道："幼见希夷方圆二图，参伍错综，悉有定象，以为大奇。"[①]大概是童年的记忆尤为深刻的缘故吧，金氏在其著述中常提及方圆二图。如《唱经堂通宗易论·义例》说："五者，天地之盛德；十者，圣人之大业。方图以十六卦五其中，圆图以十六卦十其际者也。"[②]所谓"希夷方圆二图"，是指伏羲六十四卦方位图之圆图和方图。此图见于朱熹《易学启蒙》和《周易本义》，朱熹指出其学术传承为："伏羲四图，其说皆出邵氏。盖邵氏得之李之才挺之，挺之得之穆修伯长，伯长得之华山希夷先生陈抟图南者，所谓先天之学也。"[③]金圣叹将方圆二图归于希夷(陈抟)名下，当是依据朱熹之说。又金氏之得见二图是在幼年，由此可以推测他所接触的是适合于初学阅读的《易学启蒙》。

(2) 金圣叹吸收了朱熹关于大衍之数的观点。本来，对于《系辞》上"大衍之数五十"的构成，汉京房、马融、荀爽、郑玄、魏王弼等人有不同的说法，正如孔颖达疏所云："五十之数，义有多家，未知孰是。"朱熹

---

① 金圣叹：《第五才子书施耐庵水浒传》卷五十二第四十七回总评，《金圣叹全集》肆，凤凰出版社2008年版，第866页。

② 金圣叹：《唱经堂通宗易论·义例》，《金圣叹全集》陆，凤凰出版社2008年版，第798页。

③ 朱熹：《周易本义·易图》，《朱子全书》壹，上海古籍出版社、安徽教育出版社2002年版，第20页。

《周易本义》以为“大衍之数五十，盖以河图中宫天五乘地十而得之”。又《易学启蒙》卷一也主张“以五乘十，以十乘五，则又皆大衍之数也”。[①]金圣叹对大衍之数的解释是：“而学《易》之法，必须五以五之，十以十之。五以五之者，五其十也；十以十之者，十其五也。”[②]这显然是袭用朱熹之说，认为五与十相乘而得五十。此外，金氏还喜欢在小说评点中以《周易》阴阳之数附会小说中的人事，这也可能与朱熹易学的象数倾向有关。比如金圣叹评点《水浒》楔子：“朱李石刘郭，梁唐晋汉周。都来十五帝，播乱五十秋！”曰：“‘十五’‘五十’，颠倒大衍河图中宫二数，便妙！”又如《水浒》第十四回评点阮小二兄弟三人的名称云：“小七是七，小二小五合成七；小五唤做二郎，又独自成七。三人离合，凡得三个七焉。筹亦三七二十一，为少阳之数也。”[③]

(3) 元气论也是金圣叹经常谈论的话题，其中也带有朱熹思想的烙印。[④] 众所周知，在世界本原和构成问题上，朱熹并不是气一元论者。[⑤] 但他确实常常援引《周易・序卦》“盈天地间者唯万物”的句式，论述元气乃万物构成的道理，比如《易学启蒙》卷一“天地之间，一气而已”、《周易本义・周易文言传第七》“天地之间，本一气之流行而有动静耳”[⑥]等说法，很可能就是金圣叹“盈天地间皆气也”一说的蓝本。那么金圣叹是否主张气本论呢？关于世界万物的本原，金圣叹曾援引《华严经》和禅宗的心本原论，认为心是创造和毁坏世界万法的依据（参见本书第十二章第一节《华严心本原说与文学思想的逻辑联系》），因此，正如朱熹的“天地之间，一气而已”之类的说法并不指向气本论一样，“盈天地间皆气也”的说法并不一定能证明金氏的气本论立场，但金圣叹确

① 朱熹：《周易本义・周易系辞上传第五》《易学启蒙》卷一，《朱子全书》壹，上海古籍出版社、安徽教育出版社2002年版，第130、216页。

② 金圣叹：《唱经堂通宗易论・五十》，《金圣叹全集》陆，凤凰出版社2008年版，第800页。

③ 金圣叹：《第五才子书施耐庵水浒传》卷五《楔子》夹批、卷十九第十四回夹批，《金圣叹全集》叁，凤凰出版社2008年版，第42、275页。

④ 关于金圣叹的元气说，潘运告《金圣叹的性命之说及其民本思想》已经论述了以乾坤阴阳二气为本原、主张人也是由气而生等方面（《晋阳学刊》1987年第5期，第64—69页）。本节在金圣叹是否气本论者这一问题上持存疑态度。

⑤ 关于朱熹气论，参见陈来《朱子哲学研究》，上海华东师范大学出版社2000年版，第73—74页。

⑥ 朱熹：《易学启蒙》卷一、《周易本义・周易文言传第七》，《朱子全书》壹，上海古籍出版社、安徽教育出版社2002年版，第212、149页。

实很重视元气作为世界构成因素的意义，他认为人之生命的兴衰也是精粗二气交替的过程：

> 气有精有粗。米中之青，乃是保合来年之太和。三鹿为‘麤’，分鹿亦为麄。花上露一点，是气之最精者。二六时中，又有精气滋养他。血，气之粗者。乳，血之精者。母未生子时，乳在血中，故颜如蕣华；一受了胎，无有微尘精气而不为乳。故人自三岁断乳后，一路都是精气，十五以后，粗气也来了。到得纯是粗气，魂便游去了，那得不死！①

金圣叹还以大量笔墨论述了阴阳二气化生万物的主张（说详下）。

更值得注意的是，金圣叹特别重视乾元之气调节万物的作用，这也与朱熹的影响有关。“乾元”一词出于《乾》卦彖辞：“大哉乾元！万物资始，乃统天。”对于“乾元”的内涵，各家说法不一。义理派王弼将“乾元”理解为乾健：“天也者，形之名也。健也者，用形者也。夫形也者，物之累也。有天之形而能永保无亏，为物之首，统之者岂非至健哉！”这一诠释中有两个值得注意的层面：一是依据《说卦》而将乾元解释为“健”，二是将“万物资始，乃统天”都理解为统领万物。孔颖达疏则不然：

> “大哉乾元”者，阳气昊大，乾体广远，又以元大始生万物，故曰“大哉乾元”。“万物资始”者，释其“乾元”称大之义，以万象之物，皆资取“乾元”，而各得始生，不失其宜，所以称“大”也。“乃统天”者，以其至健而为物始，以此乃能统领于天。天是有形之物，以其至健，能总统有形，是“乾元”之德也。②

这段解释中，孔氏虽然承袭了王弼以至健统有形为乾元之德的说法，但他也揭示了“乾元”作为阳气生成万物的内涵。又孔颖达释“至哉坤元，万物资生”时更明确了“乾元”中的元气内涵：“初禀其气谓之始，成形谓之生。乾本气初，故云‘资始’；坤据成形，故云‘资生’。”③朱熹《周易本

---

① 金圣叹：《唱经堂语录纂》卷一，《金圣叹全集》陆，凤凰出版社2008年版，第828页。

② ［魏］王弼、［晋］韩康伯注，［唐］孔颖达疏：《周易正义》卷一，十三经注疏本。

③ ［魏］王弼、［晋］韩康伯注，［唐］孔颖达疏：《周易正义》卷一，十三经注疏本。

义》将孔氏此说概括为“始者气之始，生者形之始”。[①] 在上述观念的影响下，金圣叹十分推崇乾元之气调节自然和人事的作用。他肯定了“乾元”中所包含的元气的内涵：“《春秋》是二六时中做出来。《春秋》将一切人物，乱纵纵写成一册，那一件不是‘大哉乾元’？或走了元气的样，或不走元气的样，故要议。”[②]这是说《春秋》之人事与乾元之气密切相关。他还进一步阐述了圣人之所以无为而治，随顺万物，乃是由于自有乾元之气调节自然人事的兴衰。他是在诠释《周易·系辞上》“曲成万物而不遗”时提出这一论点的：

> “遂万物之性”为成，“成”里边有个秘诀曰曲。“曲”成“曲”字，取正吹之横笛，孔里边有个曲。逐孔逐孔吹去，从上翻到最下一孔，从下转到最上一孔，天地之调已尽了。若使再开一孔，不与调相应，再跌不下，故曰“人官物曲”。“曲”非圣人之曲，乃万物自然之曲也。今夜冬至了，明日桃树便有红色起来，故从“兆”。到得开桃花，结桃实，已是顶调了。核中之仁，仍收到本来，却是逞乾元底曲调，在这里做物。调唱不足，再收不转；调唱足了，自然歇手。圣人于一切世间不起分别，一片都成就去。尽世间人但凭他喜，但凭他怒，自有乾元为之节。若唱了顶调，自然去不得了。末世之民，外迫于王者，不敢自尽其调；内迫于乾元，不得不尽其调。所以瞒着王者，成就下半个腔出来。朋比讦告，俱出其中，弑父弑君，始于犯上，乃是别调。[③]

举凡一切自然人事，如桃树的荣枯、人性的顺逆等等，都是由乾元之气自然调节的，因此圣人随顺乾元，而末世之君却压抑人性，导致百姓唱出了弑父弑君的别调。

从思想近源来看，此说颇接近于唐鹤征（1538—1619）[④]《桃溪札记》之“乾元”说：“圣人到保合太和，全是一个乾元矣。盖天下之物，和则

---

① 朱熹：《周易本义·周易彖上传第一》，《朱子全书》壹，上海古籍出版社、安徽教育出版社2002年版，第149页。

② 金圣叹：《唱经堂语录纂》卷二，《金圣叹全集》陆，凤凰出版社2008年版，第870页。

③ 金圣叹：《唱经堂语录纂》卷二，《金圣叹全集》陆，凤凰出版社2008年版，第834页。

④ 唐鹤征，字元卿，号凝庵，《明儒学案》卷二十六有传。

生，乖戾则不生，此无疑也。乾元之生生，亦只此一团太和之气而已。人人有此太和之气，特以乖戾失之。《中庸》曰：‘发而皆中节谓之和。’《孟子》曰：‘其平旦之气，好恶与人相近也者几希。’然则中节即是和，与人同即是中节。《大学》曰：‘民之所好好之，民之所恶恶之，此之谓民之父母。’此所谓与人同，所谓中节也。”[①]这段论述以“乾元”诠释《周易》乾卦《彖辞》之“保合大和”，认为万物生生有赖于乾元之中节太和，故圣人与民同好恶，此说很可能是金圣叹“乾元为之节”“圣人于一切世间不起分别”说的先导。

综上所述，在金圣叹的易学体系中，阴阳气论占有相当重要的地位，这在一定程度上是受到了朱熹易学的影响。

（4）金圣叹还吸收了朱熹对于中孚、神鬼等概念的解释。《周易本义》诠释《中孚》卦“豚鱼吉，利涉大川，利贞”云：“豚鱼，无知之物。……至信可感豚鱼，涉险难而不可以失其正，故占者能致豚鱼之应，则吉而利涉大川，又必利于正也。”[②]这段文字中，不同于孔颖达《周易正义》之将豚鱼理解为“微隐之物”，朱熹以豚鱼为无知之物。而金圣叹对此卦的诠释是：

> 《易·彖辞》曰：“中孚，信及豚鱼”。言豚鱼无知，是为易信。中孚无为，而天下化之。解者乃作豚鱼难信。盖久矣，权术之行于天下，而大道之不复讲也！[③]

金圣叹对朱熹的诠释是有承有革的。“豚鱼无知”之说，显然源于朱氏。但金氏又反对“解者乃作豚鱼难信”，这也很可能是对朱熹说的反驳。朱熹虽没有明说豚鱼难信，但“至信可感豚鱼”一说中隐含了豚鱼难信而至信可感的意思。总之，金圣叹的“中孚”说无疑与《周易本义》有着渊源关系。

此外，金圣叹释《周易·系辞上》“知鬼神之情状”时，以为“神者，申

---

① 黄宗羲：《明儒学案》卷二十六载，《黄宗羲全集》第七册，浙江古籍出版社2005年版，第705页。

② 朱熹：《周易本义·周易下经第二》，《朱子全书》壹，上海古籍出版社、安徽教育出版社2002年版，第84页。

③ 金圣叹：《第五才子书施耐庵水浒传》卷四十六第五十一回总评，《金圣叹全集》肆，凤凰出版社2008年版，第754页。

也”,“鬼者,归也”,[①]似本于《周易本义》“阴精阳气聚而成物,神之申也;魂游魄降散而为变,鬼之归也”。[②]

其次,金圣叹于邵雍易说多有采纳,这也与朱熹易学的影响有关。除了前文已经提及的伏羲六十四卦方位图之外,金圣叹还常常提及乾坤生六子卦之说和“十六卦”说,这都是重视邵雍易说的表现。

金氏曾论八卦之间的关系曰:“八卦相错者,除却天地,止得六卦。盖从一响中分天分地,天地本自相错,不待圣人。故错六子,则天地之错晓然,两错为因,六错为果也。……不但六十四卦是《乾》《坤》摇出来,并六卦亦是《乾》《坤》摇出来。老夫妻两个先自摇动了头,然后小男小女一齐都摇。”[③]这是将乾坤与其他六卦的关系比喻为父母与六子的关系,此说本出自《说卦》,但在易学史上,邵雍对乾坤生六子卦的强调是十分突出的,其《观物外篇》云:“乾坤合而生六子,三男皆阳也,三女皆阴也。兑分一阴以与艮,坎分一阴以奉离,震巽以二相易,合而言之,阴阳各半,是以水火相生而相尅,然后既成万物也。”[④]朱熹《易学启蒙》卷二也引用了邵雍“乾坤纵而六子横,《易》之本也”的说法,[⑤]可见他也将乾坤生六子说视为邵雍易学的重要内容。

更重要的是金圣叹《通宗易论》中有《十六卦》一篇,特别强调乾、坤、震、巽、坎、离、艮、兑、泰、否、损、咸、恒、益、既济、未济等十六卦在周易六十四卦中的纲领性地位(说详下),这也是受到了邵雍易说的影响。《通宗易论·十六卦》一篇强调由八卦相错而成的十六卦尤为重要:“八卦相错有十六,相荡有四十八,合而成六十四,而实则以十六卦为圆图、方图之经纬。……十六卦为句卦,余四十八为字卦。”[⑥]这十六卦中,乾、坤、震、巽、坎、离、艮、兑为八本卦,其余八错卦分别为泰、否、损、咸、恒、益、既济、未济。

① 金圣叹:《唱经堂语录纂》卷一,《金圣叹全集》陆,第827页。
② 朱熹:《周易本义·周易系上传第五》,《朱子全书》壹,上海古籍出版社、安徽教育出版社2002年版,第126页。
③ 金圣叹:《唱经堂通宗易论·十六卦》,《金圣叹全集》陆,凤凰出版社2008年版,第808页。
④ 邵雍:《皇极经世书》卷十三,文渊阁四库全书本。
⑤ 朱熹:《易学启蒙》卷二,《朱子全书》壹,上海古籍出版社、安徽教育出版社2002年版,第239页。
⑥ 金圣叹:《唱经堂通宗易论·十六卦》,《金圣叹全集》陆,凤凰出版社2008年版,第807页。

邵雍也有推重《周易》十六卦的观念。对于《周易》八卦及六十四卦的形成，邵雍《观物外篇》提出了“一分为二”的主张，其中已萌生了“十六”的概念：

> 太极既分，两仪立矣。阳下交于阴，阴上交于阳，四象生矣。阳交于阴，阴交于阳，而生天之四象；刚交于柔，柔交于刚，而生地之四象，于是八卦成矣。八卦相错，然后万物生焉。是故一分为二，二分为四，四分为八，八分为十六，十六分为三十二，三十二分为六十四。故曰分阴分阳，迭用柔刚，易六位而成章也。

“一分为二”法的实质是认为阴阳相交而依次生成四象八卦乃至六十四卦。此外，邵雍还有“一变而二，二变而四，三变而八卦成矣；四变而有十六，五变而三十有二，六变而六十四卦备矣”之说，并导出伏羲六十四卦次序图。朱熹《易学启蒙》解释此图曰：

> 八卦之上各生一奇一偶，而为四画者十六，于经无见。邵子所谓“八分为十六”者是也。又为两仪之上各加八卦，又为八卦之上各加两仪也。四画之上各生一奇一偶，而为五画者三十二。邵子所谓“十六分为三十二”者是也。又为四象之上各加八卦，又为八卦之上各加四象也。五画之上各生一奇一偶，而为六画者六十四，则兼三才而两之，而八卦之乘八卦亦周。于是六十四卦之名立，而《易》道大成矣。①

在此六变中，“四变而十六”的结果是“八卦之上各生一奇一偶而为四画者十六”，并未形成卦象，因此，邵雍的“一分为二”说中只是出现了与阴阳相交有关的“十六”这一数字。邵雍《大易吟》所说的“十六事”才是指由八卦相错而成十六卦：“天地定位，否泰反类。山泽通气，损咸见义。雷风相薄，恒益起意。水火相射，既济未济。四象相交，成十六事。八

---

① 朱熹：《易学启蒙》卷二，《朱子全书》壹，上海古籍出版社、安徽教育出版社2002年版，第222—228页。按：有的学者将“六变”解释为分别形成两仪、八卦、十六卦、三十二卦、六十四卦（参见朱伯崑《易学哲学史》第二卷，第123页）。此说似乎不符合邵雍的本义，也与朱熹的解释相悖。依据六十四卦次序图，六十四卦形成虽然经历了六变，但其中成卦的仅八卦和六十四卦两个层次，这正是邵雍把六变分成“三变而八卦成矣……六变而六十四备矣”两个阶段加以叙述的原因。

卦相荡，为六十四。”[1]乾坤、艮兑、震巽、坎离等八卦相交相错，分别形成否泰、损咸、恒益、既济未济等八卦，这就是“十六事”。

金圣叹的十六卦说，虽然就卦序而言是依照《序卦》，与邵雍说并不相同，但十六卦卦目却与邵氏十六事说完全一致。总之，金氏十六卦说是受到了邵雍“一分为二”和《大易吟》等说的影响。上述邵雍的六十四卦方位图、乾坤生六子、十六卦等观念，在朱熹《周易本义》和《易学启蒙》中都有所引用和论及，因此金圣叹推崇邵雍易说，应当受到了朱熹易学著述的引导。最后还应指出，就金圣叹的整个易学体系来看，吸收邵雍、朱熹等人的易学，只是为其以佛释易提供理论基础。

第二节　以人法关系诠释《周易》的基本结构

金圣叹认为，佛教的人法关系观念可以诠释《周易》的基本结构以及《周易》中所有对立统一的概念之间的关系。《周易》中的人法关系包含了人法合一和人重于法这两个层面。进一步寻绎金氏的人法关系理论可知，所谓人法合一的实质是破除我执与证悟自性的合一，而人重于法则意味着破除我执是人法关系中的决定性层面，因此金圣叹又常常将破除我执视为《周易》经传的主要线索。

一　人法论与佛教思想的关系

金圣叹主张《周易》的结构、概念都体现了人法关系。一方面，他以人法关系来理解周易上下经之间的关系：“由《乾》《坤》迄《既》《未》，一半是人，一半是法。约法为天地，约人为圣人，于是遂分天地、圣人为两大科。上经发挥天地文字之卦，下经发挥圣人修行之卦。”[2]《周易》是由上经之人和下经之法两大部分构成的；另一方面，他将《周易》中若干组范畴之间的对立统一关系也诠释为人法关系。比如天数五和地数十分

① 邵雍：《击壤集》卷十七，四部丛刊本。

② 金圣叹：《唱经堂通宗易论·义例》，《金圣叹全集》陆，凤凰出版社 2008 年版，第 797 页。

别对应于人和法："约法，则分为天地盛德句，是为五字；约人，则分为圣人大业句，是为十字。"[①]除此之外，乾卦与坤卦、既济与未济乃至《周易》中的任意前卦与后卦、"大哉乾元"与"至哉坤元"之间都存在着人法关系。

人法对待是佛教中常用的概念。其中，人是指学佛者，而法则指一切事物、现象，精神世界、物质世界，自然也包括佛法。金圣叹所强调的人法关系主要包含两个层面：其一，人法本来合一，区分人法只是为了说法的方便："据实而论，只是一副大千，不应有约法、约人之事。其所以必须约人者，无他，只为法故；其所以必须约法者，亦无他，只为人故。"[②]类似的论述在《通宗易论》《语录纂》中多次出现。[③] 其二，人重于法。圣人说法的主要目的在于成就人而非弘扬法。《通宗易论·乾坤》称"圣人意重在人，不重在法，人不终则法不始，如《乾》《坤》虽齐举，而必先《乾》后《坤》，所以明《坤》必本乎《乾》之义也"。[④] 对于这一观点，圣叹更是反复申说。[⑤] 概言之，以人为主的人法合一是金圣叹人法关系论的主要内容。

若论金氏人法论的思想资源，则不能不提及禅宗和天台宗的影响。就前者而论，上述人法关系论在《通宗易论》中出现得颇为频繁，而《通宗易论》这一篇名已经提示了金氏人法论的禅宗背景。具体来说，南宗禅重视本心的主张中既包含了心为万法本原的观念，又意味着人乃弘

① 金圣叹：《唱经堂通宗易论·五十》，《金圣叹全集》陆，凤凰出版社 2008 年版，第 802 页。

② 金圣叹：《唱经堂通宗易论·五十》，《金圣叹全集》陆，凤凰出版社 2008 年版，第 802 页。

③ 比如，同篇还说："盖圣人所见，惟是大千。大千从本是一，故复次，圣人立出十个字来，只为得一件事体。心中只一件，眼中只一件，口中说不得一件，于是不得不作两样方法以说之，因而以一一字分为两一字。"（金圣叹：《唱经堂通宗易论·五十》，《金圣叹全集》陆，凤凰出版社 2008 年版，第 802 页）

④ 金圣叹：《唱经堂通宗易论·乾坤》，《金圣叹全集》陆，凤凰出版社 2008 年版，第 804 页。

⑤ 如同篇指出："虽人与法双约，究竟归重为人上，故《学而》章虽是开经第一章，而《论语》实以《孝弟》章始也。"（金圣叹：《唱经堂通宗易论·乾坤》，《金圣叹全集》陆，凤凰出版社 2008 年版，第 805 页）又《唱经堂语录纂》卷一称："然意在约人，不在约法，上下经所同也。"（金圣叹：《唱经堂语录纂》卷一，《金圣叹全集》陆，凤凰出版社 2008 年版，第 822 页）又《唱经堂随手通·大势至缘起》论述"大哉乾元"之"大"与"至哉坤元"之"至"的人法合一，也主张"大上一点"即人是这一人法关系的归宿："'大'字上一点，乃当机菩萨现前一心；'至'字下一横，乃讲主座全举大千世界。……'至'下一横，与'大'上一点不同。现前心是一点，但凭说者说'至'下一横，听者看定'大'上一点，总要销归到一点上去，所谓'一以贯之'也。"（金圣叹：《唱经堂随手通·大势至缘起》，《金圣叹全集》陆，凤凰出版社 2008 年版，第 910—911 页）

扬佛法的主体。比如《坛经》30节就有“故知万法，本因人兴……故知一切万法，尽在自身中，何不从于自心顿现真如本性”之说，[①]主张人之自心是生起万法、弘扬佛法的主体。而南宗禅著名的“即心即佛”的口号更是凸显了清净自性与佛性无别的主张。[②] 另一方面，人法统一的观念可以追溯到天台宗人智顗的心法相即的主张：“若从一心生一切法者，此则是纵；若心一时含一切法者，此即是横。纵亦不可，横亦不可，只心是一切法，一切法是心故。非纵非横，非一非异，玄妙深绝，非识所识，非言所言，所以称为不可思议境。”[③]显然，天台宗的心法不二既不同于《华严经》的心造万法，也有别于般若的缘起性空，而是强调心与法在空间上、时间上都相即不二。[④] 由此可见，对于兼重禅学和天台学的金圣叹来说，这两种思想都曾激荡过他的观念，但是禅宗在人法关系方面更突出人（心）的地位，而天台宗则倾向于将心法都圆融于实相，[⑤]因而金圣叹的人法关系论更接近于禅宗思想。

二　人法关系论与《易传》的契合和冲突

就人法合一这一理论框架的总体而言，它与《易传》固有的天人合一观念是颇为吻合的，因而，人法合一可说是《易传》理论的逻辑延伸。众所周知，《易传》在论述易道的性质时，采取的是圣人模拟天地和天地不违圣人的天人合一模式，这在乾卦《文言》中表现得尤为明显：“夫大人者，与天地合其德，与日月合其明，与四时合其序，与鬼神合其吉凶。先天而天弗违，后天而奉天时。”又如，《序卦》所建构的宇宙生成秩序中，把《周易》上下经理解为各述天道与人道，这也是金圣叹以为周易上下经“一半是人，一半是法”的渊源所自。《序卦》开篇便称“有天地，然后万物生焉。盈天地之间者唯万物，故受之以《屯》”，接着，在“受之以《离》”之后，提出：“有天地然后有万物，有万物然后有男女，有男女然后

① ［唐］慧能著、郭朋校释：《坛经校释》第30节，中华书局1983年版，第58页。
② 关于“即心即佛”说的源流，参见葛兆光《中国禅思想史——从6世纪到9世纪》，北京大学出版社1995年版，第316—320页。
③ 智顗：《摩诃止观》卷五，《大正新修大藏经》第46册。
④ 潘桂明：《智顗评传》，南京大学出版社1996年版，第234页。
⑤ 参见《智顗评传》，南京大学出版社1996年版，第258页。

有夫妇，有夫妇然后有父子，有父子然后有君臣，有君臣然后有上下，有上下然后礼义有所错。夫妇之道不可以不久也，故受之以《恒》。”由此可见，《序卦》是将从《乾》至《离》的上经与从《咸》至《未济》的下经判为“天地万物”与“男女夫妇父子君臣上下”两个相关的理论层次，因而韩康伯《序卦》注总结为“先儒以《乾》至《离》为上经，天道也。《咸》至《未济》为下经，人事也”。金氏有关上下经之间的人法关系观念可从《序卦》的天人关系中直接转换过来，因而是金氏人法论中最契合于《易传》固有观念的部分。

必须承认，在某些理论层面上，金圣叹人法关系的框架与《易传》固有思想是有所不同乃至相互冲突的，对此金圣叹采用了种种方法进行理论上的弥合。但仍然不能完全避免穿凿附会之弊。比如，《易传》在天人关系上更多地强调圣人对天地的模拟，如《系辞》说“古者包牺氏之王天下也，仰则观象于天，俯则观法于地，观鸟兽之文，与地之宜”，又说“圣人有以见天下之赜，而拟诸其形容，象其物宜，是故谓之象”。而金氏的人法论则突出人重于法的观念。又以乾坤的人法关系而论，乾坤之间的人法关系与《易传》乾天坤地的取象说是凿枘不合的。金圣叹解决这一矛盾的做法是突出乾坤二卦的健、顺之义，以禅宗的“心无住”阐释乾卦之健，又以禅宗的“法住”比附坤卦之“顺”。具体说来，如前所说，惠能禅的“三无论”主张“无念为宗，无相为体，无住为本”，其中的“无住为本”是强调心无住于法：“心不住法即通流，住即被缚。”①禅宗的无住之心与乾卦的“健”德有着一定程度的契合：“《乾》约一心最小，而一心不住于一心，如龙之御天最健，故曰大。”②这样一来，乾卦便因“健”义而具有了“心”的意味；又《妙法莲华经·方便品》有“是法住法位，世间相常住”的说法，禅宗将此说理解为依从自性，如《大慧普觉禅师语录》卷十八云：“得恁么受用自在了，眼依旧观色，耳依旧听声，乃至鼻舌身意，一一依本分，故曰‘眼色耳声鼻嗅香，身触意思无差别’，适来所谓‘是法住法位，世间相常住’是也。”③金圣叹曾有“‘卓尔’者是法住法位，

---

① [唐]慧能著、郭朋校释：《坛经校释》第 14 节，中华书局 1983 年版，第 28 页。
② 金圣叹：《唱经堂通宗易论·义例》，《金圣叹全集》陆，凤凰出版社 2008 年版，第 798 页。
③《大慧普觉禅师语录》卷十八，《大正新修大藏经》第 47 册.

世间相常住，各各自立，不相倚藉”[1]之谓的说法，可见他对这一禅宗观念特别重视，他正是以这一思想建立了“法”与《坤》的联系：“《坤》约万法，而法法各住于本位，如马之行地最顺，故曰至也。”[2]这是将《易传》的“坤，顺也”比附为“法法各住于本位”，从而引申出法与坤卦的联系。在乾坤分别对应于人法的观念中，由于《易传》中的乾卦本是兼指天与“大人”的，因而以人约乾是比较顺理成章的，而“坤”本义是指“地”与臣道，是故以“法”比附坤卦则显得有些勉强。

三　人法论与禅宗的无执无碍

金圣叹认为《周易》的理论框架是以人为主的人法合一，这是他将禅宗的人法关系观念运用于《周易》的结果。这就启发我们追问这样一个问题：所谓人法合一的实质究竟是什么？人法为什么是合一的？从金圣叹对乾坤、五十等概念的人法关系的分析中可以看出，人法关系实质上就是破除我执与证悟自性的统一，而破除我执又是人法关系的重点。这一观念也是金氏在禅宗思想的启发下形成的，其前提也是对传统易学的继承和改造。

金圣叹的人法论意味着破除我执与证悟自性的统一。比如金圣叹分析五与十之间的关系道：

> 五是天地之盛德……十是圣人之大业。……何故九字是十字之基？盖大千群龙具在，游戏满足，是十字，而独无奈领头一龙，常要出来生事，致令一切群龙悉不得静。今但不许此领头一龙出来生事，则群龙各各自在。不许领头一龙，此是九字；群龙各得，此是十字。不许一龙而群龙即各得，故九字是十字之基也。何谓领头一龙？即宗家劈面所呵之拟议是也。我等平昔为凡夫，各赖此拟议，从今以往，须要破尽执我，而后方与用九之义有少分相应也。问：圣人大业，既于十内减一而用九；天地盛德，复当云何？答：天地圣德，则于五外增一而用六。何以故？天地之为天地，直至今

① 金圣叹：《唱经堂语录纂》卷一，《金圣叹全集》陆，凤凰出版社2008年版，第847页。

② 金圣叹：《唱经堂通宗易论·义例》，《金圣叹全集》陆，凤凰出版社2008年版，第798页。

> 日，但会得五，除五之外，更无所能。全赖有圣人者，于其间为持地菩萨，而裁成辅相之。①

这段冗长的文字论述了五和十的关系中所蕴含的人法合一的观念："五"和"十"分别对应于法（天地之盛德）和人（圣人之大业），而"五"和"十"的基础则分别是用六和用九，其中，用九意味着"破尽执我"，用六则体现了圣人对于佛法的裁成辅相之功。由此我们可以推测：所谓人法关系，就是破尽执我与弘扬佛法的关系。金圣叹还特别强调了这两者是相互统一的：

> 应知《乾》卦用九者，非所云老阳之谓，乃是十中缺一也。《坤》卦用六者，亦非所云老阴之谓，乃是五外增一也。云何是十中所缺之一？未成乎人，执我之凡夫是。云何是五外所增之一？已成乎人，参赞之圣人是。由是言之，乾卦所缺，正即《坤》卦所增；《坤》卦所增，正即《乾》卦所缺也。盖《乾》卦纯说法，不说人。《坤》卦纯说法，不说人。然《乾》卦虽实实说人，而实实不是人，故减一数；《坤》卦则实实说法，而实实竟是人，故增一数。②

这段话包含两个层次：（一）从用九到用六，是从执我之凡夫至参赞之圣人的转凡为圣的过程，破除我执所减之一，正是参赞佛法所增之一，因此凡圣统一于同一个主体。（二）乾卦用九与坤卦用六分别对应于人与法，但乾卦是为凡夫说法，坤卦乃圣人参赞佛法，因此人中有法，法中有人，十和五的人法关系是相互统一、相互涵摄的。这两个层面都表明了破除执我与弘扬佛法的统一。

乾卦和坤卦的人法关系也是如此，只不过金圣叹采用了另一种表述，即不住之心与住位之法的圆融：

> 《乾》约一心最小，而一心不住于一心，如龙之御天最健，故曰大；《坤》约万法，而法法各住于本位，如马之行地最顺，故曰至也。③
>
> 云何为"乾"？只据现在一法，迅疾起灭，不曾暂停，卦之曰

---

① 金圣叹：《唱经堂通宗易论·五十》，《金圣叹全集》陆，凤凰出版社2008年版，第800—801页。

② 金圣叹：《唱经堂通宗易论·五十》，《金圣叹全集》陆，凤凰出版社2008年版，第803页。

③ 金圣叹：《唱经堂通宗易论·五十》，《金圣叹全集》陆，凤凰出版社2008年版，第798页。

"乾"。《乾》卦本小，而破于一物，翻出万物，以其弃小就大，为"万物资始"，故曰大。云何为"坤"？遍约大千微尘，漭布无外，不漏一丝，卦之曰"坤"。《坤》卦本大，而借彼前法，出生后法，以其如法各得，为"万物资生"，故曰"至"。①

这两段文字都以乾坤两卦的人法关系为宗旨。如前所述，金圣叹将乾卦比附迅疾起灭的无住之心，"无住"就是无执无碍；又将坤卦与"各住于本位"的万法相类比，禅宗所理解的"各住于本位"就是证悟自性。于是乾坤两卦的心无住与法住本位的合一，便意味着无执无碍与证悟自性的合一，这与用九、用六中所包含的破除执我与参赞佛法的统一是完全契合的。

对于《周易》的人法关系，金圣叹更为强调无执无碍这一层面。如前所说，《周易》之人法关系的重点是人重于法。既然人法合一意味着破除我执与证悟自性的统一，那么人重于法的实质便是强调无所执著在人法关系中的决定性地位。金圣叹在诠释《周易》经传时，须臾不忘"破除我执"这一主干。又由于破除我执就是心无住于法，因此他又常常强调提出"现前一心"。② 除了上述有关乾坤、五十等概念的论述外，他在论述《系辞上》"仰以观于天文，俯以察于地理"时，以为其宗旨在于"脱去凡夫""放倒自己"，还有，金圣叹认为《周易·系辞上》的"知周乎万物而道济天下，故不过"一说中寄寓着"不曾翘然有我"，③损卦、咸卦、恒卦分别包含了"但破我执""狂妄之见应时而歇""写出来与他决绝"，④凡此种种，无不渗透了"破除我执"的因素。此外，屯卦象征着"现前一心"，⑤伏羲八卦象征着"坐在法界里边，止要照管现前一心"，⑥这类说法同样显示了金圣叹以破除我执为《周易》核心的观点。

金氏以无执无碍为《周易》的核心，显然受到了禅宗思想的影响。

① 金圣叹：《唱经堂通宗易论·乾坤》，《金圣叹全集》陆，凤凰出版社 2008 年版，第 803—804 页。
② 参见拙著《金圣叹评传》附表六《金氏易学中的"破除我执""现前一心"一览》，南京大学出版社 2006 年版，第 501—503 页。
③ 金圣叹：《唱经堂语录纂》卷一，《金圣叹全集》陆，凤凰出版社 2008 年版，第 825—826、830 页。
④ 金圣叹：《唱经堂语录纂》卷二，《金圣叹全集》陆，凤凰出版社 2008 年版，第 862—863 页。
⑤ 金圣叹：《唱经堂通宗易论·小八卦》，《金圣叹全集》陆，凤凰出版社 2008 年版，第 809 页。
⑥ 金圣叹：《唱经堂随手通·先后天胜义幢》，《金圣叹全集》陆，凤凰出版社 2008 年版，第 907 页。

从前文对乾坤的人法关系的分析，我们已经可以看出金圣叹对禅宗思想资源的运用。值得注意的是，金氏在诠释《周易》中的人法关系时，常常直接点出《周易》的破除我执与禅宗观念的对应关系。比如，他剖析“用九”中的“破尽执我”曰：“何谓领头一龙？即宗家劈面所呵之拟议是也。”[①]所谓“宗家劈面所呵之拟议”，当是指禅宗的反对知见言语，这就提示了“破尽执我”是源于禅宗思想的。禅宗灯录中有关扫除知见言语的文字俯拾皆是，临济一系更是常以棒喝破除拟议。比如，《五灯会元》卷十一《临济玄义禅师》一传中，“僧拟议，师便喝”“僧拟议，师便打”之类的记载竟出现了五次，[②]足见禅宗对“拟议”的破除；又《五灯会元》卷十二载临济宗长水子璿讲师曾有“敲空击木，尚落筌蹄。举目扬眉，已成拟议”之论，又说“道非言象得，禅非拟议知。会意通宗，曾无别致”。[③]可知“拟议”之于禅宗，正如言象之于大道一样，是筌蹄方便而非究竟，因而学禅者不必拘泥偏执于拟议。禅宗之破除知见言语乃是其扫除主体的执著、分别的表现，故金圣叹又称之为“破尽执我”。又如，金圣叹《通宗易论·小八卦》在以“现前一心”诠释屯卦时说：“屯、蒙卦，达摩遇神光时也。蒙卦不过陪说屯卦。”金氏于此篇标题下自注“为《五灯会元》说”，[④]可见他诠释《周易》是以禅宗为旨归的。在此，金氏还指出了屯卦的意味可从达摩遇神光一事中体会出。据《五灯会元》卷一《初祖菩提达摩大师》载，达摩[⑤]为神光（慧可）说法，“可曰：‘诸佛法印，可得闻乎？’祖曰：‘诸佛法印，匪从人得。’可曰：‘我心未宁，乞师与安。’祖曰：‘将心来，与汝安。’可良久曰：“觅心了不可得。”祖曰：‘我与汝安心竟。’”[⑥]这一记载的寓意当是达摩认为安心就是现前一心，只不过妄者起分别心而分作两件。可见，禅宗之所以看重“现前一心”，在于它蕴含了两重意义：一是重视安心，即将心安住于一处，使之安定寂静；二是强

① 金圣叹：《唱经堂通宗易论·五十》，《金圣叹全集》陆，凤凰出版社 2008 年版，第 801 页。

② [宋]普济：《五灯会元》卷一，中华书局 1984 年版，第 645、647、648、649 页。

③ [宋]普济：《五灯会元》卷十二《长水子璿讲师》，中华书局 1984 年版，第 742、743 页。

④ 金圣叹：《唱经堂通宗易论·小八卦》，《金圣叹全集》陆，凤凰出版社 2008 年版，第 809 页。

⑤ 《金圣叹全集·唱经堂圣人千案》作“达磨”，《金圣叹全集·唱经堂通宗易论》作“达摩”，中华书局 1984 年版《五灯会元》作“达磨”。本书依据这三种资料而分别写作“达磨”或“达摩”。

⑥ [宋]普济：《五灯会元》卷一《初祖菩提达摩大师》，中华书局 1984 年版，第 44 页。

调安心的途径是不起分别。[1] 在此，金圣叹已明确承认了他的"现前一心"说与禅宗思想的联系。值得一提的是，金圣叹将《周易》的核心思想诠释为无执无碍，这与我们在《兼奉台禅的佛学思想》一节中所论证的、金氏于禅宗最重无执无碍的倾向是完全一致的。[2]

必须指出，正如金圣叹在以人法关系诠释《周易》时既要寻求传统易学的支持，又须弥合其说与传统易学的分歧一样，金圣叹将《周易》的核心理解为无执无碍之心，同样要面临着对传统易学的继承和改造。比如，在论述天地之数五与十的关系时，他利用了《周易》中的用六、用九的概念，同时又否定了传统易数学以六、九为老阴、老阳的说法。一方面，金圣叹注意到乾坤两卦中用六、用九的存在，于是巧妙地利用五、十、六、九之间的数学关系，指出用九是"十内减一"，用六乃"五外增一"，这样一来，金氏便可从"减一"引申出"破除我执"，又从"增一"引申出弘扬佛法，并且指出"减一"与"增一"都统一于主体。另一方面，由于这样的阐释与传统的以六、九为老阴、老阳的易数学相悖，因而他又不得不宣告对传统易数学的扬弃。金氏指出："应知乾卦用九者，非所云老阳之谓，乃是十中缺一也；坤卦用六者，亦非所云老阴之谓，乃是五外增一也。"[3]这是对其"五十"之说与传统易数学的沿革关系的最好概括。又如，金圣叹以"现前一心"解说屯卦时，采取了屯卦初爻"盘桓"之说。金圣叹释屯卦曰：

> 盖不曾屯底时节，他三魂六魄，不知飘荡在哪里，纵有屈原《大招》，也招不来。而今兜头一喝，提出眼前一心，便立刻屯住。屯了现前，已有这个人了，然后把这个人渐渐里摆布他。[4]

在此，金氏将屯卦释为"屯住""眼前一心"，也就是将"屯"释为"住"，这大概是取屯卦初爻"盘桓"之义。

① 参见方立天《中国佛教哲学要义》，中国人民大学出版社 2002 年版，上卷第 373 页。

② 金圣叹强调破除我执，除了为个人的解脱寻求思想资源外，还有证成其自然政治观的意义。参见潘运告《金圣叹的性命之说及其民本思想》和马积高《论金圣叹的哲学思想》。

③ 金圣叹：《唱经堂通宗易论・五十》，《金圣叹全集》陆，凤凰出版社 2008 年版，第 803 页。

④ 金圣叹：《唱经堂通宗易论・小八卦》，《金圣叹全集》陆，凤凰出版社 2008 年版，第 811 页。

第三节　以华严宗的事事无碍说解释乾坤两卦的关系

《通宗易论·乾坤》一篇在以人法关系为框架解释乾坤两卦的过程中，还借用了华严宗的事事无碍说。金氏以儒家的孝弟与仁分别对应于乾坤两卦，又将仁与不仁解释为通达与不通达，从而确立了华严宗的事事无碍论与乾坤两卦的联系。

首先，金氏在重申乾坤之间的人法关系的前提下，提出了乾为坤之本的主张："乾，约人之卦也；坤，约法之卦也。圣人意重在人，不重在法，人不终则法不始，故乾坤虽齐举，而必先乾后坤，所以明坤必本乎乾之义也。"接着，金氏依据《论语·学而》"孝弟也者，其为仁之本与"一说，建立了乾坤与仁孝的对应关系："'其为人也孝弟'章，孝弟为仁之本，盖言乾卦为坤卦本也。坤是仁卦，约法。乾是孝弟卦，约人。"必须承认，金氏有关乾坤对应于仁孝的建构是颇为牵强的，其理由除了乾为坤之本与孝弟为仁之本之间的相似性之外，就只有他所认为的《论语》首章中的"学而时习之""有朋自远方来"与乾坤两卦的相合了："《论语》首章时习，即'乾乾因其时而惕'，《乾》之义也；朋来，即'西南得朋'，坤之义也"，由于"其为人也孝弟"是"学而"的次章，故乾坤与仁孝也是相互对应的。

在此基础上，金圣叹将乾坤两卦纳入了华严宗的事事无碍理论中。他指出仁即通达无碍："仁之为言，七通八达之谓也。一佛国土，通于无量佛国土；无量佛国土，通于一佛国土。尘尘刹刹，你既为我，我复为你，如八门五花，无有隔碍，故名仁。"[①]这里所说的事物之间相互通达、相互含容、没有差别的观念，出自《华严经》。《华严经·首贤菩萨行品》讲十种"入法"，其中"一切世界入一毛道，一毛道出不可思议刹……"[②]等说，认为染净、广狭等各不相同的事物可以互相包含。华严宗人智俨、法藏在《华严经》的启发下，先后创立了两种十玄说，从时间、空间、

① 金圣叹：《唱经堂通宗易论·乾坤》，《金圣叹全集》陆，凤凰出版社2008年版，第804、804—805、804、805页。

② 《大方广佛华严经》卷三十三，《大正新修大藏经》第9册。

数量、容积、形态等方面说明事物与事物之间的相即相入、自在无碍的关系。①

从中土固有的思想资源而论，将仁解释为七通八达，可能是受到了程子《论语·雍也》注的启发。金氏所谓“仁者，推而行之，处处行得通之谓”，当是出自《论语·雍也》“夫仁者，已欲立而立人，已欲达而达人。能近取譬，可谓仁之方也”的推己及人的思想。对此，程子释为：“医书以手足痿痹为不仁，此言最善名状。仁者以天地万物为一体，莫非己也。认得为己，何所不至；若不属己，自与己不相干。如手足之不仁，气已不贯，皆不属己。故博施济众，乃圣人之功用。仁至难言，故止曰：‘己欲立而立人，己欲达而达人，能近取譬，可谓仁之方也已。’欲令如是观仁，可以得仁之体。”②金圣叹在本篇中也提到了“譬如人周身气血，少有一处窒碍，则周身气血应时便阻，谓之不仁之疾”，③可以推测金氏是由程子的“气已不贯”逆推出“仁”的“七通八达”之意。

金圣叹为什么要借用华严宗的事事无碍观点呢？还是让我们来看他的逻辑推演吧。金圣叹将“仁”诠释为通达无碍的华严境界后，又进而以“通达”“不通达”来观照乾坤两卦：

> 乾之为卦，乃是搜寻一切不通达之卦也。不通达虽止在一处，而搜寻不通达，则须遍一切处。遍处搜寻，并无一处不通达可得，而后乾之能事始毕。故坤卦是实，乾卦是假。然遍一切搜寻不通达，此是实实一事，若所谓处处通达之境界，则谁当见，谁当说？故又应坤卦是假而乾卦是实也。且夫乾卦虽求处处通达，而其实只求去一处之不通达。……故知乾卦医治全法界不通达，不在处处，而在一处也。复次，仁者，推而行之，处处行得通之谓；孝者，反而求之，并无一处行不通之谓。……故仁是大千之实法，而孝乃君子之用心也。④

在此，金氏从“通达”的角度阐述乾坤之间的对立统一关系。坤之仁，意

① 参见魏道儒《中国华严宗通史》第125—131页、第152—155页，江苏古籍出版社1998年版。

② 朱熹：《论语集注》卷三引，《四书章句集注》，中华书局1983年版，第92页。

③ 金圣叹：《唱经堂通宗易论·乾坤》，《金圣叹全集》陆，凤凰出版社2008年版，第806页。

④ 金圣叹：《唱经堂通宗易论·乾坤》，《金圣叹全集》陆，凤凰出版社2008年版，第806页。

味着“处处通达之境界”，而乾之孝便是“只求去一处之不通达”，换言之，乾坤两卦之间存在着去一处不通达与处处通达的关系，这正是金圣叹所反复强调的破除我执与证悟自性的统一。于此我们恍然大悟：金圣叹不辞劳苦地把乾坤与仁孝拉上关系，又借用华严宗的事事无碍之说，其目的还是为了从另一种角度阐述乾坤之间的人法关系。

第四节　以因缘和合诠释阴阳合德

前文已经提到，金圣叹特别强调十六卦在《周易》全经六十四卦中的纲领作用。他从不同的角度论述了这种重要性。《唱经堂语录纂》卷一云：

> 譬诸人身，十六句卦，骨也；四十八字卦，肉也；乾坤，骨中之髓也。譬诸人伦，十六句卦，父母也；四十八字卦，子也；乾坤，大父母也。十六句卦落墨，四十八字卦设色。①

“骨”“父母”等说法揭示了十六卦的骨干地位。金氏《通宗易论》以此解释六十四卦序曰：

> 自《乾》《坤》开章，历《屯》《蒙》八小卦，则以《泰》《否》束之，虽结上文，实起下文也。上经《泰》《否》一束，《坎》《离》一束；下经以《咸》《恒》为上下之纽，又《损》《益》一束，《震》《艮》一束，《巽》《兑》一束，《既济》《未济》一束。而四十八卦错综于其间，所谓“鸳鸯绣出从君看”，以十六卦为金针也。②

这是以《序卦》为依据论述十六卦的提纲絜领的作用。

不惟如此，金圣叹试图通过《周易》《尚书》、佛教等思想中都有“十六”这一数字，说明十六卦的重要意义。他甚至建立了不同的“十六”之间的对应关系：

---

① 金圣叹：《唱经堂语录纂》卷一，《金圣叹全集》陆，凤凰出版社2008年版，第821页。

② 金圣叹：《唱经堂通宗易论·十六卦》，《金圣叹全集》陆，凤凰出版社2008年版，第807页。

《乾》，苦法忍也；《坤》，苦法智也。《泰》，苦比忍也；《否》，苦比智也。《坎》，集法忍也；《离》，集法智也。《咸》，集比忍也；《恒》，集比智也。《损》，灭法忍也；《益》，灭法智也。《震》，灭比忍也；《艮》，灭比智也。《巽》，道法忍也；《兑》，道法智也。《既济》，道比忍也；《未济》，道比智也。《十六观经》，首落日观，乾卦也；次大水结冰观，坤卦也。《尚书》十六字，"人心惟危"，苦谛也；"道心惟微"，集谛也；"惟精惟一"，灭谛也；"允执厥中"，道谛也。[①]

金氏没有解释十六卦与四谛、十六观经、《尚书》十六字分别对应的依据是什么。从《十六卦》全篇来看，他也没有具体论述《法华》十六王子与周易十六卦之间的关系。在论述了以上对应后，金氏总结道："由此推之，十六卦功德可见矣。"可见，金氏拉出四谛、《法华》十六王子、《十六观经》《尚书》十六字等来与十六卦相对应，只是为了说明《周易》十六卦之不可忽视。

金圣叹如此推崇十六卦功德，是受到了邵雍十六卦观念的影响。从理论基础而言，则是由于他特别重视阴阳相合观念。在论述"十六卦功德"之重要性后，金氏指出八卦相错而生十六卦是因缘法：

天地是因缘法，天为因，地为缘。"山泽通气"，好因好缘也；"雷风相薄"，恶因恶缘也；"水火不相射"，不好不恶因缘也。号物有万，或从好因缘和合而生，或从恶因缘和合而生，或从两件不好不恶因缘而生。[②]

十六卦乃至世间万物都从因缘和合而生。在此，金圣叹以佛教的因缘说诠释周易的阴阳相合。众所周知，《易传》中有多处论述了阴阳二气的和合生成万物，比如《系辞传》称"天地絪缊，万物化醇；男女构精，万物化生"，"阴阳合德而刚柔有体"，又《序卦》认为"有天地然后有万物，有万物然后有男女"，凡此都表明了阴阳和合而生成万物的观点。金圣叹论述阴阳合德的文字颇多，比如《唱经堂语录纂》云："少阴少阳即是太阴太阳，不守本性。厥阴阳明，阴会于阳，阳会于阴，其间便有宾主。

① 金圣叹：《唱经堂通宗易论·十六卦》，《金圣叹全集》陆，凤凰出版社2008年版，第807—808页。
② 金圣叹：《唱经堂通宗易论·十六卦》，《金圣叹全集》陆，凤凰出版社2008年版，第808页。

太阴太阳，决不和会底，故云'太'。动不知静，静不知动；会了，才生出络来。父母赤白和会，儿子业力揽着，白住于赤，赤住于白，阳住于阴，阳住于阴。即今镌图书侵让法。"①同样是以男女交配生子为例说明阴阳化生之理。金圣叹这段文字中所引用的《说卦》"天地定位，山泽通气，雷风相薄，水火不相射"，正是说明具有阴阳关系的乾坤、艮兑、震巽、坎离这四组卦分别交通感应而成十六卦乃至万物。

佛教的"因缘和合"是以事物的普遍联系来解释事物的存在，认为一切事物现象都是由诸种因缘（条件）会合而成的，因而是空的。一般认为，"佛教的'缘起'理论有一个历史发展的过程。原始佛教的此有故彼有，此生故彼生主要指的是'十二因缘'这种类型的业感缘起，其中当然包含'无我'（我空）的思想。《般若经》则侧重从人的主观分别方面讲缘起，说明世间事物由幻现而生，事物不过是假名'缘起'（产生）的外法（缘起实际上成了幻变）。"②无论小乘还是大乘，都把缘起作为空的原因，只不过是对"空"的理解有所不同而已，因此佛教的因缘和合是与"空"紧密相连的。

佛教的因缘和合与《易传》的阴阳合德既有共同之处，也有明显分歧。两者最主要的共同点在于都主张事物的产生是由不同的事物聚合而成的。其分歧之处主要有二：其一，周易的阴阳生万物的观念中，并无万物为空的成分，而佛教的因缘是与空密不可分的。其二，阴阳之间存在着对立统一关系，是成双成对的，而因缘会合说中因与缘的关系并非如此。就广义而言，因与缘并无分别，统称事物形成的原因和条件；狭义而论，产生结果的直接原因为因，起间接或辅助性作用的原因为缘，因而有"内因""亲因"和"外缘""疏缘"的说法，③又智顗《妙法莲华经玄义》卷二上称"习因为因，助因为缘"，④因而狭义的因缘有着直接与间接、主要与次要的区别，两者并非对立统一关系。

金圣叹对佛教因缘和合与《易传》阴阳合德的上述分歧是有所认识

---

① 金圣叹：《唱经堂语录纂》卷一，《金圣叹全集》陆，凤凰出版社 2008 年版，第 861 页。

② 姚卫群：《佛教般若思想发展源流》，北京大学出版社 1996 年版，第 204 页。

③ 任继愈：《中国佛教史》第二卷，北京中国社会科学出版社 1985 年版，第 307 页。

④ 智顗：《妙法莲华经玄义》卷二上，《大正新修大藏经》第 33 册。

的。对于第一点分歧，他曾经提及佛教因缘说与性空的关系，[1]可见他清楚地看到因缘和合与阴阳合德在“空”上的分歧，但由于这一分歧是不可调和的，因此他只能忽略这一方面。但他在调和第二点分歧方面做了很多努力。一是在数量上将因缘理解为“两件”：“或从两件不好不恶因缘而生”，这就将因缘与成双成对的阴阳之间的距离拉近了；二是在性质上突出因缘的同一性。“号物有万，或从好因好缘和合而生，或从恶因恶缘和合而生，或从两件不好不恶因缘而生”一说，既是将因缘分为好、恶、不好不恶三种，又包含了因缘同好同恶的意味。而因缘在性质上取得一致后，其关系也就更接近于阴阳关系了。

金圣叹如此煞费苦心地以因缘生法来诠释十六卦乃至世间万物生成中的阴阳相合，当然是为了突出阴阳合德这一易学观念。同样，《通宗易论·十六卦》一篇如此推崇十六卦在六十四卦中的纲领地位，也正是因为十六卦的形成是阴阳合德法则最典型的体现。

第五节　晚明援佛释易的思潮对金圣叹的影响

以佛释易、糅合易佛的思维方式有着悠久的历史。在华严学史上，以《周易》思想诠释《华严经》的现象十分普遍，唐代李通玄《新华严经论》堪称其中的代表；在禅学界，以禅言易的风气兴起于南宋之初，[2]明代中期以后，儒佛合一的思潮逐渐兴盛，[3]援引佛学思想来解释《周易》的著作层出不穷，焦竑（1541—1620）《易筌》、张镜心《易经增注》、方时化解易著作六种等都是这一思潮的表现，名列晚明四大高僧的真可（1543—1603）和智旭（1599—1655）可算是以佛释易的代表人物。金圣叹援佛释易的思路明显受到了以真可、智旭等人为代表的晚明易佛合一思潮的影响。

关于真可和智旭的以佛释易，以往的学者已经进行了深入研究。

---

① 参见本书第十二章第三节《佛教“因缘”说的多重影响》。

② ［清］永瑢等撰《四库全书总目提要》卷三“童溪易传三十卷”条。

③ 参见朱伯崑《易学哲学史》第三卷，华夏出版社 1995 年版，第 248 页。

他们已揭示出真可将佛教的“无我而灵”“有我而昧”对应于《周易》的卦爻，以禅宗的心无执著诠释《系辞》的何思何虑以及用佛教无常比附《周易》之变易等特征，还指出了智旭以天台宗的止观定慧思想诠释《周易》的倾向。[①] 本书则试图探讨真可和智旭的以佛释易如何启发了金圣叹的易学。

真可和智旭的以佛释易的具体路径虽然不同，但共同之处在于重视《周易》中的对立统一关系，并主张对立统一的双方是以心为归宿的。比如，真可认为《周易》中存在着卦爻性情的相反相成关系：“卦则无我而灵者寓焉，爻则有我而昧者寓焉，心则又寓乎卦爻之间，故可以统情性。统，通也。盖善用其心，则情通而非有，性通而非无。”卦爻的关系可以理解为有我与无我、灵与昧的对待，而双方又统一于心，因而这种对待是可以相互转化的。其中，“心统性情”之说与宋代张载的理学观念一脉相承，更重要的是，“无我而灵者寓焉”“有我而昧者寓焉”的观念显然契合于禅宗的无执无碍与证悟自性相统一的思想。真可对佛教与《周易》的这一相通之处极为重视，因而他在释咸卦时又说：“咸之四爻，吾知之矣。如有心而应之，终不甚光大也。无心而听天，则未光者亦光大也。噫。吾才生心，则性变而为情矣。性无我而灵，故能通天下之情。情通则无事不吉，不通则有我而滞。”这是将咸卦解释为“无心而听天”，所谓无心就是“性无我而灵”，其对立面乃“有我而滞”。类似的论述还有“如‘一心不生万法无咎’者，即卦之意也。如‘一微涉动静，成此颓山势者’，即爻之意也。”[②]概言之，真可融合易佛的主要方法是将佛教的有我无我归于一心，与《周易》卦爻的对立统一关系相比附。

智旭主要是以天台宗的止观不二、定慧均平、性修一如的思想来解释《周易》，其《周易禅解》全书充斥着这类论述。如卷一释乾卦《文言》曰：“统论乾坤二义。约性则寂照之体，约修则明静之德，约因则止观之

---

① 参见朱伯崑《易学哲学史》第三卷，华夏出版社1995年版，第251—268页；张学智：《明代哲学史》，北京大学出版社2000年版，第632—638页；王仲尧：《易学与佛教》，北京中国书店2001年版，第345—366页；陈坚：《以佛解易 佛易一家——读智旭〈周易禅解〉》，《周易研究》1998年4期，第15—20页；陈坚：《智旭对〈周易·大过卦〉的佛学解读》，《周易研究》2002年2期，第56—62页；陈坚：《真可论易——〈易经〉佛经化的一个实例》，《周易研究》2003年5期，第55—65页。

② 紫柏真可：《解易》，《紫柏老人集》卷二十二，故宫珍本丛刊本。

功，约果则定慧之严也。若性若修，若因若果，无非常乐我净。”[①]这是主张《周易》乾坤二卦包含了性修因果统一于常乐我净的观念。何谓定慧均平或曰止观双行？“止”是使所观察对象住心于内，不分散注意力；“观”是指集中观察、思维预定的对象，从而得到佛教的智慧、功德等。止观双修本是印度佛教大小乘各流派普遍强调的修持方法，而天台智顗则将止观双修的理论及实践系统化，使得止观并行、定慧均平成为天台佛教的重要内容。[②] 又所谓性修不二是天台宗知礼所极力强调的思想，其内容可概括为“全性起修则诸行无作，全修在性则一念圆成。是则修外无性，性外无修，互泯互融，故称不二”。[③] 此说主张佛性与修德的互具不二。智旭《周易禅解》中的定慧均平、性修不二在概念和内涵上都承袭了天台学说，以性修不二为例，他认为《周易》中所包含的性修一如思想，既是以修合性：“此一节显以修合性也，非君子之妙修，何能显乾健之本性哉！”[④]又是指性必具修：“极则必返，证佛果者，必当同流九界，性必具修，全性起修，乃见性修不二之则。”[⑤]这与上述天台知礼的性修一如说是一脉相承的。

值得注意的是，智旭在建构天台的定慧止观、性修互具不二与《周易》的关系时，还揭示了“一心”作为性修定慧之归宿的意义。比如他论述《系辞上》之“存乎德行”曰云：“德行者，体乾坤之道而修定慧，由定慧而彻见自心之易理者也。”[⑥]“存乎德行”可诠释为由定慧而证自心；又如他揭示了性修合一与即心的关系：“六十四卦《大象传》，皆是约观心释，所谓无有一事一物而不会归于即心自性也。本由法性不息，所以天行常健。今法天行之健而自强不息，则以修合性矣。”[⑦]

真可、智旭援引佛学思想阐述《周易》对立统一观念的做法，无疑对金圣叹的援佛释易产生了很大影响。如前所述，金圣叹认为《周易》的

① [明]智旭：《周易禅解》，广陵书社 2006 年版，第 8 页。
② 潘桂明、吴忠伟：《中国天台宗通史》，南京江苏古籍出版社 2001 年版，第 105—108 页。
③ [宋]知礼：《十不二门指要钞》卷下，《大正新修大藏经》第 46 册。
④ [明]智旭：《周易禅解》卷一，广陵书社 2006 年版，第 8 页。
⑤ [明]智旭：《周易禅解》卷一，广陵书社 2006 年版，第 11 页。
⑥ [明]智旭：《周易禅解》卷八，广陵书社 2006 年版，第 182 页。
⑦ [明]智旭：《周易禅解》卷一，广陵书社 2006 年版，第 7 页。

宗旨在于以人为主的人法合一，这首先是对真可以佛释易的继承。金圣叹所认为的《周易》人法合一，其内涵是“破尽执我”与“裁成辅相”的对立统一，或者说是“未成乎人，执我之凡夫是”与“已成乎人，参赞之圣人是”之间的相反相成，这与真可“卦则无我而灵者寓焉，爻则有我而昧者寓焉”的思路颇为接近。更重要的，金圣叹强调《周易》人法关系是以人为主即以破尽我执为核心的，这又呼应了真可的卦爻性情统一于一心的观点。金圣叹与真可思想的这一承袭关系突出地体现在对于咸卦的解释。如前所述，金圣叹论咸卦云：“无心之谓‘咸’，气尽之谓‘既’。菩提心，昔所本有，而今适无。原来遍虚空、尽法界，都是菩提心。”[①]从“无心为咸”出发，金氏引申出了无心则呈露本体的思想，这与真可的以“无心而听天”释“咸”的思路之间有着明显的渊源关系。

智旭的定慧均平、性修不二且会归于自心的思路对金圣叹的影响也是不容忽视的。从概念本身来看，定慧、性修等说法在金氏的易论中并不多见，但金氏人法合一的易学体系与智旭的定慧性修不二的理论框架是颇为相似的。而且，金圣叹提出“现前一心”的主张，既是吸收禅学思想的表现，也与天台宗的“妄心观”密不可分。智旭强调“迩静而正，曾不离我现前一念心性也”，[②]他还说“无明动而种智生，妄想兴而涅槃现”，[③]凡此都是强调现前一念妄心与本性真心的相即不二。在这一点上，金圣叹“只要狂妄之见应时而歇，菩提之心亦不复起”之说，[④]显然胎息于智旭“既全以性德为行，则狂心顿歇，歇即菩提”的说法。[⑤]

综上所述，将《周易》诠释为以一心为归宿的种种对立统一关系，是晚明真可、智旭易佛合一论的共同之处，又是金圣叹援佛释易之学濡染时代思潮的表现。

至于金圣叹受真可、智旭等人影响的可能性，似乎无需作特别说明。真可和智旭都是晚明时期声名甚著的高僧大德，在天启丁卯年(1627年)《紫柏老人集》刊刻之前，真可思想早已广泛流传。两位高僧

① 金圣叹：《唱经堂语录纂》卷二，《金圣叹全集》陆，凤凰出版社2008年版，第862页。
② [明]智旭：《周易禅解》卷八，广陵书社2006年版，第171页。
③ [明]智旭：《周易禅解》卷二，广陵书社2006年版，第22页。
④ 金圣叹：《唱经堂语录纂》卷一，《金圣叹全集》陆，凤凰出版社2008年版，第830页。
⑤ [明]智旭：《周易禅解》卷一，广陵书社2006年版，第12页。

都与当时的士林有着密切的交游往还。[①] 真可在金圣叹生前已辞世，目前虽无资料证明金圣叹与智旭的直接交往，但金圣叹很有可能间接地濡染了两位高僧的思想。其一，真可为江苏吴江人，长期止于虎丘云岩寺，可以想见，金圣叹生活的时期，吴中地区仍带有真可佛学的流风余绪，金圣叹必然对真可思想有所吸收。其二，智旭为江苏吴县人，同样在吴中具有广泛深远的影响，金圣叹之推崇天台学就足以证明他与智旭的究心天台学之间有着千丝万缕的联系。其三，金圣叹可能通过钱谦益这一中间环节来接受真可、智旭等人的影响。众所周知，钱谦益曾为紫柏真可编撰《紫柏尊者别集》，[②]又紫柏真可《刻大藏经疏》"誓刻经律论之全藏"等说法，[③]当启发了钱谦益、毛晋提倡"经史全书"的观念。[④] 由此可见钱谦益对真可思想的推崇。如前所述，金圣叹与钱谦益在天台学方面有过深入的互动，[⑤]那么金圣叹间接地接受真可的学说，也是情理中事。

以上的分析表明，在继承真可、智旭等人的易学观念的同时，金圣叹的援佛释易自有其特点。就逻辑归宿而论，金氏的以佛释易是兼容了禅宗和天台的，而真可的《解易》主要贯穿着禅宗"前念迷佛是众生，后念悟众生是佛"的思路，[⑥]智旭则以天台的一念三千、一心三观为宗旨。在理论框架上，不同于真可"有我—无我"和智旭"止—观""定—惠""性—修"的理论框架，金圣叹建构了人法的对立统一关系，从人法关系的角度阐述破尽我执与印证自性合一、人法合一等命题。

① 关于真可与冯梦祯等士人的交往，参见黄卓越《冯梦祯与晚明东南佛教》，附录于氏著《明中后期文学思想研究》，北京大学出版社 2005 年版，第 266—283 页。

② 钱谦益：《紫柏尊者别集序》，《有学集》卷二十一，《钱牧斋全集》伍，上海古籍出版社 2003 年版，第 873—875 页。关于钱谦益与紫柏真可的思想联系，参加拙作《明清之际文人经学与佛学风尚的互动》(待刊)。

③ 紫柏真可：《紫柏老人集》卷十三，故宫珍本丛刊本。

④ 钱谦益：《隐湖毛君墓志铭》，《有学集》卷三十一，《钱牧斋全集》陆，上海古籍出版社 2003 年版，第 1141 页。

⑤ 参见第四章《金圣叹与钱谦益的思想渊源》。

⑥ 参见张学智《明代哲学史》，北京大学出版社 2000 年版，第 636 页。

第九章　金圣叹的小说理论

对于金圣叹的《水浒传》评点与小说理论，以往的研究主要在现代文艺理论的视野下加以考察，本书着重从金圣叹的评点文本出发，分析金圣叹的小说理论与古代审美传统、文章作法之间的渊源关系，在以下几方面提出了自己的看法：(1) 论金圣叹"腰斩水浒"。在回顾、反思以往的相关研究的基础上，本书以金圣叹的评点文本为依据，从《水浒传》评点的三大命题之间的逻辑关系的角度，剖析了金圣叹"腰斩水浒"的动机。(2) 金圣叹的人物个性论。本书通过追溯人物个性论的发展源流，揭示出金圣叹将人物个性论推向成熟的原因在于他进一步摆脱了传统类型论的道德色彩，从而细致分析出人物个性中的非伦理因素。(3) 金圣叹的叙事角度理论。以往的研究侧重于诠释金圣叹的叙事视角说与西方叙事理论的相通之处，本文则在分析金圣叹叙事视角说的内涵、审美意义的前提下，考察其叙事角度观念与西方叙事学的分歧、差异。(4) 金圣叹的"正笔"与"闲笔"辨。本书拟从古文文法对小说理论影响的角度，分析金圣叹"正笔"与"闲笔"之分的复杂内涵。

第一节　"腰斩水浒"说的反思

从 20 世纪以来，有关金圣叹之《水浒传》评点的研究一直是金圣叹研究中的热点问题，而金圣叹"腰斩水浒"可谓是热点中的热点。本节拟对有关"腰斩水浒"的研究稍作回顾，并试图以金圣叹的评点文本为依据，从《水浒传》评点的三大命题之间的逻辑关系的角度，剖析金圣叹“腰斩水浒”的动机。

一　对“腰斩水浒”说的回顾与反思

对于金圣叹是否腰斩水浒以及如何腰斩水浒，从20世纪20年代迄今，学界一直聚讼纷纭。1920年胡适《水浒传考证》主张明中叶弘治正德时代确有七十回本，圣叹没有假托古本；1923年鲁迅《中国小说史略》反对此说，指出金本乃腰斩百回本而成，俞平伯《论〈水浒传〉七十回古本之有无》也指出“惊恶梦”仅见于七十回本，未见于其他明刊本；[①]1929年6月胡适《百二十回本〈忠义水浒传〉序》承认自己假定明中叶有七十回本的错误，同年7月郑振铎《〈水浒传〉的演化》进一步肯定了金圣叹古本为假托。[②] 后来学术界达成的基本共识为：《水浒》是金圣叹根据一百二十回袁无涯本《水浒传》改编而成的，他把袁本第一回改为楔子，又删去了后四十九回，修改了回末的誓词，此外还对很多细节进行了改写。但是，对于腰斩说的质疑并未完全平息，其中比较具有代表性的为：20世纪80年代罗尔纲《金圣叹〈贯华堂水浒传〉的问题》认为，[③]王圻《稗史汇编》记载的《水浒传》止于“从梦里收拾一场怪诞”，又徐复祚《三家村老委谈》“宋江”条有“征辽，征腊，后人增入，不尽君美笔也”的说法，因此他认为罗贯中《水浒传》原本只有七十回，但金圣叹所据并非此古本，他是在了解到七十回古本的大致情形的前提下，将百二十回本改为贯华堂本，《施耐庵自序》和“惊恶梦”一段都是金氏伪作，其他部分也多有改动。1998年周岭《金圣叹腰斩〈水浒传〉说质疑》认为嘉靖时郭勋刻百回本《水浒传》之后，便出现了七十回本。[④] 这篇论文一度激起了争论“腰斩水浒”问题的又一轮热潮，王齐洲《金圣叹腰斩〈水浒传〉无可怀

① 《小说月报》第19卷4号。
② 郑振铎：《郑振铎文集》第五卷，北京人民文学出版社1988年版，第142—144页。
③ 《文史》第十五辑。
④ 周岭：《金圣叹腰斩〈水浒传〉说质疑》，《文学评论》1998年第1期，第72—81页。

疑》、[1]张国光《鲁迅等定谳的金圣叹“腰斩”〈水浒〉一案不能翻》[2]等文皆对周说予以反驳。

笔者认为，在没有发现新材料的情况下，金氏是否腰斩《水浒》问题的研究是很难真正深入的。通过回顾以往的研究，我们可以形成以下两点认识：一方面，“腰斩水浒”说的正方与反方都有一定证据，但正方的说服力较强。正方既有版本依据又有旁证。其一，从版本角度来说，金本《水浒》文字与百二十回本之前七十回大致相同。鲁迅先生指出现存《水浒传》六种，其主要者为四：一为一百十五回本《忠义水浒传》，明崇祯末与《三国演义》合刻为《英雄谱》，一百二十四回之《水浒传》与此类似；二为一百回本《忠义水浒传》，描写较前一种细致；三为一百二十回本《忠义水浒全书》；四为七十回本《水浒传》即金圣叹本。鲁迅先生认为金氏所据为百回本，后来学者们经过仔细的文字对勘，得出了金氏七十回本更接近于百二十回本的观点。又前引王齐洲文认为，根据小说艺术发展的规律，删去了骈语的金本应当比保留了这些成分的百二十回本晚出，因此是金本腰斩了百二十回本而成，而不可能是七十回本增添而成百二十回本。其二，与金圣叹同时的周亮工《因树屋书影》称“近金圣叹自七十回之后，断为罗所续；因极口诋罗，复伪为施序于前，此书遂为施有矣”，[3]揭示金氏伪作施序且腰斩水浒。其三，金本《水浒》的结尾“惊恶梦”，不见于其他明本，当为金氏伪造。

腰斩《水浒》说的反方主要依据王圻《稗史汇编》：“今读罗《水浒传》，从空中放出许多罡煞，又从梦里收拾一场怪诞；其与王实甫《西厢记》始以蒲东遘会，终以草桥扬灵，是二梦语，殆同机局。”[4]但这一材料对《水浒传》结局的叙述稍嫌模糊，“从梦里收拾一场怪诞”云云，也可以理解为百回本《水浒传》的结尾“宋徽宗梦游梁山泊”，未必一定是指金本《水浒》结尾的“梁山泊英雄惊恶梦”。因此相比较而言，反对腰斩《水

---

① 王齐洲：《金圣叹腰斩〈七浒传〉无可怀疑》，《江汉论坛》1998 年第 8 期，第 104—108 页。

② 张国光：《鲁迅等定谳的金圣叹“腰斩”〈水浒〉一案不能翻》，《湖北大学学报》2001 年第 1 期，第 48—53 页。

③ 周亮工：《书影》卷一，上海古籍出版社 1981 年版，第 16 页。

④ 王圻：《文史门·杂书类·院本》，《稗史汇编》卷一百三，北京出版社 1993 年影印本，第 1537—1538 页。

浒》一方的证据较少且不够坚实。

另一方面，"腰斩《水浒》"说的正方也并非无懈可击，由反方的批驳可以看出，与金圣叹同时直接指出金氏腰斩《水浒》者，仅周亮工一人而已；伪作施序和"惊恶梦"也只是说明了金氏伪托古本的可能性；此外，周岭"金本不等于金本的底本，金本晚于袁本，也不等于金本的底本晚于袁本"[①]之说，也颇值得重视。总之，在没有找到更多的证据之前，尤其是在发现七十回古本之前，对于金氏是否腰斩水浒的问题，只能暂时依从论据较强的腰斩水浒说，同时也应清醒认识到此说并非定论。

二　腰斩《水浒》的动机

"金氏腰斩《水浒》的动机"更准确的表述应当是金氏反对《水浒》大聚义之后部分的动机，金氏称这一部分为"续《水浒》"。在《水浒》评点中，反续《水浒》是金氏反复申说的核心观点之一。因此，不管金圣叹是否腰斩过《水浒》，他反对《水浒》后部是千真万确的，他反对"续《水浒》"的动机也就是一个客观存在的问题。以往主张腰斩《水浒》说的学者，对金氏腰斩《水浒》的动机有以下几种看法：(1) 胡适认为金氏腰斩《水浒》是由于痛恨强盗、反对招安，[②]郑振铎《水浒传的演化》持类似观点。(2) 张国光《两种〈水浒〉，两个宋江》主张，金圣叹腰斩《水浒》，是为了消除百二十回本的投降主义毒素，将其改造为七十回本的武装斗争到底的红线。改造宋江形象，则是为了塑造一位彻底背叛了封建统治阶级的坚强的革命领袖。[③] 翁柏年《对"双两说"之我见》赞同此说。[④] (3) 围绕张国光此论，傅隆基、殷杰、张化男等人都提出了反对意见，认为原百二十回本在思想倾向的进步性、宋江形象的悲剧性方面与金本并无本质差别，只不过金本竭力反对《水浒》有忠义，突出了"乱自上作"的主题，同时，由于金圣叹对农民起义领袖的偏见和曲解，他夸大了宋

① 周岭：《金圣叹腰斩〈水浒传〉说质疑》，《文学评论》1998年第1期，第78页。

② 胡适：《百二十回本〈忠义水浒传〉序》，载氏著《中国章回小说考证》，安徽教育出版社1999年版，第73—107页。

③ 《两种〈水浒〉，两个宋江——论必须完整地理解毛主席和鲁迅对〈水浒〉、宋江的评价，兼谈金圣叹批改〈水浒〉的贡献》(《武汉师范学院学报》1979年第1期，第75—83页)。

④ 翁柏年：《对"双两说"之我见》，《水浒争鸣》第三辑，第336—344页，长江文艺出版社1984年版。

江形象中“奸诈”的一面。[①]（4）陈洪认为应从思想与艺术两方面分析腰斩《水浒》的意义。在艺术方面，以梦结尾是金圣叹追求文学作品的虚幻色彩的尝试；就思想而言，腰斩《水浒》和独恶宋江，既是为了掩盖作品“诲盗”的倾向，也反映了金圣叹不能突破封建纲常的矛盾心态。此外，“独恶宋江”折射了金圣叹自命不凡、炫耀自身才智的心理。[②]

对于这一歧见纷出的问题，笔者认为，在区分学术争鸣中的主观性问题与客观性问题的基础上，应尽量避免先入为主的思维方式，尊重金圣叹的评点文本本身。其一，金圣叹腰斩《水浒》、独恶宋江的原因和得失是两个性质不同的问题，前者是属于揭示历史真相的、客观性较强的问题，后者是今人评价历史的、主观性较强的问题。对于主观性问题的言人人殊，我们不必追究其是非，而金圣叹腰斩《水浒》的原因等客观性问题，才是本书所要考察的对象。

其二，避免非此即彼的思维方式。对于文学作品本身和作家、评点家的文学活动来说，内容的模糊性、多义性甚至矛盾性是其固有的特点；[③]另一方面，很多命题本身看似相互矛盾，实际上是并行不悖的。因此，试图以一种简单明了的思维方式来揭示文学现象的本质，并断然否定其他可能性的做法是不合适的。比如，认为金本和原本分别代表了斗争到底路线和投降主义路线的说法，就似乎包含了《水浒》的旨趣不是斗争到底就是投降主义的理论预设。又如，有的研究者根据金圣叹评点中赞扬宋江机智的文字，就推断金氏是在正面歌颂坚定的革命派宋江。其实，这又是以非批评即赞颂的思维方式误解了金氏。金氏对宋江主要批判其伪忠义，兼带赞赏其才能。他不止一次地赞叹宋江的机变、气势，如“宋江权术如此，读之真乃可爱”，[④]“真乃人中俊杰，写得

① 参见傅隆基《评“两种〈水浒〉，两个宋江”说》，《水浒争鸣》第三辑，长江文艺出版社 1984 年版，第 284—301 页；殷杰：《“两种〈水浒〉，两个宋江”说质疑》，《水浒争鸣》第三辑，长江文艺出版社 1984 年版，第 321—329 页；张化男：《一种〈水浒〉，一个宋江》，《水浒争鸣》第三辑，长江文艺出版社 1984 年版，第 330—335 页。

② 参见陈洪《金圣叹传论》，天津人民出版社 1996 年版，第 63—88 页。

③ 参见徐朔方《晚明曲家年谱》第一卷《金圣叹年谱》，浙江古籍出版社 1993 年版，第 704 页。

④ 金圣叹：《第五才子书施耐庵水浒传》卷二十二第十七回夹批，《金圣叹全集》叁，凤凰出版社 2008 年版，第 334 页。

矫健可爱”，[1]但这并不意味着金氏总体上是肯定宋江的。第五十七回总评说得很清楚：“宋江有过人之才，是即诚然；若言其有忠义之心，心心图报朝廷，此实万万不然之事也！”[2]足见金圣叹对宋江才能气魄的颂美，并不能改变他揭示宋江伪忠伪孝的主要意图。

又如，有的学者认为金圣叹同情宋江等水浒英雄的被逼上梁山即“乃有迫之入水泊者”，因而金氏支持水浒英雄斗争到底。其实，金圣叹不止一次地说明了他对水浒起义既承认乱自上作而抱有同情，又指斥其触犯纲常之罪。他在《宋史纲》中提出了评判宋江起义的两重标准：天子之恩和君子之法。何谓天子之恩呢？他说：

> 赦罪者，天子之大恩……宋江掠京东诸郡，其罪应死，此书“降”而不书“诛”，则是当时已赦之也。盖盗之初，非生而为盗也。父兄失教于前，饥寒驱迫于后，而其才与其力，又不堪以郁郁让人。于是无端入草，一啸群聚，始而夺货，既而称兵，皆有之也。然其实谁致之失教，谁致之饥寒，谁致之有才与力而不得自见？“万方有罪，罪在朕躬”，成汤所云，不其然乎？孰非赏之亦不窃者？而上既陷之，上又刑之，仁人在位，而罔民可为，即岂称代天牧民之意哉！故夫降之而不诛，为天子之大恩、处盗之善法也。[3]

这是承认了宋江是官逼民反的结果，因而是可以赦罪、值得同情的；另一方面，君子之法则以劝善惩恶为职责，故必须对宋江等人的叛逆大加挞伐：

> 定罪者，君子之大法。……若在君子，则又必不可不大正其罪，而书之曰“盗”者。君子非不知盗之初，非生而为盗，与夫既赦以后之乐与更始，亦不复为盗也。……君子之职在教万民，教万民者，爱民之心，惟一朝一夕，必谨履霜为冰之惧。……宋江虽降而

① 金圣叹：《第五才子书施耐庵水浒传》卷二十二第十七回夹批，《金圣叹全集》叁，凤凰出版社2008年版，第336页。

② 金圣叹：《第五才子书施耐庵水浒传》卷六十二第五十七回总评，《金圣叹全集》肆，凤凰出版社2008年版，第1034页。

③ 金圣叹：《圣叹外书·宋史纲》，《第五才子书施耐庵水浒传》卷二，《金圣叹全集》叁，凤凰出版社2008年版，第23页。

必书曰盗，此《春秋》谨严之志，所以昭往戒、防未然、正人心、辅王化也。[①]

这是说，君子虽然承认宋江起义是乱自上作所致，但从政治教化的角度来说，又不能不指斥其为盗之罪。又第十四回夹批云："今小五只有胸前一搭花绣，盖寓言胸中有一段垒块，故发而为《水浒》一书也。虽然，'为子不见亲过，为臣不见君过'，人而至于胸中有一段垒块，吾甚畏夫难乎为其君父也。"[②]这也是表明了即使不得已入草为盗，也还是触犯君父的观点。因此，认为金圣叹要么支持农民起义，要么痛恨农民起义的思维方式，不符合金氏评点《水浒》的实际意图。

其三，应慎用"明褒暗贬""劝百而讽一"之类的思维方式。有的学者在论证某一观点时，所提供的论据却是与其观点完全相反的文本，其理由是中国文学素有明褒暗贬、劝百而讽一的传统。这样的思维方式固然有文学传统的依据，但如果过于随意地应用，则有可能影响结论的可靠性。比如，有的学者认为金圣叹揭露宋江不忠于晁盖的文字是小骂大帮忙，又如有的学者主张金圣叹的伪作"惊噩梦"和独恶宋江都是为了掩饰自己同情、激赏梁山好汉的立场。这些论述可说是提出了解决"腰斩水浒"等问题的一种途径，但如果没有直接证据的配合，则只能算是一种推测。

本书试图以一种比较小心的，但也可能是简单化了的路径来分析金圣叹"腰斩《水浒》"与"独恶宋江"的原因。其一，笔者尽量以金圣叹本人对这一问题的阐述为依据，而暂不考虑他言不由衷、明褒暗贬等可能性。其二，本书拟将金圣叹的腰斩《水浒》与独恶宋江、反对"忠义水浒"等问题联系起来加以考察，并由此窥探金批《水浒》的主要思想旨趣。金圣叹在《水浒》评点中着力阐述的"独恶宋江"、反"忠义《水浒》"、反续《水浒》等三大命题，都是以揭示宋江伪忠义为旨归的。

---

① 金圣叹：《圣叹外书·宋史纲》，《第五才子书施耐庵水浒传》卷二，《金圣叹全集》叁，凤凰出版社2008年版，第23—24页。

② 金圣叹：《第五才子书施耐庵水浒传》卷十九第十四回夹批，《金圣叹全集》叁，凤凰出版社2008年版，第279页。

1. 独恶宋江

《读第五才子书法》称："《水浒传》有大段正经处，只是把宋江深恶痛绝，使人见之，真有犬彘不食之恨，从来人却是不晓得"，又说"《水浒传》独恶宋江，亦是歼厥渠魁之意，其余便饶恕了"。[①]《水浒》(实际上是金氏)独恶宋江的原因何在呢？其一是权诈。在《水浒传》中，凡是宋江出现的章节，金圣叹无不加以"权诈""权术"之类的评语，尤其是第十七回、第三十五至三十七回、四十一至四十二回、五十至五十一回、五十七回、五十九回、六十一回、六十四回、六十六至六十八回、七十回等十回中，金圣叹在回前总评和夹批中，几乎是以全力揭示宋江的狡狯权诈。金圣叹还总结出《水浒传》描写宋江权诈的几大技法：一是前后对照。如第三十六回夹批评宋江"当时去了行枷"道："闲中无端出此一笔，与前山泊对看，所以深明宋江之权诈也"，又说"此书写宋江权诈，俱于前后对照处露出，若散读之，皆恒事耳"。[②] 原来，此处写宋江之去行枷，是为了对照出上回宋江不肯开枷的权诈。二是反衬法。三十七回以戴宗反衬宋江、四十回写李逵的粗言直叫，都是为了突出宋江的权诈。在金圣叹看来，权诈的实质就是伪忠义。比如，第六十六回夹批称："大书吴用纯以欺诈待人，全无忠义之心，与宋江正是一流人也。"[③]可见欺诈意味着"无忠义"。又第四十九回夹批"写宋江内小人而外君子，真是笔笔如镜"，[④]同样揭示了宋江人格的这一特征。类似的说法还有："作者正深写宋江权诈，乃至忍于欺其至亲。而自来读者皆叹宋江忠孝，真不善读书人也！"[⑤]权诈等于不忠义的观念，表明了金圣叹首先痛恨宋江不真诚，其次则驳斥其无忠义。也可以说，金圣叹所谓"忠义"实际上包括了

① 金圣叹：《读第五才子书法》，《第五才子书施耐庵水浒传》卷三，《金圣叹全集》叁，凤凰出版社 2008 年版，第 28—29 页。

② 金圣叹：《第五才子书施耐庵水浒传》卷四十一第三十六回夹批，《金圣叹全集》肆，凤凰出版社 2008 年版，第 662 页。

③ 金圣叹：《第五才子书施耐庵水浒传》卷七十一第六十六回夹批，《金圣叹全集》肆，凤凰出版社 2008 年版，第 1185 页。

④ 金圣叹：《第五才子书施耐庵水浒传》卷五十四第四十九回夹批，《金圣叹全集》肆，凤凰出版社 2008 年版，第 906 页。

⑤ 金圣叹：《第五才子书施耐庵水浒传》卷四十第三十五回夹批，《金圣叹全集》肆，凤凰出版社 2008 年版，第 644 页。

真诚和忠义两层含义。

其二，金圣叹"独恶宋江"，还表现为全力攻击宋江之虚伪，而不涉及其是否忠义。如第十八回夹批云："晁盖只是直，宋江只是曲，此晁宋之别也"，[①]又第四十回总评云："一路写宋江使权诈处，必紧接李逵粗言直叫，此又是画家所谓'反衬法'。读者但见李逵粗直，便知宋江权诈，则庶几得之矣"，[②]他认为晁盖、李逵等人的直率都反衬出宋江的虚伪，而"自刎之假，不如夺刀之真。然真者终为小卒，假者终为大王。世事如此，何可胜叹"之感慨，则将批判的锋芒直接指向了宋江的矫情。[③]

其三，金氏还花费大量笔墨论述了宋江于奸诈之外的、无关乎真伪的不忠不义。比如，宋江私放晁盖。第十七回总评曰："自吾观之，宋江之罪之浮于群盗也，吟反诗为小，而放晁盖为大。……宋江而诚忠义，是必不放晁盖者也；宋江而放晁盖，是必不能忠义者也。"[④]私放晁盖是判宋江为盗魁的重要依据。又如，倡众落草。第三十四回夹批曰："今日众人既属宋江倡率，前日晁盖又属宋江私放，以深表宋江为贼之首、罪之魁也。"[⑤]倡众落草之罪与私放晁盖等。还有，"此篇抗拒王师，罪在

---

① 金圣叹：《第五才子书施耐庵水浒传》卷二十三第十八回夹批，《金圣叹全集》叁，凤凰出版社2008年版，第355页。

② 金圣叹：《第五才子书施耐庵水浒传》卷四十五第四十回总评，《金圣叹全集》肆，凤凰出版社2008年版，第732页。

③ 金圣叹：《第五才子书施耐庵水浒传》卷四十第三十五回夹批，《金圣叹全集》肆，凤凰出版社2008年版，第648页。又金氏批点痛斥宋江"假""不真"的文字还有多处：(1) 金圣叹：《第五才子书施耐庵水浒传》卷四十第三十五回夹批，《金圣叹全集》肆，凤凰出版社2008年版，第648页。(2) 金圣叹：《第五才子书施耐庵水浒传》卷四十第三十五回夹批，《金圣叹全集》肆，凤凰出版社2008年版，第649页。(3) 金圣叹：《第五才子书施耐庵水浒传》卷四十一第三十六回总评，《金圣叹全集》肆，凤凰出版社2008年版，第659页。(4) 金圣叹：《第五才子书施耐庵水浒传》卷四十一第三十六回夹批，《金圣叹全集》肆，凤凰出版社2008年版，第673页。(5) 金圣叹：《第五才子书施耐庵水浒传》卷四十六第四十一回夹批，《金圣叹全集》肆，凤凰出版社2008年版，第767—768页。(6) 金圣叹：《第五才子书施耐庵水浒传》卷四十七第四十二回夹批，《金圣叹全集》肆，凤凰出版社2008年版，第774页。(7) 金圣叹：《第五才子书施耐庵水浒传》卷五十五第五十回夹批，《金圣叹全集》肆，凤凰出版社2008年版，第925页。(8) 金圣叹：《第五才子书施耐庵水浒传》卷六十一第五十六回夹批，《金圣叹全集》肆，凤凰出版社2008年版，第1023页。

④ 金圣叹：《第五才子书施耐庵水浒传》卷二十二第十七回总评，《金圣叹全集》叁，凤凰出版社2008年版，第328页。

⑤ 金圣叹：《第五才子书施耐庵水浒传》卷三十九第三十四回夹批，《金圣叹全集》肆，凤凰出版社2008年版，第628页。

不赦，特书尽出宋江之谋，所以深著其恶也”。[1] 出谋抗拒王师更是宋江的不赦之罪。第五十七回总评中，金圣叹论述了宋江不忠不义的十大罪状，[2]上述三点是十大罪状的主要内容。这十大罪状的实质是违背忠君孝父的纲常伦理，基本上无关乎真诚虚伪之辨。金氏还一再指出私放晁盖等反叛朝廷的罪状，是宋江之罪浮于其他水浒英雄的原因，可见，在“独恶宋江”论中，痛骂宋江的不忠不义是与指斥其权诈同样重要的成分。

以往人们在分析独恶宋江论时，往往认为其实质是金圣叹崇尚率性任情，痛恨宋江的言不由衷。[3] 以上分析表明，金圣叹反对宋江虚伪和指斥宋江不忠不义是其“独恶宋江”论相互联系、不可或缺的两个方面，只不过前者居于主导地位而已。

2. 反“忠义水浒”

反对“忠义水浒”说，也是从驳斥宋江之伪忠义出发的。正因为宋江内心背弃忠义而表面上侈谈忠义，“忠义水浒”才会成为一个不得不辩的问题。在金圣叹之前，誉宋江等人为忠义水浒的观点，可以李贽之说为代表：“……则谓水浒之众，皆大力大贤有忠有义之人可也。然未有忠义如宋公明者也。……独宋公明者，身居水浒之中，心在朝廷之上，一意招安，专图报国，卒至于犯大难，成大功，服毒自缢，同死而不辞，则忠义之烈也！真足以服一百单八人者之心，故能结义梁山，为一百单八人之主。”[4]在金圣叹的时代，“忠义水浒”之论影响极大，因此金圣叹在《水浒·序二》中就将“以忠义序《水浒》”视为一个重要命题加以批驳，指出其后果是使后世之人仿效宋江之尤：“然则几乎其不胥天下后世之人，而惟宋江等一百八人，以为高山景行，其心向往者哉！”[5]可见

① 金圣叹：《第五才子书施耐庵水浒传》卷六十一第五十六回夹批，《金圣叹全集》肆，凤凰出版社 2008 年版，第 1069 页。

② 金圣叹：《第五才子书施耐庵水浒传》卷六十二第五十七回总评，《金圣叹全集》肆，凤凰出版社 2008 年版，第 1034—1035 页。

③ 参见贺亚先、童力群《金圣叹独恶宋江论》，《黄冈师专学报》1999 年 1 期，第 43—48 页。

④ 李贽：《焚书》卷三《〈忠义水浒传〉序》，《李贽文集》第一卷，社会科学文献出版社 2000 年版，第 102 页。

⑤ 金圣叹：《第五才子书施耐庵水浒传》卷一《序二》，《金圣叹全集》叁，凤凰出版社 2008 年版，第 18 页。

反"忠义水浒"是金圣叹评点《水浒传》的核心意图之一。金氏还指出施耐庵作《水浒》的本意是"备书其外之权诈，备书其内之凶恶，所以诛前人既死之心者，所以防后人未然之心也"，[①]然而世人不识施耐庵批判伪忠义的本意，误以忠义誉《水浒》，这就说明金氏反"忠义水浒"与揭露伪忠义、提倡真忠义的伦理思想密切相关。

在反"忠义水浒"这一层面，金圣叹着力揭示了世人误许宋江忠义的种种原因。

其一，被宋江口中好语骗过。第五十七回总评曰：

> 村学先生团泥作腹，镂炭为眼，读《水浒传》，见宋江口中有许多好语，便遽然以"忠义"两字过许老贼。甚或弁其书端，定为题目。此决不得不与之辩。辩曰：宋江有过人之才，是即诚然；若言其有忠义之心，心心图报朝廷，此实万万不然之事也。[②]

村学先生之所以谬许宋江忠义，乃因被宋江"口中好语骗过"，未能认清其犯上作乱的本来面目。这一说法还提示了金圣叹"独恶宋江"与反"忠义水浒"之间的逻辑联系。宋江之口中好语，可以孝父为例。第三十五回有"宋江道'父亲休烦恼，官司见了，到是有幸。明日孩儿躲在江湖上，撞了一班儿儿杀人放火的弟兄们，打在网里，如何能够见父亲面'"一段，对此，金圣叹痛斥其伪道："于清风山收罗花荣、秦明、黄信、吕方、郭盛及燕顺等三人，纷纷入水泊者，复是何人？方得死父赚转，便将生死热瞒。作者正深写宋江权诈，乃至忍于欺其至亲，而自来读者皆叹宋江忠孝，真不善读书人也！"[③]这是说，宋江明明曾收罗花荣等数人入水泊，却对父亲谎称幸而远离了"杀人放火的弟兄们"，自来读者竟然未能识破其言行不一，宋江"忠孝"说实乃大谬。类似的分析还见于第

① 金圣叹：《第五才子书施耐庵水浒传》卷一《序二》，《金圣叹全集》叁，凤凰出版社 2008 年版，第 18 页。

② 金圣叹：《第五才子书施耐庵水浒传》卷六十二第五十七回总评，《金圣叹全集》肆，凤凰出版社 2008 年版，第 1034 页。

③ 金圣叹：《第五才子书施耐庵水浒传》卷四十第三十五回夹批，《金圣叹全集》肆，凤凰出版社 2008 年版，第 644 页。

三十四回夹批。[1] 金圣叹对宋江之谈忠谈孝是如此深恶痛绝，不仅在评点中多次厉言指斥，[2]甚而至于提出了口说之孝为强盗的偏激之论："孝顺不在口说，孝顺亦不在人前。凡属口说及在人前者，皆强盗，非孝顺也。"[3]凡此都折射出他揭开宋江伪忠义之真面目的迫切心情。

其二，读者"不知作史笔法"。金圣叹认为《水浒》作者刻画宋江伪忠义的方法之一是寓褒贬于笔墨之外，读者往往因不识皮里阳秋之法而误以宋江为忠义。比如，对于第五十三回"(宋江)先传下将令，休得伤害百姓；一面出榜安民，秋毫无犯'"一段，金氏评点道："如此言，所谓仁义之师也。今强盗而忽用仁义之师，是强盗之权术也。强盗之权术而又书之者，所以深叹当时之官军反不能然也。彼三家村学究，不知作史笔法，而遽因此等语，过许强盗真有仁义，不亦怪哉！"[4]三家村学究因不懂作史笔法而过许宋江忠义的情况，远不止这一处。第十七回写宋江私放晁盖，写出无数机密，也是为了深著宋江私放晁盖之罪。但世人也因不能领悟《水浒》笔法，"而遽便以忠义目之"；[5]又如，第六十四回写宋江背疮，六十七回写宋江弑晁盖，都是旨在刻画宋江之恶，而读者也是由于浑然不觉"君子春秋之志"，故而"犹必沾沾以忠义之人目之"。[6]

---

① 金圣叹：《第五才子书施耐庵水浒传》卷三十九第三十四回夹批，《金圣叹全集》肆，凤凰出版社 2008 年版，第 641 页。

② 如"看他处处自说孝义，真是丑极。纯孝不在口说。以口说求得孝子之名，甚矣宋江衣钵之满天下也"(金圣叹：《第五才子书施耐庵水浒传》卷四十第三十五回夹批，《金圣叹全集》肆，凤凰出版社 2008 年版，第 656 页)；"此口说之孝所以为强盗之孝，而作者特借宋江以活画之"(金圣叹：《第五才子书施耐庵水浒传》卷四十六第四十一回总评，《金圣叹全集》肆，凤凰出版社 2008 年版，第 753 页；"所以深明谈忠谈孝之人，其胸中全无心肝，为稗史之《梼杌》也"(金圣叹：《第五才子书施耐庵水浒传》卷四十八第四十三回夹批，《金圣叹全集》肆，凤凰出版社 2008 年版，第 796 页)；"笑宋江传中，越说得真切，越哭得悲痛，越显其忤逆不肖"(金圣叹：《第五才子书施耐庵水浒传》卷五十五第五十回夹批，《金圣叹全集》肆，凤凰出版社 2008 年版，第 911 页)等等。

③ 金圣叹：《第五才子书施耐庵水浒传》卷四十六第四十一回夹批，《金圣叹全集》肆，凤凰出版社 2008 年版，第 765 页。

④ 金圣叹：《第五才子书施耐庵水浒传》卷五十八第五十三回夹批，《金圣叹全集》肆，凤凰出版社 2008 年版，第 977 页。

⑤ 金圣叹：《第五才子书施耐庵水浒传》卷二十二第十七回总评，《金圣叹全集》叁，凤凰出版社 2008 年版，第 329 页。

⑥ 分别见金圣叹：《第五才子书施耐庵水浒传》卷六十九第六十四回总评，《金圣叹全集》肆，凤凰出版社 2008 年版，第 1150 页；金圣叹：《第五才子书施耐庵水浒传》卷七十二第六十七回总评，《金圣叹全集》肆，凤凰出版社 2008 年版，第 1197 页。

不可否认的是金圣叹虽以自己能识得所谓春秋笔法而沾沾自喜，实际上这类评点已严重偏离了《水浒》文本，近于深文罗织了。不过这也同样说明了金圣叹借评点《水浒》来批驳伪忠义的主观动机。

其三，有趣的是，金圣叹甚至斥“忠义水浒”说的支持者为“好乱之徒”。《水浒·序二》称：“观物者审名，论人者辩志。施耐庵传宋江，而题其书曰《水浒》，恶之至，迸之至，不与同中国也。而后世不知何等好乱之徒，乃谬加以‘忠义’之目。”[①]第六十四回、七十回总评也有类似说法。[②] 金氏将“忠义水浒”的说法归结于犯上作乱之心，很容易使我们认为金圣叹由痛恨宋江伪忠义而牵连至称许宋江者，其实，这是金圣叹对“忠义水浒”说加以逻辑分析的结果：持“忠义水浒”说者，不是未能看出宋江伪忠义的村学究，就是看懂了而故意倡乱的小人。

金圣叹从“见宋江口中有许多好语”“不知作史笔法”“好犯上作乱”三个层次来分析世人以“忠义”谬许宋江的原因，而其理论前提则是反对宋江的伪忠义。

3. 反“续《水浒》”

金圣叹反“续《水浒》”的动机十分复杂，其中包含了他对招安政策本身的否定。明王朝以招抚策略应对民变，结果反而使起义力量日益壮大，对此，当时的许多有识之士都扼腕叹息，[③]身处吴中的金圣叹对这一关乎国家存亡的问题也是有所思考的，他在《宋史断》中反对罗贯中续《水浒》，其理由之一便是招安政策本身不合理，有失朝廷之尊、坏国家之法、显当时之无人、令猖狂愈甚、使壮夫削色、有负养士百年之恩、从此无治天下之术、宰相颠倒等八大过失，其核心便是招安有害国家法治，即《水浒·序二》所谓“彼一百八人而得幸免于宋朝者，恶知不将有若干百千万人，思得复试于后世者乎”。[④] 金圣叹在评点中多次阐发了

① 金圣叹：《第五才子书施耐庵水浒传》卷一《序二》，《金圣叹全集》叁，凤凰出版社 2008 年版，第 17 页。

② 分别见金圣叹：《第五才子书施耐庵水浒传》卷六十九第六十四回总评，《金圣叹全集》肆，凤凰出版社 2008 年版，第 1150 页；金圣叹：《第五才子书施耐庵水浒传》卷七十五第七十回总评，《金圣叹全集》肆，凤凰出版社 2008 年版，第 1235 页。

③ 参见本书第一章《晚明社会与吴中风尚》。

④ 金圣叹：《第五才子书施耐庵水浒传》卷一《序二》，《金圣叹全集》叁，凤凰出版社 2008 年版，第 18 页。

招安破坏治天下之法的思想。比如他评点第七十回"我若今日赦免你们时,后日再以何法去治天下"一语道:"不朽之论,可破续传招安之谬。"[①]可见,金圣叹在《水浒传》评点中将反对续《水浒》作为主要论题,首先是由于他反对招安政策本身。[②]

但金氏反续《水浒》的主要原因却是他认定伪忠伪义的宋江只是以招安赚人入伙,实无图报朝廷之志。他反复论述了宋江谎称"一心招安"而导致罗贯中狗尾续貂的观点。比如,第三十一回中,宋江对武松道:"……如得朝廷招安,你便可撺掇鲁智深投降了,日后但是去边上一枪一刀,博得个封妻荫子,久后青史上留得一个好名,也不枉了为人一世。"金圣叹加以夹批云:"前宋江口中不好说明,却向武松口中说明之;然武松口中却说不畅,便再向宋江口中畅说之。妙绝。然而其实都是宋江权术。七十回后,纷纷续貂,殊无谓也。"[③]口说招安为宋江权术的说法,还见于第四十一回、第四十三回、第五十回、第五十七回夹批。[④]

为了证明宋江以招安为权术的观点,金圣叹采取了逻辑与文献的双重论证法。其一,从逻辑上分析"招安"说之伪。第五十七回总评曰:

> 强盗则须招安,将军胡为亦须招安?身在水泊,则须招安而归顺朝廷;身在朝廷,胡为亦须招安而反入水泊?以此语问宋江,而宋江无以应也。故知一心报国,日望招安之言,皆宋江所以诱人入

---

① 金圣叹:《第五才子书施耐庵水浒传》卷七十五第七十回夹批,《金圣叹全集》肆,凤凰出版社 2008 年版,第 1250 页。类似的说法还见于第七十回总评"后世乃复削去此节,盛夸招安,务令罪归朝廷而功归强盗"(《第五才子书施耐庵水浒传》卷七十五第七十回总评,《金圣叹全集》肆,凤凰出版社 2008 年版,第 1235 页)。

② 参见胡适《中国章回小说考证》,安徽教育出版社 1999 年版,第 44 页。关于金圣叹反对招安的原因,日本学者高岛俊男《金圣叹批判的论理——水浒批判をめぐって》主张是由于当时叛乱频发、对于盗贼的危机感和憎恶感增强(《中国》第七十三号,1976 年),井上浩一《招安に对する金圣叹の见解とその社会背景》却认为在解释李贽、金圣叹之招安论的不同时,不应立足于叛乱的有无,而当注意叛乱的性质和招安具体情况的差异(《中国中世文学研究·四十周年纪念论文集》,东京白帝社 2001 年版,第 307—318 页)。

③ 金圣叹:《第五才子书施耐庵水浒传》卷三十六第三十一回夹批,《金圣叹全集》叁,凤凰出版社 2008 年版,第 587 页。

④ 分别见金圣叹:《第五才子书施耐庵水浒传》卷四十六第四十一回夹批,《金圣叹全集》肆,凤凰出版社 2008 年版,第 761 页;金圣叹:《第五才子书施耐庵水浒传》卷四十八第四十三回夹批,《金圣叹全集》肆,凤凰出版社 2008 年版,第 806 页;金圣叹:《第五才子书施耐庵水浒传》卷五十九第五十四回夹批,《金圣叹全集》肆,凤凰出版社 2008 年版,第 991 页;金圣叹:《第五才子书施耐庵水浒传》卷六十二第五十七回夹批,《金圣叹全集》肆,凤凰出版社 2008 年版,第 1043 页。

> 水泊。……彼村学先生不知乌之黑白，犹鳃鳃以‘忠义’目之，惟恐不得其当，斯其心何心也！[①]

在此，金圣叹通过宋江千方百计罗致秦明、呼延等朝廷大将入梁山泊的事实，揭示出将军无须招安，以招安游说“强盗”则可，以招安网罗将军则是自欺欺人的实质。村学先生因宋江招安说而许其忠义之说，则提示了金氏反续《水浒》与反“忠义水浒”的内在联系。

其二，自称手中据有《水浒》古本。既然《水浒》古本并无招安情节，那么今本就是村学究罗贯中误解《水浒》而狗尾续貂。文献证据更有力地说明了“一心招安”云云是宋江赚人入伙的权术，是宋江伪忠义的典型表现。当然，如前所述，现在多数学者主张“古本”是金圣叹依据百二十回本《忠义水浒传》伪造的。

综上所述，金圣叹的“独恶宋江”、反“忠义水浒”、反续《水浒》等三个别出心裁的主张，都是围绕驳斥宋江伪忠义而发的。金圣叹本人也不止一次地指出这三个命题之间的同源关系。比如，第五十七回中，他评点宋江“小可宋江怎敢背负朝廷？盖为官吏污滥，威逼得紧，误犯大罪，因此权借水泊里随时避难，只待朝廷赦罪招安，不想起动将军，致劳神力。实慕将军虎威。今者误有冒犯，切乞恕罪”一语道：“处处以此数语说人入伙，正是宋江权诈铁案。而村竖反因此文续出半部，又哀然加以‘忠义’之名，何也？”[②]此说点明了宋江谎称招安的权诈、世人续《水浒》、以“忠义冠《水浒》”三者之间的逻辑联系，类似的说法还见于第七十回总评。[③] 概言之，从金圣叹“独恶宋江”、反“忠义水浒”、反续《水浒》等命题之间的逻辑关系来看，金氏腰斩《水浒》的动机是批判伪忠义，这与他在《水浒传》评点中推崇真忠义是互为表里的。[④]

必须承认，金圣叹“独恶宋江”“腰斩《水浒》”等主张有着极其复杂

---

① 金圣叹：《第五才子书施耐庵水浒传》卷六十二第五十七回总评，《金圣叹全集》肆，凤凰出版社 2008 年版，第 1036 页。

② 金圣叹：《第五才子书施耐庵水浒传》卷六十二第五十七回夹批，《金圣叹全集》肆，凤凰出版社 2008 年版，第 1043 页。

③ 金圣叹：《第五才子书施耐庵水浒传》卷七十五第七十回总评，《金圣叹全集》肆，凤凰出版社 2008 年版，第 1235 页。

④ 参见本书第七章《“忠恕”说与晚明思想的困境》。

的思想背景，有些原因甚至是无法坐实的，但我们首先应当以金圣叹的评点文本为依据，梳理出文本本身中包含的理论体系，这恰恰是以往的金圣叹研究所不太重视的方面。

第二节　人物个性说再探

众所周知，重视人物个性是金圣叹小说理论的重要贡献之一。关于这一问题，人们已经揭示了金圣叹的性格论具有重视人物心理特征、主观动机等特点①，论述了金圣叹对“性格”的反复强调和努力解决如何刻画个性等问题，②指出金圣叹建构了一整套关于性格塑造的作家创作心理理论。③ 本节拟在追溯人物个性论发展源流的基础上，揭示金圣叹将人物个性论推向成熟的原因：他进一步摆脱了传统类型论的道德色彩，从而细致分析出人物个性中的非伦理因素。

一　传统类型论的伦理色彩

在小说理论史上，对人物个性的认识是从人物类型的认识发展而来的。

所谓“个性论”，就是要求小说塑造出各具性格的人物，每一个人物虽有与他人相通的共性，但更有区别于他人的独特个性。有的学者以西方的典型论来诠释个性论。西方的典型论可以歌德、恩格斯的说法为代表。如歌德认为：“诗人究竟是为一般而找特殊，还是在特殊中显出一般，这中间有一个很大的分别。由第一种程序产生寓意诗，其中特殊只作为一个例证或典范才有价值。但是第二种程序才特别适宜于诗的本质，它表现出一种特殊，但不想到或明指到一般。谁若是生动地把握这特殊，谁就同时获得一般，而当时却意识不到，或只是到事后才意

① 参见高小康《金圣叹人物理论新探》，《文艺理论研究》1988 年第 5 期，第 72—79 页。

② 参见陈洪《金圣叹传论》，天津人民出版社 1996 年版，第 187—191 页。

③ 参见左东岭《李贽与晚明文学思想》，天津人民出版社 1997 年版，第 308 页。

识到。”[①]恩格斯则认为“据我看来，现实主义的意思是，除细节的真实外，还要真实地再现典型环境中的典型人物”，[②]“每个人都是典型，但同时又是一定的单个人，正如老黑格尔所说的，是一个‘这个’，而且应当是如此”。[③] 事实上，金圣叹等人的个性论，与西方的典型论有很大差别。典型论强调写出人物的个性，表现人物性格的复杂性，而金圣叹虽然重视个性，也注意到了人物性格的复杂性，但是仍然没有完全摆脱把人物作为某种观念的化身的传统。

所谓“类型化”，就是更重视不同人物之间的共性。在中国古代观念中，对于人物共性和个性的认识应当是同时成熟的。以儒家思想为例，孔子对人性讨论得不多，但其后学子思、孟轲、荀况等对人性很感兴趣，论及人的性格、才能、品德等多方面的差异。然而，在小说理论的发展长河中，却是重视类型在先，强调个性在后，这与小说人物论形成的过程有关。

在人物个性论成熟的过程中，人们对《史记》“列传”人物形象的评价、戏曲中角色的认识、小说人物形象的分析这三方面一直存在着相互影响的关系，因此本文分别从这三个方面考察人物个性论演变的轨迹。

在史学方面，《史记》首创的列传体将同一类人物合为一传，比如《循吏列传》《刺客列传》等等，司马迁常在传末论赞中点出这类人的共性，比如《刺客列传赞》云：“自曹沫至荆轲五人，此其义或成或不成，然其立意较然，不欺其志，名垂后世，岂妄也哉！”[④]可见列传体的形式中包含了强调其一类人的共性的观念，唐刘知几《史通·品藻》以为“史氏自迁、固作传，始以品汇相从”，[⑤]正是揭示了列传体分类叙述人物的特点。

在戏曲方面，南北宋之际南戏逐步成熟，金元之际杂剧盛行，戏曲的角色分工也带有类型意味，以元杂剧为例，“净”脚往往扮演与正面人物对立的反面人物，比如《赵氏孤儿》之屠岸贾；“搽旦”专门扮演不正派

---

① 歌德：《关于艺术的格言和感想》，转引自朱光潜《西方美学史》下卷，人民文学出版社1964年版，第67页。

② 恩格斯：《致玛·哈克奈斯》）《马克思恩格斯选集》第4卷，人民出版社1972年版，462页。

③ 恩格斯：《致敏·考茨基》，《马克思恩格斯选集》第4卷，人民出版社1972年版，第453页。

④ 司马迁：《史记》卷八十六《刺客列传赞》，中华书局1959年版，第2538页。

⑤ 刘知几撰、浦起龙释：《史通通释》卷七《品藻》，上海古籍出版社1978年版，第185页。

或邪恶的女人。戏曲角色分工反映并且强化了人物类型观念，自无可疑。[1]

在小说评论中，宋元之际罗烨《醉翁谈录·舌耕叙引·小说开辟》评价了作为白话小说源头的说话艺术的艺术效果："说国贼怀奸从佞，遣愚夫等辈生嗔；说忠臣负屈衔冤，铁心肠也须下泪；讲鬼怪令羽士心寒胆战，论闺怨遣佳人绿惨红愁。"[2]这段文字同时也说明了说话艺术塑造的正是国贼、忠臣、鬼怪、怨妇等不同类型的人物。刘辰翁（1232—1297）评点《世说新语·德行》"陈元方子长文"条中的陈寔语云："家翁语"（《世说新语》，明凌瀛初刻四色套印本），可见刘辰翁关注的是人物所体现出来的某一类人（如家翁）所共有的特点。万历十七年（1589年）天都外臣《水浒传叙》称赞《水浒传》描绘了各色人等的风貌："其人则王侯将相，官师士农，工贾方技，吏胥厮养，驵侩舆台，粉黛缁黄，赭衣左衽"，这也是地道的类型观念。

为什么早期的人物论尤为关注人物类型？其原因当是多方面的，仅就史书、戏曲、小说塑造人物的动机来看，人们往往在人物描写中寄托自己的伦理、政治、社会等思想观念，换言之，人物大多是表达思想的工具。以《史记》为例，如前所说，《刺客列传》寄托了"立意较然，不欺其志"的道德观念，《游侠列传》则颂美了"其言必信，其行必果，已诺必诚，不爱其躯"[3]的道德情操。与此相关联，人们在描绘刻画人物形象时，多注目于人物的道德职业、功名、出身等社会属性，即使有时注意到性别、描写女性，也是旨在崇扬贞洁或是批驳淫乱。前面所引的例证中，《刺客列传》主要表现人物的道义观念、社会角色，罗烨《醉翁谈录·舌耕叙引·小说开辟》中国贼、忠臣、鬼怪、闺怨的分类，则侧重于人物的身份和道德状况，刘辰翁所谓"家翁语"强调了家庭角色，天都外臣"王侯将相"等说着眼于社会地位、职业分工等因素。人们在重视人物的道德和其他社会属性时，对人物的才能不太重视，更遑论人物的气质、性格等

---

① 参见史红伟、张兵《略论明清小说中的人物类型化问题》，《复旦学报》2001年第5期，第125—134页。

② 罗烨：《醉翁谈录》甲集卷之一《舌耕叙引·小说开辟》，古典文学出版社1957年版，第5页。

③ 司马迁：《史记》卷一百二十四《游侠列传》，中华书局1959年版，第3181页。

心理特征了。概言之,类型观念与关注人物的道德风貌、社会属性的意识是互为表里的。

二　重视人物性格与个性论的发展

从我们现在所能了解到的资料来看,人物个性观念最早出现于有关《史记》人物的评价中。茅坤《史记抄》卷首《附读〈史记〉法》称赞《史记》塑造人物形象的成就曰:"言人人殊,各得其解,譬如善写生者,春华秋卉,并中神理矣。"①这是说《史记》刻画的人物各有特点,正如高明的画家笔下的春华秋卉都各呈异彩。当然,这段话还算不上纯粹的个性论,因为前面所说的"客游""献纳"仍指不同类型的人物,但"言人人殊,各得其解"之说,似乎认识到了每个人物的个性,至少反映了重视人物特殊性和差别的观念已萌芽。

小说个性论的发展明显落后于小说创作中塑造人物水平的提高。换言之,小说人物个性论的成熟是以《水浒传》等小说塑造了个性各异的形象为前提的,但小说创作中的人物个性的丰满,并不必然促使小说个性论的成熟。比如在《水浒传》之前的宋元话本小说中已出现了一些颇具个性的人物形象,比如《闹樊楼》中机智活泼的少女周胜仙、《西山一窟鬼》中能说会道的王婆等,但元明之际的小说理论并没有及时总结以上小说塑造人物的创作经验。又如《水浒传》问世于明代初年,大约一百多年后才出现刊本并广为流传,又过了四五十年,阐述了比较成熟的人物个性论的评点本即容与堂本才问世。其原因在于,人物个性论的成熟,不仅仅是小说创作实绩刺激的结果,更受到了晚明思想界重视人物个性思潮的推动。

比较成熟的人物个性论是在万历三十八年(1610 年)容与堂刊本中才出现的,容与堂本《水浒传》体现了类型论和个性论并存的观点。容与堂本关于人物类型的代表性说法是:"说淫妇便像个淫妇,说烈汉便像个烈汉,说呆子便像个呆子,说马泊六便像个马泊六,说小猴子便像个小猴子,但觉读一过,分明淫妇、烈汉、呆子、马泊六、小猴子光景在

① [汉]司马迁著、[明]茅坤编纂、王晓红整理:《史记抄》,商务印书馆 2013 年版。

眼，淫妇、烈汉、呆子、马泊六、小猴子声音在耳。”①这里的淫妇、烈汉、呆子、马泊六、小猴子分别是指“王婆贪贿说风情，郓哥不忿闹茶肆”中的潘金莲、武松、武大、王婆、郓哥，容与堂本评点认为他们分别代表了一类人，而《水浒传》的妙处在于生动逼真地刻画了这几类人物的特点。“淫妇、烈汉”等说法承袭了重视伦理观念的传统类型论，但这一人物类型论中还包含了两个值得注意的新信息：一是指出了“呆子”一类，这是一种基于人物的智力、心理等特征的分类。当评点家注意到人物的气质、性格等层面时，人物个性的观念就会逐渐清晰起来。二是其中有“小猴子”一类，当指普通的市井少年。结合其他容评可以发现，容评确有重视普通人的倾向，容评对《水浒传》中武松打虎之类的传奇性情节，虽也十分欣赏，但容评更感兴趣的还是小说对普通市井人物的刻画，比如“描画李小二夫妻两个，无不入神，怪哉怪哉”。② 又如“这回文字，种种逼真。第画王婆易，画武大难；画武大易，画郓哥难。令试着眼看郓哥处，有一语不传神写照乎！”③当评论家强调平凡人物的描写时，对人情的关注就会加强，这也预示了人物个性论的成熟。

容评在人物分类方法上的独特性，显示出他对人物特征中的非道德因素的认识。正是在此基础上，容评提出了人物“在同而不同处有辨”的个性论：

> 《水浒传》文字妙绝千古，全在同而不同处有辨。如鲁智深、李逵、武松、阮小七、石秀、呼延灼、刘唐等，众人都是急性的。渠形容刻画来，各有派头，各有光景，各有家数，各有身份，一毫不差，半些不混，读去自有分辨，不必见其姓名，一睹事实就知某人某人也。④

容评考察人物个性的方法，是先注意到鲁智深等人在心理特征上的共性“众人都是急性的”，然后再分析这几位“急性子”在派头、光景、家数、身份等层面的不同，这正印证了重视人物的心理特征与人物个性论发

① 《水浒传会评本》第二十四回总评，北京大学出版社 1981 年版，(上)第 470 页。
② 《水浒传会评本》第九回眉批，北京大学出版社 1981 年版，(上)第 210 页。
③ 《水浒传会评本》第二十五回总评，北京大学出版社 1981 年版，(上)第 483 页。
④ 《水浒传会评本》第三回总评，北京大学出版社 1981 年版，(上)第 97 页。

展之间的关系。又如他分析武松打虎与李逵打虎的不同云:“人以武松打虎到底有些怯在,不如李逵勇猛也。此村学究见识,如何读得《水浒传》? 不知此正施、罗二公传神处。李是为母报仇,不顾性命者;武乃出于一时,不得不如此耳。”[①]此说先是否认了武松与李逵有“怯”和“勇猛”之别的说法,但接着容与堂本提出两者的区别乃为母报仇不顾性命与“出于一时不得不如此”,这同样是从人物特定情境下的心理状态出发的。容与堂本的人物个性论体现了对人物的心理特征、情感状态等非道德因素的重视。

三　金圣叹的人物个性论

在容评本的基础上,金圣叹的人物个性论进一步摆脱了类型论的道德色彩,认识到人物性格的多样性和复杂性。这主要表现在:

其一,明确指出刻画人物个性是《水浒传》最重要的艺术成就。

前引容评“且《水浒传》文字妙绝千古,全在同而不同处有辨”之说,已经揭示了塑造人物个性在《水浒传》艺术成就中所占的地位。而金圣叹《读第五才子书法》以更加肯定的语气,揭示出《水浒传》的最大成就便是刻画个性各异的人物形象:“或问:施耐庵寻题目写出自家锦心绣口,题目尽有,何苦定要写此一事? 答曰:只是贪他三十六个人,便有三十六样出身、三十六样面孔、三十六样性格,中间便结撰得来。”又说:“别一部书,看过一遍即休,独有《水浒传》,只是看不厌,无非为他把一百八个人性格,都写出来。”[②]以上论述都指出了刻画各具特色的人物性格是《水浒传》的最大魅力。

其二,提出兼具道德与非道德意味的“性格”说。

由前引两段文字可以发现,金圣叹好以“性格”来指代《水浒传》的人物个性。金氏所谓性格并不完全等同于现代心理学意义上的“性格”。今天所说的性格,是指表现在人的态度和行为方面的较稳定的心理特征,如寡断、刚强、懦弱等。而金圣叹的“性格”中包含了道德品质。

---

① 《水浒传会评本》第二十三回总评,北京大学出版社1981年版,(上)第430页。

② 金圣叹:《第五才子书施耐庵水浒传》卷三《读第五才子书法》,《金圣叹全集》叁,凤凰出版社2008年版,第29、30页。

其理由:(1) 金氏常常指出一百八人的道德境界有差别,比如宋江与李逵就有奸诈与朴诚之别。[1] (2) 金氏常用“性情”“性”“情性”等词表达类似“性格”的含义,这三个词都带有一定的伦理色彩。

就性情而论,《第五才子书施耐庵水浒传》之《序三》说“叙一百八人,人有其性情,人有其气质,人有其形状,人有其声口”[2],由此可以推测“性情”与“气质”不同。宋代以来,人们常用禀受之气的不同来解释人性差异,[3]遂有天命之性与气质之性的分别,尽管各家对天命之性与气质之性的看法并不一致,[4]但可以肯定的是,天命之性倾向于人所禀受的道德伦理,气质之性包含了气禀所决定的攻取缓急等感性特征或曰非道德因素。因此,“性情”与“气质”也许分别是指个性中的道德因素与非道德因素。金圣叹常用“性情”一词来赞美人的率真,比如《水浒传》第六十回夹批:“既欲用之,又故难之,便令吴用权术、李逵性情,一齐出见”,[5]又如第二回写鲁达为郑屠户欺负金翠莲一事打抱不平,“到房里晚饭也不吃,气愤愤地睡了”。金氏以夹批赞美曰:“写鲁达写出性情来,妙笔。”[6]在此,“性情”当是“真性情”的缩略,是与“权术”相对的真率的人格,是金圣叹最为激赏的道德品质。不过,“性情”有时候也指无关乎伦理的性格爱好,如第二十八回夹批曰:“写豪士好酒,另是一样性情。”[7]总之,“性情”作为“性格”的另一种表述,其伦理色彩较浓。

“性”也是兼有道德与非道德的含义。第六十回夹批云:“动女子小人则用软语,动豪杰丈夫必用险语。夫性各有所近,政不嫌于突如其来也。”这里的“性”指女子小人和豪杰丈夫,兼指道德与非道德(性别)两

---

① 金圣叹:《第五才子书施耐庵水浒传》卷三《读第五才子书法》,《金圣叹全集》叁,凤凰出版社 2008 年版,第 32 页。

② 金圣叹:《第五才子书施耐庵水浒传》卷三《读第五才子书法》,《金圣叹全集》叁,凤凰出版社 2008 年版,第 20 页。

③ 参见本书第十二章第三节《佛教“因缘”说对文学观念的多重影响》。

④ 参见陈来《朱子哲学研究》,上海华东师范大学出版社 2000 年版,第 193—208 页。

⑤ 金圣叹:《第五才子书施耐庵水浒传》卷六十五第六十回夹批,《金圣叹全集》肆,凤凰出版社 2008 年版,第 1084 页。

⑥ 金圣叹:《第五才子书施耐庵水浒传》卷七第二回,《金圣叹全集》叁,凤凰出版社 2008 年版,第 94 页。

⑦ 金圣叹:《第五才子书施耐庵水浒传》卷三十三第二十八回,《金圣叹全集》叁,凤凰出版社 2008 年版,第 540 页。

方面；又第六十三回写关胜与宋江的对话："关胜道：'无面还京，愿赐早死！'宋江道：'何故发此言？将军倘蒙不弃微贱，可以一同替天行道；若是不肯，不敢苦留，只今便送回京。'关胜道：'人称忠义宋公明，果然有之！……'"金圣叹于宋江之语下加夹批道："语语投其性之所近。定计如此，真是妙绝。"此处之"性之所近"，是指关胜的忠义之性，自无可疑。这样看来，"性"也包含了性格中的道德因素和非道德因素。

金圣叹还常用"情性"来指称人物性格的某一侧面。如第四十五回夹批有"妙得经纪老子情性"之说，第四十六回夹批点出"是老人情性"，"写小儿女不知人事情性如活"，①显然，所谓"情性"是由职业、年龄、性别等因素决定的性格特征，伦理色彩较淡。

综合"性情""性""情性"等说法来看，金圣叹兼重人物性格中的道德因素与非道德因素。

其三，相对重视人物个性中的非道德因素。

虽然"性格"一词在金圣叹的评点中带有道德与非道德两重内涵，但相比较而言，金氏对人物性格的非道德因素更感兴趣，这当是受了李卓吾"性格"说的影响。"性格"一词最早见于唐李中《献张拾遗诗》"宜资清贵近丹墀，性格孤高世所稀"，②本泛指人的性情品格。李贽认为人的性格与文学风格关系密切："盖声色之来，发于情性，由乎自然……故性格清彻者音调自然宣畅，性格舒徐者音调自然疏缓，旷达者自然浩荡，雄迈者自然壮烈，沉郁者自然悲酸，古怪者自然奇绝。有是格，便有是调，皆情性自然之谓也。莫不有情，莫不有性，而可以一律求之哉？"③李贽崇尚自然性格的多姿多彩，其性格说的道德色彩极为淡薄，而侧重于人性的攻取缓急、血气知觉等方面，比较接近于朱子门人陈埴所说的血气之性。④ 事实上，屠隆《王茂大修竹亭稿序》（《白榆集》卷三）、江盈

---

① 金圣叹：《第五才子书施耐庵水浒传》卷六十五第六十回夹批、卷六十八第六十三回夹批、卷五十第四十五回夹批、卷五十一第四十六回夹批、卷四十九第四十四回夹批，《金圣叹全集》肆，凤凰出版社2008年版，第1087、1147、834、861、825页。

② 李中：《碧云集》卷中《献张拾遗诗》，四部丛刊本。

③ 李贽：《焚书》卷三《读律肤说》，《李贽文集》第一卷，社会科学文献出版社2000年版，第123—124页。

④ 陈埴：《木钟集》卷十《近思杂问附》，文渊阁四库全书本。

科《雪涛诗评》(《说郛续集》卷三十四)都论述了个性与文风的契合,[①]可见晚明时期重视人的个性差异已成普遍思潮。

金圣叹的性格说颇有承袭李贽之处,他相对重视人物性格中的非道德因素,这使得他能够更加细致地辨析出相似性格之间的差异。《读第五才子书法》云:

> 《水浒传》只是写人粗鲁处,便有许多写法。如鲁达粗鲁是性急,史进粗鲁是少年任气,李逵粗鲁是蛮,武松粗鲁是豪杰不受羁靮,阮小七粗鲁是悲愤无说处,焦挺粗鲁是气质不好。

这段文字对人物性格差异的辨析,精微到了令人叫绝的程度。很明显,这段话是胎息于前引容评"众人都是急性的"一说,但容评仅仅说明了诸人在"急性"这一共性之外还各有个性,而"派头""光景""家数"等说比较含糊,因而此说并未具体说明诸人的个性如何。而金氏对于人物性格的非道德因素更加重视,他心细如发地分辨出"性急""少年任气""蛮""豪杰不受羁靮""悲愤无说处""气质不好"这六种个性,此说同时也提出了各种个性的不同成因:年龄(少年任气)、遭遇(悲愤无说处)、与生俱来(气质不好)等等。现对这六种个性分别说明如下:

鲁达之性急,可以第二回鲁达请李忠一起喝酒为例。史进与鲁达相识后,又在街头巧遇开手师父李忠,鲁达便建议大家同去喝酒,李忠想卖了膏药再去,鲁达却大不耐烦,当即把围观者赶开骂走,害得李忠只得赔笑道:"好急性的人!"不言而喻,"急性"是指性情急躁、情绪体验较快的心理特征,相当于现代心理学所说的"胆汁质"。

又第一回写史进"少年任气",先是交代他"约有十八九岁",后来又写他起初不服林冲,不肯拜林冲为师,与林冲较量时说:"你来,你来,怕你不算好汉!"金氏在这段话下加批道:"写史进负气,可笑。"此乃"少年任气"。"少年任气"是描述史进年轻气盛、不愿服输的心理状况。

写李逵之蛮的例子很多,比如第五十二回李逵与戴宗寻找公孙胜,找了两天没有消息,"李逵心焦,骂道'这个乞丐道人,却鸟躲在哪里?'"

① 参见陈广宏《竟陵派研究》,复旦大学出版社2006年版,第135页。

对此金氏批道："无亲无疏，无上无下，但不合意，便大骂之。三代直道而行，我仅见李大哥耳。"[①]可见，李逵之蛮就是他的"直道而行"，他蔑视人间一切礼数、情理，但以天生的至情至性为宗。

武松的"豪杰不受羁靮"又是一番景象，比如第二十二回酒家担心武松醉倒，不肯再上酒肉，武松焦躁道："我又不白吃你的！休要引老爹性发，通教你屋里粉碎，把你这鸟店子倒翻转来！"[②]这就是武松的"豪杰不受羁靮"，是指武松恃才放旷、不受常规束缚的人格特征。

第十四回写阮小七，处处着眼于他的悲愤无处倾诉。比如阮小七道："若是有识我们的，水里水里去，火里火里去。若能够见用得一日，便死了开眉展眼！"[③]又如阮小七跳起来道："一生的指望，今日还了愿心！正是搔着我痒处！我们几时去？"[④]这些语言、行为都刻画出阮小七多年无人赏识，满怀郁勃不平之气，一旦得遇知音，便赴汤蹈火也在所不惜的情态。这大概就是所谓"悲愤无说处"。

焦挺的"气质不好"不太容易理解。第六十六回写李逵与焦挺过招，心服其拳脚，"坐在地下，仰着脸问道：'你这汉子姓甚名谁？'那汉道：'老爷没姓，要厮打便和你厮打！你敢起来？'"金氏批云："便活写出没面目人。"又焦挺自称："小人原是中山府人氏，祖传三代，相扑为生。却才手脚，父子相传，不教徒弟。平生最无面目，到处投人不着，山东、河北都叫我做'没面目'焦挺。"[⑤]焦挺的"气质不好"，当是指他的"没面目"，从上述描写来看，"没面目"也许是说他人缘不好，那么"气质不好"便意味着天生缺乏亲和力。

以上分析表明，金圣叹对六种粗鲁性格的分析往往着眼于非伦理

---

① 金圣叹：《第五才子书施耐庵水浒传》卷三《读第五才子书法》、卷七第二回夹批、卷六第一回夹批、卷五十七第五十二回夹批，《金圣叹全集》肆，凤凰出版社 2008 年版，第 31、91、70—71、953 页。

② 金圣叹：《第五才子书施耐庵水浒传》卷二十七第二十二回，《金圣叹全集》叁，凤凰出版社 2008 年版，第 418 页。

③ 金圣叹：《第五才子书施耐庵水浒传》卷十九第十四回，《金圣叹全集》叁，凤凰出版社 2008 年版，第 284 页。

④ 金圣叹：《第五才子书施耐庵水浒传》卷十九第十四回，《金圣叹全集》叁，凤凰出版社 2008 年版，第 284、287 页。

⑤ 金圣叹：《第五才子书施耐庵水浒传》卷七十一第六十六回正文及夹批，《金圣叹全集》肆，凤凰出版社 2008 年版，第 1187—1188 页。

因素。金氏辨析六种性格的差异时，分别侧重于人物的气质、年龄、教养、才能、经历、品德等方面，其中“性急”“少年任气”“气质不好”等说完全从性格的非道德因素着眼，强调人物的年龄、心理等特征；“蛮”“豪杰不受羁靮”“悲愤无说处”等说兼容了率真等道德因素和才能、心理等非道德因素。总体而论，金氏的个性论中，心理、才能等非道德因素是多于道德成分的。

重视人物性格的非道德因素是个性论成熟的重要动力。人物性格的非道德因素即人物的迟速刚柔、血气知觉之性，包含了年龄、心理、才能等因素，呈现出纷繁复杂的特征，仅粗鲁一类就有“性急”“蛮”等种种差别，因而人物性格的非道德因素比道德因素更为丰富多彩。正因如此，当金氏注意到人物性格的非道德因素时，他对人物性格的千差万别的认识便更为深入，其人物个性理论也就趋于成熟。

与此相联系，金圣叹还非常注重人物性格、品德的先天后天之别，推崇先天的、自然的东西，相应地轻视后天的成分。比如他对李逵、鲁达之粗鲁的区别，还有另外一种分析：“连‘粗鲁’不知是何语，妙绝。读至此，始知鲁达自说粗鲁，尚是后天之民，未及李大哥也。”①这是说鲁达是知道世间的礼节名教的，但他不愿意奉行，因而以粗鲁自嘲；李逵却是于所谓礼数斯文浑然不觉，一任天性，所以粗鲁得理直气壮，因此金圣叹认为鲁达的粗鲁是后天自知的，不及李逵的先天不自知。重视先天固有的性格，是金圣叹人性论的一个侧面，②它与金氏的重视性格的非道德因素一样，都是金氏相对漠视道德教化、推崇自然个性的表现。相对重视人物性格中的非道德因素和先天成分，是金圣叹个性论的重要特点。由于进一步摆脱了以往类型论从道德状况、社会属性等角度分析人物的影响，金圣叹对人物性格的多姿多彩有了更深的认识，其人物理论便向个性论更接近了一步。

① 金圣叹：《第五才子书施耐庵水浒传》卷四十二第三十七回夹批，《金圣叹全集》肆，凤凰出版社 2008 年版，第 681 页。类似说法还见于第三回夹批：“鲁达自知粗鲁，李逵不然。”（金圣叹：《第五才子书施耐庵水浒传》卷八第三回夹批，《金圣叹全集》叁，凤凰出版社 2008 年版，第 105 页）

② 参见本书第七章《“忠恕”说与晚明思想的困境》。

第三节　叙事角度新论

叙事角度是西方叙事学的重要命题之一。难能可贵的是,金圣叹的小说评点中也出现了类似叙事角度论的说法。对此,以往的研究侧重于诠释金圣叹的叙事视角说与西方叙事理论的相通之处,[①]本文则在分析金圣叹叙事视角说的内涵、审美意义的基础上,考察其叙事角度观念与西方叙事学的分歧和差异。

一　金圣叹叙事角度论的内涵

金圣叹在分析《水浒传》的叙事时,常指出某些事件是从作者或书中的某一人物眼中写出的。比如第九回写李小二看见有两个客人进来:“看时,前面那个人是军官打扮,后面这个走卒模样,跟着,也来坐下。”金圣叹评点道:“‘看时’二字妙,是李小二眼中事。”[②]由于金氏评点中常有“某某眼中”之类的说法,因此有的学者用西方叙事理论来理解这些说法,认为金圣叹偏爱限制叙事。其实,金氏的叙事角度观念并不能简单地以“限制叙事”来理解,而是包含了叙事视角在作者与人物之间、不同人物之间变化和变换人物的感知方式等多重内涵。

在阐述金圣叹的叙事角度理论之前,有必要对西方叙事视角观念略做介绍。[③] 西方叙事角度理论是以叙事文学概念为前提的,“所谓叙事,我们指的是所有具有以下两个特征的文学作品,即存在一个故事和故事叙述者”。[④] 因为将故事与叙述者视为叙事文学的基本要素,因此

① 参见陈洪《中国小说理论史》,安徽文艺出版社 1992 年版,第 189—194 页;杨义《中国叙事学》,《杨义文存》第一卷,人民出版社 1997 年版,第 216—218 页;罗德荣《小说叙事视角理论再思考——叙法变换与双重描写论辨》,《明清小说研究》1998 年第 4 期,第 99—112 页。

② 金圣叹:《第五才子书施耐庵水浒传》卷十四第九回夹批,《金圣叹全集》叁,凤凰出版社 2008 年版,第 211 页。

③ 关于西方叙事角度理论,本文主要参考了[美]W. C 布斯著,华明、胡苏晓、周宪译《小说修辞学》,北京大学出版社 1987 年版;[法]热奈特著,王文融译《叙事话语　新叙事话语》,北京中国社会科学出版社 1990 年版;罗钢《叙事学导论》,云南人民出版社 1994 年版,恕不一一注出。

④ R. 斯科尔斯与 R. 凯洛格《叙事的本质》第 4 页,牛津大学出版社英文版,转引自罗钢《叙事学导论》,云南人民出版社 1994 年版,第 158 页。

这两者之间的关系就成为叙事理论中的一个重要问题。西方叙事理论主张叙事者与故事之间的关系，至少可以从三个方面加以考察：其一，叙事方式。叙述者与故事的关系，可以理解成“究竟谁在叙述”，有的小说存在着一个个性鲜明的叙述者，他对叙述的故事作出各种评论和解释，与读者交流，而有的小说叙事者则隐藏在故事中人物事件的背后，令读者几乎无法感知他的存在。前一种叙事可称为“讲述型”，后一种乃“展示型”。其二，叙事人称。小说是第一人称还是第三人称。其三，叙事聚焦。叙事视角是内部聚焦还是外部聚焦，是置于故事之内的人物还是故事之外的叙述者。

还有一种更为简明扼要的理论，把小说的叙事角度分为三种：(1) 全知叙事。叙述者无所不在，无所不知。(2) 限制叙事。叙述者是小说中的一个人物或是几个人物。(3) 纯客观叙事。叙述者只描写人物所看到和听到的，不作主观评价，也不分析人物心理，又可称为“戏剧式”。①

就《水浒》的叙事而言，必须说明的是，《水浒传》本身并无明确的叙事角度意识。但是，《水浒传》的前半部分在叙述众英雄好汉上梁山以前的经历时，基本上采用了列传体，“一人有一人之传”，②因而在叙述每一个人物的故事时，叙事自然以该人物为中心，逐一叙述他的所见所闻。但对于与人物有关而又非人物所能了解的情节，作者也要交代。以第二回“史大郎夜走华阴县，鲁提辖拳打镇关西”为例，“鲁提辖拳打镇关西”一段中，视角基本上聚焦于鲁达，写他怎样听说金氏父女的遭遇、怎样资助金氏还乡，又怎样拳打镇关西致死，最后收拾了行李，“一道烟走了”，③但此后郑屠家人告状、王观察捉拿鲁达未遂等情节，却超出了鲁达的视角，足见小说并没有完全以所传人物为视角。严格说来，这些文字中只有鲁达这个叙事中心人物，并没有完全意义上的“鲁达”这个叙事角度。此外，在有些章节，小说采用了从书中人物的视角出发

① 参见陈平原《中国小说叙事模式的转变》，北京大学出版社 2003 年版，第 62—63 页。

② 金圣叹：《第五才子书施耐庵水浒传》卷三十八第三十三回，《金圣叹全集》叁，凤凰出版社 2008 年版，第 610 页。

③ 金圣叹：《第五才子书施耐庵水浒传》卷七第二回夹批，《金圣叹全集》叁，凤凰出版社 2008 年版，第 98 页。

描写事件的写法，那也不过是采用了侧面描写的老套而已。正因如此，严格说来，所谓《水浒传》的叙事角度，是金圣叹所认为的叙事角度，它与《水浒》文本有一定距离，金氏修改《水浒传》以说明视角变化（说详下），更是明证。

金圣叹的叙事角度理论包含了以下两层内涵：

其一，主张叙事视角在作者与人物之间、不同人物之间变化。金圣叹有时指出《水浒》中有些叙事并非作者视角而是人物视角，如第二十六回剐王婆一段后，小说中有"话里只说武松带上行枷，看剐了王婆"数语，金圣叹评点道："此句不是写出畅快，正显上文数行，都自武松眼中看出，非作者自置一笔也。"①

有时金氏又认为有些叙述是作者解释而非人物所见，如第五十三回写李逵在武冈镇看汤隆使铁瓜锤："李逵看那铁锤时，约有三十来斤，那汉使得发了，一瓜锤正打在压街石上，把那石头打做粉碎，众人喝采。"金氏认为前一部分是"就李逵眼中写出铁锤斤两来"，但后一部分却是"此一行正为上文'好气力'三字作注，非李逵眼见此事也"。② 实际上从文本来看，这一段还是李逵所见。金圣叹强作别解，是为了突出他所主张的"自注法"，因而他又强调作者视角。

金圣叹还主张叙事视角在不同人物之间变化。如第九回评点中，金氏先指出小说中"前面那个人是军官打扮"等叙述是"李小二眼中事"，其后又评点"小二独自一个撺梭也似伏侍不暇"一语道："写得小二碍眼可厌。○此一句，从说机密人眼中写出，不在李小二用心打听中写出，妙笔。"③实际上这句话完全可以理解为李小二的用心打听，但金氏却将它诠释为富安等人嫌李小二碍事，足见他有意识地强调小说视角在不同人物间转换。

其二，金氏还提倡在人物视角中变换人物的感知方式，将人物眼中

---

① 金圣叹：《第五才子书施耐庵水浒传》卷三十一第二十六回，《金圣叹全集》叁，凤凰出版社 2008 年版，第 506 页。

② 金圣叹：《第五才子书施耐庵水浒传》卷五十八第五十三回夹批，《金圣叹全集》肆，凤凰出版社 2008 年版，第 969—970 页。

③ 金圣叹：《第五才子书施耐庵水浒传》卷十四第九回，《金圣叹全集》叁，凤凰出版社 2008 年版，第 211 页。

所见改为耳中所听或是相反。他将这一手法称为影灯漏月。将金批本与明容与堂刻本《李卓吾先生批评忠义水浒传》加以对比，可知金氏对第二十回阎婆惜听到宋江回来一段作了修改（[ ]为容与堂本文字，[①]（ ）为金圣叹修改的部分）：[②]

> 正在楼上自言自语，只听得楼下呀地门响。[婆子]（床上）问道："是谁"？[宋江]（门前）道："是我"。[婆子]（床上）道："我说早呢，押司却不信，要去；原来早了又回来。且再和姐姐睡一睡，到天明去。"[宋江也不回话]（这边也不回话），[一径奔上楼来]（一径已上楼来）。[那婆娘听得是宋江回来了]（那婆娘听得是宋江了）。

对于改动后的文字，金圣叹自鸣得意道："不更从宋江边走来，却竟从婆娘边听去，神妙之笔。"又说："一片都是听出来的，有影灯漏月之妙。"[③]这段文字经过金圣叹改动后，从原来的宋江、阎婆、阎婆惜三个视角交替，变成了阎婆惜这一个固定视角。也可以说，从作者的全知视角，变成了阎婆惜的限制视角。但金圣叹的本意并不在此，他更强调的是"从婆娘边听去""一片都是听出来的"，换言之，他的目的在于修改后的叙事感知方式由原来的作家视听并用变成了纯用婆惜的听觉。我们姑称之为叙事感觉的变化。

金圣叹对第二十六回武松在十字坡假装被蒙汗药麻倒一段的修改，也反映了重视知觉变化的观念（[ ]为容与堂本文字，[④]（ ）为金圣叹修改的部分）：[⑤]

> [武松也把眼来虚闭紧了]（双眼紧闭），扑地仰倒在凳边。[那妇人]（只听得）笑道："着了！由你奸似鬼，吃了老娘的洗脚水。"便叫"小二、小三快出来，"[只见里边跳出]（只听得飞奔出）两个蠢汉

① 施耐庵撰、李贽评：《李卓吾先生批评忠义水浒传》卷二十一，北京图书馆出版社2004年版。

② 金圣叹：《第五才子书施耐庵水浒传》卷二十五第二十回，《金圣叹全集》叁，凤凰出版社2008年版，第393页。

③ 金圣叹：《第五才子书施耐庵水浒传》卷二十五第二十回夹批，《金圣叹全集》叁，凤凰出版社2008年版，第393页。

④ 施耐庵撰、李贽评：《李卓吾先生批评忠义水浒传》卷二十七，北京图书馆出版社2004年版。

⑤ 金圣叹：《第五才子书施耐庵水浒传》卷三十一第二十六回，《金圣叹全集》叁，凤凰出版社2008年版，第509—510页。

来，[先把两个公人]（听他把两个公人先）扛了进去。这妇人便来桌上，提了[武松的]（那）包裹，并公人的缠袋，[捏一捏看]（想是捏一捏）……[那妇人欢喜道]（只听得他大笑道）："今日得这三头行货，倒有好两日馒头卖，又得这若干东西。"[把包裹缠袋提了入去]（听得把包裹缠袋提入去了），[却出来，看]（随听他出来，看）这两个汉子扛抬武松。……[那妇人一头说]（听他一头说），[一面先脱去了绿纱衫儿]（一头想是脱去那绿纱衫儿），[1]解了红绢裙子，赤膊着，便来把武松轻轻提将起来。

这一段文字的改动方法，是将原来武松的假装闭眼变成了真闭眼，下文便从武松眯着眼所见所闻变成了耳边所闻，有些无法听到的细节便以"想是"即想象推测来补充。对于自己的改动，金圣叹连批了几个"'只听得'妙绝""'听得'，妙绝"，又加以眉批道："俗本无八个听字，故知古本之妙。"[2]显然，他认为这一改动的妙处也是从视听兼用的叙事变成了单纯的听觉叙事。以往的研究都强调这一改动是从全知视角变成了武松的限知视角，恐不合金氏本意。[3] 原来小说中武松把眼虚闭，视角也是从武松出发的，因而这一改动不存在叙事角度由全知向限知的变换，只是同一人物的感知方式由视听兼用变成了纯用听觉。

金圣叹偏爱叙事感觉的变化，还体现在他常常揭示小说的叙事感觉在听觉和视觉之间的切换。比如，第二回的评点："榜文在耳中听出来"，第九回夹批："听了一个时辰，却是看见，耳颠目倒，灵心妙笔"等。又如，前引第二十六回文字之后武松迅速制服住孙二娘，"只见他杀猪也似叫将起来"，金氏于此评点道："上文许多事情，偏在耳中听出；此处

---

① 金圣叹：《第五才子书施耐庵水浒传》卷三十一第二十六回，《金圣叹全集》叁，凤凰出版社2008年版，第509—510页。

② 金圣叹：《第五才子书施耐庵水浒传》卷二十五第二十回夹批，《金圣叹全集》叁，凤凰出版社2008年版，第509—510页。

③ 陈洪认为："这样一来，叙事人便由全知全能无所不在的说书人身上转移到武松身上，其视线与武松的视线同时被切断了。叙事人的转换使叙事观点由散漫多变状态而集中固定到了武松身上，并随武松的感知局限而调整叙事的内容及方式，从而成为较典型的第三人称局限叙事。"（陈洪：《中国小说理论史》，安徽文艺出版社1992年版，第191页）杨义《中国叙事学》主张："于是这段叙事不仅把视角限知化了，而且把限知的视角严格地限制在听觉的范围，使之严密化了。"（杨义：《中国叙事学》，《杨义文存》第一卷，人民出版社1997年版，第218页）

杀猪也似一声，却于眼中看见，奇文绣错入妙。”①

显然，金圣叹的叙事角度观念包含了叙事视角在人物和作者之间、不同人物之间的变化和叙事感觉在听觉与视觉之间变化等内涵。

二 金氏叙事角度理论的美学意义

金氏认为变化小说视角，可以实现小说表现手法多样化、突出事件主观色彩和人物性格、使得意境含蓄蕴藉等审美效果。

1. 追求表现手法多样化

在金圣叹的小说理论中，表现手法的变换是他竭力推崇的方面。他多次赞叹《水浒传》"文法"的转换变化。在他看来，《水浒传》不仅全书人物的出场、下场方式变化万千，所谓"自李逵已下，逐个有逐个出来法，逐个有逐个去法，写得纵横变乱之极"②，而且每一回、每一次战役、每一个事件的过程也写得姿态各异。比如他认为第四十一回"还道村受三卷天书，宋公明遇九天玄女"由三段风格迥异的文字组成："第一段神厨搜捉，文妙于骇紧。第二段梦受天书，文妙于整丽。第三段群雄策应，便更变骇紧为疏奇，化整丽为错落。三段文字，凡作三样笔法。不似他人小儿舞鲍老，只有一副面具也。"③他还赞叹第六十五回"火烧翠云楼"一篇不为定式所拘："调拨时，一人一令；及乎动手，却各各变换，不必尽不同，不必尽同。无他，世固无印板厮杀，不但无印板文字也。"④又如，第十回写林冲为王伦所忌、不得不连续三天在山下守候杀人机会时，作者多次变换笔法，对此他也赞不绝口："接手便写王伦疑忌，此亦若辈故态，无足为道。独是渡河三日，一日一换。有笔如此，虽谓比肩

① 金圣叹：《第五才子书施耐庵水浒传》卷七第二回夹批、卷十四第九回夹批、卷三十一第二十六回，《金圣叹全集》叁，凤凰出版社2008年版，第100、212、510页。

② 金圣叹：《第五才子书施耐庵水浒传》卷六十五第六十回眉批，《金圣叹全集》肆，凤凰出版社2008年版，第1095页。

③ 金圣叹：《第五才子书施耐庵水浒传》卷四十六第四十一回总评，《金圣叹全集》肆，凤凰出版社2008年版，第752页。

④ 金圣叹：《第五才子书施耐庵水浒传》卷七十第六十五回总评，《金圣叹全集》肆，凤凰出版社2008年版，第1166页。

腐史，岂多让哉！”[1]金氏还不厌其烦地点出了《水浒传》在很多细节上追求“笔无定墨，纸非一文”[2]的特点，比如“前声音在姓名前，此声音在姓名后。此书虽极不经意处，必转换文法，不肯苟且如此”[3]。

讲究叙事方式的变化，正是金氏追求表现手法多样化的一个侧面。由前文的分析可知，他不仅敏锐地看出小说中固有的叙事角度的变化，还常常别出心裁，将叙事角度变化不明显的部分解释为转换视角；他甚至亲自动手修改文本，以满足他对叙事视角变化的追求。虽然他的审美趣味决定了他对人物视角和听觉叙事更感兴趣（说详下），但他也不排斥作家介入和视觉叙事，体现出对多种叙事角度和多种叙事感觉的追求。

2. 突出事件的主观色彩和人物性格[4]

如前所述，第九回评点中，金氏认为“前面那个人是军官打扮”一段和“小二独自一个撺梭也似伏侍不暇”一段分别采用了李小二视角和客人视角。他认为前者的好处是写得狐疑之极，此说可以理解为李小二的限知视角导致他不明内情，因而满腹疑惑，即限知导致悬念。但更重要的是，由于李小二关心林冲的安危，东京客人的行为才会成为怀疑对象，因而这一视角突出了一两个人闪入进来这一事件的主观色彩：在李小二看来，这两个陌生人的行为是鬼鬼祟祟的，令人怀疑的；同样，将“小二独自一个撺梭也似伏侍不暇”理解为客人视角，也是为了突出其主观色彩：在两个客人看来，李小二的殷勤服侍反而妨碍了他们的密谈。在此，李小二和客人两种视角之间形成了一种张力，分别代表了解密和保密这两种相互对立的心态，金圣叹强调两种视角的存在，当是为了突出双方的心态。如果不作如此理解，这段叙事的意味就会大大削弱了。

---

① 金圣叹：《第五才子书施耐庵水浒传》卷十五第十回总评，《金圣叹全集》叁，凤凰出版社 2008 年版，第 223—224 页。

② 金圣叹：《第五才子书施耐庵水浒传》卷六十三第五十八回夹批，《金圣叹全集》肆，凤凰出版社 2008 年版，第 1056 页。

③ 金圣叹：《第五才子书施耐庵水浒传》卷十第五回总评，《金圣叹全集》叁，凤凰出版社 2008 年版，第 154 页。

④ 本小节参见叶朗《中国小说美学》，北京大学出版社 1982 年版，第 106—109 页。本书的具体分析有所不同。

在突出事件的主观色彩方面，还应注意人物视角使得事物、风景增添了主观色彩。第三回写鲁智深在五台山做了四五个月的和尚，日子过得清汤寡水，一日出门散心，在半山亭子上想酒喝，“只见远远地一个汉子挑着一副担桶，唱上山来，上面盖着桶盖，那汉子手里拿着一个旋子”，金圣叹批道：

> 二语之妙，正是索解人不得。盖桶上无盖，则显然是酒，有何趣味；桶上有盖，则竟不见酒，亦未为奇笔也。惟是桶则盖着，手里却拿个酒旋，若隐若跃之间，宛然无限惊喜不定在鲁达眼头心坎。真是笔歌墨舞。①

这段描写的妙处在于它是通过想喝酒的鲁达的视角来写的，这样一个很普通的场景，由于鲁达渴望喝酒的心情的存在，而具有了令人惊喜不定的感情色彩。

当然，反过来也可以说，通过这种特定视角下特定景物的描写，人物的性格也得到了更好的呈现。与重视事件的主观色彩相联系，金圣叹要求小说从人物角度叙事时，必须使叙事与人物的性格、学识等个性特征相吻合，为此他修改了小说中忽视人物个性的细节。比如第五十二回李逵砍罗真人一节中：

> 直至松鹤轩前，只听隔窗有人念诵什么经号之声。（金批：俗本作“玉枢宝经”，谁知之，谁记之乎？甚矣古本之不可不读也！）李逵爬上来，搠破纸窗张时，见罗真人独自一个坐在日间这件东西上。（金批：云床也。乃自戴宗眼中写之，则曰“云床”；自李逵眼中写之，则曰“东西”，妙绝。俗本讹。）面前桌儿上烟煨煨地。（金批：香也，却从李逵眼中写成四字，用笔之妙，几于出入神化矣。俗本又讹，真乃可恨。）②

在这些修改和评点中，金氏强调，从李逵视角出发的事物都应贴合李逵

---

① 金圣叹：《第五才子书施耐庵水浒传》卷八第三回总评，《金圣叹全集》叁，凤凰出版社 2008 年版，第 112—113 页。

② 金圣叹：《第五才子书施耐庵水浒传》卷五十七第五十二回夹批，《金圣叹全集》肆，凤凰出版社 2008 年版，第 960 页。

的知识结构和对道人不以为然的心态。由此可以看出，从某个人物的角度来叙事时，往往有一石双鸟之效：不仅事件的主观色彩得到了强化，而且人物的个性也得到了凸显。

3. 追求含蓄蕴藉的审美效果

金圣叹在叙事感觉方面更偏向于通过听觉来叙述事件，这是因为听觉叙事比视听兼用的叙事更为间接、更能调动想象力，常能造成含蓄朦胧的审美效果。以前引武松假喝药酒一节为例，视听兼用的叙事变为纯用听觉的好处：由于单纯的听觉感知的间接性，人物不得不兼用想象和推测来了解事件，于是事件便增加了听觉叙事所带来的朦胧韵味。

又如金圣叹改动第二十回阎婆惜"正在楼上自言自语"一段，指出其妙处是"一片都是听出来的，有影灯漏月之妙"。"影灯漏月"一说更说明了单纯的听觉叙事所具有的含蓄意味。对于"影灯漏月"一说的含义，有学者解释为"因为伸向楼下的目光（叙事人及读者）被隔断，故谓之'影（遮住）灯'，而听觉描写突出了，此即所谓'漏月（月光）'"①；有学者的理解是"灯为光源，灯光所及即为视野所及。'影灯'者，遮蔽此光源，即切断原视角；'漏月'者，暂借漏进室内之月光为光源，即调整视角。灯光所及，遍布室中，无所不见，无所不知，有类全知叙事；漏进之月，一线之光，视野缩小，受到限制，唯月光所及是知，俨然有类限制叙事"②；还有的学者将之诠释为"所谓'影灯漏月'，就是挡住部分灯光，使之有照不到之处；漏下一线月光，使之有能够照到之处。'影灯漏月'一语，是限知视角的诗意化表达，它把限知的半为感知、半为不可感知的界限巧妙地勾勒出来了"③。

以上诸说对"影灯漏月"的诠释总体上是准确的，但细节上似有可商榷之处。首先，就"影灯"的内涵来看，在古代典籍中，将"影灯"用作动宾词组"遮住灯"的用例很少，以往的研究未能举出类似用例，笔者则

---

① 陈洪：《中国小说理论史》，安徽文艺出版社 1992 年版，第 193 页。

② 罗德荣：《小说叙事视角理论再思考——"叙法变换"与双重描写论辨》，《明清小说研究》1998 年第 4 期，第 99—112 页。

③ 杨义：《中国叙事学》，《杨义文存》第一卷，人民出版社 1997 年版，第 217 页。

迄今未见；而把“影灯”作为双音节名词的例子却很多，是指“燃火取影的彩灯，如后来的马灯”，[①]比如，唐白居易原本、宋孔传续撰《白孔六帖》卷四“正月十五”条引唐郑处诲《明皇杂录》曰：“上在东都，遇正月望夜，移仗上阳宫，大陈影灯，设庭燎。”[②]又宋周密《武林旧事》卷二“灯品”条有“外此有五色蜡纸菩提叶若沙戏影灯，马骑人物旋转如飞”的说法，又如宋代宋庠《元宪集》卷二有题为《正月望夜闻影灯之盛斋中孤坐因写所怀》的七言古诗，[③]可见“影灯”多指正月里赏玩的走马灯。其次，就“漏月”两字而论，《水浒传》第二十回夹批有“前忽然住，此忽然接，有云穿月漏之妙”的说法，[④]可见“月漏”是指月亮半隐半现之状。本来，“影”作为一个动词，有“隐藏”“隐现”“临摹”等义项。由于漏月是半隐半现之月，按照语法惯例，“影灯”之“影”，也当取“隐现”之义，而不是“隐藏”，更不是“遮住”“遮蔽”“挡住”之义了。最后，综上所述，“影灯漏月”似应理解为一个同义联合的词组，其中，“影灯”是燃火取影之灯，“漏月”是被部分遮蔽后映进来的月光。“影灯”和“漏月”这两个意象的共同之处在于它们都是朦朦胧胧、富于暗示性的，用它们来比喻纯用听觉的叙事比一般叙事更为间接，从而被感知的事件更具朦胧含蓄之韵，可说是再贴切不过。

金圣叹追求由视觉模糊产生的朦胧美，还可以第五十回总评为证：“豫章城双渐赶苏卿，妙绝处正在只标题目，便使后人读之，如水中花影，帘里美人，意中早已分明，眼底正自分明不出。若使当时真尽说出，亦复何味耶？”[⑤]在此，“意中早已分明，眼底正自分明不出”的韵味，正是对“影灯漏月”意蕴的最好诠释，也是金圣叹好以听觉叙事取代视听并用叙事的奥妙所在。

---

① 《辞源》，商务印书馆1988年版，第577页。

② 唐白居易原本、宋孔传续撰：《白孔六帖》卷四“正月十五”条，文渊阁四库全书本。

③ [宋]宋庠：《元宪集》卷二《正月望夜闻影灯之盛斋中孤坐因写所怀》，清武英殿聚珍版丛书本。

④ 金圣叹：《第五才子书施耐庵水浒传》卷二十五第二十回总评，《金圣叹全集》叁，凤凰出版社2008年版，第382页。

⑤ 金圣叹：《第五才子书施耐庵水浒传》卷五十五第五十回总评，《金圣叹全集》肆，凤凰出版社2008年版，第912页。

三 金氏叙事观点与西方叙事理论的区别

在剖析了金圣叹的叙事角度理论的内涵及审美意义之后，我们就不难看出金氏叙事角度理论与西方叙事学的区别了。

其一，金氏认为小说视角有作家视角和人物视角的分别，这意味着金氏实际上认为作者就是叙述者，而作者是可以对小说的叙事加以解释和评论的。也就是说，金氏认为小说的叙事者都可以对故事作出评论和解释，这样一来，金氏小说理论中的叙事方式就都是讲述型，换言之，其叙事方式没有"讲述型"和"展示型"的区别。

其二，金氏的作家视角相当于全知视角，但其人物视角却并非限知视角。如前所述，当金氏强调作者视角时，他是为了突出"注法"。何谓"注法"呢？比如，第四十八回有"原来毛仲义五更时，先把大虫解上州里去了，却带了若干做公的来捉解珍、解宝。不想他这两个不识局面，正中了他的计策"一段，对此，金圣叹批为"注一通，此又一文法也"[①]。在此，"注一通"是指作者叙述书中人物解珍、解宝所不了解的内幕。"注法"一说是包含了作家视角无所不知的全知意味的。[②]

但金圣叹强调人物视角时，却旨在突出事件的主观色彩和人物的性格特征，并不单纯追求人物视角的有所知有所不知的限知意味。只有在某些特定情境下，如第九回李小二看客人一段中，人物视角才以限知意味为主，即金圣叹所谓"写得狐疑之极"，而在鲁达看卖酒汉子的担桶、[③]武松看剐王婆、[④]宋江钻出船来看星光明亮等人物视角

---

① 金圣叹：《第五才子书施耐庵水浒传》卷五十三第四十八回夹批，《金圣叹全集》肆，凤凰出版社 2008 年版，第 884 页。

② 金氏认为采用了"注法"的还有：金圣叹：《第五才子书施耐庵水浒传》卷五十四第四十九回夹批，《金圣叹全集》肆，凤凰出版社 2008 年版，第 902 页；金圣叹：《第五才子书施耐庵水浒传》卷五十九第五十四回夹批，《金圣叹全集》肆，凤凰出版社 2008 年版，第 992 页；金圣叹：《第五才子书施耐庵水浒传》卷六十一第五十六回夹批，《金圣叹全集》肆，凤凰出版社 2008 年版，第 1022 页。

③ 金圣叹：《第五才子书施耐庵水浒传》卷八第三回总评，《金圣叹全集》叁，凤凰出版社 2008 年版，第 112—113 页。

④ 金圣叹：《第五才子书施耐庵水浒传》卷三十一第二十六回，《金圣叹全集》叁，凤凰出版社 2008 年版，第 506 页。

中，[1]最主要的文学意味并不是限知以及相关的悬念，而是渲染事件的主观色彩和人物个性风貌。换言之，人物视角的意义不在于表现人物有所知有所不知，而是意在突出事件与感知者的关系或感知者本身的特征。

金圣叹偏爱听觉叙事的目的也不是追求限知的效果。单纯的听觉叙事与一般的视听兼用叙事相比，固然相对局限，但金氏推崇听觉叙事却不是为了使人物有所不知，而是意在采用更间接的方式来感知，从而追求"意中早已分明，眼底正自分明不出"的含蓄蕴藉的审美意境，换言之，听觉叙事的妙处在于它是间接感知，它既是听觉和想象的知，又是视觉的不知，这与西方限知叙事的有所知有所不知显然不同。更何况，既然视听兼用的叙事既有作者视角又有人物视角，因而并非全知视角，那么我们就更不能套用西方的全知、限知二分的观念，将与视听兼用叙事相对应的单纯听觉叙事称为限知叙事了。

概言之，金圣叹所主张的作者视角有类于西方全知视角，但人物视角却与限知视角有别，听觉叙事更是迥异于视角限制。金圣叹的叙事角度论中不存在西方叙事理论的全知和限知的对立。

其三，金圣叹的叙事角度观念与西方叙事学的分歧缘于两者基本出发点的不同。西方叙事理论是以推崇现代小说的"展示"、贬低古典小说的"讲述"为前提的，他们强调所谓叙事的客观性，认为作家不应介入小说，不应在作品中说三道四、评头论足，否则，小说会充满了主观说教和人为造作痕迹，从而破坏小说的艺术性。比奇曾经宣告：现代小说最引人注目的事件是"作者的隐退"。[2] 与之相适应，人们认为人物视角的好处是增强了小说的客观性，使人认为故事讲述了自己。后来布斯、热奈特等批评家反对纯客观叙事，便主张作者必须介入小说，但他们的理论焦点还是在作家与叙事的关系方面。

金圣叹的叙事角度理论则不然。在金圣叹看来，"自注"是一种重要文法，作者应当以"自注"的方式弥补人物视角的不足，因此他重

---

① 金圣叹：《第五才子书施耐庵水浒传》卷四十一第三十六回，《金圣叹全集》肆，凤凰出版社 2008 年版，第 669 页。

② 转引自[美]W. C 布斯著，华明、胡苏晓、周宪译《小说修辞学·译序》，北京大学出版社 1987 年版。

视作家视角；同时，金圣叹关注小说塑造人物形象的成败得失，而人物视角的好处是既突出了被聚焦的事物的意义，又凸显了聚焦者即人物的个性，故而他又赞赏人物视角，特别是不同人物的视角。换言之，金圣叹的叙事理论中不存在“讲述”与“展示”的对立，不存在作家视角的非客观性和人物视角的客观性的对立。① 与西方视客观性为最高水准不同，金氏是以塑造人物形象、追求含蓄蕴藉的境界等等为审美追求的。

综上所述，由于金圣叹的叙事角度论与西方叙事学的基本出发点不同，金氏的小说理论中不存在西方叙事学中常见的“讲述型”与“展示型”的区别、全知和限知的对立；金氏追求含蓄蕴藉的意境，有别于西方叙事理论推崇小说的客观性。

第四节 “正笔”“闲笔”辨

关于金圣叹的“正笔”与“闲笔”之分，已有多篇论文进行了深入探讨。以往的研究多以西方文艺理论为依据，从逻辑与审美、情节与非情节等角度来区别正笔与闲笔，这些说法在一定程度上揭示了金圣叹所谓正笔与闲笔的内涵，但似乎未能完全阐明金圣叹所谓宾主旁正的本意；②也有一些学者在分析古文作法与小说理论关系时，涉及“正笔”与“闲笔”的问题，但多呈引而未发之势。③ 本文拟从文章作法对小说理论影响的角度，分析金圣叹“正笔”与“闲笔”之分的复杂内涵。“正笔”“闲

---

① 孟昭连《作者、叙述者、说书人》(《明清小说研究》1998 年第 4 期，第 137—152 页)认为，中国古代小说家们同样追求小说艺术由主观向客观、由讲述向展现的转变。即便此说能够成立，最早明确推崇“客观”展现的理论也是到了晚清才出现的。可以说，在金圣叹及其追随者毛宗岗、张竹坡等人的小说理论中，讲述与展示的对立还没有成为一个问题。

② 如梅庆吉《“正笔”与“闲笔”——金圣叹美学思想研究之七》(《龙江社会科学》1995 年第 2 期，第 47—52 页)在西方文艺理论的视野下，指出金圣叹的“正笔”与“闲笔”之分实质上是逻辑思维和审美感受过程的不同；陈果安《金圣叹的闲笔论》(《金圣叹小说理论研究》，湖南师范大学出版社 1999 年版，第 138—148 页)认为闲笔主要是指小说的非情节因素。

③ 如林岗《明清之际小说评点学之研究》第 141—175 页论及引文与余韵、正笔与闲笔等问题(北京大学出版社 1999 年版)，罗德荣《古代小说技法学成因及渊源探迹》论及金圣叹的古文评点对“弄引”“獭尾”等文法的影响(《明清小说研究》2002 年第 1 期，第 4—14 页)。

笔”之说实际上反映了金圣叹对《水浒传》结构的认识，这一认识受到了文章作法理论的深刻影响，“闲笔”的结构作用和审美意义是密不可分的。

一　金氏区分“正笔”与“闲笔”的依据

金圣叹在《水浒传》评点中常常区分正笔与闲笔，比如第十二回总评曰：“故篇中凡写梁中书加意杨志处，文虽少，是正笔；写与周谨、索超比试处，文虽绚烂纵横，是闲笔。夫读书而能识宾主旁正者，我将与之遍读天下之书也。”[①]“正笔”又称“正文”“正”“主”，“闲笔”又称“旁文”“宾”“波澜”“纡笔”“点染”，类似的正笔与闲笔之分在金圣叹的《水浒传》评点中俯拾即是，可见正笔与闲笔之分是金氏《水浒传》评点的一个重要命题。

当我们试图总结出金圣叹区分“正笔”与“闲笔”的标准时，却发现这个问题比我们想象的更为复杂。金氏所说的“正笔”与“闲笔”并不是以某种单一标准来衡量的，而是兼顾到小说以人物为中心的缀段式表层结构和“批判伪道学”等深层主题结构。

首先，金氏以“正笔”与“闲笔”指代小说中的主要人物与次要人物、主要人物传记与过渡文字的区别。比如，他主张：“从来叙事之法，有宾有主，有虎有鼠。夫杨志虎也，主也；彼老都管与两虞候，特宾也，鼠也。”[②]这是说此回的主要人物乃杨志，老都管与两虞候不过是宾。这类主宾关系是不难理解的，因为它与金圣叹再三强调的《水浒传》列传体结构颇为吻合。在《读第五才子书法》中，金圣叹将《水浒传》的结构理解成一百八人“列传”的组合：“《水浒传》一个人出来，分明便是一篇列传。至于中间事迹，又逐段逐段自成文字，亦有两三卷成一篇者，亦有五六句成一篇者。”[③]在具体评点中，他又多次申论了“一人有一人之传”

① 金圣叹：《第五才子书施耐庵水浒传》卷十七第十二回总评，《金圣叹全集》叁，凤凰出版社2008年版，第249页。
② 金圣叹：《第五才子书施耐庵水浒传》卷二十第十五回总评，《金圣叹全集》叁，凤凰出版社2008年版，第307页。
③ 金圣叹：《第五才子书施耐庵水浒传》卷三《读第五才子书法》，《金圣叹全集》叁，凤凰出版社2008年版，第30页。

的主张。[①] 作为"一人有一人之传"的补充，金氏还指出有些回是列传之间的过渡："此回是结煞上文西门潘氏奸淫一篇，生发下文武二杀人报仇一篇，亦是过接文字。"[②]总之，《水浒传》全书是由主要人物的列传和联结诸列传的"章法"要素构成的。当代学者将金批《水浒》的这一结构称为"缀段式"[③]或联缀式。在这一结构模式下，主要人物的性格及命运为"正笔"，次要人物或贯串"列传"的结构要素为"闲笔"。

其次，金圣叹的正笔与闲笔之分，还取决于小说中的事件是否折射了小说主题。在以列传体的结构观念衡量金圣叹的正笔与闲笔之分时，我们可以发现他并未完全将主要人物及其性格视为小说正笔。其中最值得注意的是，对于第十九至二十一回宋江杀阎婆惜一大段文字，金圣叹再三阐述了"其非正文，只是随手点染而已"的观点。比如：

> 宋江婆惜一段，此作者之纡笔也。为欲宋江有事，则不得不生出宋江杀人；为欲宋江杀人，则不得不生出宋江置买婆惜；为欲宋江置买婆惜，则不得不生出王婆化棺。故凡自王婆求施棺木以后，遥遥数纸，而至直于王公许施棺木之日，不过皆为下文宋江失事出逃之楔子。读者但观其始于施棺，终于施棺，始于王婆，终于王公，夫亦可以误其洒墨成戏也。
>
> 即如宋江杀婆惜一案，夫耐庵之繁笔累纸，千曲百折，而必使宋江成于杀婆惜者，彼其文心，夫固独欲宋江离郓城而至沧州也。

---

① 金圣叹：《第五才子书施耐庵水浒传》卷三十八第三十三回总评，《金圣叹全集》叁，凤凰出版社2008年版，第610页。类似的说法还有"盖一人有一人正传"（金圣叹：《第五才子书施耐庵水浒传》卷三十八第三十三回夹批，《金圣叹全集》叁，凤凰出版社2008年版，第623页）；"自此去入李逵传"（金圣叹：《第五才子书施耐庵水浒传》卷四十二第三十七回眉批，《金圣叹全集》肆，凤凰出版社2008年版，第680页）；"此是柴进失陷本传也"（金圣叹：《第五才子书施耐庵水浒传》卷五十六第五十一回总评，《金圣叹全集》肆，凤凰出版社2008年版，第929页）。

② 金圣叹：《第五才子书施耐庵水浒传》卷二十九第二十四回总评，《金圣叹全集》叁，凤凰出版社2008年版，第465页。类似说法还有：第三十二回总评"文章家有过枝接叶处，每每不得与前后大篇一样出色"（金圣叹：《第五才子书施耐庵水浒传》卷三十七第三十二回总评，《金圣叹全集》叁，凤凰出版社2008年版，第596页）；第四十三回总评"以上宋江既入山寨，一切线头都结矣。不得已，生出戴宗寻取公孙，别开机扣，便转出杨雄、石秀一篇锦绣文章，乃至直带出三打祝家无数奇观。而此一回，则正其过接长养之际也。"（金圣叹：《第五才子书施耐庵水浒传》卷四十八第四十三回夹批，《金圣叹全集》肆，凤凰出版社2008年版，第794页）

③ 浦安迪：《中国叙事学》，北京大学出版社1996年版。

读书须心知轻重，方名善读书人；不然者，不免有懵懂葫芦之诮也。如此书，既已了却晁盖，便须接入武松，正是别起一番楼台殿阁。乃今知县只管要宽，此时若更不得张三立主文案，几番勾捉，则又安得逼走宋公明、撞出武都头乎？①

第一段引文指出宋江置买婆惜是"失事出逃之楔子"，因而是闲笔而非正文；第二、三段引文则说明宋江杀婆惜和逃至沧州的经历也是闲笔。总之，第十九回至二十一回宋江杀婆惜、逃至沧州这一段文字都非正文，而是晁盖与武松两传之间的过渡文字。

这一说法的费解之处在于将《水浒传》中最重要的、被金圣叹认为"依世家例"②的人物宋江的经历称为"闲笔"，尤其值得注意的是，从人物性格的角度来看，宋江置买婆惜的起因是施舍阎婆，这件事正是宋江乐善好施这一重要性格特征的生动体现，却被金圣叹视为"闲笔"，这就显然与《水浒传》以人物为中心的列传体结构产生了冲突。类似的例子还有：第十二回写杨志东郭争功一段，金圣叹视为"止为后文生辰纲要重托杨志，故从空结出两层楼台，以为梁中书爱杨志地耳"，③即这一段描写只不过是下文梁中书重托杨志的伏笔，因而是闲笔而非正文。然而，从塑造人物形象的角度而言，杨志的高超武艺是其个性的一个重要侧面，《水浒传》既然以人物为中心，那就不应该视这段文字为闲笔。从这两个例子可以看出，在金圣叹看来，《水浒传》中主要人物的性格描写并不一定是小说的正笔。

金圣叹"非必然之事"的说法有助于我们理解这一现象。在将主要人物的一些性格描写视为闲笔的同时，金圣叹将主要人物的一些事件称为"非必然之事"。比如他评点第十一回杨志杀牛二、第四十三回杨雄与张保的冲突等事件曰："杨志被牛所苦，杨雄为羊所困，皆非必然之

① 金圣叹：《第五才子书施耐庵水浒传》卷二十四第十九回夹批、卷二十四第十九回总评、卷二十六第二十一回总评，《金圣叹全集》叁，凤凰出版社2008年版，第364、399、401页。

② 金圣叹：《第五才子书施耐庵水浒传》卷二十二第十七回夹批，《金圣叹全集》叁，凤凰出版社2008年版，第333页。

③ 金圣叹：《第五才子书施耐庵水浒传》卷十七第十二回总评，《金圣叹全集》叁，凤凰出版社2008年版，第249页。

事，只是借勺水兴洪波耳。"[①]在此，金氏指出主要人物的"非必然之事"属于闲笔。这使我们注意到，金圣叹在第二十回夹批中多次提及"见宋江之不必杀婆惜也"，[②]可能也是意在揭示宋江杀婆惜一节"非必然之事"，由此可见，金圣叹将主要人物的事迹分为"必然之事"和"非必然之事"两类，前者堪称"正笔"，后者只是"借勺水兴洪波"的闲笔。是否"为必然之事"，是金氏区分正笔与闲笔的另一标准。

必须说明的是，"正笔""闲笔"之分是一个相对的概念。就全书来说，主要人物的必然之事为"正笔"，非必然之事则为"闲笔"。而在同一段"闲笔"中，与"必然之事"联系相对密切的部分又可称为"正笔"，其余则为闲笔。金圣叹对"闲笔"中的宾主之分也颇为重视。比如他分析宋江杀惜这段"闲笔"的最后一部分曰："夫张三之力唆虔婆，主于必捉宋江者，是此回之正文也。若知县乃至满县之人，其极力周全宋江，若惟恐其或至于捉者，是皆旁文蹋蹴，所谓波澜者也。张三不唆，虔婆不禀；虔婆不禀，知县不捉；知县不捉，宋江不走；宋江不走，武松不现。"[③]这是说，"张三力唆虔婆"这一事件与后面的"正笔"武松传的关系更为直接，因此相对于知县等人周全宋江的文字来说，这段文字又可说是"正笔"。同样，第十二回杨志东郭争功这一篇闲笔中，梁中书加意杨志的文字与"杨志押送生辰纲"这一"必然之事"的联系更为紧密，因而也算是"闲笔"中的"正笔"。可以说，金圣叹所谓"正笔"是指主要人物的"必然之事"或者与"必然之事"关系相对密切的文字。

何为"必然之事"呢？从有关宋江的文字来看，金氏认为痛恨宋江奸诈是宋江传乃至全书的主旨，所谓"《水浒传》有大段正经处，只是把宋江深恶痛绝，使人见之，真有犬彘不食之恨"，[④]金氏还通过宋江与李逵的对比，推崇"心地厚实"的真忠义。可见，宋江杀阎婆惜以至失事出

---

① 金圣叹：《第五才子书施耐庵水浒传》卷四十八第四十三回夹批，《金圣叹全集》肆，凤凰出版社 2008 年版，第 804 页。

② 金圣叹：《第五才子书施耐庵水浒传》卷二十五第二十回夹批，《金圣叹全集》叁，凤凰出版社 2008 年版，第 383、385、388 页。

③ 金圣叹：《第五才子书施耐庵水浒传》卷二十六第二十一回夹批，《金圣叹全集》叁，凤凰出版社 2008 年版，第 399—400 页。

④ 金圣叹：《第五才子书施耐庵水浒传》卷三《读第五才子书法》，《金圣叹全集》叁，凤凰出版社 2008 年版，第 28 页。

逃的事件，之所以被金圣叹视为晁盖与武松之间的过接文字而非宋江本传，很可能是由于在这一事件中，宋江屡屡显示出的“直性”特征，与金氏所认为的“盖作者只是痛恨宋江奸诈”这一主旨不合，因而并非“必然之事”。由此可以推测，所谓“必然之事”是指折射了《水浒传》痛恨奸诈等主旨的事件。在痛恨奸诈、推崇真忠义这一大主题之外，《水浒传》还有一些次主题，“必然之事”也包括与次主题密切相关的文字。其中一个次主题便是官逼民反。比如，金氏认为押送生辰纲是杨志传的主笔，原因在于“生辰纲之失，非晁盖八人之罪……而实皆梁中书之罪也”，[①]即杨志失陷生辰纲一事反映了梁中书的用人不信，这也正是决定杨志命运的主因和杨志传的主旨。金圣叹在评点中多次提出“乱自上作”是全书的主题之一。比如，《楔子》夹批曰：“‘朝廷贵官’四字，殴却无数英雄入水泊，此语却是此老说起。”[②]又第一回总评曰：“不写一百八人，先写高俅，则是乱自上作也。”[③]概言之，金氏所谓“必然之事”是与《水浒传》的痛恨奸诈、“乱自上作”等主题关系密切的文字。

从金氏的“必然之事”一说可以看出，以人物列传为结构中心的《水浒传》实际上还蕴含着一个贯串全书的深层结构即痛恨奸诈等主题。[④]与此相适应，金圣叹区分正笔与闲笔的标准为：主要人物的与主题联系相对密切的事件为正笔，次要人物的（或主要人物的）与主题关系相对松散的事件为闲笔。

正因如此，以往将正笔与闲笔定义为情节因素与非情节因素之说的不足之处在于，“情节”这一概念未能道中金氏正笔、闲笔之分的核心。人们往往将情节理解为金圣叹所说的“因缘”即因果联系，而有些闲笔恰恰是处于作者虚构的因果链条之中的。比如，宋江买惜杀惜一

① 金圣叹：《第五才子书施耐庵水浒传》卷二十第十五回总评，《金圣叹全集》叁，凤凰出版社2008年版，第291页。

② 金圣叹：《第五才子书施耐庵水浒传》卷五《楔子》夹批，《金圣叹全集》叁，凤凰出版社2008年版，第47页。

③ 金圣叹：《第五才子书施耐庵水浒传》卷六第一回总评，《金圣叹全集》叁，凤凰出版社2008年版，第58页。

④ 关于金批《水浒传》的双构性，杨义《中国叙事学》已有所揭示（人民出版社1997年版，第45—59页），王平《中国古代小说叙事研究》则明确指出金批《水浒》的结构之道在于揭示“官逼民反”的社会现实，而结构之技则是人物列传的组合即缀段式（河北人民出版社2001年版，第347—352页）。

段，正与后面的文字构成了王婆化棺→宋江置买婆惜→宋江杀人→宋江有事→宋江离郓城而至沧州的因果联系。为了解决这一矛盾，以往人们又将宋江杀惜一段分析为次要情节。[①] 这一说法等于宣告了以情节与非情节区分正笔与闲笔的失败。其实，如前所述，金氏之所以视这段因果联系为闲笔，是由于它与主要人物宋江的"必然之事"即奸诈的人格无关，换言之，它与《水浒传》痛恨宋江奸诈的主旨无关。由于金氏区分正笔与闲笔的标准在于是否为主要人物折射了小说主题的事件，因此以情节因素与非情节因素来区分正笔与闲笔的说法是不符合金氏本义的。

二 "正笔"与文章题目(主旨)的关系

《水浒传》以主题贯串始终的观点，表明金圣叹的正笔、闲笔之说受到了文章作法的影响。由于南宋以来古文作法与时文文法的联系已十分紧密，这里所说的文章，是兼指古文与时文的。[②] 金圣叹不止一次地指出《水浒传》可视为一篇文章，如《读第五才子书法》云："凡人读一部书，须要把眼光放得长。如《水浒传》七十回，只用一目俱下，便知其二千余纸，只是一篇文字。中间许多事体，便是文字起承转合之法"，不仅全书可视为一篇大文，书中的章节又各自成篇："至于中间事迹，又逐段逐段自成文字，亦有两三卷成一篇者，亦有五六句成一篇者"，[③]换言之，《水浒传》是由若干篇小文组合而成的一篇长文，而《水浒》的痛恨奸诈、推崇真忠义、乱自上作等主旨则是这篇长文的题目。比如金圣叹评点林冲"他日剪除君侧元凶首恶"一语曰："《水浒》一书大题目，林冲一生大胸襟"，[④]又于李逵"前打后商量"一语下加夹批曰："五字是李大哥生

---

① 参见陈果安《金圣叹小说理论研究》，湖南师范大学出版社 1999 年版，第 139 页。

② 卢庆溪《八股文与金圣叹小说戏曲批评》(《汉学研究》第 6 卷第 1 期)指出了金氏的小说戏曲批评与八股文作法有着渊源关系。

③ 金圣叹：《第五才子书施耐庵水浒传》卷三《读第五才子书法》，《金圣叹全集》叁，凤凰出版社 2008 年版，第 30 页。

④ 金圣叹：《第五才子书施耐庵水浒传》卷二十四第十九回夹批，《金圣叹全集》叁，凤凰出版社 2008 年版，第 364 页。

平，亦是一大篇题目，不得作一句闲话读也”。[1] 同时，书中各自成篇的文字也自有其题目，比如金圣叹称赏第四十六、第四十七回的妙处便是“是皆耐庵相题有眼，捽题有法，捣题有力，故得至是”。[2] 由于金圣叹视《水浒传》为一篇长文，以痛恨宋江奸诈等主旨为这篇长文的题目，他在评点《水浒传》时，自然会采取文章作法的视角。

在文章作法中，文章各部分与题目（主旨）的关系是一个重要命题。以金圣叹比较熟悉的南宋谢枋得《文章轨范》为例，[3]谢氏多次点出文章的“主意”所在，[4]又指出苏洵《高祖论》“此一段如论之冒头”“此一段如论之原题”“此一段如论之讲题”“此一段如论之结尾”。[5] 由宋魏天应编选《论学绳尺》可知，“冒头”“原题”“讲题”等概念出自宋代时文规范。显然，在时文规范的影响下，《文章轨范》十分讲究文章各部分与题目（主旨）的联系。又以《论学绳尺》而论，该书卷一提出了“立说贯题格”“贯二为一格”“推原本文格”“立说尊题格”“指切要字格”“指题要字格”“就题摘字格”等七种时文作法，至少有四种强调文章应围绕题目展开。[6]

金圣叹本人的古文评点也时时论及这一问题。比如，他指出《战国策》“惠公说文王弛葬期”一篇的结尾“结向题外去”，又评点韩愈《送李愿归盘谷序》之“友人李愿居之”一语道：“只六字，题尽了。已下全凭愿之言代行文。”[7]

正因如此，金圣叹的小说评点也非常重视小说各部分与题目（主

① 金圣叹：《第五才子书施耐庵水浒传》卷五十六第五十一回夹批，《金圣叹全集》肆，凤凰出版社 2008 年版，第 936 页。

② 金圣叹：《第五才子书施耐庵水浒传》卷五十一第四十六回总评，《金圣叹全集》肆，凤凰出版社 2008 年版，第 848 页。

③ 比如，《水浒传》第三十回夹批云：“依谢叠山例，是一篇放胆文字”（金圣叹：《第五才子书施耐庵水浒传》卷三十五第三十回夹批，《金圣叹全集》叁，凤凰出版社 2008 年版，第 563 页）。又，谢枋得《文章轨范》分七卷，前两卷为“放胆文”，后五卷为“小心文”（文渊阁四库全书本）。

④ 如谢枋得《文章轨范》卷二评点欧阳修《朋党论》、卷三评苏洵《春秋论》、苏轼《晁错论》《留侯论》《荀卿论》等（文渊阁四库全书本）。

⑤ 谢枋得：《文章轨范》卷三，文渊阁四库全书本。

⑥ [宋]魏天应编、[宋]林子长注：《论学绳尺》卷一，清文渊阁四库全书补配文津阁四库全书本。

⑦ 金圣叹：《天下才子必读书》卷四《战国策·惠公说文王弛葬期》评、卷十一《唐文》之韩愈《送李愿归盘谷序》评，《金圣叹全集》伍，凤凰出版社 2008 年版，第 206、406 页。

旨)的离合,注意小说中的“正笔”与“闲笔”之分,强调“正笔”与小说主旨的契合。这是文章作法论影响金氏“正笔”“闲笔”之分的重要层面。

三 “闲笔”的结构作用

关于金氏在《水浒传》评点中所谓闲笔的作用,以往的研究已经指出了追求情节的完整与变化的统一、结构的严谨与变幻的统一等方面;①有的学者则认为其审美意义在于描写过程、增加生活气息、增强阅读的紧张感等。② 上述研究侧重于运用现代文艺理论观照金圣叹“闲笔”的审美意义,而本文则试图以文章作法的视野来分析闲笔的结构作用,认为闲笔的审美效果产生于小说章法的均衡匀称与读者审美心理的共振。

对“闲笔”之结构作用的强调,是金氏闲笔论的第二个层面。金圣叹在《水浒》评点中津津乐道于小说各部分之间的贯串、平衡等问题。他所说的“闲笔”正包含了主要人物的“非必然之事”、次要人物的事迹和其他过渡文字等成分。他认为,就《水浒传》这一篇“大文”而论,“正笔”从不同角度阐发了痛恨奸诈、乱自上作等“题目”即主旨,而“闲笔”则承担着贯串、衬托正笔等任务。

金圣叹在《读第五才子书法》中提出了《水浒》的若干文法,这些“文法”反映了《水浒传》中“正笔”与“闲笔”的关系,更显示了“闲笔”作为结构要素的作用。其具体表现为:

1. “弄引法”与“獭尾法”:结构的自然匀称

金圣叹反复申论“弄引法”和“獭尾法”,主张小说应在描述“正叙之事”外,设置“事前先起之波”与“事后未尽之波”,③可见“弄引”和“獭尾”

---

① 参见高小康《金圣叹“文法”理论的美学意义》,《南京师大学报》1989 年第 2 期,第 43—48 页。

② 参见梅庆吉《“正笔”与“闲笔”——金圣叹美学思想研究之七》,《龙江社会科学》1995 年第 2 期,第 47—52 页。

③ 金圣叹:《第五才子书施耐庵水浒传》卷十四第十回总评,《金圣叹全集》叁,凤凰出版社 2008 年版,第 207 页。

都是小说正笔之外的闲笔。[1] 那么所谓“引”与“波”的必要性何在呢？请看金氏的论述：

> 有弄引法：谓有一段大文字，不好突然便起，且先作一段小文字在前引之。如索超前，先写周谨；十分光前，先说五事等是也。《庄子》云：“始于青萍之末，盛于土囊之口。”《礼》云：“鲁人有事于泰山，必先有事于配林。”[2]
>
> 有獭尾法：谓一段大文字后，不好寂然便住，更作余波演漾之。如梁中书东郭演武归去后，知县时文彬升堂；武松打虎下冈来，遇着两个猎户；血溅鸳鸯楼后，写城壕边月色等是也。[3]

这两段叙述使我们产生的疑问是，何以在一段大文字的前后，“不好突然便起”亦“不好寂然便住”，而要加上“引”或“尾”呢？从金圣叹本人的叙述来看，“不好突然便起”的理由是，正如大风总是始于青萍之末而盛于土囊之口即由弱而强，小说也须从一段小文字渐进到一段大文字；又如祭祀必先祀配林而后祭泰山，大文字前也当有与之相匹配的小文字作为引导、铺垫。这两个比喻一者强调正笔与闲笔的渐进关系，一者突出陪衬关系，其共同之处在于主张小说的“文字”应如一切自然人文现象一般追求自然匀称。又如，金氏评点第二十回“只见那婆子又上楼来说道：夜深了，我叫押司两口儿早睡”一段云：“又作余波荡漾，诚恐寂然便住，须不称上文无数风云也”，[4]一个“称”字，点明了“余波”的结构作用是实现小说章法的匀称均衡之美。

必须说明的是，金圣叹对“弄引法”的比喻性解释中隐藏着一种导致误解的可能性，“始于青萍之末，盛于土囊之口”的说法使人误以为弄引与正文的关系是某一事件的开端与高潮的关系，因而有的学者认为

---

① 有的学者将“弄引”“獭尾”视为闲笔之外的另一种文法，如林岗《明清之际小说评点学之研究》，北京大学出版社 1999 年版，第 141—175 页。

② 金圣叹：《读第五才子书法》，《第五才子书施耐庵水浒传》卷三，《金圣叹全集》叁，凤凰出版社 2008 年版，第 35 页。按，这段文字出于《礼记・礼器》，“鲁人”应作“齐人”。

③ 金圣叹：《读第五才子书法》，《第五才子书施耐庵水浒传》卷三，《金圣叹全集》叁，凤凰出版社 2008 年版，第 35 页。

④ 金圣叹：《第五才子书施耐庵水浒传》卷二十五第二十回夹批，《金圣叹全集》叁，凤凰出版社 2008 年版，第 389—390 页。

“弄引法”是追求情节完整的理论。[①] 实际上,“弄引”“獭尾”等闲笔在文章结构上与正文是有机联系的,但就故事内容而言并无必然的因果关系。从金圣叹所举的例子来看,“弄引法”中,“五事”与“十分光”名目相近,又都关乎男女偷情;周谨与索超皆为梁中书手下骁将。不过,这两组“弄引”与正文之间虽有相似之处,但并非同一事件的起因与高潮的关系。“獭尾法”中,知县叶文彬升堂与梁中书东郭演武都是上司敦促下属;两个猎户与武松都是上山打虎的;至于第三十回血溅鸳鸯楼与城濠月色的映衬关系,金圣叹已说得很清楚:“楼上月,此月也;濠边月,亦此月也。然而楼上之月,何其惨毒;濠边之月,何其幽凉。”[②]这三组“獭尾”与正文之间虽有关联,但并非同一事件的过程与结尾的关系,而是因类以及其余的关系。[③] 概言之,“弄引”“獭尾”等闲笔与正文的关系可以理解为:一方面,由于“弄引”“獭尾”等闲笔所述事件在名目、性质上与正文所述事件存在着某种相似或关联,因而“弄引”“獭尾”在结构上成为正文的陪衬、过渡,使得全篇呈现出自然匀称之美。另一方面,弄引、獭尾所述事件其实是另外一件无关宏旨甚至根本没有必然意义的事件,并不是正文所述事件的开端或结尾,比如,“五事”并不是“十分光”的起因,时文彬升堂也不是梁中书东郭演武的结局。

关于弄引和獭尾等闲笔在内容上的无意义和非必然,以下这段阐述更值得注意:

---

① 高小康文已经注意到“与情节发展的‘势’相应,在形式结构方面,金圣叹强调有起有结,回环呼应的严谨章法”,但此文又把“弄引法”理解为情节功能与结构功能的统一(高小康:《金圣叹“文法”理论的审美意义》,《南京师大学报》1989 年第 2 期,第 43—48 页)。陈果安著第 315 页已认识到“所谓‘弄引’,并不是指某一个情节单元的‘缘起’,而是讲情节高潮来临之前的铺衬”,但不知何故,陈著第 134 页又将弄引法理解为“任何一个事件,都必须有一个发生、发展、结束的过程,情节也是这样。……金标举的这些技法,都强调了情节的完整。”(陈果安:《金圣叹小说理论研究》,湖南师范大学出版社 1999 年版,第 134 页、315 页)梅庆吉文以“闲笔”为审美感受过程,又以“注意故事情节发展过程的描写”来诠释其“审美感受过程”一说(梅庆吉:《“正笔”与“闲笔”——金圣叹美学思想研究之七》,《龙江社会科学》1995 年第 2 期,第 47—52 页)。

② 金圣叹:《第五才子书施耐庵水浒传》卷三十五第三十回夹批,《金圣叹全集》叁,凤凰出版社 2008 年版,第 564—565 页。

③ 《文章指南》卷首《归震川先生总论·论文章体则》有“结末推广则　题意止此,而于结末复因类以及其余,谓之推广文法”一说,此说实际上是“獭尾法”的另一种表述方式,“因类以及其余”正说明了“獭尾”与正文的类似关系(旧题[明]归有光评选:《文章指南》,台湾广文书局 1972 年版)。

夫文章之法，岂一端而已乎？有先事而起波者，有事过而作波者。读者于此，则恶可混然以为一事也？夫文自在此而眼光在后，则当知此文之起，自为后文，非为此文也；文自在后而眼光在前，则当知此文未尽，自为前文，非为此文也。必如此，而后读者之胸中有针有线，始信作者之腕下有经有纬。不然者，几何其不见一事即以为一事，又见一事即又以为一事，于是遂取事前先起之波，与事后未尽之波，垒垒然与正叙之事，并列而成三事耶？

如酒生儿李小二夫妻，非真谓林冲于牢城营有此一个相识，与之往来火热也。意自在阁子背后听说话一段绝妙奇文，则不得不先作此一个地步，所谓先事而起波也。

如庄家不肯回与酒吃，亦可别样生发，却偏用花枪挑块火柴，又把花枪炉里一搅，何至拜揖之后向火多时，而花枪犹在手中耶？凡此，皆为前文几句花枪挑着葫芦，逼出庙中挺枪杀出门来一句，其劲势犹尚未尽，故又于此处再一点两点，以杀其余怒。故凡篇中如搠两人后杀陆谦时，特地写一句把枪插在雪地下；醉倒后庄家寻着踪迹赶来时，又特地写一句花枪亦丢在半边，皆所谓事过而作波者也。①

所谓“先事而起波”与“事过而作波”，应分别相当于“弄引法”和“獭尾法”。金氏在阐述这两种事波之结构作用的同时，着重论述了事波在内容上的无意义。其一，从事波的内容意义来看，金氏要求读者勿将“事前先起之波”“事后未尽之波”与“正叙之事”视为三事，这并不是说事波与正叙之事同属某一事件，而是因为“事前先起之波”与“事后未尽之波”皆“非为此文”，甚至非一事，在内容上都没有必然性。比如，关于酒生儿李小二夫妻一段，金氏再三申说：“非写李小二夫妻情分”；②至于

① 金圣叹：《第五才子书施耐庵水浒传》卷十四第九回总评，《金圣叹全集》叁，凤凰出版社 2008 年版，第 207—208 页。

② 金圣叹：《第五才子书施耐庵水浒传》卷十四第九回夹批，《金圣叹全集》叁，凤凰出版社 2008 年版，第 210 页。按，金氏之所以否定李小二夫妻情分，还有可能是为了反驳容与堂本“秃翁曰：水浒传文字原是假的，只为他描写得真情出，所以便可与天地相终始，即此回中李小二夫妻两人情事，咄咄如画”之说（施耐庵撰、李贽评：《李卓吾先生批评忠义水浒传》卷十第十回，北京图书馆出版社 2004 年版）。

林冲用花枪挑火柴等文字，金氏认为，“何至拜揖之后向火多时，而花枪犹在手中耶”，也就是说，从内容来看，这一段文字甚至有不合情理之处。“事前先起之波”与“事后未尽之波”在内容上的无必然性是这三段总评所要阐述的主要观点。其二，从结构作用来看，这两种事波有助于文章结构的自然匀称，有关酒生儿李小二夫妻的文字作为“事前先起之波”，其作用在于为“阁子背后听说话”一段文字作铺垫，以使文章过渡自然；林冲用花枪挑火柴等描写是为了“杀其余怒”，让前文紧张激烈的气氛慢慢减弱，使得文章各部分在力量对比上匀称自然。总之，通过对“事前先起之波”和“事后未尽之波”的意义和作用的分析，我们可以更清楚地看出弄引、獭尾等闲笔虽有结构作用而无内容意义。[①]

2. 间架：文体的自然平衡

“间架”这种闲笔是指两段浓墨重彩的文字之间的过渡。比如，金圣叹于第三回总评曰：“鲁达两番使酒，要两样身分，又要句句不相像，虽难矣，然犹人力所及耳。最难最难者，于两番使酒接连处，如何做个间架。”[②]金氏论述“间架”的作用道：

> 夫千岩万壑、崔嵬突兀之后，必有平莽连延数十里，以舒其磅礴之气；水出三峡，倒冲滟滪，可谓怒矣，必有数十里迤逦东去，以杀其奔腾之势。今鲁达一番使酒，真是捶黄鹤、踢鹦鹉，岂惟作者腕脱，兼令读者头晕矣。此处不少息几笔，以舒其气而杀其势，则下文第二番使酒，必将直接上来，不惟文体有两头大、中间细之病，兼写鲁达作何等人也。[③]

在此，金氏从读者心理张弛交错的角度揭示了“间架”的审美意义，此乃学界共识，不必赘言。必须指出的是，金氏还点明了“间架”对于实现文

---

① 林岗《明清之际小说评点学之研究》认为有的引文、余波与正叙之事有情节上的联系，如第儿回的先起之波（林岗：《明清之际小说评点学之研究》，北京大学出版社 1999 年版，第 155 页），此说似不合金氏本意。

② 金圣叹：《第五才子书施耐庵水浒传》卷八第三回总评，《金圣叹全集》叁，凤凰出版社 2008 年版，第 102—103 页。

③ 金圣叹：《第五才子书施耐庵水浒传》卷八第三回夹批，《金圣叹全集》叁，凤凰出版社 2008 年版，第 117 页。

章结构均衡的作用。“文体有两头大、中间细之病”，从反面说明了间架有助于结构的匀称自然。事实上，文体结构的均衡与读者审美心理的张弛是同步共振的，小说章法讲究对称和谐的目的之一，就是为了满足读者张弛有度的审美需求。金圣叹对此没有正面说明，但他同时提到了“读者头晕”与“文体有两头大、中间细之病”，可见他的评点中已隐含了小说结构与读者心理密切相关的观念。

与此同时，金氏仍不忘说明第三回有关饮酒的间架文字并无内容上的作用：“不文之人，见此一段，便谓作书者借此劝戒酒徒，以鲁达为殷鉴。吾若闻此言，便当以夏楚痛扑之。”[①]这与金氏否定弄引、獭尾的寓意功能如出一辙，都是强调“闲笔”的结构作用而否定其内容上的意义。

3. 极不省法：结构的曲折之美

“极不省法”是指故事曲折、叙述详尽的闲笔。金圣叹解释道：“有极不省法。如要写宋江犯罪，却先写招文袋金子，却又先写阎婆惜和张三有事，却又先写宋江讨阎婆惜，却又先写宋江舍棺材等。凡有若干文字，都非正文是也。”[②]既然并非正文，为什么却用极繁细的笔墨娓娓道来呢？金圣叹将宋江买惜杀惜的过程解析为春云渐展至三十展，并认为其妙处在于“曲曲折折，层层次次”，[③]可见“极不省法”形成了小说结构的曲折之美。

四 “闲笔”与文章作法的关系

以上对“弄引法”“獭尾法”“间架”“极不省法”等有关闲笔的文法的分析表明，金圣叹所论“闲笔”的本意在于突出其结构作用。这一重视小说各部分之间的连贯、均衡的观念，受到了文章作法的影响。文章作法理论一方面强调文章各部分与题目的呼应，另一方面则重视文章各

① 金圣叹：《第五才子书施耐庵水浒传》卷八第三回夹批，《金圣叹全集》叁，凤凰出版社 2008 年版，第 117 页。

② 金圣叹：《读第五才子书法》，《第五才子书施耐庵水浒传》卷三，《金圣叹全集》叁，凤凰出版社 2008 年版，第 35—36 页。

③ 金圣叹：《第五才子书施耐庵水浒传》卷二十四第十九回夹批，《金圣叹全集》叁，凤凰出版社 2008 年版，第 376 页。

部分之间的衔接、对称等关系。比如，谢枋得《文章轨范》多次论及文章应有波澜："前段说话，此一反只用六句顿挫，波澜绝妙"，[①]"如此设譬喻作句法，文势有顿挫，有起伏，便有波澜"，[②]此类说法都体现了对于文章结构自然变化的追求。又《文章指南》卷首《论文章体则》也阐述了文章自然过渡、均衡匀称的结构原则，前者如"文势如贯珠则"云："结上生下，意脉相连，是谓贯珠势也"，后者如"下句载上句则"即"凡文章上句重，下句轻，或为上句压倒，须要上下相称"。[③]

金圣叹本人的古文评点更是反复致意于闲笔。《天下才子必读书》共收文章354篇，金圣叹认为其中生起波澜、插入闲笔的有31篇44处，采用宾主、陪正写法的有25篇。比如，金氏论古文中的"引"曰："看他上书韩太尉，却先引一欧阳公，妙妙。"[④]又如，他称赞古文中的"波"道："忽将'烦'字作一余波，冷峭不可言。"[⑤]而评韩愈《答李翊书》"只如前起之曲折之妙，后收之荡漾之妙，皆笔墨之罕事也"之说，则是兼及"弄引"和"獭尾"两种闲笔。[⑥] 对于古文中的闲笔，他既承认其结构作用，又揭示其审美功能。比如，他认为"引"的作用是"连用其色、其容、其气、其意，引其声，便浏然而下"，[⑦]所谓"浏然而下"，是说文章因过渡自然而形成的流畅节奏。又如，金氏曾指出"波"既具过渡转折的作用，"纵一笔为波，便使下文有'既而'字"，[⑧]又有以文为戏的审美效果即"戏

---

① 谢枋得：《文章轨范》卷一韩愈《上张仆射书》评，文渊阁四库全书本。

② 谢枋得：《文章轨范》卷一韩愈《送石洪处士序》评，文渊阁四库全书本。

③ 旧题[明]归有光评选：《文章指南》卷首，台湾广文书局1972年版。

④ 金圣叹：《天下才子必读书》卷十五《宋文》之苏辙《上枢密韩太尉书》评，《金圣叹全集》伍，凤凰出版社2008年版，第523页。

⑤ 金圣叹：《天下才子必读书》卷二《左传》"张智趯在君子后"评，《金圣叹全集》伍，凤凰出版社2008年版，第128页。

⑥ 金圣叹：《天下才子必读书》卷十《唐文》之韩愈《答李翊书》评，《金圣叹全集》伍，凤凰出版社2008年版，第381页。按，罗德荣认为："所谓前起曲折、中间自说、后收荡漾云云，也就是古文创作中文势变化的规律。金圣叹在《读第五才子书法》中概括的弄引法、獭尾法，所论与之如出一辙。"（罗德荣：《古代小说技法学成因及渊源探迹》，《明清小说研究》2002年第1期，第11页）

⑦ 金圣叹：《天下才子必读书》卷十三《宋文》之欧阳修《秋声赋》评，《金圣叹全集》伍，凤凰出版社2008年版，第478页。

⑧ 金圣叹：《天下才子必读书》卷十五《宋文》之苏轼《喜雨亭记》评，《金圣叹全集》伍，凤凰出版社2008年版，第515页。

笔作波”[1]“只此是正辨毕，已下俱以文为戏，以文为乐”。[2] 可见，金氏《水浒传》评点中的弄引、獭尾等闲笔文法确实源自文章作法。

必须说明的是，闲笔的作用在于实现小说结构的匀称自然，并不意味着抹杀闲笔论的审美意义。相反，如前所述，结构的匀称自然中已包含了多重审美因素。比如，“弄引法”和“獭尾法”所形成的结构，一方面旨在追求各部分力度的自然变化发展，另一方面是为了使得各部分的情感、气氛等方面的强度保持协调的比例。“间架”文法避免两头大中间细的文体结构，也是以建构两段紧张激烈的文字之间的缓冲地段为目的；“极不省法”以曲折多层次的结构体现了曲折之美。概言之，不同文法所形成的结构，以不同的方式追求自然匀称之美，其中的基本审美原则是强弱自然渐进、张弛适度交替等，这些审美原则本来就是从自然、人心中抽象出来的，体现了此类审美原则的文章结构自然也就与自然现象、人类心理深相契合。正因如此，深受文章作法影响的种种闲笔文法既形成了匀称自然的结构，又取得了满足读者审美心理需求的效果。

综上所述，金圣叹所谓正笔是指主要人物的与主题联系相对密切的文字，闲笔则是与主题关系相对松散的文字。对于正笔，金氏强调其表现小说主旨的作用；对于闲笔，金氏推崇其结构作用和审美效果，同时否认其内容上的意味。将“正笔”视为《水浒传》主题的折射和推崇闲笔的结构作用的主张，都受到了文章作法理论的影响。本书重谈正笔闲笔之辨这一老问题，试图挣脱现代文艺理论的负面影响，以金圣叹的评点文本为依据，考察其“正笔”“闲笔”之辨与文章作法之间的关系，揭示金氏所谓“正笔”“闲笔”的本意。

① 金圣叹：《天下才子必读书》卷二《左传》“季札观周乐”评，《金圣叹全集》伍，凤凰出版社 2008 年版，第 123 页。

② 金圣叹：《天下才子必读书》卷十《唐文》之韩愈《讳辨》评，《金圣叹全集》伍，凤凰出版社 2008 年版，第 398 页。

第十章　明亡之初的志在归隐与晚年的“居易俟命”[①]

以往人们都认为金圣叹“革鼎后，绝意仕进”。[②] 其实，入清以后，金圣叹的心态经历了从志在归隐到居易俟命的变化。

明清鼎革之际，金圣叹开始走向生命的晚年。此时他没有像他的朋友那样慷慨赴死或是参与抗清，但天崩地解的巨变还是对他的心灵造成了强烈冲击，使得他一度志在归隐。这段时期他在以佛学为中心、兼融三教的学术活动方面颇有创获。随着时间的推移，渴望有所作为的心情逐渐复苏，他开始服膺居易俟命的素位说，对著述评书的现实和建功立业的理想都进一步加以肯定，因而晚年金圣叹著述成果颇丰，政治热情也颇高，然而，不幸的是，顺治十八年(1661 年)的“哭庙案”无情地给圣叹的生命画上了句号。

---

① 金圣叹的壮年时期几乎与明王朝同时结束，这并非作者的主观臆断。本来就早衰的金圣叹，在经历了天崩地解的变革后，在亲友离散、贫病交加、功名无望等一系列因素的刺激下，从心理和生理上都开始步入人生的晚年。他曾经描述自己早衰的情形道：“为儿子时，蚩蚩然只谓前亦不往，后亦不来，独有此身，常在世间。予读《兰亭序》，亦了不知佳定在何处。殆于三十四五岁许，始乃无端感触，忽地惊心：前此犹是童稚蓬心，后此便已衰白相逼，中间壮岁一段，竟全然失去不见。夫而后咄嗟弥日，渐入忽忽不乐苦境。”(金圣叹：《唱经堂杜诗解》卷二《三绝句》评，《金圣叹全集》贰，凤凰出版社 2008 年版，第 705—706 页)可见他在三十四五岁即崇祯十四(1641 年)、十五年(1642 年)之际就开始逐步走向衰老，那是明亡前两三年。

② 廖燕：《廖燕全集》卷十四《金圣叹先生传》，上海古籍出版社 2005 年版，第 301 页。

第一节　明亡之初的志在归隐

明清易代的历史巨变给当时士人的生活状况和精神面貌带来了如此强烈的震撼，以致像金圣叹这样的一介诸生也不可能泰然处之。他不仅饱尝了战乱生活的仓皇窘迫，体验了国破家亡带来的身心痛苦，还经受了身与义的艰难抉择，这使得隐居之志一度成为他的主导思想。

早在崇祯后期，金圣叹已经对内忧外患、风雨飘摇中的明王朝表示了担忧。作于崇祯十四年（1641年）的《送李宝弓司理钦召考选四律》抒写了“中原近日闻多事，快看楼船下濑来”[①]的期盼，当是指李自成起义军再度强大一事；[②]在《水浒》评点中，金圣叹常常联想到明代军事的衰颓，因而每每指出小说作者是“寓言边事”。如第五回夹批：“肚中饥时，虽以鲁达之勇，亦不能斗，此岂作者寓言边事耶？”[③]这是由鲁达肚饥不能斗联想到明代军饷不足的积弊；又如，第十五回总评借梁中书不能专信杨志，导致生辰纲失陷一事，揭示明代监军制度的弊端。[④]类似的借题发挥还有很多，[⑤]由此可以想象，此时明王朝的安危已是时时萦绕在圣叹心头了。

明亡之后吴中士人多有殉节和反抗者。崇祯十七年三月，明帝于景山自缢；第二年五月，清兵下江南，南明覆灭。晚明士人的忠义激情顿时喷发，其中北都死节可考者有勋戚和大臣 20 多人，[⑥]江南殉国者不

① 金圣叹：《沉吟楼诗选》卷五《送李宝弓司理钦召考选四律》，《金圣叹全集》贰，凤凰出版社2008年版，第1215页。

② 参见陈洪《金圣叹传论》，天津人民出版社1996年版，第83页。

③ 金圣叹：《第五才子书施耐庵水浒传》卷十第五回夹批，《金圣叹全集》叁，凤凰出版社2008年版，第155页。

④ 金圣叹：《第五才子书施耐庵水浒传》卷二十第十五回总评，《金圣叹全集》叁，凤凰出版社2008年版，第290—291页。

⑤ 比如，第十五回夹批“如国家太平既久，边防渐撤，军实渐废，皆此语误之也”（金圣叹：《第五才子书施耐庵水浒传》卷二十第十五回夹批，《金圣叹全集》叁，凤凰出版社2008年版，第300页）；又第四十二四夹批“看他三个人，也调遣定了行事，笑今日行兵之无纪也”（金圣叹：《第五才子书施耐庵水浒传》卷四十七第四十二回总评，《金圣叹全集》肆，凤凰出版社2008年版，第793页）；以及第四十六回夹批“已上数段，岂真写山泊号令哉？亦所谓‘寓言十九’，意在讽谏也。”（金圣叹：《第五才子书施耐庵水浒传》卷五十一第四十六回总评，《金圣叹全集》肆，凤凰出版社2008年版，第858页）

⑥ 参见樊树志《晚明史》，复旦大学出版社 2003 年版，第 1135—1137 页。

下80人。[①] 金圣叹的朋友中就有慷慨殉难的烈士。比如王希，王鏊五世孙，字公晋，号知我，嘉兴府秀水县庠生，[②]圣叹为作《送维茨公晋秋日渡江之金陵》十二章，感慨与二公离别后，自己的治经事业失去了依傍，可知王希为圣叹同学。王秀烈民国重修《莫釐王氏家谱·忠义》引蒋赓壎《贞义编》称，王希于顺治乙酉除夕自尽，临终嘱咐后人"以幅巾殓"，墓表称"故明王知我先生"。[③] 与此同时，各地纷纷兴起了抗清斗争。金圣叹的朋友徐松之也曾参与其中，圣叹为作《题徐松之二首》，隐约记载了徐松之的抗清失败而归来。"副车皆不中，三户又沦亡"一联用张良博浪沙狙击秦始皇、"亡秦必楚"二典，当是叹惋徐氏抗清未成。[④]

此时，金圣叹所受的儒家教育，使得他面临着舍生还是取义的两难抉择。一方面，他对变节降清之士的攻击可谓不遗余力。他在《湘夫人祠》题下自注"刺亡国诸臣"，其诗曰："缘江水神庙，云是舜夫人。姊妹复何在，虫蛇全与亲。搴帏俨然坐，偷眼碧江春。未必思公子，虚传泪满筠。"[⑤]这是讽刺变节者投身于异族统治者的怀抱。另一方面，以往的研究者所不曾论及的一点是，金圣叹在名节问题上有"奇正"说。本来，儒家崇尚"志士仁人，无求生以害仁，有杀身以成仁"的气节，[⑥]金圣叹则提出了"奇正"说为自己辩护："君子处艰难之会，杀身成仁，其正也；为蛇为鳖，其奇也。正不废奇，奇不害正，君子之所以为君子也。"[⑦]这就意味着，在易代之际，摆在士人面前的有变节、杀身、归隐三种选择。从"正不废奇，奇不害正"一说来看，金氏认为杀身成仁固然是最高尚的选

① 抱阳生《甲申朝事小纪》所收《南都死难纪略》载录高杰、左懋第等死难者74人（[清]抱阳生编著：《甲申朝事小纪》四编卷四《南都死难记略》，书目文献出版社1987年版，第773—781页），明佚名《研堂见闻杂录》记江南刘公旦等殉节者9人（[明]佚名：《研堂见闻杂录》，[明]文秉等著《烈皇小识（外一种）》，北京古籍出版社2002年版，第269—342页）。

② 关于王希的生平，参见陆林《金圣叹与王鏊后裔关系探微》，《江海学刊》2002年第4期，第167—172页。又《吴门表隐》所载与此文所引清道光刻本苏州太湖《太原王氏家谱》有所不同，《吴门表隐》卷十六引《柱国王氏谱传》云："王希，字公晋。文恪五世孙，吴庠生。乙酉除夕，不屈，整服自经死。"（[清]顾震涛：《吴门表隐》，江苏古籍出版社1999年版，第245页）此处"吴庠生"之说不同于"嘉兴府秀水县庠生"，未知孰是。

③ 参见陆林《金圣叹与王鏊后裔关系探微》，《江海学刊》2002年第4期，第167—172页。

④ 参见陈洪《金圣叹传论》，天津人民出版社1996年版，第117页。

⑤ 金圣叹：《沉吟楼诗选》卷二《湘夫人祠》，《金圣叹全集》贰，凤凰出版社2008年版，第1170页。

⑥《论语·卫灵公》，朱熹：《四书章句集注》之《论语集注》卷八，中华书局1983年版，第163页。

⑦ 金圣叹：《唱经堂杜诗解》卷三《猿》总评，《金圣叹全集》贰，凤凰出版社2008年版，第768页。

择，但为蛇为鳖是杀身成仁的变通，是保持名节、不失为君子的另一种方式。这样的结论看似平淡，但背后一定包含了金圣叹在生与义的取舍中所经受的心灵煎熬。

当此之时，金圣叹的痛苦还表现在易代之际的兵荒马乱带来的仓皇窘迫。《贯华堂选批唐才子诗》评点说："夫寇从南来，斯北避可也；寇自北至，斯南避可也。乃今南北西东，寇来无向，然则不免移家入舟，团团摇转，终食之顷濒死数十。此其仓皇窘迫，固非未经乱人之所梦见也。"①这段文字可与金氏《荷花》一诗参看："卖却茅庵买小船，荷花十面枕函前。五更月堕露如雨，鼻观上通他化天。"此诗同样是说移家入舟一事，但情绪比较平淡，也许是圣叹一贯的苦中作乐性格使然。可以肯定的是，金圣叹在兵乱中为了求生，曾经不得不率家人躲进船中避难。而且，由其《乙酉又病一首》可知，颠沛流离的生活导致他的疟病复发："西风不肯饶寒屋，旧病公然疟贱躯。"②其艰难窘迫之状不难想见。

更令他痛苦的是生灵涂炭，亲友凋亡。清兵南下，多尔衮令民众剃发，激起了江南民众的反满情绪，抗清义军蜂起，苏州义军竟焚烧了抚、按、府、长、吴五个衙门，清兵遂有屠城之暴行。③ 民众伤亡惨重。金圣叹在诗中一次又一次地哀哭亲友的离去：《乙酉又病一首》哀叹"亲友几人兵甲后"，《夜与无动语因及德辅云叶》为"父老江东尽"而伤感，《兵战》极写"旧人书里失，新哭巷中多"的惨痛。④

正因如此，隐居之志一度成为圣叹的主导思想。他在诗歌中不止一次地吟咏乱世隐居的想法："世事已如此，吾侪不隐居。干戈随地有，

① 金圣叹：《贯华堂选批唐才子诗甲集七言律》卷五李嘉祐《早秋京口旅泊赠张侍御》评，《金圣叹全集》壹，凤凰出版社2008年版，第243页。

② 金圣叹：《沉吟楼诗选》卷四《荷花》、卷五《乙酉又病一首》，《金圣叹全集》贰，凤凰出版社2008年版，第1200、1218页。金圣叹常年多病，五十一岁那年冬天更是"一病百日"（金圣叹：《葭秋堂诗序》，载嵇永仁《抱犊山房集》卷四《葭秋堂旧刻》卷首，清代诗文集汇编本），所以他的诗作中写病痛的篇章虽多，可以肯定为乱离之际所作者，却只有《乙酉又病一首》《除夜有感》两篇，后者有"除夜去年愁里过，今年除夜病中来。艰难世事皆如此，金铁身躯能几回"（金圣叹：《沉吟楼诗选》卷五《除夜有感》，《金圣叹全集》贰，凤凰出版社2008年版，第1233页）一联，由此可以推测为鼎革之际所作。

③ [清]顾公燮：《丹午笔记》"平定姑苏始末"条，江苏古籍出版社1999年版，第55—56页。

④ 金圣叹：《沉吟楼诗选》卷五《乙酉又病一首》、卷二《夜与无动语因及德辅云叶》、卷二《兵战》，《金圣叹全集》贰，凤凰出版社2008年版，第1218、1175、1163页。

礼乐与时疏。学士宜飞锡，深山可结庐。还同林下宿，晨夕论金书。”[①]由于干戈遍地，礼乐沦丧，圣叹倡议同学诸人选择结庐深山、隐居林下的生活。《黄鱼》《麂》等诗也曲折地表达了隐居全身之志。

选择了隐居而生的金圣叹将晋代陶潜视为自己的异代知己。他曾经叙述自己在鼎革之际步武陶潜的心态云：

> 既满目如此，生理逼侧，略开绮语，以乐情抱。昔陶潜自言时制文章自娱，颇示其志；身此词，岂非先神庙末年耶？处士不幸，丁晋宋之间；身亦适遭变革，欲哭不敢，诗即何罪？不能寄他人，将独与同志者一见也。[②]

《上元词》和按语当作于顺治三年（1646 年），苏州入清以后的第一个上元节。陶渊明（365？—427）字元亮，一说名潜字渊明，[③]浔阳柴桑人，少时在家闲居，后因亲老家贫出任江州祭酒等职，四十多岁时弃官彭泽令，从此躬耕隐居。关于陶渊明归隐的原因，历来有不同说法，或曰不愿出任新朝、耻复屈身后代，或曰自然本性与官场生活的矛盾无法解决。[④] 金圣叹采取了前说，将陶潜视为耻于事奉新朝而归田隐居的典范。这段按语是说，自己和陶潜一样遭遇易代变革的不幸，因此不仅在隐居出世一点上希望步陶潜后尘，而且写作艳诗“略开绮语”，也是出于追慕陶潜的以文自娱。金圣叹对陶渊明的崇拜，还表现为他在诗作中多次以陶潜自比或比拟其友朋。《沉吟楼诗选》中，陶潜是金圣叹提及次数最多的古人，包括“冥报”“义熙”“桃源”等与陶潜生平、著作有关的字样在内，《沉吟楼诗选》中共有 19 首关乎陶潜。[⑤]

---

① 金圣叹：《沉吟楼诗选》卷二《有感呈诸同学》，《金圣叹全集》贰，凤凰出版社 2008 年版，第 1179 页。

② 金圣叹：《沉吟楼诗选》卷四《上元词》按语，《金圣叹全集》贰，凤凰出版社 2008 年版，第 1195 页。

③ 关于陶潜名字的异说，参见徐公持《魏晋文学史》，人民文学出版社 1999 年版，第 594 页注。

④ 参见徐公持《魏晋文学史》，人民文学出版社 1999 年版，第 575—583 页。

⑤ 分别是：《病中承贯华先生遗旨酒糟鱼各一器寄谢》之“冥报成何语”（金圣叹：《沉吟楼诗选》卷二，《金圣叹全集》贰，凤凰出版社 2008 年版，第 1160 页）；《可惜》之“陶潜顿顿饥”（金圣叹：《沉吟楼诗选》卷二，《金圣叹全集》贰，凤凰出版社 2008 年版，第 1167 页）；《上元词》之按语“昔陶潜自言时制文章自娱”（金圣叹：《沉吟楼诗选》卷四，《金圣叹全集》贰，凤凰出版社 2008 年版，第 1195 页）；《桃源》之“洞里仙人问秦汉”（金圣叹：《沉吟楼诗选》卷四，《金圣叹全集》贰，凤凰出版社 2008 年版，第 1196 页）；《柳》之“陶令门前白酒瓢”（金圣叹：《沉吟楼诗选》卷四，《金圣叹全集》贰，凤凰出版社 2008 年版，第 1201 页）；《题文彦可画陶渊明抚孤松图》（金圣叹：《沉吟楼诗选》卷四， （转下页）

必须说明的是，圣叹的慕陶之心并不完全等同于隐居之志。他的慕陶之心可能是终生未变的，但隐逸之志却只是在明亡初年占据他思想的主流。金圣叹的慕陶诗中，不事新朝的名节观念只是其中的一个方面，金氏提得更多的是他在饮酒情趣、饥寒生活等层面与陶潜的共鸣。而且金圣叹也已明确指出陶潜既有恪守名节、飘然归来之举，又有为饥寒所驱、叩门乞食之日："或如陶先生之不愿折腰，飘然归来，可也，亦一消遣法也。既而又为三旬九食，饥寒所驱，叩门无辞，至图冥报，亦可也。"①因此追慕陶潜并不足以证明金圣叹在入清以后就绝意仕进了。

金圣叹不事新朝的志向究竟保持了多长时间呢？由于资料所限，这一问题已经很难确考。不过，从作于顺治七年（1650 年）的《题渊明抚孤松图》之"不曾误受秦封号，且喜终为晋逸民"②一联来看，直到顺治七年金氏追踪陶潜、忠于故朝的态度仍然比较明确，但是，至迟在顺治十年（1653 年）前后，金圣叹已多次流露出归顺清朝的意向。其表现为：

其一，作于顺治十年（1653 年）至十四年（1657 年）之间的《赠夏广

（接上页）《金圣叹全集》贰，凤凰出版社 2008 年版，第 1207 页）；《为斫山题菊花》之"陶家偏报有花开"（金圣叹：《沉吟楼诗选》卷四，《金圣叹全集》贰，凤凰出版社 2008 年版，第 1207 页）；《春日坐西林别院有以画鹤索题书此自笑》之"穷来渐渐逼柴桑"（金圣叹：《沉吟楼诗选》卷四，《金圣叹全集》贰，凤凰出版社 2008 年版，第 1211 页）；《丁亥仲冬过松陵访来止》之"万古陶边家士家"（金圣叹：《沉吟楼诗选》卷五，《金圣叹全集》贰，凤凰出版社 2008 年版，第 1221 页）；《题渊明抚孤松图》之"且喜终为晋逸民"（金圣叹：《沉吟楼诗选》卷五，《金圣叹全集》贰，凤凰出版社 2008 年版，第 1222 页）；《王子文生日》之"陶潜饮酒酒人亲"（金圣叹：《沉吟楼诗选》卷五，《金圣叹全集》贰，凤凰出版社 2008 年版，第 1224 页）；《赠李兴符二首》之"陶令门前新柳树"（金圣叹：《沉吟楼诗选》卷五，《金圣叹全集》贰，凤凰出版社 2008 年版，第 1226 页）；《真僧》之"他日渊明息心后，远公可肯为开关"（金圣叹：《沉吟楼诗选》卷五，《金圣叹全集》贰，凤凰出版社 2008 年版，第 1228 页），《人日孙鹤携酒过看予新选唐人律诗率其二子来予二婿亦适至》之"陶公冥报正茫然"（金圣叹：《沉吟楼诗选》卷五，《金圣叹全集》贰，凤凰出版社 2008 年版，第 1229 页），《赠许升年》之"身值义熙无号后"（金圣叹：《沉吟楼诗选》卷五，《金圣叹全集》贰，凤凰出版社 2008 年版，第 1241 页），《辛巳大饥无动惠米志谢》之"彭泽妻孥相对饿"（金圣叹：《沉吟楼诗选》卷五，《金圣叹全集》贰，凤凰出版社 2008 年版，第 1239 页），《寿诗二章》之"佛言谢客让陶潜"（金圣叹：《沉吟楼诗选》卷五，《金圣叹全集》贰，凤凰出版社 2008 年版，第 1244 页），《失题》之"饥驱陶令叩山门"（金圣叹：《沉吟楼诗选》卷五，《金圣叹全集》贰，凤凰出版社 2008 年版，第 1247 页），《桃源行》（金圣叹：《沉吟楼诗选》卷五，《金圣叹全集》贰，凤凰出版社 2008 年版，第 1248 页）。

① 金圣叹：《贯华堂第六才子书西厢记》卷一《序一曰恸哭古人》，《金圣叹全集》贰，凤凰出版社 2008 年版，第 849 页。

② 金圣叹：《沉吟楼诗选》卷五，《金圣叹全集》贰，凤凰出版社 2008 年版，第 1222 页。

文》有"杏花廊下重来坐,药草笼中实见收"一联,[1]"药草笼"典出《旧唐书》卷一〇二《元行冲传》,狄仁杰谓元行冲为"此吾药笼中物,何可一日无也","药笼中物"一词遂指代预先储备的人才。圣叹当是以此典来表达他愿意接受清朝笼络的立场。

其二,顺治十二年(1655 年)至顺治十四年(1657 年)之间,金圣叹与吴县知县吴明相交往频繁,[2]自称为"文字因缘千里合"。[3] 金氏为知县所作寿诗今存《吴明府生日》二首和《寿吴明府之一》一首,其中《寿吴明府之一》"门多接叶新桃树,身□□笼旧药材"两句也采用了药草笼的典故,[4]其中的归顺之意是不言自明的。

第二节　治经学道与兼融儒释道三教的学风

金圣叹在三十而立之年就开始把治经学道视为重要事业。明亡以后,在立志隐居的岁月里,圣叹将更多的热情倾注于治经学道之中,《西城风俗记》等一批谈说禅理之作相继问世。这些著作反映了圣叹兼融儒释道三教的独特学风。

一　青壮年时期的治经学道与融汇三教

廖燕《金圣叹先生传》描述了金氏登坛讲经的风采:"于所居贯华堂设高座,召徒讲经,经名《圣自觉三昧》。稿本自携自阅,祕不示人。每升座开讲,声音宏亮,顾盻伟然。凡一切经史子集,笺疏训诂,与夫释道内外诸典,以及稗官野史,九彝八蛮之所记载,无不供其齿颊,纵横颠倒,一以贯之,毫无剩义。"[5]在此,"一以贯之"说揭示了金氏融汇三教的学风。

---

① 据《吴县志》卷四,夏鼎字象也,顺治十年(1653 年)一月任吴县教谕,十四年(1657 年)十一月被劾去职。

② 据《吴县志》卷二,吴明相字容之,长治人。顺治十二年(1655 年)三月任,顺治十四年(1657 年)被劾去职。

③ 金圣叹:《沉吟楼诗选》卷五《寿吴明府之一》,《金圣叹全集》贰,凤凰出版社 2008 年版,第 1227 页。

④ 金圣叹:《沉吟楼诗选》卷五《寿吴明府之一》,《金圣叹全集》贰,凤凰出版社 2008 年版,第 1227 页。

⑤ 廖燕:《廖燕全集》卷十四《金圣叹先生传》,上海古籍出版社 2005 年版,第 301 页。

金圣叹很早就具备了儒释道三方面的学养。如前所说，早在崇祯八年(1635年)与钱谦益仙坛倡和时，钱谦益就称赏乩语“妙达三乘，博通外典。微词奥义，尽般若之笙簧，绮句名章，总伽陀之鼓吹”，[①]可见此时金氏已兼通内外典籍。崇祯十二年(1639年)，其从兄金昌已跟随他学易。[②] 步入三十而立之年后，金圣叹开始把治经视为重要事业，其标志是这段时期金氏不止一次地郑重提及“治经”一事。作于崇祯十三年(1640年)十月至崇祯十四年(1641年)初之间的《送吴兹受赴任永州司理》首联为“我欲治经今日始，君行折狱几年平”，[③]在此，金圣叹将自己的“治经”与吴兹受的“折狱”并举，可见“治经”在他心目中的重要地位。这段时期，金圣叹的诗作里不断地提到治经事业。如作于崇祯十一年(1638年)至十五年(1641年)之间的《送维茨公晋秋日渡江之金陵》十二章[④]三次言及治经：“同学渐有事，众经未成章”，“二十今为客，孤灯谁说经”，“我或读经罢，独行观水痕”。[⑤] 又崇祯十四年(1641年)所作《送李宝弓司理钦召考选四律》有“天子固应求执法，诸生哪可罢谈经”一段。[⑥] 从这些诗句中，我们可以认识到金圣叹对治经的高度重视和对治经成果的自信。

从《沉吟楼诗选》就可以看出，就“治经”所涉及的典籍而论，治经是兼及儒释道三教的。有的学者认为“治经”就是指改编《水浒》、评选《天下才子必读书》和《唱经堂杜诗解》。这一理解似乎依据不足。金圣叹

① 钱谦益:《天台泐法师灵异记》,《初学集》卷四十三,《钱牧斋全集》贰,上海古籍出版社2003年版,第1124页。

② 金昌《才子书小引》云:“唱经(圣叹),仆弟行也。仆昔从之学易,二十年不能尽其事,故仆实私以之为师。”(《金圣叹全集》附录《金圣叹著作序跋》,《金圣叹全集》陆,凤凰出版社2008年版,第93页)此文作于顺治十六年己亥(1659年),则金昌始从圣叹学易是在二十年前即1639年。关于此诗系年,参见陆林:《〈晚明曲家年谱〉金圣叹史实研究献疑》,《文学遗产》2002年第1期,第68—78页。

③ 金圣叹:《沉吟楼诗选》卷五,《金圣叹全集》贰,凤凰出版社2008年版,第1239页。据陆林《〈晚明曲家年谱〉金圣叹史实研究献疑》(《文学遗产》2002年第1期,第68—78页),吴兹受(1600—1662)名晋锡,吴江人,早年曾入复社,崇祯十三年(1630年)进士,十四年赴任永州司理,南明时以郴桂道加大理寺卿,永历元年(1647年)削发为僧,归乡隐居而卒。有自传《半生自纪》,乾隆刊本《吴江吴氏族谱》卷十七有小传,卷十一收长洲韩菼撰《墓志铭》。《半生自纪》称“生而多神灵仙象”,屡蒙乩仙降临,“教以为文之道”。可见金圣叹与吴兹受乃扶乩、论文之同好。

④ 按,诗中有“今年三十外,旧镜得新霜”一联,由此可以推测此时金圣叹在31岁至35岁之间。

⑤ 金圣叹:《沉吟楼诗选》卷二,《金圣叹全集》贰,凤凰出版社2008年版,第1158—1159页。

⑥ 金圣叹:《沉吟楼诗选》卷五,《金圣叹全集》贰,凤凰出版社2008年版,第1215页。

将他评点的文学作品推许为“才子书”，但未见有称之为“经”的用例。金圣叹的“治经”应当是指儒释道三家的典籍，这从金氏诗作就可以推测出：其一，儒家经典。《丁蕃卿生日二章》“三世传经成国宝，一门孝弟得天知”一联中，[①]“三世传经”与“一门孝弟”并举，说明“经”乃儒家经典，又前引“天子固应求执法，诸生哪可罢谈经”也当是儒家之经；另外，“盘餐问子余兼味，皋比听经读四书”[②]中的“经”也极有可能为儒家五经。其二，佛教典籍。《云在法师西山读庄子》和《赠赵居士》都提到了“金经”即《金刚经》[③]，又《送维茨公晋秋日渡江之金陵》在多次说到“治经”的同时，又运用了佛教典故如“如何江光里，印此双莲华”，[④]凡此都说明了金圣叹所治之经包括佛典。其三，道家典籍。《云在法师西山读庄子》认为“法师试作《金经》读，定叹东人未让西”，[⑤]可见《庄子》也是金圣叹治经的内容之一。这一说法还透露出金圣叹打通佛道二家的消息。又《云法师生日和韵一首》中“今春学《易》得安心”之说，[⑥]可以说明他的《易》学与佛学是融为一体的；同样，《题杭若栋小像》一诗中既向往“皋比听经读四书”，又希望“莲花香里愿相依”，[⑦]说明儒释也是兼融合一的。

金圣叹在崇祯十七年（1644 年）所作《赠顾君猷》中描绘了自己登坛讲学时汩汩滔滔、势不可挡的风貌：“西城由来好风俗，清筵法众无四邻。圣叹端坐秉双轮，风雷辊掷孰敢亲。譬如强秦负函谷，六国欲战犹逡巡。”[⑧]这与前述廖燕《金圣叹先生传》的描绘如出一辙。由此可以推测，金圣叹融汇三教、自出机杼的学术特征，在其三十多岁时已经形成。

---

① 金圣叹：《沉吟楼诗选》卷五《丁蕃卿生日二章》，《金圣叹全集》贰，凤凰出版社 2008 年版，第 1244 页。

② 金圣叹：《沉吟楼诗选》卷五《题杭若栋小像》，《金圣叹全集》贰，凤凰出版社 2008 年版，第 1246 页。

③《赠赵居士》有“便是《金经》诵六如”一说（金圣叹：《沉吟楼诗选》卷五，《金圣叹全集》贰，凤凰出版社 2008 年版，第 1231 页）。“六如”出于《金刚经·应化非真分第三十二》“一切有为法，如梦幻泡影，如露亦如电，应作如是观”，是说万法如梦、幻、泡、影、露、电六种现象一般虚幻不实，可见《金经》是《金刚经》的略称。

④ 金圣叹：《沉吟楼诗选》卷二，《金圣叹全集》贰，凤凰出版社 2008 年版，第 1159 页。

⑤ 金圣叹：《沉吟楼诗选》卷五《云在法师西山读庄子》，《金圣叹全集》贰，凤凰出版社 2008 年版，第 1219 页。

⑥ 金圣叹：《沉吟楼诗选》卷五《云法师生日和韵一首》，《金圣叹全集》贰，凤凰出版社 2008 年版，第 1223 页。

⑦ 金圣叹：《沉吟楼诗选》卷五《题杭若栋小像》，《金圣叹全集》贰，凤凰出版社 2008 年版，第 1246 页。

⑧ 金圣叹：《沉吟楼诗选》卷五《赠顾君猷》，《金圣叹全集》贰，凤凰出版社 2008 年版，第 1253 页。

二　入清以后的学术成果与三教兼融

根据邓实在一九一〇年刊行的《风雨楼存书》所刊《贯华堂才子书汇稿》前所列《金圣叹遗著目录》可知，[①]圣叹论著可分为外书、内书两部分，外书主要为文学评点，内书基本上属于治经学道之作。入清以后圣叹的学术著作主要为：(1) 顺治四年(1647年)，作《童寿六书》而中辍，[②]《西城风俗记》亦当作于是年。[③] (2) 顺治六年(1649年)，评《唱经堂圣人千案》，[④]作《唱经堂随手通·〈南华〉字制》。[⑤] (3) 今存年代不详的学术著作还有《通宗易论》《唱经堂语录纂》四卷。(4) 已佚的著述有《法华百问》《法华三昧》《宝镜三昧》《圣自觉三昧》(以上三种结集未竟)《周易义例全钞》《三十四卦全钞》《南华经钞》等七种。又据《沉吟楼诗选》所附《唱经堂遗书目录》，佚著还有《大易义例私钞》二本、[⑥]《大易讲场私钞》四本、《涅槃讲场私钞》共十一期一本、《法华讲场私钞》一本、《一代时教私钞》一本、《第四佛事私钞》一本、《内界私钞》一本、《南华前摩》未竟一本、《五智印图》未竟一本、《讲场仪轨》一本，《杂疏》一本、《离文字说》一本，《庄子字制》一本等十三种。[⑦] 值得注意的是，年代可考的著述几乎都成于明亡初年志在归隐期间。

由这些谈佛论道之作，我们可以进一步窥见其"一以贯之""领异标新"即兼融三教而又别出心裁之学风的真实面目。兼融三教是晚明思

---

① 关于金圣叹论著目录，参见张国光《金圣叹诗文评选编说明》，载《金圣叹诗文评选》，岳麓书社1986年版，第6—12页。

② 金圣叹《〈南华〉字制》云："故前岁长夏，欲就舍下后堂，开局建标，延诸道士，并共论撰，述为《童寿六书》，大都一百卷。而迁延两月，竟亦中辍。所以然者，行年四十，心血虽竭，黾勉著书，尚不敢爱，独是日夜矻矻，须发为之尽白……"(金圣叹：《唱经堂随手通·〈南华〉字制》，《金圣叹全集》陆，凤凰出版社2008年版，第891页)，由其中的"行年四十"之说，可知其论撰《童寿六书》的时间。

③ 《西城风俗记》有圣叹云："四十年嘴脸，细看他争地?"(金圣叹：《西城风俗记》，《金圣叹全集》陆，凤凰出版社2008年版，第955页)由此推测《西城风俗记》作于圣叹四十岁之年。

④ 金圣叹《唱经堂圣人千案序》说明撰写时间为"己丑夏五"(《金圣叹全集》陆，凤凰出版社2008年版，第922页)，由此可知金氏于顺治六年(1649年)夏五月撰《唱经堂圣人千案》。

⑤ 徐朔方《金圣叹年谱》认为《南华字制》"当作于顺治七年"，疑误。《童寿六书》作于顺治四年，而《南华字制》称"前岁长夏"撰《童寿六书》(金圣叹：《唱经堂随手通·〈南华〉字制》，《金圣叹全集》陆，凤凰出版社2008年版，第891页)，那么《南华字制》应作于顺治六年(1649年)。

⑥ 按，疑即《周易义例全钞》。

⑦ 《金圣叹全集》附录《金圣叹著作序跋》，《金圣叹全集》陆，凤凰出版社2008年版，第91—92页。

想的普遍趋势，其中较为突出者，如焦竑（1541—1620）的“融合儒释道三教”①、管东溟（1536—1608）主张儒释道“理则互融，教必不滥”。② 金圣叹兼融三教的特点在于：

其一，就三教汇通的具体内容而论，金圣叹主要是将儒家的易、佛教的天台与禅宗、道家的庄子等层面熔为一炉，其中心则是佛学思想。就其易学而论，《通宗易论》等著述以佛教的人法关系诠释《周易》思想，是典型的援佛释易的思路，在具体论述中，金氏虽然继承了传统易学观念，但他更常常改造传统易学来迎合佛学思想，③因此金圣叹援佛释易的实质是通过易学著述的形式来阐述佛学思想。仅此一点就足以证明，在金氏的三教汇通中，佛学占有主要地位。

其二，金氏常以己意重释三教，④儒释道三教成为论证其独特见解的工具，在这个意义上，与其说圣叹兼融三教，毋宁说他是跳出三教外的。同样，我们说金圣叹兼融三教而以佛学为中心，并不意味着他是以佛学思想为准绳的，严格说来，金氏只是以佛学为主要思想资源来阐发己意而已。比如，他释《周易》之“元”，将“元”字拆为上下两半，上半“示之以无画”，下半“象形如口吐气”，其理由是：

> 元字之上半双钩空处，即孔子所云“寂然不动”；下半象口吐气，即孔子所云“感而遂通”也。上半即《老子》所云“无名天地之始”，下半即《老子》所云“有名万物之母”也。上半即释迦所云“色究竟天”，下半即释迦所云“光音天”也。⑤

在此，圣叹分别援引《周易·系辞》《老子》和佛教思想，将“无”诠释为动静合一、有无合一和性空假有合一。这三种合一虽是儒释道三教的老生常谈，但圣叹此说的创造性体现在通过拆字法来建立“元”字与《周易》动静合一思想的联系，这就突破了从“始”“物始”等角度阐述“元”的

---

① 张学智：《明代哲学史》第十九章《焦竑的儒释道三学》，北京大学出版社 2000 年版，第 283 页。

② 钱谦益：《湖广提刑按察司佥事晋阶朝列大夫管公行状》，《初学集》卷四九，《钱牧斋全集》贰，上海古籍出版社 2003 年版，第 1258 页。

③ 参见本书第八章《援佛释易的易学思想》。

④ 参见陈洪《金圣叹传论》，天津人民出版社 1996 年版，第 57 页，本书论述的角度有所不同。

⑤ 金圣叹：《唱经堂随手通·序〈童寿六书〉》，《金圣叹全集》陆，凤凰出版社 2008 年版，第 896 页。

旧说。又如,金氏为了建立人法合一的佛理与天人合一的易理之间的联系,不得不对传统易学"人法天"的观念有所忽略。[①]

其三,金氏融合三教的具体策略是求同存异。金氏热衷于将儒释道的具体命题互相比附,事实上每一个命题都分别是儒释道思想体系上的一个环节而已,因而儒释道思想的差异,决定了这些命题之间存在着很深的理论鸿沟,但金圣叹为了实现这些理论的对接,往往只强调它们在人生观念、思维方式等方面的相似之处,而忽略了它们的分歧所在。比如《唱经堂语录纂》卷一论《大学》与佛教无执无碍说的关系:

> 大学统举法界。大是天地,学是圣人。有这副天地,出生这个圣人;有这个圣人,住持这副天地。由学,故知其大;为大,故成其学。此处风缝不通,必欲透进去者,不得不寻个路数,所谓道也。道何在?即打从现前一心说起。(小字:伏羲乾南,即现前一心。)"明德"者,最小之现前一心也。云现云一,实是一沤心,非全海心,全非《大学》体面,亏他在那边两行,故决定做得《大学》种草。直心为德。直心有何好处?却妙于"明明"者,两行之谓也。德从来两行,我与之为两行,于现前一心,去尽思维卜度,所谓破情不破法。两"明"字,只一个字,为汝病在一向行,便不能十方面行,故说"明";假我未破,于彼全疏,故说"亲";千佛同住而汝不住,故说"止"。三"在"字,逐节生起。"在明明德",是说法;"在亲民",是修行;"在止至善",是证"明明德"。只是破假我,假我既破,然后亲见民为一体。[②]

这段看似夹缠不清的文字包含了三种思想资源:《大学》之"明明德"、《庄子》"两行"、佛教之"现前一心"。金圣叹认为这三者的共同之处在于"去尽思维卜度",所谓破情不破法。这一说法确实抓住了"明德"之"虚灵不昧"、[③]两行之"任天下之是非"[④]和现前一心之"去尽思维卜度"之间的相通之处。与此同时,这三个命题之间的分歧便遭到了忽视。

---

① 参见本书第八章《援佛释易的易学思想》。

② 金圣叹:《唱经堂语录纂》卷一,《金圣叹全集》陆,凤凰出版社2008年版,第842—843页。

③ 朱熹:《大学章句》,《四书章句集注》,中华书局1983年版,第3页。

④ 郭象:《庄子·齐物论》注,郭象注、成玄英疏《南华真经注疏》卷一,中华书局1998年版,第39页。

比如“明德”具有“人之所得乎天……”“具众理而应万事”等内涵,“两行”包含了“条畅而自得”的意味,①“现前一心”带有和合无明与法性的特征,这三者之间的区别是不言而喻的,而且上述内涵可以说是相应命题的核心要素,而在金圣叹的论述中却被忽略了,这是金圣叹对三教思想的差异存而不论的表现。

概言之,金圣叹之融合三教,以侧重于佛学、以己意驱遣三教、对三教求同存异为特色。

第三节　居易俟命的素位说

如前所述,随着时间的推移,大概在崇祯十年(1637年)前后,金圣叹对于清政权的抵触情绪逐渐淡化,固有的功名抱负开始复苏。在儒释道思想的影响下,他的出处去就观念变得更为圆融,他推崇出处同归的曾点和诸葛亮,居易俟命的“素位”说成为他既认同评书著述又肯定建功立业的思想依据。

一　“素位”说的内涵

金氏“素位”说包含了出处同归、不怨不尤这两个相互联系的层面,“素位”人格的典范是曾点和诸葛亮。对晚年金圣叹来说,“素位”说意味着对评书著述和建功立业的双重肯定。

如《贯华堂选批唐才子诗》卷四评权德舆《待漏假寐梦归江东旧居因思惠阁黎茅处士》云:

> 孔子谓颜渊:“用之则行,舍之则藏。”事各有时,地各有宜,若一意宫阙,都忘林皋,固非;然矫语林皋,故薄宫阙,亦非。当其高卧,奈何驰情富贵;正值富贵,不必又说高卧。此方是孔门秘密心印,即《中庸》所谓“时中”,又名“素位”者也。②

① 郭象:《庄子·齐物论》注,郭象注、成玄英疏《南华真经注疏》卷一,中华书局1998年版,第39页。

② 金圣叹:《贯华堂选批唐才子诗甲集七言律》卷五权德舆《待漏假寐梦归江东旧居因思惠阁黎茅处士》评,《金圣叹全集》壹,凤凰出版社2008年版,第309页。

“素位”说出于《中庸》:“君子素其位而行,不愿乎其外。素富贵,行乎富贵;素贫贱,行乎贫贱;素夷狄,行乎夷狄;素患难,行乎患难;君子无入而不自得焉。在上位不陵下,在下位不援上,正己而不求于人则无怨。上不怨天,下不尤人。故君子居易以俟命,小人行险以侥幸。”[①]在此,金圣叹所主张的素位说包含了两个层面的内涵:其一,宫阙和林皋、富贵与高卧本质上一致,只不过是时宜有别;其二,正因如此,当下无论是富贵还是高卧,都应安然处之。对于长期沉屈的金圣叹来说,素位说实际上包含了坦然面对屈沉的现实和保持用世之志两方面。

金圣叹在提及素位说时,时而强调不怨不尤的一面,时而又突出出处同归的一面。如《唱经堂杜诗解》卷二《漫兴九首》评曰:“此谓君子居易俟命,无入不得,素春行春,素夏行夏,更无他求也。”[②]这是凸显了安然自得的一面。《贯华堂选批唐才子诗》卷九评胡曾《自岭下泛舟到清远峡作》[③]和卷三《鸥》的评点中都有类似说法。[④]

与此同时,金圣叹之强调素位,还表现为他多次阐述经世之才出于隐沦之士的主张。比如:“言‘屯戊巳’人,自云第一经济;‘守庚申’人,又自云第一隐沦。殊不知轰天轰地事业,必须从‘月移松影’中守出;分阴分阳道理,必须从‘龙砂铁马’时锻成也。”[⑤]经过月移松影处的隐沦,方能成就轰天轰地事业;有过龙砂铁马的磨炼,才能识得隐居中分阴分阳道理。经济与隐沦竟然互为因果!又如,金氏认为隐居林下者才真正有经国安邦之策:“如下棋,偏是袖手侍坐人,心中眼中,有上上胜着;天下大事,偏是水边树下人,心中眼中,有坐致太平之全理。”[⑥]反之亦

① [宋]朱熹撰:《中庸章句》,《四书章句集注》,中华书局1983年版,第24页。

② 金圣叹:《唱经堂杜诗解》卷二《漫兴九首》评,《金圣叹全集》贰,凤凰出版社2008年版,第691页。

③ 其评曰:“孔子曰:‘君子素其位而行,素患难行乎患难,无入不自得焉。’庄子曰:‘知其不可奈何而安之为命,德之盛也。’此诗便纯是此段意思,于极无滋味中寻出滋味来,于极苦滋味中寻出好滋味来。”(金圣叹:《贯华堂选批唐才子诗甲集七言律》卷八胡曾《自岭下泛舟到清远峡作》评,《金圣叹全集》壹,凤凰出版社2008年版,第508页)

④ 金圣叹:《唱经堂杜诗解》卷三《鸥》评:“雪暗须落,来亦不辞;风生任飘,去亦不恋。如读《中庸》‘素位’一章,真正不怨不尤,居易俟命。”(《金圣叹全集》贰,凤凰出版社2008年版,第768页)

⑤ 金圣叹:《贯华堂选批唐才子诗甲集七言律》卷六温庭筠《山中与道友夜坐闻边防不宁因示同志》评,《金圣叹全集》壹,凤凰出版社2008年版,第407页。

⑥ 金圣叹:《贯华堂选批唐才子诗甲集七言律》卷八陆龟蒙《闲书》评,《金圣叹全集》壹,凤凰出版社2008年版,第523页。

然。只有曾经出为帝师者，才能真正归为逸民："夫胸中无缘故人，尔虽槁死万万，岂得称'隐居'哉。必也出为帝师，归为逸民，以子房之天地震动，为靖节之凉风北窗，夫而后人之入其门，寄其庑者，乃始无不释然意消、陨然心服也。"①

当我们知悉了金圣叹的素位思想后，就更能理解他对诸葛亮、曾点等人的推崇了。金圣叹追慕诸葛亮，一方面是因为前文所说的诸葛亮是奇才破格录用的典型，另一方面便是由于诸葛亮先是隐居于乱世、后来见重于刘备的出处经历。如前所述，金圣叹感慨于诸葛亮的戏剧性经历道："得如诸葛公之躬耕南阳，苟全性命可也，此一消遣法也。既而又因感激三顾，许人驱驰，食少事烦，至死方已，亦可也，亦一消遣法也。"②可以说，诸葛亮的由处而出正是金圣叹经济与隐沦合一说的最好证明。

在金圣叹看来，曾点也是出世入世合一的典型。金圣叹之推崇曾点是毋庸置疑的。廖燕《金圣叹先生传》称圣叹之号出自《论语·先进》"夫子喟然叹曰：'吾与点也'"，③圣叹以此号表明了他向往曾点的人生境界、以曾点之流亚自居的心态。又其《王子文生日》一诗中也赞美"曾点行春春服好"的境界。④

过去人们往往将圣叹追慕曾点解释为追求自适，这一看法似乎不够准确。宋代理学史上有着以周敦颐、程颢为代表的"洒落"与程颐、朱熹为代表的"敬畏"两种境界，前者侧重于无偏无倚、无入而不自得的气象，因而向往孔子的"吾与点也"，后者偏向于防检提撕、庄整齐肃的境界，是故不提倡曾点气象。至于明代，王阳明试图将洒落与敬畏相互融

---

① 金圣叹：《贯华堂选批唐才子诗甲集七言律》卷八苏广文《自商山宿陶令隐居》评，《金圣叹全集》壹，凤凰出版社2008年版，第541页。按，经世与出世合一，是魏晋以来士人的老生常谈，不过，从近因来看，李贽《续藏书》所载赵贞吉之说可能对金氏不无启发："公平日持论，以二氏学通吾儒，谓必出世乃可经世。……约要而言，经世者不碍出世之体，出世者不忘经世之用。然后千圣一心，万古一道，圣人忧世之念可少慰矣。"（李贽：《续藏书》卷十二《内阁辅臣》"赵贞吉"条，《李贽文集》第四卷，社会科学文献出版社2000年版，第288—291页）

② 金圣叹：《贯华堂第六才子书西厢记》卷一《序一曰恸哭古人》，《金圣叹全集》贰，凤凰出版社2008年版，第849页。

③ 廖燕：《廖燕全集》卷十四《金圣叹先生传》，上海古籍出版社2005年版，第301页。

④ 金圣叹：《沉吟楼诗选》卷五，《金圣叹全集》贰，凤凰出版社2008年版，第1224页。

合，提出了“洒落为吾心之体，敬畏为洒落之功”，[①]但他还是相对倾向于洒落，是故有“铿然舍瑟春风里，点也虽狂得我情”之句。[②] 概言之，“洒落”一派是将曾点视为无偏无倚的典型，是《中庸》“素位”说中的“无入而不自得”的代表。因此，曾点的洒落境界，不是以率性而为否定修身工夫，以隐居自适代替济世安民，而是指在任何情况下都能保持道德心灵的充实满足。[③]

金圣叹正是将曾点视为“无入而不自得”的典范，认为曾点的自在意味着出世与入世的合一。他评点苏轼《前赤壁赋》云：“美人，君恩，此先生眷眷不忘朝廷之心也。若言与末段意思不类者，须知末段正即曾点暮春一副心期。自来真正经纶大手，未有不从此处流出者。”又说末篇为“结出大自在”，[④]可见，金圣叹认为“眷眷不忘朝廷之心”（或曰经纶大手）与大自在是合一不二的，而曾点暮春正是代表了这一无入而不自得的境界。又如，金圣叹评点权德舆《待漏假寐梦归江东旧居因思惠阁黎茅处士》曰：“末句请得原梦人后，竟随簪珮入朝，妙绝，妙绝。此方是‘我与点也’秘密心印。”[⑤]此说也足证曾点象征着富贵与高卧合一的人生境界。

金圣叹晚年的“素位”说与壮年的“著书自娱”说之间有着明显的区别。“著书自娱”一说隐含着建功立业更为重要而著书自娱乃出于无奈的意味，“素位”说则将著书自娱与建功立业等量齐观，并且以安然的心态应对当下的著书自娱。此说既从价值的角度肯定了著书自娱，又从实现可能性的角度肯定了建功立业，因而素位说折射了金圣叹晚年对现实人生和理想人生的双重肯定。

---

① 王守仁：《答舒国用》，《王阳明全集》卷五，上海古籍出版社 1992 年版，第 190 页。

② 王守仁：《月夜二首》，《王阳明全集》卷二十，上海古籍出版社 1992 年版，第 787 页。

③ 关于宋明理学洒落与敬畏两种境界的源流，参见陈来《朱子哲学研究》，华东师范大学出版社 2000 年版，第 52—57 页；陈来：《有无之境》，人民出版社 1991 年版，第 244—247 页。

④ 金圣叹：《天下才子必读书》卷十五《宋文》之苏轼《前赤壁赋》评，《金圣叹全集》伍，凤凰出版社 2008 年版，第 512—513 页。

⑤ 金圣叹：《贯华堂选批唐才子诗甲集七言律》卷五权德舆《待漏假寐梦归江东旧居因思惠阁黎茅处士》评，《金圣叹全集》壹，凤凰出版社 2008 年版，第 309—310 页。

二 “素位”说与圣叹晚年的精神痛苦

素位说反映出金圣叹晚年在理想与现实的强烈冲突中体验了深刻的痛苦，又从深刻的痛苦走向相对的超脱，于是他对评书著述和建功立业的看法变得更为圆融。

关于金圣叹入清以后功名之志的复苏，他本人在评点中已经有所透露。他评点许浑《淮阴阻风寄楚州韦中丞》前两联“垂钓京江欲白头，江鱼堪钓却西游。刘伶坟下稻花晚，韩信庙前枫叶秋”云：

> 明明壮年，反决意自废，迨于垂老，又变节出游。高才负气人以身世为儿戏，真有如是之事。三、四写淮阴，偏写一刘伶、一韩信，妙。一是沉冥人，一是登坛人，言前半生已作此一人，后半生遽又欲作此一人。①

这段评点中显然糅进了金氏本人的出处之志。这首诗写诗人本欲垂钓京江以终老，而今又为钓江鱼而西游，换言之，是说诗人又移宦西部，并无中年自废而晚年变节之意。金圣叹其实是以自己晚年变节的心事曲解了此诗。壮年决意自废，当是影射他本人于明亡之初萌生隐居之志；垂老变节出游，则是说他入清多年后又跃跃欲试地向往仕途。又《唱经堂杜诗解》中，杜甫《月》“兔应疑鹤发，蟾亦恋貂裘。斟酌姮娥寡，天寒奈九秋”二联寄托隐微，金圣叹于是借题发挥道：“臣方壮时，辱在泥途，今老无能为，复欲安往？兔疑蟾笑，臣不为也。”②这同样折射了他晚年功名心的跃动。

“素位”说是金圣叹晚年在才华识略无人赏识、功名抱负难以实现的痛苦中挣扎、思考的结果。在《贯华堂选批唐才子诗》《唱经堂杜诗解》的评点中，他多次描述了晚年功名无成的痛苦心境：

> 即我当时，自谓挺拔，立登要路，一样闻鸡起舞。无奈许身太愚，为计太拙，直欲返俗唐虞，次躬稷契，老大无成。世既弃我，我

---

① 金圣叹：《贯华堂选批唐才子诗甲集七言律》卷七许浑《淮阴阻风寄楚州韦中丞》评，《金圣叹全集》壹，凤凰出版社2008年版，第427页。

② 金圣叹：《唱经堂杜诗解》卷四《月》评，《金圣叹全集》贰，凤凰出版社2008年版，第804页。

亦弃世，颓然放废，形为槁木心成灰，纵横失计，妻子堪羞，衣里嫌身，人前短气。夜中千思万算，左计不成，右计不就，耿耿不寐。及到晓来，仰视屋梁，欲起无味，反复沉沉睡去，致令早起绝少。[①]

这是借“早起”一题发挥自己功名无成、心绪难平以致辗转不能成眠的痛苦。“许身太愚，为计太拙”之说暗示了金圣叹选择的是科举常途之外的功名路。“世既弃我，我亦弃世”则坦白了他在入清初年的隐居之志。

在此苦闷失落而又无可奈何的心态之下，金圣叹在对待功名的态度上时常出尔反尔。有时他阐述建功立业是儒者本务。他评点张南史《陆胜宅秋雨中探韵》“归心莫问三江水，旅服从霑九月霜。醉里欲寻骑马路，萧条是处有垂杨”道：

“莫问”妙，“从霑”妙，“是处有”妙。不知者，便谓如此真是快活。呜呼！受父母身，读圣贤书，上承圣君，下寄苍生，我将自处何等，而取如此快活哉！[②]

这一段评论显然也溢出了诗歌的文本之外，是圣叹的夫子自道。这是说，对于一个胸怀济世安民之志的儒者来说，纵心行乐的快活只是一种苦涩而已。类似的说法还见于《贯华堂选批唐才子诗》卷七曹邺《送进士下第归南海》[③]和李频《和友人下第北游感怀》的评点中。[④] 有时，他又似乎视建功立业为游戏：“人生世上，建大功，重大名，自是偶然游戏之事。乃真因此而铜枷铁锁，牢不自脱，皮里有血，眼里有筋，即果胡为而至此乎？”[⑤]这与前引的以致君泽民为本务的说法正好相反。在功名

① 金圣叹：《唱经堂杜诗解》卷二《早起》评，《金圣叹全集》贰，凤凰出版社2008年版，第702页。

② 金圣叹：《贯华堂选批唐才子诗甲集七言律》卷五张南史《陆胜宅秋雨中探韵》评，《金圣叹全集》壹，凤凰出版社2008年版，第279页。

③ 金圣叹：《贯华堂选批唐才子诗甲集七言律》卷七曹邺《送进士下第归南海》评：“言儒者读书行道，致君泽民，立身显亲，扬名垂后，此则真我之事”，《金圣叹全集》壹，凤凰出版社2008年版，第485页。

④ 金圣叹：《贯华堂选批唐才子诗甲集七言律》卷七李频《和友人下第北游感怀》评：“‘为儒’是‘致身’本务，‘致身’是‘为儒’宿怀。除‘为儒’更有何途‘致身’，不‘致身’人复何苦‘为儒’？”《金圣叹全集》壹，凤凰出版社2008年版，第498页。

⑤ 金圣叹：《贯华堂选批唐才子诗甲集七言律》卷六杜牧《寄题甘露寺北轩》评，《金圣叹全集》壹，凤凰出版社2008年版，第412页。

问题上的忽冷忽热，其实正透露了他无从实现功名的焦灼。他的“吐口便说‘功名无力’四字，此便是真心实意人，真心实意语也。盖‘功名’虽是每人初心，然‘无力’实是各人天分。如果力有不及，便应愧有不免，如何世上乃有腼颜素餐之夫，又有矫语高尚之夫也”一说，[①]承认了他向往功名而又无力实现功名，这才是他对于功名的肺腑之言、“真心实意”语。

在日复一日的焦灼痛苦中，金圣叹找到了“无入而不自得”的素位说，这使他评书著述的现实和建功垂名的志向之间的矛盾得以消融，在矛盾中起伏不平的灵魂多少得到了安顿。他评点郎士元诗“吴越风烟到自谙”云：“其意味深长，却全在‘到自谙’三字。人生在世，来日大难，总以此三字为度厄秘章。此便是先师‘素富贵’一篇秘密精义也。”[②]可见，对于圣叹来说，“素位”说所主张的“无入而不自得”的境界，首先是“度厄秘章”即排遣人生痛苦的思想资源。

三　素位说的思想资源

金氏“素位”说是融合儒释道三家而成的。“素位”说的另一表述是“无可无不可”，“素位”说多见于《贯华堂选批唐才子诗》和《唱经堂杜诗解》的评点中，《贯华堂第六才子书西厢记》则多用“无可无不可”说。从思想资源来说，“素位”一词出于《中庸》，但金圣叹的素位说还兼融并改造了释道二家思想：于佛教采用了般若空观、中观无分别思想和“四无常偈”，于庄子则主要吸收了《达生》《大宗师》《齐物论》等篇中的万物无常、人生如梦和安时处顺思想。不过，金氏“素位”说肯定不同人生价值的观念主要还是来自儒家《中庸》。

1. “无可无不可”说的思想来源

金圣叹在顺治十三年(1656 年)前后批点《西厢记》时期，尤其重视“无可无不可”一说。“无可无不可”虽出自《论语·微子》，但金氏所谓

---

① 金圣叹：《贯华堂选批唐才子诗甲集七言律》卷五羊士谔《郡中言怀寄西川萧员外》评，《金圣叹全集》壹，凤凰出版社 2008 年版，第 321 页。

② 金圣叹：《贯华堂选批唐才子诗》卷五《盖少府新除江南尉问风俗》评，《金圣叹全集》壹，凤凰出版社 2008 年版，第 265 页。

"无可无不可"则是化用儒释道三家之说的结果。他分别从人生无常和浮生如梦两个角度阐述了"无可无不可"的依据和内涵。

其一,人生无常与无可无不可。

金氏借用释道两家的无常观,推演出人生无可无不可的观念,同时舍弃了释道两家无常观中的消极因素。其《贯华堂第六才子书西厢记·序一曰恸哭古人》云:

> 今夫浩荡大劫,自初迄今,我则不知其有几万万年月也。几万万年月,皆如水逝云卷,风驰电掣,无不尽去,而至于今年今月而暂有我。此暂有之我,又未尝不水逝云卷,风驰电掣而疾去也,然而幸而犹尚暂有于此。幸而犹尚暂有于此,则我将以何等消遣而消遣之?我比者亦尝欲有所为,既而思之,且未论我之果得为与不得为,亦未论为之果得成与不得成,就使为之而果得为,乃至为之而果得成,是其所为与所成,则有不水逝云卷、风驰电掣而尽去耶?夫未为之而欲为,既为之而尽去,我甚矣,叹欲有所为之无益也。然则我殆无所欲为也?夫我诚无所欲为,则又何不疾作水逝云卷、风驰电掣,顷刻尽去,而又自以犹尚暂有为大幸甚也?甚矣,我之无法而作消遣也。
>
> 细思我今日之如是无奈,彼古之人独不曾先我而如是无奈哉?……夫天地真未尝生我,而生而适然是我,是则我亦听其生而已矣。天地生而适然是我,而天地终亦未尝生我,是则我亦听其水逝云卷,风驰电掣而去而已矣。我既前听其生,后听其去,而无所于惜,是则于其中间幸而犹尚暂在,我亦于无法作消遣中,随意自作消遣而已矣。得如诸葛公之躬耕南阳,苟全性命可也,此一消遣法也。既而又因感激三顾,许人驱驰,食少事烦,至死方已,亦可也,亦一消遣法也。或如陶先生之不愿折腰,飘然归来,可也,亦一消遣法也。既而又为三旬九食,饥寒所驱,叩门无辞,至图冥报,亦可也,又一消遣法也。天子约为婚姻,百官出其门下,堂下建牙吹角,堂后品竹弹丝,可也,又一消遣法也。日中麻麦一餐,树下冰霜一宿,说经四万八千,度人恒河沙数,可也,亦一消遣法也。
>
> 何也?我固非我也,未生已前,非我也;既去已后,又非我也。

然则今虽犹尚暂在，实非我也。既已非我，我欲云何？抑既已非我，我何不云何？且我而犹望其是我也，我决不可以有少误；我而既已决非我矣，我如之何不听其或误，乃至或大误耶？……[①]

这篇文字由人生无常推衍出一切消遣法皆可的主张：(1) 人生无常，一切自然人事，尤其是暂有之我与我之所为所成，无不“水逝云卷，风驰电掣，顷刻尽去”，无常使有为无为都显得无意义，此乃古今士人共同的无奈。(2) 人生当自作消遣。因为人生无常，未生已前之我、既去已后之我以及犹尚暂在之我皆非我，那么人生当随意自作消遣。诸葛亮之躬耕南阳与许人驱驰、陶潜之飘然归来与叩门乞食、达官的富贵荣华与佛陀的普度众生等看似截然相反的人生选择，其实都是消遣法而已。在这篇序中，金圣叹没有直接提出“无可无不可”之说，但是充斥其中的“A，可也，B(非 A)，可也”的句式，已经包含了无所取舍、不作分别的意味。

人生无常是这篇序文的理论基点，事实上，人生无常也是晚年金圣叹最深切的人生感受。《贯华堂选批唐才子诗》中，直接拈出“无常”一词的评点就有八处，[②]其中，“世上学道人，除‘无常’二字以外，亦更无事更无愁也”一说，揭示了“无常”在金圣叹思想中所处的主要地位。《唱经堂杜诗解》中“无常”之感慨也出现了五次。[③] 圣叹的感慨无常与其屡

---

① 金圣叹：《贯华堂第六才子书西厢记》卷一《序一曰恸哭古人》，《金圣叹全集》贰，凤凰出版社 2008 年版，第 847—850 页。

② 这八处分别是：《贯华堂选批唐才子诗甲集七言律》卷一评孟浩然《除夜有怀》：“此即世尊《四阿含经》说‘不能尽之无常’精义也”(《金圣叹全集》壹，凤凰出版社 2008 年版，第 180 页)；卷四评王昌龄《万岁楼》：“此用世尊与诸比丘说无常义法也”(《金圣叹全集》壹，凤凰出版社 2008 年版，第 185 页)；卷五评韩翃《送王少府归杭州》：“则以人生无常，贵在见机也”(《金圣叹全集》壹，凤凰出版社 2008 年版，第 247 页)；卷五评韦应物《寄李儋元锡》：“世上学道人，除‘无常’二字以外，亦更无事、更无愁也”“此便是先生说无常偈”(《金圣叹全集》壹，凤凰出版社 2008 年版，第 260 页)；卷五评王建《同于汝锡游降圣观》：“万物无常，刻刻改换”(《金圣叹全集》壹，凤凰出版社 2008 年版，第 294 页)；卷六评李商隐《曲池》：“此是先生观无常诗”(《金圣叹全集》壹，凤凰出版社 2008 年版，第 388 页)；卷七评赵嘏《登安陆西楼》：“先生应以无常身得度，即现无常身而说法矣”(《金圣叹全集》壹，凤凰出版社 2008 年版，第 451 页)。

③ 这五处分别是：《唱经堂杜诗解》卷一评《与李十二白同寻范十隐居》：“‘屯云’句，言世事无常，顷刻变灭”(《金圣叹全集》贰，凤凰出版社 2008 年版，第 620 页)；卷二评《魏十四侍御就敝庐相别》“日月如驰，老病无常”(《金圣叹全集》贰，凤凰出版社 2008 年版，第 707 页)；卷四评《日暮》“《仁王经》‘四无常偈’，到处筑着磕着矣”，“使人读之，真视风月如无常鬼伯”(《金圣叹全集》贰，凤凰出版社 2008 年版，第 802 页)；卷四《宇文晁尚书之甥崔彧司业之孙尚书之子重泛郑监前湖》：“富贵无常，沧桑不定”(曹方人、周锡山标点：《金圣叹全集》(四)，江苏古籍出版社 1985 年版，第 706 页)。

屡叹老一样，折射了他中年以后早衰多病的身体状况和功名无成的心理状态。功名无成的心态已如前述，就早衰多病而言，他在三十四五岁时就体验到“衰白相逼”的衰老感，接踵而至的病痛更加速了衰老的进程。仅《沉吟楼诗选》中，作于病中的就有《病中承贯华堂先生遗旨酒糟鱼各一器寄谢》等十首。[①] 可以想见晚年圣叹常被病痛所折磨。在早衰多病的煎熬中，他自然而然地体验到了什么是“老病无常”，[②]什么是“人寿无几”。[③]

就思想资源而言，金圣叹的“无常”观是释道思想交互作用的结果。首先，《贯华堂第六才子书西厢记·序一》中的无常观显然是吸收了庄子思想，从“夫天地真未尝生我”至“我亦于无法作消遣中随意自作消遣而已矣”一段，阐述我之不得不听任生命之自来自去，显然胎息于《庄子·达生》“生之来不能却，其去不能止”。[④] 又《庄子·大宗师》有“化则无常也”[⑤]之说，金氏的“万物无常，刻刻改换”和“世事无常，顷刻变灭”等说当与之有着渊源关系。

其次，佛教无常观也是金圣叹常常援引的，其中最重要者为《仁王经》四无常偈。《唱经堂杜诗解》卷四评《日暮》“石泉流暗壁，草露滴秋根。头白灯明里，何须花烬繁”两联曰：

> 泉流露滴，何刻不尔；暗壁秋根，人故不觉耳。二句便将前解第一句，重更提唱一遍。然则身坐灯明，命驰鬼国，刹那刹那，呼变吸异，况在白头，其事倍速，花烬连连，报我何喜也哉？前解，不闭

① 另外九首分别是《沉吟楼诗选》卷二《贯华先生病寓寒斋予亦苦疟不已》、卷二《病起过道树楼下》、卷四《病中无端极思成都忆得旧作录出自吟》、卷四《病中见诸女玩月便呼推窗一望有怀贯华》、卷四《微疴得起恰值首春乃闻同袍四五高会南城不蒙见容怅然离群日之夕矣犹徙倚街巷遥念主人朗吟请呼心欢之句其乐未央戏作二绝怨之》、卷四《病中寄怀解师》、卷五《乙酉又病一首》、卷五《闻德辅病却寄一律时予亦小疾在卧》、卷五《除夜有感》(《金圣叹全集》贰，凤凰出版社 2008 年版，第 1160、1162、1200、1210、1210、1212、1218、1221、1233 页)。

② 金圣叹:《唱经堂杜诗解》卷二《魏十四侍御就敝庐相别》评，《金圣叹全集》贰，凤凰出版社 2008 年版，第 707 页。

③ 金圣叹《唱经堂杜诗解》卷一《与李十二白同寻范十隐居》评，《金圣叹全集》贰，凤凰出版社 2008 年版，第 620 页。

④ 郭象注、成玄英疏:《南华真经注疏》卷十九，中华书局 1998 年版，第 367 页。

⑤ 郭象注、成玄英疏《南华真经注疏》卷三，中华书局 1998 年版，第 163 页。

门不好；后解，闭门又不好：《仁王经》“四无常偈”，到处筑着磕着矣。[①]

这是以《仁王经》四无常偈总括杜甫《日暮》一诗中生命刻刻走向衰亡的无常感。“四无常偈”出自《佛说仁王般若波罗蜜经》卷下《护国品第五》：“一日二时讲般若波罗蜜八千亿偈竟。其第一法师，为普明王而说偈言：劫烧终讫，乾坤洞燃，须弥巨海，都为灰炀；天龙福尽，于中凋丧，二仪尚殒，国有何常？生老病死，轮转无际，事与愿违，忧悲为害，欲深祸重，疮疣无外，三界皆苦，国有何赖？有本自无，因缘成诸，盛者必衰，实者必虚，众生蠢蠢，都如幻居，声响俱空，国土亦如；识神无形，假乘四驰，无明宝象，以为乐车，形无常主，神无常家，形神尚离，岂有国耶？”[②]此偈四节，每节八句，依次阐述无常、苦、空、无我之义。从文献依据来看，金圣叹十分重视《妙法莲华经》，唐代湛然《法华文句记》卷一提及“四非常偈者，只是四无常偈”，[③]这可能是金圣叹关注“四无常偈”的原因之一。

金圣叹对《仁王经》四无常偈是如此兴味盎然，以致他在评点李白《登金陵凤凰台》[④]和韦应物《寄李儋元锡》[⑤]时皆一再提及，如果我们说《仁王经》“四无常偈”为圣叹无常说的重要思想资源，当与事实相差不会太远。此外，《四阿含经》“不能尽之无常”也被金氏用来阐述诗歌中的无常感。[⑥] 必须说明的是，金圣叹在《贯华堂选批唐才子诗》中还曾用中观学的“不常不断”来诠释曾点“暮春”遗意（说详下）。显然他所说的无常其实包含了不常和不断两层内涵，否则其“无常”说就陷入他所说的“断见”了。

值得注意的是，金氏的“无可无不可”说虽然吸取了《庄子》、释家的

---

① 金圣叹：《唱经堂杜诗解》卷四《日暮》评，《金圣叹全集》贰，凤凰出版社2008年版，第802页。

② 鸠摩罗什译：《佛说仁王般若波罗蜜经》卷下，《大正新修大藏经》第8册。

③ 湛然：《法华文句记》卷一，《大正新修大藏经》第34册。

④ 金圣叹：《贯华堂选批唐才子诗甲集七言律》卷四李白《登金陵凤凰台》评，《金圣叹全集》壹，凤凰出版社2008年版，第217页。

⑤ 金圣叹：《贯华堂选批唐才子诗甲集七言律》卷五韦应物《寄李儋元锡》评，《金圣叹全集》壹，凤凰出版社2008年版，第260页。

⑥ 金圣叹：《贯华堂选批唐才子诗甲集七言律》卷四孟浩然《除夜有怀》评，《金圣叹全集》壹，凤凰出版社2008年版，第180页。

无常说，但其中的肯定性因素却为释道二家所无。换言之，金氏从人生无常这个消极的大前提出发推衍出的“无可无不可”说颇具积极意味。从“我自深悟夫误亦消遣法”至“欲其精妙也”一段认为，在人生无常的理论前提下，人生误、不误、不误不妨仍误皆可，皆是不同的消遣法而已，我之刻苦批书欲其精妙的消遣法也就无可厚非了。在此，金圣叹的“无可无不可”说实际上成为肯定他刻苦批书的理论工具，这正是“无可无不可”一说化用释道思想而又有所新创的层面。

其二，浮生如梦与无可无不可。

金氏的“浮生如梦”观主要源自《庄子》《列子》《金刚经》。在《西厢记》“惊梦”一折的总评中，金圣叹阐述了万法如梦故无可无不可的主张：

> 今夫天地，梦境也；众生，梦魂也。无始以来，我不知其何年齐入梦也；无终以后，我不知其何年同出梦也。夜梦哭泣，旦得饮食；夜梦饮食，旦得哭泣。我则安知其非夜得哭泣，故旦梦饮食，夜得饮食，故旦梦哭泣耶？何必夜之是梦，而旦之独非梦耶？郑之人梦得鹿，置之于隍中，采蕉而覆之。彼以为非梦，故采蕉而覆之也，不采蕉而覆之，则畏人之取之；彼以为非梦，故畏人之取之也。使郑之人正于梦时，而知梦之为梦，则彼岂惟不采蕉而覆之，乃至不复畏人取之；岂惟不复畏人取之，乃至不复置之隍中；岂惟不复置之隍中，乃至不复以之为鹿。传曰：“至人无梦。”“至人无梦”者，无非梦也，同在梦中而随梦自然，我于其事萧然焉耳。经曰：“一切有为法，应作如是观。”是以谓之无梦也。无何而郑之人梦觉，顺途而归，口歌其事，其邻之人闻之，不问而遽信之，往观于隍中，发蕉而鹿在，此则非御寇氏之寓言也，天下之事，实有之也。传曰：“愚人无梦。”“愚人无梦”者，非无梦也，实在梦中而不以为梦，所有幻化皆据为实。经曰：“世间虚空，本自不有，业力机关，和合即有。”是以谓之无梦也。既而邻人烹鹿，而郑人争鹿，则极可哀也已。彼固不以为梦，故真得鹿也；子则已知是梦，而无鹿者也。若诚梦中之鹿，则是子乃欲争其无鹿也；如将争其有鹿，则是争其非子之鹿也。甚矣，此人之愚也！梦鹿，一梦也；今争鹿，是又一梦也；然则顷者

之梦觉无鹿，是犹一梦也。幸也，御寇氏则犹未欲言之而尽也，脱正争之而梦又觉，则不将又大悔此一争乎哉？而郑之君方且与之分之。夫今日之鹿，其何事分之与有？如使此鹿而无鹿也者，则全归之郑人，邻人本无与焉；若使此鹿而真鹿也者，则全归之邻人，郑人又无与焉，如之何其与之分之者也？为分无鹿与邻人与？为分真鹿与郑人与？如分无鹿，则是邻人今日又梦得半鹿也；如分有鹿，则是郑人前日只梦失半鹿也。盖甚矣，梦之难觉也！梦之中又有梦，则于梦中自占之，及觉而后悟其犹梦焉，因又欲占梦中，占梦之为何祥乎。夫彼又乌知今日之占之，犹未离于梦也耶？善乎南华氏之言曰："庄周梦为蝴蝶，栩栩然蝴蝶也。自喻适志与，不知周也。及其觉，则蘧蘧然周也。不知庄周梦为蝴蝶与？不知蝴蝶梦为庄周与？庄周与蝴蝶，其必有分也。"何谓分？庄周则庄周也，蝴蝶则蝴蝶也。既已为庄周，何得是蝴蝶？既已是蝴蝶，何得为庄周？且蝴蝶既觉而为庄周，而犹忆其梦为蝴蝶之时，则真不知庄周正梦蝴蝶之蝴蝶之曾不自忆为庄周也。何也？夫梦为蝴蝶，诚梦也；今忆其梦为蝴蝶，是又梦也。若庄周不忆蝴蝶，则庄周觉矣；若庄周并不自忆庄周，则庄周大觉矣。彼蝴蝶不然，初不自忆为庄周，遂并不自忆为蝴蝶；不自忆为蝴蝶，则是蝴蝶大觉也。此之谓物化也者。我乌知今身非我之前身，正梦为蝴蝶耶？我乌知今身非我之前身已觉为庄周耶？我幸不忆我之前身，则是今身虽为蝴蝶，虽未发于阿耨多罗三藐三菩提心，而已称大觉也。……至矣哉，我先师仲尼氏之忽然而叹也，曰："甚矣吾衰也，久矣我不复梦见周公。"夫先师则岂独不梦见周公焉而已，惟先师此时实亦不复梦见先师。先师不复梦见先师也者，先师则先师焉而已，可以仕则仕，可以止则止，可以久则久，可以止则止，可以速则速，可以虫则虫，可以鼠则鼠，可以卵则卵，可以弹则弹，无可无不可，此天地之所以为大者也。①

① 金圣叹：《贯华堂第六才子书西厢记》卷七《惊梦》总评，《金圣叹全集》贰，凤凰出版社2008年版，第1080—1082页。

这段可以题为“梦说”的文字融《庄子》《列子》、佛经、《论语》思想于一炉，着力论述万法如梦和随梦自然即无可无不可这两个因果相连的层面。

首先，就万法如梦这一层面来说，万法如梦本是佛教般若空观的一个命题，主张一切事物皆如梦幻一般，既有假相又无自性。《金刚经》所谓“一切有为法，如梦幻泡影，如露亦如电，应作如是观”，便是典型的佛教空观思想。金氏这段文字引用了《金刚经》，可见《金刚经》的万法如梦说是金氏思想的来源之一。此外，从这段文字中所引“经曰：‘世间虚空，本自不有……’”等文字来看，金氏还化用了《金光明经》卷一“从诸因缘，和合而有，无有坚实，妄想故起，业力机关，假为空聚……无明体相，本自不有……”之说，阐述万法由因缘和合而成，因而如梦幻一般虚空的主张。

同时，《庄子·齐物论》也是“万法如梦”的思想资源。“夜梦哭泣”至“而旦之独非梦耶”一段，颠覆了常人所认为的夜梦而旦得的观念，主张夜旦皆为梦；又“梦之中又有梦”至“夫彼又乌知今日之占之犹未离于梦也耶”一段，揭示了梦中之梦、梦中自占梦、觉后占梦中之占梦三种情境，其实无一不是梦，这两段文字从不同角度阐述“万法如梦”，显然受到了《庄子·齐物论》的启发，其说云：“梦饮酒者，旦而哭泣；梦哭泣者，旦而田猎。方其梦也，不知其梦也。梦之中又占其梦焉，觉而后知其梦也。且有大觉而后知此其大梦也。……丘也与汝皆梦也，予谓汝梦亦梦也。”[①]对于《庄子·齐物论》的这段文字，郭象注和成玄英疏稍有不同，郭注侧重于梦寐同于自适其志，成疏则兼融了佛教空观：“知三界悉空，四生非有，彼我言说，皆在梦中。”[②]金圣叹对这段文字的援引和改造，其旨归在于一切皆如梦幻一般性空假有，似乎更接近于成疏。

为了进一步阐述一切法皆梦，金氏还借用了《列子》的下述内容：

> 郑人有薪于野者，遇骇鹿，御而击之，毙之。恐人见之也，遽而藏诸隍中，覆之以蕉，不胜其喜，俄而遗其所藏之处，遂以为梦焉。

① 郭象注、成玄英疏：《南华真经注疏》卷一，中华书局 1998 年版，第 53—54 页。
② 郭象注、成玄英疏：《南华真经注疏》卷一，中华书局 1998 年版，第 54 页。

顺途而咏其事，傍人有闻者，用其言而取之。既归，告其室人曰："向薪者梦得鹿而不知其处，吾今得之，彼直真梦者矣。"室人曰："若将是梦见薪者之得鹿耶，讵有薪者耶。今真得鹿，是若之梦真耶。"夫曰："吾据得鹿，何用知彼梦我梦邪。"薪者之归，不厌失鹿。其夜真梦藏之之处，又梦得之之主，爽旦，案所梦而寻得之，遂讼而争之，归之士师。士师曰："若初真得鹿，妄谓之梦，真梦得鹿，妄谓之实。彼真取若鹿，而与若争鹿，室人又谓梦认人鹿，无人得鹿。今据有此鹿，请二分之。"以闻郑君。郑君曰："嘻，士师将复梦分人鹿乎?"访之国相，国相曰："梦与不梦，臣所不能辨也。欲辨觉梦，唯黄帝孔丘。"①

金圣叹认为这段材料分别说明了以下问题：其一，万法无不是梦，至人随梦自然，是谓"至人无梦"；其二，邻人取鹿，是以幻化为真实，是谓"愚人无梦"；其三，梦鹿，梦觉无鹿，争鹿，皆是一梦，而士师有分鹿之说，可见梦之难觉。这同样是从不同角度申述一切皆梦、万法皆幻的观点。与《列子》原文相比，金圣叹将郑人真得鹿而以为梦，改为梦得鹿而非真，其用意显然是突出郑人得鹿一事的梦幻本质。而且《列子》篇末归结为梦与不梦之难分难辨，金氏则突出无不是梦的意味。总之，对《列子》"郑人梦鹿"一节的借用和改造，也是为了强调万法皆梦。

其次，在随梦自然、无可无不可这一层面，金圣叹首先运用上述《列子》郑人梦鹿一事，说明郑人将鹿置之隍中，是由于他没有觉悟到此事为梦。因为如果他知道"梦之为梦"就会"随梦自然"，无所执著，是谓"至人无梦"。可见，知梦而觉、随梦自然是金氏"梦说"的第二个层面。

接着，金氏通过重新诠释《庄子·齐物论》的"庄周梦蝶"一事来阐述"随梦自然"。郭象注与成玄英疏都认为这个比喻意在说明死生之变如庄蝶之变、觉梦之变一样，乃物理之变化，因此不必乐生苦死。金圣叹认为这一比喻与随梦自然的关系是：其一，庄周与蝴蝶有分，是说庄周与蝴蝶之自然变化不可也不必以人为改变，所谓"既已为庄周，何得是蝴蝶？既已是蝴蝶，何得为庄周?"此说显然是对郭注"夫时不暂停，

---

① 《列子》卷三《周穆王第三》，诸子集成本，第36—37页。

而今不遂存”与成疏“夫新新变化，物物迁流”的演绎。其二，正因为庄蝶之变乃物化分定，不由人为，金圣叹反复强调了“不忆”即无所执著，认为“若庄周并不自忆庄周”“蝴蝶并不自忆为蝴蝶”“我幸不忆我之前身”等等，都是大觉。“不忆”一说一方面可与《庄子》安时处顺思想相通，另一方面显然隐含了般若学无所执著的观念。

最后，金氏还以无可无不可的观念重新诠释《论语·述而》中孔子“甚矣吾衰也，久矣吾不复梦见周公”一说。从“夫先师则岂独不梦见周公焉而已”至“天地之所以为大者也”一段，实际上是金氏这篇梦说的结论所在。金氏将“甚矣吾衰也”与《论语·微子》中的“无可无不可”相贯通。也就是说，既然万法无往非梦，万法皆由分定，那么合理的人生态度应当是如孔子不复梦周公亦不自梦，这才是随梦自然，无可无不可。

必须说明的是，“无可无不可”说主张无所执著，但并不意味着否定一切价值，相反，作为一种人生观，它主张不执著于某一种价值，反而意味着对各种不同价值都有所肯定。这篇总评中“借曰不然，而必谓人生世上，天地必是天地，夫妇必是夫妇，富贵必是富贵，生死必是生死”一说，[①]正透露了金氏以“无可无不可”说来反拨某种价值执著的意图；而“可以仕则仕，可以止则止……”之说，借用《孟子·公孙丑章句上》对于孔子的评价，承认了多元价值的并存。

2. 从“无可无不可”到“素位”说

到顺治十六年(1659 年)前后金圣叹评点《唱经堂杜诗解》和《贯华堂选批唐才子诗》之际，《西厢记》评点中的“无可无不可”说便常常以“素位”说的面目出现。在此过程中，金圣叹改造了《中庸》之“素位”说，将它与《庄子》的安时处顺相结合，又吸收了般若中观“八不”说，从而使“素位”说成为一种既超脱了怀才不遇的痛苦又肯定了不同人生取向的主张。

从“无可无不可”到“素位”说的转换是极其顺畅的。如前所述，“素位”说原出于《中庸》，不过，据朱熹的解释，“素位”说本以“无慕乎其外

① 金圣叹：《贯华堂第六才子书西厢记》卷七《惊梦》总评，《金圣叹全集》贰，凤凰出版社 2008 年版，第 1082 页。

之心”为宗旨，[1]而金氏则在淡化了“素位”说中的“自得”与“慕外”之间张力的基础上，突出了“无入而不自得”“居易以俟命”的层面。这样一来，上文所说的“无可无不可”与“无入而不自得”就顺理成章地融合为同一命题，这两个命题不仅结论十分接近，其具体内容即“A 可也，B(非 A)亦可”与“素 A，行乎 A；素 B(非 A)，行乎 B(非 A)”之间，也有着惊人的一致。当然，“无入而不自得”比“无可无不可”更具肯定意味。正是由于这两个命题的内在契合，金圣叹曾用这两种表述来分别诠释胡曾《自岭下泛舟到清远峡作》的前解与后解：

> 孔子曰：“君子素其位而行，素患难行乎患难，无入不自得焉。”庄子曰：“知其不可奈何而安之为命，德之盛也。”此诗便纯是此段意思。
>
> 遇寺即游、遇潭即宿者，自言无恒游、无恒宿也，非曰必游萧寺、必宿桂潭也。虽旦游桂潭、夜宿萧寺，无不可也；乃至不游萧寺、不宿桂潭，亦可也。[2]

可见，“素位”说与“无可无不可”其实是同一概念的不同表述。

由以上评点还可以发现，金圣叹认为《庄子·人间世》“知其不可奈何而安之若命”之说，与“素位”说颇有相通之处。对于《庄子》此说，郭象注的解释是：“冥然以所遇为命，而不施心于其间，泯然与至当为一，而无休戚于其中。虽事凡人，犹无往而不适，而况于君亲哉！”[3]金圣叹很可能是受了郭象注的启发，从郭注的“无往而不适”与“无入而不自得”的契合中，看到了《庄子》安时处顺与《中庸》素位的相通之处。

般若中观“八不”思想也是圣叹素位说的理论资源。中观学派以“八不”即“不生亦不灭，不常亦不断，不一亦不异，不来亦不出”[4]来阐述无分别观和“中道”思想，主张万法既是性空又是假有，一切概念对事物

---

① 朱熹：《四书章句集注》之《中庸章句》，中华书局 1983 年版，第 24 页。

② 金圣叹：《贯华堂选批唐才子诗甲集七言律》卷八胡曾《自岭下泛舟到清远峡作》评，《金圣叹全集》壹，凤凰出版社 2008 年版，第 508—509 页。

③ 郭象注、成玄英疏：《南华真经注疏》卷二《庄子内篇·人间世》郭象注，中华书局 1998 年版，第 86—87 页。

④ 龙树《中论·观因缘品第一》，《大正新修大藏经》第 30 册。

所作的“分别”都不实在。这一思想后来被禅宗吸收利用。金氏曾以佛教中观学说与曾点境界相比附：

> 细玩通篇，云“老去”，言到底无常；云“春来”，言终竟不灭。朝宗之时，江流入海；沃焦之后，海复成江。大德之敦化如是，所以常见、断见等，为如来所诃也。水槛、浮槎，乃是现前介尔一法，南泉大师所谓“随分纳些须”者，即曾点“暮春”遗意也。①

由这段文字可见，金氏认为曾点“暮春”遗意和佛教无分别观念一样，象征着无偏无倚、洒落自得的境界，它既不单纯指向自适，也不一味强调济世，而是出处同归，无入而不自得。又如，在评点李颀《题璿公山池》时，金圣叹还以不常不断（石亦不常，云亦不断）、不一不异（月亦不一，池亦不异）等中观思想来诠释无可无不可的境界。②

综上所述，在“素位”说的形成过程中，金圣叹先后借用了来自儒释道的多种思想资源。其中，就儒家思想而言，《中庸》“君子素其位而行”构成了“素位”说的基本框架，《论语·微子》中的“无可无不可”是“素位”的同谓异名，《论语·述而》中孔子“吾不复梦见周公”也被金氏借题发挥为“无可无不可”。就道家思想而论，《庄子》中《达生》篇“生之来不能却，其去不能止”和《大宗师篇》“化则无常”是金氏“无常”说的依据，《齐物论》中的“庄周梦蝶”和其他梦说被用来论证“万法皆梦”和“随梦自然”说；此外，如前所述，金氏还将《人间世》“知其不可奈何而安之若命”与素位说相比附；《列子》卷三《周穆王第三》中“郑人得鹿”一事也是“万法皆梦”说的思想依据。来自佛教的思想资源则有《仁王经》“四无常偈”、《金刚经》六如说、中观“八不”思想等等，它们分别成为金氏阐述无常、万法皆梦和无可无不可等说的依据。

不可忽视的是，晚年金圣叹的“素位”说实质上从不同层面肯定了著书立说的现实和建功立业的理想，因此，尽管作为素位说论据的道家和佛教思想具有消极否定的倾向，素位说本身却是以肯定不同社会价

① 金圣叹：《唱经堂杜诗解》卷二《江上值水如海势聊短述》评，《金圣叹全集》贰，凤凰出版社2008年版，第711—712页。

② 金圣叹：《贯华堂选批唐才子诗甲集七言律》卷四李颀《题璿公山池》评，《金圣叹全集》壹，凤凰出版社2008年版，第201页。

值为主。在这个意义上，也可以说素位说的核心观念是来自儒家《中庸》的，强调的是在任何人生状态下都能怡然自得，对待任何事业都能“刻苦欲其精妙”。

四　素位说与金圣叹晚年的政治热情

金氏“素位”说对评书著述和建功立业的双重肯定，还可以从他生命中最后一段岁月的言行中得到证明。首先值得注意的是他的政治热情。

值得一辩的是，有的学者认为《春感八首》反映了金圣叹的人生态度从绝意仕进到向往通达的戏剧性转变，因此金圣叹本人也不无惭愧，以“欲去非为藏凤德，适来岂是斗蛾眉。平生性不求闻达，除却家兄说向谁”等说为自己做辩解。[①] 其实，从金圣叹的逻辑来看，向往功业与不求闻达并不矛盾。其一，古人认为富贵与功业不是一回事，金圣叹渴望“勒成盖代无双业”，但他淡泊于富贵名利，金昌《才子书小引》说圣叹“夫唱经，实于世之名利二者，其心乃如薪尽火灭，不复措怀也已”，[②]也是侧重于他的不慕富贵。如果将“闻达”解释为富贵，那么金氏向往功名而无意于富贵，因此他仍然无愧于“平生性不求闻达”。其二，“平生性不求闻达”说明了金圣叹感于顺治帝的知遇之恩而向往出仕的心理。此句典出诸葛亮《前出师表》“不求闻达于诸侯”，如前所述，金圣叹曾在《西厢记》评点中赞赏诸葛亮，以其本不求闻达，却因感激刘备的三顾茅庐而为之驱驰；在这首诗中，他正是借诸葛亮来比拟自己由于感激顺治帝的知遇而希望出仕。事实上，在金圣叹向往的名动君王、破格赏用的功名路上，感激帝王的知遇之恩本来就是不可或缺的环节，因此这句话只不过是金氏重申了自己追慕诸葛亮的人生抱负而已，并无惭愧不安、自我辩解的意味。

五　晚年文学评点的丰硕成果

由于圣叹“素位”说对评书著述的肯定，此时金圣叹对著述事业的

---

① 金圣叹：《沉吟楼诗选》卷五《春感八首》，《金圣叹全集》贰，凤凰出版社 2008 年版，第 1235 页。

② 金昌：《才子书小引》，《金圣叹全集附录》，《金圣叹全集》陆，凤凰出版社 2008 年版，第 93 页。

重视更臻于全新的高度。虽然他在三十多岁的时候就郑重其事地看待“治经”活动，但直至顺治十三年（1656 年）前后批点《西厢记》时，他才真正将评点视为一种名山事业，一种与诸葛亮辅佐刘邦相仿佛的消遣法，因而刻苦以求精妙：“刻苦也者，欲其精妙也。欲其精妙也者，我之孟浪也。我之孟浪也者，我既了悟也。我既了悟也者，我本无谓也。我本无谓也者，仍即我之消遣也。”①同时，他在《西厢记》评点中提出的“立言”说颇值得注意：

> 语云：“太上立德，其次立功，其次立言。”……何谓立言？如周公制《风》《雅》，孔子作《春秋》。《风》《雅》为昌明和怿之言，《春秋》为刚强苦切之言；降而至于数千年来，钜公大家摅胸奋笔，国信其书，家受其说；又降至于荒村老翁，曲巷童妾，单词居要，一字利人，口口相授，称道不歇，此立言也。夫言与功、德，事虽递下，乃信其寿世，同名曰“立”。由此论之，然则言非小道，实有可观。……而后知其填词虽为末技，立言不择伶伦，此有大悲生于其心，即有至理出乎其笔也。②

“立德、立功、立言”三不朽本是儒家的老生常谈，金氏此说的独特之处在于他将荒村老翁、曲巷童妾的单词一字、《西厢记》等填词末技也视为立言，这一说法实质上是对他本人的文学评点事业的充分肯定，表明此时金氏已将文学评点的价值抬高到了仅次于立德立功的地步。

临终前一年，他向友人嵇友仁披露其勉力评书的心愿道：

> 弟年五十有三矣。自前冬一病百日，通身竟成颓唐。因而自念：人生世间，乃如弱草，春露秋霜，宁有多日？脱遂奄然终殁，将细草犹复稍留根荄，而人顾反无复存遗耶？用是不计荒鄙，意欲尽取狂臆所曾及者，辄将不复拣择，与天下之人一作倾倒。此岂有所觊觎于其间？夫亦不甘便就湮灭，因含泪而姑出于此也。③

① 金圣叹：《贯华堂第六才子书西厢记·序一曰恸哭古人》，《金圣叹全集》贰，凤凰出版社 2008 年版，第 850 页。

② 金圣叹：《贯华堂第六才子书西厢记》卷七《惊梦》总评，《金圣叹全集》贰，凤凰出版社 2008 年版，第 1079—1080 页。

③ 金圣叹：《葭秋堂诗序》，载嵇永仁《抱犊山房集》卷四《葭秋堂旧刻》卷首，清代诗文集汇编本。

此时,体衰多病的金圣叹自然越来越深刻地体会到肉身的脆弱易逝与精神的长存不朽,评书著述成为他有所"存遗"、追求不朽的唯一方式。

最足以证明他献身于评点事业的,当推《绝命词》:"鼠肝虫臂久萧疏,只惜胸前几本书。虽喜唐诗略分解,《庄》《骚》马杜待何如?"[①]《庄子》《离骚》《史记》杜诗等才子书的批点尚未完成,竟是生死关头的金圣叹唯一不能释怀的心事。

入清以来,金圣叹先是因朝代变革而生隐居之志,其后又以"素位"说肯定了评书著述的价值,这些因素先后激发了金圣叹的著述热情,因此入清以后金圣叹著述颇丰,其学术著作已如前述,其文学评点的成果有:(1) 顺治十三年(1656 年)批点《西厢记》。(2) 顺治十六至十七年间,集中精力评点《杜诗》而未竟。《唱经堂杜诗解》非成于一时,圣叹族兄金昌称"唱经在舞象之年,便醉心斯集,因有《沉吟楼借杜诗》。《庄》《屈》、龙门而下,列之为《第四才子》。每于亲友家,素所往还酒食游戏者,辄置一部,以便批阅"。[②] 可知圣叹在天启二年(1622 年)十五岁时便好尚杜诗,其后断断续续地加以批点;又《唱经堂杜诗解》卷四评《发潭州》有"辛卯夏六月甚暑,当午读之,寒栗竟日"一语,[③]说明顺治八年(1651 年)曾有所增益。《辛丑纪闻》称金氏"亥、子间方从事于杜诗,未卒业而难作,天下惜之,谓天之忌才一至于斯",这是说圣叹在顺治十六年己亥和十七年庚子之间开始集中精力评点杜诗,笔者认为,《唱经堂杜诗解》中多处文字自述老年心态,足证其主要部分成于晚年。(3) 顺治十七年(1660 年)春二月至夏四月,评选唐律诗近六百首;五月,核订《贯华堂选批唐才子诗》。(4) 评点《天下才子必读书》。如前所述,早在崇祯十四年(1641 年)前后,金圣叹已评点《天下才子必读书》,计一百余篇。又徐增《天下才子必读书序》称"庚子《必读书》甫成而圣叹死,书遂无序,诸子乃以无序书刊行"。这又是说《天下才子必读书》成于顺治十七年庚子(1660 年);且今存《天下才子必读书》为三百五十二篇,

---

① 金圣叹:《沉吟楼诗选》卷四《绝命词》,《金圣叹全集》贰,凤凰出版社 2008 年版,第 1213 页。

② 金昌:《叙〈第四才子书〉》,《金圣叹全集附录》,《金圣叹全集》陆,凤凰出版社 2008 年版,第 94 页。

③ 金圣叹:《唱经堂杜诗解》卷四《发潭州》评,《金圣叹全集》贰,凤凰出版社 2008 年版,第 813 页。

可知圣叹晚年曾修订增补此书。[①]（5）现存的年代不详的评点著作有《左传释》《古诗解》二十首、《释小雅》七首、《孟子解》。[②] 又有《第一才子书·庄子》七篇是经，外篇、杂篇分配未竟；《第二才子书·离骚》亦有经有传，未竟；《第三才子书·史记》，未竟；《第四才子书·杜诗》（当即《唱经堂杜诗解》）、《批左传》（当即《左传释》）、《才子古文》（当即《天下才子必读书》）、《程墨才子》《小题才子》《杂批未竟书》[③]。此外，金圣叹还自称有《批〈国策〉》。[④]

第四节 "哭庙案"与生命的戛然而止

顺治十八年（1661 年），因顺治帝的去世而彻底断了功名之念的金圣叹，更是将全部热情倾注于杜诗评点等事业中，然而不久发生的"哭庙案"却使得他的生命在五十四岁时戛然而止。

一 "哭庙案"始末

关于哭庙案始末，《丹午笔记》"哭庙异闻"条、《辛丑纪闻》、痛史本《哭庙记略》《甲申朝事小纪》本《哭庙纪略》《研堂见闻杂录》等皆有所叙述，其中，《丹午笔记》"哭庙异闻"条乃抄录出自同时代知情人的叙述而成，较为可靠。兹据《丹午笔记》"哭庙异闻"条，参照其他文献，略述"哭庙案"始末如下：

顺治十七年（1660 年）十二月，任维初新任吴令。任氏为官暴虐，以重刑催逼钱粮，乡民有被杖死者。顺治十八年（1661 年），任维初监

① 参见谭帆《金圣叹与中国戏曲批评》，又谭著以今存《天下才子必读书》为 354 篇（谭帆：《金圣叹与中国戏曲批评》，华东师范大学出版社 1992 年版，第 9—10 页）。

② 以上据 1910 年刊《风雨楼存书》之《贯华堂才子书汇稿》前所列《金圣叹遗著目录》（关于金圣叹论著目录，参见张国光《金圣叹诗文评选编说明》，载《金圣叹诗文评选》，岳麓书社 1986 年版，第 6—12 页）。

③ 以上据清钞本《沉吟楼诗选》所附《唱经堂遗书目录》，上海古籍出版社 1979 年版。

④ 金圣叹：《贯华堂第六才子书西厢记》卷四《借厢》总评，《金圣叹全集》贰，凤凰出版社 2008 年版，第 904 页。

守自盗，粜卖常平仓米三千石，导致民怨沸腾，所谓“即三尺童子皆怀不平”。[①] 二月初一，顺治帝哀诏至苏州，抚按道臣及府县官吏缙绅皆于府堂哭临。二月初四，吴县诸生薛尔张作文，丁紫洄向府教授程翼苍请钥，[②]与诸生百余人入文庙哭泣，后又鸣钟伐鼓，入府堂，跪进揭帖，跟随而至者千余人，皆要求罢免任令。抚臣朱国治令擒诸生，得十一人。朱国治与任维初有私交，故一心为任开脱，在上疏中称任维初因催征兵饷而招致诽谤，诸生则有震惊先帝之灵、目中无朝廷、匿名揭帖、聚众闹事等数大罪。

四月初一日，朝廷所派满洲四大员至苏州会审。抚臣朱国治早就因程翼苍参任令六案、吏部员外郎顾予咸有不利于任维初之言而怀恨在心，故于四月十二日又拘捕顾予咸和参与哭庙的生员薛尔张、姚刚等人；十三日，又将几天前被总督郎公放还归置的程翼苍召回。程翼苍在四大员的穷究下，不得已供出丁子伟、金圣叹二人。四月二十七日，丁子伟、金圣叹被捕。审讯时，圣叹口呼先帝，四大人怒曰：“今上初登极，乃呼先帝，以诅圣躬耶?”[③]遂被掌三十。会审之后，抚臣朱国治上疏朝廷，捏造了姚刚、丁子伟、金圣叹等人“鸣钟伐鼓，聚众倡乱是实”的口供，又称任维初贪赃一事为子虚乌有。六月二十日，朝廷下诏：包括金圣叹在内的八名诸生处斩并籍没，张韩等十名处斩，免籍没。顾予咸赖某王爷庇护而免罪。[④] 圣旨还下令“至秋用刑”，然而，七月十三日，朱国治唯恐夜长梦多，在立秋之前便将十案一百二十一人处死。七月十八日，金圣叹等人的妻子儿女被发配，其时哀声遍野，惨不忍睹：“十八日府中起解……至五、六、七岁皆手扭……当其时也，父母送其女，公姑送

① [清]顾公燮：《丹午笔记》“哭庙异闻”条，江苏古籍出版社 1999 年版，第 155 页。

② 丁子伟，名澜，字紫洄，长洲庠生。又光绪刻本苏州《丁氏宗谱》有丁观澜，字紫回，长洲庠生。天启五年(1625 年)乙丑六月十八日生，顺治十八年(1661 年)辛丑七月十三日卒，丁子伟与丁观澜同为一人，即金圣叹《丁蕃卿生日》一诗中丁蕃卿之子。参见陆林《金圣叹与“哭庙案”中的“二丁”》(《中国典籍与文化》2000 年第 2 期，第 79—83 页)。

③ [清]顾公燮：《丹午笔记》“哭庙异闻”条，江苏古籍出版社 1999 年版，第 158 页。

④ 明代佚名《研堂见闻杂录》载：“松交(顾予咸)好友张无近，为之行金上下，捐数万金与四辅，特批免绞并免革职，得不死。”([明] 佚名：《研堂见闻杂录》，[明]文秉等著《烈皇小识(外一种)》，北京古籍出版社 2002 年版，第 331 页)

其媳，兄姊送其妹弟……哀号痛哭，声闻数里，行道之人无不寒心。”①

显然，“哭庙”是吴中诸生反抗县令任维初贪酷的举措，但冰冻三尺非一日之寒，诸生的反抗是清初江南民众长期遭受重税盘剥之后的爆发，朝廷则通过此案显示了压服江南士气的强硬姿态。②

二　金圣叹与哭庙案的关系

金圣叹被卷入哭庙案，是因为他积极参与了“哭庙”，还是由于程翼苍不负责任的牵连所致呢？对于这一问题，迄今尚无定论。

金圣叹积极参与哭庙的证据有：其一，《甲申朝事小纪》卷五“杀金圣叹”条云：“诸生因集众哭庙，其《卷堂文》为金圣叹所作，且在其家开雕，国治遂以圣叹为首，立决。”其二，《研堂见闻杂录》称金圣叹“是变为《哭庙文》，亦入狱，同日斩”。③ 其三，据吴翌凤《东斋脞语》，哭庙之日，同乡人张涵在家中扶乩，忽听敲门声甚急，问乩仙，得判词曰“有奇祸，有奇祸，不可开，不可开！”张涵因此不敢开门，待敲门者去后，“探之，则圣叹纠往哭庙也”。这是说圣叹是哭庙活动的组织者之一。其四，苏州《丁氏宗谱》之《紫回公传》云：“辛丑之祸，从兄仲初拘系府治，公弗闻之也。因日者半仙言：期百日内，犯血光灾。公慎避之，家人亦秘不告。是日期满，益慎不敢出。日且暮矣，渐可逍遥于门。甫及门，而诸生金人瑞等适至备道，所以挟与俱。”此说也证明了金圣叹等人在哭庙诸生中的领袖地位。④

金圣叹被无辜牵连的证据相对少一些。其一，圣叹自述。圣叹狱中家书云：“杀头，至痛也；籍没，至惨也。而圣叹以无意得之，不亦异

① [清]顾公燮：《丹午笔记》“哭庙异闻”条，江苏古籍出版社 1999 年版，第 161 页。

② 参见陈洪《金圣叹传论》，天津人民出版社 1996 年版，第 4—7 页。

③ [明] 佚名：《研堂见闻杂录》，[明]文秉等著《烈皇小识（外一种）》，北京古籍出版社 2002 年版，第 331 页。

④ 参见《金圣叹与“哭庙案”中的“二丁”》（《中国典籍与文化》2000 年第 2 期，第 79—83 页）。值得注意的是，《丁氏宗谱》卷三《祖德传 · 仲初公》传中曰：“顺治辛丑，三学诸生以吴令任维初赃款告公，（观生）道经府治，挤入公稟。巡抚朱国治闻而大怒，连系府治；续有诸生哭庙之举、乡绅秉公之议，国治愈怒，捏词疏请严惩，议斩十八人。”这一记载说诸生先是以任维初贪赃一事告公，后来才有哭庙之举。这与《哭庙纪略》《辛丑纪闻》的记载不同。

乎！”[①]如果圣叹曾积极参与组织哭庙一事，那么他不应有“无意得之”的哀叹。其二，苏州民谣云：“天呀天，圣叹杀头真是冤。今年圣叹国治杀，他年国治定被国贼歼。”民间认为圣叹被杀是冤案，也可证明他不是哭庙活动的领袖。[②]

圣叹参与哭庙案的程度，从文献的角度已很难确考了。但是从圣叹的思想和性格逻辑来看，他积极参与此事是很有可能的。其一，他在评点《水浒传》时就十分痛恨明朝官吏的腐败无能，认为“‘朝廷贵官’四字，驱却无数英雄入水泊”。[③] 其二，顺治九年（1652 年）左右，金圣叹《下车行》控诉当地酷吏严刑拷打百姓的罪状：“虎冠飞择遍诸县，县县大杖殷血流。”[④]此诗写的是顺治九年（1652 年），秦世祯按吴，惩办贪官污吏，深得江南民众拥戴的情形，由此诗我们不难体会到，对于贪酷官吏的痛恨情绪早已郁积在圣叹心中。其三，哭庙案发之前，金氏早已是吴县诸生中的名士，在诸生哭庙中被拥戴为领袖，本是情理中事。另一方面，据《清代七百名人传》，蔑视权贵是金氏名士风度的一个侧面：“遇贵人，辄嬉笑怒骂以为快，以是大吏颇憾之。”[⑤]由于他放诞不羁的为人，他早已被朱国治之流视为眼中钉，是故他被卷入“哭庙案”或其他什么案的命运，简直是注定了的。

总之，即便金氏被卷入“哭庙案”纯属偶然，这一偶然中也包含了他的思想和性格的必然。

文坛怪杰金圣叹平凡而又独特、寒微而又超拔的一生就这样匆匆地画上了休止符，一时间多少士人为之扼腕叹息，当然，拍手称快者也不乏其人。值得庆幸的是，正如他一生都在追求企慕的那样，与脆弱肉身的无常易逝恰成鲜明对比，他那倜傥不羁的人格和独出机杼的思想却获得了不朽的魅力，几百年来一直吸引着人们长久地回味和思索着。

---

① 《甲申朝事小纪》三编卷七《哭庙纪略》，书目文献出版社 1987 年版，第 625 页。

② 参见陈洪《金圣叹传论》，天津人民出版社 1996 年版，第 114—115 页。

③ 金圣叹：《第五才子书施耐庵水浒传》卷五《楔子》夹批，《金圣叹全集》叁，凤凰出版社 2008 年版，第 47 页。

④ 金圣叹：《沉吟楼诗选》卷五《下车行》，《金圣叹全集》贰，凤凰出版社 2008 年版，第 1249 页。

⑤ 蔡冠洛编著：《清代七百名人传》第五编《艺术·文学·金人瑞》，中国书店 1984 年版，第 1741 页。

第十一章　金圣叹的诗歌理论

以往对金圣叹诗论的研究，主要集中在唐诗分解说等方面。事实上，金氏对晚明诗论的若干重要命题都有所回应，在诗歌表现真性情、崇尚比兴手法、追求诗歌韵味、诗歌的有法与无法、诗歌的情景关系、杜诗的特征等明人关注的问题上都提出了独特见解。本书主要考察金氏最具独特性的诗论：(1) 唐诗分解说。分解说是对“起承转合”诗法的继承和发展。由于以往的研究对于唐诗分解说的源流、分解说与晚明诗歌思潮的关系、分解说与诗歌审美风格的关系等问题关注得很少，本书着重讨论这几方面的问题。(2) 诗歌不写景说。本书考察了明清之际杜诗学的“诗史”“比托”说和南宋以来的律诗中二联情景关系论对金氏诗歌不写景说的正面影响和反面刺激。(3) 杜诗虚幻说。金圣叹一方面强调杜诗在内容上“都是忠孝切实之言”，另一方面又反复论述杜诗在表现手法上的“虚幻”特征。本书剖析了金氏以“虚幻”说杜诗的内涵和内在矛盾，揭示了杜诗“虚幻”说与晚明贵虚思潮的关系。

第一节　律诗分解说的渊源和内涵

金圣叹在诗歌结构上将律诗分为前后二解，此分解说是对“起承转合”诗法的继承和发展。以“起承转合”之法论诗，最早出现于元代托名杨载的《诗法家数》与傅若金《诗法正论》。明清以降，“起承转合”之说在诗论界更为盛行，人们甚至误认为以“起承转合”论诗是受了八股章法的影响。以往的研究已经指出了这种观点的谬误所在，并揭示了宋元经义作法对起承转合之法的影响。① 实际上，类似"起承转合"的诗歌观念在宋元之前就有了萌芽。本节拟在追溯"起承转合"诗论源流的基础上，揭示金圣叹律诗分解说和诗歌结构论的特点。

一　以"起承转合"论诗的内涵

在元代诗法著述中，作为诗歌理论的"起承转合"，首先强调的是诗歌在结构上可分为四个部分以及各部分之间存在着开合钩锁关系，这两点从"起承转合"这一表述中便可清楚地看出。以《诗法家数》中的"律诗要法"为例，其说将律诗分为"破题""颔联""颈联""结句"四段，并强调颔联"要接破题"，颈联要"与前联之意相应相避"等等。以往研究"起承转合"之法的学者，往往就这两方面加以阐述。②

事实上，以"起承转合"论诗，还包含着不可忽视的第三要素，即重视诗歌各部分与诗题（意）的关系，其中人们讨论得最多的是诗歌的发端、结尾两部分与诗意的关系。比如，《诗法家数》要求破题"或就题起"，结句"或就题结"。由于诗题往往是诗意的概括，因此"起承转合"之法多探讨诗歌各部分与诗歌主旨的关系。

综上所述，以"起承转合"论诗，事实上可以分解为三个要素：其一，将诗歌分为四部分；其二，强调各段之间的逻辑联系；其三，重视各部分与诗题（诗意）的关系。

二　唐五代诗格与"起承转合"

"起承转合"三要素的渊源可以追溯到唐五代诗格甚至更早。古代文论本有重视章法的传统。《文心雕龙·章句》中就已强调诗文各部分之间的呼应关系："寻诗人拟喻，虽断章取义，然章句在篇，如茧之抽绪，原始要终，体必鳞次。启行之辞，逆萌中篇之意；绝笔之言，追媵前句之

---

① 参见蒋寅《起承转合：机械结构论的消长——兼论八股文法与诗学的关系》，《文学遗产》1998年第3期，第65—75页。

② 参见上注。又参见张健《清代诗学研究》第十四章《诗法与文法合一：从金圣叹的以时文法论诗到桐城派的以古文法论诗》，北京大学出版社1999年版，第630—638页。

旨。故能外文绮交，内义脉注，跗萼相衔，首尾一体。”[①]其后，《文镜秘府论》中所引初唐文论，亦重视文章的文势与义脉，并运用了“科分”“科位”等概念，显然是受到了佛教科判的影响。[②] 在唐五代诗格中，与“起承转合”相接近的诗歌章法理论已经萌芽，以下就起承转合的三要素分别加以考察：

其一，王叡（约847—888）[③]《炙毂子诗格》将律诗分为“发语”“颔下语”“腹内”“断章”四部分：

> 李太尉诗云：“远谪南荒一病身，停舟暂吊汨罗人。”此诗首一句发语，次一句承上吊屈原。“都缘靳尚图专国，岂是怀王厌直臣。”此二句为颔下语，用为吊汨罗之言。“万里碧潭秋景静，四时愁色野花新。”此腹内二句，取江畔景象。“不劳渔父重相问，自有招魂拭泪巾。”此二句为断章，虽外取之，不失此章之旨。[④]

在这段分析中，唯一不够明晰的是首联的名称。“发语”仅指代首句，第二句还没有着落。到了徐夤（约892年前后在世）《雅道机要·叙句度》中，“破题”“颔联”“腹中”“断句”四部分的结构就非常明确了。[⑤] 五代僧神彧《诗格》也指出律诗有“破题”“颔联”“诗腹”“诗尾”四部分，[⑥]其中“诗腹”乃“诗之中腹，亦云景联”，[⑦]“诗尾”乃“诗之结尾，亦云断句，亦云

---

① 刘勰：《文心雕龙·章句》，周勋初：《文心雕龙解析》，凤凰出版社2015年版，第559页。

② 参见张伯伟《佛经科判与初唐文学理论》，《文学遗产》2004年第1期，第60—70页。

③ 王叡的生卒年，参见张伯伟《全唐五代诗格汇考》之“《炙毂子诗格》解题”（江苏古籍出版社2002年版），以下引用唐五代诗格的文字及作者的生卒年，除非特别说明，皆从《全唐五代诗格汇考》。引用宋诗话及作者生卒年，则依郭绍虞《宋诗话辑佚》（中华书局1980年版）、《宋诗话考》（中华书局1979年版）以及吴文治主编《宋诗话全编》（江苏古籍出版社1998年版）。

④ 王叡：《炙毂子诗格》“一篇血脉条贯体”条，张伯伟：《全唐五代诗格汇考》，江苏古籍出版社2002年版，第388页。

⑤ 徐夤：《雅道机要》“叙句度”条，张伯伟：《全唐五代诗格汇考》，江苏古籍出版社2002年版，第442—443页。

⑥ 神彧：《诗格》“论破题”条、“论颔联”条、“论诗腹”条、“论诗尾”条，张伯伟：《全唐五代诗格汇考》，江苏古籍出版社2002年版，第488—492页。

⑦ 神彧：《诗格》“论诗腹”条，张伯伟：《全唐五代诗格汇考》，江苏古籍出版社2002年版，第491页。按，张伯伟《全唐五代诗格汇考》认为“景”应改为“颈”，笔者以为应从其旧：其一，从该《诗格》“论诗腹”一段的论述来看，所举三例分别为“咏物而寄意”、写“送人所经之处”“别所经之景”，都是写景，显然，作者认为第三联应以写景为主，故当为“景联”。其二，该《诗格》在以人的身体各部分比拟律诗四部分时，是将第三联视为“诗腹”，故不当又有“颈联”之说。

落句”。①

其二，强调各部分之间的呼应关系。上述“颔联”“腹中”等名称以人的身体比拟诗歌的各部分，实际上已隐含了诗歌各部分之间血肉相连的观念。而前引《炙毂子诗格》一段的标题便是“一篇血脉条贯体”。在此，诗歌的各部分之间相互呼应的特点，是作为某一类诗歌（律诗）的一种风格（体）加以论述的。《雅道机要》则将血脉贯通视为诗歌的普遍特征，其“叙血脉”一条云：“凡为诗须洞贯四阙，始末理道，交驰不失序。”②神彧《诗格》则要求“诗腹”与“颔联相应，不得错用”。③

其三，唐五代诗格中，有关诗歌各部分与诗题（意）关系的讨论也十分活跃。就诗歌的发端而言，可能作于742—748年前后的王昌龄《诗格》中有“十七势”之说，其中第一势至第五势分别为“直把入作势”“都商量入作势”“直树一句，第二句入作势”“直树两句，第三句入作势”“直树三句，第四句入作势”，都是讨论诗歌开头与诗题的关系。如“直把入作势”的意思是“若赋得一物，或自登山临水，有闲情作，或送别，但以题目为定；依所题目，入头直把便是也”。④ 显然，“直把入作势”相当于今日所谓“开门见山”，也可说是首句见题。类似的问题，在其《论文意》一篇中也有所涉及：“古文格高，一句见意，则‘股肱良哉’是也。其次两句见意，则‘关关雎鸠，在河之洲’是也。其次古诗，四句见意，则‘青青陵上柏，磊磊涧中石。人生天地间，忽如远行客’是也。”⑤这是综论诗文的发端与文意的关系，并且显示出崇尚“一句见意”的倾向。神彧《诗格》对首联与诗题关系的探讨尤为细致，认为“诗有五种破题：一曰就题，二曰直致，三曰离题，四曰粘题，五曰入玄”。⑥ 显然，这五种破题实际上是指诗的发端与诗题的贴合、疏离、若即若离等不同关系。

---

① 神彧：《诗格》“论诗尾”条，张伯伟：《全唐五代诗格汇考》，江苏古籍出版社2002年版，第492页。

② 徐夤：《雅道机要》“叙血脉”条，张伯伟：《全唐五代诗格汇考》，江苏古籍出版社2002年版，第446页。

③ 神彧：《诗格》“论诗腹”条，张伯伟：《全唐五代诗格汇考》，江苏古籍出版社2002年版，第491页。

④ 旧题王昌龄：《诗格》卷上“十七势”，张伯伟：《全唐五代诗格汇考》，江苏古籍出版社2002年版，第151—152、152页。

⑤ 旧题王昌龄：《诗格》卷上“论文意”，张伯伟：《全唐五代诗格汇考》，江苏古籍出版社2002年版，第161页。

⑥ 神彧：《诗格》“论破题”条，张伯伟：《全唐五代诗格汇考》，江苏古籍出版社2002年版，第488页。

关于诗歌的结句，“十七势”中的第十条、第十七条讨论了两种结句方式：“含思落句势”和“心期落句势”，前者意为“每至落句，常须含思，不得令语尽思穷”，①后者是说落句要表达一种“心有所期”的意境，其实这两种结尾的风格都是言有尽而意无穷。又旧题王昌龄《诗格》“论文意”一篇中也有类似观点：“落句须含思，常如未尽始好。”同篇中的以下论述尤其值得注意：“夫诗，入头即论其意，意尽则肚宽，肚宽则诗得容预，物色乱下。至尾则却收前意。节节仍须有分付。”②此说涵盖了“起承转合”之说的第二、第三要素。又前引《炙毂子诗格》称许李德裕《汨罗诗》的断章“虽外取之，不失此章之旨”，也体现了结尾必须扣题的观点。其后齐己（864—937?）《风骚旨格》指出了“诗有六断”说：“一曰合题，二曰背题，三曰即事，四曰因起，五曰不尽意，六曰取时”，其中“五曰不尽意。”③无疑继承了王昌龄《诗格》的“落句含思”说，追求诗歌结尾的情韵悠扬。而“合题”“背题”两种结尾，则反映了结尾与诗题或离或合的关系。综合这两个方面来看，齐己“诗有六断”说实际上已经涵括了“起承转合”之说中有关诗歌结尾的主要内容。又《雅道机要》亦崇尚结尾的“意味深长”，“须有不尽之意堆积于后，脉脉有意”。④ 同样，神彧《诗格》指出诗尾“须含蓄旨趣”，⑤认为结尾的意境有“句意俱未尽”“句尽意未尽”“意句俱尽”三种。⑥

此外，唐五代诗格中论述诗题者，又有旧题贾岛撰《二南密旨》“论题目所由”条：“题者，诗家之主也。目者，名目也。如人之眼目，眼目俱明，则全其人中之相，足可坐窥于万象。”⑦此说对诗题的强调，可说是十分突出。不过，在所有唐五代诗格中，最为关注诗歌各部分与诗题（意）

---

① 旧题王昌龄：《诗格》卷上“十七势”，张伯伟：《全唐五代诗格汇考》，江苏古籍出版社2002年版，第156页。

② 旧题王昌龄：《诗格》卷上“论文意”，张伯伟：《全唐五代诗格汇考》，江苏古籍出版社2002年版，第171、162页。

③ 齐己：《风骚旨格》“诗有六断”，张伯伟：《全唐五代诗格汇考》，江苏古籍出版社2002年版，第414页。

④ 徐夤：《雅道机要》“叙血脉”条，张伯伟：《全唐五代诗格汇考》，江苏古籍出版社2002年版，第443页。

⑤ 神彧：《诗格》“论诗尾”条，张伯伟：《全唐五代诗格汇考》，江苏古籍出版社2002年版，第492页。

⑥ 神彧：《诗格》“论诗尾”条，张伯伟：《全唐五代诗格汇考》，江苏古籍出版社2002年版，第492页。

⑦ 旧题贾岛：《二南密旨》，张伯伟：《全唐五代诗格汇考》，江苏古籍出版社2002年版，第377—378页。

关系者，当推五代僧神彧《诗格》。如前所述，除了强调发端与结尾的紧扣诗题之外，他认为颔联“亦名束题，束尽一篇之意”，[①]显然他把律诗四联都理解为从不同角度对诗意的展开，可说是将“题者，诗家之主”的理论落到了实处。

对于构成起承转合之法的三个要素，唐五代诗格都已经加以论述。可以肯定的是，唐五代诗格之所以关注这三个要素，主要是唐五代诗人在继承古代诗歌理论的基础上，进一步深入细致地探索诗歌创作技巧的结果，而与唐代试帖诗的关系不大。这从以下两方面可以见出：其一，诗格之编撰往往有便于科举和启导初学两种目的，而后者更为重要。科举考试中的试帖诗是五言六韵的律诗，而王昌龄《诗格》中所举诗例多为古体诗，《炙毂子诗格》则广泛地论述三韵、六言等各种体裁诗歌的渊源和作法，《中兴馆阁书目》称其“叙诗体式所始，评其述作之要”，显然其目的不在于指导人们写作五言试帖诗。其二，很多诗格作者推崇贾岛诗风而非试帖诗。旧题贾岛撰《二南密旨》，推崇卢纶、钱起、皎然等大历诗人的作品，贾岛本人终生未第且“不善程式”，[②]足见《二南密旨》非为应举者而作，而是贾岛诗风流行之后的诗歌启蒙书。[③]同理，徐夤《雅道机要》多引用贾岛、齐己、郑谷等人的诗作，崇尚“阆仙经年，周朴盈月”式的苦吟，[④]足见此书旨在弘扬晚唐孤峭清幽的诗风，与试帖诗规范并无多大关系。神彧《诗格》的论诗旨趣与前述诗格毫无二致。正如《蔡宽夫诗话》所说，晚唐诗格“大抵皆宗贾岛辈，谓之贾岛格”。[⑤]

三　宋代诗歌章法理论与“起承转合”

在诗歌章法理论方面，宋人沿着唐五代诗格所开拓的道路继续向前。要了解类似“起承转合”的诗论在宋代形成的背景，则必须梳理这

---

① 神彧：《诗格》“论颔联”条，张伯伟：《全唐五代诗格汇考》，江苏古籍出版社 2002 年版，第 490 页。

② [五代]王定保：《唐摭言》卷十二《轻佻》，中华书局上海编辑所 1960 年版，第 140 页。

③ 参见张伯伟《全唐五代诗格汇考》“《二南密旨》解题”，江苏古籍出版社 2002 年版。

④ 徐夤：《雅道机要》“叙搜觅意”条，张伯伟：《全唐五代诗格汇考》，江苏古籍出版社 2002 年版，第 446 页。

⑤ 郭绍虞辑：《宋诗话辑佚》卷下《蔡宽夫诗话》，中华书局 1980 年版，第 410 页。

些理论产生的时间及当时的文学风尚，剖析这些理论的首倡者与宋代经义、诗赋等科举考试之间的关系。

对于上述"起承转合"的三个要素，宋人讨论得最多的是诗歌各部分之间的有机联系以及诗歌各部分与诗题（意）的关系两方面。以下就三个要素分别加以论述：

首先，就诗歌分为四部分而论，宋人所讨论的对象主要还是律诗。不同的是四联的名称稍有变化。梅圣俞《续金针诗格》云：

> 第一联谓之"破题"，欲如狂风卷浪，势欲滔天，又如海鸥风急，鸾凤倾巢，浪拍禹门，蛟龙失穴。第二联谓之"颔联"，欲似骊龙之珠，善抱而不脱也。亦谓之"撼联"者，言其雄赡遒劲，能捭阖天地，动摇星辰也。第三联谓之"警联"，欲似疾雷破山，观者骇愕，搜索幽隐，哭泣鬼神。第四联谓之"落句"，欲如高山放石，一去不回。①

这一段文字，有的学者认为出于《金针诗格》。② 笔者认为出自《续金针诗格》的可能性更大一些。理由如次：其一，成书较早的曾慥《类说》（撰于1136年）云出自《续金针诗格》，其后张镃（1153—1221?）《仕学规范》亦云引自《续金针诗格》。③ 唯杨万里（1127—1206）《诚斋诗话》云"《金针法》"，魏庆之《诗人玉屑》卷十二称引自《金针诗格》，但魏庆之很可能是沿袭杨万里之误，因为"金针诗格"的下一条即"诚斋非《金针》"，引用了《诚斋诗话》中的一段文字。其二，律诗四联的名称经历了一个演变过程，尤其是第三联，《炙毂子诗格》《雅道机要》分别称为"腹内""腹中"，至五代僧神彧称为"诗腹"，亦云"景联"。到了宋以后，就很少见到"诗腹"之类的说法，而一律称为"颈联"。张镃《仕学规范》引这段《诗格》作"景联"，《诗人玉屑》作"警联"，正说明这段文字处于"诗腹"之类的名称已被废弃、"颈联"一称正在形成的阶段，因而它不可能出自较早

① 此据《诗人玉屑》卷十二（[宋]魏庆之著、王仲闻点校：《诗人玉屑》卷十二《律诗》"金针诗格"条，中华书局2007年版，第379页），张镃《仕学规范》所引略有不同："诗之四联，谓之破题，欲如狂风卷浪，势欲滔天。下二联谓之景联，须字字对。第四联谓之落句，欲如高山放石，一去不回。"（郭绍虞辑：《宋诗话辑佚》附辑张镃《诗学规范》"续金针格论诗法"，中华书局1980年版，第608页）

② 张伯伟：《全唐五代诗格汇考》，江苏古籍出版社2002年版，第359—360页。

③ 郭绍虞辑：《宋诗话辑佚》附辑张镃《诗学规范》"续金针格论诗法"，中华书局1980年版，第608页。

的《金针诗格》,更应该出自《续金针诗格》。

除了第三联的名称之外,第二联在沿袭旧称的同时,又多出了"撼联"一说。迄于严羽《沧浪诗话》,便正式形成了"有颔联,有颈联,有发端,有落句"的说法。① 宋末元初,吴渭编《月泉吟社诗》中,"颔联"②"颈联"等说法已非常普遍了。

其次,宋人以各种比喻、从不同角度来强调诗歌各部分之间的逻辑联系。这些论述实际上涉及"起承转合"所要求的诗歌结构的两方面:通畅和条理。

其一,黄庭坚(1045—1105)提出了"文章必谨布置"说:"山谷言文章必谨布置,每见后学,多告以《原道》命意曲折。"③所谓"布置",是指文章结构应有严谨的逻辑顺序。黄氏之说比较简略,其后范温(约 1122 年前后在世)《潜溪诗眼》进行了具体阐发:(1) 范温以杜甫《赠韦见素》诗为例,阐述诗歌各部分之间的逻辑关系,认为杜氏此诗"前贤录为压卷,盖布置最得正体,如官府甲第厅堂房室,各有定处,不可乱也"。此说可称为"官府"喻。(2) 范温指出韩愈《原道》《尚书·尧典》同样具有严谨的结构,此乃文章之正体。(3) 范温认为不受规则束缚的自由结构是变体,正体与变体的关系应当是"奇正相生":"盖变体如行云流水,初无定质,出于精微,夺乎天造,不可以形器求矣。然要之以正体为本,自然法度行乎其间。譬如用兵,奇正相生,初若不知正而径出于奇,则纷然无复纲纪,终于败乱而已矣。"(4) 最后,范氏又详论《原道》《尧典》之章法结构,再次强调"自古有文章,便有布置"。④

由黄庭坚发端、范温展开的这一章法理论,对宋代诗学产生了深远影响。胡仔《苕溪渔隐丛话》前集(成书于 1148 年)卷十、张镃《仕学规范》卷三七、叶梦弼《杜工部草堂诗话》(成书于 1204 年)卷一、何汶《竹庄诗话》(成书于 1206 年)卷五等多种诗话引用此说。有意思的是,除

---

① 严羽:《沧浪诗话·诗体》,[宋]严羽著、郭绍虞校释:《沧浪诗话校释》,人民文学出版社 1961 年版,第 74 页。

② 如"第四名仙村人"条有"颔联十字一毫不费力"的评语;"第七名栗里"条有"颈联就范诗状田园,结有悠扬不尽之兴"之说。([宋]吴渭:《月泉吟社》,文渊阁四库全书本)

③ 范温:《潜溪诗眼》"山谷言诗法"条,郭绍虞辑:《宋诗话辑佚》卷上,中华书局 1980 年版,第 323 页。

④ 范温:《潜溪诗眼》"山谷言诗法"条,郭绍虞辑:《宋诗话辑佚》卷上,中华书局 1980 年版,第 325 页。

了胡仔全文引用了《诗眼》之外，其他诗话大多引至“其他谓之变体可也”这一段。换言之，范温对诗歌结构的规则（正）与反规则（奇）之间的对立互补关系的论述，除了在姜夔（1155？—1221?）《白石道人诗说》[①]中得到回应之外，并没有受到足够重视。宋人最感兴趣的，还是尚规矩的“必谨布置”说本身。这一现象颇耐人寻味。众所周知，黄庭坚有关诗歌章法的理论颇为复杂，他曾经发表过与“必谨布置”说稍为不同的观点，[②]最著名的莫过于“作诗正如作杂剧，初时布置，临了须打诨，方是出场”一说。[③]“打诨”意味着在一定程度上切断和上文的意义联系，导致诗歌脉络的断裂。[④]黄庭坚“必谨布置”说本来是针对初学者而发的，但此说对宋人的影响力却显然胜过“临了打诨”说。

与黄庭坚等人的“必谨布置”说相类似，潘大临（？—1106）提出了“做客”喻：“潘邠老语饶德操云：作长诗须有次第本末方成文字，譬如做客，见主人须先入大门，见主人升阶就座说话乃退。今人作文字都无本末次第，缘不知此理也。”[⑤]吕本中（1084—1145）《童蒙诗训》“学文者应涵泳杜苏语”条曰：“老杜歌行，最见次第，出入本末”，[⑥]可见他明确了这种颇具“次第本末”的长诗的典范之作乃是老杜歌行。

黄庭坚、范温二人在阐述“必谨布置”说时，将杜诗、韩文及《尚书》的章法进行类比，这一点提示了宋人重视诗歌各部分之间的逻辑联系

① 《白石道人诗说》云：“波澜开合，如在江湖中，一波未平，一波已作。如兵家之阵，方以为正，又复是奇；方以为奇，忽复是正。出入变化，不可纪极，而法度不可乱。”（[宋]姜夔：《白石道人诗说》，[清]何文焕辑：《历代诗话》，中华书局1981年版，第682页）

② 值得一辩的是，黄庭坚并不赞同“无首无尾”说。吴可（约1173前后在世）《藏海诗话》载：“师川云，作诗要当无首无尾。山谷亦云。”是故人们多认为“无首无尾”说亦为黄氏所主张，事实并非如此。黄庭坚《题李白诗草后》云：“余评李白诗如黄帝张乐于洞庭之野，无首无尾，不主故常，非墨工椠人所可拟议。”吾友黄介《读李杜优劣论》曰：“‘论文政不当如此’。余以为知言。”（黄庭坚：《宋黄文节公全集·正集》卷第二十五，《黄庭坚全集》第二册，四川大学出版社2001年版，第656页）可见黄庭坚对“无首无尾”“不主故常”的章法是持保留态度的，但后人却因忽略了“论文政不当如此”一说而产生了误解。

③ 郭绍虞辑：《宋诗话辑佚》卷上《王直方诗话》“作诗如杂剧”条，中华书局1980年版，第14页。

④ 参见周裕锴《宋代诗学通论》戊编《诗艺篇》第一章《结构的张力》，巴蜀书社1997年版，第476—477页。

⑤ 郭绍虞辑：《宋诗话辑佚》附辑吕本中《童蒙诗训》“作长诗须有次第本末”条，中华书局1980年版，第596页。

⑥ 郭绍虞辑：《宋诗话辑佚》附辑吕本中《童蒙诗训》“学文者应涵泳杜苏语”条，中华书局1980年版，第590页。

的背景是"以文为诗"的文学思潮。另一方面,这与诗人在诗歌创作中推尊杜诗也是分不开的。

其二,韩驹(?—1135?)等江西诗派中人承袭了唐五代诗格"血脉贯通"的观点。韩驹指出"大概作诗要从首至尾语脉联属,有如理词状。古诗云:'唤婢打鸦儿,莫教枝上啼。啼时惊妾梦,不得到辽西',可为标准"。[①] 韩驹强调诗歌脉络连贯的理论颇为世所重,《小园解后录》中有一则类似的说法:

> "打起黄莺儿……"此唐人诗也。人问诗法于韩公子苍,子苍令参此诗以为法。"汴水日驰三百里……"此韩子苍诗也。人问诗法于吕公居仁,居仁令参此诗以为法。后之学诗者,熟读此二篇,思过半矣。[②]

常与韩驹论诗的吴可(约1173年前后在世)也极重诗歌意脉,其《藏海诗话》不止一次地提到"意脉联贯""意脉联属"。[③] 到南宋后期,"血脉"已经成为评价诗歌的一个重要方面。姜夔《白石道人诗说》云:"大凡诗,自有气象、体面、血脉、韵度。……血脉欲其贯穿,其失也露。"[④]《沧浪诗话》承袭其说,有"脉忌露"的观点。[⑤] 当然,与唐五代诗格有所不同的是,姜、严等人的侧重点在于"脉忌露"。

与"意脉联属"一说相互呼应的,是范温在《潜溪诗眼》中提出的、专为律诗而发的"贯珠"喻:"古人律诗亦是一片文章,语或似无伦次,而意若贯珠。……通畅而有条理,如辩士之语言也。"[⑥]显然,此说蕴含着"以文为诗"的观念。其后陈善(约1176年前后在世)提出了"弹丸"喻。南齐谢朓曾以"好诗流转圆美如弹丸"一说,提倡平易流畅的诗风。宋代

① 范季随:《陵阳先生室中语》,吴文治主编《宋诗话全编》拾,江苏古籍出版社1998年版,第10464—10465页。

② [宋]魏庆之著、王仲闻点校:《诗人玉屑》卷六《命意》"意脉贯通"引,中华书局2007年版,第180页。

③ 吴可:《藏海诗话》,丁福保辑:《历代诗话续编》,中华书局1983年版,第329、340页。

④ [宋]姜夔:《白石道人诗说》,[清]何文焕辑:《历代诗话》,中华书局1981年版,第680页。

⑤ 严羽:《沧浪诗话·诗法》,[宋]严羽著、郭绍虞校释:《沧浪诗话校释》,人民文学出版社1961年版,第122页。

⑥ 范温:《潜溪诗眼》"律诗法同文章"条,郭绍虞辑:《宋诗话辑佚》卷上,中华书局1980年版,第318—319页。

诗论中有三种相互关联但含义不同的“弹丸”喻。首先是王直方(1069—1109)以“弹丸”来形容圆熟的诗风，后来吕本中以“好诗流转圆美如弹丸”来比喻“规矩具备，而能出于规矩之外”的“活法”。而陈善“弹丸”说却是指诗歌结构的晓畅：

> 韩以文为诗，杜以诗为文，世传以为戏。然文中要自有诗，诗中要自有文，亦相生法也。文中有诗，则句语精确；诗中有文，则词调流畅。谢元晖曰：“好诗圆美流转如弹丸”，此所谓文中有诗也。①

同样是在“以文为诗”思潮的影响下，陈善认为诗歌应具有“弹丸”般流畅联贯的结构。

范温的“通畅而有条理”一说值得注意。事实上，与“必谨布置”等说强调“条理”不同，“血脉”“弹丸”“贯珠”之类的比喻主要突出了诗歌章法“通畅”的一面。“通畅”与“条理”两方面本身是相辅相成的，但就具体的文学倾向而言，又有着微妙的差异。黄庭坚等人的“必谨布置”一说，隐含了重视诗歌规矩的思想；而韩驹、吕本中等人提倡诗歌脉络的流畅联贯，又多少带有一种矫正黄氏诗论的流弊、重视“活法”的意味。但这两种观点都对宋代诗歌章法理论产生了深刻影响，并开启了元代以起承转合论诗的风气。

最后，宋人十分重视诗歌各部分与诗题(意)的关系。尤其值得注意的是宋人对诗歌“命意”的探讨。所谓“命意”，是说作诗时应首先构思好全诗的主旨。黄庭坚指出：“诗文不可凿空强作，待境而生便自工耳。每作一篇先立大意，长篇须曲折三致意乃成章耳。”②黄庭坚此说只是提出了“先立大意”的要求，韩驹的论述则反映了重视“命意”的文学背景：“凡作诗须命终篇之意，切勿以先得一句一联，因而成章；如此则意不多属。然古人亦不免如此。如述怀、即事之类，皆先成诗，而后命题者也。”又云“作诗必先命意，意正则思生，然后择韵而用，如驱奴隶；此乃以韵承意，故首尾有序。今人非次韵诗，则迂意就韵，因韵求事；至

① 陈善：《扪虱新话》上集，吴文治主编《宋诗话全编》陆，江苏古籍出版社1998年版，第5555页。
② 郭绍虞辑：《宋诗话辑佚》卷上《王直方诗话》“山谷论诗”条，中华书局1980年版，第4页。

于搜求小说佛书殆尽，使读之者惘然不知其所以，良有自也。”[①]原来，其时追求诗歌技巧的诗人们，在创作中存在着两种现象：其一，是觅得好句佳联后，再补足首尾。南宋《桐江诗话》云：“始知诗人一篇之中，率是先得一联或一句，其最警拔者是也。”[②]事实上这种风气从晚唐起便已兴盛，方回曾指出“晚唐诗多先锻炼景联、颔联，乃成首尾以足之”，[③]此风至宋初九僧诗时仍然流行。如前所引，韩驹反对这种作诗法的原因是“如此则意不多属”，即这么做有可能损害诗歌意脉的联贯性。其二，当时诗人在写作过程中一味注意诗韵的工与不工，以致有“迁意就韵”“因韵求事”的做法，其害处也是妨碍了“首尾有序”。事实上王直方(1069—1109)早已指出一味炼韵的弊端：“陈君节，字明信，言炼句不如炼韵。余以为若只觅好韵，则失于首尾不相贯穿。”[④]又范温高度赞赏《金针诗格》有关“炼意”的说法：“世俗所谓乐天《金针集》，殊鄙浅，然其中有可取者，‘炼句不如炼意’，非老于文学不能道此。”同时他又推崇杜甫《赠韦见素》诗的“一篇命意”，[⑤]恐怕也是有感于当时的文学现状而发的。吴可对“立意”的讲究也值得注意：“凡看诗，须是一篇立意，乃有归宿处。如童敏德《木笔花》诗，主意在笔之类是也。”[⑥]联系前文的论述可知，韩驹等人重“命意”，与其重视诗歌各部分之间的联贯一样，都是为了追求流畅自然的诗歌风格，从而矫正过于雕琢字句、声韵的风气。与讲究“一篇命意”相类似，宋人对“着题”“切题”的讨论也极为深入(说详下)。

宋人对诗歌首尾与诗意的关系极其重视，以致出现了看似完全对立的观念。一方面，人们称赏诗歌首尾逸出主旨之外的写法。如前所述，黄庭坚的以下说法为人所熟知：“作诗正如作杂剧，初时布置，临了须打诨，方是出场。”这是说诗歌发端应凸显全诗主旨，而结句却必须出

---

① [宋]魏庆之著、王仲闻点校：《诗人玉屑》卷六《命意》“阳陵谓先须命意”条，中华书局2007年版，第171页。

② 郭绍虞辑：《宋诗话辑佚》卷上《桐江诗话》“石曼卿早春诗”条，中华书局1980年版，第344页。

③ 方回：《瀛奎律髓汇评》卷十三贾浪仙《雪晴晚望》评，上海古籍出版社2005年版，第476页。

④ 郭绍虞辑：《宋诗话辑佚》卷上《王直方诗话》“炼句炼韵”条，中华书局1980年版，第66页。

⑤ 范温：《潜溪诗眼》“炼字”条、“命意用事”条，郭绍虞辑：《宋诗话辑佚》卷上，中华书局1980年版，第321、325—326页。

⑥ 吴可：《藏海诗话》，丁福保辑：《历代诗话续编》，中华书局1983年版，第329页。

之以与主题无关的、出人意料的描写。事实上，人们认为黄庭坚有些诗歌的独特魅力在于"打猛诨入，却打猛诨出"，[①]这句话本是吕本中用以概括苏轼诗风的，但黄庭坚诗歌的首尾也具有类似的转折陡急的特点。[②] 清人方东树云："山谷之妙，起无端，接无端，大笔如椽，转折如龙虎。"[③]此说同样揭示了黄庭坚诗歌的上述特点。与此相类似，陈长方(1108—1148)提出了"断句旁入他意"的章法："古人作诗断句，辄旁入他意，最为警策。如老杜云'鸡虫得失无了时，注目寒江倚山阁'是也。"[④]所谓"断句旁入他意"，是指结句与全诗旨意了不相涉，从而取得一种出人意料的审美效果。上述手法，都反映了宋人在诗歌的发端与结尾方面力图突破诗歌规则的尝试。

另一方面，作为诗歌创作的基本规则即"正体"，宋人推崇首尾紧扣诗意的章法。这一章法与前述"文章必谨布置"的观念紧密相连。如范温在剖析黄庭坚"必谨布置"说时，点明杜甫《赠韦见素》诗首联"纨绔不饿死，儒冠多误身"为"此一篇立意也"。又范氏论述"律诗法同文章"时，亦指出杜甫《题桃树诗》"'小径升堂旧不斜，五株桃树亦从遮'，此诗意在第一句：旧堂小径，从来不斜，又五桃遮掩之，已若图画矣"，此外，范氏认为《十二月一日》诗也是首联"立意"。[⑤] 其后严羽(1197？—1241)《沧浪诗话·诗法》要求"发端忌作举止"，又《沧浪诗话·诗评》所谓"太白发句，谓之开门见山"，[⑥]同样是说诗歌开头须直接揭示诗意。

强调诗歌章法通畅而有条理的诗人，对于结句也要求其收缴全诗。范温等人的"文章必谨布置""律诗法同文章"等说对诗歌意脉的揭示中，已隐含了这样的意思。如范温《潜溪诗眼》"山谷言诗法"条评价《赠韦见素》诗末联云："夫如此是可以相忘于江湖之外，虽见素亦不得而见

① 郭绍虞辑：《宋诗话辑佚》附辑吕本中《童蒙诗训》"学文者应涵泳杜苏语"条，中华书局1980年版，第590页。

② 参见莫砺锋《江西诗派研究》第二章(济南齐鲁书社1986年版，第48页)。

③ 方东树著、汪绍楹校点：《昭昧詹言》卷十二，人民文学出版社1961年版，第314页。

④ [宋]陈长方：《步里客谈》卷下，文渊阁四库全书本。

⑤ 范温：《潜溪诗眼》"山谷言诗法"条、"律诗法同文章"条，郭绍虞辑：《宋诗话辑佚》卷上，中华书局1980年版，第324、319、318页。

⑥ 严羽：《沧浪诗话》之《诗法》《诗评》，[宋]严羽著、郭绍虞校释：《沧浪诗话校释》，人民文学出版社1961年版，第113、176页。

矣，故曰‘白鸥没浩荡，万里谁能驯’，终焉。”又《潜溪诗眼》“律诗法同文章”条分析《游子诗》结句云：“夫奔涉万里无所税驾，伤人世险隘，不能容己，故曰：‘蓬莱如可到，衰白问群仙’，终焉。”[1]黄庭坚曾称誉陈履常“至于作文，深知古人之关键，其论事救首救尾，如常山之蛇”，[2]此后胡仔将此说用于词评，认为“凡作诗词，要当如常山之蛇，救首救尾，不可偏也”，他还批评朱希真《中秋念奴娇》末句“全无意味，收拾得不佳，遂并全篇气索然矣”。[3] 又洪迈（1123—1202）称薛昭以“常山之蛇”喻杜甫律诗之章法严整：“永嘉士人薛韶喜论诗，尝立一说云：‘老杜近体律诗精深妥帖，虽多至百韵，亦首尾相应，如常山之蛇，无间断龃龉处’。”[4]其后严羽《沧浪诗话·诗法》“收拾贵在出场”也阐述了同样的诗法。[5]

“打诨”说和“救首救尾”分别反映了诗歌首尾与诗意的背离和关联，这两种截然不同的观念都与本论题有关。一方面，如前所述，范温“正体”与“变体”、奇正相生的说法已经表明两者之间的对立统一关系；另一方面，正如宋人既重当行本色，又有“出位之思”，这两种观点都表明了宋人对诗歌首尾与诗意关系的重视。从以上论述我们还可以看出，黄庭坚、范温等人正是在重视诗歌各部分之间联系的同时，认识到了诗歌各部分（尤其是首尾）必须与诗意紧密关合。换言之，起承转合的第二、第三要素是相辅相成的。对于宋人来说，这两个要素都是“以文为诗”的文学观念在诗歌章法理论中的折射，同时也体现了矫正当时诗风流弊的意图。

此外，关于诗歌首尾与诗意的关系，宋代还有一些论诗者承袭了唐五代诗格中的说法。如释氏景淳《诗评》“诗有二断，一曰离题断，二曰

---

① 范温：《潜溪诗眼》“山谷言诗法”条、“律诗法同文章”条，郭绍虞辑：《宋诗话辑佚》卷上，中华书局1980年版，第324—325、319页。

② 黄庭坚：《宋黄文节公全集·正集》卷第十八《答王子飞书》，《黄庭坚全集》第二册，四川大学出版社2001年版，第467页。

③ 胡仔纂集、廖德明校点：《苕溪渔隐丛话》后集卷三九《长短句》，人民文学出版社1962年版，第321—322页。

④ ［宋］洪迈：《容斋诗话》卷五，丛书集成初编本。

⑤ 严羽：《沧浪诗话·诗法》，［宋］严羽著、郭绍虞校释：《沧浪诗话校释》，人民文学出版社1961年版，第113页。

抱题断”，[①]此说显然源于齐己《风骚旨格》之“诗有六断”，[②]又其中“诗有四题体”，“一曰第一句见题。二曰第二句见题。三曰第三句见题。四曰第四句见题”，[③]无疑承袭了王昌龄《诗格》“论文意”的说法。[④] 此外，唐五代诗格中有关诗歌结句须含不尽之意的说法也很受宋人重视。胡仔《苕溪渔隐丛话》称赏：“《宫词》云‘监宫引出暂开门，随例虽朝不是恩。银钥却收金锁合，月明花落又黄昏。’断句极佳，意在言外，而幽怨之情自见，不待明言之也。诗贵乎如此，若使一览而意尽，亦何足道哉！”[⑤]又杨万里(1127—1206)《诚斋诗话》驳斥《金针诗格》之说，提倡韵味悠长的结句：“《金针法》云：‘八句律诗，落句要如高山转石，一去无回。’予以为不然。诗已尽而味方永，乃善之善也。”[⑥]又姜夔(1155—1221?)《白石道人诗说》云：“一篇全在尾句，如截奔马。词意俱尽，如临水送将归是已；意尽词不尽，如抟扶摇是已；词尽意不尽，剡溪归棹是已；词意俱不尽，温伯雪子是已。”[⑦]一望而知，其说乃沿用了前引五代僧神彧“论诗尾”之说。

综上所述，构成“起承转合”之法的三个要素，在宋代诗歌章法理论中已经形成。笔者不惮其烦地罗列出这三个要素的内容及产生时间，是为了说明，类似“起承转合”之法的诗歌章法理论主要是在两宋之间，由黄庭坚、范温、韩驹等江西诗派诗人及其追随者所提倡的。这既是宋人继承唐五代诗格中的章法理论的结果，又是他们在文学理论、文学创作方面独辟蹊径的尝试。另一方面，上述江西诗派诗人的政治观念固然各有其特点，但他们都与元祐党人有着密切联系。比如，“苏门四学士”之一的黄庭坚，曾屡次与苏轼同时被贬谪；又据《宋史》卷四四五《韩

① [宋]景淳：《诗评》，吴文治主编《宋诗话全编》拾，江苏古籍出版社 1998 年版，第 10425 页。
② 齐己：《风骚旨格》“诗有六断”，张伯伟：《全唐五代诗格汇考》，江苏古籍出版社 2002 年版，第 414 页。
③ [宋]景淳：《诗评》，吴文治主编：《宋诗话全编》拾，江苏古籍出版社 1998 年版，第 10425 页。
④ 旧题王昌龄：《诗格》卷上“论文意”，张伯伟：《全唐五代诗格汇考》，江苏古籍出版社 2002 年版，第 161 页。
⑤ [宋]魏庆之著、王仲闻点校：《诗人玉屑》卷六《命意》“有不尽之意”引，中华书局 2007 年版，第 174—175 页。
⑥ [宋]杨万里：《诚斋诗话》，丁福保辑：《历代诗话续编》，中华书局 1983 年版，第 137 页。
⑦ [宋]姜夔：《白石道人诗说》，[清]何文焕辑：《历代诗话》，中华书局 1981 年版，第 682—683 页。

驹传》，韩驹曾因师尚蜀学而被贬，[1]吕本中亦曾受党祸株连。元祐党人大多反对以《三经新义》为代表的"荆公新学"，因此，自熙宁四年（1071年）以降在科举考试中实行的"经义"作法，不大可能对上述江西诗派中人的诗歌理论产生影响。[2]

但宋代诗歌章法理论并非与科举考试毫无关系。其中省题诗规范的影响颇值得重视。

与唐代相比，省题诗在科举考试中的地位无疑是大大降低了。这首先是因为宋代诗赋试中，去取予夺皆决于赋而不是诗，欧阳修（1007—1072）《六一诗话》就已经指出："自科场用赋取人，进士不复留意于诗，故绝无可称者。"[3]至于南宋，赋重于诗的局面仍未改变，刘克庄（1187—1269）云："唐世以赋诗设科，然去取予夺一决于诗，故唐人诗工而赋拙。……本朝亦以诗赋设科，然去取予夺一决于赋，故本朝赋工而诗拙。"[4]其次才是缘于宋熙宁四年（1071年）科举考试罢诗赋而兴经义，其后诗赋试几罢几复：元祐时恢复诗赋，元祐四年（1089年）分设"经义兼诗赋进士""经义进士"两种；但绍圣元年（1094年）又罢诗赋，诗赋被视为元祐学术而遭到禁毁，政和中（1111—1117）官方甚至制定了禁止士大夫传习诗赋、否则杖一百的法令。[5] 诗赋之衰微，由此不难想见。南宋复试诗赋，经义与诗赋几分几合，至绍兴二十一年（1161年）分立两科，并且规定国学及诸州解额以三分为率，二分取经义，一分取诗赋。[6] 那么南宋时经义仍然盛于诗赋，也是不争的事实。

尽管如此，宋代文人对省题诗仍然抱有很大兴趣，尤其是江西诗派中人，在罢诗赋之前，通过科举进身的现实需要和对诗歌创作的强烈兴趣，使得他们对省题诗颇为留意；尊经义黜诗赋之后，由于反对王安石

---

① [元]脱脱等撰：《宋史》卷四百四十五《文苑韩驹传》，中华书局第13140—13141页。

② 关于北宋党争与文学的关系，参见沈松勤《北宋文人与党争——中国士大夫群体研究之一》（人民出版社1998年版），萧庆伟《北宋新旧党争与文学》（人民文学出版社2001年版）。

③ [宋]欧阳修：《六一诗话》，[清]何文焕辑：《历代诗话》，中华书局1981年版，第272页。

④ [宋]刘克庄：《后村先生大全集》卷九九《李耘子诗卷》，四部丛刊本。

⑤ 叶梦得（1077—1148）《石林燕语》卷九、葛立方《韵语阳秋》卷五、洪迈《容斋诗话》卷六都述及此事，但对禁令实施时间、取消原因等问题的说法不一致。

⑥ 参见何忠礼《宋史选举志补正》"附录三：宋代进士科省试试艺内容变迁表"，浙江古籍出版社1992年版；李弘祺《宋代官学教育与科举》，台北联经出版公司1994年版。

经义,他们可能更加热衷于吟诗论文。

宋人对省题诗的兴趣,首先表现在他们对本朝省题诗佳作的关注。欧阳修(1007—1072)《六一诗话》云:"惟天圣二年省试《采侯诗》,宋尚书祁最擅场,其句有'色映堋云烂,声迎羽月迟',尤为京师传诵,当时举子目公为'宋采侯'。"[①]其后司马光(1019—1086)《温公续诗话》记载了天圣八年(1030年)、景祐元年(1034年)、庆历二年(1042年)、皇祐五年(1053年)省题诗的名句;[②]又刘攽(1023—1089)《中山诗话》录有杨谔、滕甫等人的省题诗佳句。[③] 李颀(约1126年前后在世)《古今诗话》引用了《温公续诗话》《中山诗话》中有关省题诗的内容,[④]张鎡(1153—1211?)《诗学规范》收录了《六一诗话》中有关省试采侯诗的文字,[⑤]俞文豹(约1250年前后)《吹剑录全编·吹剑录》摘录了唐钱起以来的省题诗名句。[⑥] 可见,几乎在宋代的每一个历史阶段,人们都在关心省题诗创作。

不惟如此,宋代文人为了在科举考试中脱颖而出,常常练习写作省题诗。黄庭坚不仅本人曾经写作五言六韵诗,还鼓励他的外甥留意省题诗:

> 赋自是中郎父子旧业,更须留意作五言六韵诗。若能此物,取青紫如拾芥耳。老舅往常作六七篇,尝见之否。或未见,当漫寄。[⑦]

与此同时,人们还展开了有关省题诗创作技巧的讨论。句法方面,黄庭坚在同信中指出:"大体作省题诗,尤当用老杜句法。将有鼻孔者,便知是好诗也。"[⑧]此说揭示了省题诗规范与文学风尚交互影响的关系。又

---

① 欧阳修:《六一诗话》,[清]何文焕辑:《历代诗话》,中华书局1981年版,第272页。

② [宋]司马光:《温公续诗话》,[清]何文焕辑:《历代诗话》,中华书局1981年版,第275页。

③ [宋]刘攽:《中山诗话》,[清]何文焕辑:《历代诗话》,中华书局1981年版,第297—298页。

④ [宋]李颀《古今诗话》"宋初诸进士省试诗"条,郭绍虞辑:《宋诗话辑佚》卷上,中华书局1980年版,第166—167页。

⑤ [宋]张鎡《诗学规范》"宋采侯"条,郭绍虞辑:《宋诗话辑佚》附辑,中华书局1980年版,第619页。

⑥ 俞文豹:《吹剑录全编·吹剑录》,吴文治主编:《宋诗话全编》玖,江苏古籍出版社1998年版,第8833—8834页。

⑦ 黄庭坚:《宋黄文节公全集·正集》卷第十九《与洪甥驹父》,《黄庭坚全集》第二册,四川大学出版社2001年版,第484页。

⑧ 同上。

宋时省题诗的“破题”技巧也为人所重视。俞文豹《吹剑录全编·吹剑录》载：“吾乡盛先生麃分教京庠，每教人破诗，须有来历。”①

省题诗规范之所以能对宋代诗论产生影响，不仅因为宋人仍然重视省题诗，更由于省题诗规范至宋代才逐步确立。众所周知，省题诗从唐代开始实行，②但唐代省题诗的写作手法仍比较自由，后唐长兴元年(930年)翰林院奏本称：“伏乞下所司，依《诗格》《赋枢》考试进士。”③可见此时省题诗规范尚未定型。宋人的文体辨析意识极强，因此入宋以后省题诗逐渐被视为一种诗体，其规范也开始定型。葛胜仲(？—1144)《丹阳集》中透露了当时省题诗的基本规范：

> 省题诗自成一家，非他诗比也。首韵拘于见题，则易于牵合，中联缚于法律，则易于骈对，非若游戏于烟云月露之形，可以纵横在我者也。④

葛胜仲指出了省题诗的两条规则：其一，首韵必须“见题”；其二，中联应当严守韵律。“省题诗自成一家”的说法，尤为值得注意。“省题诗”被视为一种诗体之后，它对诗歌创作理论产生影响，便是顺理成章之事了。魏庆之《诗人玉屑》卷三“句法”中专门设有“省题诗句”一类，⑤也是同样的文学观念的反映。

省题诗规范对诗歌章法理论的影响何在呢？如前所说，葛立方已经指出“首韵拘于见题”，可知省题诗首先要求诗歌发端紧扣诗题。关于省题诗紧扣诗题的重要性，清人也有论述：“王楷堂比部曰：或问试帖与古近体有以异乎？余曰：同而异，异而同，惟善学者参之耳。古近体义在于我，试帖义在于题。古近体诗不可无我，试帖诗不可无题。”⑥省题诗尤其强调诗歌各部分与诗题的关合，因此“起承转合”之说的第三

---

① 俞文豹：《吹剑录全编·吹剑录》，吴文治主编：《宋诗话全编》玖，江苏古籍出版社1998年版，第8834页。

② 参见傅璇琮先生《唐代科举与文学》，陕西人民出版社1986年版。

③ [宋]王钦若等：《册府元龟》卷六百四十二，明刻初印本。

④ 葛立方：《韵语阳秋》卷三引，[清]何文焕辑：《历代诗话》，中华书局1981年版，第508页。

⑤ [宋]魏庆之著、王仲闻点校：《诗人玉屑》卷三《句法》“省题诗句”，中华书局2007年版，第69页。

⑥ [清]梁章钜：《试律丛话》卷一，梁章钜著、陈居渊点校：《试律丛话》，上海世纪出版集团、上海书店出版社2001年版，第515页。

个要素的形成，必然是受到了省题诗规范的影响：其一，如前所述，宋人热衷于论述诗歌“命意”，往往强调诗歌发端、结句揭示诗意。

其二，宋人重视诗歌是否“着题”“切题”。大概从中唐开始，人们已在诗论中使用“着题”这一概念，但“着题”说的盛行，却是到了宋代才开始的。[①] 如《王直方诗话》中有“似恁着题诗某吟不得”的说法。[②] 由于过分切题则失于浅露，因此人们要求诗歌各部分必须适当切题，同时反对过分拘泥于题意。《王直方诗话》中有“（作诗）贵破的又畏粘皮骨，此所以为难。……石曼卿《梅诗》云‘认桃无绿叶，辨杏有青枝’，恨其粘皮骨也”之说。所谓“破的”与“粘皮骨”，含义之一应当是巧妙切题与拘于题意的差别。重视省题诗章法的葛立方，将这一观点吸收进了《韵语阳秋》。《诗人玉屑》卷五“初学蹊径”中有同样内容。又李颀《古今诗话》中有“诗着题”一条：

> 王拱辰守长安日，初礼上理掾口号云：“人间合作大丞相，天下犹呼小状元。”梅挚知钱塘，有一掾官撰札上曲子云：“黄阁方开，金鼎调羹只待梅。”皆着题。

这里是以赞许的语气讨论“着题”。以后一首曲子为例，“黄阁”既是指官府，又暗指“黄梅”之黄，“只待梅”之“梅”，既是指调味品之梅，又指代梅挚之姓，这句话以调味待梅比喻下属都翘首盼望梅挚来主持钱塘政务。这里巧妙地运用双关法，既切合主旨，又无浅露之弊。周必大（1126—1204）对苏轼《寿星院寒碧轩》之“切题”的分析尤为细致：

> 苏文忠公诗，初若豪迈天成，其实关键甚密。再来杭州《寿星院寒碧轩》诗，句句切题，而未尝拘。其云：“清风肃肃摇窗扉，窗前修竹一尺围。纷纷苍雪落夏簟，冉冉绿雾沾人衣。”寒碧各在其中。第五句“日高山蝉抱叶响”，颇似无意，而杜诗云：“抱叶寒蝉静”，并叶言之，寒亦在中矣。“人静翠羽穿林飞”，固不待言。末句却说

① 参见浅见洋二《标题的诗学：论宋代文人的着题及其源流》，《新宋学》第一辑。

② 郭绍虞辑：《宋诗话辑佚》卷上《王直方诗话》“嘲王禹玉诗”条，中华书局1980年版，第21页。

破："道人绝粒对寒碧，为问鹤骨何缘肥。"其妙如此。[①]

"句句切题，而未尝拘"，这是宋人在"着题"方面的对立统一思想。从周必大的以上分析可以看出，诗歌各部分关照诗题，也有利于诗歌各部分之间建立逻辑联系。又朱熹（1130—1200）亦云："古人做诗，不十分着题，却好。今人做诗，愈着题愈不好。"（《朱子语类》卷一百四十）如前所说，陈善主张"诗文相生"，认为"诗中有文，则词调流畅"，同样，他在建立"着题"与"不拘"之间的平衡点方面，也颇进行了一番思考。首先，对于黄庭坚"临了须打诨"一说，他似乎担心这种"打诨"会破坏诗歌脉络的连贯性和诗意的完整性，因而他指出："予谓杂剧出场，谁不打诨？只是难得切题可笑尔。"另一方面，他又试图纠正"着题"的弊端："文章要须于题外立意，不可以寻常格律而自窘束。东坡尝有诗曰：'论画以形似，见与儿童邻。作诗必此诗，定知非诗人。'此便是文章关钮也。"[②]

宋人对着题与不着题的矛盾统一关系的思考，正是省题诗规范对诗歌的影响与反影响之间的冲突与融合的表现。虽然在唐五代诗格中已经出现了诗题各部分与诗题（诗意）关系的探讨，但宋人对"着题"问题尤为关注，对"着题"的利与弊、奇与正的思考尤为深入，这不能不说受到了省题诗规范的影响。

以上考察了以起承转合论诗的三个要素形成于宋代的文化背景：诗歌理论创新的需要和唐宋省题诗规范的影响。必须说明的是，这两方面之间存在着互动关系，它们相辅相成地促进了类似"起承转合"的诗歌章法理论的形成。

本书主要论述了宋代诗论与起承转合的关系。事实上，作为诗歌理论的"起承转合"，还受到了省题赋规则的影响。宋代省题赋的作法为：

---

① 周必大：《二老堂诗话》"东坡寒碧轩诗"条，[清]何文焕辑：《历代诗话》，中华书局1981年版，第669—670页。

② 陈善：《扪虱新话》下集，吴文治主编《宋诗话全编》陆，江苏古籍出版社1998年版，第5571、5578页。

(秦)少游言：凡小赋如人之元首，而破题二句乃其眉，惟贵气貌有以动人。故先择事之至精至当者先用之，使观之便知妙用；然后第二韵探原题意之所从来，须便用议论。第三韵方立议论，明其旨趣。第四韵结断其说，以明题意思全备；第五韵或引事，或反说；第七韵反说，或要终立义；第八韵卒章，尤要好意思尔。[①]

与唐代佚名《赋谱》比较可知，宋代省题赋对结构的要求更加具体。此说强调了省题赋八韵都是从不同角度阐明题意。秦观(1049—1100)生活的时代，"经义"科推行未久，何况秦观为元祐党人，是故他所说的省题赋规范不可能受到新兴的经义作法的影响。相反，由这一段议论还可以看出，省题赋的八韵结构很容易转化成"起承转合"四部分；而"探原题意之所从来""结断其说，以明题意"等说法，表明经义作法的"原题""结题"[②]等规则很可能是在省题赋规范的影响下产生的。同样，宋魏天应《论学绳尺》中有"破题""承题""讲题""举题"等概念，[③]考虑到策论的规范至南宋才逐步定型，[④]因而策论规范中类似"起承转合"的观念也应该是在省题诗赋作法的激荡下产生的。

宋末元初，科举废而诗歌兴，此时以"起承转合"论诗已是呼之欲出。刘辰翁(1232—1297)诗评中，"'柑橘无千里'承得浑"[⑤]"《续丽人行》起得似沓拖，似春容"[⑥]"此诗(即陈子昂《感遇三十六首》(其三十一))起结转换，皆畅竭可诵"[⑦]等评点俯拾皆是。其说尤为重视诗歌各部分之间的关系，尤其是"起结转换"等概念，已颇接近于"起承转合"。在省题诗赋规范影响下的经义作法，对"起承转合"之说的成熟也有一

① 李廌：《济南先生师友谈记》，宋百川学海本。

② [元]倪士毅：《作义要决》"原题"条、"结题"条，四库全书本。

③ [宋]魏天应编、[宋]林子长注：《论学绳尺》卷一、卷二、卷一、卷五，清文渊阁四库全书补配文津阁四库全书本。

④ 《四库全书总目》卷一八七《论学绳尺》提要云："(策论)其始尚不拘成格，如苏轼刑赏忠厚之至论，自出机杼，未尝屑屑于头项心腹腰尾之式。南渡以后，讲求渐密，程式渐严，试官执定格以待人，人亦循其定格以求合。于是双关三扇之学兴，而场屋之作遂别有轨度，虽有纵横奇伟之才，亦不得而越。"([清]永瑢等：《四库全书总目》卷一八七《集部・总集类二》"论学绳尺十卷"条，中华书局1965年版，第1702页)

⑤ 《刘须溪评点孟东野诗集》卷二十四，明凌濛初刻朱墨套印本。

⑥ 《须溪评点王状元集诸家注分类东坡先生诗》卷一。

⑦ [明]高棅编选：《唐诗品汇》卷三，上海古籍出版社1982年版，第77页。

定的推动作用,至少是为宋代诗歌章法理论提供了“起承转合”这一名称。

四　元人以“起承转合”论诗

元代有关“起承转合”的观念主要见于元人诗法中,元代诗法著作大兴,讨论诗歌篇法、句法、字法的文章层见叠出,作为诗歌章法理论的“起承转合”自然便成了人们津津乐道的话题。“起承转合”的诗法在元代大致朝着两个方向发展:其一,以“起承转合”论诗的观念在元代真正定型,并且被推而广之,被认为适用于所有诗歌体裁。其二,人们继续批驳律诗唯重中间两联的观念,更重要的,将律诗分为前后两部分、类似金圣叹“分解”说的观念已开始萌芽。

目前可以看到的元代诗法著作为数颇丰,但大多是明刊本,且往往假托元代杨仲弘(载)、范德机(椁)、虞侍书(集)、揭曼硕(傒斯)等元代著名诗人之名,其真正的成书时间与作者事实上很难确定。为了稳妥起见,本文论述元代诗法,主要依据出自元末和明初刊刻的诗法汇编的部分,即卢挚撰《文章正宗》①,题杨载撰《诗法家数》②,题吴成、邹遂、王恭撰《诗解》③,题范德机撰《木天禁语》④,佚名撰《诗法源流》⑤,佚名撰《诗家一指》⑥,佚名撰《诗宗正法眼藏》⑦等。

上述元代诗法表明,元代以“起承转合”论诗和类似“起承转合”的诗歌章法理论,大致可分为三种类型:

---

① 最早见于日本延文四年(1359 年)刊五山版《诗法源流》,参见张健编著《元代诗法校考》(北京大学出版社 2001 年版,第 1 页),以下所引元代诗法,皆据此本。

② 最早见于明宣德年间朱权编《西江诗法》,参见《元代诗法校考》,第 8 页。

③ 最早见于日本延文四年(1359 年)刊五山版《诗法源流》,参见《元代诗法校考》,第 40 页。

④ 其名最早见于明洪武年间赵撝谦所撰《学范》中,参见《元代诗法校考》,第 135 页。

⑤ 最早见于日本延文四年(1359 年)刊五山本《诗法源流》,明洪武年间高棅《唐诗品汇·历代名公叙论》引述其中三段,参见《元代诗法校考》,第 226 页。

⑥ 最早见于明洪武年间赵撝谦《学范》所引,参见《元代诗法校考》,第 273 页。

⑦ 最早见于明宣德年间朱权编《西江诗法》,参见《元代诗法校考》,第 325 页。按,此篇还见于嘉靖年间熊逵、方九叙刊,傅若川编《傅与砺诗法》,此书卷一有跋文称《傅与砺诗法》原刊于明洪武二十一年(1388 年),此跋为伪托(参见《元代诗法校考·前言》)。张健认为《傅与砺诗法》为元人著述,然而,如果此跋为伪托,那么《傅与砺诗法》就不见得是明洪武年间刊本,而应视为嘉靖年间刊本。

其一,《诗法家数》《诗法源流》[1]直接采用"起承转合"的概念阐述诗歌结构。这两种诗法对"起承转合"的适用对象的看法不尽相同。如前所述,《诗法家数》点明律诗分"起承转合"四段,[2]于绝句有"起承二句"之说,亦指出绝句"宛转变化工夫,全在第三句,若于此转变得好,则第四句如顺流之舟矣",[3]但并未直接以"转句""合句"指代"第三句","第四句",可见,《诗法家数》只是肯定了律诗须以"起承转合"为法,尚未明确形成各体诗歌必以"起承转合"为结构的观念。就律诗的"起承转合"而言,《诗法家数》试图以"起承转合"一说来包容多种诗歌结构。将"起承转合"理解为一种突然而起、富于变化的诗歌结构,崇尚诗歌具有雄壮的气势,如"破题或对景兴起,或比起,或引事起,或就题起。要突兀高远,如狂风卷浪,势欲滔天",这与梅圣俞《续金针诗格》是一脉相承的。又其论结句云:"或就题结,或推开一步,或缴前联之意,或用事。必放一句作散场,如剡溪之棹,自去自回,言有尽而意无穷。"[4]这是糅合宋人"断句旁入他意"和"词尽意不尽"等说法而成。这样看来,《诗法家数》中的"起承转合"实际上并不是某种固定的结构形式,而是一个兼容了多种结构形式、不断变化发展的诗论体系。

而《诗法源流》不仅详细论述了绝句、律诗、长律、古诗、《三百篇》中的"起承转合"之法,比如"《三百篇》,如《周南·关雎》,则以第一章为起、承,第二章为转,第三章为合",而且追求的从容不迫的诗风也与《诗法家数》不同:"起处要平直,承处要舂容,转处要变化,合处要渊永。"[5]

这两种诗法还有一个分歧点:对于律诗各联之间的关系,《诗法家

① 明熊逵于嘉靖年间所编《清江诗法》中有《吟法玄微》,内容与《诗法源流》颇多相似之处,但很难认为它是元人诗法,而且其成书时间应当晚于《诗法源流》,首先是因为现在可知的此书最早刊本是嘉靖本,其次《吟法玄微》所论述的问题与《诗法源流》完全相同,但除了历代诗歌流变一段外,观点皆与《诗法源流》截然相反。比如《诗法源流》认为各体诗歌乃至《诗三百》皆有"起承转合",而《吟法玄微》主张"起承转合四字,施之绝句则可,施之律诗则未尽然。……故起承转合四字,于绝句为切当,余不可尽泥也"。此外,《吟法玄微》还驳斥了《诗法源流》的"律诗当先得中四句""诗歌以兴为承转合""律诗景联分赋比兴"等说法。

② 旧题杨载:《诗法家数·律诗要法》,张健:《元代诗法校考》,北京大学出版社 2001 年版,第 17 页。

③ 旧题杨载:《诗法家数·绝句》,张健:《元代诗法校考》,北京大学出版社 2001 年版,第 23 页。

④ 旧题杨载:《诗法家数·律诗要法》,张健:《元代诗法校考》,北京大学出版社 2001 年版,第 17、18 页。

⑤ 佚名:《诗法源流》,张健:《元代诗法校考》,北京大学出版社 2001 年版,第 242 页。

数》虽然将中间两联视为一个意义群体，认为这两联"须要血脉贯通，音韵相应，对偶相停，上下匀称"，[①]但它批驳了律诗以中两联为核心的流行观念，强调起结的重要性："世之学者，多用意中间两联，而不知首尾起结处尤难下笔也"，[②]这与严羽《沧浪诗话》等宋代诗论的观念是一脉相承的，《诗法源流》却主张"绝句则当先得后二句，律诗则当先得中四句"。[③]

其二，《诗解》中没有直接出现"起承转合"的说法，但已有"起句""承句""转折"等概念，并注意到有些律诗"前四句一意，后四句一意"的结构特点。此书立"接项格""交股格""纤腰格"等三十九格，并以杜甫诗歌为例，说明律诗四联八句之间相接相应的结构关系，这三十九格实际上是将"起承转合"之说具体化了。必须指出的是，其中有几种格透露了关于诗歌结构的一种观念：有些律诗可以划分为前后两段。比如《秋兴八首》之三"千家山郭静朝晖"一首为"纤腰格"，书中还附有"邹曰：此诗前四句一意，后四句一意，然亦相续起句之意，隐而不觉耳"的诠释，有趣的是，邹遂可能认为律诗分两段的观念与"起承转合"之说似稍有分歧，故特意以"隐而不觉"来说明这类律诗存在着隐、显两层脉络。类似的两分法还有：《诸将》第二"韩公本意筑三城"为"结上生下格"，吴成释为"此前四句一意，后四句一意"，《暮登四安寺钟楼寄裴十迪》乃"两重格"，王恭指出"前四句言暮登也，后四句言寄裴十也"，又《题张氏隐居》为"先体后用格"，吴成认为"此前四句一意，言隐居之景物；后四句，隐居之兴味也"。此外，《狂夫》一首是作为"归题格"的例证出现的，但邹遂也看出"此诗前四句一意，后四句一意"，[④]同样是前后两分的结构。显然，诗歌前后两分的观念与上述"律诗当先得中四句"的说法是迥然有别的。

其三，《木天禁语》以"篇法、句法、字法、气象、家数、音节"为诗歌"六关"。[⑤] 在"篇法"一段中，此书认为七言律诗篇法有"一字血脉，二字

---

① 旧题杨载：《诗法家数·律诗要法》，张健：《元代诗法校考》，北京大学出版社2001年版，第19页。

② 旧题杨载：《诗法家数·总论》，张健：《元代诗法校考》，北京大学出版社2001年版，第39页。

③ 佚名：《诗法源流》，张健：《元代诗法校考》，北京大学出版社2001年版，第244页。

④ 旧题吴成、邹遂、王恭：《诗解》，张健：《元代诗法校考》，北京大学出版社2001年版，第50、58、58、77、105、110、103页。

⑤ 旧题范德机：《木天禁语·六关》，张健：《元代诗法校考》，北京大学出版社2001年版，第142页。

贯穿"等十三格，五言长古篇法为"分段、过脉、回照、赞叹"等，七言长古则以"分段、过段、突兀、字贯、赞叹、再起、归题、送尾"为篇法，[①]此外该书还分别探讨了五言短古、七言短古、乐府、绝句的篇法。上述篇法并未直接标以"起承转合"之目，但其重视诗歌结构的流畅和条理的观念与"起承转合"是声息相通的。

从元代诗法同样可以看出"起承转合"一说与推尊杜诗的关系。上述诗法著述所举诗例，或是全取杜甫诗篇，如《诗解》以杜甫《秋兴八首》《诸将五首》《吹笛》等四十三首七言律诗为例阐述诗歌结构；或是多数标举杜诗，如《木天禁语》的"七言律诗篇法"一段所列十三首诗中，有《江村》《中丞弟得除江陵并起居卫尚书夫人》《秋兴》之"昆明池水汉时功"、《玉台观》等四首为杜诗，"七言长古篇法"一段所举六首诗中，杜诗有《魏将军歌》等四首，又"绝句篇法"引用杜甫《存殁口号二首》《君山》《江甫逢李龟年》《绝句二首》等诗例。又如《诗法源流》论"起承转合"的部分，举唐人诗共九例，其中杜甫诗有《八月十五夜月二首》《题李尊师松树障子歌》等七首。如前所述，"起承转合"的诗歌理论在元代的定型，固然是由于宋元经义作法等外力的推动；就诗歌领域内部而论，正如宋代推尊杜诗的文学思想曾经催生了类似"起承转合"的诗论，元人承袭前代的诗歌章法理论并使得"起承转合"一说定型，也当与崇尚杜诗思潮在元代的延续密不可分。

总之，元代诗歌章法理论中，一方面，"起承转合"之说已经成熟定型；另一方面，与"律诗当先得中四句"的观念有别，产生了律诗"前四句一意，后四句一意"即分为前后两段的结构思想。这两方面都为金圣叹的律诗分解说导夫先路(说详下)。

五　"起承转合"诗法在明代的发展

明代茶陵派、前后七子、唐宋派等文学主张不尽相同甚至相互对立的文学派别，在承认"起承转合"诗法这一点上可说是同声共气。这与明代八股文的盛行密不可分，又是明人继承元代诗法理论的结果。此

① 旧题范德机：《木天禁语·篇法》，张健：《元代诗法校考》，北京大学出版社 2001 年版，第 142—155、156、157 页。

外，有明一代文学思潮对“法”的重视也是一个值得注意的背景。

关于明代八股文对诗歌理论的影响，以往的研究早已有所论述。[①]不过，如前所述，作为八股文法先驱的经义作法是在唐五代诗格影响下形成的，因此，严格说来，明代八股文作法与“起承转合”诗法是相互影响、相互刺激的关系。本节着重探讨继承元代诗法理论、重视规矩法度两方面与明代“起承转合”诗法的关系。

1. 继承元代诗法理论

明人极为重视元代诗法理论，这从现存的元代诗法著作多刊于明代一事可以看出。如明代徐骏编《诗文轨范》、明宣德年间朱权编《西江诗法》、正统年间史潜刊《新编名贤诗法》、明成化年间怀悦刊《诗家一指》及《诗法源流》、成化年间杨成刊《诗法》、嘉靖年间黄省曾刊刻《名家诗法》、嘉靖年间王用章编《诗法源流》等。[②]

明人对元代诗法著作的引用也说明了元诗法的影响力。比如编成于洪武二十六年(1393 年)高棅《唐诗品汇》引用了《诗法源流》，又谢榛(1495—1575)《四溟诗话》卷一曾提及所谓宋人“十三格”，实际上是出于前文所述、题名范德机的《木天禁语》；他论及的“杨仲弘律诗三十四格”，乃出于题吴成、邹遂、王恭撰《诗解》；他还说：“范德机曰：‘绝句则先得后两句，律诗则先得中四句。当以神气为主，全篇浑成，无短饤之迹，唐人间有此法。’”[③]如前所述，此说出自《诗法源流》。

在对元代诗法理论的批判继承中，明人形成了有法而不泥于法的观念，而其立足点仍是“起承转合”之法不可无。比如，李东阳评价“起承转合”云：“律诗起承转合，不为无法，但不可泥，泥于法而为之，则撑拄对待，四方八角，无圆活生动之意。然必待法度既定，从容闲习之余，或溢而为波，或变而为奇，乃有自然之妙，是不可以强致也。若并而废之，亦奚以律为哉?”[④]这是主张对“起承转合”的诗法不可僵化理解，必须加以灵活运用，然而，舍此诗法则律不成其为律。他的另一段论述也

① 参见吴承学《简论八股文对文学创作与文人心态的影响》，《文艺理论研究》2000 年第 6 期，第 79—85 页。

② 参见张健《元代诗法校考·前言》，北京大学出版社 2001 年版。

③ 谢榛：《四溟诗话》卷一、卷二、卷二，丁福保辑：《历代诗话续编》，中华书局 1983 年版，第 1149、1167、1167 页。

④ 李东阳：《麓堂诗话》，丁福保辑：《历代诗话续编》，中华书局 1983 年版，第 1376 页。

说明了他对“起承转合”的重视：“人但知律诗起结之难，而不知转语之难，第五第七句尤宜著力。如许浑诗，前联是景，后联又说，殊乏意致耳。”[①]这显然是在“起承转合”的视野下讨论作诗心得。又以谢榛而论，他一方面反对元人诗法的拘泥，称“作者泥此，何以成一代诗豪耶”，又指斥“杨仲弘律诗三十四格，谓自杜甫门人吴成、邹遂传其法。然窘于法度，殆非正宗”，另一方面，他的诗歌论带有明显的受元人诗法影响的痕迹。除了前文所述的引用元人诗法外，他还化用元诗法。比如他有“四关”说：“凡作近体，诵要好，听要好，观要好，讲要好。诵之行云流水，听之金声玉振，观之明霞散绮，讲之独茧抽丝。此诗家四关。使一关未过，则非佳句矣。”[②]此说与《木天禁语》之“六关　篇法句法字法气象家数音节　右一篇诗成，必须精研，合此六关，方为佳作。不然，则过不无矣”的说法，[③]显然是一脉相承的。又如谢榛主张“凡作诗先得警句，以为发兴之端，全章之主”，这也当是胎息于前引《诗法源流》“绝句则先得后两句”一段。在“起承转合”的问题上，他比较盛唐与宋人的区别云：“盛唐人突然而起，以韵为主，意到辞工，不假雕饰；或命意得句，以韵发端，浑成无迹，此所以为盛唐也。宋人专重转合，刻意精炼，或难于起句，借用旁韵，牵强成章，此所以为宋也。”这是批评宋人专重转合而起句却借用旁韵；又论诗歌起结曰：“凡起句当如爆竹，骤响易彻；结句当如撞钟，清音有余。”[④]这同样是一种“起承转合”之论，而且是重弹唐五代诗格和元《诗法家数》的老调，只不过所用比喻不同而已。凡此足以说明，元人诗法理论对明代“起承转合”之说的流行和有法而不泥于法的观念产生了很大影响。

2. 重视规矩法度

当然，明人之所以讲究“起承转合”等诗法，还由于明代许多文学流派都主张学习前人，势必要从规矩法度入手，只不过有些相对来说更重

① 李东阳：《麓堂诗话》，丁福保辑：《历代诗话续编》，中华书局1983年版，第1382—1383页。
② 谢榛：《四溟诗话》卷一、卷二、卷一，丁福保辑：《历代诗话续编》，中华书局1983年版，第1149、1167、1138—1139页。
③ 旧题范德机：《木天禁语·六关》，张健：《元代诗法校考》，北京大学出版社2001年版，第142页。
④ 谢榛：《四溟诗话》卷三、卷一、卷一，丁福保辑：《历代诗话续编》，中华书局1983年版，第1193、1143、1154页。

视创作个性的文人提出了从有法至无法的要求而已。以前七子为例，李梦阳(1472—1530)、何景明(1483—1521)都重视追本求源，追慕古人，他们的区别只在于前者侧重于法式规矩，后者要求在此基础上“领会神情，临景构结，不仿形迹”。[①] 又唐宋派唐顺之(1507—1560)等人则更是倡言“文之必有法，出乎自然而不可易者，则不容异也”；[②]又如后七子中的王世贞(1526—1590)在其前期津津乐道于篇法、句法，当然他也提出了用法的最高境界是“法极无迹”。[③]

必须承认，在明人所倡导的诗歌之规矩法度中，“起承转合”等结构之法受重视的程度，是不及“声律讽咏”之法的。[④] 由于前七子(包括其前驱李东阳)等人的复古主张是在反思台阁体冗弱平庸和时文割裂章句、穿凿附会的背景下提出的，因此他们尤为强调诗文之别，于法度规矩中首先重视音声，其次才是结构。以李东阳(1447—1516)为例，他虽曾论及诗歌的“起承转合”，但他讲得最多的还是诗歌的“声律讽咏”；尤其值得注意的是，宋人常常以“顿挫”来形容杜诗情感深沉浓烈、结构波澜起伏、声调抑扬顿挫等特点，[⑤]而李东阳《麓堂诗话》论杜诗之顿挫，却是侧重于音响格律：“长篇中须有节奏，有操，有纵，有正，有变。若平铺稳布，虽多无益。唐诗类有委曲可喜之处，惟杜子美顿挫起伏，变化不测，可骇可愕，盖其音响与格律正相称。回视诸作，皆在下风。”[⑥]李东阳所看重的杜诗之“顿挫起伏”，主要是就音响格律而言的，几乎与篇法结构无涉。

又以李梦阳而论，李梦阳《潜虬山人记》认为“诗有七难”：“格古，调逸，气舒，句浑，音圆，思冲，情以发之”，其中“调逸”“音圆”都与声律有关，他在《林公诗序》等篇中多次感慨“声异律乖而诗亡矣”的诗坛现状，又其《缶音序》指出“诗至唐，古调亡矣，然自有唐调可歌咏，高者犹足被管弦。宋人主理不主调，于是唐调亦亡”。[⑦] 这是说，宋诗尚理的流弊之

① 何景明：《何大复集》卷三二《与李空同论诗书》，四库全书本。

② 唐顺之：《唐顺之集》卷十《董中峰侍郎文集序》，浙江古籍出版社 2014 年版，第 466 页。

③ 王世贞：《艺苑卮言》卷一，丁福保辑：《历代诗话续编》，中华书局 1983 年版，第 961 页。

④ 李东阳：《李东阳集》文稿卷五《沧洲诗集序》，岳麓书社 1985 年版，第 443 页。

⑤ 参见莫砺锋《杜甫评传》，南京大学出版社 1993 年版，第 260—271 页。

⑥ 李东阳：《麓堂诗话》，丁福保辑：《历代诗话续编》，中华书局 1983 年版，第 1373 页。

⑦《空同集》卷四八《潜虬山人记》、卷五一《林公诗序》、卷五二《缶音序》，清文渊阁四库全书补配文津阁四库全书本。

一在于缺乏悠扬的声调。他推崇民间歌谣，也是着眼于情真音畅的。正因如此，“起承转合”等诗歌结构在七子派的诗论体系中虽占有一定地位，但并非最重要的因素。

明代推崇“起承转合”的结构论在与音调论的斗争中艰难地生存着。《明史·文苑传二》称：“华州王维桢以为七言律自杜甫以后，善用顿挫倒插之法，惟梦阳一人。”[①]其实，王维桢(号槐野)以顿挫倒插之法论杜诗，与李梦阳并不完全相同，甚至有矫正李氏重音调之弊的意味。何良俊(1506—1573)云：“盖此老(王维桢)学杜，余尝听其论诗，必要有照映，有开合，有关键，有顿挫，而南人唯重音调，不甚留意于此。若近时吴下之作，不复有首尾矣，使槐野见之，又当何如耶?”[②]何良俊此说揭示了诗法理论中重篇法与尚音调两种倾向的对立。《四友斋丛说》初刻于隆庆二年(1569 年)，由此可以推测，此时吴下文坛对音调的重视已远远超过了篇章结构。

明代末年以“起承转合”论诗的倾向与其对立面的矛盾进一步尖锐，于是诗论界出现了两种截然相反的发展方向，一方面是王夫之(1619—1692)等人彻底清算与时文有关的诗歌结构理论，认为“一篇止以事之先后为初终，何尝有所谓起承开合者? 俗子画地成牢，誓不入焉可也”；[③]另一方面，虞山冯舒(1593—1649)及其门弟子吴乔(1611—?)都承认“起承转合”，金圣叹等人则以全力继承并发展了“起承转合”的诗法(说详下)。

3. 重“中四句”与尚起结

值得注意的是，在明代支持“起承转合”的观念中，还有看重“中四句”与尚起结的分歧。由于晚唐至宋初流行先锤炼颔联、颈联即“中四句”，再补充首尾的作诗法，如前所述，宋代韩驹早已提出“凡作诗须命终篇之意”说，试图纠正此类作法的弊端；严羽《沧浪诗话》、姜夔《白石道人诗说》则呼吁人们重视诗歌起结的重要性。正如前文所指出的，元代诗法在论述“纤腰格”“结上生下格”“两重格”“归题格”时，已点明有些诗歌结构具有

① [清]张廷玉等：《明史》卷二百八十六《文苑传二·李梦阳传》，中华书局 1974 年版，

② 何良俊：《四友斋丛说》卷二十六《诗三》，中华书局 1959 年版，第 235—236 页。

③ 王夫之：《姜斋诗话笺注》，人民文学出版社 1981 年版，第 80 页。又参见蒋寅《起承转合：机械结构论的消长——兼论八股文法与诗学的关系》，第 65—75 页。

"前四句一意,后四句一意"的特点,这当是"分解"说的先声。入明以来,承袭严羽一派重视诗歌起结者,颇不乏其人。如李东阳论唐诗曰:"唐律多于联上著工夫……至于起结,即不成语矣",[①]批评"中四句"体之意隐约可见。然而后七子中的谢榛却赞同诗歌先得联。比如,他分析李白《宿五松山下荀媪家》道:"此太白近体,先得联者,岂得顺流直下哉?"[②]他还认同"诗以两联为主,起结辅之,浑然一气"。[③] 迄于天启、崇祯年间,推崇宋诗之风开始盛行,中四句体也因此大行其道。清初贺裳批评这一诗风曰:"天启、崇祯中,忽崇尚宋诗,迄今未已。究未知宋人三百年间本末也,仅见陆务观一人耳。……亦不复锻炼深思,仅于中联作一二姿态语,余尽不顾,起结尤极草草,方言俗谚,信腕直书。"[④]这样一来,无论宗唐还是尊宋,都有采用中四句体者,一时间中四句体在诗坛蔚为大观。金圣叹对这一时代风尚颇为反感,便试图以分解说矫正其弊。

六　金圣叹"起承转合"说的独特性

金圣叹完全服膺"起承转合"的诗法,他认为:"除起承转合,更无文法;除起承转合,亦更无诗法也。"[⑤]不惟如此,富于创新精神的金圣叹还从以下两方面发展了"起承转合"之法:其一是创立分解说,其二是推崇"起承转合"的活用。

1. 分解说的内涵

所谓诗歌分解,是在肯定律诗分为起承转合四部分的基础上,进一步指出诗歌可分为前后两个意群即前解和后解。

(1) 分解说与纠正中四句体的流弊

分解说作为一种诗歌结构理论,是与中四句说针锋相对的。金圣叹多次强调这一点:

---

① 李东阳:《麓堂诗话》,丁福保辑:《历代诗话续编》,中华书局 1983 年版,第 1377 页。

② 谢榛:《四溟诗话》卷二,丁福保辑:《历代诗话续编》,中华书局 1983 年版,第 1176 页。

③ 谢榛:《四溟诗话》卷二,丁福保辑:《历代诗话续编》,中华书局 1983 年版,第 1161 页。

④ 贺裳:《载酒园诗话》"陆游"条,郭绍虞编选、富寿荪校点:《清诗话续编》,上海古籍出版社 1983 年版,第 453 页。

⑤ 金圣叹:《鱼庭闻贯·示顾祖颂孙闻、韩宝昶、魏云》,《贯华堂选批唐才子诗甲集七言律》卷二,《金圣叹全集》壹,凤凰出版社 2008 年版,第 109 页。

诗本以八句为律，圣叹何得强为之分解？须知圣叹不是好肉生疮，正是对病发药。唐制八句，原止二句起，二句承，二句转，二句合，为一定之律。徒以前后二联可以不拘，而中四句必以属对工致为选，因而后人互相沿习，徒竞纤巧，无关义旨。至近代作诗，竟以中四句为身，而头上倒装两句为起，尾上再添两句为结。……抑岂知三四之专承一二，而一二用意高拔，比三四较严；五六转出七八，而七八含蓄渊深，比五六更切。宁可以起结二字抹却古人无数心血耶？圣叹所以不辞饶舌，特为分解。①

金氏认为，中四句说由“起承转合”之法发展而来，其特点在于以颔、颈两联为核心，并因此轻视起结的重要性。正是为了纠正中四句说的弊端，突出律诗起结的意义，金氏提出了分解说。② 乍看起来，分解说颇有机械理解诗歌结构的嫌疑，但金氏的本意却是驳斥中四句体之忽视诗歌结构的有机联系。如前所说，宋代以降人们已经开始强调起结以纠正中四句之弊，金氏之说并非凭空杜撰，而是前人重视起结观念的逻辑

① 金圣叹：《唱经堂杜诗解》卷三《秋兴八首》别批，《金圣叹全集》（四），江苏古籍出版社 1985 年版，第 670—671 页。

② 金圣叹批驳“中四句”体的说法还见于《贯华堂选批唐才子诗甲集七言律》卷四评李邕《奉和初春幸太平公主南庄》曰：“并不因起结只用一语，遂混作中四句诗也”（金圣叹：《金圣叹全集》壹，凤凰出版社 2008 年版，第 158 页）；卷四评崔颢《行经华阴》曰：“唐人奈何有中四句诗哉”（金圣叹：《金圣叹全集》壹，凤凰出版社 2008 年版，第 193 页）；卷五评刘禹锡《汉寿城春望》曰：“五、六，不知者或谓此岂非中填四句诗”（（金圣叹：《金圣叹全集》壹，凤凰出版社 2008 年版，第 318 页）；卷六评杨巨源《寄中书同年舍人》曰：“唐人何曾作中四句一样好语诗”（金圣叹：《金圣叹全集》壹，凤凰出版社 2008 年版，第 339 页）；卷七评许浑《汴河亭》曰：“如此，即奈何三、四、五、六，可作中四句乎”（金圣叹：《金圣叹全集》壹，凤凰出版社 2008 年版，第 444 页）；卷八评刘兼《梦归故园》曰：“若作中四句读，则‘夜窗’‘秋枕’‘临水’‘隔溪’，如何成列”（金圣叹：《金圣叹全集》壹，凤凰出版社 2008 年版，第 560 页）；《鱼庭闻贯·与任昇之炅》曰：“若此数十余首，其中乃有一首却是中四句诗者，便请下笔，快然批之驳之，直直示弟”（《贯华堂选批唐才子诗甲集七言律》卷二，《金圣叹全集》壹，凤凰出版社 2008 年版，第 102 页）；《鱼庭闻贯·与张才斯志皋》曰：“只顾看人中间三四五六之四句，便与啧啧嗟赏不住口”（《贯华堂选批唐才子诗甲集七言律》卷二，《金圣叹全集》壹，凤凰出版社 2008 年版，第 104 页）；《鱼庭闻贯·唱经堂东壁》曰：“唐人每每互相传诵三四或五六之四句”（《贯华堂选批唐才子诗甲集七言律》卷二，《金圣叹全集》壹，凤凰出版社 2008 年版，第 108 页）；《鱼庭闻贯·与张原田梅甡》曰：“加意只作中间四句，其弊何自而起”（《贯华堂选批唐才子诗甲集七言律》卷二，《金圣叹全集》壹，凤凰出版社 2008 年版，第 108 页）；《鱼庭闻贯·与殷嘉生丽》曰：“今人加意作中间四句，其端必是起于唐人”（《贯华堂选批唐才子诗甲集七言律》卷二，《金圣叹全集》壹，凤凰出版社 2008 年版，第 108 页）；《鱼庭闻贯·答沈匡来元鼎》曰：“今如作中四句诗，此为心中之所诚然者乎”（《贯华堂选批唐才子诗甲集七言律》卷二，《金圣叹全集》壹，凤凰出版社 2008 年版，第 110 页）；《唱经堂杜诗解》卷一评《画鹰》曰：“故知后人中四句实填之丑。”（《金圣叹全集》贰，凤凰出版社 2008 年版，第 628 页）

延伸。金圣叹还进一步主张起更重于结："来教云：'一二定而三四定矣。'甚善甚善！此始为知唐律诗三四者也。但弟愚意尚有进者：一二定而全诗皆定，岂直三四定而已哉。"①

必须说明的是，从诗论创新的角度而论，律诗分解说无疑具有一定的价值；但就创作与理论的关系而言，与中四句说一样，作为以一种固定模式来规范千变万化的诗歌创作的尝试，分解说注定了是会失败的。而且，金圣叹力倡分解说以抵制中四句说，而事实上不少唐诗恰恰正是中四句体。在评点这类诗歌时，金圣叹不得不煞费苦心地加以弥缝。比如他评点李邕《奉和初春幸太平公主南庄》"传闻银汉支机石，复见金舆出紫微。织女桥边乌鹊起，仙人楼上凤凰飞。流风入座飘歌扇，瀑水当阶溅舞衣。今日还同犯牛斗，乘槎共泛海潮归"一诗云：

> 此为从幸公主山庄，故以乘槎犯汉为起。然因"传闻""复见"一落，手法既宽，便不检括，竟于结句再用其语，此固是其通长。前后二解，欲作大开大阖，然读者则须细玩：其前解仍是前解，后解仍是后解，并不因起结只用一语，遂混作中四句诗也。……前解，写车驾果幸山庄；后解，写群臣尽见公主。②

这首诗中间二联都是描绘车驾幸山庄的具体情形，起结相互呼应，是典型的中四句体。因此，金氏为了证明此诗可分为前后二解而非中四句体，不得不构建出"车驾""群臣"两个视角，将前后二解分属于"车驾"与"群臣"，真可谓用心良苦。

有些唐诗在结构上既可视为中四句体，又不妨说是分解体，对于这类诗篇，金氏更是竭力否认其为中四句体，从而将其纳入分解诗的范围。比如，对于许浑《汴河亭》"广陵花盛帝东游，先劈昆仑一派流。百二禁兵辞象阙，三千宫女下龙舟。凝云鼓震星辰动，拂浪旌开日月浮。四海义师归有道，迷楼何异景阳楼"一诗，金氏评点道：

> 如此诗，三、四、五、六，人又欲疑都是一色写他豪侈，如何又非

① 金圣叹：《鱼庭闻贯·答许升年定升》，《金圣叹全集》壹，凤凰出版社2008年版，第106页。

② 金圣叹：《贯华堂选批唐才子诗甲集七言律》卷四评李邕《奉和初春幸太平公主南庄》，《金圣叹全集》壹，凤凰出版社2008年版，第158—159页。

中四句耶？殊不知此解，乃是立向汴河岸上，说他汴河当时。言彼隋炀帝者，只因小小题目，做起大大文章。……后解五六，则写其财富兵强，驾秦跨汉，纵心肆志，何虑何忧；而不谓人之所去，天亦同之，曾不转烛，便为亡陈之续，偏要引他景阳楼以痛鉴之也。①

从金氏对这首诗的分解来看，中四句说与分解说并无不可逾越的鸿沟。律诗四联之间本来都有联系，只不过紧密程度稍有不同而已。中四句说不过是强调颈联与颔联的关系更为密切，分解说则旨在说明首联与颔联、颈联与尾联分别构成一个意群。正因如此，无论某律诗是否为中四句体，金氏将该诗诠释为分解体时，都不会遇到太大困难。以此诗为例，金氏也承认颔联和颈联的一气而下，但首联和颔联又都是写汴河岸上所感所思，因而视为前解也未尝不可。概言之，金氏立分解说是以矫正中四句体之弊为目的，但他在评点中不顾中四句体的客观存在，试图以分解说范围所有律诗，这就陷入了另一种生搬硬套的泥潭。

（2）分解说与以文为诗的观念

正如“起承转合”的诗法蕴含了以文为诗的观念，金圣叹的诗歌分解说也与诗文合一的思想密切联系。金圣叹说：“诗与文，虽是两样体，却是一样法。一样法者，起承转合也。……学作文，必从破题起；学作诗，亦必从第一二句起。从第一二句起，方谓之诗，为其有起承转合也。不见人学作文，却先作中二比也。”②在诗文一法的前提下，此说揭示了诗歌之重视一二，恰如作文之讲究破题。他还阐述了诗歌分解说与文章发端、脱卸法的内在契合：

弟念唐诗实本不宜分解，今弟万不获已而又必分之者，只为分得前解，便可仔细看唐人发端；分得后解，便可仔细看唐人脱卸。自来文章家最贵是发端，又最难是脱卸。若不与分前后二解，直是

① 金圣叹：《贯华堂选批唐才子诗甲集七言律》卷七评许浑《汴河亭》，《金圣叹全集》壹，凤凰出版社2008年版，第443—444页。

② 金圣叹：《鱼庭闻贯·示顾祖颂孙闻、韩宝昶、魏云》，《贯华堂选批唐才子诗甲集七言律》卷二，《金圣叹全集》壹，凤凰出版社2008年版，第109页。

急切一时指画不出，故弟亦勉强而故出于斯也。[①]

诗歌之分为前后二解，恰如文章之有发端、脱卸，此说进一步反映了分解说是建立在以文为诗的观念之上的。

(3) 金氏对分解说的普适性和局限性的认识

金圣叹的分解说主要是就律诗而论的，但他还试图以此阐释所有诗歌的结构，因此他提出了"四句一解"说：

唐人诗，多以四句为一解。故虽律诗，亦必作二解。若长篇，则或至作数十解。夫人未有解数不识，而尚能为诗者也。[②]

这主要是就律诗和排律而言的，他在评点《古诗十九首》时，也主张"诗家毋论长篇短幅，必以四句一解为定体"。正如元人试图将所有诗歌都纳入"起承转合"的框架，金氏也希望把四句一解推扩到包括古诗在内的所有诗歌形式。然而，事实上四句一解说尚不足以诠释律诗结构，对于其他诗体而言，就更是方枘圆凿了。

如果金氏只是试图证明四句一解说的普适性，那他的诗歌结构论就完全是不顾诗歌实态的臆说了。金氏诗论的可贵之处在于，他清醒地认识到了"四句一解"说的局限性，是故他提出了"半解"以弥补四句一解说的不足。比如他评点《古诗十九首》之"青青河畔草，郁郁园中柳"曰："此只一解之半耳。凡诗中用半解者有二：有主句而不可尽言者，有宾句而不必多言者。此则宾句也，为欲叙'盈盈'一解，故先补叙此半解。"[③]在此说中，金氏不仅正视了"四句一解"说的例外的存在，而且试图解释例外出现的原因，论证不可谓不细密。

为了说明"半解"说之不妄，金氏又将此说与诗歌的蕴藉风格、悲愤情感联系起来，比如他评点杜甫《北征》"回首凤翔县，旌旗晚明灭"云：

① 金圣叹：《鱼庭闻贯·答顾掌丸慈旭》，《贯华堂选批唐才子诗甲集七言律》卷二，《金圣叹全集》壹，凤凰出版社 2008 年版，第 98 页。

② 金圣叹：《唱经堂杜诗解》卷一《赠李白》评，《金圣叹全集》贰，凤凰出版社 2008 年版，第 615—616 页。

③ 金圣叹：《唱经堂古诗解》第一首评、第二首评，《金圣叹全集》壹，凤凰出版社 2008 年版，第 23、25 页。

"此解止二句者，咽不成声，不复能长也。"[①]又如他认为《古诗》"东城高且长"中有"东城高且长，逶迤自相属"半解的原因是："随地可托，何怀此都？然此意却不明说，而但以半解略写，皆蕴藉处也。"[②]

与此相类似，当诗歌本为散体单行，连"半解"说也很难解释其结构时，金氏便视之为创体。其中之一为夹叙法。比如他评点杜甫《哀王孙》篇末"窃闻太子已传位，盛德北服南单于。花门剺面请雪耻，慎勿出口他人狙。哀哉王孙慎勿疏，五陵佳气无时无"道：

> 一解四句，今却只写三句，且停一句在后，而另自横插两句入来，作千叮万嘱已，然后将第四句说出，足此解。世间哪有如此裁诗法，使千年之下，亦哪有如此看诗法哉？思之不胜万世子云之痛。[③]

一望而知，此六句本是以三句为一个意群的，金氏为了迁就"四句一解"说，不得已提出了此乃一解之中横插半解的创体。他还进一步将类似结构称为"夹叙法"，比如他评点杜甫《北征》"生还对童稚，似欲忘饥渴。问事竞挽须，谁能即嗔喝。翻思在贼愁，甘受杂乱聒。新归且慰意，生理焉得说"八句云：

> "问事""挽须"四句是一解，"生还"二句合"新归"二句是一解。先生每有将一解割开，横插一解于中间者。皆有故。……一解在先生心头，一解在先生膝上，乃是一时齐有之事，不得不作夹叙法，割开前解，横插后解也。[④]

总之，为了将"四句一解"说发展为放之四海而皆准的诗歌理论，金圣叹创立了"半解""夹叙法"等补充条例，恰恰证明了例外太多便不成规律的常理。试图无限扩大分解说的普适性，是金氏立论偏执的一面；细致探讨分解说的种种例外并尽量给予解释，则显示了金氏诗论细密的一面。然而，"分解说"这一规则本身并非诗歌的铁律，更何况诗歌创作本

---

① 金圣叹：《唱经堂杜诗解》卷二《北征》评，《金圣叹全集》贰，凤凰出版社2008年版，第664页。

② 金圣叹：《唱经堂古诗解》第十二首评，《金圣叹全集》壹，凤凰出版社2008年版，第33页。

③ 金圣叹：《唱经堂杜诗解》卷一《哀王孙》评，《金圣叹全集》贰，凤凰出版社2008年版，第644页。

④ 金圣叹：《唱经堂杜诗解》卷二《北征》评，《金圣叹全集》贰，凤凰出版社2008年版，第668页。

来就不可能有什么铁律，因此金圣叹的种种细密分析便不可避免地走向了南辕北辙式的荒谬。

2. “起承转合”的活用

与元人《诗法家数》相比，金圣叹更提倡对“起承转合”诗法的活用，追求诗歌结构的变化出奇。如前所述，“起承转合”的诗法包含三个要素。对于诗歌分为四个部分这一层面，金氏以分解说发展了“起承转合”；而在强调各段之间的逻辑联系和重视各部分与诗题（诗意）的关系这两方面，金圣叹积极创新，试图将“起承转合”的诗法发展为灵活多变的诗歌结构理论。其主要表现为：

（1）诗歌意脉的若断若续和顿挫法

在诗歌各部分之间的逻辑关系的问题上，金圣叹既主张诗歌意脉的若断若续，又极力推崇诗歌意脉的转折陡急即“顿挫”，并认为顿挫法可以形成气势遒劲、含蓄蕴藉、清空健爽等多种诗歌风格。

其一，如前所说，宋人既崇尚诗歌各部分之间血脉贯穿，也认识到了诗歌“脉忌露”的特征。金氏则明确主张诗歌意脉应若断若续。比如他评点杜甫《韦讽录事宅观曹将军画马图引》起篇八句“国初已来画鞍马，神妙独数江都王。将军得名三十载，人间又见真乘黄。曾貌先帝照夜白，龙池十日飞霹雳。内府殷红玛瑙盘，婕妤传诏才人索”云：

> 前解说江都王……次欲写妙画称旨，宣赐宝盘耳，是亦绝技承恩恒事。他人搦管，亦所常叙。此忽又从天落语，云“内府殷红玛瑙盘”，是与上接，是与上不接？读先生诗，最要学此等句法也。[①]

在此，金圣叹认为“内府殷红玛瑙盘”与其上文的关系是似断似续，他将意脉的若接若不接推尊为杜诗最值得继承的特色之一。对于杜甫的联章体诗，他也认为各首之间的意义脉络是若有若无的：“道他是连，却每首断；道他是断，却每首连。”[②]

其二，推崇顿挫法。在宋人主张诗歌“打猛诨入，打猛诨出”即诗歌

---

① 金圣叹：《唱经堂杜诗解》卷三《韦讽录事宅观曹将军画马图引》评，《金圣叹全集》贰，凤凰出版社2008年版，第723—724页。

② 金圣叹：《唱经堂杜诗解》卷三评点《秋兴八首》，《金圣叹全集》贰，凤凰出版社2008年版，第752页。

意脉转折陡急的基础上，明代李东阳、李梦阳、谢榛、王维桢、王世贞等人都强调诗歌的顿挫之美，金圣叹的顿挫说又自有其特点。首先，金圣叹将诗歌的"顿挫"推崇到了无以复加的程度。金氏所谓顿挫，是指诗歌各部分意义的转折、断裂等关系。他认为诗歌之顿挫不仅是篇法结构追求的目标，而且也是句法结构努力的方向，主张"虽一句之中，必有沉郁顿挫之法"。他评析项斯《山行》首句"青枥林深亦有人"云：

> "青枥林"，看他出手下一"深"字，先写意中决道无人，则于林行尽处，忽见数家，便自然有一"亦"字跳脱而出。此所谓虽一句之中，必有沉郁顿挫之法也。[①]

又如他认为雍陶《送徐山人归睦州旧隐》乃"所谓笔笔皆有撇折之状也"。[②] 此外，在《贯华堂选批唐才子诗》中，他还指出贾至《早朝大明宫呈两省僚友》、[③]独孤及《同皇甫侍御斋中春望见示之作》、[④]李白《登金陵凤凰台》、戴叔伦《酬耿少府见寄》、武元衡《严司空荆南见寄》、白居易《送王十八归山寄题仙游寺》、温庭筠《赠知音》、许浑《姑熟官舍》《重游练湖怀旧》、赵嘏《齐安早秋》、刘沧《留别复本修古二上人》[⑤]等诗都深得顿挫之妙。

其次，金圣叹揭示了诗歌顿挫法与多种审美风格的关系。如前所述，明人论及诗歌顿挫时，往往侧重于照映开合等结构的对称性，而金圣叹细致探析了顿挫之法所形成的多种审美风格。

一是气势遒劲。金圣叹评《韦讽录事宅观曹将军画马图引》，将诗

① 金圣叹：《贯华堂选批唐才子诗甲集七言律》卷七评项斯《山行》，《金圣叹全集》壹，凤凰出版社 2008 年版，第 475—476 页。

② 金圣叹：《贯华堂选批唐才子诗甲集七言律》卷七评雍陶《送徐山人归睦州旧隐》，《金圣叹全集》壹，凤凰出版社 2008 年版，第 477 页。

③ 金圣叹：《贯华堂选批唐才子诗甲集七言律》卷四贾至《早朝大明宫呈两省僚友》评，《金圣叹全集》壹，凤凰出版社 2008 年版，第 164 页。

④ 金圣叹：《贯华堂选批唐才子诗甲集七言律》卷四独孤及《同皇甫侍御斋中春望见示之作》评，《金圣叹全集》壹，凤凰出版社 2008 年版，第 214 页。

⑤ 金圣叹：《贯华堂选批唐才子诗甲集七言律》卷四李白《登金陵凤凰台》评、卷四戴叔伦《酬耿少府见寄》评、卷五武元衡《严司空荆南见寄》评、卷六白居易《送王十八归山寄题仙游寺》评、卷六温庭筠《赠知音》评、卷七许浑《姑熟官舍》评、卷七许浑《重游练湖怀旧》评、卷七赵嘏《齐安早秋》评、卷七刘沧《留别复本修古二上人》评，《金圣叹全集》壹，凤凰出版社 2008 年版，第 217、286、306、352、403、430、433、448、469 页。

歌中转折陡急之处称为悍笔，极力赞叹其气势力度：

> 前解说江都王，方收到曹将军。此解悍笔忽又放去，忽又从天落下一“先帝照夜白”。怪矣哉，何其笔起笔落，亦须似龙池霹雳也！

在评析这首诗时，金圣叹接连用了“偏再用悍笔”“悍笔忽又从天落下一支遁”“悍笔奇事”数语，此处虽未出现“顿挫”一语，但“悍笔忽又放去”等说，显然是指诗意的转折变化。又金圣叹认为《北征》之“笔力”也产生于诗意的转折即顿挫之法：“上云不被诏不敢归，此云被诏已，犹不肯归。不止见其笔势之曲，且服其笔力之大。”①又金圣叹还以“大开大合”等语赞扬诗意的顿挫。比如，金氏评岑参《九日使君席奉饯卫中丞赴长水》曰：“此诗前后二解，一低一昂，备极笔墨之势。读前解，更不谓其后解却如此去；读后解，亦不谓其前解乃如此来。……此是唐初人大开大合文字。”在《贯华堂选批唐才子诗》中，金圣叹对李邕《奉和初春幸太平公主南庄》、崔颢《行经华阴》、韦庄《忆昔》等诗都予以了“大开大合”“大起大落”的评价。显然，与“悍笔”等语相类似，所谓“大开大合”，正是称誉诗歌前后二解诗意大幅度转折中所蕴含的气势力度。

二是含蓄蕴藉。金氏称顿挫法所构成的诗歌含蓄朦胧之美为“曲法”。比如，他剖析王建《贺杨巨源博士拜虞部员外》首联“合归兰署已多时，得上金梯亦未迟”云：“看他才动手，笔下便自七曲八曲。如‘合归’，如‘已多时’，如‘得上’，如‘亦未迟’。使人一时读之，竟不知其是怨是贺、是慰是悲也。”由于诗意的多层曲折，全诗具有一种扑朔迷离、恍恍惚惚的韵味，可见顿挫法能够传达百感交集、起伏不定的复杂情境。又金圣叹认为李商隐《赠知音》的结构也有类似的顿挫之妙：“一解写晏，一解写早，不知定晏定早，甚有顿挫之状也。”②

---

① 金圣叹：《唱经堂杜诗解》卷三《韦讽录事宅观曹将军画马图引》评、卷三《韦讽录事宅观曹将军画马图引》评、卷二《北征》评，《金圣叹全集》贰，凤凰出版社 2008 年版，第 723—724、724—725、663 页。

② 金圣叹：《贯华堂选批唐才子诗甲集七言律》卷四岑参《九日使君席奉饯卫中丞赴长水》评、卷四李邕《奉和初春幸太平公主南庄》评、卷四崔颢《行经华阴》评、卷八韦庄《忆昔》评、卷五王建《贺杨巨源博士拜虞部员外》评、卷六温庭筠《赠知音》评，《金圣叹全集》壹，凤凰出版社 2008 年版，第 195、158、193、564、297、403 页。

三是清空健爽。金圣叹认为诗歌清空健爽的风格，也可从顿挫之笔中得来。金氏一贯推崇清空健爽的诗风，曾有“唐初人应制诗，从来人人骂其板重，又岂悟其有如是之俊爽耶”之说，[①]在金氏看来，所谓清空，既指诗歌意象的清新而非典重，[②]又指诗歌章法的灵活多变。从他对李颀《送司勋卢员外》的分析来看：

> 试思正此送别，如何斗接到京？此直是其笔体自来轻健，不关苦心吟哦所得也。……试思才写欢喜，如何又斗写相思？此又是其笔体轻健所得。彼苦心吟哦者，固必无是事也。

所谓“轻健”是指诗意转折多变，诗歌具有跳脱灵动之美。类似的还有项斯《山行》前解“看他只是四句诗，乃忽写无人，忽写有人，忽又写无人，真为清绝出奇之构也”，同样是诗意多层转折形成了清空风格。金圣叹对诗歌意脉的断续、转折的追求，体现出崇尚不同诗歌风格的倾向，可以说，金氏在这一层面已充分开掘了“起承转合”之法所具有的审美潜力。

(2) 诗歌各部分与诗题的不同关系

作为“起承转合”之说的一部分 ，金氏诗论极为关注诗歌各部分(尤其是起结)的诗意与诗题的关系，并列出了“反起法”“追写”等名目。这类阐释进一步表明了金圣叹所理解的“起承转合”不是一种僵化的程式，而是一个具有一定弹性的诗论体系。金圣叹认为诗歌各部分在申写题意之外，还有表现题外之意、反题之意等变化。

就题外之意而论，金圣叹指出清江《喜严侍御蜀还赠严秘书》、[③]

---

① 金圣叹：《贯华堂选批唐才子诗甲集七言律》卷四张九龄《奉和圣制早发三乡山行》评，《金圣叹全集》壹，凤凰出版社 2008 年版，第 155 页。

② 如金氏评点罗隐《寄前宣州窦常侍》“喷烟瑞兽金三尺，舞雪佳人玉一围”云：“诗中‘金’‘玉’字自来难用，此又不知何故，再加‘三尺’‘一围’二字，反更见其清空。”(金圣叹：《贯华堂选批唐才子诗甲集七言律》卷八，《金圣叹全集》壹，凤凰出版社 2008 年版，第 581 页)；又评周朴《桐柏观》云：“写上山，用‘冲月’字，便只是清景，再用‘惊鹤’字，一发幽迥灵异。”(金圣叹：《贯华堂选批唐才子诗甲集七言律》卷八，《金圣叹全集》壹，凤凰出版社 2008 年版，第 542 页)可见“金”“玉”等富丽堂皇的意象易生板重之弊，“冲月”“惊鹤”等清幽脱俗的意象则有清空之妙。

③ 金圣叹：《贯华堂选批唐才子诗甲集七言律》卷四李颀《送司勋卢员外》评、卷七评项斯《山行》、卷八清江《喜严侍御蜀还赠严秘书》评，《金圣叹全集》壹，凤凰出版社 2008 年版，第 203、476、589 页。

杜甫《天宝初南曹小司寇舅于我太夫人堂下累土为山一篑盈尺以代彼朽木承诸焚香瓷瓯瓯甚安矣傍植慈竹盖兹数峰嵚岑婵娟宛有尘外数致乃不知兴之所至而作是诗》[①]《韦讽录事宅观曹将军画马图引》等诗皆善写题外之意，[②]为诗歌章法翻新出奇之法。比如，他赞赏杜甫《天宝初南曹小司寇舅于我太夫人堂下累土为山一篑盈尺以代彼朽木承诸焚香瓷瓯瓯甚安矣傍植慈竹盖兹数峰嶔岑婵娟宛有尘外数致乃不知兴之所至而作是诗》写法的变化曰："题亦繁矣，欲以八句收尽，不亦难乎！乃不惟宛转恰合，偏有本事向题外，更添出'在野''生云''献寿''佳气'等句，真乃绝奇之构也。"[③]

值得注意的是，金氏发现，在表现题外之意的诗歌中，有一种题外之意与诗题具有时间上的倒叙关系，他称之为"追写"。比如，他称赞清江《喜严侍御蜀还赠严秘书》云："题是喜逢，一解却反追写分散，大好律诗身份。"[④]为了提倡"追写"法，金氏有时不免穿凿附会甚至违背事实。比如他评点赵嘏《长安月下与故人语故山》云："此又一奇绝章法也。题是'长安月下'，诗却凭空先追写一'故山'。"[⑤]此说显然有故意标新立异之嫌：诗题中明明有"故山"二字，其实算不得追写。这也足证金圣叹极为欣赏追写法，推崇追写法对诗歌结构的创新变化。

至于反题之意，金圣叹指出有些诗歌的起句有意与诗题相背，他称之为反起法。如杜甫《不离西阁二首》，金氏评其一解曰："写西阁不可一朝居，日夜求离。不言可知，谓之'反起法'。"[⑥]有些则是全首诗意与

---

① 金圣叹：《唱经堂杜诗解》卷一《天宝初南曹小司寇舅于我太夫人堂下累土为山一篑盈尺以代彼朽木承诸焚香瓷瓯瓯甚安矣傍植慈竹盖兹数峰嶔岑婵娟宛有尘外数致乃不知兴之所至而作是诗》评，《金圣叹全集》贰，凤凰出版社2008年版，第632页。

② 金圣叹：《唱经堂杜诗解》卷三《韦讽录事宅观曹将军画马图引》评引，《金圣叹全集》贰，凤凰出版社2008年版，第723页。

③ 金圣叹：《唱经堂杜诗解》卷一《天宝初南曹小司寇舅于我太夫人堂下累土为山一篑盈尺以代彼朽木承诸焚香瓷瓯瓯甚安矣傍植慈竹盖兹数峰嶔岑婵娟宛有尘外数致乃不知兴之所至而作是诗》评，《金圣叹全集》贰，凤凰出版社2008年版，第632页。

④ 金圣叹：《贯华堂选批唐才子诗甲集七言律》卷八清江《喜严侍御蜀还赠严秘书》评，《金圣叹全集》壹，凤凰出版社2008年版，第589页。

⑤ 金圣叹：《贯华堂选批唐才子诗甲集七言律》卷七赵嘏《长安月下与故人语故山》评，《金圣叹全集》壹，凤凰出版社2008年版，第448页。

⑥ 金圣叹：《唱经堂杜诗解》卷四《不离西阁二首》评，《金圣叹全集》贰，凤凰出版社2008年版，第789页。

题旨对立，如金氏主张曹邺《碧浔宴上有怀知己》："此诗与题，章法最奇。题是'碧浔宴上有怀知己'，诗却是碧浔宴上无一知己。"[①]这一分析也不无穿凿附会。全诗描绘了诗人因在碧浔宴上落落寡合而思念知己的情况，换言之，正因碧浔宴上无一知己，诗人才会心生思念知己之情，因此，该诗诗意与诗题在逻辑上是非常顺理成章的，然而金圣叹为了创立新说，却故意强调诗题与诗意的对立冲突。

必须说明的是，金氏所主张的诗歌结构规则的变化是有限度的。金氏在论述以上诗歌结构形式时，往往加以"章法最奇""奇绝章法"之类的赞语。显然，他非常推崇诗歌章法的变化多样，强调对"起承转合"之类的结构规则的突破。但是，这种"奇"是相对于"正"而言的，是正体之变，这种突破类似戴着镣铐的舞蹈，是在承认"起承转合"等规则的前提下进行的，诗歌各部分诗意与诗题在意义上的相背、时间上的倒叙等"奇绝章法"，实质上还是诗歌各部分围绕诗题而展开的不同形式，仍然表明了诗歌各部分与诗题的密切联系。同时，正因金圣叹的思考是在"起承转合"之法的框架内进行的，他在追求诗歌结构理论创新的过程中就显得举步维艰，有时甚至是故意标新立异。这说明了作为规则的诗法在姿态各异的创作实态面前，既是在一定程度上有诠释效用的，又是在根本上无能为力的。

第二节　诗歌不写景说的形成背景

金圣叹论诗歌"不写景"云：

> 余尝谓唐人妙诗，从无写景之句。盖自《三百篇》来，虽草木鸟兽毕收，而并无一句写景，故曰"诗言志"。"志"者，心之所之也。[②]

金氏所说的"从无写景之句"，是说《诗经》、唐诗中不存在为写景而写景

① 金圣叹：《贯华堂选批唐才子诗甲集七言律》卷七曹邺《碧浔宴上有怀知己》评，《金圣叹全集》壹，凤凰出版社 2008 年版，第 484 页。

② 金圣叹：《唱经堂杜诗解》卷三《孤雁》评，《金圣叹全集》贰，凤凰出版社 2008 年版，第 750 页。

的句子，此说实际上完全否定了诗歌景语中的“赋体”。这并不是金圣叹一时兴起之论，他在诗歌评点中曾反复表达类似观点。《贯华堂选批唐才子诗》中有20处指出诗中的景语“非写景”，《唱经堂杜诗解》有15处。[①] 那么他认为这些景语传达了什么样的信息呢？他认为“言上解通解是楚水晓景也，实通解是‘杜陵秋思’也”，[②]“不知诗者，只谓堂前江横，柳边船泊，又是好景入画，殊不知其四句乃一副眼泪也”[③]。原来，金氏认为这些景语都寄托了诗人的情感思绪。

金氏的诗歌不写景说承载着思想史和文学批评史的多重意义，[④]从诗歌理论史来看，金圣叹诗歌不写景说受到了明清之际杜诗学、南宋以来律诗理论等观念的正面影响和反面刺激。

一　明清之际杜诗学“诗史”“比托”说的影响

金圣叹的诗歌不写景说，既是对诗歌的普遍看法，也是对杜诗“都是忠孝切实之言”[⑤]的特别肯定。因此，若论诗歌不写景说的思想背景，则不能不分析明清之际杜诗学的影响。

在明清之际的诗坛上，崇尚诗歌空灵蕴藉的倾向与强调诗歌内容充实的观点可说是并驾齐驱，这两种思潮都对金圣叹的诗论产生了冲击。[⑥] 就后者而言，此时杜诗学界成为崇尚诗歌有寄托的主力。由于经世致用之学的兴起、晚明社会危机的加深等种种因素的共同作用，文论界要求文学介入社会现实的呼声日益高涨，推重杜甫诗歌的风气较此前更为盛行，云间派、虞山派文人都对杜甫顶礼膜拜。比如陈子龙

① 参见拙著《金圣叹评传》附表七《金圣叹的诗歌“不写景”说一览》，南京大学出版社2006年版，第503—509页。

② 金圣叹：《贯华堂选批唐才子诗甲集七言律》卷六温庭筠《游南塘寄知者》评，《金圣叹全集》壹，凤凰出版社2008年版，第400页。

③ 金圣叹：《贯华堂选批唐才子诗甲集七言律》卷七赵嘏《东望》评，《金圣叹全集》壹，凤凰出版社2008年版，第449页。

④ 关于诗歌不“无故写景”说所折射的心物关系论的思想史意义，参见本书第十二章第一节《华严心本原说与文学思想的逻辑联系》。

⑤ 金圣叹：《唱经堂杜诗解》卷三《孤雁》评，《金圣叹全集》贰，凤凰出版社2008年版，第750页。

⑥ 关于晚明崇尚空灵蕴藉的诗论对金圣叹的影响，参见本书第十一章第三节《杜诗“虚幻”说与时代思潮》。

(1608—1647)赞美“少陵遇安史之变，不胜其忠君忧国之心”，[①]钱谦益著有《钱注杜诗》，朱鹤龄(1606—1683)撰《杜工部集辑注》，冯舒、冯班(1614—1681)兄弟和归庄都提出了诗歌兼奉建安和杜甫的主张，冯班称“今之论文者，但可祖述子建，宪章少陵，古今之变于斯尽矣”，[②]归庄认为“诗家前称七子，后称杜陵，后世无其伦比”。[③]

这些杜诗学家推尊杜甫，正是为奖倡忠君忧国的人格和崇尚忧时愤世的诗风。明清之际杜诗学者对诗歌反映现实的强调，可从时人对杜诗学史上两个重要问题的阐述中见出：

其一，诗史说。将杜诗誉为诗史的说法，最早见于五代孟棨《本事诗·高逸第三》“杜(甫)逢禄山之难，流离陇蜀，毕陈于诗，推见至隐，殆无遗事，故当时号为诗史”，[④]此说得到了宋人的广泛认同，陈岩肖《庚溪诗话》卷上、魏泰《临汉隐居诗话》、胡宗愈《成都草堂诗碑序》都以“诗史”一说肯定杜甫善陈时事的特点。迄于明清之际，杜诗学者为弘扬杜甫批评时事的现实精神，往往直接或间接地推崇杜诗的“诗史”特征。比如钱谦益追溯诗史离合的历史，论证以“诗史”誉杜诗的合理性云：“孟子曰：‘《诗》亡然后《春秋》作。’《春秋》未作以前之诗，皆国史也。人知夫子删《诗》，不知其为定史。人知夫子之作《春秋》，不知其为续《诗》。《诗》也，《书》也，《春秋》也，首尾为一书，离而三之者也。三代以降，史作史，诗作诗，而诗之义不能不本于史。曹之《赠白马》，阮之《咏怀》，刘之《扶风》，张之《七哀》，千古之兴亡升降，感叹悲愤，皆于诗发之。驯至于少陵，而诗中之史大备，天下称之曰诗史。”[⑤]这是主张诗史本来合一，三代以降诗史分离，仅曹操等少数作家以诗写史，至于杜甫才重新恢复了诗中有史的传统。这段论述中还隐含了对于“诗史”说的新阐释：此前人们往往以“诗史”概括杜诗直陈时事的特点，钱氏则认为

① 陈子龙：《左伯子古诗序》，《安雅堂稿》卷四，沈阳辽宁教育出版社2003年版，第71页。
② 冯班：《钝吟杂录》卷三《正俗》，文渊阁四库全书本。
③ 归庄：《归庄集》卷三《吴余常诗稿序》，上海古籍出版社2010年版，第182页。
④ [五代]孟棨：《本事诗·高逸第三》，古典文学出版社1957年版。
⑤ 钱谦益：《胡致果诗序》，《有学集》卷十八，《钱牧斋全集》伍，上海古籍出版社2003年版，第800页。

诗歌抒写有关千古兴亡升降的感怀悲愤，也可说是诗中有史。[①] 钱谦益《钱注杜诗》以诗史互证方法研究杜诗，堪称其诗史说的实践。钱氏肯定杜诗为“诗史”并拓展“诗史”说之内涵，是为了推崇诗歌表现“忠孝恻怛之心”“温柔敦厚之教”和“天地运世”等思想内容。[②] 又如陈子龙肯定杜诗的直陈时事云：“有唐杜子美，当天宝之末，亲经乱离，其发为诗歌也，序世变，刺当途，悲愤峭激，深切著明，无所隐忌，读之使人慷慨奋迅而不能止。”[③]此说实际上就是强调杜诗的“诗史”特征，赞赏杜诗忧时愤世的激情。明清之际“诗史”说的盛行和诗史内涵的扩大，体现了杜诗学界崇尚诗歌言之有物、关乎教化的倾向。

其二，“一字一句皆有比托”说。宋人极为推崇杜诗忠君忧国的思想内容，以致殚精竭虑地挖掘杜甫的登临、咏物等诗歌中蕴含的政治内涵。比如胡舜陟《三山老人语录》解《登慈恩寺塔》诗曰：“讥天宝时事也。山者，人君之象，‘秦山忽破碎’，则人君失道矣。贤不肖混，而清浊不分，故曰‘泾渭不可求’。”[④]对于此类穿凿附会的现象，宋人黄庭坚曾表示大不以为然：“彼喜穿凿者，弃其大旨，取其发兴于所遇林泉人物、草木鱼虫，以为物物皆有所托，如世间商度隐语者，则子美之诗委地矣。”[⑤]然而，他本人因解读《春日忆李白》“渭北春天树，江东日暮云”一联失之过深，而被钱谦益讥笑不已，足见有宋一代杜诗篇篇有寄托的观念是何等深入人心。

明清之际，将杜甫写景咏怀诗的寓意坐实为唐代具体政治事件的做法在一定程度上被摒弃了，但杜诗篇篇有寄托的观念仍为人们普遍尊奉。钱谦益《钱注杜诗略例》批判“宋人解杜诗，一字一句皆有比托”

---

① 其后吴乔亦以“无邪”诠释“诗史”。《围炉诗话》卷四云：“杜诗是非不谬于圣人，故曰‘诗史’，非直指纪事之谓也。纪事如‘清渭东流剑阁深’，与不纪事之‘花娇迎杂珮’，皆诗史也。诗可经，何不可史？同其‘无邪’而已！用修不喜宋人之说，并‘诗史’非之，误也。”（吴乔：《围炉诗话》卷四，郭绍虞编选、富寿荪校点：《清诗话续编》，上海古籍出版社 1983 年版，第 584 页）他指出“诗史”不仅是指杜诗的纪事之作，而且还包括不纪事而寄寓儒家无邪诗教的篇什，此说可能受到了钱氏“诗史”说的影响。关于“诗史”说的源流，参见郝润华《〈钱注杜诗〉与诗史互证方法》，第 41—44 页。

② 钱谦益：《胡致果诗序》，《钱牧斋全集》伍，上海古籍出版社 2003 年版，第 801 页。

③ 陈子龙：《左伯子古诗序》，《安雅堂稿》卷四，沈阳辽宁教育出版社 2003 年版，第 70—71 页。

④ 胡仔：《苕溪渔隐丛话》前集卷十二引，清乾隆刻本。

⑤ 黄庭坚：《大雅堂记》，《宋黄文节公全集·正集》卷十六，《黄庭坚全集》第二册第 437—438 页，四川大学出版社 2001 年版。

的弊端,[1]而他本人笺注杜诗时却着力寻觅诗中影射的史实,其中不无深文曲解之处,如认为《鄜州月》一诗中"儿女"是指"肃宗与张后",后来袁枚《随园诗话》卷十六对他这一"寸寸节节,皆以为有所刺"的做法大加挞伐,[2]足见钱谦益自己的实践仍未走出杜诗篇篇有寄托之说的藩篱。又冯班认为杜甫诗歌"直陈时事……一言一句,皆关世教",[3]此说也强化了杜诗"一字一句皆有比托"的旧命题。

与此同时,人们对一味描摹物色、寓意浅显的诗文展开了批评,否认杜诗中存在着为体物而体物的篇什。比如王嗣奭(1566—1648)《杜臆》认为"老杜咏物皆诗之比,与他人就物赋物者不同",[4]又归庄批评潘岳《秋兴》的流连物色、赞美杜甫《秋兴八首》的寓意深沉道:

> 潘安仁之赋《秋兴》也,惟于归芜吟蝉,游氛槁叶,清露流火,禽虫草木,物色之间,津津不置,其所感者浅也。若杜少陵之八诗,则宫阙山河之感,衣冠人物之悲,百年世变,一生行藏,皆在焉;而感时起兴之意,不过玉露、寒衣数言而已。[5]

对杜诗寄托的全面肯定和对"就物赋物"的否定,表明此时杜诗学界试图以忠君忧国之志来解说杜甫包括写景咏物之作在内的所有诗篇。

明清之际杜诗学界对"诗史"和"一字一句皆有比托"等旧命题的发扬光大,直接启发了金圣叹之杜诗"不写景"之说。金圣叹在杜诗评点中,大力赞美杜甫的忠孝之志,[6]与此相适应,金氏所谓杜诗"不无故写景"旨在凸显杜甫写景诗中寄托的忠孝之志。从金氏对杜诗不写景的分析来看,他认为杜甫的景语中固然包含了抒写"无数冷暖自知之事"[7]"计决即去,更无留恋之辞"等多种情感思绪,[8]但其主要内涵却是寄托

---

① 钱谦益:《注杜诗略例》,[唐]杜甫著、[清]钱谦益笺注《钱注杜诗》,中华书局1958年版。
② 袁枚:《随园诗话》卷十六,清乾隆十四年刻本。
③ 冯班:《钝吟杂录》卷三《正俗》,文渊阁四库全书本。
④ 王嗣奭:《杜臆》卷三《归燕》评,上海古籍出版社1983年版,第92页。
⑤ 归庄:《梁公狄秋怀诗序》,《归庄集》卷三,上海古籍出版社2010年版,第188页。
⑥ 参见本书第四章《金圣叹与钱谦益的思想渊源》。
⑦ 金圣叹:《唱经堂杜诗解》卷一《题张氏隐居二首》评,《金圣叹全集》贰,凤凰出版社2008年版,第622页。
⑧ 金圣叹:《唱经堂杜诗解》卷二《奉陪郑驸马韦曲二首》评,《金圣叹全集》贰,凤凰出版社2008年版,第682页。

忠孝之心，可以说，金氏反复申说杜诗不写景，正是为了彰显杜诗的“忠孝切实之言”，这与明清之际杜诗学界推崇杜诗的直陈时事、抒写忠愤、寄寓深沉的观念可说是桴鼓相应。

二　南宋以来律诗中二联情景关系论的影响

金圣叹不写景诗论的另一表述是“甚矣，律诗之不肯写景也”，[①]这就提示了诗歌不写景说与律诗理论的关系。南宋以来人们对律诗情景关系的探讨从正反两方面刺激了金氏的律诗不写景说。南宋周弼将律诗中二联解析为“四实”“四虚”等情景搭配模式的做法，从反面促使金圣叹关注律诗写景句蕴含的主观情思；明清之际冯舒的情景相兼说为金氏“不写景”论导夫先路。

在金圣叹之前，涉及诗歌情景关系的两种重要近体诗选本，分别是南宋周弼（1194—？）《三体唐诗》和其后方回（1227—1307）《瀛奎律髓》。《三体唐诗》选录唐人绝句和五七言律诗，其中卷三和卷四的七言律诗按照“四实”“四虚”“前虚后实”“前实后虚”“结句”“咏物”六类编排。所谓“虚”与“实”，分别指律诗中二联的情语和景语。《瀛奎律髓》评点唐宋五七言律诗，对于周弼提出的“四实”等四种情景组合模式，方回认为其说不足以穷尽律诗之变化：“周伯弜《诗体》，分四实四虚、前后虚实之异。夫诗止此四体耶？然有大手笔焉，变化不同。用一句说景，用一句说情。或先后，或不测。此一联既然矣，则彼一联如何处置？”[②]他将四体之外的律诗归入“变体”类，足见他对周弼“四体”之法是有所突破的。

方回的情景论在明代末年仍颇有影响。胡应麟（1551—1602）论律诗情语与景语的组合道：“作诗不过情、景二端。如五言律体，前起后结，中四句，二言景，二言情，此通例也。唐初多于首二句言景，对起、止结二句言情，虽丰硕，往往失之繁杂。晚唐则第三、四句多作一串，虽流动，往往失之轻狷：俱非正体。惟沈、宋、李、王诸子，格调庄严，气象宏

---

① 金圣叹：《贯华堂选批唐才子诗甲集七言律》卷八齐己《闻尚颜上人创新居有寄》评，《金圣叹全集》壹，凤凰出版社 2008 年版，第 593 页。

② [元]方回选评、李庆甲集评校点：《瀛奎律髓汇评》卷二十六，上海古籍出版社 2005 年版，第 1128 页。

丽，最为可法，第中四句大率言景，不善学者，凑砌堆叠，多无足观。老杜诸篇，虽中联言景不少，大率以情间之。……若老手大笔，则情景混融，错综惟意，又不可专泥此论。”[①]此说揭示了初唐诗、盛唐诗、晚唐诗、老杜诗之情景搭配的大致情形，提出了情景组合的最高境界是不拘体格、情景混融，显然是对方回之说的弘扬。

明清之际冯舒评点《瀛奎律髓》，主张“诗无常体”，[②]因而竭力反对周弼、方回的情景组合模式，他认为任何机械模式都是有悖诗歌本质的：“诗本随人作，只要文理通耳，何尝有情景硬局耶？”[③]而且，情景组合模式是唐代大历以后诗体：“言景言情，前人不如此，只是大历以后体”；[④]情景相兼才是律诗的基本原则，其说云：“方君论诗必分情景……此殊不然。无首无尾，无起无止，而自联贯、自浑成者，沈、宋以前之诗也。不必如此起而首妙，不必如此止而结妙，景龙至李、杜之诗也。如此起、如此结，钱、郎以后之诗也。总之，言景必兼情，言情必兼景，或专情，或专景，而虚字、新字自具其中，此作诗之法也。”[⑤]这一段话包含两层意思：其一，除了大历之后诗歌之外，唐律诗本不存在情景搭配的固定模式；其二，诗歌的景语蕴涵情思，情语融会景物，情景水乳交融，才是真正的诗法。

上述情景理论反映了诗歌情景交融观念逐步明晰的过程。周弼已经意识到有些律诗中二联的自然景物与主观情感是相互渗透的，他论七律“四虚”云：“其说亦在五言，然比之五言，少近于实，盖句长而全虚，恐流于柔弱，要须于景物之中情思通贯，斯为得之。”[⑥]这是说，“四虚”一体宜以实为虚即采取景物之中贯穿情思的写法。但他并不认为这是四种组合的普遍特征，相反，此说暗示了“四实”等另外三种组合中的景语是纯粹写景而不及情的；方回也有类似观点：“老杜夕、暝、晚、夜五言律

① 胡应麟：《诗薮》内篇卷四《近体上五言》，中华书局1958年版，第61页。

② ［元］方回选评、李庆甲集评校点：《瀛奎律髓汇评》卷二十六引，上海古籍出版社2005年版，第1129页。

③ ［元］方回选评、李庆甲集评校点：《瀛奎律髓汇评》卷十六引，上海古籍出版社2005年版，第628页。

④ ［元］方回选评、李庆甲集评校点：《瀛奎律髓汇评》卷一引，上海古籍出版社2005年版，第3页。

⑤ ［元］方回选评、李庆甲集评校点：《瀛奎律髓汇评》卷十二引，上海古籍出版社2005年版，第421页。

⑥ 周弼：《三体唐诗·三体唐诗选例》，四库全书本。

近二十首。选此八首洁净精致者，多是中两句言景物，两句言情。若四句皆言景物，则必有情思贯其间。”[①]他认为杜甫“四实”诗句中必贯穿情思，就等于承认了“前虚后实”等模式中的言景句是可以单纯描摹物色而无关乎情感思绪的。直至冯舒等人完全颠覆了虚实搭配的模式之后，才真正勘破了诗歌情景浑然一体不可分割的真谛。

南宋以来的律诗情景理论对金氏不写景说产生了很大影响。将《贯华堂选批唐才子诗》与周弼《三体唐诗》相比较，可以发现两者都推崇晚唐七律。《三体唐诗》共收唐人七律 101 首，其中许浑、李商隐诗作最多，分别是 9 首、6 首，《贯华堂选批唐才子诗》收录最多的也是许浑(33 首)和李商隐(29 首)；此外，这两个选本有 56 首是相同的。这就说明金氏选批唐人律诗，或多或少地参照了《三体唐诗》。更重要的是，金氏在《贯华堂选批唐才子诗》评点中强调“不写景”时，多是针对中四句而言的，其中论及三四两句不写景者有 6 例，[②]关乎五六两句不写景者有 7 例。[③] 周弼对金圣叹影响的双重性表现为：

一方面，金氏不写景说有承袭周弼之处。如前所说，周氏有关“四虚”的阐释中已包含了情景交融的观念。从金氏对具体诗篇的评点中可以发现，他很可能受到了周弼以实为虚说的影响。比如，《三体唐诗》将卢纶《晚次鄂州》列为“四虚”一类，而金圣叹评点该诗颔联“估客昼眠知浪静，舟人夜语觉潮生”云：“于是厌他估客胡故昼眠，喜他舟人斗地夜语。盖‘昼眠’便是不思速归之人，‘夜语’便有可以速去之理也。若只作写景读之，则既云‘浪静’，又云潮生，此成何等文法哉?”金氏强调此联是以景写情，而非单纯写景，这与周弼“四虚”说的以实为虚是完全契合的。金氏正面沿袭周弼之说的情况，仅此一例而已。

另一方面，金氏不写景说主要是作为周弼“虚实”论的对立面出现的。对于周弼所认为的景语，金氏往往花费较多笔墨分析其中所蕴含的情感思绪，甚至直接点明该联并非写景。比如，王维《积雨辋川庄作》

---

① [元]方回选评、李庆甲集评校点：《瀛奎律髓汇评》卷十五引，上海古籍出版社 2005 年版，第 534 页。

② 参见拙著《金圣叹评传》附表七《金圣叹的诗歌“不写景”说一览》第 1、4、6、10、11、16 条，南京大学出版社 2006 年版，第 503—509 页。

③ 参见拙著《金圣叹评传》附表七《金圣叹的诗歌“不写景”说一览》第 2、5、7、12、13、15、20 条，南京大学出版社 2006 年版，第 503—509 页。

在《三体唐诗》中属于“前实后虚”，即“漠漠水田飞白鹭，阴阴夏木转黄鹂”一联为实（景语），而金圣叹以近三百字的篇幅，指出该联是写一“迟”字，是写“当家主翁淳厚心田中一段实地痛恻”，并大力驳斥“如何细儒不知，乃漫谓之写景也”。[①] 金氏所批驳的“细儒”之说，很可能是指周弼的“前实后虚”论；又如，周弼认为李端《宿淮浦忆司空文明》乃“前虚后实”，即颈联“诸溪近海潮皆应，独树边淮叶尽流”为实，金氏却指出“此非写景，正借其地自比。言此处淮海虽深，殊未抵我别恨也”；还有，皇甫冉《秋日东郊作》在《三体唐诗》中被归入“前虚后实”一类，金批为“后解便借秋景以比临岐也”，这同样隐含了批驳周弼以颈联为写实的意味。总之，对于周弼所认为的描写自然景物的“实”联，金氏几乎一再剖析其中的主观思绪，如贾岛《早秋寄题天竺灵隐寺》之“心忆”、赵嘏《长安晚秋》写“倚楼之人之所暗筹也”等。[②] 可以说，金圣叹律诗不写景说是对周弼情景搭配模式的反拨。

冯舒的情景相兼理论从正面启发了金圣叹的律诗不写景说。冯舒是江苏常熟人，比金圣叹年长十五岁，生活于江苏长洲的金圣叹确有可能在诗论方面受到年辈稍长的冯舒的影响：其一，从时间来看，冯舒的《瀛奎律髓》评点完成于己丑即清顺治六年（1649 年），[③]而金批《贯华堂选批唐才子诗》完成于顺治十七年（1660 年），《唱经堂杜诗解》著述时间较长，是未完稿，但其评点主要是在顺治十六年、十七年之间进行的，[④]换言之，金氏评点诗歌时，冯舒的上述情景论已问世十年了，金氏“不写景”说是有可能受其影响的；其二，金圣叹对钱谦益、冯舒、冯班兄弟等人组成的虞山派的学术和文学颇为关注，就金氏与钱谦益的关系来说，他在二十八岁时就以扶乩的形式与钱谦益有过“仙坛倡和”，他与钱氏的门人徐增、朋友即中大师都有交谊，金氏对钱谦益的通经学古、

① 金圣叹：《贯华堂选批唐才子诗甲集七言律》卷五卢纶《晚次鄂州》评、卷四王维《积雨辋川庄作》评，《金圣叹全集》壹，凤凰出版社 2008 年版，第 266—267、169 页。

② 金圣叹：《贯华堂选批唐才子诗甲集七言律》卷五李端《宿淮浦忆司空文明》评、卷五皇甫冉《秋日东郊作》评、卷六贾岛《早秋寄题天竺灵隐寺》评、卷七赵嘏《长安晚秋》评，《金圣叹全集》壹，凤凰出版社 2008 年版，第 276、254、369、447 页。

③ [元]方回选评、李庆甲集评校点：《瀛奎律髓汇评》“附录一”之“冯跋”，上海古籍出版社 2005 年版，第 1810 页。

④ 参见徐朔方《晚明曲家年谱》第一卷《金圣叹年谱》，浙江古籍出版社 1993 年版，第 738 页。

反经明教的思想也有所吸收。(参见本书第四章《金圣叹与钱谦益的思想渊源》)由金圣叹与钱谦益的渊源关系,可以推测金氏是有机会了解到冯舒的情景相兼论的。

金氏的"不写景"说吸收了冯舒的情景论,但又有自己的特色。如前所述,与方回、胡应麟将情景交融视为大手笔的最高境界不同,冯舒认为情景相兼是作诗的普遍法则,这就很接近于金圣叹的诗歌"从无写景之句"即无不以景兼情的主张。不过,从冯舒的"不必景,不必情,而情景兼在其中"①"何见第二句不是观望之景"②"情不能离景,景不能离情"等说来看,③他对诗歌的抒发情感和描绘自然是等量齐观的,这与金圣叹律诗不写景说更重视抒写情志的倾向并不完全一致,换言之,金氏"不写景"说强调了景物之中包孕情思这一层面,而对情志应当通过景物来抒写这一端则不太重视。无论怎样,在"言景必兼情"这一点上,金圣叹是受到了冯舒的启发。

以上分析表明,金圣叹对于周弼、冯舒等人的律诗理论都有所继承又有所扬弃,相对而言,冯舒"言景必兼情"说对金圣叹不写景说的正面影响更多一些,周弼的虚实搭配之说则从反面刺激了"不写景"说的形成。

第三节　杜诗"虚幻"说与时代思潮

关于金圣叹《唱经堂杜诗解》的成就,以往的研究者已经指出了金氏运用分解法评析杜诗、善于揭示杜诗意境、捕捉诗人创作心态等特点。④ 本书在探讨金圣叹诗歌不写景一说时,已指出杜诗不写景的观点与明清之际杜诗学强调杜诗的"诗史"性和比兴寄托(尤其是后者)的特

---

① [元]方回选评、李庆甲集评校点《瀛奎律髓汇评》卷一引,上海古籍出版社2005年版,第21页。
② [元]方回选评、李庆甲集评校点《瀛奎律髓汇评》卷一引,上海古籍出版社2005年版,第27页。
③ [元]方回选评、李庆甲集评校点《瀛奎律髓汇评》卷二十六引,上海古籍出版社2005年版,第1130页。
④ 参见冀华《读金圣叹〈杜诗解〉》,《石家庄市教育学院学报》1985年1期;周兴陆《金圣叹杜诗批解的文学批评学透视》,《文学遗产》1998年第3期,第96—98页。

点有关。有趣的是，金圣叹一方面强调杜诗在内容上"都是忠孝切实之言"，另一方面又反复论述杜诗在表现手法上的"虚幻"特征。比如，金氏评杜甫《悲秋》"家远传书日"一句曰："三句虚幻之极，凭空说，即今家中，定当寄书来，则非秋而何？"[①]又如，金氏称杜甫《宿青溪驿奉怀张员外十五兄之绪》"全是一片灵幻摇动而成"。[②]《唱经堂杜诗解》计收杜诗155首，其中金圣叹认为得虚幻之妙者竟达21首，[③]可见"虚幻"之美被金圣叹视为杜诗审美风格的一个重要方面。

在杜诗研究史上，与主张杜诗以史为诗、直露无隐等主流观点相反，认为杜诗微婉含蓄者有之，[④]称赏杜诗"淡而愈浓，近而愈远"者有之，[⑤]但以"虚幻"说杜诗者，在金圣叹之前却极为少见。金氏这一独创性的观点包含了哪些因素，这与明末清初的文学思潮之间的关系如何呢？本文拟就这两方面略做探讨。

一　金氏以"虚幻"说杜诗的内涵

金圣叹所推崇的杜诗"虚幻"，内涵较为复杂，大致包括衬托、想象以及诗歌意象的多义性等方面。

首先，金氏认为杜诗中颇多想象虚构之笔，不必实有其事，这是金氏所主张的杜诗"虚幻"说的主要内涵。金氏指出杜甫的《悲秋》《北征》《铜瓶》《空囊》《客夜》《归来》《萧八明府实处觅桃栽》等五首、《宿青溪驿奉怀张员外十五兄之绪》《十二月一日》等诗中都有驰骋想象之句，其中《萧八明府实处觅桃栽》等五首完全是诗人的"无边妄想"。[⑥]

就杜诗的实际风貌而论，虽然杜诗是以"诗史"著称、以纪实为主

① 金圣叹：《唱经堂杜诗解》卷一《悲秋》评，《金圣叹全集》贰，凤凰出版社2008年版，第660页。

② 金圣叹：《唱经堂杜诗解》卷三《宿青溪驿奉怀张员外十五兄之绪》评，《金圣叹全集》贰，凤凰出版社2008年版，第734页。

③ 参见拙著《金圣叹评传》附表八"《杜诗解》之'虚幻'说一览"，南京大学出版社2006年版，第503—509页。

④ 如宋张戒《岁寒堂诗话》卷上："题云《哀江头》，乃子美在贼中时，潜行曲江，睹江水江花，哀思而作。其词婉而雅，其意微而有礼，真可谓得诗人之旨者"。（丁福保辑：《历代诗话续编》，中华书局1983年版，第457页）

⑤ 李东阳：《麓堂诗话》，丁福保辑：《历代诗话续编》，中华书局1983年版，第1370页。

⑥ 金圣叹：《唱经堂杜诗解》卷二《萧八明府实处觅桃栽》等五首总评，《金圣叹全集》贰，凤凰出版社2008年版，第698页。

的，但其中一定多少穿插了一些想象和虚构的成分，否则杜诗也不成其为诗歌了。不过，在金圣叹看来，善于运用想象虚构，在杜诗中并非个别现象，而是一种比较普遍的存在。比如金氏评析杜甫《铜瓶》"乱后碧井废，时清瑶殿深。铜瓶未失水，百丈有余音"曰：

> "乱后碧井废"，独作一句。此铜瓶之所以出世也。只五字便截住，却追想碧井之未废时，井上则有深殿，殿中则有美人；美人则转"百丈"，"百丈"则出"哀音"。铜瓶此时为清时致用，人受其福，知有何限？却又不写铜瓶如何汲水，只轻轻用"百丈有哀音"五字，想到铜瓶用时，分明镜花水月相似。从来实写不如虚写，有若是也。①

这段话揭示了《铜瓶》一诗的想象之笔所构造出的镜花水月一般的空灵境界。正是在这一意义上，金圣叹主张"从来实写不如虚写"，由此说不难窥见金氏对杜诗虚幻性强调的程度。

金圣叹认为，杜诗中的有些想象成分，将诗人的情感刻画得淋漓尽致。他评点杜甫《十二月一日三首》之一"今朝腊月春意动，云安县前江可怜。一声何处送书雁，百丈谁家上濑船"道：

> "今朝"下，才接得"腊月"二字耳，安得春意早动？盖是归心切极，望到腊月，便如已到正月，更不暇计还有三十日，而心头眼底全是正月。病热发谵，分明眼见，人自不知，彼非无见也。……"一声"妙，"百丈"妙。身立江头，精神飞越，忽闻"一声"，是雁去了也，忽见"百丈"，是船又去了也。一片恍恍惚惚，不知其是何语。②

诗人归心似箭，以至于在腊月初便感到春意萌动，又恍惚听见雁过船去。在此，金圣叹将杜诗中的物候、景象理解为想象中的恍惚之语，可说是十分精当地把握了诗人的心理和情感。又如金氏评杜甫《客夜》"老妻书数纸，应悉未归情"云：

---

① 金圣叹：《唱经堂杜诗解》卷二《铜瓶》评，《金圣叹全集》贰，凤凰出版社 2008 年版，第 683 页。

② 金圣叹：《唱经堂杜诗解》卷三《十二月一日三首》评，《金圣叹全集》贰，凤凰出版社 2008 年版，第 740 页。

久客不归，最无以自解于老妻，故此诗全为老妻而发。然亦只是意思中忽忽欲向老妻诉明，不必真寄与老妻读也。但得还家，此等语要知全不向老妻提起。[1]

金圣叹将“老妻书故纸”一段理解为想象而非实写，是对羁旅之怀的颇为贴切的解读。

实际上，在很多情况下，杜诗中的景物、人事究竟是写实还是想象，往往不容易判断。前引金氏对《十二月一日》《客夜》两诗的想象成分的解读，很难说没有主观猜测的因素。不过这种分析至少还有人之常情的依据，与此相反，金圣叹将有些诗句判为虚构之笔，则显得证据不足。比如，金圣叹认为《萧八明府实处觅桃栽》等五首“亦是少陵无边妄想，于虚空世界劈空捏一园林，东家讨树，西家讨碗，事成早起经营，皆一时一刻造就，真非东用寸楮，西驰尺幅，往来乞觅也”[2]，但金氏并未提出有说服力的证据，反而怀疑杜甫自注为后人妄加：“不知何人，于题下硬派‘上元二年成都作’七字，岂公自注耶，抑亲得追随少陵耶？反复不知其故”，[3]这就很难令人信服了。黄鹤便认为这几首诗乃是写实：“数首俱上元元年初营草堂时作。觅桃、觅竹、觅桤、觅松、觅果，皆营草堂时渐次栽种者。”[4]又如，金氏评点《归来》之“洗杓开新酝”曰：“一句五字，全写梦眼迷离、鬼物着人光景。”[5]他也没有说明判断此句为虚写的根据。而《杜臆》则以为此乃实写：“中四句述归来情景，而有次序：初到开门，公好书，故随而散帙；公又好酒，故随而开酝……”[6]总之，在对这些诗的想象成分的解析中，金氏有臆断之嫌，这正说明了金氏刻意推崇诗歌想象的倾向。

其次，金圣叹以为杜诗意象具有多义性。他剖析杜甫《宿青溪驿奉

① 金圣叹：《唱经堂杜诗解》卷二《老妻》评，《金圣叹全集》贰，凤凰出版社2008年版，第714页。
② 金圣叹：《唱经堂杜诗解》卷二《萧八明府实处觅桃栽》等五首总评，《金圣叹全集》贰，凤凰出版社2008年版，第699页。
③ 金圣叹：《唱经堂杜诗解》卷二《早起》评，《金圣叹全集》贰，凤凰出版社2008年版，第703页。
④ [清]仇兆鳌：《杜诗详注》卷九引，中华书局1979年版，第731页。按，今存[宋]黄希原本、黄鹤补注《黄氏补注杜诗》卷二十二(四库全书本)无此语。
⑤ 金圣叹：《唱经堂杜诗解》卷二《归来》评，《金圣叹全集》贰，凤凰出版社2008年版，第716页。
⑥ 王嗣奭：《杜臆》卷六《归来》评，上海古籍出版社1983年版，第189页。

怀张员外十五兄之绪》的主旨云："通篇一气呼应，总是借好友恩情，写自家流落。作怀张诗读固非，作纪程诗读亦非，全是一片灵幻摇动而成。"这里所谓"灵幻"，当是指此诗寓意复杂而意境朦胧。又如，金圣叹称赏杜甫《咏怀古迹五首·咏蜀先主》"翠华想像空山外，玉殿虚无野寺中"道："三，虚想当年；四，实笑今日也。山外安觅翠华？意中却有；寺中旧为玉殿，目下却无。是无是有，是有是无，二语闪烁不定。"这不但称赏杜诗长于想象，而且赞美杜诗若有若无、缥缈空灵的意境。

最后，金圣叹还以"虚衍"来指代杜诗中的衬托手法。比如，他分析杜甫《冬日洛城北谒玄元皇帝庙》第四解"画手看前辈，吴生远擅场。森罗移地轴，妙绝动宫墙"云："本欲便写壁画五圣，却恐太促，便嫌板实，因先叹吴生妙画，略作虚衍。……通篇只此一解四语，为衬句。"[①]这是说，这类虚写属于"虚衍"的"衬句"，诗歌便因此避免了板实之弊。

综上所述，金圣叹所说的杜诗"虚幻"，主要是指杜诗多想象而非纪实，此外还意味着杜诗意象的多义性以及好用衬托之类的表现手法等等。

二　杜诗"虚幻"说的内在矛盾

在金圣叹杜诗"虚幻"说的诸多层面中，诗歌意象的多义性这一层面与金氏的比兴寄托观实际上是不无冲突的。如前所述，金圣叹论杜甫咏物诗云："先生集中，都是忠孝切实之言，往往有所寄托而愈见切实。"可见金氏主张杜诗的比兴寄托无不蕴含着"忠孝"这一切实的意义。[②] 金圣叹在评点杜诗时也确实常常提及诗人的"忠孝"之义。如卷一评《春宿左省》云："下六句，何也？是则老杜一腔忠君爱国之心，而非诸家之所知也。"[③]此类评点在《唱经堂杜诗解》中俯拾即是。

---

① 金圣叹：《唱经堂杜诗解》卷二《宿青溪驿奉怀张员外十五兄之绪》评、卷三《咏怀古迹五首·咏蜀先主》评、卷一《冬日洛城北谒玄元皇帝庙》评，《金圣叹全集》贰，凤凰出版社 2008 年版，第 734、765、637 页。

② 有的学者认为金圣叹在杜甫的忠君思想问题上有矛盾之处（钟来因：《〈杜诗解〉前言》，上海古籍出版社 1984 年版），事实上，如前所述，金圣叹已指出讥刺帝王也是忠君思想的流露："夫思不得而怨，怨又不得而愤，皆忠臣自然之致。"（金圣叹：《唱经堂杜诗解》卷三《去蜀》评，《金圣叹全集》贰，凤凰出版社 2008 年版，第 734 页）

③ 金圣叹：《唱经堂杜诗解》卷一《春宿左省》评，《金圣叹全集》贰，凤凰出版社 2008 年版，第 654 页。

既然杜诗的比兴皆寄托了作家的忠孝之心，那么诗意就不应具有含糊、多义性，杜诗的虚幻之美又从何谈起呢？金圣叹似乎隐隐感觉到了杜诗内容上的切实与形式上的虚幻之间的矛盾，因此他在评点杜诗时，对某些诗篇之寄托的取舍流露出了犹豫不决的心态：他意识到了以杜诗意象比附政教的解诗法对诗歌韵味的损害，但对"忠孝切实之言"的推崇又使他不忍心放弃这一思路。比如他评点《奉陪郑驸马韦曲二首》"石角钩衣破，藤杖刺眼新。何时占丛竹，头戴小乌巾"时，首先承认以比兴说诗的浅陋："'石'比磐固久据，'藤'比攀援新进。先生好诗，不应入尔许恶解"，但他还是不能尽弃成说："然终不知是何语，即心头不肯置。相其钩破、刺新等，悉非好事。"[①]更有甚者，对于将杜诗中的比兴落实为具体政治事件的解说，他也是迟疑久之而不忍割舍：

> 上解写变起不意，下解写不过如此。不必指天宝禄山事，而读之令人不免想着。……虽欲不谓之天宝禄山事，岂可得哉！[②]
>
> 解者曰：一例和早朝诗，不必定解作天宝君臣，是也。然先生虽故作此壮丽语，读去解去，天宝君臣，历历如见，可兴可观，又何足为先生讳？[③]

这样看来，金圣叹深知诗歌意象的多义性所具有的空灵蕴藉之美，但他更重视杜诗的"忠孝切实之言"，于是他在揭示杜诗的"虚幻"时，较少涉及诗歌意象的多义性这一层面，而主要注目于杜诗中的想象之笔。据统计，《唱经堂杜诗解》中，金圣叹认为得虚幻之妙的杜诗有 21 首，其中有想象之笔的 15 首，诗意呈不确定性的仅 3 首，足见金圣叹的杜诗"虚幻"说主要是指诗歌的想象之笔。

三　明末"诗境贵虚"说的双重影响

金氏杜诗"虚幻"说的形成，当是明清之际多股文学思潮交互作用

---

① 金圣叹：《唱经堂杜诗解》卷二《奉陪郑驸马韦曲二首》评，《金圣叹全集》贰，凤凰出版社 2008 年版，第 681 页。

② 金圣叹：《唱经堂杜诗解》卷三《雷》评，《金圣叹全集》贰，凤凰出版社 2008 年版，第 767 页。

③ 金圣叹：《唱经堂杜诗解》卷二《奉和贾至舍人早朝大明宫》评，《金圣叹全集》贰，凤凰出版社 2008 年版，第 674—675 页。

的结果。首先,誉杜诗为"诗史"的观念不可忽视。明清之际陈子龙、钱谦益等人大力称赞杜诗的直陈时事,使得崇尚杜诗写实性的"诗史"说再度盛行,[①]这固然强化了金圣叹重视杜诗比兴的思想,但也很可能从反面刺激了金圣叹强调杜诗非写实的倾向。其次,明末"诗境贵虚"说的启示也值得注意。明代文坛承袭严羽《沧浪诗话》的余绪,推崇诗歌空灵虚幻的韵味,明中期李东阳就提出了诗歌"贵情思而轻事实"[②]的主张,至明末谢肇淛(1567—1624)则明确提倡"诗境贵虚"[③]。这一思潮对金氏杜诗学的影响是双重的:一方面"诗境贵虚"说有助于金圣叹体认诗歌的虚幻之美;另一方面,贵虚派将杜诗视为"诗境贵虚"说的反面教材,这就刺激了金圣叹唱出杜诗"虚幻"的反调。本文主要论述金圣叹的杜诗"虚幻"说与贵虚思潮的关系。

1. 明代"诗境贵虚"的源流

明代以前以虚实论诗,主要有以下两种情况:一是句法理论,讨论诗句中虚字与实字的搭配。如宋魏庆之《诗人玉屑》卷三《唐人句法》有"眼用实字""实字妆句""虚字妆句"等条目,[④]这里的实字和虚字大致相当于现代汉语语法中的实词和虚词,是讨论如何在诗句的合适位置上采用虚字或实字。二是以南宋周弼《三体唐诗》为代表,如前所述,《三体唐诗》以"实"和"虚"分别指代诗歌中的景语和情语(就字面意义而论),遂有"四实""四虚""前虚后实""前实后虚"等条目,论述五七言律诗中二联的情语与景语的不同组合。不可忽视的是,周弼已经注意到有些景语实际上抒情色彩很浓,他称之为"以实为虚",因而周弼的"虚实"说也可以理解为诗歌内容上的抒情和写景。这种虚实论实质上是一种诗歌情景理论。[⑤]

明代文人在踵武司空图、严羽等人的崇尚"象外之象""兴趣"等观

---

① 关于"诗史"说的源流,参见郝润华《〈钱注杜诗〉与诗史互证方法》第二章,黄山书社 2000 年版,第 41—44 页。

② 李东阳:《麓堂诗话》,丁福保辑:《历代诗话续编》,中华书局 1983 年版,第 1375 页。

③ 谢肇淛:《小草斋诗话》卷一,明诗话全编本。

④ [宋]魏庆之著、王仲闻点校:《诗人玉屑》卷三《句法》,中华书局 2007 年版,第 108—110 页。

⑤ 关于周弼《三体唐诗》的虚实论,参见王德明《论中国古代诗歌情景理论在晚宋元初的转变与发展》,《中国诗学》第七期。

念的基础上，以极大的热情探讨诗歌意象，这类讨论中已隐含了诗歌尚虚的观点。首先值得注意的是李东阳和王廷相(1474—1544)的比兴理论，其说主要包括以下两个层次：其一，他们主张诗歌摹写情景交融的意象，反对单纯写实叙事，如王廷相崇尚“夫诗贵意象透莹，不喜事实粘著。古谓水中之月，镜中之影，可以目睹，难以实求是也。”[①]其二，他们认为实现意象透莹的途径是采用比兴手法。如李东阳论述“比兴”的妙处曰：“诗有三义，赋止居一，而比与兴居其二。所谓比与兴者，皆托物寓情而为之者也。盖正言直述，则易于穷尽，而难于感发。惟有所寓托，形容摹写，反复讽咏，以俟人之自得，言有尽而意无穷，则神爽飞动，手舞足蹈而不自觉。”[②]又王廷相认为堪称意象透莹的作品有“《三百篇》比兴杂出，意在辞表；《离骚》引喻借论，不露本情”。[③] 此外，李梦阳(1472—1529)也主张比兴说：“盖诗者感物造端者也……故曰言不直遂，比兴以彰。假物讽喻，诗之上者也。”[④]在这些论述中，人们虽然没有直接提倡“虚”，但却主张比兴手法而排斥单纯的“赋”体或是“事实粘著”，因而崇虚的观点已是呼之欲出了。在此前后，郑善夫、杨慎都有类似的反对直陈铺叙、崇尚意在言外的主张。[⑤]

值得一提的是，李梦阳晚年所作的《论学下篇》预示了明代尚虚论的发展。其说曰：“古诗妙在形容之耳，所谓水月镜花，所谓人外之人，言外之言。宋以后则直陈之矣，于是求工于字句，所谓心劳日拙者也。形容之妙，心了了而口不能解，卓如跃如，有而无，无而有。”[⑥]在此，李梦阳生动地讲述了诗歌意象的不确定性。虽说“口不能解”一说可能是承

① 王廷相：《王氏家藏集》卷二八《与郭价夫学士论诗书》，《王廷相集》，中华书局 1989 年版，第 502 页。

② 李东阳：《麓堂诗话》，丁福保辑：《历代诗话续编》，中华书局 1983 年版，第 1374—1375 页。

③ 王廷相：《王氏家藏集》卷二八《与郭价夫学士论诗书》，《王廷相集》，中华书局 1989 年版，第 502 页。

④ 李梦阳：《空同集》卷五十二《秦君饯送诗序》，清文渊阁四库全书补配文津阁四库全书本。

⑤ 参见郑善夫《明诗纪事》丁签卷四“郑善夫”条，杨慎《升庵诗话》卷十一(历代诗话续编本)。关于王廷相等人的比兴说，廖可斌《明代文学复古运动研究》认为“强调诗歌的‘比兴’手法，根本上也就是为了强调诗歌的情感特征”(上海古籍出版社 1994 年版，第 96 页)，此说诚为有见。不过，从“言征实则寡余味也，情直致而难动物也”(王廷相：《王氏家藏集》卷二八《与郭价夫学士论诗书》，《王廷相集》，中华书局 1989 年版，第 503 页)等说法来看，“比兴”说更主要的意义在于解决如何写情的问题，是为了追求空灵蕴藉的艺术效果。

⑥ 李梦阳：《空同集》卷六六《论学下篇》，清文渊阁四库全书补配文津阁四库全书本。

袭了刘辰翁的“俱至妙处，不必可解”，[1]但李梦阳是在反对诗歌“直陈”的背景下提倡“人心了了而口不能解”的，因而此说已成为诗歌尚虚论的一部分。

谢榛《四溟诗话》将有关诗歌虚实的讨论向前推进了一大步。他不仅重申了意象空灵朦胧的观点：“诗有可解、不可解、不必解，若水月镜花，勿泥其迹可也”，[2]而且引用黄庭坚的说法，阐述了“不可解”的理论背景：

> 黄山谷曰：“彼喜穿凿者，弃其大旨，取其发兴于所遇林泉、人物、草木、鱼虫，以为物物皆有所托，如世间商度隐语，则诗委地矣。”予所谓“可解、不可解、不必解”，与此意同。

原来，谢榛的“可解、不可解、不必解”说是对诗歌解读中穿凿附会地理解比兴的反拨。《四溟诗话》中与此类似的说法还有：“太白曰：‘划却君山好，平铺湘水流。巴陵无限酒，醉杀洞庭秋’。迄今脍炙人口，谓有含蓄，则凿矣。”[3]宋代论诗者认为杜诗物物皆有比托，黄庭坚对此大为不满，谢榛重弹黄庭坚的老调，当与同时代诗论的偏颇有关。如前所述，为了追求诗歌的空灵蕴藉之美，李东阳、王廷相等人大力提倡比兴说，但比兴说仍有可能导致意象与情感之间关系的僵化，也会损害某些并无明确寄托的诗篇的韵味。谢榛此说表明他在前贤之比兴说的基础上进一步推崇诗歌的空灵虚幻，其途径则是主张诗歌意象与情感之间关系的模糊性。[4]

与此同时，谢榛还反对宋人的立意说：“宋人必先命意，涉于理路，殊无思致。”实际上，宋人重命意和强调物物皆有比托，都是出于诗歌应有明确寓意的观念，都容易导致“涉于理路，殊无思致”。因此，谢榛大力提倡诗歌写兴：“诗有不立意造句，以兴为主，漫然成篇，此诗之入化

---

① 刘辰翁评：《笺注评点李长吉歌诗》卷一，四库全书本。

② 谢榛：《四溟诗话》卷一，丁福保辑：《历代诗话续编》，中华书局1983年版，第1137页。

③ 谢榛：《四溟诗话》卷一，丁福保辑：《历代诗话续编》，中华书局1983年版，第1143、1148页。

④ 廖可斌《明代文学复古运动研究》已论述了后七子对诗歌意象统一的重视（廖可斌：《明代文学复古运动研究》，上海古籍出版社1994年版，第250—257页）。值得注意的是，前后七子推崇意象，都是针对诗歌涉于理路而言的，但以谢榛为代表的后七子在推崇诗歌的空灵虚幻方面，似比王廷相等前七子更进一步。

也。”他推崇诗歌采用更为含蓄空灵的“写兴”，也是为了摆脱重寄托、立意等观念的桎梏。此外，谢榛还探讨了诗歌比兴中的作者无意而读者有意的现象：“唐人或漫然成诗，自有含蓄托讽。此为辞前意，读者谓之有激而作，殊非作者意也。”①

总之，推崇诗歌的“可解、不可解、不必解”，主张诗歌“以兴为主”，认为诗有“辞前意”，这些方面都体现出谢榛对诗意不确定性的追求，这是谢榛尚虚论的内容之一。

谢榛尚虚的倾向，还表现在他明确地倡言诗歌的想象，这一点在“写兴以害意”一说中已见端倪：

> 李颀贻张旭诗曰：“左手持蟹螯，右手执《丹经》。”此用毕卓语。既持蟹螯，又执《丹经》，岂命人举杯耶？盖偶然写兴以害意尔。

这是说诗歌可以出于想象而违反事理。谢榛还主张“景出想象，情在体贴”，又说“写景述事，宜实而不泥乎实。有实用而害于诗者，有虚用而无害于诗者，此诗之权衡也”。他还明确地以虚实分别指称诗歌的想象和写实，列举具体诗例说明想象胜于写实：“贯休曰：‘庭花濛濛水泠泠，小儿啼索树上莺。’景实而无趣。太白曰：‘燕山雪花大如席，片片吹落轩辕台。’景虚而有味。”②

综上所述，谢榛极为细致地探讨了诗歌的寓意朦胧和景出想象等艺术特征，几乎涉及了明人所关注的诗歌贵虚论的所有层面，可以说，谢榛确定了有明一代诗歌贵虚论的基本框架。在后七子中，王世贞对谢榛的上述理论是完全赞同的，其《艺苑卮言》卷三云：“然有意无意之间，却是文章妙用”，他也承认了诗歌接受中形象大于思维的现象：“文生于情，世所恒晓。情生于文，则未易论。盖有出之者偶然，而览之者实际也。”③其弟王世懋(1536—1588)亦持有意无意之说：“作诗道一浅字不得，改道一深字又不得。其妙政在不深不浅，有意无意之间。”④

① 谢榛：《四溟诗话》卷一，丁福保辑：《历代诗话续编》，中华书局1983年版，第1149、1152、1149页。
② 谢榛：《四溟诗话》卷一，丁福保辑：《历代诗话续编》，中华书局1983年版，第1146、1198、1148、1149页。
③ 王世贞：《艺苑卮言》卷三，丁福保辑：《历代诗话续编》，中华书局1983年版，第991、990—991页。
④ 王世懋：《艺圃撷余》，[清]何文焕辑：《历代诗话》，中华书局1981年版，第783页。

明代末年，谢肇淛、陆时雍(生卒年不详)等人旗帜鲜明地提倡诗歌的虚境，标志着诗歌贵虚论的成熟。而其理论内核，几乎完全承袭了谢榛之说。不过，他们也在一定程度上表现出了纠正谢榛的偏激、主张虚实结合的倾向。谢肇淛认为："诗境贵虚……诗情贵真……诗意贵寂……诗兴贵适。……诗无色，故意语胜象，淡语胜浓；诗无著，故离语胜即，反语胜正。"[①]比起谢榛的"虚而有味"等表述，谢肇淛"诗境贵虚"说的语气更为肯定，这也当是谢肇淛的贵虚说更令人瞩目的原因之一。这段话中，"意语胜象"是说诗歌中的主观想象比客观摹写更为重要，这与谢榛的"景出想象"是一脉相承的。又"离语胜即"指诗歌应追求若即若离的意境，显然呼应了谢榛的"可解、不可解、不必解"之说。此外，谢肇淛还阐明了诗境贵虚理论意在纠正宋人道学诗之弊：

> 作诗第一对病是道学，何者？酒色放荡，礼法所禁，一也；意象空虚，不踏实地，二也；颠倒议论，非圣非法，三也；议论杳眇，半不可解，四也；触景偶发，非有指譬，五也。[②]

谢肇淛认为与道学相冲突的诸种诗歌特征中，其二、其四和其五正是谢榛所推崇的诗歌风格。其中，虽然仅有"意象空虚"一条中出现了"虚"的表述，但实际上，这三条与前引"诗境贵虚"一段有互相发明之效，都包含了明人诗境贵虚论的两个主要层面：诗歌意象出于想象而非写实，诗意朦胧而不必有具体寄托。

陆时雍的诗境贵虚论主要见于《诗镜总论》，以崇尚诗意朦胧为特色。他提出了意象"虚圆"说："古人善于言情，转意象于虚圆之中，故觉其味之长而言之美也。"这是推崇诗歌言有尽而意无穷的"虚圆"韵味。他还说："诗贵真，诗之真趣，又在意似之间。认真则又死矣。柳子厚过于真，所以多直而寡委也。《三百篇》赋物陈情，皆其然而不必然之词，所以意广象圆，机灵而感捷也。"[③]在此，陆氏说明了"意广象圆"或曰"转意象于虚圆之中"的实质就是指诗意的不确定性，"皆其然而不必然之

---

① 谢肇淛：《小草斋诗话》卷一，明诗话全编本。

② 谢肇淛：《小草斋诗话》卷二，明诗话全编本。

③ 陆时雍：《诗镜总论》，丁福保辑：《历代诗话续编》，中华书局1983年版，第1403、1420页。

词”的说法，与谢榛“可解、不可解、不必解”的契合，自不待言。陆时雍还认为诗歌当重情而轻意：

夫一往而至者，情也；苦摹而出者，意也；若有若无者，情也；必然必不然者，意也。意死而情活，意迹而情神，意近而情远，意伪而情真。情意之分，古今所由判矣。……十五国风皆设为其然而实不必然之词，皆情也。晦翁说诗，皆以必然之意当之，失其旨矣。①

陆氏从六个层面阐述的情意之别，其实就是诗歌的虚实之分。此说显然承袭了谢榛的“写兴”与“立意”迥异的主张，只不过陆时雍的阐述更为具体系统而已。

在某种程度上，陆时雍对诗歌虚幻强调的程度，不如谢榛那么激烈。这从两人对诗歌想象的论述中可以看出。如前所述，谢榛认为诗歌不妨出于想象而违背情理，陆时雍却认为：“或曰：‘诗虚境也，安得与纪事同论？’夫虚实异致，其要于当情则一也。……夫情生于文，文生于情，未有事离而情合者也。”②陆时雍是在批评《孔雀东南飞》违背生活逻辑的基础上提出这一观点的。要求诗歌的想象虚构必须“当情”，这种折中的态度显然是对谢榛过于崇虚论的反拨。有趣的是，谢榛、王世贞等人援引晋人的“情生于文”③一说论证诗歌形象大于思维的合理性，而陆时雍却以之强调诗歌必须符合情理。

2. 吴中诗风的中介作用

在考察明代诗境贵虚论对金圣叹诗论的影响时，吴中诗风的中介作用是不可忽视的。在推崇格调法度的复古诗风大行其道的明代，贵虚论之所以能够逐步成长起来，与前七子、吴中四才子之一的徐祯卿(1479—1511)提倡诗歌韵味是密不可分的。吴中文风在诗歌方面重晚唐，在文章方面尚齐梁，标举性情，不拘一格。徐祯卿虽然在弘治十八

① 陆时雍：《诗镜总论》，丁福保辑：《历代诗话续编》，中华书局1983年版，第1414页。
② 陆时雍：《诗镜总论》，丁福保辑：《历代诗话续编》，中华书局1983年版，第1404页。
③《世说新语·文学》载：“孙子荆除妇服，作诗以示王武子。王曰：‘未知文生于情，情生于文。览之凄然，增伉俪之重。’”(刘义庆著、刘孝标注、余嘉锡笺疏：《世说新语笺疏》，上海古籍出版社1983年版，第254页)

年(1505年)登第后开始推尊李梦阳,但仍不失吴中文风的大体。① 王世懋《艺圃撷余》称誉徐祯卿诗风曰:“徐能以高韵胜,有蝉蜕轩举之风。……更千百年,李何尚有废兴,二君(徐祯卿与高叔嗣)必无绝响。”②从徐祯卿的诗论来看,他论诗以情为本,主张“因情以发气,因气以成声,因声而绘词,因词而定韵,此诗之源也”。③ 他认为诗歌的辞、声、韵都以情感为本原。其“因情立格”的主张,显示出他兼重诗歌的法度与情韵的倾向。而崇尚诗歌表现情感,则与贵虚论的反对理路有着逻辑上的一致。

以徐祯卿为代表的吴中诗风与明代诗歌贵虚论有着较深的渊源。谢榛的诗风与徐祯卿接近,④王世贞是太仓人,少年时当受过吴中诗风的影响。由其弟王世懋推崇徐祯卿,也可以推测王世贞对吴中诗风的熏习。又谢肇淛极其推尊徐祯卿,称“古今谈诗如林,然发皆破的,深得诗家三昧者,昔惟严沧浪,近有昌穀而已”。⑤ 而且谢氏追随吴中诗派的王伯穀,《列朝诗集小传》说他“在杭故服膺王、李,已而醉心于王伯穀,风调谐合,不染叫嚣之习,盖得之伯穀者为多”。⑥

3. 金圣叹诗论与诗境贵虚说的离合关系

对于一生未出吴中的金圣叹来说,重视诗歌贵虚论这一本土文化,便是情理中事。正因为他对诗境贵虚的观念有着深刻的体认,他才会以这一标准衡量杜诗,竭力揭示杜诗的空灵虚幻之韵。实际上,“虚幻”是金氏评骘所有诗歌的标准之一。他的《贯华堂选批唐才子诗》《古诗解》中,随处可见推崇诗歌想象虚构的评点。比如,他分析苏广文《自商山宿陶令隐居》曰:“三四‘无鸡犬’‘有鬼神’,严峻门庭,奇怪笔墨,只是刻写真正深山,不必真有其事也。”又揭示吴融《新安道中玩流水》的意蕴曰:“五六‘似接’‘应连’,无中生有。此非新安流水真有此景,直是胸

---

① 关于吴中诗风,参见孙学堂《明弘治、正德时期吴中文学思想的新变》,《华侨大学学报》2001年4期,第71—77页。
② 王世懋:《艺圃撷余》,[清]何文焕辑:《历代诗话》,中华书局1981年版,第782页。
③ 徐祯卿:《谈艺录》,[清]何文焕辑:《历代诗话》,中华书局1981年版,第765页。
④ 参见袁震宇、刘明今《中国文学批评通史——明代卷》,上海古籍出版社1996年版,第140页。
⑤ 谢肇淛:《小草斋诗话》卷二。
⑥ 钱谦益:《列朝诗集小传》丁集下“谢布政肇淛”条,上海古籍出版社1959年版,第648—649页。

中时时刻刻，有一'迷人洞'，'有雪山'，萦回来往于方寸之间，此日不觉半真半假，借题吐之。"①

不过，值得注意的是，金圣叹对诗境贵虚派的"诗妙处在可解不可解之间"一说曾提出批评：

> 弟自幼最苦冬烘先生，辈辈相传"诗妙处正在可解不可解之间"之一语。弟亲见世间之英绝奇伟大人先生，皆未尝肯作此语。而彼第二第三随世碌碌无所短长之人，即又口中不免往往道之。无他，彼固有所甚便于此一语。盖其所自操者至约，而其规避于他人者乃至无穷也。……但断断不愿亦作"妙处可解不可解"等语。②

金圣叹是在申论诗歌分解的主张时提出这一观点的。金氏之分解说旨在通过解析诗歌结构来实现对诗意的把握，这与贵虚派重诗意朦胧的"妙处可解不可解"确实是有分歧的。正如金氏的杜诗虚幻说中存在着诗意的不确定性与"忠孝切实之言"的冲突一样，金圣叹对贵虚派的"妙处可解不可解"说是不赞成的，但这并不妨碍他从诗歌的想象之笔等层面接受诗境贵虚论。

事实上，在金圣叹之前，屠隆（1542—1605）已经提出了杜诗并非"万景皆实"的主张：

> （里中有友人）谓杜（甫）万景皆实而李万景皆虚，顾诗有虚有实，有虚虚，有实实，有虚而实，有实而虚，并行错出，何可端倪。乃右实而左虚，而谓李杜优劣在虚实之辨，何与？且杜著《秋兴》诸篇，托意深远；《画马行》诸作神情横逸，直将播弄三才，鼓铸群品，安在其万景皆实。③

屠隆此说带有诗歌贵虚的时代思潮的烙印，当为金圣叹的杜诗虚幻说的先导。当然，金氏将屠隆此说向前推进了一大步，这主要表现在：其

① 金圣叹：《贯华堂选批唐才子诗甲集七言律》卷八苏广文《自商山宿陶令隐居》、吴融《新安道中玩流水》评，《金圣叹全集》壹，凤凰出版社2008年版，第541、547页。

② 金圣叹：《贯华堂选批唐才子诗甲集七言律》卷二《鱼庭闻贯·与任昇之》，《金圣叹全集》壹，凤凰出版社2008年版，第102—103页。

③ 屠隆：《由拳集》卷二十三《与友人论诗文》，四库丛书存目本。

一，金氏直接以“虚幻”“灵幻”评价杜诗，比起屠隆的“安在其万景皆实”的表述，语气更为肯定；其二，寻绎屠隆的语意，似乎是说杜甫仅《秋兴》《画马行》等少数诗篇堪称兴寄深远、想象超迈，而《唱经堂杜诗解》则是把“虚幻”视为杜诗的一个重要特征。换言之，屠隆之说不过是对杜诗写实的主流观点加以局部修正，而金圣叹的评析则是提供了一种解读杜诗的新思路。虽然屠隆的观点可能更贴近杜诗的实际，金圣叹的分析可能有观念先行、牵强附会之弊，但就文学思想的创辟性而论，金圣叹之说也许较屠隆更胜一筹。

与诗歌贵虚论的正面影响相比，贵虚论对金圣叹杜诗学的反面刺激也许更值得注意。明代主张诗为虚境的文士，往往批判杜诗铺叙直陈的特征，并以诗歌贵虚说作为纠正杜诗过实的良方。比如，王廷相认为“若夫子美《北征》之篇，昌黎《南山》之作……漫敷繁叙，填事委实”，[①]谢肇淛承袭此说云：“诗不可太着议论……不可太述时政……不可太艳丽……不可太整齐……不可太铺叙……不可太堆积……故子美《北征》，退之《南山》……皆体之变，未可以为法也。”[②]这都是将杜甫《北征》等篇作为反面教材。而陆时雍也认为杜诗乃是“以意胜”的典型：“少陵精矣刻矣，高矣卓矣，然而未齐于古人者，以意胜也。”[③]如前所述，“以意胜”的实质就是以实胜。

这样看来，金圣叹主张杜诗虚幻说，与其说是他吸收了明末尚虚思潮并用之于杜诗评点，倒不如说是他力矫明末尚虚论者对杜诗之成见的结果。从具体的诗篇来看，金圣叹的杜诗评点是与明代贵虚论者针锋相对的。如上所论，明人认为杜诗写实的典型是《北征》，金圣叹却指出《北征》的“猛虎立我前，苍崖吼时裂”并非写实：“世间有如此怪文，陡然写一猛虎出来，为是真一猛虎，为是实无猛虎？设使真有虎在前，是日竟如何得过苍崖也耶？先生异样眼力，上观千年，下观千年，故今日行到此处，便明明见有一虎，正立我前，振威大吼。必问虎在何处，哀哉

① 王廷相：《王氏家藏集》卷二八《与郭价夫学士论诗书》，《王廷相集》，中华书局1989年版，第503页。
② 谢肇淛：《小草斋诗话》卷一。
③ 陆时雍：《诗镜总论》，丁福保辑：《历代诗话续编》，中华书局1983年版，第1414页。

小儒!”[1]这也说明杜诗虚幻说的形成与贵虚派的反面刺激不无关系。

金圣叹的杜诗虚幻说的独创性在于,一方面,他一反持“诗史”论的杜诗学家推崇杜诗的直陈时事、寄寓褒贬的观点;另一方面,他也不同意尚虚论者贬斥杜诗铺叙直陈的论调,于是他别具只眼地揭示出了杜诗空灵虚幻的一面。杜诗虚幻说对明末两大主流思潮的反拨,典型地体现了金圣叹的富于怀疑精神的学术品格。

四　余论

金圣叹之后,随着对杜诗物物皆有比托说的反思进一步深化,杜诗学界也开始运用贵虚论剖析杜诗。朱鹤龄《辑注杜工部集序》云:

> 且子亦知诗有可解、有不可解者乎?指事陈情,意含风喻,此可解者也。托物假象,兴会适然,此不可解者也。不可解而强解之,日星动成比拟,草木亦设瑕疵,譬诸图罔象而刻空虚也。[2]

朱鹤龄将诗歌的可解、不可解分别对应于讽喻诗和寄兴诗,这显然是点化谢榛、陆时雍等人的兴意之别、情意之分的观点而成的。此说显然也宣告了杜诗中空灵虚幻的篇章的存在。

又王夫之评价杜甫《野望》时,也明确主张有些杜诗在写景中寄托某种朦胧的情绪,并无特定的讽喻内涵:

> 如此作(杜甫《野望》)自是野望绝佳写景语,只咏得现量分明,只以之怡神,以之寄怨,无所不可,方是摄兴观群怨于一炉锤,为风雅之合调,俗目不知,见其有落叶、日沉、独鹤、昏鸦之语,辄妄臆其有国削君危、贤人隐、奸邪盛之意,审尔则何处更有杜陵耶?[3]

很显然,朱鹤龄、王夫之等人主张杜诗空灵,也主要是为了纠正物物皆有比托说的流弊。不过,他们往往强调杜诗比兴的模糊性、不确定性,这与金圣叹的杜诗虚幻论侧重于虚构想象是有所不同的。

---

① 金圣叹:《唱经堂杜诗解》卷二《北征》评,《金圣叹全集》贰,凤凰出版社2008年版,第664页。
② 朱鹤龄:《辑注杜工部集序》,《杜工部诗集辑注》,河北大学出版社2009年版。
③ 王夫之:《唐诗评选》卷三。

第十二章　金圣叹的儒释道思想与文学理论的关系

金圣叹的儒释道思想与文学理论之间水乳交融的程度，简直可以用华严学的“理无碍”来形容。以往的研究对此已多有论述，但在揭示金氏所采用的儒释道思想的渊源、儒释道思想与文论的逻辑关系等方面，仍有进一步思考的必要。本章着重考察以下三方面的问题：(1) 华严心本原说与金圣叹的文学思想。华严唯心偈主张心造万法、三界虚妄，这为金氏的诗歌“不写景”理论和小说“出其珠玉锦绣之心”的观念提供了思想资源，使得其诗歌情景理论和小说虚构观念呈现出独特的风貌。(2) 佛教“因缘”说对金圣叹文学理论的影响。金氏的佛学“因缘”说包含了小乘“十二因缘”、天台宗的“一念无明法性心”缘起论和中观般若学派的性空缘起论等多重意蕴，与此相联系，金氏“因缘生法”的文论也具有复杂的内涵，其中，重视因果联系主要是受了小乘“十二因缘”的影响；“因缘生法”说对金圣叹的人生虚幻观是有所影响的，但文学假有性的直接思想资源却不是“因缘生法”说；突出人物个性这一层面的背景则是金氏在中观“因缘生法”说中掺入了中土阴阳气化说的因素。(3) 金氏其他文学命题与儒释道思想的离合关系。本节探讨了佛教“极微” 说、“现身说法”论和《老子》“当其无有器之用”等命题对金氏文学观念的影响，以及金氏以《庄子》物我兼忘、禅宗《香严立锥颂》阐述文学意境的特点。

第一节　华严心本原说与文学思想的逻辑联系

不可否认的是，明清之际士大夫大多习禅修净，华严学已渐趋衰微。就金圣叹的佛教学养而论，如前所述，他自称十一岁时读书，“吾最初得见者，是《妙法莲华经》”，他还撰有《法华百问》《法华三昧》等著述，可见他最感兴趣的佛经并不是《华严经》而是天台宗的经典。[①] 也许正因如此，以往的研究并未注意到金圣叹与华严学的关系。事实上，华严学的心本原说对金氏的文学思想产生了很大影响，为金氏的诗歌“不写景”理论和小说“出其珠玉锦绣之心”的观念提供了思想资源，使得其诗歌情景理论和小说虚构观念呈现出独特的风貌。金圣叹文学思想重视“心”的特点，与明末弘扬主体精神的时代思潮息息相通，同时又具有其自身的独特性。

一　金圣叹与华严学的关系

明末清初的僧人和士大夫的佛学取向，大多以习禅修净为主而兼弘华严。明末四大高僧中，云栖袾宏（1535—1615）侧重于《华严经》所载神异事迹，曾辑录《大方广佛华严经感应略论》一卷；憨山德清（1546—1623）不满于时人但宗李通玄《新华严经论》的现象，曾节要录取澄观的《华严经疏》并加以解释，编成《大方广佛华严经纲要》八十卷。对华严思想吸收得较多的，当推真可（1543—1603），他在《文殊师利菩萨赞》《华严岭诗》等诗文中流露了对华严菩萨的崇拜，他的《摹书金字华严经缘起》等篇涉及以《华严经》金书求取功德等活动。他最强调的华严宗教理则是“四法界”。其《持华严偈》曰：“《大方广佛华严经》，如来初转根本轮。此轮转不离四门，理转事转事理转。事事无碍最幽玄，拈来便用无廉纤。”[②]在此，真可吸收了华严宗人澄观的四法界说：“事法界，理法界，事理无碍法界，事事无碍法界”，[③]并以此作为《华严经》的基

① 参见本书第五章《兼奉台禅的佛学思想》。

② 紫柏真可：《紫柏老人集》卷二十，故宫珍本丛刊本。

③ 澄观：《大方广佛华严经随疏演义钞》卷一，《大正新修大藏经》第36册。

本思想。实际上，自从既被奉为禅宗祖师，又被奉为华严宗祖师的宗密(780—841)将“一心”与“四法界”相结合之后，“四法界”就成为禅宗的重要思想资源，禅师们开始以“四法界”为参禅话头，并将无碍法界视为禅宗任运自适的依据，甚至出现了“事事无碍，如意自在。手把猪头，口诵净戒。趁出淫坊，未还酒债。十字街头，解开布袋”的偈颂。[①]

明末名士以禅净兼华严者，也不乏其人。其时的士大夫多推崇属于教外华严学的唐代李通玄(635—730)的《新华严经论》，如方泽作有《华严经合论纂要》三卷，李贽有《华严经合论简要》四卷。袁宏道《西方合论》在组织结构上吸取了华严宗尚“十”的特点，并批驳了李通玄将华严与净土分为权实的观点。[②]

综观明末华严学的状况可知，其时人们对华严宗的汲取具有以下三个特点：一是重视华严宗的信仰实践；二是在李通玄的《新华严经论》大行其道的同时，也出现了推崇澄观华严学的声音；三是作为华严学禅化的一个主要现象，人们往往对华严宗的“四法界”观念津津乐道。

金圣叹的华严学也打上了晚明时代思潮的烙印。首先，他批点杜甫《谒真谛寺禅师》曰：“世间法，以日为俗谛，月为真谛，灯为中谛。出世间法，以文殊般若为真谛，普贤解脱为俗谛，世尊得法于传灯为中谛。”[③]在此，金氏以真谛、俗谛、中谛说三圣，是承袭了隋智顗(538—597)的三谛圆融说；而并重三圣的观念，则与李通玄以佛、文殊、普贤为“三圣一体”的信仰格局一脉相承。由此可见，与晚明其他士大夫一样，金氏也或多或少受到了《新华严经论》的影响。其次，在明末社会思潮的熏染下，金圣叹好尚禅宗，因而，此前的禅宗僧人对华严学四法界尤其是事事无碍法界的弘扬，在金氏学说中也有所反映。如他评点齐己《寄庐岳僧》一诗云：“写心地，不用寂寞字，偏说‘烟霞明媚’；写行履，不用孤峭字，偏说‘藤竹萦纡’。此是‘雪埋’‘冰折’后自然无碍境界，非他

---

① [宋]释晓莹撰：《罗湖野录》卷上，民国景明宝颜堂秘笈本。关于明末华严学的特点，参见魏道儒《中国华严宗通史》，南京江苏古籍出版社 1998 年版，第 276—301 页。

② 关于袁宏道佛学，参见周群《袁宏道评传》，南京大学出版社 1999 年版，第 138—178 页。

③ 金圣叹：《唱经堂杜诗解》卷四《谒真谛寺禅师》评，《金圣叹全集》贰，凤凰出版社 2008 年版，第 791 页。

人所得滥叨也。”[1]“自然无碍境界”之说，当是源自禅化华严思想。又如，他还以华严“四无碍”比附儒家典籍：“准之《华严》‘四无碍’，《周易》，理无碍之书也；《书》《春秋》，事无碍、事事无碍之书；《诗》及《论语》，理事无碍之书也。”[2]

从师承关系来看，金圣叹的好尚华严，一方面与李贽的影响有关。众所周知，金圣叹在立身、思想等方面多有与李贽相似之处，他在评点《水浒传》时大力攻击李贽骂世，[3]这正折射出他濡染李贽学说的实质。由此可以推测，李贽重视《新华严经论》的倾向，也会对金圣叹的佛学观念有所冲击。另一方面，更值得注意的是，明清之际士大夫竞相抄写《华严经》，苏州地区华严宗呈复兴之势，因而钱谦益、金圣叹和徐增等人都曾以《华严》唯心偈论文。[4]

金圣叹从多方面汲取了华严思想，而在金氏的文学思想中，华严宗心本原说的影响显得尤为突出。金圣叹评《水浒》第五回鲁智深火烧瓦官寺云：

> 耐庵说一座瓦官寺，读者亦便是一座瓦官寺；耐庵说烧了瓦官寺，读者亦便是无了瓦官寺。大雄先生之言曰：“心如工画师，造种种五阴；一切世间中，[5]无法而不造。”圣叹为之续曰：“心如大火聚，坏种种五阴；一切过去者，无法而不坏。”今耐庵此篇之意则又双用，其意若曰：“文如工画师，亦如大火聚。随手而成造，亦复随手坏。如文心亦尔，见文当观心；见文不见心，莫读我此传。”[6]

上述金圣叹所引大雄先生之言，出自晋译《华严经》卷十《夜摩天宫菩萨

① 金圣叹：《贯华堂选批唐才子诗甲集七言律》卷八齐己《寄庐岳僧》评，《金圣叹全集》壹，凤凰出版社2008年版，第592页。

② 金圣叹：《唱经堂随手通・序离骚经》，《金圣叹全集》陆，凤凰出版社2008年版，第901页。

③ 金圣叹：《第五才子书施耐庵水浒传》卷三十六第三十一回夹批，《金圣叹全集》叁，凤凰出版社2008年版，第593页。

④ 参见本书第十二章第二节《金圣叹以〈华严〉“唯心偈”论文艺对徐增的影响——兼论以钱谦益为中心、主张反经明教的士僧群体》。

⑤ “造种种五阴”，《大藏经》第九卷、465页下作“画种种五阴”；“一切世间中”，《大藏经》第九卷、465页下作“一切世界中”。

⑥ 金圣叹：《第五才子书施耐庵水浒传》卷十第五回夹批，《金圣叹全集》叁，凤凰出版社2008年版，第157页。

说偈品》：

> 心如工画师，画种种五阴，一切世界中，无法而不造。如心佛亦尔，如佛众生然。心佛及众生，是三无差别。诸佛悉了知，一切从心转。若能如是解，彼人见真佛。心亦非是身，身亦非是心。作一切佛事，自在未曾有。若人欲求知，三世一切佛，应当如是观：心造诸如来。(《大正新修大藏经》第9册)

这段唯心偈集中反映了华严学的心本原思想。与此相类似，《华严经·十地品》有“三界虚妄，但是心作”之说。金圣叹对《华严》唯心偈极为重视，他在评点权德舆《待漏假寐梦归江东旧居因思惠阁黎茅处士》“南宗长老知心法，东郭先生识化源”一联时也引用了此偈：“《华严经》云：‘心如工画师，造种种五阴。一切世间中，无法而不造。’此南宗长老之所知也。”[①]可见金氏受《华严经》的心本原思想浸润之深。

华严心本原说对佛教各派都产生了影响。天台宗智顗等人就曾引用《华严》唯心偈说明“心”的创造功能，[②]禅宗也吸收了《华严》的心造万法论。最典型的如百丈怀海弟子黄檗希运的“法由心造”说：“心生种种法生，心灭种种法灭。故知一切诸法皆由心造，乃至人天地狱六道修罗，尽由心造。”[③]金圣叹引用《华严》唯心偈，当与他的天台、禅宗修养不无关系，不过，金氏“圣叹为之续曰：心如大火聚，坏种种五阴”云云，与希运所引用的“心灭种种法灭”的说法比较接近，因而禅宗更有可能是金氏接受《华严经》心本原说的中介。

二　小说虚构论与华严心本原说的关系

《华严经》的心本原说首先为金氏的小说虚构论提供了思想资源。金圣叹不止一次地论述《水浒传》的虚构性，除了前引《水浒传》第五回的评点外，金氏《读第五才子书法》云：“《宣和遗事》具载三十六人姓名，

---

① 金圣叹：《贯华堂选批唐才子诗甲集七言律》卷五权德舆《待漏假寐梦归江东旧居因思惠阁黎茅处士》评，《金圣叹全集》壹，凤凰出版社2008年版，第309页。

② 参见李四龙《天台智者研究——兼论宗派佛教的兴起》，北京大学出版社2003年版，第173—174页。

③ 黄檗希运：《黄檗断际禅师宛陵录》卷一，《大正新修大藏经》第48册。

可见三十六人是实有。只是七十回中许多事迹，须知都是作书人凭空造谎出来。”①又第十三回夹批云：“此处为一部大书提纲挈领之处，晁盖为一部大书提纲挈领之人，而为头先是一梦，可见一百八人、七十卷书，都无实事。”②这类论述反映了金圣叹小说虚构论的独特性，也说明了华严心本原说对金氏小说理论的影响。

1. 金氏小说虚构论的独特性

关于金圣叹的小说虚构论，以往的研究已揭示了其说重视作家主体的特点和“以文为戏”的倾向，③也多少涉及佛教思想与金氏小说虚构观念的关系。④ 本文认为金氏小说虚构论的独特之处在于糅合了以往的“寄托”和“游戏”两种创作动机论，强调了小说虚构的必然性。

人们对小说是虚构还是实录的看法，经历了从“言不必信”到“须是虚实相半”的发展演变过程，换言之，从主张小说可以虚构，逐步发展到认为小说必须虚构。在金圣叹之前，小说虚实论大致有以下五种：⑤

其一，小说乃作家情志的寄托，故不必信实。如南宋郑樵《通志》卷四十九《乐略第一》论“稗官之流”的虚构云：“顾彼亦岂欲为此诬罔之事乎？正为彼之意向如此，不得不如此。不说无以畅其胸中也。”明万历四十六年署名“玉茗主人题”《北宋志传序》、胡应麟《二酉缀遗》承袭此说。

其二，强调小说乃阐述某种哲理的寓言，因而“言不必信”。如南宋洪迈《夷坚支志》景卷十《夷坚支丁序》云：“稗官小说家言不必信，固也。信以传信，疑以传疑，自《春秋》三传则有之矣，又况乎列御寇、惠施、庄周、庚桑楚诸子汪洋寓言者哉？”后来，明代谢肇淛《五杂俎》、睡乡居士作于崇祯五年（1632 年）的《二刻拍案惊奇序》中有类似观点。

---

① 金圣叹：《第五才子书施耐庵水浒传》卷三《读第五才子书法》，《金圣叹全集》叁，凤凰出版社 2008 年版，第 31 页。

② 金圣叹：《第五才子书施耐庵水浒传》卷十八第十三回夹批，《金圣叹全集》叁，凤凰出版社 2008 年版，第 272 页。

③ 参见陈洪《金圣叹传论》，天津人民出版社 1996 年版，第 180—186 页。

④ 参见白岚玲《才子文心——金圣叹小说理论探源》，北京广播学院出版社 2002 年版，第 99 页。

⑤ 关于古代小说虚实论的源流，参见陈洪《中国小说理论史》、袁震宇、刘明今《中国文学批评通史——明代卷》，恕不一一注明。

其三,主张小说有劝惩意义,因而不必追求实录,如万历四十年(1612年)刻袁无涯本《忠义水浒全书发凡》主张:"传始于左氏,论者犹谓其失之诬,况稗说乎!顾意主劝惩,虽诬而不为罪。"其后,明崇祯刊吟啸主人《平虏传序》也有"苟有补于人心世道者,即微讹何妨"之说。

其四,从小说为消遣游戏的创作动机出发,主张小说不必求实甚至必须虚构。比如万历三十八年(1610年)容与堂刊本《李卓吾先生批评忠义水浒传》第五十二回评:"有一村学究道:李逵太凶狠,不该杀罗真人;罗真人亦无道气,不该磨难李逵。此言真如放屁。不知《水浒传》文字当以此回为第一。试看种种摹写处,哪一事不趣?哪一言不趣?天下文章当以趣为第一。既是趣了,何必实有是事,并实有是人?若一一推究如何如何,岂不令人笑杀!"这里的"趣",当是指小说中的滑稽游戏成分。也就是说,小说的娱乐性决定了小说不必追求事实。至谢肇淛《五杂组》卷十五则曰:"凡为小说及杂剧戏文,须是虚实相半,方为游戏三昧之笔。"所谓"须是虚实相半",当是指小说必须包含虚构成分,才能实现游戏消遣的目的。在诸家的小说虚构论中,这是唯一一种将虚构性作为小说必要条件的。如前所述,刊于万历丁未(1607年)、王圻编录的《稗史汇编》论述《水浒传》《西厢记》的虚构性曰:"文至院本、说书,其变极矣。然非绝世轶材,自不妄作。……今读罗《水浒传》,从空中放出许多罡煞,又从梦里收拾一场怪诞,其与王实甫《西厢记》始以蒲东遘会,终以草桥扬灵,是二梦语,殆同机局。总之,惟虚故活耳。"这也是从追求"活"的审美效果着眼,推崇小说的虚构。

其五,从文体辨析的角度,认为小说与史书不同,非但不必求实,反而以虚构为上。袁于令(1592—1674)《隋史遗文序》主张:"正史以纪事,纪事者何?传信也。遗史以蒐逸,蒐逸者何?传奇也。传信者贵真:为子死孝,为臣死忠,摹圣贤心事,如道子写生,面面逼肖;传奇者贵幻:忽焉怒发,忽焉嬉笑,英雄本色,如阳羡书生,恍惚不可方物。"①

由以上叙述可以看出,在金圣叹之前,人们已经从小说的寄托、寓言、劝惩、游戏等创作动机和小说文体特征的角度,论述了小说的虚

---

① [明]袁于令评改、宋祥瑞点校:《隋史遗文》,北京大学出版社1988年版。

构性。

金圣叹的小说虚构论也是从小说的创作动机角度立论的，但其独特之处在于糅合了寄托和游戏两种创作动机，并突出了小说虚构的必然性。

首先，金圣叹指出《水浒传》的创作动机是“写出自家许多锦心绣口”，不同于《史记》：

> 大凡读书，先要晓得作书之人是何心胸。如《史记》，须是太史公一肚皮宿怨发挥出来，所以他于《游侠》《货殖传》特地着精神；乃至其余诸记传中，凡遇挥金杀人之事，他便啧啧赏叹不置。一部《史记》，只是“缓急人所时有”六个字，是他一生著书旨意。《水浒传》却不然。施耐庵本无一肚皮宿怨要发挥出来，只是饱暖无事，又值心闲，不免伸纸弄笔，寻个题目，写出自家许多锦心绣口，故其是非皆不谬于圣人。①

在此，金圣叹认为《水浒传》作者为“写出自家许多锦心绣口”而著书，不同于司马迁作《史记》是由于“一肚皮宿怨发挥出来”。那么，何谓“写出自家许多锦心绣口”？金圣叹在评点中多次提到“才子之心”“文心”“耐庵匠心”等等，都是“自家许多锦心绣口”的异名同谓。金圣叹所称赏不已的“才子文心”“锦心绣手”等，是指小说家的虚构事件、设计情节、安排结构、变化表现手法等艺术方法和才能。② 因此，“写出自家许多锦心绣口”一说，完全可以理解为作家展示其包括虚构在内的各种艺术手法和才能。

将金圣叹的小说创作动机论与前人的观点加以对比可以发现，“写出自家许多锦心绣口”的观点是糅合了以往的“寄托”说和“游戏”说而成的。一方面，“写出自家许多锦心绣口”之说吸收了“寄托”说中弘扬

① 金圣叹：《第五才子书施耐庵水浒传》卷三《读第五才子书法》，《金圣叹全集》叁，凤凰出版社2008年版，第28页。

② 参见拙著《金圣叹评传》附表九《金圣叹“锦心绣口”说一览》，南京大学出版社2006年版，第513—518页。

作家主体精神的成分，但扬弃了发愤著书说即作家的情感意志，[1]而代之以作家的艺术才能。另一方面，金圣叹又认为《水浒传》与《史记》一样，是“文人之事”：

尝怪宋子京官给椽烛，修《新唐书》。……夫修史者，国家之事也；下笔者，文人之事也。国家之事，止于叙事而止，文非其所务也。若文人之事，固当不止叙事而已，必且心以为经，手以为纬，踌躇变化，务撰而成绝世奇文焉。如司马迁之书，其选也。……吾见其有事之巨者而隐括焉，又见其有事之细者而张皇焉，或见其有事之阙者而附会焉，又见其有事之全者而轶去焉，无非为文计，不为事计也。……岂有稗官之家，无事可纪，不过欲成绝世奇文以自娱乐，而必张定是张，李定是李，毫无纵横曲直、经营惨淡之志者哉？[2]

这段文字中的结尾部分，既承袭了前人的“游戏”说，又强调了作家的“经营惨淡之志”。由于娱乐消遣之类的说法常使人产生“文成于易”的错觉，金圣叹特别强调“文成于难”：“依文成于难之说，则必心绝气尽，面犹死人者，才子也。”[3]概言之，金圣叹的“出其珠玉锦绣之心”说融合了以往“寄托”说的重主体精神和“游戏”说的重娱乐消遣，同时分别扬弃了“发愤著书”说和“文成于易”的倾向。

在小说“写出自家许多锦心绣口”这一创作动机论的基础上，金圣

---

① 金圣叹在评点中偶尔也承认《水浒传》中有发愤著书的成分，比如《水浒传》楔子总评中两次提出“为此书者之胸中，吾不知其有何等冤苦，而必设言一百八人，而又远托之于水涯”（金圣叹：《第五才子书施耐庵水浒传》卷五《楔子》总评，《金圣叹全集》叁，凤凰出版社2008年版，第40页）。又第十一卷第六回夹批曰：“发愤作书之故，其号耐庵不虚也”（金圣叹：《第五才子书施耐庵水浒传》卷十一第六回夹批，《金圣叹全集》叁，凤凰出版社2008年版，第172页）。对于这两者的矛盾，白岚玲《才子文心——金圣叹小说理论探源》指出：“他虽然认为小说创作从根本动机上不同于‘圣人’书，亦有别于史书，为‘以文为乐’‘以文为戏’的产物，但实现其‘乐’‘戏’的具体途径又为多方面的，其中并不排除作者在作品中对于表达其创作才华时所借用的一定题材内容进行一定的评论、批评，对社会不良现象的愤激之情可由此得以勃郁倾泻。况且，正如本文一再强调的那样，金圣叹所谓的‘乐’‘戏’本质并非主张纯然以游戏文字为务，而是在更为深入地强调为文过程中自我个性才能的充分实现和由此得到的满足愉悦。”（第74—75页）本书认为金圣叹立论时有自相矛盾的现象，“发愤著书”说在金氏的小说创作动机论中属于偶然的、不占主要地位的因素。

② 金圣叹：《第五才子书施耐庵水浒传》卷三十三第二十八回总评，《金圣叹全集》叁，凤凰出版社2008年版，第529—530页。

③ 金圣叹：《第五才子书施耐庵水浒传》之《序一》，《金圣叹全集》叁，凤凰出版社2008年版，第16页。

叹强调了小说虚构的必然性。既然小说家的创作动机就是驰骋包括虚构故事、设计情节等在内的艺术才能,那么小说的虚构性就与结构、文采等要素一样,成为建构小说的必要因素。正如金圣叹所说,“若文人之事……务撰而成绝世奇文焉”,这固然不仅是指想象虚构,但从“吾见其有事之巨者而隐括焉”之说来看,想象虚构是其中的重要成分。

从金圣叹的“因文生事”说,我们可以更清楚地看出金氏对小说虚构重视的程度。与前引一段文字有所不同,金氏在比较《水浒传》与《史记》的差异时,提出了“因文生事”说:

> 某尝道《水浒》胜似《史记》,人都不肯信,殊不知某却不是乱说。其实《史记》是以文运事,《水浒》是因文生事。以文运事,是先有事生成如此如此,却要算计出一篇文字来。虽是史公高才,也毕竟是吃苦事。因文生事即不然,只是顺着笔性去,削高补低都由我。①

对于这一理论,历来的研究者都认为其意义在于揭示了小说与史书的纪实与虚构之别,②有的学者则进一步认识到“因文生事”之“文”并非泛指小说的文学性特征,而是“指小说中体现了作者独具匠心的艺术描写,即各种艺术化的细节描写的总和,是对‘事’即主要故事情节所作的具有美学意味的、充满文学想象力的渲染,是作者‘珠玉锦绣之心’即艺术想象力、表现力等艺术创造才能的集中体现,是以刻画人物性格,塑造人物形象为直接目的”。③ 此说全面揭示了“文”的具体内容,但“因文生事”的独特内涵仍有待于进一步发掘。

事实上,要了解金氏“因文生事”的最核心的含义,首先应仔细咀嚼“顺着笔性去,削高补低都由我”这段话。从“笔性”“由我”等表述可知,

---

① 金圣叹:《第五才子书施耐庵水浒传》卷三《读第五才子书法》,《金圣叹全集》叁,凤凰出版社 2008 年版,第 29—30 页。

② 有的学者据此认为金氏的虚构论是建立在小说文体特征的基础上,其实,金氏主要着眼于《水浒》作者的创作动机不同于《史记》,文体特征是隐含的因素,其原因是:其一,前一段引文认为《史记》与《水浒》都是文人之事,都有虚构性;其二,“以文运事”和“因文生事”不是虚构与否的区别,而是虚构方式、程度的不同。而且此说也并不意味着《史记》与《水浒》因文体差异而有虚构方式程度的不同。总之,虚构性与小说文体特征之间并无必然联系。

③ 参见白岚玲《才子文心——金圣叹小说理论探源》,北京广播学院出版社 2002 年版,第 114 页。

“因文生事”意味着作家的“笔性”即文学创造才能和手段是小说虚构的决定性因素。换言之,这里的“笔性”,完全可以换成金氏常用的“文心”这一概念,那么“因文生事”的实质也就是因“心”生事。金圣叹本人的论述已暗示了这一点。他以第二十八回武松醉打蒋门神为例,阐述其“因文生事”说云:“如此篇,武松为施恩打蒋门神,其事也;武松饮酒,其文也。打蒋门神,其料也;饮酒,其珠玉锦绣之心也。”[①]显然,所谓“其文”,就是作家的“珠玉锦绣之心”。

于此我们终于明白,从创作动机来看,《史记》和《水浒》的区别在于“心”与“事”的主次有别,即《史记》是事实决定文心,或曰以实录为主;《水浒传》则是以文心安排事实,或曰以展示文心为主。这便是“因文生事”的核心所在。[②] “因文生事”实际上是“写出自家许多锦心绣口”的另一种表述,此说进一步说明了作家主体精神和小说虚构的关系,突出了小说虚构的必然性。

实际上,在“因文生事”这一命题中,“文”所蕴含的作家艺术才能和小说艺术手法这两个层面是紧密联系、不可分割的,两者的关系相当于能和所的关系。就作家而论,“文心”是指作家的艺术才能;就作品而言,“文”是指包括虚构在内的艺术手法。以“文”和“心”的关系来说,“心”对“文”具有毋容置疑的决定性。为了主张小说虚构的必然性,金圣叹甚至提出了小说一味实录将有碍于艺术效果的观点:“如必欲但传其事,又令纤悉不失,是吾之文先已拳曲不通,已不得为绝世奇文,将吾之文既已不传,而事又乌乎传耶?” [③]可以说,金圣叹对小说虚构性强调的程度,超过了此前的所有论家。

2. 华严心本原说对小说虚构论的影响

金圣叹不仅以“写出自家许多锦心绣口”“因文生事”等说阐述小说

---

① 金圣叹:《第五才子书施耐庵水浒传》卷三十三第二十八回,《金圣叹全集》叁,凤凰出版社 2008 年版,第 530 页。

② 有学者批评金圣叹“因文生事”说强调了“虚构的任意性”(参见何满子《金圣叹》,《中国历代著名文学家评传》,山东教育出版社 1985 年版),这显然忽略了金氏还有“格物之法,以忠恕为门”一说,此说主张艺术思维须遵循生活逻辑,这与“因文生事”说是相辅相成的。不过,“因文生事”说确实反映了金圣叹在强调小说虚构这一点上是超越了前人的。

③ 金圣叹:《第五才子书施耐庵水浒传》卷三十三第二十八回,《金圣叹全集》叁,凤凰出版社 2008 年版,第 530 页。

虚构的必然性，还援引《华严》唯心偈来论证小说虚构的必然性。

从前引《华严经》唯心偈来看，《华严经》的心本原说至少包括两方面的内容：其一，强调“心”创造万法的主导地位。这里的“法”，不仅指世界中的种种事物和现象，甚至连佛也包括在内。其二，认为心所创造的三界是虚妄不实的。至于心本身的虚实，众所周知，《华严经》中“心”的内涵十分复杂，存在着认知作用、修行枢纽、妄心、清净心等不同层次。① 在这段偈中，这种与佛、众生无差别的、能造如来的心，似乎很接近于清静自性，但偈文本身并未明言这一点，所以此心本身是实有还是虚妄，很难说得清楚。而金圣叹所说的心似乎是虚妄的：

> 颇有人读至此处，潸然泪落者，错也。此只是作书者随手架出、随手抹倒之法，当时且实无林冲，又焉得有娘子乎哉？不宁惟是而已，今夫人之生死，亦都是随业架出、随业抹倒之事也。岂真有人昔日曾作此书，亦岂真有我今日读此书乎哉！②

这是说，包括小说家创作、金圣叹评点在内的种种现象，都是随业起灭、虚妄不实的，那么作家文心也莫能外。尽管如此，金氏心本原说主张心造万法，因而文心至少相对于万法来说更具实体意味，这与中观学视主体为虚妄是有所不同的。

金圣叹的小说虚构论与华严心本原说的契合，主要表现在心物关系上。如前所述，金氏“写出自家许多锦心绣口”“因文生事”等说，极为推崇小说家的虚构等文学才能，强调作家主体对于小说虚构的决定性作用，这与华严强调“心”是世间与出世间的本原，推崇心在生灭万法中的决定性作用，是极为相似的；另一方面，《华严经》对万法虚妄的体认，也颇接近于金氏对小说虚构乃至人生虚幻性的强调。换言之，作为一种心物关系，小说虚构论中的心(文)与事的关系，与华严宗的心与三界的关系，具有类似的逻辑结构。从金圣叹小说虚构理论的独特性可以看出，对于金氏来说，华严心本原说包含的心生万法之思维模式的意

① 参见邓克铭《华严思想之心与法界》第二章，台北文津出版社 1997 年版。

② 金圣叹：《第五才子书施耐庵水浒传》卷二十四第十九回，《金圣叹全集》叁，凤凰出版社 2008 年版，第 367 页。

义，不仅在于凸显了小说乃虚构而非纪实的观点，而且有助于金圣叹揭示作家的珠玉锦绣之心与小说虚构的关系，使得他能够从小说创作动机的高度把握小说虚构特征的必然性。

三　诗歌"不写景"说与华严心本原说的关系

在诗歌理论领域，由于受到华严心本原说的影响，金圣叹尤为强调诗歌表现心灵世界的情感思绪，并进而提出了否定诗歌单纯描摹景物的"不写景"说。

金圣叹不止一次地以"心"来阐述诗歌的本质。他指出："诗者，人之心头忽然之一声耳。……动于心、声于口，谓之诗，故子夏曰：'在心为志，发言为诗。'故'志'之为字，从之从心，谓心之所之也。"[①]这一说法表明他的诗歌抒写心灵的思想，是源于汉儒诗说的。[②]《毛诗序》云："诗者，志之所之也。在心为志，发言为诗，情动于中而形于言。"《毛诗序》论述了诗歌抒写心志的本质，但并未突出"心"的地位。《礼记·乐记》论述乐的产生曰："凡音之起，由人心生也。"在综合汉儒的这两种诗歌本质论的基础上，金圣叹提出了诗歌表达心声的观点。他似乎更喜欢用"心"而不是"志"来阐释诗歌本质，我们可以姑且称其说为"诗言心"。与此相类似，金圣叹还阐述了"诗之为言思也"的观点：

> 诗之为言思也。其出也，必于人之思；其入也，必于人之思。以其出入于人之思，夫是故谓之诗焉。若使不比不兴而徒赋一物，则是画工金碧屏幛，人其何故睹之而忽悲忽喜？夫特地作诗，而人不悲不喜，然则不如无作。此皆不比不兴，纯用赋体之过也。[③]

心也好，思也好，都旨在强调诗歌应抒写主体的情感思想。这段论述还指出了咏物诗创作中存在着以比兴咏物和以赋体咏物两种写法，这两

---

① 金圣叹：《贯华堂选批唐才子诗甲集七言律》卷二《鱼庭闻贯·与许青屿之渐》，《金圣叹全集》壹，凤凰出版社2008年版，第100—101页。

② 关于《毛诗序》的作者，参见王运熙、顾易生主编，顾易生、蒋凡著《中国文学批评通史——先秦两汉卷》，上海古籍出版社1996年版，第398—400页。子夏作《毛诗序》的说法显然不可靠，一般认为，《毛诗序》非一时一人之作，其主体约完成于两汉中期以前的学者之手。

③ 金圣叹：《贯华堂选批唐才子诗甲集七言律》卷九郑谷《鹧鸪》评，《金圣叹全集》壹，凤凰出版社2008年版，第534页。

种写法实际上反映了两种心物关系：一是以咏物抒写情志，重心而轻物；一是纯粹摹写景物，重物而轻心。这是文学史上和批评史上的一个老问题。汉儒以比兴解说《诗经》，相对忽视《诗经》中纯粹描写景物的“赋”体。迄于晋宋之际，文坛上勃兴描摹自然风景的山水诗，体物形似被视为与抒写情志并列的诗歌追求，于是以比兴言志与纯粹描摹景物的对立也就因此形成。显然，金圣叹的“诗之为言思也”一说，是作为诗歌纯粹描写景物的对立面而出现的。不过，在这一论述中，金圣叹反对的是“徒赋一物”“纯用赋体”，即为写景而写景的诗篇，他没有完全否定诗句的为写景而写景。

金圣叹的诗歌“不写景”说，却在进一步肯定诗歌言志的同时，彻底否定了写景之诗句：

> 余尝谓唐人妙诗，从无写景之句。盖自三百篇来，虽草木鸟兽毕收，而并无一句写景，故曰“诗言志”。“志”者，心之所之也。①

金圣叹“不写景”说一方面更加强调诗歌抒写心灵，另一方面否定了诗篇乃至诗句的为写景而写景，这一情景理论的独特性是不难看出的。尤其值得注意的是否定纯粹写景这方面。汉儒虽然大力推崇《诗经》的比兴手法，但由“诗言志”一说并不能推导出诗歌之“不写景”，相反，《周礼·春官·大师》载：“大师教六诗，曰风，曰赋，曰比，曰兴，曰雅，曰颂。”东汉郑玄注以赋比兴为《诗经》的三种表现手法，其中“赋”意味着“直铺陈”，这实际上是多少承认了《诗经》中不含比兴意味的写景句的存在，可见金圣叹对诗歌写景的否定程度有甚于汉儒诗说。

金氏的诗歌不写景说在诗歌理论史上的意义已如前述。② 如果联系金圣叹所服膺的华严心本原说，我们就能多少了解金氏不写景说的思想史依据。如前所述，华严宗视心为世间和出世间的本源，其说对“心”的推崇，可说是无以复加，这与金圣叹的以心论诗的观点之间，显然具有逻辑上的相似性。更重要的是，如前所述，华严宗在肯定心的本原性的同时，强调外物的虚妄。从表面上看，诗人追求体物形似并不等

① 金圣叹：《唱经堂杜诗解》卷三《孤雁》评，《金圣叹全集》贰，凤凰出版社 2008 年版，第 750 页。

② 关于诗歌不写景说，参见本书第十一章第二节《诗歌不写景说的形成背景》。

于执著于三界，因而华严宗的否定三界实有与金氏否定诗歌纯粹写景并不是一回事，但就心物关系而论，诗歌为写景而写景确实意味着忽视人的心灵世界，这与执著于三界将导致迷失本原之心颇为类似，换言之，华严宗的“心”与“三界”的对立统一关系，与诗歌情景理论中的抒写心灵与描摹景物的对立统一关系之间，无疑存在着类似的逻辑结构。正因如此，华严宗的心物关系理论完全能够为金圣叹的诗歌情景理论提供思想资源。在华严宗推崇心原而否定三界之理论的启发下，金圣叹萌生了否定诗歌单纯写景的“不写景”说，并强化了他的诗为“心之所之”的诗歌本质论，当是顺理成章的。

四　金氏心物论的思想史意义

华严心本原说对金圣叹诗歌和小说理论之影响的共同之处在于心物关系理论，即强化了有关文学主体性的认识，将传统的带有儒家教化色彩的“诗言志”说，转化为突出创作主体的精神世界和艺术才能的理论；与此同时，金氏的小说理论突出了小说虚构的必然性，而诗歌理论则否定了诗歌的为写景而写景。

众所周知，由于阳明心学和禅宗的交叉影响，心本原说在晚明思想界盛行一时，并直接冲击了当时的文学思潮。为了矫正明代七子派拟古文风的弊端，晚明文学界所受的心学思潮的影响主要表现为推崇“性灵”即创作个性；同时，出于廓清程朱理学导致的假道学的需要，以李贽为代表的士人又大力提倡文学表现“童心”“真心”，可以说，晚明思想界和文学界的现实要求，决定了心学对文学理论的影响突出体现在“性灵”“童心”等方面，而心学中的心物关系理论，倒不是人们所最感兴趣的。

华严学心本原说影响下的金圣叹的文学思想，则较多地关注了文学思想中的心物关系问题，当然，和同时代人一样，金圣叹也极为重视文学的独创性，厌弃文学创作的拘守格套，[①]不过，如前所说，他主要关注的还是文学创作中的心物关系问题，以上所说的诗歌情景关系和小

① 参见本书第六章第二节《〈水浒传〉评点与标新立异的学术个性》。

说虚实理论，是他的心物论在文学思想中的主要表现。

金圣叹以心本原说为依据来思考心物关系的思路，在文学思想史上具有重要的开创意义。以诗歌情景关系为例，王夫之等人的情主景宾的观点，显然是沿着金圣叹所开辟的道路继续前进的。从王夫之“语有全不及情而情自无限者，心自为政，不恃外物故也”等说来看，[①]王夫之情景理论的成就，并不仅仅在于他强化了古已有之的情景相生的观念，更重要的是他运用心本原说中的心物关系理论，重新阐释了诗歌的情景关系。后来王国维提出“一切景语皆情语”的主张，固然是由西方美学思想所催生的，而其本土资源则来自王夫之的情景理论。从这一角度来看，金圣叹的上述心物理论可说是开辟了将心本原说运用于文学思想的一条新道路，其筚路蓝缕之功，确实是不应该忽视的。

第二节　金圣叹以《华严》“唯心偈”论文艺对徐增的影响——兼论以钱谦益为中心、主张反经明教的士僧群体

关于明清之际金圣叹（1608—1661）与徐增（1612—?）在诗歌分解理论方面的交流，近年来学界已有极为深入的研究。[②] 从金圣叹与徐增交往的主要内容来看，“为诗”与“学道”是相辅相成的两个方面，这从徐增《访圣叹先生》“学道多生幸，为诗一世忙”[③]之句中，可以窥见其端倪。本文拟分析金、徐二人在佛学观念上的契合，考察徐增如何接受和发展了金圣叹的以《华严经》唯心偈论文艺，并揭示其背景是以钱谦益为中心、崇尚“反经明教”的士僧群体的互动，其中即中大师、刘心城等人尚未引起学界的足够重视。

---

① 王夫之：《古诗评选》卷五谢朓《之宣城郡出新林浦向板桥》评语，上海古籍出版社 2011 年版，第 229 页。

② 参见邬国平《徐增与金圣叹》（《中华文史论丛》2002 年第 2 期）、蒋寅《徐增对金圣叹诗学的继承和修正》（《北京师范大学学报》2006 年第 4 期，第 90—97 页）、陆林《徐增与金圣叹交游新考》（《文史哲》2016 年第 4 期，第 108—122 页）。

③ 徐增：《九诰堂集》诗十一，清代诗文集汇编本。

一　徐增援引《华严经》“唯心偈”论文艺

上一节《华严心本原说与金圣叹的文学思想》已分析金圣叹如何借用《华严经》“唯心偈”来强调诗歌的情重于景和小说的虚构性。事实上，徐增也不止一次引用《华严》“唯心偈”论绘画，从两者的具体内涵来看，其渊源关系颇为明显。

1. 徐增以“心如工画师”论绘画

徐增《画苑汇隽序》云：

> “心如工画师”，盖言心之包涵万有，故王维有“前身应画师”之句。夫画者必须天地在其胸中，故能造化施于笔下，举一切之有情无情、性形气候，一一宛然。

在此，徐增引用《华严经》“心如工画师”一说，阐述画家之心包涵万有的主张。《瑞木图说》进一步申论此说：

> 予曰：“增尝读佛氏书大经云：‘心如工画师’，画师者，喻心之神妙也。人日以六根与三千大千世界相接，一法当前，心即应之，辄如法之起止，如画师然，绘云如云，绘月如月，绘山河大地如山河大地也。无法不画，无画不工，此惟至人之心能之。至人者，心无杂念，故得如法，太公之心亦然。太母以太公之心为心，其心亦然。”①

徐增此说强调了心应万法的神妙。画家之所以惟妙惟肖地描绘大千世界，缘于画家之心乃至人之心，毫无杂念，能够敏锐地接应万法。

2. 徐增“心如工画师”说与金圣叹的渊源关系

徐增以“心如工画师”论绘画，当是受到了金圣叹的影响。其理由如次：

其一，从写作时间来看，徐增援引“心如工画师”的两篇文章中，《画苑汇隽序》写于1661年之后，②《瑞木图说》撰于1662年。③ 又徐增《送

---

① 徐增：《九诰堂集》古文一《画苑汇隽序》、古文三《瑞木图说》，清代诗文集汇编本。

② 《画苑汇隽序》云“余年过五十”，徐增生于1612年，故此文当作于1661年之后。

③ 《瑞木图说》记写作此文的缘起是“壬寅（1662年）秋九月，粤中陈子明使君从云间来见予”。

三耳生见唱经子序》评价金圣叹"批第五第六才子书"曰:"此二书乃圣叹之外篇,非圣叹之内学也"[1],可见此时(1660 年)徐增已读过前引金圣叹评《第五才子书施耐庵水浒传》中有关《华严》唯心偈的论述。

其二,徐增提出"心如工画师"一说,当是依据唐译《华严》,不同于金圣叹之立足于晋译《华严》;但徐增此说突出心、佛与众生的平等,可见也暗袭了晋译华严,与金圣叹之说一脉相承。徐增《善财房建华严期募单引》云"《华严经》八十一卷,唐朝金轮皇帝重译"[2],足见徐增所读的"佛氏书大经"为唐译《华严》。然而,将两种《华严》相对照,可以发现晋译《华严》中有"如心佛亦尔,如佛众生然。心佛及众生,是三无差别",而唐译《华严》省略了后两句,因而三者无差别的观点并不十分突出。然而,徐增《瑞木图说》明确申论三者无差别:"《易》曰:'履道坦坦,幽人贞吉',又佛法平等,平等则坦然。夫太公之心即孔圣之心,即佛之心;佛心如画师,孔子之心如画师,太公之心亦如画师。"由此可以推测,徐增"心如工画师"之说,与金氏之说一样,也多少吸收了晋译《华严》的成分。

其三,更重要的是,徐增《瑞木图说》在援引《华严经》"唯心偈"论述画家之心的同时,多处文字对金圣叹的学术思想有所呼应:

(1) 徐增独重"当前一心"之说与金圣叹的人法论相契合。徐增论法与心的关系曰:"昔孔子以五伦主教,曰夫妇者,夫以天地盛德为义,妇以圣人大业为义也。佛法每言男女,男指当前一法,女指当前一心也。窥其意,不重男而重女,盖天地之德、三千大千之法,无有不忠,每患人心之不恕,故独重女也。"此说与金圣叹两个独特的观点相呼应。一方面,如前所述,《唱经堂通宗易论》以"人法"或曰"心法"相反相成的思路诠释《周易》,并反复强调"意重在人,不重在法"。比如,金氏论《乾》《坤》两卦云:"乾约一心最小,而一心不住于一心,如龙之御天最健,故曰大;《坤》约万法,而法法各住于本位,如马之行地最顺,故曰至

[1] 徐增:《九诰堂集》古文三,清代诗文集汇编本。

[2] 徐增:《九诰堂集》古文四,清代诗文集汇编本。

也”，[①]金氏以乾为心、坤为法[②]，然而徐增之以男为法、女为心，对应关系正好相反，但“心法”并立的结构是相通的；更重要的是，《唱经堂通宗易论》多次申论“意重在人，不重在法”[③]，显然，徐增“独重女”即独重“当前一心”的说法与之契合。

（2）徐增接受了金圣叹的“忠恕”说。前引徐增之说主张万法无有不忠而患人心之不恕，此说与金圣叹的“忠恕”说相呼应。金圣叹的《水浒传》评点中计有五次提到“忠恕”[④]，其中，《第五才子书施耐庵水浒传·序三》中论述了关于人物个性创作论的“忠恕”说：“格物之法，以忠恕为门。何谓忠？天下因缘生法，故忠不必学而至于忠，天下自然，无法不忠。……今世之人，吾知之，是先不知因缘生法。不知因缘生法，则不知忠。不知忠，乌知恕哉？”[⑤]金氏以“无法不忠”为立论前提，认为今世之人不知恕的根源在于不知因缘生法。由此可见，徐增“忠恕”说正是对金氏之说的概括。

（3）徐增的境智论与金圣叹一脉相承。《瑞木图说》还阐述了境智合一的关系：“佛转法轮，《维摩诘经》有境智一双，盖为境智说也。境是法界，智是人心。维摩诘号净名居士，乃比丘入灭净定所弃之法界，与智有间，故示疾；佛遣文殊菩萨问疾，文殊，大智也。问则境智合一，维摩诘疾应时得愈，比丘灭尽定即坏，此入大乘之夫机也。”[⑥]此说与金圣叹《唱经堂语录纂》中的说法如出一辙：

> 维摩诘者，境之别名；文殊师利，智之别名。境与智齐，从不相离。维摩诘所以示疾者，为诸比丘入灭，法法皆病，故曰：“因众生病，是故我病。”小乘人灰身灭智，不任问疾，惟彼智者，可为酬对

---

① 金圣叹：《唱经堂通宗易论·五十》，《金圣叹全集》陆，凤凰出版社2008年版，第798页。

② 类似的说法还见于《唱经堂随手通·先后天胜义幢》：“约伏羲《乾》卦，是现前一心；《坤》卦，是微尘法界。”（金圣叹：《唱经堂随手通·先后大胜义幢》，《金圣叹全集》陆，凤凰出版社2008年版，第907页）

③ 金圣叹：《唱经堂通宗易论·乾坤》，《金圣叹全集》陆，凤凰出版社2008年版，第804页。

④ 分别见金圣叹《第五才子书施耐庵水浒传》之《序三》、第四十一回总评、第四十一回夹批、第四十二回总评、第四十二回夹批。参见本书第七章《金圣叹“忠恕”说与晚明思想的困境》。

⑤ 金圣叹：《第五才子书施耐庵水浒传》之《序三》，《金圣叹全集》叁，凤凰出版社2008年版，第20页。

⑥ 徐增：《九诰堂集》古文三《瑞木图说》，清代诗文集汇编本。

也。……然天下岂有离境之智、离智之境哉?[①]

“文殊菩萨问疾”出自《维摩诘经》卷中《文殊师利问疾品第五》[②]。徐、金二人的“境智”论都包含以下两个层面:其一,境智不离。其二,维摩诘为境而文殊师利为智。值得注意的是,徐增对金氏之说有所发展,提出“境是法界,智是人心”,这就与《华严经》“心如工画师”相通,突出了心具法界的观点。

二 徐增对金圣叹其他佛学思想的吸收

徐增从 1644 年起听金圣叹说法,[③]虽然见面次数不多,但是由于二人交游圈的重叠,徐增有机会通过不同的渠道了解金圣叹的佛学思想。因此,在无我之学、中道论等层面,徐增都吸收了金圣叹的佛学思想。

1. 无我之学

“无我”是老庄和禅宗的常见话题,但是,由于徐增将金圣叹的佛学概括为“无我之学”,徐增的相关论述也就与金圣叹有着千丝万缕的联系。

徐增《唱经子赞》云:“无我之学,喻如虚空”[④],他本人亦好谈“无我”,并且论述“无我”的形式也与金圣叹颇为接近。其一,徐增崇尚无我之境,主张“不着”,与凡夫之心的“有着”恰成对照。《看圣默法师画梅喜赠》指出“凡夫心有着,与梅迥然异”,又《庄严法师十燕诗跋》褒赞“燕之处世,真是无我”,《集陶诗序》赞誉陶渊明为“得无我之道者也”,与此相似,《冷庵法师画梅跋》亦极言称赞密公:“然支公曾不免为累,孰若吾密公寄意一枝、时时点缀之为不着也”。[⑤] 其二,徐增和金圣叹都引用禅宗的话头“百花丛里过,一叶不沾身”来阐述“无我”。金氏此说见

① 金圣叹:《唱经堂语录纂》卷二,《金圣叹全集》陆,凤凰出版社 2008 年版,第 859 页。

② 《大正新修大藏经》第 14 册。

③ 徐增《送三耳生见唱经子序》(《九诰堂集》古文二,清代诗文集汇编本)。关于徐增与金圣叹交游的实迹,参见陆林《徐增与金圣叹交游新考》(《文史哲》2016 年第 4 期,第 108—122 页)。

④ 徐增:《九诰堂集》古文四,清代诗文集汇编本。

⑤ 徐增:《九诰堂集》诗之二《看圣默法师画梅喜赠》、古文四《庄严法师十燕诗跋》、古文一《集陶诗序》、古文又四《冷庵法师画梅跋》,清代诗文集汇编本。

于《唱经堂语录纂》卷二,[①]徐增《书薛堆山先生序后》诗题则以此话头的对立面自嘲:"不肖数年来颇留心于大雄氏之学,聊藉黄牡丹作'百花丛里过',却未免沾着一二叶子。"[②]其三,引用庞居士之说论空无。金圣叹对唐代居士庞蕴的禅思颇为重视。如前所述,金圣叹《贯华堂选批唐才子诗》曾两次引用庞居士"但愿空诸所有,慎勿实诸所无"之说来诠释唐诗意境,[③]又《唱经堂圣人千案》之"弄巧案第十二"则评析了庞居士参马大师一案。[④] 同样,徐增《书薛堆山先生序后》也有"空诸所有,庞居士也"一说。

2."两轮"与"两行"

金圣叹以《庄子·齐物论》之"两行"说阐述佛教中道论,与此相类似,徐增有"两轮"说。般若中观学派以"八不"即"不生亦不灭,不常亦不断,不一亦不异,不来亦不出"[⑤]来阐述无分别观和"中道"思想,主张万法既是性空又是假有,一切概念对事物所作的"分别"都不实在。这一思想后来被禅宗吸收利用。由于佛教中观思想与庄子齐物论有相通之处,金圣叹依据《齐物论》"是以圣人和之以是非而休乎天钧,是之谓两行"之说,来论述中观思想:"却妙于'明明'者,两行之谓也。德从来两行,我与之为两行,于现前一心,去尽思维卜度,所谓破情不破法。"由《庄子》"两行"所包含的齐物论思想,可以推测金圣叹所谓"两行"侧重于齐同是非。金氏以下说法则明确了无是无非的主张:"二谓方等中教,以一大千分为两半,一半是千红万紫,一半是寂绝忘离。以寂绝忘离之心,等于千红万紫之意,不须破坏意,而意竟是心。"[⑥]在阐述"因缘两行"时,金氏重申了这一观点。[⑦]

---

① 其说曰:"《乾》卦'百花丛里过,一叶不沾身';坤卦'一叶不沾身',仍旧'百花丛里过'"。(金圣叹:《唱经堂语录纂》卷二,《金圣叹全集》陆,第873页)

② 徐增:《九诰堂集》诗之十,清代诗文集汇编本。

③ 金圣叹:《贯华堂选批唐才子诗》卷四张说《邕湖山寺》评(《金圣叹全集》壹,凤凰出版社2008年版,第150页);卷四王维《过乘如禅师萧居士嵩丘兰若》评(《金圣叹全集》壹,凤凰出版社2008年版,第173页)。

④ 金圣叹:《唱经堂圣人千案》,《金圣叹全集》陆,凤凰出版社2008年版,第932—933页。

⑤ 龙树《中论·观因缘品》,《大正新修大藏经》第30册。

⑥ 金圣叹:《唱经堂语录纂》卷一、卷二,《金圣叹全集》陆,凤凰出版社2008年版,第842、854页。

⑦ 参见本书第十二章第三节《佛教"因缘"说对文学观念的多重影响》。

徐增"两轮"说见于《而庵诗话》，因而为世人所熟知："释迦说法，妙在两轮，故无死句；作诗有对，须要互旋，方不死于句下也。"值得注意的是，徐氏《松花处士诗引》"两轮"说与金圣叹"两行"说在内涵和表述上都完全一致：

> 余因是而悟西方圣人说法之有两轮也。西方圣人之法为中道，非有非无，非虚非实，故文殊寂绝亡离与普贤千红万紫乃对待而立，交相为旋者也。余本山泽癯也，赋玉堂富贵之花，正苦无旋处，今乃得青云之彦赋孤岭岁寒之花，余黄牡丹诗有旋处矣。吾两人遂为花藏之双轮乎！①

这段文字深入阐述了"两轮"说的理论依据是佛教"中道"思想，其核心为"非有非无，非虚非实"。此说以"文殊寂绝亡离"与"普贤千红万紫"的非同非异，呼应了金圣叹的"以寂绝忘离之心，等于千红万紫之意"，从而显示了徐增"两轮"说与圣叹"两行"说的一致性。

不可否认的是，与金圣叹"两行"说相比，徐增"两轮"说具有了更为丰富生动的诗歌理论的内涵，表明佛教"中道"论为诗歌意象的对立统一和内在张力提供了思想资源。"对待而立，交相为旋"的说法，揭示了诗歌对句的意义在于由对比、冲突而带来的张力。徐增以山泽寒士的身份描绘象征玉堂富贵的黄牡丹花，其间的张力已不言而喻，但徐增仍以为不足，待到王世桢以青云之彦的身份②赋岁寒孤岭之花，诗歌意象之间的张力才达到了顶峰。

此外，以"现身说法""三昧"等佛教观念说诗，也是徐增与金圣叹的共同之处。

三　以钱谦益为中心、崇尚"反经明教"的士僧群体

如上所述，徐增以《华严经》"心如工画师"论绘画，直接受到了金圣

① 徐增：《九诰堂集》诗之十六《松花处士诗引》，清代诗文集汇编本。

② 所谓"青云之彦"，当时指王世桢的隐居状态。由清陈恭尹《王础尘行状》(《独漉堂诗文集》文集卷十二，清道光五年陈量平刻本）可知，王世桢(1626—1693)，无锡人，初字础臣，中年以后改字础尘。1645年南都失陷后，王世桢先后寄迹僧寺三年、娶顾氏而家居三年、馆洞庭东山之宋湾八年，由此可以推测，王世桢在咏《松花》七言律一百首的己亥(1659年)仍是隐居之士。

叹相关观念的影响。实际上，当时崇尚《华严经》、以华严观念论文艺者，还有钱谦益(1582—1664)等人。其推崇《华严经》的思想动力，在于提倡包括华严、天台在内的"反经明教"，这一圈子中的即中大师、刘心城等人尚未引起学术界的足够重视。

1. 钱谦益以《华严》论文

众所周知，钱谦益曾以《华严》境界论东坡之文，其说云："文而有得于《华严》，则事理法界，开遮涌现，无门庭，无墙壁，无差择，无拟议。世谛文字，固已荡无纤尘，又何自而窥其浅深，议其工拙乎？"①这实际上是依据华严宗的法界圆融说立论的。钱氏《华严忏法序》曾经列举华严典籍曰："《华严》之为经王也，夫人而知之矣。肇于晋，广于唐，于是有实叉难陀之译，有清凉国师之疏钞，有李长者之合论，有杜顺和尚之法界观。"(《牧斋初学集》卷二十八)可见他对晋译《华严》、唐译《华严》、杜顺(557—640)之华严学、李通玄(635—730)《新华严经论》都有所了解。其中，杜顺《华严五教止观》已有"事理圆融门"，由此可以推测钱谦益"事理法界，开遮涌现"一说的渊源所自。

值得注意的是，钱谦益也曾以与"心如工画师"类似的佛教观念来阐述文学。《徐子能黄牡丹诗序》曰："吾读内典，劫火初起，烧须弥山王，菩萨能以一口唾之令灭，复以一口吹之令即起。吹唾一口，起灭同时。子能身当劫后，缘情托物，能使扬州烟月，江左文章，攒花簇锦，涌现尺幅之上。安知劫火起灭，不在文人笔端一口吹唾耶？"②显然，此说与"心如工画师"相似，意在突出文人笔端令万法生灭的神力。从文献来源看，钱谦益十分重视五代释延寿《宗镜录》，其卷九有类似说法："譬如有人嚼须弥山，飞行虚空，石筏渡海，负四天下及须弥山。蚊脚为梯，登至梵宫。劫尽烧时，一唾劫火即灭，一吹世界即成。"③从观念产生的先后而论，由于金圣叹引用《华严经》"唯心偈"论文艺在先，钱氏此说应当也受到了金圣叹的启发。钱谦益此文当撰于徐增《黄牡丹诗》写成的

---

① 钱谦益：《牧斋初学集》卷八十三《读苏长公文》，《钱牧斋全集》叁，上海古籍出版社2003年版，第1756页。

② 钱谦益：《牧斋有学集》卷二十，《钱牧斋全集》伍，上海古籍出版社2003年版，第854页。

③《大正新修大藏经》第48册。

丙申(1656 年)三月之后,此时金圣叹评点《第五才子书施耐庵水浒传》已完成十五年,[①]其中有关文如工画师、令万法生灭的说法,钱谦益当有所了解。

2. 明清之际抄写《华严经》的风气和苏州华严宗的复兴

徐增以《华严经》“心如工画师”论文,还与明清之际士大夫抄写《华严》的风气有关。徐增《九诰堂集》不止一次地提及这一风气:“迩来士大夫好书《华严经》,有如钱宗伯牧斋师、娄东黄刺史子羽舅氏、王周臣中翰、徐武子太学,诸公皆手书成帙,装池灿然。”[②]在钱谦益笔下,关于这一风气的记载就更为丰富,比如钱谦益的朋友李流芳“未久而病作,犹焚香洮颒,手书《华严》不辍”,王志坚亦“手写《华严》至再”[③]。又如,王铎《题孙谋书华严经》亦记丁丑(1637 年)时孙谋手书全卷《华严经》[④]。

与此相适应,从崇祯十一年(1638 年)至崇祯十四年(1641 年),苏州一地华严宗多有刻书、讲经之举,以至世人有华严复兴的感叹。其一,崇祯戊寅(1638 年),释汰如、道开校刻《华严教义章》,苍雪为撰《华严教义章说》。[⑤] 其二,崇祯十三(1640 年)和十四年(1641 年),汰如和苍雪先后讲《华严疏钞》第一期和第二期[⑥]。其三,校刻《华严忏法》。由苍雪之诗题可知,崇祯十四年辛巳(1641 年),丽江太守木增以唐一行禅师所集《华严忏法》付苍雪,委托其校雠刊刻。有识之士将这一系列

---

① 《第五才子书施耐庵水浒传·序三》署“皇帝崇祯十四年(1641)二月十五日。”(《金圣叹全集》叁,凤凰出版社 2008 年版,第 22 页)。

② 徐增:《九诰堂集》古文四《梵授庵沙门一乘师书华严经跋》,清代诗文集汇编本。又《善财房建华严期募单引》中也有类似说法:“(《华严经》)近世学士大夫好为书写持诵。”(《九诰堂集》古文四)

③ 钱谦益:《牧斋初学集》卷五十四《李长蘅墓志铭》《王淑士墓志铭》,《钱牧斋全集》贰,上海古籍出版社 2003 年版,第 1349、1352 页。

④ 王铎:《拟山园选集》卷三十八,《清代诗文集汇编》本。

⑤ 苍雪大师:《苍雪大师南来堂诗集》附遗文,清代诗文集汇编本。

⑥ 参见《贤首宗乘·汰如法师传》《讲华严大钞十回向解制》(《苍雪大师南来堂诗集》卷二)、《辛巳春道开以汰兄遗命请予续讲华严第二期解制予时落一齿》(《苍雪大师南来堂诗集》卷三下)。按,由钱谦益《中峰苍雪法师塔铭》可知,继汰如之后,苍雪讲《华严疏钞》至第六期,甲午(1654 年)因病笃而辍座(《牧斋有学集》卷三十六,《钱牧斋全集》陆,上海古籍出版社 2003 年版,第 1264—1265 页)。又由钱谦益《华山讲寺新建讲堂记》《题华严法会笺启》可知,丙申(1656 年)之冬,汰如之徒含光法师重宣《华严疏钞》,完成了汰、苍的心愿。(《牧斋有学集》卷二十七、《钱牧斋全集》伍,上海古籍出版社 2003 年版,第 1015—1016 页;《牧斋有学集》卷五十,《钱牧斋全集》陆,上海古籍出版社 2003 年版,第 1618 页)

的举措视为华严复兴的标志，苍雪在诗题中欣喜地记下了此说："识者咸谓于两年间初得《教义章》，再得《贤首传》，三得《华严忏》，次第出世，得非吾贤首之几断而复续、晦而复显之明验欤？"①。

3. 以钱谦益为中心、崇尚反经明教的士僧群体

明清之际士僧手书、诵读《华严经》这一现象背后的社会思潮颇为复杂，本文主要考察抄写《华严经》与提倡"反经明教"之间的联系。在钱谦益周围存在着一个提倡以教疗禅、"反经明教"的士僧群体，金圣叹、徐增两人与这一群体有着千丝万缕的联系。

以华严经"唯心偈"论文，不仅仅是徐增吸收金圣叹佛学的结果，还与当时的"反经明教"思潮密不可分。徐增在论述庶明和惟素禅师诵读《华严经》的意义时，提到了"宗教不分""宗教复合"等说法，其说云：

> 如来转法，宗教不分。至达摩大师从西天来，时象法方兴，乃立宗旨，迄今临济一枝最盛。庶、惟两公之法祖为尉堂和尚，和尚得法于顶目和尚，是为临济正宗。尉和尚化行四方，庶、惟两公乃礼诵《华严》，从水求源，从木得本，以左右法祖和尚，宗教复合，则宜诵三。②

在此，徐增呼应了钱谦益有关"反经明教"的观念。钱谦益疾言厉色地批评"余惟今世狂禅盛行，宗教交丧"③，徐增则从正面肯定"宗教复合"；同样，徐增"从水求源，从木得本"的说法，其实是钱谦益"反经明教"④之说的另一表达方式。

关于钱谦益"反经明教"的观念，学界已有深入研究。⑤ 值得注意的

---

① 苍雪大师：《苍雪大师南来堂诗集》补编卷三上《辛巳春华山讲期中滇南丽江木太守生白公遣使以唐一行禅师所集华严忏法见委校雠刻行江南识者咸谓于两年间初得教义章再得贤首传三得华严忏次第出世得非吾贤首之几断而复续晦而复显之明验欤恭赋一诗纪之》，清代诗文集汇编本。

② 徐增：《九诰堂集》古文四《善财房建华严募单引》，清代诗文集汇编本。

③ 钱谦益：《牧斋初学集》卷八十一《书西溪济舟长老册子》，《钱牧斋全集》叁，上海古籍出版社2003年版，第1732页。

④ 钱谦益《北禅寺兴造募缘疏》云："居今之世，而欲树末法之津梁，救众生之狂易。非反经明教，遵古德之遗规，其道无繇也。"（《牧斋初学集》卷八十一，《钱牧斋全集》叁，上海古籍出版社2003年版，第1729页）

⑤ 参见孙之梅、王琳《钱谦益的佛教思想》，《佛教研究》1996年；又 *Brill's Encyclopedia of Buddhism* (Leidon-Boston: Brill, 2019)之"Qian Qianyi"条（严志雄撰），高层建瓴地论述了钱谦益佛学的研究现状、钱谦益的佛学著述、与四大高僧的交游以及钱氏的佛教信仰和实践。

是，在“反经明教”的宗旨下，为了救治狂禅之弊端，钱谦益对天台和华严两教都寄予厚望。比如，在面对天台中人时，钱氏以推尊天台为救治狂禅的首要任务：“长夜将旦，台教聿兴。……攻台教以治狂禅，庶几废疾可兴，膏肓可砭。立方疗病，其莫先于此乎？”[①]而在写给华严宗惟新法师的《与惟新和尚书》中，钱谦益又主张振兴华严乃当务之急：“窃惟今日妖邪炽盛，狂瞽交驰，皆以正法不明之故。而三宗之中，急宜提倡者，尤莫先于贤首。”与此相适应，在推崇《华严经》的同时，钱谦益以华严宗旨著《楞严经疏解蒙钞》；由其《复即中乾老》可知，他也曾点勘天台教的《涅槃经疏》。[②]

在“反经明教”的视野下，金圣叹、徐增和钱谦益的学术联系可以得到更好的理解。众所周知，金圣叹早年降乩钱谦益家，[③]笔者曾撰《金圣叹与钱谦益的思想渊源》[④]，揭示了金圣叹和钱谦益在崇尚天台、反经明教方面的联系。实际上，如前所述，由徐增《九诰堂集》可知，徐增以《华严经》“心如工画师”论绘画，主张“宗教复合”，足证徐增也是这一思潮的支持者。不惟如此，徐增《九诰堂集》还提供了天台教刘心城的更多信息，使得这一群体的全貌更为清晰。

在以钱谦益为中心、主张反经明教的士僧群体中，天台教即中大师和刘心城师徒值得注意。其中，如前所述，即中大师是钱谦益老师管东溟的儿子管士珑，乃著名天台学者，钱谦益与即中过从颇密，他的天台学深受即中大师的影响。刘心城是即中大师的上首弟子，其经历颇为传奇（说详下）。据钱谦益《心城先生全集序》可知，刘心城曾经守黔，于甲戌（1634 年）弃家奉佛。

钱谦益在有关即中大师和刘心城的文字中，都提及以教疗禅的主张。比如，《破山寺志序》云：“今世盲禅盛行，教义衰落，余欲斥寺西菜

① 钱谦益：《牧斋初学集》卷八十一《天台山天封寺修造募缘疏》，《钱牧斋全集》叁，上海古籍出版社 2003 年版，第 1724 页。

② 钱谦益：《牧斋有学集》卷四十《与惟新和尚书》《复即中乾老》，《钱牧斋全集》陆，上海古籍出版社 2003 年版，第 1370、1375 页。

③ 参见孟森《金圣叹考》（载氏著《心史丛刊》（外一种），岳麓书社 1986 年版，第 150—155 页）、陆林《金圣叹早期扶乩降神活动考论》（《中华文史论丛》第 77 辑，上海古籍出版社 2004 年 8 月版）。

④ 吴正岚：《金圣叹与钱谦益的思想渊源》，《福州大学学报》2007 年第 2 期。

圚隙地，架杰阁，构广院，复宗教光明之旧，招延高人即中诸公，唱演其中，使教幢再树，魔焰顿熄。”[①]同样，《复即中乾老》也提出：“窃惟斯世，正眼希微，法幢摧倒。今欲折伏魔外，必先昌明正法。”[②]此外，《心城先生全集序》提到“魔民盲子”，也当是将批判的锋芒指向了盲禅之魔焰。[③]

金圣叹、徐增分别与这一对师徒有交往。金圣叹与即中大师的交往已如前述。[④] 遗憾的是，金圣叹与即中交往的资料，目前为止仅见此一条。徐增《九诰堂集》有三处提到刘心城。其中之一为《怀感诗·刘心城锡玄》：“危难炼成真佛子，道场现出宰官身。世间不识丈夫意，谈笑先生大有人。”又《重修圣恩禅寺开山万峰祖师永光塔院碑记》载：“天启乙丑(1625年)，觉公同徒法霖润公用光明公建文殊殿成，欲重建塔院，而觉公示寂。于时护法者，则又有范学宪石公、文相国湛持、姚宫詹现闻、刘宪副心城诸公。”此外，徐增还作有《夜与月然心城法如祖脉观云碧溪中二永辉心镜诸禅师论杜诗》一首，[⑤]其中的“心城”也很可能就是刘心城，这就提示了徐增与心城的交往，不仅缘于以教疗禅、反经明教的佛教观念，还与推崇杜诗的文学倾向有关。

以往的研究从未关注过的问题是刘心城何许人也？清葛万里《别号录》卷七载“心城刘锡玄玉受”，由此可以推测刘锡玄字玉受，号心城。[⑥]《明人室名别称字号索引》甲编有“心城刘锡玄”条。[⑦]《九诰堂集》的上述记载中，最值得注意的是《怀感诗·刘心城锡玄》说明了刘心城的确名锡玄。循此线索，于冯桂芬《同治苏州府志》[⑧]卷八十七中寻得《刘锡玄传》：

---

① 钱谦益：《牧斋初学集》卷二十九《心城先生全集序》、卷二十九《破山寺志序》，《钱牧斋全集》贰，上海古籍出版社2003年版，第866—867、888页。

② 钱谦益：《牧斋有学集》卷四十，《钱牧斋全集》陆，上海古籍出版社2003年版，第1374页。

③ 钱谦益：《牧斋初学集》卷二十九，《钱牧斋全集》贰，上海古籍出版社2003年版，第867页。

④ 参见本书第四章《金圣叹与钱谦益的思想渊源》。

⑤ 徐增：《九诰堂集》诗之六《怀感诗·刘心城锡玄》、古文三《重修圣恩禅寺开山万峰祖师永光塔院碑记》、诗之十二《夜与月然心城法如祖脉观云碧溪中二永辉心镜诸禅师论杜诗》，清代诗文集汇编本。

⑥ 葛万里：《别号录》卷七“心城刘锡玄玉受”条，清文渊阁四库全书本。

⑦ 杨廷福、杨同甫编：《明人室名别称字号索引》甲编，上海古籍出版社2002年版，第36页。

⑧ 冯桂芬：《同治苏州府志》卷八十七，清光绪九年刊。

刘锡玄，字玉受，万历丁未进士。历官贵州提学佥事。天启元年，永宁宣抚奢崇明反，陷遵义，贵阳大震。巡抚李檽遣锡玄与总兵官张彦方等援四川，方告捷，而贵州宣慰同知安邦彦反，连陷诸城，直趋贵阳。时藩臬咸入觐，城中文武无几，李檽与巡按御史史永安分兵为五，令锡玄及参议邵应祯等分御各门，学官及诸生亦督民兵分守。贼尽锐攻北城，檽迎战，败之；转攻东门，为锡玄所却。乃日夜攻击，城中食尽，至生食人。锡玄议发兵护檽、永安出城，身留死守。会新抚王三善师进，围始解。凡围困三百日，城中十万户存者千余人，孤城卒定，皆锡玄与檽、永安功。进右参政。吏部尚书赵南星等请更优叙，卒无他擢，遂还里。崇祯中再任宁夏参政。

由此可知，《明史》卷二百四十九《李枟传》所附《刘锡元传》，就是刘锡玄传。“玄”改为“元”，可能是避康熙帝“玄烨”之讳。《明史》有关刘锡玄于天启二年(1622 年)与李枟、史永安死守贵阳城的记载，有助于理解钱谦益《心城先生全集序》“当心城守黔时，以孤城捍强寇，能使数百万众，骸骨撑拄。死守经年，视人间死生利害，如毫毛耳”这一段描述。

关于刘心城的著述，钱谦益《心城先生全集序》称刘心城的儿子刘古洵曾将心城出家之前的文字编为一集。清黄虞稷《千顷堂书目》卷五录“刘锡玄《黔南十集》十三卷”，卷二十六录“刘锡玄《玉受集》十卷”和“《黔牍偶存》”。又清徐乾学《传是楼书目》除了集部录“《玉受集》十卷之外”，子部还录有《僧初存稿》《历游罪状》和《即中堂答问》三种。最后一种当为即中大师与心城有关天台学的问答，惜未见。

四 结语

金圣叹援引晋译《华严》“唯心偈”，依据心能生灭万法、三界虚妄的观念，阐述诗歌“不写景”理论和小说“出其珠玉锦绣之心”之说。徐增《画苑汇隽序》和《瑞木图说》也引用《华严》“唯心偈”论绘画，强调心应万法的神妙，突出心、佛与众生的平等，显然也受到了晋译《华严》的影响；加之《瑞木图说》还呼应和发展了金圣叹的心法关系论、“忠恕”说和境智不离论，因而徐增的“心如工画师”之说与金圣叹一脉相承。

徐增对金圣叹的其他佛学思想也有所继承：(1) 他赞赏金氏的“无

我之学”，其论述“无我”的具体表述如“百花丛里过，一叶不沾身”、庞居士空诸所有等等，都是金圣叹好用的说法。(2) 徐增“两轮”说源自金圣叹“两行”说，两者都通过“寂绝亡离”与“千红万紫”的关系，来说明般若中道观。

金圣叹和徐增都援引《华严》唯心偈论文艺，还应从明清之际“反经明教”的思潮中加以考察。包括金圣叹和徐增在内、以钱谦益为中心的士僧群体，主张以教疗禅，对天台和华严都十分重视。值得注意的是，其中天台教的即中大师和刘心城师徒分别与金圣叹和徐增有交往。根据徐增《怀感诗·刘心城锡玄》这一线索，可以对两位天台中人的生平和著述有更多的了解。

第三节　佛教“因缘”说对文学观念的多重影响

金圣叹好谈因缘，认为“因缘生法”是施耐庵创作《水浒传》的重要方法：“耐庵作《水浒》一传，直以因缘生法，为其文字总持，是深达因缘也。”①对于金圣叹的“因缘生法”说与其文学理论的关系，学界已经进行了多方面探讨，②揭示出金圣叹“因缘生法”说中的性空假有和因果联系这两个因素，并且分析了“因缘生法”说对文学创作的重视表现心灵、强调因果联系以及突出人物个性等三方面的影响。这样看来，关于金氏“因缘生法”的研究似乎已是题无剩义了。然而，当我们梳理金圣叹的佛学思想时，才发现金氏曾花费大量笔墨论述佛教因缘说的多重内涵，而以往的研究对此关注得不够，因而忽视了金氏之作为文论的“因缘生法”说与其佛教因缘说之间的逻辑关系；同时，当我们反思金氏“因缘生法”说中最主要的层面即突出人物个性由因缘自然聚合而成时，则发现

---

① 金圣叹：《第五才子书施耐庵水浒传》卷六十第五十五回总评，《金圣叹全集》肆，凤凰出版社2008年版，第999页。

② 参见谭帆《金圣叹与中国戏曲批评》，上海华东师范大学出版社1992年版，第46—50页；陈洪《金圣叹传论》，天津人民出版社1996年版，第168—179页；姚文放《金圣叹的美学思想与儒、佛、禅、道》，《文艺理论研究》1994年第2期，第66—73页；白岚玲《才子文心——金圣叹小说理论探源》，北京广播学院出版社2002年版，第70页。

重视人物个性与佛教“因缘生法”之间的逻辑联系还有待论证，要解决这一问题，还必须注意到金氏之融合佛教“因缘生法”说与中土阴阳气化说。

一　金圣叹论佛教“因缘生法”的多重内涵

金圣叹的“因缘”说颇为驳杂，既包含了小乘“十二因缘”说，又吸收了天台宗的“一念无明法性心”缘起论，其重点则是中观般若学派的性空缘起论。

一般认为，佛教“因缘”说经历了从小乘“十二因缘”到大乘“性空缘起”的发展过程。小乘主要讲“十二因缘”，又称业感缘起，其中的一种说法是“十二支”“两重三世因果”，“十二支”是把生死轮回的过程分成十二阶段：“无明缘行，行缘识，识缘名色，名色缘六处，六处缘触，触缘受，受缘爱，爱缘取，取缘有，有缘生，生缘老死。”这里的“A 缘 B”意味着 A 为 B 的原因，B 为 A 的结果，十二因缘处于环环相连的因果联系中。其中，前七支包含了一对大因果关系，即“无明”“行”为前世因，“识”“名色”“六处”“触”“受”为现世果；后五支为另一对大因果关系，即“爱”“取”“有”为现世因，“生”“老死”为来世果，这就是十二支组成的两重三世因果。

小乘十二因缘侧重于“人我”的非实体性，主张人无我，而大乘般若学的缘起说则一方面进一步倡导“法无我”，把“人无我”“法无我”统称为无自性，[1]无自性意味着性空而有假相。另一方面又往往从人的主观分别即幻觉方面讲缘起。大乘般若学的缘起性空论可以《中论·观四谛品》的“三是偈”来概括：“众因缘生法，我说即是空，亦为是假名，亦是中道义。”也就是说，一切事物由因缘聚合而成，依赖条件而生，因而其本质是“空”即无自性的，但它又具有虚假不实的名相，概言之，既看到性空又承认假有是中观般若派因缘说的核心所在。[2]

金圣叹曾论及“十二因缘”说：

① 参见任继愈《中国佛教史》第一卷，中国社会科学出版社 1985 年版，第 245—246、323 页。

② 参见《佛教般若思想发展源流》，第 204、206 页。

> 十二因缘，亦名十二璎珞，乃三世三支牵连而成者也。“无明缘行”一句，是过去一支；“行缘识”至“取缘有”八句，是现在一支；“有缘生”“生缘老死，忧悲苦恼”二句，是未来一支。缘非缘而上之缘，乃是落下来。一切众生，头出头没，不外此三支也。[①]

这段文字论述的是小乘“十二因缘”，“三支”说显然脱胎于“十二支”“两重三世因果”等说。

不过，小乘“业感缘起”并非金圣叹因缘说的重点，他最关心的仍是般若中观学的性空缘起说。其依据有二：

其一，金氏曾论及龙树《中论》中的“因缘”说：“因缘生法，一切具足，是故龙树著书，以破因缘品而弁其篇。”[②]这是说龙树《中论》以《观因缘品》开篇。《中论》是中观学派的代表著作，其宗旨便是依据缘起性空来阐述诸法实相。由此可以推测，金圣叹是深受中观派因缘说浸染的。

其二，金圣叹曾论述大乘的“因缘生法”说并批驳小乘的因缘说：

> 世尊说因缘法，为破我而说也。大千一切，皆因缘生法。然因缘所生法，非如父母所生子，乃纵横所成十也。众生执我成病，世尊以“因缘”二字为药，即将所执之我，分作两半句，半说是因，半说是缘。六根，因也；六尘，缘也；根尘合而识生焉。三法和合，是故有我，其实本无有我。二乘人闻了“因缘”两字，遂极力破我，渐渐想来，觉得因亲而缘疏。欲修道必须绝因，以灰身灭智为绝因；欲绝因必先破缘，以水边林下为绝缘，是又执药成病也。殊不知因缘两行，本绝妙字。谓之因者，即因于缘；谓之缘者，即缘于因；亦曰因因，亦曰缘缘，佛法破情不破法，若必绝去缘者乃得因净，则如修灭尽定比丘，虽到旷野，保无一声入耳，便入胎受生，随声而去。世尊无可奈何，为说《方等经》。[③]

这段论述包含了以下几个层次：其一，三法和合而成我，是故本无有我，

---

① 金圣叹：《唱经堂语录纂》卷二，《金圣叹全集》陆，凤凰出版社 2008 年版，第 856 页。

② 金圣叹：《第五才子书施耐庵水浒传》卷六十第五十五回总评，《金圣叹全集》肆，凤凰出版社 2008 年版，第 999 页。

③ 金圣叹：《唱经堂语录纂》卷二，《金圣叹全集》陆，凤凰出版社 2008 年版，第 858—859 页。

"因缘生法"说是为了破除众人的我执而设的药方。其二,二乘人以灰身灭智、水边林下为绝因破缘、破除我执之法,这就陷入了另一种执著即"执药成病"。其三,世尊"因缘生法"的实质是破情不破法,可见金圣叹所服膺的"因缘生法"不同于小乘的"恶趣空",而是中观派既看到性空又承认假有的缘起性空说。

值得注意的是,金圣叹的"因缘"说可能还吸收了天台宗"一念无明法性心"的思想。金圣叹《唱经堂语录纂》卷二云:

> 因于识,缘于意,谓之男女搆精,遂成今日大千世界,故圣人目男女之事为一大事因缘。然识是前法之真影,意是后来之实法。此二从来双宿双飞,云何分析得开?但不使之搆精,则为大事因缘已毕。盖因缘有三:一谓小乘初教,以识为因,以意为缘,而不提起心字。此是凡夫因缘,在所必破。以必破敌,名为苦切因缘,亦名刀杖因缘。二谓方等中教,以一大千分为两半,一半是千红万紫,一半是寂绝忘离。以寂绝忘离之心,等于千红万紫之意,不须破坏意,而意竟是心。是则不提起识,又假立一心,而以意为因,心为缘。故此名为虚妄因缘,亦名楼阁因缘。三谓大乘后教,以意为因,识为缘,意因如母,识缘如子。要使常忆其母,不复妄有他缘,是为母子因缘。既为母子,自无搆精之事矣。①

这段文字论述了心意识与因缘的关系,一般认为,"心意识"是佛教对人的精神活动所作的界定,小乘佛教说一切有部认为心意识三者是同义异名,而大乘唯识宗主张心是第八识阿赖耶识,是产生一切万物的根本识;"识"是指前六识,"意"是第七识。心意识的关系是,心为精神的主体,"意""识"是精神的两种不同作用,其中"识"是了知识别的作用,通过分析、分类,对外境对象具有认知作用,以了别为特征;"意"是思维度量的作用,侧重于记忆、计量、执著,以我执为特征。② 金圣叹对"心意识"三者的看法与上述唯识学观念并不完全一致。他说:"识者,记也,谓前法影响灭不及,故犹记在此也。意者心之相,识者意之影。"又说:

① 金圣叹:《唱经堂语录纂》卷二,《金圣叹全集》陆,凤凰出版社2008年版,第854页。

② 参见方立天《中国佛教哲学要义》上卷,北京中国人民大学出版社2002年版,第271页。

"识是前法之真影,意是后来之实法。"[①]在此,识是前法"真影""影响"的说法与识具有认知外境对象的作用是基本吻合的,[②]但意是实法的主张则不同于唯识学对"意"的界定。不过,对于这段文字,我们虽不能完全把握其中的心意识关系,但却能够大致领会他所论述的三种因缘的思想归宿。第一种是小乘初教的"在所必破"之凡夫因缘,如前所述,是以绝因破缘为特征的;第二种因缘"以寂绝忘离之心,等于千红万紫之意",即中观般若派的亦空亦假名。值得注意的是第三种"大乘后教"的因缘说,这似乎是指天台宗的一念无明法性缘起。天台智顗认为"一念无明法性心"具有缘起造作的功能,其中的心兼容了无明与法性。[③] 金圣叹的第三种因缘说中"大乘后教"说当是胎息于天台智顗以《法华经》和《涅槃经》为五味中的后教后味的判教思想,又金氏认为大乘后教缘起说的特点"以意为因,识为缘,意因如母,识缘如子",这实际上是说大乘后教是由"意"缘起造作的。由于意与心的体用表里关系即"意者心之相",又可以推演出"心"缘起造作且心中包含了"识"的主张,这与上述一念无明法性心缘起的兼容无明法性是颇为契合的。

二 "因缘"说与金氏文学观念的关系

如前所述,以往的研究已经指出了金氏因缘说对其文学观念的影响主要表现在强调因果联系,重视文学假有以及突出人物个性等三方面。本节拟一一分析作为文论的因缘说与金氏佛学因缘说的不同层面之间的关系:金氏重视因果联系主要是受了小乘"十二因缘"的影响;"因缘生法"说对金圣叹的人生虚幻观是有所影响的,但文学假有性的直接思想资源却不是"因缘生法"说;突出人物个性这一层面的背景则是金氏在中观"因缘生法"说中掺入了中土阴阳气化说的因素。

---

① 金圣叹:《唱经堂语录纂》卷二,《金圣叹全集》陆,凤凰出版社 2008 年版,第 851、854 页。

② 以"影"喻"识"的说法,也许是受到了李通玄《新华严经论》的启发。《新华严经论》卷一云:"如深密经云,如净镜面,若有一影生缘现前,唯一影起,若二若多,影生缘现前有多影起。此非镜面转变为影,亦无受用灭尽可得。此明五六七八识所依第九净识处也。"此说以镜生多影来比拟五六七八识依于第九识。

③ 参见李四龙《天台智者研究——兼论宗派佛教的兴起》,北京大学出版社 2003 年版,第 173—180 页。

1. 重视因果联系与小乘十二因缘的关系

金圣叹评点《水浒传》《西厢记》时，颇关注小说戏曲中各个事件的因果关系。比如《第五才子书施耐庵水浒传》第二十回夹批评点宋江怒杀阎婆惜一事云："宋江之杀，从婆惜叫中来；婆惜之叫，从鸾刀中来，作者真已深达十二因缘法也。"[①]他认为这一事件可以理解为鸾刀→婆惜叫→宋江杀婆惜这样一个环环相扣的因果链条。又如《水浒传》第二十三回写潘金莲失手将叉竿滑倒，正好打在西门庆头巾上："那人立住了脚，意思要发作；回过脸来看时，却是一个妖娆的妇人。"金氏对此感慨道："因缘生法，福倚祸伏，真有如此。"[②]将"因缘生法"与《老子》的"福倚祸伏"相比附，也是为了突出事件之间的因果联系。又如《贯华堂第六才子书西厢记》卷四总评中，金圣叹论西厢月下之事以相国为因曰：

> 圣叹之为是言也，有二故焉。其一，教天下以慎诸因缘也。佛言：一切世间皆从因生。有因者则得生，无因者终竟不生。不见有因而不生，无因而反忽生。亦不见瓜因而豆生，豆因而反瓜生。是故如来教诸健儿，慎勿造因。[③]

这同样论述了有因必有果即因果联系的必然性。

强调事物之间的因果联系固然是大小乘因缘说的共性所在，但以上所举的因果联系侧重于单个事件之间的环环相扣，从形式上来看，与小乘"无明缘行、行缘识"的十二因缘之间环环相连的关系更为接近，都表现为"此有故彼有，此生故彼生"的逻辑结构。如前所述，金圣叹曾专门论述小乘十二因缘法的内涵，因此，金氏重视因果联系的观点与小乘十二因缘的关系是最为直接的。

2. 人生虚幻、文学假有与"缘起性空"说的关系

如前所说，中观般若学派的缘起性空说是既强调事物的性空又承认事物假有。在这一观念的熏染下，金圣叹曾流露出人生虚无的意识。

① 金圣叹：《第五才子书施耐庵水浒传》卷二十五第二十回夹批，《金圣叹全集》叁，凤凰出版社2008年版，第395页。

② 金圣叹：《第五才子书施耐庵水浒传》卷二十八第二十三回夹批，《金圣叹全集》叁，凤凰出版社2008年版，第445页。

③ 金圣叹：《贯华堂第六才子书西厢记》卷四总评，《金圣叹全集》贰，凤凰出版社2008年版，第889页。

《唱经堂杜诗解》卷二评点《江上值水如海势聊短述》之“新添水槛供垂钓,故着浮槎替入舟”一联曰:

> 此一节,乃先生现前结证之文,不必于江上无涉,而实非着意江上也。言我近日亦有事江上矣。“水槛”曰“新添”,“浮槎”曰“故着”,似乎有所经营。由今思之,槛不过供垂钓而已,不新添可,即新添亦可也;槎不过替入舟而已,不故着可,即故着亦可也。何则?世间一切有为,无细无巨,只是因缘生法,又况乎水槛、浮槎哉。①

世间一切皆是“因缘生法”,亦性空亦假有,因而世人于一切有为也当无所执著,水槛新添可不新添亦可,浮槎故着可不故着亦可,万事无可无不可。在这类论述中,金圣叹直接点明了他那无所执著的人生观与中观“因缘生法”说的联系。

虽然无所执著是金圣叹思想的重要内容,但他阐述人生虚无时常用的思想资源却是禅宗、华严学的心本原说,以中观“因缘生法”来论述人生虚无的情况很少,②这很可能是因为金圣叹更强调“因缘生法”说中的事物由因缘聚合而成的层面(说详下)。换言之,对于中观般若学的事物由因缘聚合而成故无自性的观点,金氏更重视其原因而忽视其结论。

另一方面,就“因缘生法”说与金氏文学假有论的关系来看,有的学者认为“惟耐庵于三寸之笔、一幅之纸之间,实亲动心而为淫妇,亲动心而为偷儿”之说,提示了文学的假有性,乃是受“因缘生法”观念的影响,③有的研究者主张金圣叹从“因缘生法”的假有推导出了文学是心灵的产物之说。④ 其实,“动心”说等文学假有论的最直接的思想资源并非“因缘生法”说,而是金氏的心本原论。因为,金圣叹的文学假有观念中

---

① 金圣叹:《唱经堂杜诗解》卷二《江上值水如海势聊短述》夹批,《金圣叹全集》贰,凤凰出版社 2008 年版,第 711 页。

② 除这一例之外,另有《西厢·惊梦》总评云:“非无梦也,实在梦中而不以为梦,所有幻化皆据为实。经曰:‘世间虚空,本自不有,业力机关,和合即有。’”(金圣叹:《贯华堂第六才子书西厢记》卷七《惊梦》总评,《金圣叹全集》贰,凤凰出版社 2008 年版,第 1080—1081 页)这也是以“因缘生法”论万法皆空幻。

③ 参见陈洪《金圣叹传论》,天津人民出版社 1996 年版,第 177 页。

④ 参见谭帆《金圣叹与中国戏曲批评》,华东师范大学出版社 1992 年版,第 47 页。

包含了推崇主体精神，认为“心”在一定程度上为实有的意味，这与般若中观学将主体认识比为梦幻泡影[①]是有所不同的。而金圣叹一再强调的源自《华严经》和禅宗的心本原说主张心能够缘起造作万法，突出作家文心的想象力和虚构才能，同时揭示了事物和文学的假有性，[②]因而更接近于“动心”说的旨趣。换言之，金圣叹主要是以心本原说的心造作万法来解释人生虚无和文学假有，而不太强调因缘生法说的万法由因缘和合而成故虚假不实这一层面。因此我们不妨说，金圣叹虽然认识到“缘起性空”说中的空无成分，但其因缘说的重点并不在此。

3. 因缘和合与阴阳气化的关系

佛教因缘说对金氏文论最主要的影响在于为人物个性论提供了思想资源。金圣叹在论述作家塑造各具个性的人物时多次提到了“因缘生法”的原则，他认为“因缘生法”意味着事物由因缘自然和合而成，因缘所生事物又是各具个性的，这实际上是在中观派“因缘生法”说中掺入了中土阴阳气化说的因素。《水浒·序三》赞赏《水浒传》一百八人的鲜明个性，剖析作家的创作方法曰：

> 《水浒》所叙，叙一百八人，人有其性情，人有其气质，人有其形状，人有其声口。夫以一手而画数面，则将有兄弟之形；一口而吹数声，斯不免再映也。施耐庵以一心所运，而一百八人各自入妙者，无他，十年格物而一朝物格，斯以一笔而写百千万人，固不以为难也。格物亦有法，汝应知之。格物之法，以忠恕为门。何谓忠？天下因缘生法，故忠不必学而至于忠，天下自然，无法不忠。火亦忠，眼亦忠，故吾之见忠；钟忠，耳忠，故闻无不忠。吾既忠，则人亦忠，盗贼亦忠，犬鼠亦忠。盗贼犬鼠无不忠者，所谓恕也。夫然后物格，夫然后能尽人之性，而可以赞化育、参天地。今世之人，吾知之，是先不知因缘生法；不知因缘生法，则不知忠；不知忠，乌知恕哉？是人生二子而不能自解也。谓其妻曰：眉犹眉也，目犹目也，鼻犹鼻，口犹口，而大儿非小儿，小儿非大儿者，何故？而不自知实

① 参见姚卫群《佛教般若思想发展源流》，北京大学出版社1996年版，第131页。

② 参见本书第十二章第一节《华严心本原说与文学思想的逻辑联系》。

> 与其妻亲造作之也。夫不知子，问之妻。夫妻因缘，是生其子。天下之忠，无有过于夫妻之事者；天下之忠，无有过于其子之面者。审知其理，而睹天下人之面，察天下夫妻之事，彼万面不同，岂不甚宜哉！忠恕，量万物之斗斛也；因缘生法，裁世界之刀尺也。施耐庵左手握如是斗斛，右手持如是刀尺，而仅乃叙一百八人之性情、气质、形状、声口者，是犹小试其端也。[①]

对于这段文字，以往的研究者都注意到了金圣叹以“因缘生法”解释人物个性的自然形成，但由于佛教“因缘生法”说中并没有明确的事物自然具有个性的观念，因而人们尚未厘清“因缘生法”与人物个性之间的逻辑联系。实际上，这段冗长的论述可以解析为三个层面：其一，《水浒传》人物的个性化是作家格物的结果。其二，格物之法，以忠恕为门。忠恕意味着作家由自身的遵循自然个性推扩到尽人之性。其三，忠恕的依据是“因缘生法”。“因缘生法”正如夫妻生子，夫妻自然和合而生万面不同之子，因缘自然和合所生之法也各具个性。在此，金圣叹将“因缘生法”与夫妻生子相比附而得出个性由因缘自然聚合而成这一结论。

“因缘生法”与夫妻生子之所以具有可比性，首先是因为这两者都包含了事物由不同成分聚合而成的观念。如前所述，金圣叹认为“因缘生法”可与阴阳气化的普遍规律相通：

> 天地是因缘法，天为因，地为缘。山泽通气，“好因好缘”也；“雷风相薄”，恶因恶缘也；“水火不相射”，不好不恶因缘也。号物有万，或从好因缘和合而生，或从恶因缘和合而生，或从两件不好不恶因缘而生。[②]

这是说，乾坤、艮兑、震巽、坎离（即天地、山泽、雷风、水火）等四组阴阳相对的卦交通感应而成十六卦，正如好恶因缘和合而成事物一样。作为万物起源的理论，阴阳化生万物和因缘和合生法的共同之处在于“和

---

① 金圣叹：《第五才子书施耐庵水浒传》之《序三》，《金圣叹全集》叁，凤凰出版社 2008 年版，第 20 页。

② 金圣叹：《唱经堂通宗易论・十六卦》，《金圣叹全集》陆，凤凰出版社 2008 年版，第 808 页。

合而生"即由不同条件聚合而成。[1] 夫妻生子正是阴阳化生万物的典型表现，因此"因缘生法"与夫妻生子的契合，也就不言而喻了。

从思想资源来看，金氏强调"因缘生法"中的事物由因缘和合而成这一层面，很可能是受到了龙树《十二门论》中"外因缘"说的影响："外因缘者，如泥团、转绳、陶师等和合故有瓶生，又如缕绳、机杼、织师等和合故有叠生……当知外缘等法皆亦如是。"[2]显然，龙树"外因缘"其实是说瓶、叠等事物的形成是由自然材料和人类劳动共同作用的结果，这与阴阳气化之纯由阴阳二气自然融合而成并不完全一致，但在事物由不同条件聚合而成这一点上颇为相似。

其次，佛教唯识学有关父母极微和合生子的说法，当是金圣叹将"因缘生法"与夫妻生子相比附的思想来源。《瑜伽论记》卷十四："劫初父母极微于空劫中散住处处，后成劫时，父母和合而生子微名合。"[3]这一说法体现了胜论对于事物生成的看法：父母极微和合生子微，子微和合生孙微……事物都是由极微和合而产生。[4] 这一说法表明佛教唯识学和《易传》在阴阳和合方面的相通，金圣叹敏锐地把握到这一点并加以巧妙地糅合。

再次，佛教中观派"因缘生法"说中并没有明确的事物多样化的观念，"因缘生法"与阴阳气化又何以能够在事物各具个性这一点上达成一致呢？实际上，佛教"因缘生法"说中也隐含了事物差异的观念，只不过是以否定形式出现的。当金圣叹以阴阳气化比附"因缘生法"之后，阴阳气化中的事物各具个性的观念就渗入了"因缘生法"之中。如前所述，般若中观学派在主张事物性空的同时，也承认其虚假不实的名相，这就在一定程度上承认了事物的差别。正因如此，金圣叹在《水浒》第五十五回总评中论述人物个性各不相同时，便引用了"经曰：因缘和合，无法不有"，又说"因缘生法，一切具足"，[5]般若学承认了因缘和合而成

① 关于金圣叹论因缘和合与阴阳气化的关系，参见本书第八章《援佛释易的易学思想》。
② 《大正新修大藏经》第30册。
③ 《大正新修大藏经》第42册。
④ 参见[唐]玄奘译、韩廷杰校释《成唯识论校释》卷一"校释[3]"，中华书局1998年版，第27页。
⑤ 金圣叹：《第五才子书施耐庵水浒传》卷六十第五十五回总评，《金圣叹全集》肆，凤凰出版社2008年版，第999页。

的事物是千姿百态、千差万别的，只不过把这种差别解释为“假有”罢了。

另一方面，中土的阴阳气化说常被作为事物各具个性的理论依据。宋代以来，以禀受之气不同来解释人性差异的观念逐渐成为共识。如周敦颐《通书·理性命》说：“厥彰厥微，匪灵弗莹。刚善刚恶，柔亦如之，中焉止矣。二气五行，化生万物。五殊二实，二本则一。是万为一，一实万分。万一各正，大小有定。”[①]这是说，由二气化生的万物各有自己的规定性，又张载《正蒙·诚明》明确提出了人性有天命之性与气质之性之分，后者正是人性差异的原因。二程、朱熹等人的著述中更是随处可见气禀清浊决定人性个体差异的言论。[②] 比如《朱子语类》卷四说：“且如天地之运，万端而无穷，其可见者，日月清明气候和正之时，人生而禀此气，则为清明浑厚之气，须做个好人；若是日月昏暗，寒暑反常，皆是天地之戾气，人若禀此气，则为不好底人，何疑！”[③]禀清明浑厚之气则为好人，受昏暗反常之气便为不好底人。这一说法虽然常有鲜明的伦理色彩，但也是以阴阳气化的万物生成规律来论述人性差异。晚明时期，崇尚自然个性的思潮盛行，李贽等人纷纷援引元气说论证个性的自然存在，比如李贽《九正易因》说：“是故一物各具一乾元，是性命之各正也，不可得而同也。”[④]其说从乾元之气的角度论述事物各具个性。当此之时，金圣叹自然深受这一时代思潮的鼓扇，这使得他将阴阳气化中的个性论因素糅合进佛教“因缘生法”之中，从而强化了其中的个性论色彩。

最后，当“因缘生法”与阴阳气化相比附时，阴阳气化说中的事物由元气聚合而成，因而自然无人为的观念也融入了“因缘生法”之中。由于具备了事物各具个性和由因缘自然聚合而成这两个因素，“因缘生法”就终于成为解释人物个性由因缘自然聚合而成的理论资源。

金圣叹还从作家如何把握不同人物的角度，讨论了塑造个性化人物的问题，其中也隐含了“因缘生法”与阴阳气化相通的观念：

---

① 周敦颐：谭松林、尹红整理：《周敦颐集》之《通书·理性命》，岳麓书社 2002 年版，第 41—42 页。

② 参见陈来《朱子哲学研究》，华东师范大学出版社 2000 年版，第 197—200 页。

③ 朱熹：《朱子语类》卷四《周子之书·通书》，中华书局 1994 年版，第 69 页。

④ 李贽：《九正易因》卷上，《李贽文集》第七卷，社会科学文献出版社 2000 年版，第 94 页。

盖耐庵当时之才，吾直无以知其际也。其忽然写一豪杰，即居然豪杰也；其忽然写一奸雄，即又居然奸雄也；甚至忽然写一淫妇，即居然淫妇；今此篇写一偷儿，即又居然偷儿也。人亦有言：非圣人不知圣人。然则非豪杰不知豪杰，非奸雄不知奸雄也。耐庵写豪杰，居然豪杰，然则耐庵之为豪杰可无疑也。独怪耐庵写奸雄，又居然奸雄，则是耐庵之为奸雄又无疑也。虽然，吾疑之矣。夫豪杰必有奸雄之才，奸雄必有豪杰之气。以豪杰兼奸雄，以奸雄兼豪杰，以拟耐庵，容当有之。若夫耐庵之非淫妇、偷儿，断断然也。今观其写淫妇居然淫妇，写偷儿居然偷儿，则又何也？噫嘻，吾知之矣！非淫妇定不知淫妇，非偷儿定不知偷儿也。谓耐庵非淫妇、非偷儿者，此自是未临文之耐庵耳。夫当其未也，则岂惟耐庵非淫妇，即彼淫妇亦实非淫妇；岂惟耐庵非偷儿，即彼偷儿亦实非偷儿。经曰："不见可欲，其心不乱。"群天下之族，莫非王者之民也。若夫既动心而为淫妇，既动心而为偷儿，则岂惟淫妇偷儿而已。惟耐庵于三寸之笔、一幅之纸之间，实亲动心而为淫妇，亲动心而为偷儿。既已动心，则均矣，又安辨泚笔点墨之非入马通奸，泚笔点墨之非飞檐走壁邪！经曰："因缘和合，无法不有。"自古淫妇无印板偷汉法，偷儿无印板做贼法，才子亦无印板做文字法也。因缘生法，一切具足。是故龙树著书，以破因缘品而弁其篇，盖深恶因缘；而耐庵作《水浒》一传，直以因缘生法，为其文字总持，是深达因缘也，夫深达因缘之人，则岂惟非淫妇也，非偷儿也，亦复非奸雄也，非豪杰也。何也？写豪杰、奸雄之时，其文亦随因缘而起，则是耐庵固无与也。或问曰："然则耐庵何如人也？"曰："才子也。""何以谓之才子也？"曰："彼固宿讲于龙树之学者也。"讲于龙树之学，则菩萨也。菩萨也者，真能格物致知者也。①

金氏首先称赞作家惟妙惟肖地塑造了豪杰、奸雄、淫妇、偷儿等不同性格、身份、品德的人物，接着分析作家如何把握这些人物的个性特征：作

① 金圣叹：《第五才子书施耐庵水浒传》卷六十第五十五回总评，《金圣叹全集》肆，凤凰出版社 2008 年版，第 999 页。

家塑造人物个性的方法可以概括为“动心”与“无与”的结合，[①]换言之，作家在“格物致知”即充分熟悉世态人情的基础上，依据生活中固有的千差万别的性格逻辑进行想象创造，从而刻画出个性鲜明的人物形象。如前所述，“动心”说主要是受了佛教心本原说的影响，而“无与”则以“因缘生法”为依据。由于人物个性如同“因缘生法”一样，是由外部环境、内在素质等条件综合形成的，因而作家的想象应遵循生活本身的规律，即“其文亦随因缘而起，则是耐庵固无与也”。

与《水浒·序三》相比，这段文字同样是以“因缘生法”来说明人物个性由因缘自然聚合而成，但对于作家如何塑造人物个性的说明更为具体。作家在塑造个性化人物过程中的主观“无与”之说，实际上是从创作论的角度进一步强调了人物个性由因缘自然聚合而成、不假作家之人力的观点。因此，这段文字虽然没有提及阴阳气化之说，但其实质却更进一步地凸显“因缘生法”与阴阳气化在人物个性由因缘自然聚合而成这一点上的相通。

综上所述，在金圣叹的佛学思想中，“因缘”说以中观般若学派的性空缘起论为重点，兼容了小乘“十二因缘”说和天台宗的“一念无明法性心”缘起论，前两者分别为金氏“因缘生法”的文学理论的两个层面即重视事物的自然个性和因果联系提供了思想资源。至于金圣叹的有关人生虚幻和文学假有的观念，却并非人们所认为的源自“因缘生法”说，而是受到了华严学和禅宗的心本原说的影响。佛教“因缘生法”说之所以能够推演出人物个性自然生成的主张，则是由于其中已经融入了中土阴阳气化观念。

第四节　其他文学命题与儒释道思想的离合关系

金圣叹在晚年的戏曲、诗文评点中，越来越多地将儒释道思想渗透于文学评点，不仅借用三教思想诠释文学理论，而且将儒释道境界与文

① 参见陈洪《金圣叹传论》，天津人民出版社 1996 年版，第 170—176 页。

学作品的意境相比附。关于这一问题，以往的研究已多有论及，[①]本书则侧重于分析金氏所借用的儒释道思想的本义与文学理论、文学意境之间的离合关系。

一 儒释道思想与文学理论

金氏曾借用佛教的“极微”“现身说法”和《老子》“当其无有器之用”的概念，来阐述其重视戏曲细节，主张作家设身处地把握人物特征，以及作家写出平凡事物的美感等思想。

1. 佛教“极微”说与重视戏曲细节

关于“极微”说对金氏戏曲理论的影响，时贤已有所论及。[②] 但极微说的思想渊源、极微说与文学理论之间的异同等问题，仍值得我们进一步思考。金圣叹认为佛教“极微”说的启示在于，一切事物都起于极微，像清秋轻云、野鸭腹毛、草木之花、灯火之焰之类看似细微简单的事物中间，都各自有无限层折变化，作家若能把握到这些极微的层折变化，便能将平凡简单的事物描绘得精彩生动，用圣叹的话来说，就是“彼天下更有何逼迮题能缚我腕，使不动也哉”。[③] 他以《酬韵》一折为例，说明把握极微、刻画细节的重要性：

> 上文《借厢》一章，凡张生所欲说者，皆已说尽。下文《闹斋》一章，凡张生所未说者，至此后方才得说。今忽将于如是中间写隔墙酬韵，亦必欲洋洋自为一章。斯其笔拳墨渴，真乃虽有巧媳不可以无米煮粥者也。忽然想到张、莺联诗，是夜则为何二人悉在月中露下，因凭空造出每夜烧香一段事，而于看烧香上，生情布景，别出异样花样。粗心人不解此苦，读之只谓又是一通好曲，殊不知一字一句一节，都从一黍米中剥出来也。[④]

---

① 参见本书《导论》。

② 参见谭帆《金圣叹与中国戏曲批评》，华东师范大学出版社 1992 年版，第 101—102 页；陈洪：《金圣叹传论》，天津人民出版社 1996 年版，第 138 页。

③ 金圣叹：《贯华堂第六才子书西厢记》卷四“酬韵”总评，《金圣叹全集》贰，凤凰出版社 2008 年版，第 919 页。

④ 金圣叹：《贯华堂第六才子书西厢记》卷四“酬韵”总评，《金圣叹全集》贰，凤凰出版社 2008 年版，第 919 页。

这是说，在《酬韵》一章中，看烧香是一段重要的细节描写，是隔墙酬韵这一主要情节中的“极微”。[①] 由于隔墙酬韵作为一章，情节未免单薄，令人有巧妇难为无米之炊的苦恼，于是作家想到了二人同在月中露下的起因是双文每夜烧香，于是便从“看烧香”这个细节上“生情布景”，写出张生等待佳人时的心急难忍、双文走出角门时的袅袅婷婷、烧香祝告时的倚栏长叹以及明月之下香烟人气氤氲的微妙情境，以上“层折”都为二人的月下联诗做了充分的铺垫，使得月下联诗成为当时的情感和氛围自然触发的结果。金氏认为，在这段细节描写中，写莺莺的“风过处衣香细生”一句则是细节中的细节：“吾适言天云之鳞鳞，其间则有委委属属，正谓此等笔法也。”[②]

金氏的“极微”说包含了他对戏曲细节的以下认识：其一，细节往往是与主要情节有着因果联系但并非主要情节的琐事，如烧香这一生活琐事就是月下联诗的前奏。其二，细节是生情布景、表现人物性格情感和推动情节发展的重要手段，比如《西厢记》作者通过烧香这个细节写出了男女主人公内心情感的脉动。其三，细节描写要求作家仔细观察和分析生活，烧香细节便是作家在思考男女主人公月下联诗的起因、触媒时的所得。

“极微”说是佛教关于世界构成的一种观点，视“极微”为事物组成的最小单位。金圣叹所熟悉的佛教典籍《大智度论》《仁王经》《大般涅槃经》《华严经》中都有“极微”的概念，其中《大般涅槃经》卷二有“有诸众生，身体极大。长万六千踰阇那，或复身长八千踰阇那，或复身长四千踰阇那，或复身长千踰阇那，或复身长一寸半寸，乃至极微”之说，[③]比较接近于圣叹所谓“夫婆娑世界，大至无量由延，而其故乃起于极微。以至婆娑世界中间之一切所有，其故无不一一起于极微”的主张，[④]因此金氏“极微”说很可能是受到了《大般涅槃经》的启发。此外，如前所说，

① 以往的研究将《酬韵》全章理解为戏曲细节，似不够准确。

② 金圣叹：《贯华堂第六才子书西厢记》卷四“酬韵”夹批，《金圣叹全集》贰，凤凰出版社 2008 年版，第 922 页。

③ 《大正新修大藏经》第 1 册，第 196 页下。

④ 金圣叹：《贯华堂第六才子书西厢记》卷四“酬韵”总评，《金圣叹全集》贰，凤凰出版社 2008 年版，第 917 页。

金圣叹"因缘生法"说吸收了佛教胜论有关父母极微和合生子的观念，因而佛教《瑜伽论记》等文献的影响也不可忽视。

佛教"极微"说与金氏戏曲细节论的关联在于：任何事物，哪怕再简单平凡，也是由更细小的成分或经历了细微的变化形成的。概言之，极微说主要证明了把握戏曲细节的必要性和可能性，而金圣叹细节论中有关细节之审美作用的认识，则基本上与佛教极微说无关。因此，金氏只是借用"极微"这一概念中的起于细微的内涵，不暇论及其他，对此他交代得很清楚："此其事甚大，非今所得论。今者止借菩萨极微之一言，以观行文之人之心。"①

2. 佛教现身说法与作家设身处地

金圣叹曾赞美《西厢记》准确把握女性生活细节云：

> 前篇《粉蝶儿》，是红娘从外行入闺中来，故先写帘外之风，次写窗内之香。此是双文从内行出闺外来，故先写深闭之窗，次写不卷之帘。夫帘之与窗，只争一层内外，而必不得错写者，此非作者笔墨之精致而已，正即《观世音菩萨经》所云，应以闺中女儿身得度者，即现闺中女儿身而为说法。盖作者当提笔临纸之时，真遂现身于双文闺中也。②

这一说法揭示了《观世音菩萨经》中的现身说法对金氏的作家设身处地描写人物之说的影响。③

金圣叹极为重视作家设身处地把握人物特征的创作方法。在《水浒》评点中，金氏已经提出了设身处地的主张。第十八回"林冲水寨大并火"一节中，金圣叹称赞作家传神地描写了林冲的语言行动："此处若便立起，却起得没声势；若便踢倒桌子立起，又踢得没节次。故特地写个'坐在交椅上骂'，直等骂到分际性发，然后一脚踢开桌子，抢起身来，

① 金圣叹：《贯华堂第六才子书西厢记》卷四"酬韵"总评，《金圣叹全集》贰，凤凰出版社 2008 年版，第 917 页。

② 金圣叹：《贯华堂第六才子书西厢记》卷六"赖简"夹批，《金圣叹全集》贰，凤凰出版社 2008 年版，第 1019 页。

③ 与此相类似，《哭宴》一折夹批有"前文闲闲写得'张生这壁坐，孩儿这壁坐'，不意中间又有如是一节至文妙文，真乃应以离别身得度，即现离别身而为说法矣"（金圣叹：《贯华堂第六才子书西厢记》卷七"哭宴"夹批，《金圣叹全集》贰，凤凰出版社 2008 年版，第 1075 页）。

刀亦就势掣出。有节次，有声势，作者实有设身处地之劳也。”由于作家想象自己置身于林冲的情境中，才能分析出林冲当时应有的“节次”与“声势”。类似的评点在《水浒传》中不止一处。如同一回揭示“原来都是一丛小船，两只价帮住”的妙处云：“村中苦无大船，若用小船，又不发火势。设身处地，算出此五字来。此书处处设身处地而后成文，真怪事也。”[①]此外，前引金圣叹的“亲动心”说，实际上是“设身处地”的另一种表述：“惟耐庵于三寸之笔、一幅之纸之间，实亲动心而为淫妇，亲动心而为偷儿。”[②]至批点《西厢记》时，金氏又申说“设心处地”云：“双文此酬，真乃意外。若使略迟一刻，张生实将不顾唐突矣。今反因骤然接得，正来不及，于是只图再共酬和，便已心满志足，更不算到别事。此真设心处地，将一时神理都写出来。”[③]这是说，张生本来对莺莺怀有无数绮思，在意外地得到莺莺的酬和之后，骤然之间，不暇多思，反将别事抛在一边，只图“酬和到天明”了。金圣叹认为作家对张生心理的瞬间变化把握得极其准确，可谓“将一时神理都写出来”，而其奥妙，则在于作家的“设心处地”，即将自己的感情完全投入人物的情境中去。

现身说法是佛教的普遍观念，金圣叹“应以某某身得度者，即现某某身而为说法”的句式，出自《观世音经》，[④]此经实为《法华经·普门品》，在什译《法华经》问世以前，已有单行本以《观世音经》或《光世音经》的名称流行于僧俗间，[⑤]其中“现身说法”本是指观世音菩萨为了超度众生，以种种形相游于诸国土，其说云：“若有国土众生，应以佛身得度者，观世音菩萨即现佛身而为说法；应以辟支佛身得度者，即现辟支佛身而为说法；应以声闻身得度者，即现声闻身而为说法。”[⑥]金圣叹对“现身说法”的思维方式非常着迷，他在评点《水浒传》《西厢记》《贯华堂

---

① 金圣叹：《第五才子书施耐庵水浒传》卷二十三第十八回夹批，《金圣叹全集》叁，凤凰出版社2008年版，第360、351页。

② 参见石钟扬《处处设身处地而后成文》(《水浒争鸣》第五辑，武汉大学出版社1987年版，第297—305页)、本书第十二章第三节《佛教“因缘”说的多重影响》。

③ 金圣叹：《贯华堂第六才子书西厢记》卷四“酬韵”夹批，《金圣叹全集》贰，凤凰出版社2008年版，第924页。

④ 即金氏所谓《观世音菩萨经》。

⑤ 参见周一良《魏晋南北朝史札记》“观世音经”一条，中华书局1985年版，第114—115页。

⑥《妙法莲华经·观世音菩萨普门品》，《大正新修大藏经》第9册。

选批唐才子诗》时曾多次用此说，除了前文所引诸例外，还有“可谓应以哥哥得度者，即现兄弟而为说法矣”[①]“先生应以无常身得度，即现无常身而说法矣”[②]等。

金圣叹将《观世音经》的现身说法与其设身处地的创作论结合起来，这和上述的极微说一样，是一种概念、表述上的借用。借用观世音菩萨现身说法的慈悲和神力，阐述作家设身处地的苦心和才能。两者的共同之处在于化身为所要把握的对象，只不过观世音采用的是现身法，作家则是通过想象和分析来实现的。值得注意的是，所谓设身处地，实际上是指作家在刻画人物性格或描写事件时，想象自己置身于人物的境遇和事件的发展过程中，调动自己的生活经验和其他知识，对人物的心理、言行或事件的情形、状态加以分析、想象，从而准确把握人物性格和事件特征的过程。显然，设身处地说中包含着文学创作中的感性想象和理性分析、主观体验和客观观察相交织的意味，[③]这是佛教“现身说法”观念所不能涵括的。

3.《老子》“当其无有器之用”与“当其无有文之用”的观念

金圣叹十分赞赏《西厢记》“请宴”一折，认为它说明了“老氏当其无有文之用”的文学现象，也就是说，根据《老子》“当其无有器之用”的思想，平淡无奇的事件正好为作家发挥其创造才能提供了机会。作家只有发现和揭示平凡事物中的奇妙，才算是接近了文学创作的真谛。

金圣叹先以旅游为喻，说明《老子》“当其无有器之用”与发现平凡景物之奇妙的关系。首先，善游者认为天地之间一鸟一鱼和洞天福地一样，都是造化全力生出的，因而都有骇目惊心、奇奇妙妙之处。其次，在无峰无岭、平凡无奇之地，由于旅游者胸中之才与眉下之眼的翱翔排荡，换言之，由于旅游者主观欣赏想象能力的驰骋，平淡无奇的一篱一犬便能呈现出洞天福地般的奇奇妙妙。最后，游览者只有识得一篱一犬的不平凡，才能真正领会洞天福地之奇妙。在这段论游之法的文字

① 金圣叹：《第五才子书施耐庵水浒传》卷二十一第十六回总评，《金圣叹全集》叁，凤凰出版社2008年版，第326页。

② 金圣叹：《贯华堂选批唐才子诗》卷七赵嘏《登安陆西楼》评，《金圣叹全集》壹，凤凰出版社2008年版，第451页。

③ 参见本书《导论》。

中，最重要的是第二层次：

老氏之言曰："三十辐共一毂，当其无，有车之用。埏埴以为器，当其无，有器之用。凿户牖以为室，当其无，有室之用。"……盖当其无，则是无峰无岭、无壁无溪、无坪坡梁硐之地也。然而当其无，斯则真吾胸中一副别才之所翱翔，眉下一双别眼之所排荡也。夫吾胸中有其别才，眉下有其别眼，而皆必于当其无处而后翱翔，而后排荡。然则我真胡为必至于洞天福地，正如顷所云，离于前未到于后之中间三二十里，即少止于一里半里，此亦何地不有所谓"当其无"之处耶。一略彴小桥，一槎枒独树，一水一村，一篱一犬，吾翱翔焉，吾排荡焉，此其于洞天福地之奇奇妙妙，诚未能知为在彼而为在此也。……如圣叹意者，天下亦何别才、别眼之与有，但肯翱翔焉，斯即别才矣；果能排荡焉，斯即别眼矣。①

这是说，在洞天福地之外，平淡无奇的一篱一犬中，在所有"当其无"之处，游览者的胸中别才和眉下别眼便得以翱翔排荡，甚至，不必别才别眼，只要主体调动其欣赏才能，就会于平淡中见奇妙。这是旅游中的当其无有游之用。

在文学创作中，平淡无奇的事件也能成为作家笔下充满情感的文字。金圣叹激赏"请宴"一折的命意构思道：

千不得已，万不得已，算出赖婚必设宴，设宴必登请，而因于两大篇中间，忽然闲闲写出一红娘请宴。亦不于张生口中，亦不于莺莺口中，只闲闲于闲人口中，恰将彼一双两好之无限浮浮热热、脉脉荡荡，不觉两边都尽。……今红娘承夫人命请客走一遭，此岂不至轻至淡、至无聊、至不意，而今观其但能缓缓随笔而行，亦便真有此一大篇。然则如顷所云，一水一村，一桥一树，一篱一犬，无不奇奇妙妙，又秀又皱，又透又瘦，不必定至于洞天福地而始有奇妙，此岂不信乎？普天下及后世锦绣才子，将欲操觚作史，其深念老氏当

① 金圣叹：《贯华堂第六才子书西厢记》卷五《请宴》总评，《金圣叹全集》贰，凤凰出版社 2008 年版，第 955—956 页。

其无有文之用之言哉?[①]

正如游览者在平常景物中发现奇奇妙妙一样,在"请宴"这一"至轻至淡、至无聊、至不意"的事件中,作家借莺莺之口写出了退贼之后莺莺与张生一双两好的款款深情和心满意足,这就是所谓"当其无有文之用"。

"当其无有文之用"这一说法,正如当其无有游之用一样,实际上强调了自然和文章的奇妙不取决于客观对象,而是主体精神"翱翔排荡"即发现创造的结果,换言之,客观对象的"无奇"正好为主体精神提供了发现和创造奇妙的机会。

《老子》以无为用的思想与"当其无有文之用"的契合之处在于:它们都揭示了有无相生的辩证关系。但是,"当其无有文之用"所包含的客体之无成就主体之用的观念,却是《老子》所不具备的。至于金氏这一说法所反映的强调主体性的倾向,更是偏离了"当其无,有器之用"的本义。

值得一提的是,金圣叹在论述当其无有游之用的主张时,还汲取了庄子和佛教思想。其一,运用《庄子》论证天地之间一鸟一鱼都是造化全力生成:"然吾每每谛视天地之间之随分一鸟一鱼,一花一草,乃至鸟之一毛,鱼之一鳞,花之一瓣,草之一叶,则初未有不费彼造化者之大本领、大聪明、大气力,而后结撰而得成者也。谚言:'狮子搏象用全力,搏兔亦用全力。'"[②]这段文字既暗用了郭象《庄子·逍遥游》注"物各有性,性各有极"的观念,又引用了佛教"狮子搏象用全力"的说法。后者盖出于《佛果圆悟禅师碧岩录》卷四"云居弘觉禅师示众云,譬如狮子捉象亦全其力,捉兔亦全其力"。[③] 其二,援引《庄子·则阳》证成其说。金氏曰"庄生有言:'指马之百体非马,而马系于前者,立其百体而谓之马也。'

---

① 金圣叹:《贯华堂第六才子书西厢记》卷五《请宴》总评,《金圣叹全集》贰,凤凰出版社 2008 年版,第 957—958 页。

② 金圣叹:《贯华堂第六才子书西厢记》卷五《请宴》总评,《金圣叹全集》贰,凤凰出版社 2008 年版,第 955 页。按:金圣叹好用"狮子搏象用全力"之喻,在其《水浒》第二十五回总评中亦援引此喻:"忆大雄氏有言:'狮子搏象用全力,搏兔亦用全力。'今岂武松杀虎用全力,杀妇人亦用全力耶?"(金圣叹:《第五才子书施耐庵水浒传》卷三十第二十五回总评,《金圣叹全集》叁,凤凰出版社 2008 年版,第 479 页)

③ 《大正新修大藏经》第 48 册,第 177 页上。

比于大泽，百材皆度，观乎大山，水石同坛。”[①]此说出于《庄子·则阳》，其原文曰：“合异以为同，散同以为异。今指马之百体而不得马，而马系于前者，立其百体而谓之马也。是故丘山积卑而为高，江河合水而为大，大人合并而为公。”郭象注以为这段文字的旨趣是：“无私于天下，则天下之风一也。”[②]金圣叹则借用此说来阐述洞天福地同样由积石、积泉而成。

二　儒释道境界与文学意境

有时，金圣叹在文学评点中引用儒释道思想，只是意在以儒释道境界来印证某种文学意境。此类例子俯拾皆是，今略述几种金圣叹多次论及的境界。

1.《庄子·齐物论》之物我兼忘与“无我”意境

金圣叹两次运用《庄子·齐物论》“南郭子綦隐几而坐，仰天而嘘，嗒焉似丧其耦”的境界来诠释诗歌中的无我之境：

> 后解，看他写到看景知山，闻声识水。二三属吏，尽捐町畦。则不知山水之为我，我之为山水；自之为他，他之为自；一之为多，多之为一。所谓休乎天钧，嗒焉尽丧，是先生之杜德机也。然则后解乃写人无其人。[③]

> 日高犹慵起，此是闲客常理。今加“睡足”而犹慵起，此便是南郭子綦仰天长嘘、嗒焉自丧境界，固非心未降伏人所得冒滥也。[④]

这两段文字中，金氏提到的“休乎天钧”“嗒焉尽丧”等说法，都出自《庄子·齐物论》。“休乎天钧”全句为“是以圣人和之以是非而休乎天钧”，不言而喻，此说以齐同是非为宗旨；又“南郭子綦……嗒焉似丧其耦”一段，郭注为“同天人，均彼我，故外无与为欢，而嗒焉解体，若失其配匹”，

---

① 金圣叹：《贯华堂第六才子书西厢记》卷五《请宴》总评，《金圣叹全集》贰，凤凰出版社2008年版，第955页。

② 郭象注、成玄英疏：《南华真经注疏》卷八《庄子杂篇·则阳》郭象注，中华书局1998年版，第513页。

③《贯华堂选批唐才子诗》卷二张谓《西亭子言怀》评，《金圣叹全集》壹，凤凰出版社2008年版，第211页。

④《贯华堂选批唐才子诗》卷五白居易《香炉峰下新卜山居草堂初成偶题东壁》评，《金圣叹全集》壹，凤凰出版社2008年版，第352页。

而成玄英疏为“身心俱遣，物我兼忘”，①这两种解释都揭示了“嗒焉似丧其耦”的境界意味着齐同物我。

诗境与庄子境界的关系如何呢？金圣叹以为第一首诗的后解描述了山水与我、自与他、一与多浑然为一的境界，是人无其人的境界；第二首诗描绘了睡足慵起、心已降伏的意境。显然，这两首诗中齐同物我、无我无心的境界，恰好与南郭子綦的物我兼忘之境交相辉映。

2.《香严立锥颂》与臻于极致的文学境界

从金圣叹熟悉的佛教典籍来看，《香严立锥颂》出自《五灯会元》卷九《香严智闲禅师传》。香严智闲禅师，青州人，先从百丈，后参沩山，因沩山不为之说破根本，遂泣别沩山，憩止于南阳忠国遗迹。后因芟除草木，偶抛瓦砾，击作竹声而省悟。仰山令香严自说其正悟，香严成颂云：“去年贫未是贫，今年贫始是贫。去年贫，犹有卓锥之地，今年贫，锥也无。”②这是以无锥之贫比喻彻悟之境。

金圣叹以《香严立锥颂》来比喻两种稍有不同的文学意境：

（1）今不如昔、凄凉到极点的境地。金氏评韩偓《过临淮故里》“交游昔岁已凋零，第宅今来亦变更”一联道：“一、二写昔岁还是凋零，今来乃并无凋零，此即暗用《香严立锥颂》成妙诗也。”③金圣叹认为这首诗的意境正与《香严立锥颂》的去年贫犹有卓锥之地、今年贫连锥也无相仿佛。昔岁还是凋零，今来更是凄凉到连凋零都没有，可说是凄凉到了极点。又如，《贯华堂第六才子书西厢记》“哭宴”一折以“假若便是土和泥，也有些土气息，泥滋味”来极写莺莺因离别而无精打采、憔悴不堪的情形，金圣叹对此叹赏不止：“庵主半夜被婆子遣丫角女儿抱住，凝然说颂云：‘枯木倚寒岩，三冬无暖气。’此即‘酒共食，一似土和泥’也。婆子明日便烧却庵，趁去此庵主，恶其有土气息泥滋味也。今双文不但似土和泥，乃至无有土气息、泥滋味，此正香岩‘去年无立锥之地，今年锥也

① 郭象注、成玄英疏：《南华真经注疏》卷二《庄子内篇·齐物论》郭象注、成玄英疏，中华书局1998年版，第23—24页。

② [宋]普济：《五灯会元》卷九《香严智闲禅师》，中华书局1984年版，第537页。

③《贯华堂选批唐才子诗》卷八韩偓《过临淮故里》评，《金圣叹全集》壹，凤凰出版社2008年版，第555页。

无’时候也。”[①]这同样是以《香严立锥颂》比拟双文较之“枯木倚寒岩”的庵主更为生气衰萎、憔悴到了极点的情态。

（2）在至妙之文面前，欣赏者甚至找不到合适赞语、不可名状的感受。金氏十分激赏《西厢记》“闹简”一折中张生与红娘谈莺莺回信时的对白，以致用一连串比喻来形容他的阅读感受，《香严立锥颂》是其中之一：“香严大师至脱然撒手时，遥望沩山，连说颂曰：‘去年贫，未是贫；今年贫，真是贫。去年贫，无立锥之地；今年贫，锥也无。’我于此文，锥也无。”[②]“所谓“锥也无”，当是描绘金氏对这段文字欣赏到了非笔墨所能形容的程度。

若论禅境与文境的契合，以上两种文学意境，一是凄凉到极点的人生境况，一是对至文妙笔的无比激赏。虽然其具体内容并不相同，但两者的共同之处在于都是一种臻于极致、无以复加的意境。《香严立锥颂》就字面而言是说每况愈下，贫穷到极点，但其实际意义却是形容香严智闲禅师大彻大悟的境界，因此，此颂与上述两种文学意境在描绘臻于极致的境界这一点上是相通的。

金氏在文学评点中常援引儒释道境界为佐证，可以说是信手拈来，除了本文所论的数例外，“龙女成佛”“象王转身”等典故也常被他用来赞美文学作品中的神来之笔。[③]

---

① 金圣叹：《贯华堂第六才子书西厢记》卷七“哭宴”夹批，《金圣叹全集》贰，凤凰出版社 2008 年版，第 1075 页。按，“岩”当作“严”。又此处颂文与前引中华书局 1984 年版《五灯会元》卷九《香严智闲禅师》所记不同。

② 金圣叹：《贯华堂第六才子书西厢记》卷六《闹简》总评，《金圣叹全集》贰，凤凰出版社 2008 年版，第 1010 页。按，这段叙述与中华书局本《五灯会元》所载不同：其一，如前所述，颂文不同；其二，据《五灯会元》，《香严立锥颂》不是香严遥望沩山说出，而是对仰山说出。不知是圣叹误记，还是所依典籍或版本不同，待考。

③ 关于“龙女成佛”的典故，参见拙著《金圣叹评传》附表二《金圣叹论述、引用〈法华经〉一览》，南京大学出版社 2006 年版，第 493—496 页。金圣叹引用“象王转身”的典故如《贯华堂选批唐才子诗》卷二评崔颢《行经华阴》云：“此五六运笔，真如象王转身，威德殊好”（金圣叹：《贯华堂选批唐才子诗甲集七言律》卷四崔颢《行经华阴》评，金圣叹：《金圣叹全集》壹，凤凰出版社 2008 年版，第 193 页）；又《水浒》第三回夹批评鲁智深“搧着两个膀子上山来”一段道：“狮子频申，象王回顾，想复尔尔。”（金圣叹：《第五才子书施耐庵水浒传》卷八第三回夹批，《金圣叹全集》叁，凤凰出版社 2008 年版，第 114 页）

余论:如何推进金圣叹佛学与文学关系之研究

与2006年出版的《金圣叹评传》相比,本书的创新之处在于:从明清之际文人经学与佛学征实风尚的互动这一新角度,进一步推进了有关金圣叹佛学与文学之关系的研究。在明清之际的吴中地区,以钱谦益为中心,包括程嘉燧(1565—1643)、李流芳(1575—1629)、王志坚、毛晋(1599—1659)、金圣叹(1608—1661)、徐增(1612—?)等人在内的士人群体,以传承宋濂至归有光一系的文人经学为己任;与此同时,佛学界兴起了刊刻方册藏、推崇古注疏和以教疗禅的征实风尚。对于佛学界兴起的征实学风,诸人亦积极参与。将金圣叹的佛学思想和文学观念放在这一思潮中加以考察,有助于进一步剖析金圣叹对明清之际思想史演变的贡献。

就个案研究而论,本书第十二章第三节考察了佛教唯识学"父母极微"与金圣叹"因缘生法"说的逻辑联系,本书第十二章第二节剖析了金圣叹与钱谦益、徐增等人在以《华严》唯心偈论文方面的契合,循此思路,笔者今后将继续梳理金圣叹与明清之际文人经学和佛学征实风尚的关系,从而更加深入地揭示金圣叹标新立异的文学思想之复杂多元的理论动力。

参考书目

B

Brill's Encyclopedia of Buddhism, Leidon-Boston: Brill, 2019.

C

《才子文心——金圣叹小说理论探源》,白岚玲著,北京广播学院出版社2002年版。

《禅宗思想渊源》,吴言生著,中华书局2001年版。

《陈子龙及其时代》,朱东润著,上海古籍出版社1984年版。

D

《大般涅槃经》,[东晋]法显译,《大正藏》第1卷。

《丹午笔记》,[清]顾公燮著,江苏古籍出版社1999年版。

《杜甫评传》,莫师砺锋著,南京大学出版社1993年版。

《杜诗解》,[清]金圣叹著,钟来因整理,上海古籍出版社1984年版。

《钝吟杂录》,[清]冯班著,文渊阁四库全书本。

F

《法华玄义》,[隋]智顗说,《大正藏》第33卷。

《佛果圆悟禅师碧岩录》,[宋]重显颂古、克勤评唱,《大正藏》第48卷。

《佛教般若思想发展源流》,姚卫群著,北京大学出版社1996年版。

G

《姑苏名贤小记》,[明]文震孟著,光绪壬午皋月长州蒋氏心矩斋校刊本。

《归庄集》,[清]归庄撰,上海古籍出版社1984年版。

H

《何大复集》,[明]何景明著,中州古籍出版社1989年版。

《华严思想之心与法界》,邓克铭著,台北文津出版社1997年版。

J

《甲申朝事小纪》,[清]抱阳生著,书目文献出版社1987年版。

《笺注评点李长吉歌诗》,刘辰翁评,文渊阁四库全书本。

《江西诗派研究》,莫师砺锋著,齐鲁书社1986年版。

《薑斋诗话笺注》,[清]王夫之著,戴鸿森笺注,人民文学出版社1981年版。

《金刚般若波罗蜜经》,《大正藏》第8卷。

《金圣叹的生平及其文学批评》,(美)王靖宇著,谈蓓芳译,上海古籍出版社2004年版。

《金圣叹的小说理论》,刘欣中著,河北人民出版社1986年版。

《景德传灯录》,[宋]道原撰,《大正藏》第51册。

《金圣叹评传》,覃贤茂著,四川人民出版社1998年版。

《金圣叹全集》,曹方人、周锡山标点,江苏古籍出版社1985年版。

《金圣叹全集》,陆林辑校整理,凤凰出版社2008年版。

《金圣叹小说理论研究》,陈果安著,湖南师范大学出版社1999年版。

《金圣叹小说理论与戏曲理论》,郭瑞著,中国文联出版公司1993年版。

《金圣叹学创论》,张国光著,中州古籍出版社1993年版。

《金圣叹与七十回本〈水浒〉研究》,张国光著,武汉师范学院学报编辑部,1980。

《金圣叹与中国戏曲批评》,谭帆著,华东师范大学出版社1992

年版。

《金圣叹传论》,陈洪著,天津人民出版社 1996 年版。

《竟陵派研究》,陈广宏著,复旦大学出版社 2006 年第二版。

K

《空同集》,[明]李梦阳著,文渊阁四库全书本。

《哭庙记略》,痛史本。

L

《李白评传》,周勋初著,南京大学出版社 2005 年版。

《李东阳集》,[明]李东阳著,长沙岳麓书社 1985 年版。

《李贽与晚明文学思想》,左东岭著,天津人民出版社 1997 年版。

《李贽文集》,张建业主编,社会科学文献出版社 2000 年版。

《列朝诗集小传》,[清]钱谦益撰,上海古籍出版社 1959 年版。

《良知学的展开——王龙溪与中晚明的阳明学》,彭国翔著,生活·读书·新知三联书店 2005 年版。

《廖燕全集》,[清]廖燕著,上海古籍出版社 2005 年版。

《列子》,诸子集成本。

《柳南随笔》,[清]王应奎著,王彬、严英俊点校,中华书局 1983 年版。

《麓堂诗话》,[明]李东阳著,历代诗话续编本。

《论崔莺莺》,戴不凡著,上海文艺出版社 1963 年版。

《论金圣叹评改水浒传》,何满子著,上海出版公司 1955 年版。

《论学绳尺》,[宋] 魏天应编选,文渊阁四库全书本。

M

《马克思恩格斯选集》,马克思、恩格斯著,人民出版社 1972 年版。

《妙法莲华经》,[后秦]鸠摩罗什译,《大正藏》第 9 卷。

《明代文学复古运动研究》,廖可斌著,上海古籍出版社 1994 年版。

《明代哲学史》,张学智著,北京大学出版社 2000 年版。

《明末佛教研究》,圣严著,法鼓文化事业股份有限公司 1999 年版。

《明清之际小说评点学之研究》,林岗著,北京大学出版社 1999

年版。

《明清史论著集刊》,孟森著,中华书局 1959 年版。

《明儒学案》,[清]黄宗羲著,中华书局 1985 年版。

《明史》,[清]张廷玉等撰,中华书局 1974 年版。

《明史讲义》,孟森著,上海古籍出版社 2002 年版。

N

《南华真经注疏》,[晋]郭象注,[唐]成玄英疏,中华书局 1998 年版。

O

《蕅益大师全集》,[清]蕅益智旭著,巴蜀书社 2014 年版。

Q

《钱牧斋全集》,[清]钱谦益著,[清]钱曾笺注,钱仲联标校,上海古籍出版社 2003 年版。

《〈钱注杜诗〉与诗史互证方法》,郝润华著,黄山书社 2000 年版。

《清代七百名人传》,蔡冠洛编著,中国书店 1984 年版。

《清代诗学初探》,吴宏一著,台湾学生书局 1986 年版。

《清代诗学研究》,张健著,北京大学出版社 1999 年版。

《启祯野乘》,邹漪撰,四库禁毁书丛刊本。

《全唐五代诗格汇考》,张伯伟著,江苏古籍出版社 2002 年版。

S

《笺注唐贤绝句三体诗法》,[宋]周弼著,故宫珍本丛刊本。

《诗薮》,[明]胡应麟著,上海古籍出版社 1958 年版。

《石隐园藏稿》,毕自严著,四库全书本。

《十二门论》,[后秦]鸠摩罗什译,《大正藏》第 30 卷。

《十字街口的狂客:金圣叹传》,王云高著,东方出版社 2001 年版。

《史记》,司马迁撰,中华书局 1959 年版。

《史通通释》,刘知几撰,浦起龙释,上海古籍出版社 1978 年版。

《试律丛话》,[清]梁章钜著,陈居渊点校,上海世纪出版集团、上海书店出版社 2001 年版。

《〈水浒〉与金圣叹研究》，张国光著，中州书画社 1981 年版。

《水浒争鸣》第三辑，长江文艺出版社 1984 年版。

《水浒争鸣》第四辑，长江文艺出版社 1985 年版。

《水浒争鸣》第五辑，武汉大学出版社 1987 年版。

《水浒传》会评本，北京大学出版社 1981 年版。

《说唐诗》，[清]徐增著，中州古籍出版社 1990 年版。

《四库全书总目提要》，[清]永瑢等撰，中华书局 1965 年版。

《四溟诗话》，[明]谢榛著，历代诗话续编本。

《四书章句集注》，[宋]朱熹撰，中华书局 1983 年版。

《四友斋丛说》，[明]何良俊著，中华书局 1959 年版。

《宋代官学教育与科举》，李弘祺著，台北联经出版公司 1994 年版。

《宋代诗学通论》，周裕锴著，巴蜀书社 1997 年版。

《宋诗话辑佚》，郭绍虞著，中华书局 1980 年版。

《宋诗话考》，郭绍虞著，中华书局 1979 年版。

《宋诗话全编》，吴文治主编，江苏古籍出版社 1998 年版。

《宋史选举志补正》，何忠礼著，浙江古籍出版社 1992 年版。

《岁寒堂诗话》，[宋]张戒著，历代诗话续编本。

T

《太函集》，[明]汪道昆著，黄山书社 2004 年版。

《坛经》，郭朋校释，中华书局 1983 年版。

《唐代科举与文学》，傅璇琮著，陕西人民出版社 1986 年版。

《唐顺之集》，[明]唐顺之撰，马美信、黄毅点校，浙江古籍出版社 2014 年版。

《天台智者研究——兼论宗派佛教的兴起》，李四龙著，北京大学出版社 2003 年版。

W

《晚明曲家年谱》，徐朔方著，浙江古籍出版社 1993 年版。

《晚明史》，樊树志著，复旦大学出版社 2003 年版。

《万历野获编》，[明]沈德符撰，中华书局 1959 年版。

《王畿集》,[明]王畿撰,吴震编校,凤凰出版社 2007 年版。

《王阳明全集》,[明]王阳明撰,上海古籍出版社 1992 年版。

《微云棠杂记》,《丛书集成初编》本。

《维摩诘所说经》,[后秦]鸠摩罗什译,《大正藏》第 14 卷。

《文坛怪杰金圣叹》,徐立、陈瑜著,湖南教育出版社 1987 年版。

《文章轨范》,[宋] 谢枋得著,文渊阁四库全书本。

《文章指南》,旧题明归有光评选,台湾广文书局 1972 年版。

《五灯会元》,[宋]普济著,中华书局 1984 年版。

X

《西方美学史》,朱光潜著,人民文学出版社 1964 年版。

《小草斋诗话》,[明]谢肇淛著,明诗话全编本。

《小说修辞学》,[美]W. C . 布斯著,华明、胡苏晓、周宪译,北京大学出版社 1987 年版。

《辛丑纪闻》,无名氏著,又满楼丛书本。

《新华严经论》,[唐]李通玄著,《大正藏》第 36 卷。

《心史丛刊》(外一种),孟森著,长沙岳麓书社 1986 年版。

《徐渭集》,[明] 徐渭著,中华书局 1983 年版。

《叙事话语　新叙事话语》,[法]热奈特著,王文融译,中国社会科学出版社 1990 年版。

《叙事学导论》,罗钢著,云南人民出版社 1994 年版。

Y

《研堂见闻杂录》,明佚名撰,北京古籍出版社 2002 年版。

《中国叙事学》,《杨义文存》第一卷,杨义著,人民出版社 1997 年版。

《易学与佛教》,王仲尧著,中国书店 2001 年版。

《易学哲学史》,朱伯崑著,华夏出版社 1995 年版。

《艺苑卮言》,[明]王世贞著,历代诗话续编本。

《瀛奎律髓汇评》,[元]方回选评,上海古籍出版社 1986 年版。

《由拳集》,[明]屠隆著,四库丛书存目本。

《有无之境》，陈来著，人民出版社 1991 年版。

《玉堂丛语》，[明]焦竑撰，中华书局 1981 年版。

《元代诗法校考》，张健编著，北京大学出版社 2001 年版。

《袁宏道集笺校》，[明]袁宏道著，上海古籍出版社 1981 年版。

《袁宏道评传》，周群著，南京大学出版社 1999 年版。

Z

《载酒园诗话》，[清]贺裳著，清诗话续编本。

《震川先生集》，[明]归有光著，上海古籍出版社 1981 年版。

《智顗评传》，潘桂明著，南京大学出版社 1996 年版。

《中国禅思想史——从 6 世纪到 9 世纪》，葛兆光著，北京大学出版社 1995 年版。

《中国禅学思想史》，（日）忽滑谷快天著，朱谦之译，上海古籍出版社 2002 年版。

《中国禅学思想史纲》，洪修平著，南京大学出版社 1996 年版。

《中国禅宗史》，印顺著，江西人民出版社 1999 年版。

《中国佛教史》，任继愈著，中国社会科学出版社 1985 年版。

《中国佛教哲学要义》，方立天著，中国人民大学出版社 2002 年版。

《中国古代小说叙事研究》，王平著，河北人民出版社 2001 年版。

《中国古代小说艺术论》，鲁德才著，百花文艺出版社 1987 年版。

《中国华严宗通史》，魏道儒著，江苏古籍出版社 1998 年版。

《中国历代文论选》，郭绍虞著，上海古籍出版社 1980 年版。

《中国天台宗通史》，潘桂明、吴忠伟著，江苏古籍出版社 2001 年版。

《中国文学批评史大纲》，朱东润著，重庆开明书店 1944 年版。

《中国文学批评通史——明代卷》，王运熙、顾易生主编，袁震宇、刘明今著，上海古籍出版社 1996 年版。

《中国文学批评通史——先秦两汉卷》，王运熙、顾易生主编，顾易生、蒋凡著，上海古籍出版社 1996 年版。

《中国小说理论史》，陈洪著，安徽文艺出版社 1992 年版。

《中国小说美学》，叶朗著，北京大学出版社 1982 年版。

《中国小说叙事模式的转变》，陈平原著，北京大学出版社 2003 年版。

《中国章回小说考证》，胡适著，安徽教育出版社 1999 年版。

《周易·四书禅解》，[清]智旭著，施维、周建雄整理，巴蜀书社 2004 年版。

《周易正义》，[魏]王弼、[晋]韩康伯注，[唐]孔颖达疏，十三经注疏本。

《朱子哲学研究》，陈来著，华东师范大学出版社 2000 年版。

《朱子全书》，朱杰人、严佐之、刘永翔主编，上海古籍出版社、安徽教育出版社，2002 年版。

《朱子语类》，[宋]朱熹著，中华书局 1994 年版。

《紫柏老人集》，[明]真可著，故宫珍本丛刊本。

《醉翁谈录》，罗烨著，古典文学出版社 1957 年版。

后　记

承担《江苏名人传》系列之《金圣叹传》，于我是一个极其美好的机缘。自从接受这一任务以来，我日日夜夜都在思考着将金圣叹研究向前推进的路径。从去年起，逐步探索出明清之际文人经学与佛学征实风尚的互动这一新角度，相关的研究课题已获得教育部人文社科项目的立项，本书第十二章第二节《金圣叹以华严〈唯心偈〉论文艺对徐增的影响——兼论以钱谦益为中心、主张反经明教的士僧群体》便是在这一视角下进行的尝试。

2006年出版的《金圣叹评传》多蒙同行谬赞，而我却一直为当年校对不够仔细而耿耿于怀。借此机会，尽我所能地将文字上的疏漏清扫一番，不亦快哉！

感谢赵益老师于2001年惠赐江苏古籍出版社1985年版《金圣叹全集》四卷本。多亏了这套书，我才能够在全面梳理金圣叹著述的基础上，对金圣叹的心路历程、文学思想等问题提出自己的看法。因为陆林辑校整理的凤凰出版社2008年版《金圣叹全集》更为完备，本书的工作底本已改用了这一新出的版本。仅有极个别资料，因2008年版《金圣叹全集》未收，仍沿用1985年版。此外，2006年版的《金圣叹评传》收录的九张附表：《金圣叹"忠恕"说的经典依据》《金圣叹论述、引用〈法华经〉一览》《金圣叹论述、引用〈维摩诘经〉一览》《金圣叹论述、引用〈金刚般若经〉一览》《金氏易学的人法关系论一览》《金氏易学中的"破除我执""现前一心"说一览》《金圣叹的诗歌不"无故写景"说一览》《〈唱经堂杜诗解〉之"虚幻"说一览》《金圣叹"锦心绣口"说一览》，曾蒙同行专家谬奖为"很有用"，但因《江苏历代文化名人传》体例的限制，此次只能忍痛割爱了。又，本书《导论》部分介绍了日本汉学界有关金圣叹的研究成果，为此我由衷感谢日本师友的帮助，特别是我在1997年于日本国立奈良女子大学留学时的指导教官横山弘教授、同学大平幸代教授和坂井多穗子教授，感谢他们从百忙中抽空帮我复印和邮寄相关资料。

当年出版《金圣叹评传》时，后记写得匆忙；而今同样是纸短情长：感谢已故陆林先生将金圣叹研究推向了更加精耕细作的境界，感谢《江苏历代文化名人传》的负责人、江苏社科院文学所姜建所长几年来对拙稿修改进度的善意敦促，感谢江苏人民出版社张凉老师细致而高效的工作，感谢多年来一直给予我力量和温暖的师友们，你们的幸福安康是我最大的心愿。

2019年12月